August Lösch

THE ECONOMICS OF LOCATION

Yale University Press, 1954, New Haven and London

据美国耶鲁大学出版社 1954 年英文版译出

汉译世界学术名著丛书
（120年纪念版·珍藏本）
出版说明

2017年2月11日，商务印书馆迎来120岁的生日。120年前，商务印书馆前贤怀揣文化救国的理想，抱持“昌明教育，开启民智”的使命，立足本土，放眼寰宇，以出版为津梁，沟通中西，为中国、为世界提供最富智慧的思想文化成果。无论世事白云苍狗，潮流左右激荡，甚至战火硝烟弥漫，始终践行学术报国之志，无改初心。

迻译世界各国学术名著，即其一端。早在20世纪初年便出版《原富》《天演论》等影响至今的代表性著作，1950年代后更致力于外国哲学和社会科学经典的译介，及至1980年代，辑为“汉译世界学术名著丛书”，汇涓为流，蔚为大观。丛书自1981年开始出版，历时三十余年，迄今已推出七百种，是我国现代出版史上规模最大、最为重要的学术翻译工程。

丛书所选之书，立场观点不囿于一派，学科领域不限于一门，皆为文明开启以来，各时代、各国家、各民族的思想与文化精粹，代表着人类已经到达过的精神境界。丛书系统译介世界学术经典，引领时代思想，为本土原创学术的发展提供丰富的文化滋养，为推动中国现代学术和现代化进程做出了突出的贡献。

为纪念商务印书馆成立120周年，我们整体推出“汉译世界学术名著丛书”120年纪念版的珍藏本，寄望既利于文化积累，又便于研读查考，同时向长期支持丛书出版的译者、编者和读者致以敬意。

两甲子后的今天，商务印书馆又站在了一个新的历史时间节点上。我们不仅要铭记先辈的身影和足迹，更须让我们的步伐充满新的时代精神。这是商务人代代相传的事业，更是与国家和民族的命运始终紧密相连的事业。我们责无旁贷，必须做好我们这代人的传承与创造，让我们的努力和成果不仅凝聚成民族文化的记忆，还能成为后来人可以接续的事业。唯此，才能不负前贤，无愧来者。

商务印书馆编辑部

2017年10月

出版前言

《经济空间秩序——经济财货与地理间的关系》(以下简称《经济空间秩序》),系本世纪30～40年代德国基尔大学经济研究所研究员A.勒施的专著。英译本书名为《区位经济学》(Economics of Location);俄译本书名为《经济的地理配置》(Географическое Размещение Хозяйства);日译本书名为《经济立地论》。英、俄、日三种译本的书名未能显示出原著的中心思想,因为经济在空间的区位、市场区和经济区不是杂乱无章,而是有秩序的,所以,本书仍采用德文原著书名,这样较为妥当。

本书涉及范围广,内容丰富,共分四篇:(1)区位论;(2)经济区论;(3)贸易论;(4)例证。其理论确有独到之处,最重要的有五点,即:(1)承认生产力分布的原动力不是像韦伯、杜能所提出的那样是最低运费或最低生产费用,而是最高利润。揭示了资本主义社会生产力分布的最基本的根源;不仅仅以论述个别的区位为限,而且进一步扩大论述了区位间的相互关系和区位体系。(2)阐明市场区域和经济区看起来似乎是紊乱的,而实际上是有秩序的;按照一定规律分布的蜂窝状的六边形是理想的经济空间结构。(3)理论联系实际,而不是纯理论的研究。(4)对于过去经济学中的区位理论,都尽量予以利用,并作出进一步的阐明和评述。而作者自己又提出新的论点。所以本书也可以当作一部区位经济理论发展史来读。(5)深入研究了决定区位的方法论,区域计划方法论,区际和国际贸易,国际劳动分工和区位决定中效用的作用。勒施的理论,精神的祖先是 E. H. 张伯伦和一般平衡派。

本书是西方区位理论发展史上一部承前启后的专著。他总结了以前的区位理论者的理论,从静态的单方面的农业区位和工业区位论,扩展为动态的综合的有体系的空间经济理论,不仅从理论上把研究对象扩大到区位体系,市场区,经济区,地区劳动分工,地区经济,国际贸易等等广大的领域,而且涉及区位选择、地区计划、城市计划等方面的方法论。所以本书可以说是西方区位理论史上的一个里程碑,在西方学术上具有重大意义。

当然,本书也有不足之处,首先是文字上较难读懂,还充满了几何学图解和代数方程式,对于没有数学素养的人来说,要读懂是不易的。有关勒施理论上的一些问题,译者已在"中译者绪言"中进行了分析,在此不再赘述。

本书所论述的区位选择方法论和地区计划方法论,尽管其观点是资本主义的,但对于我国的计划工作者、国土工作者,地区经济工作者仍有参考价值和可供借鉴的地方;对于国际贸易工作者、人口问题工作者以及经济地理学的教育工作者也都不失为一部有价值的读物。

本书按英译本全文译出,并参考俄译本和日译本。原著文字晦涩难懂,译者在行文上力求通俗化,如有不妥之处,请读者不吝指正。

商务印书馆编辑部

中译者绪言

（一）小引

奥古斯特·勒施是第二次世界大战前后德国经济学者——生产区位论者。他生于1906年，死于1945年，时年仅39岁。曾任德国基尔大学经济研究所的研究员。希特勒夺取德国政权实行法西斯专政后，勒施没有得到这个法西斯独裁者的“青睐”，和A.韦伯一样，受到停职处分。

在他短促的生命中，著作颇为丰富。他最重要的著作是他于1939年出版德文版书名叫作《经济空间秩序》，副题是:《经济财货与地理间的关系》(以下简称《经济空间秩序》)。此书于1943年再版时，他把有些地方删去了。他死后，1962年出第三版。英译本于1954年问世。英译者威廉·H.沃格洛姆基本上根据第二版原著翻译，但把第二版中删去的地方按照第一版补译。在翻译过程中得到勒施密友美国密歇根大学经济学教授W.F.斯托尔珀的全力帮助，对被删去的若干方程式添加了简单的附注。英译本全部译文又得到美国著名的区位论专家，曾任美国总统经济顾问委员会委员的E.M.胡佛审阅。

中译本最初动笔于1962年，当时系根据英译本并参照俄译本摘译。1980 年起开始补译,1985 年夏快完稿时,得到了日本东京大学名誉教授篠原泰山等三人译的日译本(书名《经济立地论》),中译者又根据日译本再校订一次。

勒施认为人类一切经济活动除了从"时间"过程来研究以外,还可从空间,即地理方面的观点加以观察。本书就是他在这方面的代表作。《经济空间秩序》这部书是从杜能型的农业区位论和韦伯型的工业区位转向整体的"经济空间论",从"静态的区位论"转向"动态的区位论"的著作。全书共四篇:区位论;经济区论;贸易论和证例。本书涉及范围很广,内容很丰富,也很难读,不但文字上难读,而且充满了几何学图解和代数学的方程式,他又引述并批评了许多以前的和当代经济学家和区位论者以及经济地理学者等等的理论,许多观点是在很多很长的附注中论述的。因之,如果对数学没有素养的人或对西方区位理论不熟悉的人,甚而对于他大量附注忽略了的人,对于原著的确难于理解。他的著作晦涩难解是西方学者所公认的,英译者和勒施本人也承认这一点。

(二)本书主要论点简介

在这里,我首先对本书的主要概念观点做一概括的介绍,以便读者读本书时有个准备。第二,约略介绍西方区位论者和经济地理学者对他的评价。第三,表述我对勒施这本著作的看法,以求教于读者。

第一,区位论

在第一篇"区位论"里,勒施讨论了三个问题:工业区位问题;

农业区位问题；城市区位问题。

1. 工业区位问题

勒施认为寻找正确的区位对于企业的成功，对于长远性的居民点的建立，对于人类一定集团的生存是必不可少的。他给区位下的定义是："一个合适的区位，必然是一个能保证事情会更妥善发展的区位"。他把区位分为现实的和合理的两大类。两者并不一致。现实的区位不一定是合理的。经济学的义务不在于解释现实，而在于改进它。解决一个最优的区位，比简单地描述一个现实的区位，具有更大的意义。与A.韦伯的运费指向论不同，勒施主张工厂区位的选择是按照它能由此获得最大利润来解决的，所找寻的是最有利的生产中心、消费中心和供应地区。个别区位的选择必然引起"反射作用"。它的选择会影响它的竞争者、购买者和供给者。这是从个别工厂区位的观点出发处理局部平衡问题进入区位一般理论的领域。在这里，"反射作用"使区位转变成为区位间的相互关系，就形成"区位体系"。这种区位体系的平衡，要用等式体系来表现。勒施说，决定区位时有两种基本力量在发生作用：一是个别经济单位的优越性均等化的倾向；二是竞争者数量达到最大限度的倾向。在竞争者可以自由进入市场的条件下，当产品的生产有利可图时，竞争者便会找寻区位，建设新企业，进行竞争，一直到竞争者的数目增加到最大限度。到了这时，区位就达到平衡状态，也就是说，这里出现了各个生产者之间以及独立生产者的收入趋向均等化。

勒施看到：由于区位合理选择的结果，在一种商品的生产地和其他消费地之间会出现种种具有特征的结合。其基本形式照例是

干生产者环绕在一个消费者的周围(农业),或是若干消费者环绕在一个生产者的周围(工业)。前者形成供给区域,后者形成需求区域,两者包括在一起,勒施称之为市场区。这种基本形式是每一个区位决定的核心。供应区域在农业理论中起较大的作用。杜能讨论了前者,韦伯讨论了后者。

于是勒施进一步讨论了区位的集积。他把这种区位的集积分为点状的集积,面的集积或区域的集积。美国棉花地带轧棉厂的分布是面的集积,而衣领工厂大都位于纽约州的特洛伊,就是点的集积的例子。

勒施批评单单根据生产费用和运费决定区位的意见,也批评了单单根据最有利的市场的论断,批评了单单根据市场因素之一——购买者的数量或它们的购买力以及单单根据总收入等主张,驳斥他们都是片面指向论。勒施的结论是:区位的最后的唯一的决定因素乃是它们的平衡——纯利润。在自由经济条件下,个别企业的正确区位乃是位于纯利润最大的地点。他判定说:韦伯的"基本结论在于找寻生产费用最小的地点",是荒谬的。只有寻求最大利润的地点才是正确的。这种纯利润的指向论,不是支出最低,也非收入最高,而是两者的差额最大的有利地点。

2. 农业区位问题

关于农业区位,勒施企图解决一种特殊的产品在什么地方栽培和在一个特殊地点将生产什么农产品?

在农业区位的场合,区位也是由能保证最大可能的利润来决定的。他通过许多数学方程式和图解来解决这些问题。

在勒施看来,农业区位理论与工业区位理论不同。农业生产是在一定的面积上进行的，它的市场成为点状分布。农业是生产者环绕消费者的周围，形成供给区域。农业生产区位的数目是较多的，农产品的销售市场则由许多农业企业供给，对于农业是自由的竞争，农产品价格是固定的，生产费用则是可变的。在工业中，消费者环绕生产者周围，形成需求区域，销售市场由少数工业企业供给，消费区域的数目较多，工业的竞争是一种受限制的竞争，它的生产费用曲线为已定的，需求曲线是不变的。不拘两者有着不同竞争条件和某种程度上的差别，但两者的区位基本上是相同的。即是说，无论在工业中或农业中都有两种相反的决定区位的重要力量在发生作用：生产者数目的最大限度和收入最大限度化的趋势。

3. 城市区位问题

按照勒施的意见，城市是企业区位的点状集积。即使地表完全是同质的一个平原上，城市也会发生。因为大量生产或联合生产的种种利益，会导致在某些区位上建立起较大的生产综合体而组成城市。事实证明，在某些地方建立起许多同类或不同类企业的结果，会产生内部节约和外部节约的利益，亦即在产品的生产上、销售上、消费上的利益。这些利益虽是局限于少数地点，也能在同样的自然条件下产生出来。同时，不同类的企业，也会因为铁路车站、较好的街道排水系统、低廉的水电以及较大的市场等等而聚集起来。大城市会给整个区域完成种种机能。各个工业间相互创造彼此间巨大的地方需要。起初所有这些有利于城市建立的因素是到处发生作用的，一旦主要大城市和主要交通道路被布定以后，这些一定的地点，便可能成为专门化的集积区位了。

勒施也讨论到地区的带状形成，即专业化地带的形成问题。他的研究指出，这些地带是以与形成城市同样的理由形成的，即位置、供给来源地和规模经济。

第二，经济区论

东西方学者认为，经济区是勒施的创作。

勒施认为，市场区域只是通过各种纯经济力相互作用而发生的。有些经济力向着集中的方向，有些则向着分散的方向起作用。第一类力是以专业化和大规模的生产的利益为主；第二类力以运费和多样化生产为主。由于这两种纯经济力作用的结果，经济区成立了。不拘乎原是同质的"也会产生区域的差异"。

经济区应采取什么形状能完全地最合理地利用呢？经济区可采用圆形、三角形、平行四边形等等，勒施认为经济区的最优形态，不是圆的，也不是三角形等，因为这些形态使各经济地区留下了有空隙的"角"的部分没有最好地利用。为了达到完全合理的利用，经济区采取蜂窝状六边形是最好的。无论对生产者和消费者都是最有利的。六边形被描述成为最完全的市场区域的一种理想形态。与多角形、三角形和正方形相比，六边形的运输距离最短，需求最大。因未被利用的角的空隙部分都填满了，都被利用了。这种经济景观像网络一样，按照一定的规律分布于全世界各处。

然后，勒施引入地理价格政策、运费率、运费和自然条件等等的变化对经济区的影响。自然的不规律性和人类差别的影响很明显，在现实条件影响下，使理想经济景观的均一性和规则性完全破坏或在某种程度内消失，市场区不再排列成一种理想的网络。但他认为这种紊乱的观点不但是没有价值，而且是危险的。现在"市场区很像不小心的摔在地上的石板零片的不规则的堆层一样”。一种网状的重要本质仍保持着，无论如何，在现实的所有这些混乱之中，毫无错误地存在着经济区的基本类型。

第三，贸易论

在本书第三篇中，勒施花了不少的精力，以极大的篇幅阐述了贸易论——国际贸易理论——国际劳动分工理论以及区位体系计划、地区计划等许多问题。

(1) 提出国际贸易论的基本思想——比较生产费理论。这种理论首先提出的是英国19世纪初叶古典经济学家李嘉图，其后由弥尔、陶西格和俄林等等继承了这一思想。但这一理论受到了工业区位论创始者A.韦伯的评论，指责李嘉图只考虑“资本”和“劳动”，把“自然”排除在生产要素之外，忘记重要的指向因素——“运费”。

勒施继韦伯之后，对于这一理论也加以批评。勒施认为，这一理论既不能解释个人所生产的是什么，不能适用于个人对职业的选择，同时也不能应用于国家、生产的专业化和它的贸易。

(2) 勒施不同意地域劳动分工是源于比较费用，却指出了地域劳动分工的两个原理——必要性和嗜好。所谓必要性就是指生产能勉强维持生存，但同时他们的数目应尽可能地多而言；所谓嗜好，指一定数目的生产者企图使他们的效用达到最高限度。

(3) 勒施关于价格波的观念。这是勒施的一种新的观念。他认为，当购买力从一个人转移到另一个人，或从一个地区转移到另一个地区时，影响并不是单纯的价格水平的变化或需要曲线的移动。支出地点和收入地点必将发生价格波的中心。这种波从这一中心以逐渐减弱的强度向四面八方传播。在收入的地点价格上升。同样的情况也会在支出地点发出。这种价格波就一种意义上说是动态乘数的递减圈环的空间类似物。但他们必须与动态乘数相区别,价格波将以递减的强度前进。勒施认为在现实的世界中,价格波不需要平稳地和继续地传播。

(4)值得特别介绍的是历来被西方经济地理学家和区位论者们所忽视的,就是关于区位政策和计划以及空间秩序的思想。在本书第十九章,特别是第二十章中,尤其侧重地研究了区位体系政策,旧的和新的国家空间秩序,大区域、地域计划(例如德国新占领的东部地区计划)、殖民地计划、城市计划、小城镇计划、农村产业计划等等与它们的解决方法。

在第十七章和第十九章中,研究了城市和国家计划当局部署工业企业应遵循的实际程序:①决定区位的主要生产的有利性;②决定各种企业的主要生产费用因素;③在这基础上就显出哪些企业在该地区是特别有利的。他说:在自由经济下,区位是选择在利润最大的地点。但"就计划经济来说,这一表述应读作'企业是在对利益做到最好的服务的地方建立起来'"。他得出结论说,"每一种计划是一种创造性的动作"。又说:"在自由经济下地域价格差的控制作用对正确的区位起协调作用,但在地域价格差被废除时,它们必然会被地区计划所替代。"这样,他指出了地区计划的历史使命及其本质。

关于地域计划,他提出了目标和手段。第二十章表17"有关地域计划的手段体系"中列举了目的(4项)、手段(7项)、补助手段(25项)、个别手段(52项)共88项。这对于地区计划所应采取的手段是相当详尽的。

勒施还一再强调在区位决定中、经济区形成中、地区计划中知识的重要性。在讨论地区计划时，他指出：我们“必须知道各地区生产的自然条件，交通运输网，生产物的费用曲线，近似的需要和外国竞争的范围”。有了这些知识，我们“对于城市最有利的位置、城市群的主要区位、交通运输网的主要干线，就能精确地加以确定。从而就能得到多少可与我们理想相应的区位体系”。

与勒施强调计划相适应，他也强调国家的作用和经济总效用。除最高利润外，他也把总效用作为区位选择的要因。

（三）对西方各国区位理论的影响，他们的赞扬与批评

勒施这部著作既然涉及面很广，内容很丰富，又是代表垄断资本和独占商业资本的利益的，不言而喻，引起了西方区位学界、经济学界和苏联生产布局学者们的广泛注意。

首先，苏联生产布局理论家费根博士在1958年论述西欧和美国经济地理新倾向时，指出了勒施对西方“空间经济理论的发展方面起了先锋者的作用”。费根这一断语是符合实际情况的。勒施发表这部著作的1939年，正值德国希特勒悍然发动第二次世界大战，虽然战火弥漫，英译工作中断了，一直到1945年英译本才在美国问世，但是在第二次世界大战前后，“空间经济秩序”已有少数印本来到美国。即使在大战过程中，这部书已以缩微胶卷的形式流行于美国。这部书对美国学术界具有如何魔力已可见一斑。勒施本人于1943年第二版的序言开头就说，这部著作已得到德国和外国经济学界和其他各界的赞许和好感。H. H. 麦卡蒂点出了一些受他影响的美国学者。的确，由于受这部书的影响，在欧美陆续发表了“空间经济学”、“地区经济学”等著作，例如，法国经济学者C. 潘萨特的《经济与空间》（1954年），E. F. 屯楠的《农业生产区位论》（1956年），潘萨桑特的《区位与空间经济》等等。这些著作都以空间经济问题和区位的相互关系等作为分析的主要点。而布鲁施、哈里曼等则很好地利用了他的构思。

这样不消说，西方学者对于这部书当然赞扬备至了。

例如，美国密歇根大学经济学教授斯托尔珀在英译本的《纪念勒施》一文中，特别把勒施的经济区性质的讨论誉之为他“最有独创性的贡献”。他也指出勒施是“指出像描述所有区位相互关系的一种完全的一般平衡体系的第一人”，并认为“勒施著作的主要贡献——这是意义重大的一种贡献——在于他详细地讨论了区位问题和把它应用于国际贸易理论”。

美国经济学家W. L. 格里逊认为，勒施的主要贡献至少有三：第一，提出了区位均衡的第一次一般表述，提出了组织区位体系的方程式；第二，勒施著名的分配和生产区位的六边形格子的模型，对其平衡论的表述是极其重要的；第三，勒施提出了经济的报道，这是一种广泛传播的丰富的报道。格里逊认为勒施的这本著作与其他著作不同之点在于勒施所讨论的“空间有秩序的社会”。勒施的“许多讨论是创造性的，有刺激性的”，因为“它包括着各种空间结构问题”，“也考虑到空间均衡问题”，“富有洞察力”。所以“这是一本相对完全的书，是最重要的著作之一”（W. L. 格里逊《经济的空间结构》,AAAG,1959 年 3 月)。

美国西北大学教授凡拉范尼斯承认勒施关于"城市、市场和供给区配置的概念是一种主要的结论性的概念"(S. 凡拉范尼斯:"勒施论区位",《美国经济理论》,1955 年 41 卷,9 月号)。

美国经济地理学家 H. H. 麦卡蒂认为勒施关于"区位经济学这部书是很久以来被认为是一本未曾见过的最渊博的论著"。他说,"这里提出了许多假设,已证明在地理的分析中是有用的,而且,在将来具有着更加有用的假设"。他断定:勒施对经济地理学最大的贡献并令人信服的论点,在于他规定"经济活动的区位在本质上是有秩序的过程"。他举出了许多美国学者如布鲁施、阿尔曼、哈里斯和哈特曼等等都已经在城市区位、贸易区的形态和规模以及商业区的研究中,很好地利用了勒施的构想。特别是对地理学者们提供了卓越的方法论(麦卡蒂:"A. 勒施的区位经济学",《经济地理》杂志,第 31 卷,1955 年,第 186～187 页)。

英国经济地理学者维斯赞许勒施是向经济学和地理学"两门科学间无人之地跨进了重要的一步"。"他的书已经成为一部古典的著作"(维斯:"经济地理学与区位问题",《地理学杂志》,第 122 卷,第 98～100 页)。

美国耶鲁大学经济学教授耦特也说:经济区位论的"这一部分给本书带来了很高的声誉"(见《政治经济学杂志》第 LXIV 卷,1956 年 5 月号,第 347～349 页)。

伊萨德是美国地区经济学协会的创始人和主席,他的《区位与经济空间》是最著名的，从这本书的书名就可看出，他采用了“经济空间”这一术语，他赞扬勒施的“体系是一个前驱，首先企图考察空间布置的存在”。

上面只提了少数的赞誉的例子。当然也有些人指出勒施的缺点。例如上面提到过的麦卡蒂和格里逊都指责过勒施这部著作的缺点。前者说，勒施的研究缺少特殊性，没有一个公式可以用来解释底特律和芝加哥的区位和重要性。

格里逊和贝克曼对这部著作的批评是正确的。前者指出勒施对于区位体系提出一组方程式，都是简单的，“至于如何与其著作中其他部分相联系并不完全明确”。后者指出，勒施对于“平衡条件与价格体系和其供需关系没有阐明它们的明确关系”。“各种原则如何相互作用还是颇为暧昧的”（M. J. 贝尔曼：“对于辽兹区位理论的若干意见”，《地区科学协会会讯》，1958 年第 2 卷）。伊萨德说：勒施未能成功地处理生产最优化区位和消费最优化区位间的相互关系（《区位与经济空间》）。

格林胡特认为勒施的理论体系，不能适用于私有制的资本主义经济，“但在经济计划中，显然是有价值的”。实际上，格林胡特所指责的，并不是勒施的缺点，恰恰是他的特点，因为他所代表的不是初期的自由资本主义，而是要求实行统制经济的垄断的资本主义。勒施在其著作中对于自由经济与计划经济、统制经济一再相提并论，其原因就在于此。格林胡特又指出：“勒施虽然提出了区位的生产费用因素，但在他的基本模式中却把这个决定因素舍去并未予以关心”（格林胡特：《工厂区位的理论和实践》，第 41 页注 20，263 页，270 页）。

（四）我们对勒施理论的若干看法

第一，勒施是垄断资本利益的辩护者。勒施早在1938年发表的“比较生产费效用在哪里？”一文中就指出，资本家“是为了一个共同目标而努力，那就是保证获得最大限度的利润”。本书的中心思想，是一再重复这一论点：资本家选择区位的“最后的唯一决定因素是它们（收入和支出）的平衡——纯利润或最大限度的利润”。这就把垄断资本的区位选择的本质揭露出来了。在资本主义的自由竞争阶段，极大部分资本家是以取得平均利润为限。个别资本家能够获得一般超额利润如通过采用新技术，选定最有利的区位等，所以选定优良区位是资本家取得利润的重要手段之一。如果说，平均利润——就是勒施所说的“收入均等化”——是资本主义自由竞争阶段的特点，那么到了垄断资本主义阶段，垄断资本组织便以获得最大限度的超额利润作为最重要的特征之一。列宁说：“垄断提供超额利润”，即“额外利润”[①]。垄断超额利润同帝国主义的经济特征有着密切的关系。自由竞争阶段的资本家的平均利润和一般超额利润与垄断资本阶段的垄断超额利润都来自剩余价值，两者都来自对工人阶级的剥削，但后者却又采用超经济手段，政治的、军事的、法律的等手段，不但剥削本国工人，而且也剥削外国的工人（特别对殖民地、弱小国家）和第三世界各国的小生产者所生产的价值，甚而通过条约、协定或用战争和低热度冲突，保护

① 《列宁全集》第28卷，人民出版社，1990年10月，第79页。

自己的海外市场，保障垄断超额利润。勒施是适应垄断资本的要求的。他鼓励资本家参与政治，提出“为了保障长期的利益，工业企业的领袖必须关心政治”。与自由竞争时期的经济学者相反，勒施主张国家（实质上是金融垄断组织的代表）必须把“人民”（指的是少数金融寡头）的经济利益，当作国家的利益，采用武力、命令或通过保护关税和贸易特权等等的条约在政治上予以保证。

他虽然受德国国社党希特勒停职处分，实际上他在这部书里所吹嘘的“经济空间秩序”，与国社党疯狂叫嚣的“生存空间秩序”是一脉相承的。他认为，“那些拥有对国家生存极为重要的经济条件的地方应该包括在自己国家之内”，“对于必要的外国的自然资源供给地”，他主张“尽可能地使之转变为容易予以保护的市场”。他以安全为借口，宣扬武力扩张主张，推崇侵略战争，“大的帝国必须料想到还有更强大的敌人，一个大领域的扩张是另一个更大领域扩张的起点，一切取决于哪一个大领域增加得更快些——为了安全手段的需要，或者为了供给的需要”。

第二，勒施的最大限度的纯利润理论的不一致。在勒施全部著作中，他虽然不厌其烦地一再重复的论点是资本家的选择区位的唯一决定因素在于保证能获得最大的利润。但他提出了各种不同的说法。例如：

(1) 工业区位的选择，取决于地租的最大限度化（重点是本文笔者所加，以下同）。

(2) 民族性国民性对于区位和地区经济发生“强烈的支配的影响”，“民族和国民强烈地支配着经济的性质，其中包括区位”。

(3) 目前的区位是气候、土壤和人三者协力的结果。

(4)“无论是工业或农业的区位问题，基本上是相同的，即两种力量相互相反地发生作用：生产者数目的最大限度化和收入的最大限度化”。

(5)“照例，没有一个单一的因素能说明区位。所有的因素都影响着区位的选择，任何单独因素不能有决定权，区位的选择存在着许多因素”。

这样勒施放弃了区位决定的唯一决定因素论而走上多元论的道路。

(6)不仅如此，他也不断地提到“资本家选择区位时，他们所关心的不是货币利润，而是最大的总效用”，“企业家有一点是共同的，即这些企业家在这区位上找到了最高的总效用”。“选定某一区位与其他竞争的区位相比时，除了最高效用以外，完全没有其他标准显示出来”。这样，勒施把最大的纯利润让位于最大的总效用了。

(7)当勒施论述产业企业多样性结合来解决区位的选择时，他又提出另一种说法，即区位的选择取决于供给与需要的当地不规律的相互关系。

(8)当他讨论到自然的差别时，他承认“自然条件起着重要作用”，他把带来地区差别的最重要因素放在自然条件上。当讨论降水量时，勒施说它对于美国和澳大利亚西南部来说，在经济上具有一定的决定性影响。如此，勒施就从区位的经济条件决定论退到自然条件决定论了。

(9)企业家的区位的“选择是以主观为基础的”。

在这里还须提到的两点：一是他把自然与人的关系看作是“协

作”、“合作”关系，使勒施陷于人与自然的同权论。

二是勒施说，“我不认为动物学的、植物学的和经济学的区位论三者基本原理之间有什么巨大的差别”。这样他把人与动物植物并列了。

(10) 勒施在具体决定某一特定区位的程序时，他建议第一步，决定区位的生产上的有利性；第二步决定各种企业的主要费用因素；然后第三步在这基础上就显出哪些企业在当地的生产费最为有利。这样勒施又回到他所反对的生产费决定论了。

(11) 企业家在他自己能力范围内，通过雇用最好的工人，才能获得最高的利润。到这里，勒施才找到决定区位的基本因素，但没有深论。

从以上的引述中，可知勒施对选择区位的决定因素，是前后不一的。可能他自己体会到这一点，所以，他又宣称：“要决定一个区位真正如何良好，实际上是困难的”。“在动态世界中最好的区位是不存在的”。“要为区位给出科学的论证和确定的解是不存在的”。“所有的著作家们企图给个别企业建立系统的有效解的区位理论，是注定要失败的”。由此，他基本否认了他自己的努力！

第三，经济区的蜂窝状的六边形是勒施的主观构想。勒施认为与三角形、圆形、正方形等经济区相比，蜂窝状的六边形的经济区位(市场区)是最理想的、最有利的。

经济区(市场区、经济景观)的分布是有秩序的。在他看来，经济区的分布表面上是紊乱的，“但在紊乱中，存在秩序”(原著者加的重点)。“有秩序”的概念被西方经济学者都认为是勒施的创造性的构思。在他种种假设之下(一片均质的平原，人口的平均的连续分布等等），从两种力量或两种趋势中（集中化和分散化，前者是专业化、大规模生产，后者是运费和多样化的生产）相互作用中产生了经济区。首先，勒施的前提条件即假设在客观上是不存在的，在世界上没有一块气候、土壤、地形、水分完全同质的平原，人口也不可能平均连续分布。然后，让我们来观察一下经济区的形态（形式）和它的形成的原因（内容）之间究竟存在着什么关系。在我们看来，两者之间并没有因果关系。即使假定两种力量相互作用的结果一定会产生六边形的经济区，那么，我们要进一步追问：即使六边形经济区成立了，是否就固定化了，不再变化了？两种力量本身及其相互作用是不是不再变动了？如果两者的力量各自发生了变化，前者变化后者不变，或者两者都变，那么，原来的平衡就被破坏，这样，六边形还仍然不变吗？永久维持蜂窝状六边形是不可能的。

再次，勒施对于经济区的形成，在本书的另一地方又给出了另一定义，说，"我们根据距离、大量生产和竞争函数导出的经济区"。这里形成经济区是三因素。二因素不可能形成三角形的经济区，三因素也难于实现经济区的蜂窝状。在实际上，我们在世界上或一个国家里，找不到井然有序的六边形排列的经济区，而是多姿多态的，参差多变的。所谓六边形的经济区（市场区域经济景观），只不过是出于勒施的臆想。用他自己的话来说，"秩序乃是作为信念的结果产生出来的"，是"以主观主义的观点和信念恣意地加在客观上的"。他自己虽然把否认空间经济秩序的观点说成是无价值的危险的，但却不得不承认"这种经济空间的构图在许多点上毫无疑问地含有许多非理论的不规则的无法则的特征"。这样，他又把他自己的宏图否定了。

第四，我们来谈一谈勒施的贸易论。勒施对于“比较生产费”理论加以评论，认为“比较生产费”不能使国际劳动分工成立，不能决定某一国家输出什么。他认为国际劳动分工和国际贸易还需要其他因素。例如，“自然的差别”、位置、供给条件、生产批量、“国际收支均衡”以及“历史的发展阶段”等等。应当说，他给“比较生产费用”学说增添了一些新内容。但他没有也不可能科学地揭示在资本主义条件下，国际分工、国际贸易的实质。在劳动价值论上，他比李嘉图后退了。

勒施虽然年轻就逝世了。但在他生活的最旺盛的时期，正是法西斯主义统治德国的时代，也就是德国金融寡头直接掌握政权的时代，与德国的金融垄断组织的要求相适应，德国的某些理论家便对对外扩张对内实行专政从理论上加以拥护辩护。在德国首先实行“统制经济”的具体条件下，希特勒对外进行扩张，对内实行“空间秩序计划”（日本人译作国土规划）、地区计划、居住计划、德国新占领的东部地区的地区计划等等。这些也就成了当时德国经济学家尤其“空间研究学派”的主要研究课题。例如H.穆赫斯、W.弗曼里、K.勃仑尼格、F.坎恩、G.伊森堡等在1936～1943年间在德国《空间研究和空间秩序》（*Raumforshung and Raumordnung*）与《新农民阶层》两种杂志上陆续发表了许多有关计划，有关空间秩序的组织、新任务，空间秩序计划的形成，空间秩序促进区位选择，最适农场规模计划等等论文。勒施这一部叫作《经济空间秩序》的书是在这种历史背景下写成的，其中有很大篇幅来论述区位选择的手续（方法论），城市区位的决定，经济区（市场区域)的决定,以及地区计划和城市规划,很自然地带有这个时代、这个阶级的烙印。但是,他对于计划方面研究成果,也表现出矛盾的态度。一方面他自诩各种计划的结果,“是用科学方法得到”,“从这种方法获得了经济空间的经济性的原型”,但同时又否认这些成果,说它们“并不是绝对正确的,只不过是一种健全的推测”。关于城市区问题,他提出了建议和方式之后,却又警告“人们不要被这种方法的极大不正确性所欺骗”。

在这种矛盾思想支配之下,他不得不求助于“盖然论”和“不可知论”。他说:“我们的意图不想提供区位合理选择的完全结论,结果,不是决定性的结论,而只是一种盖然性。”他还说:“我们不知道事物的最后原因,我们不知道相互关系,不知道从始到终从上到下的简单原因。”

此外,我们还要提到一点,那就是勒施在一些基本的经济范畴上,作了一些反科学的阐释,如说什么“劳动可以看做土地,工资看做地租”。“地租的产生是因为土地的稀少性。工人之所以获得工资是劳动力的稀少性”。又说什么“工人的就业正像资本家寻求区位一样”,“恰像资本家的选择区位是为了最大利润一样,工人最后会找到最大利润的区位”,等等,不言而喻,这些类比,是非常荒谬的。

目前,我国正在进行经济体制改革,国土规划工作正在展开;对外,我们采取开放政策,国际贸易对于我们是一个重要的课题。因之,本书所阐述的经济区论和贸易论对于我们目前的新课题,可能有参考的价值,所以本译文的付梓不仅为了介绍西方区位论的纯学术性理论性的问题,而且也涉及与我们经济体制改革、对外贸易、组织开发地区经济有关的现实问题。

本稿虽经三种文字的校核和多次修改，但因原著文字的晦涩和中译者水平有限，仍有许多错误，请读者不吝指正。

本书在翻译过程中，承原国家计委副主任吕克白同志和中国人民大学生产布局教研室刘再兴教授的鼓励和支持，北京师范大学地理系邬翊光教授、中国人民大学生产力布局教研室连亦同教授、北京大学地理系胡兆量教授、魏心镇教授、仇为之教授、北京师范学院况鸿璋教授等给予了很大的帮助，使本译书得以问世，在此一并致谢。

王守礼

1990年于北京

英译者简释

英译者对两名著名的经济学家的绝对必要的帮助，表示衷心的感谢。

埃德加·M.胡佛博士在他担任总统经济顾问委员会的成员时，曾把全部译文通读一遍，并提出有价值的建议。

沃尔夫冈·F.斯托尔珀，密歇根大学经济学教授也通读了全部译稿。他是勒施在德国波恩的休姆本特指导下的同班同学，以后成为终生莫逆之交。他能解释原著者的特殊风格，否则仍会保持晦涩。

英译者也得到耶鲁大学出版社全部成员的忠告和帮助，特此致谢。

威廉·H.沃格洛姆

于新泽西州蒂内克，1952年5月

对于社会科学协会给予翻译以便利表示感谢。

纪念 A. 勒施

在贫困和战争中写成这部《区位经济学》即《经济空间秩序》，(下同，中译者)，就是一个历史的见证人，证明著者的品质智力和个性等等稀有力量的结合。这种结合不是在任何文字的科学著作中所能常常见到的。

奥古斯特·勒施生于 1906 年，死于第二次世界大战结束后不久的 1945 年 5 月 30 日。他的早死至少一部分是由于他强韧的性格，不允许他与德国国社党政权做出任何妥协的结果。他从未考虑过必须向希特勒宣誓个人的忠诚，以获得政府和科学院的职位。到了战后，他在其著作的第二版前言中表示愿意接受教授职位，表达了他的勇气和孤独。为了这个理由，虽然在美国版中把这一段表述删去，但我们深感不能自由改变他热烈表示他对他的斯华比亚家乡之爱的许多段节中任何一段一节。许多其他的人利用他们对祖国之爱时不免有些虚伪矫作；但在勒施的场合，证明了他是热情与知识、家乡之爱与世界主义的世界观结合起来的人。

即使只把《区位经济学》粗读一下，就足以使读者立刻相信它的著者的品质非凡。勒施著作的全部，从双重意义上说，是独创的。他提出了重大的新问题，他对于旧问题的解答也比别人的添加了意味深长的论点。正像大多数有真正独创性的人那样，勒施对别人的贡献赞赏备至，《区位经济学》大量援引别人的著作，但有两件事是突出的：不论对方属于“错误的”国家或民族，勒施从不踌躇地引用这些人的言论。在他写作本书的当时，这样做是难能可贵的。而他的引用，决不只是为了批判。这部书是一部宏文巨著，不但对应该赞扬的都给予应有的赞扬；并且对别人的成就都赞不绝口，但他没有把任何言论（包括他自己的言论在内）当作最后的真理来接受。没有一个人能像他那样更热爱真理，没有一个人能像他那样对于真理必须超过独创性这一事实，表示如此炽热的感情。

勒施第一篇出版物是有关汇兑问题，是他在讨论会上宣读的一篇论文的发展。他的最初一篇主要论文是讨论人口减少的经济后果的小册子，也许是凯恩斯以前根据当时存在的古典理论对这一问题最优秀的议论。题目原是一个悬赏的问题，勒施获得了奖金。因为他相信个人的自由，包括个人冒险在内。他决定利用奖金，自己出版小册子。这本小册和以后第二篇论文关于《人口循环和经济循环》都是讨论人口经济学的。两本书都具有一种现代经济学家的特征，那就是把理论与现实融合成为一个不能分解的总体。两本书是精确地写成的，文字简洁，没有冗长的引言，使读者容易接近主题。但勒施没有省略精炼的理论和许多事实。

在这里详细列举勒施的人口研究主要结论，并不是没有兴趣的。因为通过凯恩斯—汉森—达尔波的论战，通过长期停滞论和对它的批评，又通过 40 年代和 50 年代初期已是一个繁荣期，看到美国历史上人口最大绝对增长等等的事实，人口增长和经济循环的关系，已引起新的兴趣。

根据勒施的意见，人口循环是否引起经济循环的问题要求对前资本主义时期与资本主义时期，提出不同的答案。在资本主义时期，用人口运动来说明经济波动，既没有必要的条件，而且条件也不充分。但勒施确认这样的事实：德国工业生产照例是随着人口增长之后迅速增长起来的。他发现只在 1801 年和 1923～1933 年时期这种相互关系的两个例外。因为成长着的国家的经济发展在很大程度上对于增长的人口主要采取增加住宅、增加资本设备和消费品的形式，所以不难预料人口运动的旋律与经济循环的旋律大体上是一致的。再者，为了人口的增加提供必要物资而导致的经济成长与由于技术进步和新市场的建立所带来的变化相适应，冒着较少的危险。这样，引用勒施自己的话来说，“人口增加并不创造出经济循环，但却塑出它们的进程”。

这种议论今日已充分为人们所熟悉。但勒施的议论要比凯恩斯早。他的贡献在于：在任何一种特定基准结构上的定式化，如其说是用凯恩斯的理论术语来定式化，毋宁说是用斯比托夫式的或休姆本特式的理论术语来定式化。他显著的贡献就是坚实的统计证明和论证。这些是英美人所缺乏的。

像他讨论人口循环的著作一样，区位经济学显示出具有独创性同时又尊重传统和历史的人所特有的性格。勒施熟悉并利用了从杜能以来的传统区位理论。甚而对于已高度展开的理论像著名杜能圈层那样，他也成功地给它们带来新的洞察。他对于 A. 韦伯理论的批评本质上是与休姆本特唱同一论调。[①] 韦伯的解决法是

① 《斯摩勒尔年鉴》(*Schmollers Jahrbuch*)XXXIV，1910 年，第 1356 页以下。

根据局部均衡理论，就这点而言，也是一部光辉的著作。但局部均衡论的接近法，意味着需要、原料区位和市场区位等事情必须假定为已知的。所以，局部均衡问题得到解答之后，今后应予完成的乃是展开一般均衡论的解决法。

这恰恰是勒施的这部著作主要贡献之一。他以俄林和巴朗特尔的著作为基础，并感谢地承认这一点，虽然事实上当俄林和巴朗特尔出版他们的著作时，勒施已经作出他自己的构想。但是，不拘怎样，我们可公平地说：勒施是提出抽象描述一切区位相互依存的一种完全一般均衡系统的最初一人。确实，他没有越过计算方程式和种种未知数的范围。但这一点本身就其严密性来说，就是一种主要的成就，使他避开了学术上他的前辈所走过的路，凌驾了他的前辈。再者，他的功绩就是在一般区位理论发展上为下一步准备了阶梯，那就是区位的动态理论的发展。唯恐我们失去忍耐和勇气，有必要来想起动态论进入华拉斯系统之前已经历了 60 年以上的岁月。

勒施本人曾指出他的方程式体系也有着任何一般均衡理论共同的弱点，因为一般均衡理论应用起来会过于广泛。这就是他为什么要展开他的经济区理论理由之一。但是理论的结构本身对于许多问题是有用的。当然，对于这些问题来说，理论的结构不得不狭隘化和特殊化。在理论的研究和实证的研究中，一个最有用的——像展开了一种完全新图景的列昂节夫的投入产出的分析那样——是以最一般的华拉斯系统为基础，绝不是偶然的。再者，伊萨德则企图对于区域系统资料应用投入产出的分析，这种应用由于同样的理由，必须接受一般区位理论。后者，在某种意义上只是简单地把华拉斯系统应用于经济，把距离也看作变数。最后，凡是研究现实世界的地区经济的任何人都知道：考虑的地区愈小，则地区间的相互关系愈重要。所以，使学者注意到这些相互关系的任何理论在实验的研究中完成着一种重要的机能。

勒施对于经济区性质的讨论，也许是他最富有创造性的贡献。的确，即使关于这一点，又有俄林作为他的伟大前驱者。但其间有足够的差别，标志出勒施的著作成为完全新的。新奇之处可能在不同方面具有特征。勒施不依靠因素移动性来假定或规定地区，也不假定市场、原料来源地以及交通运输线路等等的存在。反之，他展开了一个地区的构造，那就是在最小限度的假设之下展开了一切有关可变数的相互依存关系，这是以他真正的天才经过深思熟虑后选定的，并且尽可能地使之一般化。这种现实论的缺乏，令人们想起比较生产费用论，这一理论也替代了平凡的微观现实论，即葡萄不能在苏格兰生长。又例如提出杰出的证明，无效率的生产者不能低价出售他所有的货物。

用不同的话来说，勒施不要求为了进行分析给地区下一定义，也不探求特殊的特征。他的经济区不是被因素移动性所规定——因为因素的移动性在地区相互之间也是可以允许的——也不是被“均质性”或被“自给自足性”所决定。固然在这些特征之中，最后一个而且恐怕是最先一个特征，在他讨论经济区性质之后才能理解。他所关心的问题是个别生产单位和消费单位的相互关系，市场和生产中心以及交通运输路线和人口、城市之分布等相互关系的最后区位。所有这些都是同时地相互依存地被决定的。成为问题的是错综复杂的构造，不是地区的平均特征。这些观念与不发达国家的关联是明显的。它们对各别场合的适应，会产生非常有用的结果。

统计学者或经验的研究者或许指出：美国不可能要求去所有地点收集统计，但不得不把小地区或大地区的统计组合起来。这确实是真的，但乍看起来，似乎又不是真实的，因为统计本身是以开始收集详细的个别的统计资料为基础的。这在真实的范围内其困难之点一看就明白。

勒施著作的大部分，是由他的观点对资料（主要是对美国资料）的应用而组成的。单单这一点就指明它们对实验的研究是有成果的。但，再申说一次，任何研究地区资料的人都知道：如果不考虑其他地区的相互关系，单只是孤立地处理一个地区的资料，那几乎很少有用。当然，一个经济区的收入决定于它的生产能力，那是不待言的，但同样明显地决定于它的输入品和输出品的价格。这一点一旦被指出时，它的构造——工业的、农业的、人口的、资本的等等——便具有非常的重要性。同样，地区间的工资差如果不了解地区的构造和它与外部世界的关系的构造就不能理解。

《区位经济学》是一本不容易读的书。一部分是由于这本书是在显著的紧迫状况下撰写的。少数地方之所以难解是因为为了节省篇幅。德文原著第一版中若干重要段节为了节约篇幅在德语第二版中删去了。在美国版中的适当地方又把它们添入。但本书之所以难读，基本上是由于思想的非常新颖。因为本书出版后，还没有经过充分时间或专业的讨论，以致表现方式尚未简单化，即流线型化。勒施的著作敞开了研究的新展望，开辟了新途径。如果能在勒施结束的地方继续研究，获得新的定式化和成就，那就是对本书所能表示的最大敬意。如果将来我们能够说，因受本书的刺激而写成新书，使本书成为过时，那就是对本书的最高赞扬。

W. F. 斯托尔珀

1953 年于密歇根州安阿伯

第一版原序

恰与经济发展理论要考虑时间一样，本书在经济学的考察中，包括了空间，像从前所做的那样，不仅有关个别的问题，并在整个领域中也是如此。它提议要把所有的经济活动整体地从地理方面来观察。这样，在原理上全部经济理论能从空间的侧面加以重新阐明。但在每一次新领域的探索中，首先应该集中考察最有意义的事。我的兴趣与其说在于记述一种完整的理论，毋宁说在于概述能够有进一步发展可能的理论。我相信，例如在既存的科学理论基础上，动力学能够容易引入到空间考察中来。如果本著作的基本观念是健全的，那么，细节上的遗漏和谬误不应该过于重视。如果我的结论同时已成为大家所熟知，那也无关紧要。因为我这部书所重视的不是为了它的详尽无遗，而是为了它广阔的一般见解。

很明显，首先，有把前人研究所得的各种分散的成果综合汇集——这在这个特殊科学领域中特别重要——并使它们与一般的经济理论相协调的必要。但是，不止于此，在本研究中，将展开系统的区位理论、对外贸易新理论和有关经济区一般性质的初步分析。即是说，本书的第二篇和第三篇是本书的核心部分。

本研究与我从前诸研究的关系如下：从前的论文所讨论的

是人口与经济间的关系，本书则讨论空间与经济间的关系。或者从人口的观点来说，前者的研究主题是时间的发展，而在这里恰恰相反，是它在空间的分布。

10年之前，作为青年研究者的我，已怀有本书的计划。当时，我还不能预见到这些问题会像在今天这样引起实际的关心。在那时，我也未曾预见到这样的事实：这些问题实践兴趣会像今天那样提得这么高，或者成为本书基础原理，即当时我曾想必须为之奋斗的在最广泛意义上的地区稳定性的认识，会同时获得如此全面普及。在这整整的10年时间内，我未曾讨论过我这个构想的基础部分。但是，因为我这样确信自己路线方面的正确性，所以我起初本能地继后又日益自觉地意识到，我能够详细吸收各方面向我涌来的大量情报和建议，不让自己在种种理论和种种事实的纷纭混沌中迷失。在这里，我不能对我的研究用忠告、批评或情报形式帮助过我或用各种方式进行协作的许多人列出详细的名单(下面列举的人名略——中译者)。

在本书中，采用许多数学的计算，这是因为不信任理论而满足于不明确的言辞或朦胧的情绪，应受到谴责。但是在超过计算的界限，特别是在必须阐明全体意义的场合，也就求助于推理和哲学的思考。关于数学，我既不追求它，也不回避它，但只当它比其他方法为优时，才简单地利用它。凡是精于数学的人，必定愿意宽恕我利用大量的数学表现；凡是对于数学素养较差的人，如果只接受我的结论，那么，可以跳过枯燥无味的证明。另一方面，我丝毫不是有意地想用冷酷的数学考察来达到满足的存心。它好似一座没有准备居住只有骨架的砖形房屋，或者像一副没有血肉的骨骼。这意味着要我放弃许多独创性的意图，甚而连同我怀抱最殷切的意见。的确，在这里，我相信如果没有巩固的基础什么事也做不成。人们能在一个基础上建筑一座或大或小的房屋，为了创造舒适，还可增添一些或减掉一些，但若没有基础的建筑材料，只不过是一堆不成形的堆积物。

这件事从许多心怀善意的人不经过严密考虑就匆促企图建立起活的科学，可以得到充分证明。在像区位理论这种被人忽视的领域中，即使想建立起一座值得拥护的思想结构，也要求许多年的艰苦工作。但我希望，不拘有它客观上的限制，这也会证实它的现实感和信赖感。

我幸而能通过美国许多比较容易理解的情况，来展开和检验我的种种见解。固然一个外国人容易犯错误，但就全体而言，我的表述可以对美国的读者指出：从新的侧面可以看到美国经济的态势，而且在若干程度上，我对于那些给我帮助和友情的人们表示我的感谢。

对我来说，要我放弃这样一件引人入胜的工作——即把这些经过检验的东西适用于更加复杂的德国和分析适当的事实——是不容易的。但即使把所有对外国的研究和其所产生的结论的广泛应用性置之度外，我的青年时代在斯华比亚小城的经验也组成了本书真正的背景。我深信，我们学习我们所依以成长的亲切环境中的一切事物，是很有益的。我们只有对这样像故乡那样的容易理解和亲密熟悉的小世界，才能下无条件的可以信赖的判断，然后将得到的结论转而应用于大的问题。任何经济景观都能这样去做的话，那么，我的斯华比亚故乡就是这样一个缩形的世界。在那里，我所得到的独创性经验确证了我的最后结论，给我一种真正的安全感。所以，我把本书奉献给我的诞生地——我所溺爱的土地。

A. 勒施

1939 年秋于海登海姆（符腾堡）

第二版原序

受到德国经济学界和国外经济学界[①]与其他科学研究者们特别是实用经济学者们对本书(第一版早已绝版)的赞许和善意的反应,鼓励我决定将本书发行第二版,虽然长期以来,各种条件阻碍我进行应该做的许多修改。但不论如何,在第一版中,我的区位理论只是一种初步的研究,从它的出版到现在,至少已使我的区位理论在思想上更加明确化。关于地理价格差增添了若干新材料,提供了由于战争而适时拟订的地区计划最必要的材料。再者,关于汇兑问题(在于有关限度内的货币问题)则用改善了的形式表现出来[②]。此外,熟知第一版的读者,会在第二版中发现各处加入了新的观察,新的统计资料和图表。有些地方,表述简单化了,但有关本质的部分很少有决定性的修改。本书第一版写作时所遭遇的不可言状的困难,曾不得不把内容压缩,缩写了必要的有用材料,除了给予简单化的印象以外,只有彻底研究本书的人才能充分理解

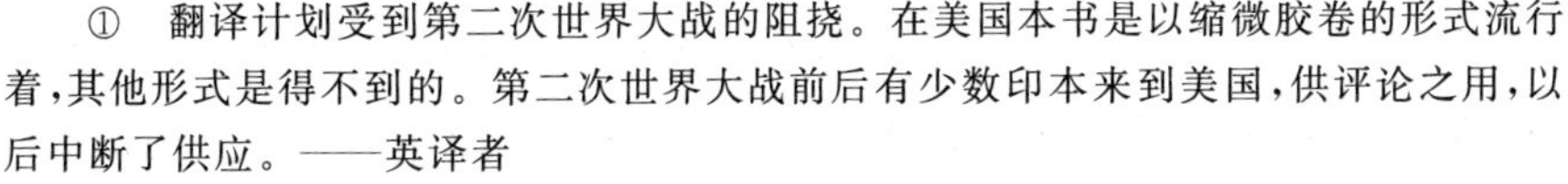

① 翻译计划受到第二次世界大战的阻挠。在美国本书是以缩微胶卷的形式流行着,其他形式是得不到的。第二次世界大战前后有少数印本来到美国,供评论之用,以后中断了供应。——英译者

② 我的关于货币问题的书,对于这一问题将加以详细讨论〔因著者的早死,该书未曾出版,但有一长篇文章,《价值论》在他死后发表于《世界经济文献》LXV,(1949 年)第 35～88 页。——W. F. 斯托尔珀〕。

它的内容。

但是,对于匆忙阅读本书的人指出若干提示是有用的。企业家会对于第四篇“例证”,“第二部经济区”第二十三章“简单的市场区”,感到特别有兴趣;银行家对第四篇“证例”,第二十六章“空间价格水平”,第二十七章“价格在空间中的变化”;货币专家对第三篇“贸易论”,第十九章“自己调节”,第二十章“来自外部的调整”;价格控制官员对第三篇“贸易论”,第十八章“价格梯度”,第二十章“来自外部的调整”,第四篇“证例”,第二十六章“空间价格水平”,第二十七章“价格在空间中的变化”;地理学者和统计学者对第四篇全部,社会学者对第一篇“区位论”,第五章“农业区位理论”,第七章“地带形成的位置和原因”,第三篇“贸易论”,第一部“关于均衡的描述”,第十六章、第十七章和第十八章三章;交通运输专家对第二篇“经济区”,第十二章“各种网状组织的联系”,第十三章“若干新因素”,第四篇“证例”,第二十四章“地区系统”等,特别有兴趣。学生们可以跳过第一篇和数学部分。对于城市计划和地区计划有兴趣的人可以特别考虑第三篇“贸易论”,第二十章“来自外部的调整”,第四篇“证例”,第二十四章“地区系统”和第一篇、第二篇的基本理论,后两篇常常不容易理解。在这里,他们会找到今日经济学有关经济空间侧面的提示。

此外,为拟订实践的计划,许多观念的应用当然还需要进一步的发展。为了准备本书而承受的委托,我应感谢秘书长穆黑斯博士的友好关注。他是德国“中央空间秩序局”的主任。对于地区研究的开拓者上级参事官伊逊堡博士表示衷心的感谢。(下略)

当我撰写本书第一版时,为了使计划完全达到,我缺少钱,现在我缺少时间。当时我的精力的大部分不是为了充实内容的工作,而是为了使它出版成为可能,为了完成我的计划而被耗费殆尽。对于科学的援助,常常是慷慨宽大的,但要达到搜求真理的阁楼小屋,却机会很少。但同时,我能够把我的新见解在许多理论问题上或在迫切的实践问题上进行了各种试验。不拘这些新见解是与广大区域和境界线的划定,城镇和新的居民点的建立,或者诸如通货,对外贸易,价格的形成和市场形态等,乍看起来,显然与遥远的问题有关,并已证明是有用的。一种新的经济学成立了。但是要在各个侧面对这一新学问都能够和平地获得安全保证,时间还不够。后者,因为我不想把那些乍看起来似乎具有引诱力但不能承受严格试验的东西提出来,所以我已将得到的结果的大部分放弃了出版的念头,虽然其中若干的结果可以在我的记录中使用。当一个人为了经济学的实践和分析而经济学的新方法已经为他所掌握时,在这样丰收的面前,他会袖手旁观站到最后而无所作为,那是不容易的。

A. 勒施

1943 年秋于基尔

目　　录

第一篇　区位论

第二篇　经济区论

第三篇　贸易论

第四篇　例证

第一篇

区 位 论

我们的生存，在时间上不能由我们的力量来决定，但对于区位，我们大都能够自由选择。这种选择受着我们诞生地的影响，但并不受它的支配。找到正确的区位对于人生的成功是不可或缺的，对于一切企业的成功，对于一个永久性居住点的建立——总之，对于人类一定集团的生存都是不可或缺的。此外，一个合适的区位必然是一个能保证事物会最妥善发展的区位。若进行更精密的考察，则这些本来单纯的问题必然会不断更新细分和再细分。这样，与考察研究不同，表述一开始就得从问题纷繁的混乱中引出一定的秩序来。

第一部　区位问题系统的表述①

没有一种为人类创造的体系能够避免任意的专擅。也没有一种制度是决定性的。因为我们对于事物的终极原因是一无所知。我们只知道相互关系，不知道从始至终从上到下的单纯因果系列。从原理上说，我们的表述从什么地方开始，这在基本上无关紧要，因为我们不可能滞留在部分的研究而同时不考虑全体。如果体系被看作一种偏好的等级秩序，那么，重点应放在这一语词的后半部的秩序上。我们遵从对我们重要的各种观点，把我们的知识秩序化。因之，同一事实如果从不同角度来观察，就会一再重复出现。在这一适当的等级秩序系列中，也就是在一个理想的体系中，它们就会有恰当的位置。本书最初三篇的题材并不意味着明显的划分。同样，本书中这一部分，正如在其他各部分记载顺序一样，只是为了便利。这一点从本书直到第三篇才开始进而讨论空间经济和一般劳动分工的综合广泛的概念就可以知道。本书中，我们仅仅局限于讨论传统区位理论主题的比较狭小的问题，也就是说，限于讨论在什么地方能够找到特定经济活动的问题。为了评价对这

① 这一简单的展望，是以各位精通区位问题为前提条件的。因之，读者应先略读本书下面第二章和第三章。

一问题的各种各样科学贡献，把它们放在理论上应有的位置，那是有用的。只有这样，我们才能理解基本问题。

第一章　区位问题的意义

现实的区位问题必须与合理的区位问题相区别。两者不需要一致。对前一问题的关心可以分为对区位特征的认识和选择它的原因的阐述，继而可分为牵涉到个别的场合，因而牵涉到本来历史性质的场合或至少牵涉到某一时期成为典型行动的场合。由此可以导出一些法则，以便企业家为他们企业选择一个现实的区位时作为考虑的根据。知道这一点，非常重要。但是如果从而得出结论认为：存在的区位必定是合理的，否则它便不能存在，这是危险的。如果是这样，那么，正确区位的任何理论的决定，便变成无用的了。因而对现实的投降，恰与那些在原则上与人无矛盾的人的忠告，同样是无用的。这是一种满足于单纯容忍他的时代而不为它服务的令人轻蔑的态度。希勒有句大胆的警句："随同您的世纪生活吧！但不要成为它的奴才，要为您同时代的同胞献身；但要献出他们所必要的东西，不要献出他们所褒赞的东西"。[①] 科学如不遵循希勒的名言，那么，科学有什么价值可言？不！经济学者真实的任务，不在于解释我们可怜的现实，而在于改善它。最优区位的问题的解决，比一个现实区位的解决具有更重大的意义。

① 希勒：《论人类的美学教育，9. 书信》(*Schiller, Ueber die ästhetische Erziehung des Menschen, 9. Brief*)。

第二章　各部门的区位理论

一、区位的相互作用

区位合理选择的基本原理，按照我们从个人（作为企业者）的立场，或者从全体（作为地区计划者）的立场来观察它们会有所不同。根据立场的不同，我们察觉到决定区位有一种决定因素的场合，也有两种决定因素的场合。

§1　个别企业的区位理论

1. 经济单位的区位选择

问题是：除了一个区位以外，其他的一切区位都为已知的，独有这一个经济单位的区位需要加以决定。[①] 这个别单位是根据它自己最大利益来解决问题的（这是第一个基本倾向）。照例个别单位必须是在生产地域、销售或供应圈之内寻找于自己最有利的中心。前两者是有关生产者的区位，第三场合是有关消费者的区位。

（1）一个生产者的区位。必须把作为地理数据的有利用可能的生产手段、竞争者和消费者的所在地看作已知的。但这些因素所具有的意义是极端不同的。对于一个农场的区位极其重要的是

① 个别企业的价格形成问题，和它没有不同。在任何个别的场合，价格可用商品的成本来解释。同样，各个个别的区位能用其他区位来说明。自然价格形成的一般理论不可陷入这种循环论法。区位的一般理论，也必然不可如此。在两种场合，只有联立方程式体系，才能确切地表示相互依存关系。

它的生产是在平面上进行，而其市场则可作为点状来考虑。对于一个典型的非农业企业来说，情况正相反。所以，农业区位理论与工业区位理论不同的理由就在于此。工业区位理论曾由 A. 韦伯特别加以论述，固然是极其单纯化的；而农业区位理论则由 J. H. von 杜能加以研究。[①]

(2) 消费者区位。消费者的区位依存于生产者的区位和邻近的消费中心的区位。这个情况在中世纪特别重要：一个内陆的城镇只有在邻近诸城镇给它保留足够农产品供给来源地时才能发达起来。对于今天的棉纺织厂、面粉厂、屠宰厂及其他等等工厂情况基本相同。有关这个题目，若干议论可以在经济史文献中（桑巴特）找到，就我所知，它的理论还没有像生产者前一问题那样详细地研究过。

2. 个别经济区位选择的反作用

当采取个别经济单位的观点时，我们似乎必须从各区位间一般相互依存中解脱出来，从而使我们能够提出比下面将予以讨论的区位一般方程式中所含有的解更加正确的解。但是，立即会显现某些反作用，它们从期望的区位相反地辐射到决定的区位上去。因为我们只考察最初的最直接的要予以决定的区位（像下面所论述的那样）。所以，我们仍然是处理局部均衡问题。但一旦我们力图考虑所有的相互作用时，我们就立刻会面临一般相互依存问题（见下面 § 2）。

---

① J. H. von 杜能：《孤立国》(J. H. von Thünen, *Der Isolierte Staat in Beziehung auf Landwirtschaft und Nationalökonomie*，汉堡，1826 年)和本章下面第 11 节。

(1) 对竞争者的反作用。当新企业选定它的区位时，其竞争者可能重新考虑他们的区位。这个困难问题最初是由 H. 霍特林(Hotelling)提出来的[①]，但他是在非常单纯化的假设之下讨论这个问题的，所以要概括他的结论(集积的倾向)是不可能的。在自由市场的均一条件下，个别单位没有选择自己区位的余地。这样，这一问题只有向均衡过渡的过程中，或者在均衡状态下才具有实际上的重要性。或者这一问题只有在那些人的或自然资源的差别起着作用的工业部门，或者在单一企业的产量占总产量大部分的工业部门，才具有实际上的重要性。在这样的场合，即使当生产在个别企业之间进行分配之后，尚有剩余，而其尚未被满足的需要量过小，还不足以允许追加建设一个新工厂。但若其剩余已足以使这个工厂的规模达到张伯伦点右方[②]，那么，在这样的场合，这些企业便有发生区位选择的余地，而且会在它们之间为了最有利的区位而相互竞争。

(2) 对购买者和供应者的反作用。在这里，我们能够区别出对他们活动形态的反作用和对他们活动对象实质的反作用。

(a) 对形态的反作用。第一，是作为距离函数的消费形态。假定一定生产物的生产区位为已定，而其消费可以采取不同的形态。这需视消费者离其生产者场址的距离而定。例如，可以证明，把已经安装好的大型机器运输到附近购买者那里是有利的。运输大体积的机器比运输其各个部件所追加的运费在其距工厂某一距

① H. 霍特林："竞争中的稳定性"，(H. Hotelling，"Stability in Competition")载《经济杂志》(*Economic Journal*)，1929 年，第 41～57 页。

② 参阅本书第十章市场网状组织，二，§ 1 注①。

离上，由于安装费的节省而得到更多的补偿。反之，若超过这一临界距离，则把机器拆开运输部件会更加有利。①

第二，是作为距离函数的生产形态。如果一种生产物的消费地为已知，那么，这种生产物被生产出来的生产特殊形态会随着生产地与消费地的距离而变化。在这里，所谓生产形态，乃指集约度而言，那就是指耕种方法（杜能）；或者系指工厂生产在当地所进行的阶段而言。当地完成加工，可能比集中加工更加昂贵，这也许是因为大规模生产的优点未能充分利用。但是，如果每一单位完成品的运费比原料运费要低廉，那么，离消费者的某一距离上运输冻肉也许比运输供屠宰用的活畜更为有利。在这些场合，生产物的最后形态往往是相同的。在这里，我们必须区别出下列的场合：像鲜牛奶、炼乳或牛油等等不同的最终产品是从同一种原料制造出来的。这取决于生产者离消费者的距离。于是，我们不再处理同种产品的不同竞争形态，而是处理不同产品。这是下面一节所要讨论的主题。

(b) 对于经济活动对象实质的反作用。第一，是当作距离函数的消费对象。现在，假定在市场上竞争的财货是在同一场所生产的，每一种财货是在同一场所生产的，每一种财货将在什么地方消费那是由离它们原产地的距离来决定。② 试取富矿与贫矿两者在同一地点开采作例来考虑，前者系在地下深层开采，后者在地表

① 参阅本书第五章农业区位理论，一、局部的指向，§1 杜能的理论为基础的系统。

② 参阅 W. 劳哈特：《国民经济学的数学基础》（W. Launhardt, *Mathematische Begründung der Volkswirtschaftslehre*），莱比锡，1885 年，第 164 页。

露天开采。低品位的矿石每一消费单位的价格比较低廉，但运输费昂贵，所以，该矿在矿山附近加以利用是有利的。在另一方面，品位高的富矿则只能由较远的冶炼厂来购买。

第二，是当作距离函数的生产对象。我们触及杜能著名的表述的后半部分，其前半部分触及作为市场距离函数的生产形态。让我们假定各种产品的消费区位集中于一个城市，这些产品为了生产者耕种的土地而展开竞争。杜能指出：在一定条件下，这种耕种地是按照环绕市场中心的环圈排列的。这个问题我们将在下面再来讨论。①

§2　一般的区位论

1. 区位的一般方程式

如果我们希望严密正确地考虑特定的区位选择对所有其他区位的作用——例如我们刚才提到杜能的事例中，城镇的区位不但对供应城镇的某一特定农场发生反作用，而且对所有农场和所有其他城镇都有反作用——这样我们进入一般区位理论研究领域。严格地说，这些反作用转变成为相互作用。在这里，我们如果仍然停留在只挑选某一区位并孤立地考察它与附近区位的关系，那就没有什么意义了，我们已经面对着全部区位的相互依存关系。因之，区位体系的均衡已经不再能用图表法来描述，只能用一系列方

① 类似的情况，在工业的场合也可以看到：当不同的财货是从同一种类但有不同的失重材料制备时，就是如此。参阅 O. 恩格兰特尔：《货运与货运率原理》(O. Engländer, *Theorie des Güterverkehrs und der Frachtsätze*)，耶拿，1924 年，第 129 页以下。

程式即方程群来表述，那就是在实际上不可能解决得了的。这样，有浓厚兴趣的，不是这种方程式本身，而是这些方程式所表现的条件。因为，这些条件包含着全部体系所据以发生机能的各种必要条件，所以比所有特殊生产区位理论中提示的具体的详细情况更为重要。由于采取这种一般方程式，我们遇到决定区位的其他基本力量，使个别经济单位种种有利性的均等化的倾向和竞争者的数目（在它们可能参加的自由市场）达到最大限度化。[①]

2. 关于经济区的单纯化的理论

介于个别的区位理论与全体区位类型理论之间的是经济区的理论。这一理论与前者都有可用几何图形表示的优点。与后者，在题目的广泛上有共同性。在这一理论中，区位的一般相互依存性可用非常单纯化的方法表示，即可用图表法来表示。在这一理论中，特别忽视自然条件的不平等性（虽然不是在一切方面），而且不十分重视城市的需要。这一理论考虑了同一财货的全部生产者和全部消费者之间的关系以及不同财货的生产者之间的关系，至少它们对于主要城市和主要交通运输干线的建设和发展具有重大的意义。即使在这里，如果被排除的因素一旦被导入，那么十分可能的是，上述的构图就会发生某些变化，但不可能使之完全变成无用。由于经济区具有非常重要的意义，所以，本书将有独立的一卷来讨论。

① 因为竞争数目的增加，会导致利润的消失。另一方面，利润的消失，并不保证独立经济客体数目的最大限度化，所以，人们粗略地看到利润均等化和利润消失的趋向；也就是在各个独立生产者间收入的均等化和独立生产者与从属者收入均等化的倾向。下面我们将自由进入市场作为一种更符合希望的条件，来一同考察这种趋向。

二、各种区位的相对位置

§1　基本类型

现在我们讨论区位合理选择的种种结果。凡在一种商品被生产的地点和它被消费的地点之间与它们的数目和区位相应，会出现一定的具有特征的种种组合。就市场全体而言，可能有百个之多的市场存在着，其中每一个又往往照例分裂为较小的群，这些较小的群的大部分，在个别生产者的生产物系同质的场合，就会发现它们宁愿主要地或排他地在它们彼此之间进行交换是有利的。每一个群，形成一个"小市场"。这些彼此间有着密切接触的小市场和那些尚未进行分裂的主体市场可以归纳为少数最基本类型。一个单一的生产中心只与一个单一的消费中心相交换的情况是很少发生的。但工业的区位理论却喜欢选取这种有界限的场合作为它的基础。从原则上说，若干生产者集聚在一个消费者和消费者周围形成群，或者若干消费者集聚在一个生产者周围形成群。与这种情况相对应，我们采用了购入区域或供给区域与销售区域的术语，或者把两者结合而采用市场区的术语。

这些位置关系的两种基本类型是一切区位决定的核心。供给区域在非农业(即工业)区位理论中起着重要的作用，销售区域则在农业区位理论中起着重要的作用。后者曾由杜能加以论述，前者由劳哈特加以阐明，界限的场合则由韦伯进行研究。不拘分布在市场区内的区位之数是很多(像在农业的场合那样)或是很少(工业的场合常常是如此)，都没有多大差

别。与这一情况相对应，我们可以处理完全的市场区，或者不完全的市场区。但本质上情况是同样的，没有什么变化。如果一个生产中心包括属于同类部门的许多独立企业，并且都分别供应全部市场，那么，情况也不会改变。这些区与它们共同的销售区域的关系可以作为一个企业来处理，而它们的供应曲线可以相应地加以计算。[①] 由此便可得出结论，市场区的性质不是由购买者或消费者的数目决定而是由它们的区位数目和位置决定。[②③] 同一种类的生产物和不同种类的生产物的生产者和消费者的区位，有任意决定的场合，也有集积的场合。这些集积的问题具有非常重要的意义。所以，有作为一个特殊的独立问题加以研究的必要。

§2 区位的集积

1. 点状集积

对多数生产者或多数消费者来说，为什么他们最好的区位有时是一致的？为什么在某些地点生产是非常庞大的？为什么多数

---

① 否则，某些生产物的差别化便会存在。

② 如果只是数目成为问题——那就是说，区位是均等地分布的——那么，在作为全体的经济体系中当生产中心的数目超过消费中心的数目时，便形成供应区域，在相反的情况下，就形成销售区域。

③ 市场区域的形态连同购买者销售者的数目以及他们对市场的行动与两者间的相互补充关系，同样地是决定竞争构造的必要因素。如果认为市场的形态——那就是说，价格形成的方法和结果——只能从购买者和销售者的数目而不考虑它们区位类型就可知道的话，那么这种想法是错误的。一般地说，传统的市场形态，一旦从地理的观点来考察时，就会获得与至今为止的理解具有本质上不同的意义。但这里，我没有时间和篇幅来展开这一问题。

城镇会成长起来？而且在什么地方成长？——所有这些问题都是同一的问题。它们的答复必须区别出同类商品生产区位的集积和不同类商品生产区位的集积。关于前一范畴，我们把一个特定地方只有一个单一大企业并且它只能吸收地方企业到那一地点的场合不予考虑。目前，我们将讨论：作为纯粹合理考虑的结果，那就是如果发生若干企业的合并或迁移而不发生摩擦的场合，那么，如何会在同一场所成立属于同一类型的若干独立企业。最后，在大城市中，同类的或不同类的企业会同时集中。所有这些集积的相互间的关系是受特殊规律支配的，关于这些规律将在第二篇中讨论。

2. 平面的集积(或地区的集积)

具有点状集积的个别区位至少在它们的中心点是一致的。与点的集积不同，平面的地区的集积特征，在于它们的中心区位位于彼此密切的距离内，但并不重叠。这种区别带来重要的结果，因为后一场合，各种区位的市场区虽然紧密毗邻，但仍然是分离的。在前一场合，它们恰在区位集中的附近重叠起来，但其范围却可能是极其宽广的。作为平面的地区的区位集积的例子，如美国的轧棉厂的供给圈网。这种网就是在区位的地区集积，它们十分有规律地分布于整个美国棉花地带，同时，却不超出它的地带界限。区位的点状集积可以用美国许多制造衣领的工厂作为例子。它们大都位于美国纽约州的特罗伊这个小城镇，但其销售区域却包括美国全国。这就是点状集积的例子。但还存在着第三种中间形态。例如，美国的煤矿。虽然煤矿局限于一个比较小的地区，但它们不集中于一个场所。无论如何，这种煤矿对于缺煤地区是无差别地供应的。煤的重复运输有些估计过高。它们一部分取决于煤质的不同。[①] 主要的原因在于它们是不合理的铁路运费率的结果。所以，就全体而言，可以说，产煤区的每一分区各有自己的特定的销售区域。[②] 因之，在同一类工业部门的区位集中必须区别出地带(Gürtel)和地区(Bezirk)。前者是市场网压缩得密集在一起，后者是市场分散存在，只各个市场中心区压缩在一起。图1绘出了以完全分散到点状集积的差异。

以上，我们只讨论单一工业部分的场合，而对各种不同工业而言，存在着区位的平面的地区集积和点状集积。这些就是所谓工业区。从它们的构造之点来看，它们一部分与地带相类似，一部分与地区相类似。

① 这样，芝加哥地区的钢铁工厂从匹兹堡地区获得煤，因为大多数来自附近伊利诺伊州煤田的煤是不适于炼焦的。

② 甚而对小地区而言，这一点也具有重要意义。即是说，它阻止了早已运输负担过重的地区内的相向运输。当这地区本身即使具有相当广大的范围时，市场的合理组织化是困难的。试设想一下有一个圆形的煤产地，并假定需要量很小，以致只在矿山边缘才进行开采。在这样的场合，每一矿区将对附近地区明确划定的分区进行供应。随着对煤需要的增加，第二内圈的煤矿才有效地进行开采。严密地说，不是煤田全部而只在外侧的环圈开采。这环圈之广大随着需要大小而变化。采矿业离边缘越近，它们提供地租就越大。

如果煤像棉花那样能从圆周的边缘部分少数中心地用很少的几分美金收集起来，然后从那里再作分配，那么，情况便简单化了。在这样的场合，生产者和消费者地租只会按照离这些收集中心的距离而发生相应变化，它们的供应圈和销售圈便会很容易解决。现在的情况比这要复杂一些。但在这里，不值得作进一步的论述。

没有集积的场合	平面状集积		点状集积
	市场区被限制的场合	中心点集中的场合	
1	2	3	4
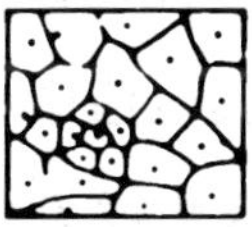	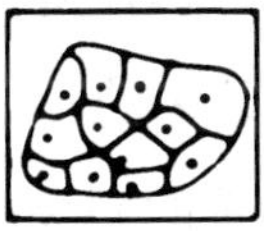	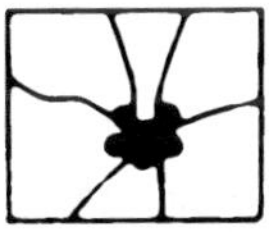	
原来的网状组织（面包业）	地带（轧棉厂）	地区（煤矿）	地点

图 1　区位集积的类型

第三章　地域的境界

一、单纯的地域间的境界

除了区位本身以外，可引起人们兴趣的是在平面地域的分布中，可把它们加以划分为点状分布和势力圈的境界线。在这里，我们有区别下列事项的必要：(1)**不同种类财货地域间的境界线**（那就是划分生产不同财货地域间或消费者不同种类财货地域间的境界线）和(2)**不同种类市场的境界线**（那就是在不同市场上销售或购买同种生产品的地域间的境界线）。杜能的圈层是第一种的例子，不同区位中两种相互竞争的企业的销售区域的分割是第二种的例子。我们也可把第二种叫作相互竞争的区位的境界线，第一种叫作相互竞争的商品境界线。

划分相互竞争区位的境界线也限定了同类财货供应区域和销售区域的境界线。划分相互竞争财货的区位境界线也就限定了不同财货(或至少是不同形态财货)的生产地域或者消费区域的境界线。

后一类型的境界线是与一切区位的位置同时决定的,但是前一类型必须根据这些区位加以计算。如果购买者和销售者是分散的,他们的数目又多,而且如果各市场区的中心无视其他诸中心的存在而孤立地予以处理,那么,就等质的财货而言,这些境界线便非常明确。在相反的场合,市场是重复叠合的,境界线就不明确了。

二、地域体系间的境界

如果存在着与不同财货的地域相区别的体系(像在杜能所说的场合),那么,也存在着重复的体系(像在经济省的场合)。根据体系我们只得到(1)境界线和(2)境界地带。两者都含有单纯地域间的境界线,而且在两个城镇和两个经济省本来是同种的场合,两者对同一边际财货划分成市场区。在境界线的两侧存在同一的杜能圈层,但与不同的城镇有关系;就经济省而言,在境界线的两侧我们找到同类财货的境界市场区的侧面,它们相互对应并具有必要的最大限度市场半径。但是,如果城镇或经济省的大小不同,那么,境界线这一侧的财货和那一侧的财货也就不同了。当沿着境界线进行时,人们会看到杜能圈层相遇,而且会发生变化。同样,当经济省是不相等时,边际财货便成为不同的了。

境界线和境界地带间的区别如下:前者在两个城镇或主要城市只要发生竞争,两者间就组成明确的境界线。后者只在主要城市间成立,并找到空间市场的境界。所谓“空间市场”,乃是指它并不属于两个地域之一，不拘两个主要城市在性质上是完全相同的。这样的境界市场起源于下述的事实：在市场网与经济省的境界线相接的地方，出现空隙的角，这些空隙的角本身过于狭小，不能给新建立的一个独立企业提供充分的生存空间，于是它们只能与毗邻经济省的类似的空间角相结合，才达到足够大的规模。下面我们将看到这些境界的地带从经济省的外缘起，向其主要城市伸延到三分之二附近，但随着向主要城市接近，它的重要意义也逐渐减少。境界的地带性不是由任何特殊价格状况形成的。反之，境界线和如上面计算的单纯境界线对生产者是等利润线，对消费者是等价格线。

第二部　关于区位的若干重要问题[1]

在第一部已经系统地指出了有关区位的全部问题。在这里，要对它提出答复是不可能的，而且在现实上也没有必要。所有的问题并不是都同等重要，而各个个别场合的解决方法的性质，也没有很大的不同。所以，在这里只指出处理问题的少数典型方法就足够了。一旦分析的程序完全掌握，那么，把这些方法应用于其他问题或更加复杂的问题，便不会有什么困难。

以下将讨论的是：从个别经济单位的立场来看，有关区位选择的两类问题（工业区位理论与农业区位理论），有关区位集积的两个问题（都市的形成与地带的形成），与区位的一般理论的两个领域。关于这点，在第一卷中，我们只会引入决定区位的方程式，关于经济区的基本讨论，我们将在下面一篇分别进行。

---

① 在以下讨论中的许多地方，关于经济区的结论已在前面预示了一下，但它们的证明要到本书第二篇才能进行。

第四章　工业区位理论

一、一般原理

工业企业的区位是由企业家选择的。他的选择是以主观考虑为基础。固然在他思想中，也想到一些客观事实，但是单单这些，还不能解决区位。这样可以想象，两个企业家虽然处在完全相同的外部条件下，却会选择完全不同的区位。可供他们作出决策的范围①，依存于他们可能的企业利润的大小②。当为自己的企业选择地点时，企业者只为了一个正式的目标而努力，那就是保证获得最大限度的效用。他们是否恰好射中鹄的，只有到了后来才能确定。因为即使通过深思熟虑，他们毕竟只好听任命运来进行选择③。

① 模仿的企业者们很容易忘记这一范围对于他们比对于能干的先驱者具有较大的限制。区位对于后者可能产生某种程度的利润，不是最大可能利润，但也会对前者遭受损失。所以，前者不能单纯拿前驱企业区位作指导，也没有深刻想到不能依附于这些企业已存的集积。

② 从这里发生了怀疑主义者所乐于提出的所谓反常现象，即把现实的事例作为不合理的和反理论的例子。例如，一个生产者常常根据他所追求的趣味嗜好来给他工厂选定区位。英国的事业家和他的妻子喜欢在英国南部生活，据说，这种心理对英国企业向南迁移起着极重要的作用[《政治经济规划：关于工业区位的报告》(*Political and Economic Planning*:*Report on the Location of Industry*)，伦敦，1939 年第 46 页]。但是只要这种变化无常的区位选择的损失不超过企业者的利润，它们是不会违反理论的。

③ 关于这点，可用两种理由来说明：在一定条件下，要正确决定一个位置真正如何良好，实际上是困难的，要预见这些条件将发生怎样的变化，基本上也是不可能的。在动态世界中，最好的区位是没有的，因为我们不能知道未来。所以，下面将要论述的，只是适用于静的状态。效用的测定是可疑的。这一点，将在下面加以讨论。当然，与区位有关的不确定性的程度是变化的。最安全运行的是老农场的规模，继承的财产或商馆，它们几代继承下来。它们的主人已为人所共见地经历了各种变迁，它们的占有者们由于

被选定的区位可能证明只是主观上的失败，或者在客观上也是如此。当这个企业者原想从其选定的区位获得个人成功的期望未能实现时，他主观上失败了，当他因他的选择从经济整体的观点来看证明其为错误，以致陷于破产时，他在客观上失败了。[①]

二、区位选择的手续

为了确定能保证最大限度效用的地点，要求我们作许多考虑，比科学上的可能性要更多些。实践上的便利性则可暂置不论。决定企业区位选择的一个近似公式是依据影响决策的诸因素中有多少因素被排除而定的。很明显，全部不正规的影响必须予以排除。因为综合的法则只是在正常规律影响之下建立起来的。如果我们把地方性的条件的无法估价的效用予以漠视，那么，企业者便能选定实质上利润最大的区位。如果我们在企业者消费的商品价格水平中没有发现某些空间规律性（而且在公司企业的场合也是真实的），那么，最好是把生产费类型也予以忽视，这样选择的目标才成

实际上永久的地位，长期地占有它们；有许多工业、企业，在审慎管理之下，也可以维持数代之久，或者在某一时候可以迁走或崩溃；最后像音乐家和诗人，科学家和宣教者，发明者、雇佣兵、改良者、搜求圣杯者、长工、革命家等乃至种种流浪汉，在现有秩序之下，没有他们栖息之所，他们只能在隐士或淫妇之间进行选择。他们最合适的区位是大路，大路把他们从家庭与世界之间隔离开来。李斯特的命运每天在重复着（F. 李斯特〈1789～1846 年〉，德国经济学者，极力主张为幼稚工业实行保护关税、关税同盟和政府发展铁路、商船。由于他的观点，他被放逐若干年，当回到德国时，他被判处囚禁。只当他答应迁居时，才被解放。1825 年他前往美国，后入美国籍。由于疾病和经济困难，他最后结束了他自己的生命）。——英译者

① 破产并不意味着不适当者的除去，而主要是意味着一种秩序的维持。对这种秩序给予一定的权威，为的是使这种秩序与混乱相互区别开来。不是因为这种秩序达成某种公正的或有意义的事（只是最大限度的自由意志，不是像从前所相信的那样的最大限度的效用）。参考下面 117 页注①。

为能保证名义利润最大的区位。

§1　单方面的指向

1. 费用的指向

名义利润是货币成本和货币收入之间的差额。收入决定于许多不规则的因素，所以，工业区位理论一般都忽视这些因素。因之，韦伯把需要看作完全非弹性的，这就把毗邻的竞争的市场区境界线假定为完全固定的。在这样的场合，工厂便布置在到岸价格(cif——生产费、保险费和运费)最低的地点。

a. 运输的指向

生产费是与生产要素和其他必要物质的价格和量的不规则的地方差相应而异的。如果这种不规则性由于“其他条件相等”这一假定而最后被排除，那么，只有运费应力图使之达到最小限度变化。只有这些运费几乎常常显示出空间的规律性，所以，它们在区位决定上所作的贡献，在占统治地位的理论中，已成为主要的项目。

(a) 运费最小的地点。直到目前为止，区位理论承认三种决定“运费最小地点”的方法，即决定每一单位的总运费最低地点的方法。

(1) 在区位三角形内基于外角的定理对“运费最小地点”的决定。这种解决方法，首先是由 W. 劳哈特发现的。[①] 经过一代后

① 关于劳哈特第一篇最容易得到的论文是“工商业投资和适宜区位的决定”(W. Launhardt，“Die Bestimmung des zweckmässigsten Standorts einer gewerblichen Anlag”)，载《德国工程师协会杂志》(*Zeitschrift des Vereins Deutscher Ingenieure*)，1882年，第106～115页。

又由韦伯再度发现。[①] 最近 T. 巴朗特尔对于这种解决方法进行详细的研究。[②] 在这里，这种方法只是提一提罢了，因为它没有理论上的重要性，也没有实践的意义。这一方法只当作必要原料来源地数目和消费地数目两者之和等于 3，而只在运费与重量和距离成比例时，才能应用。

（2）机械的模型。在一张坚硬图纸上标出原料来源地和市场位置，各打一小孔，每一小孔各系一定重量的锤，穿过这些小孔，把线联结起来，结成一个结。这个结停止的点就是所期望的生产区位。发现运费最低点的问题，是和在一组力量系统中发现均衡位置的问题相同。T. 巴朗特尔提出了数学的证明。[③] 系在线上的重量与要予以移动的量成比例。假定 A、B 和 C 为原料所在地，并且假定生产一吨成品需要 3 吨、2 吨和 0.5 吨的原料，再假定 D、G 和 F 是市场各个消费总产量的 80％、15％和 5％，这样，从 A 点到 F 点的重量的相互关系，必然等于 3∶2∶0.5∶0.8∶0.15∶0.05（关于这种方法的历史和文献，可参阅上引的劳哈特，A. 韦伯和 J. 巴朗特尔的著作）。但是这种方法的应用范围是较宽广的：它能应同于任何数目的生产场所和市场所在地，虽然只在运费率与距离成比例的条件下。

---

① A. 韦伯：《工业区位论》第一部（A. Weber, *Ueber den Standort der Industrien*, Pt. Ⅰ），蒂宾根，1909 年。韦伯的名著 1928 年由 C. J. 弗里德里克译成英语，在美国芝加哥出版。

② T. 巴朗特尔：《区位理论的贡献》（T. Palander, *Beitrüge zur Standortstheorie*），乌普萨拉，1935 年，第 139～145 页。

③ T. 巴朗特尔：《区位理论的贡献》（T. Palander, *Beitrüge zur Standortstheorie*），乌普萨拉，1935 年，第 141 页。

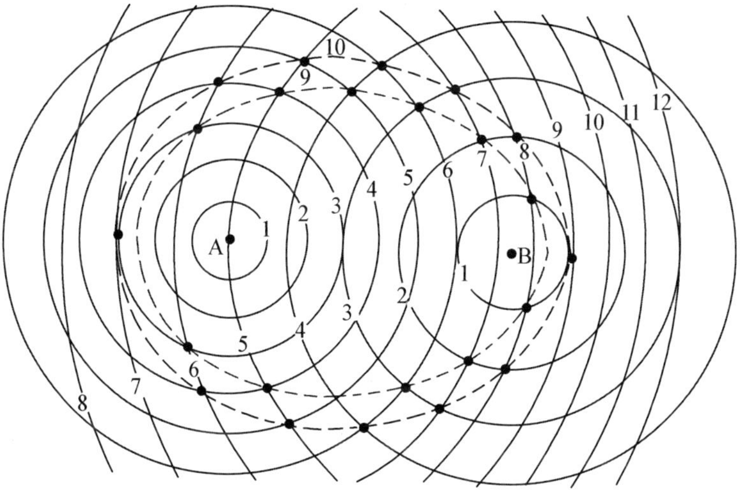

图 2　等费线的导出

(3) 等费线。[①] A. 韦伯的等费线是生产物每一单位运费合计相等之线，那就是把一定联运之下的费用相等各点联结起来之线。这种联运包括原料和半成品运至工厂的运费和成品运出工厂的运费。等费线必须与等运费线相区别，后者代表运至一定地点的和从一定地点运出的单一运输的个别运费相等之点联结起来之线。在等货的运输平面上，等运费线成为同心圆。就同一的运费差额而言，同心圆一个接一个的圆间隔是相等的。当一线从中心向外出发，它们与距离相等，则在递减的运费制之下，圆之间的间隔一般是增大的。如果运输区域被特别低廉的交通线(铁路与运河等)

① T. 巴朗特尔:《区位理论的贡献》(T. Palander, *Beiträge zur Standortstheorie*)，乌普萨拉，1935 年，第 305 页，评述了各种“等”线。

所贯通，那么，就会导致联合运输（例如，通过铁路和汽车）[①]，并使**等运费**线变形，等运费线起了等费线导出的作用。它们就为运输一单位成品的生产和销售所必要的货物量进行运输。这样，在上述例子中，3 吨的等运费线是以 A 为中心而绘制的，2 吨的等运费线是以 B 为中心而绘制，以下同样，与 A 点最近的等运费线，表示 3 吨特定原料以一个货币单位的总支出所能运到的线（等运费线 1）；第二条线是为了从 A 运输 3 吨花费二个货币单位的地点联结起来的线（等运费线 2），以下同样，如图 2 所示，从两群等运费线导出一组等费线，常常是最简单容易的。在这图中，在运费率和距离成比例的前提之下，在 A 点周围可绘出等运费线 1～12，以 B 为中心绘出 1～8 等运费线。从这两组的等运费线构成的等费线，是用破粗线绘成的 9 和 10。例如，等费线 10 是从 A 运输原料 3 吨的运费和从 B 运输 2 吨的费用合计共达 10 个货币单位的各地点联结起来的线。在这条线上，例如，位于以 A 为中心的等运费线 4 和以 B 为中心的等运费线 6 相交的各点和两者的等运费 5 相交的点。然后再用同样的方法从这样的等费线的两群构成较高次元的等费线群。最后，在最高次元的等费线把所求的生产地点和从 A 到 F 的六个地点间货物的全部移动都包括在内。在这些所有最高次元的等费线中，只有离中心最近的最内侧的具有最低号码的等费线，本文才有实际的意义，因为它环绕着全运费最小点，那就是对生产最有利的区位。以等费线作图与机械型同样，可以适用于任何数目的区位，也能适用于任何数目的运输路线和运费率。

---

① 关于这一点，T. 巴朗特尔曾有光辉的论述，参阅上引书，第 357～360 页。

（4）代替原理。根据这一原理，由于从符合愿望的区位的无限小的偏离，运费增加之和会与运费减少之和相等。[①] 这一原理虽只描述最小点的特质，同时，也指出对代表总运费的平面有采用方程式来算出费用最小点的基本代数的可能性。

（b）作为限制因素看的运费最小点的边际区位。自韦伯时代以来，对于生产被吸引到特惠地点的那些边际区位，具有特别的兴趣。除了转运点和结节点作为特惠地点以外，我们也把那些能找到的生产因素[②]，消费者或竞争者所在的地方指定为特惠的地点。[③] 在什么条件下总运费最低点与这些特惠地点之一相符合呢？

对于与距离成比例的运费率，可以设想有四种场合。第一种场合是重量比。在机械模式中如果聚在一条线上的重量大于其他

① A. 蒲雷多尔："经济理论中的区位问题"（A. Predöhl，"Das Standorproblem in der Wirtschaftstheorie"，《世界经济文献》（*Welwirtschaftliches Archiv*）XXI，1925 年，第 294～321 页。原理是在第 306 页叙述的。

② 如果这些生产因素存在着，但只用少量数目来表现，那人们只能以保留态度来谈特惠地点或位置。

③ 相邻的竞争者之间的中心区位是否属于特惠地点，颇令人怀疑。作为普通位置来考虑时，这样的一个区位在事实上也许是极其重要，但在理论上加以确定却很困难。因为这样的地点不是一个一定不变之点。确实，在现实的假定之下，这样的地点，除了通过利润的最大限度化以外是不存在的。这样一种中间区位可以看作区位的只有下述四种场合是可能的：第一，在运费决定的指向中，因为原料运费率与成品运费率相比要低（在德国铁路运费率表中每一整车成品的最高运费率几乎要比煤炭运费率大 5 倍，比火车零担的几乎要大 30 倍，对于煤炭运费率也是同样高），所以，生产就在消费中心进行。第二，由于在总运费的区位指向中，原料供应地和劳动供给地，在费用面上是平均分布的。第三，由于在总报酬的区位指向中，购买者是分散的，在符合愿望之地点上，这一销售圆锥会与毗邻销售圆锥交叉必须成为最小限。或者第四，由于在利润区位指向中，任何因素，例如制造品高运费率与原料地、劳动和市场的广泛分布等会同时发生作用。这样的场合，导致对各方面安排得很好的排他的地区进行生产。伊格斯和乌姆劳夫把它叫作"地区受约束的"（bereichsgebunden）生产。本书第二篇将讨论这个题目。

重量之和,那么,所有力的系统的静止位置便会与大重量锤的作用点相吻合。例如,在洛林的炼铁工业中,在第二次世界大战之前,重量比是3吨矿石+1吨焦炭=1吨生铁。这样矿石的重量大于其他两种的重量之和。如果从鲁尔运到洛林的焦炭的运费没有超过从洛林运至鲁尔的矿石运费,那么,洛林的硫铁矿基地的牵引力会更大些。[①] 必须熔化的矿石愈贫,则它们矿床所在地的牵引力就越大。因之,今日的炼铁工业益发接近矿石产地。酿酒工业提供了趋向消费者的区位,是重量条件所决定的牵引力的典型例子。追加的水的重量大于麦芽和燃料所丧失的重量。

运输费最小地点与特惠地点之一的相符合的(即边际地点的)区位指向的第二个理由,是各种区位的相对位置。前述的场合,不但锤之一的重量超过其他重量之和的场合会发生。而且当它超过它们的合力时也会发生。在任何重量为一定的场合,其合力取决于锤的作用点的相对位置。[②]

第三是已建立的交通运输线的场合,其结果可以观察到,像在机械模式中容易理解的一样,运输费常常是在小孔之一(原料供给地或消费地)或结节点之一上为最小的。只在这种特惠地点上,由

① H. 舒马赫:"在德国和联邦国家大工业的移动"(H. Schumacher,"Die Wanderung der Grossindustrie in Deutschland und in den Vereinigten Staaten"),载《斯摩勒尔年鉴》(*Schmollers Jahrbuch*),1910年,第451~482页。布黑曼等:《世界钢铁工业区位》(Buchman et al. ,*Die Standorte der Eisen-und Stahlindustrien der Welt*),柏林,1927年。

② 作为区位三角形的单纯的场合,可以引用巴朗特尔的第8图(上引书第144页)作为例子。如果一个消费地K位于由平行线划成网状的地区内之一,那么,我们就有了一个正常的场合,生产区位就在区位图形之内。如果K位在由点线的地区内,则货物就在消费地点生产。如果K位在虚线的地区内,则货物就在原料来源地生产。消费地是多数的分散的场合,原料所在地在生产区位决定上常常给予优势的影响。

于作用角的改变，这些相反的诸力才会相互影响，但这些力在这些地点之间，却保持不变。因之，与其他诸地点相比，结节点有这样的优点。即从它那里能够直接到达的地方比从其他诸地点为多。所以，如果一个交通运输地区存在的话，这些结节点便会成为最为人所喜爱的。

上面关于边际区位的三种限制的原因在于运费的降低。第四种原因则在于转载费用的节约。这个原因，除了其他因素以外，说明工业区位转向交通枢纽结节点（包括海港在内）的原因。即使在交通运输线不通过转运站的场合，如果生产场所直接移动到生产要素供给地，而不单单靠近它，那就能节省转载的费用。当线路运费的增加比转载费用（即装卸费）的节约为小时，上述的移动便会发生。

在这里，我们用差别运费率来代替与距离成比例的单纯运费率。第一，运费率是根据货物种类而有差别的，成品的运费率往往较高。这种运费率似乎比普通的运费率更适用，但成品重量却比实际的要高（韦伯的“观念”重量），完全同样，在我们的分析中，不会引起什么变化。不过区位在消费地则有着更大的可能。但是，第二，当运费率按照拖运距离长度来规定等级时，情况便不如是。依距离定等级的递减运费率有利于长距离的运输，因之，作为区位位于交通运输系统的出发点和终点（原料供给地或消费地）是有利的，而不是在中间区位或转运点。[①]

① 关于与距离成比例的运费率的场合不同，又在巴兰特尔其上引著作第 318 页上有很好的论述。

最近汽车运输的发展，抵消上面所讨论的限制企业区位选择的某些因素。它一般降低了位于铁路车站的区位优越性，特别是降低了特惠地点的优越性。由于转运次数的减少，转运点的优越性也因为采用汽车运输时不常需要转运而不常为人所感觉到了。接近消费地的区位——不问是向大城市集中还是向全国平坦的农村地方分散——所能获得的利益也减少了。因为由于自由竞争，汽车运费率会更多地被实际费用所调整，而不是根据“货物所能负担的能力”。这样，对成品收取较高运费率几乎成为不可能。市场和原料所在地最后失去对企业的牵引力，正如汽车运输的场合一样，路程运费率代替了递减运输率。①

在这种限度内，汽车运输带来使工业区位分散的效果。它使只依赖于差别运费率的集积归于分解，但同时，在下面将予讨论的条件下，汽车运输由于消灭分散的农村区位，鼓励以低的生产费为基础的集积。

b. 根据生产费的指向

有时，只有生产费本身是企业区位唯一的决定因素，但如果是这样，那么，这一情况往往可在边际的情况下观察到。这一场合，必须与一般无限的生产技术指向相区别。只有在一种或一组生产要素的结合可以用尽的，不能移动的和独一无二不能代替的条件下，生产就必然在这一区位上发生。大体上，当最小限度必要量的地下资源特别稀少，当要求特殊的气候条件，以及当特别有才干的人拒绝迁移的时候，这种情况常常可以观察到。

① 这样，关于短程拖运、快速运输和对于运费率高的货品，汽车比铁路为优。

c. 根据总费用的指向

(a) 离岸价格(即保险费+生产费+运费)最低的区位。照例，生产费不可能从原料的运费中分离出来，也常常不希望把生产费从成品的运费中分离出来。在这样的场合，生产费只与运费结合时才影响区位。那就是当若干分散的原料需要结合利用时，或者当存在着若干供应来源地可以利用时就是这样。在上面“运输指向”2“机械的模式”的例子中，假定第一种可以移动的原料有两个来源地，在其 A_1 原料所在地，每吨价格为 10 马克，而较远的 A_2 地点价格只值 5 马克。向 A_2 订货，每吨成品能节约 15 马克。但是，假定每吨成品的总运费为了结合 A_1，B_1，……F 在运费最低之点，比之为了结合 A_2，B_2，……F 在运费最低之点要小 20 马克。所以，A_1 虽然较贵，但较近的原料地，就成为较为人所喜欢。因之运输费决定各种原料地间的选择，而生产费[①]则决定运费最低地点之间作出抉择。总而言之，最有利的区位取决于两者，所以取决于总费用。[②]

① 恰如俄林不断强调那样，生产费的空间差异取决于下列事实：不同地区的天赋因素是不同的，而且这些因素使用于生产的结合比例也不相同。因之，这些因素对生产发生不同程度的影响。但是，地域的价格差，不仅仅是地方上产品稀少性不同的结果。因为生产因素和它们的生产物有移动的可能，所以，相对稀少性本身乃是特殊的地域价格体系的结果。在这一点上，不是只引证物的因素(气候、自然资源、人类特质)作为生产费在地区上不同的原因，而是有强调在这一点上相互依赖性的必要。但不应当把地域价格差完全还原为运费的不同，同样，也不应当把依据总费用的区位指向还原为运输的区位指向，因为价格差会比运费小。不消说，这种困难只要对空间给予重大的意义，并把全部生产理论展开成为交通运输理论，便能加以克服。很明显，生产上的各个阶段结局，常常能够还原到空间移动的问题。

② 代替原理又一次能够决定费用最低限度的地点，当生产区位发生小小的变动时，费用增加之和必然等于费用减少之和。如果我们把费用了解为地理纬度和经度的函数，为已知的，那么，它们的最小点便能在原则上用代数的原理加以决定，以代替韦伯的几何学解法。A. 蒲雷多尔把边际赢利性原理引入工业区位的理论中来(上引书)。不消说，与蒲雷多尔

(b) 总费用最低点的边际区位。在这里,对许多不同情况必须予以区别。

第一,总费用会把一个企业吸引到一个特惠的地点上来,在那地点既非生产费最小,也非运输费最低,而是两种费用之和为最小的地点。

第二,在生产区位指向尚不能确定的场合,总费用就可以决定边际区位在什么地方。例如,事情可以这样发生:一种生产因素是不可能移动的,但替代不是不可能的;或者,它在若干场所存在着。生产条件可使边际区位只在生产因素可能代替的场合加以选定;或者在某些地方生产因素常常可以发现的场合予以选定。从各种可能性中,借助于总费用决定区位是可能的。在这里,又可采用韦伯的等费线方法。① 但在这场合,我们不是对最高等费线的每一条给出一条特殊等费线上生产的每一生产物单位的总运费相对应的一个基数,而是给出这个数值与最小地点的运费间之差额(相对的指数)。这一新数值表示出,当生产从运费最小地点向与它相应的等费线上之点迁移时,生产物每一单位的总运费会增加多少货币单位。

所说的相反,在区位理论中要给代替均衡下定义比在价格形成理论的场合更为困难(上引书,第 314 页),但同意同书中其他各节的记述具有相等价值的生产手段(其价格各地不同)的各种量可以相互代替,但不改变物的收入(在这里,它包括运输到购买者的运费在内),那是不会成问题的。在这里,成为问题的不是物的费用(这种费用只限于运费,或者完全没有)的变化,而是货币费用的变化。这样,不是两种因素的变化,而是全部因素的两种结合的变化(它可以在数量上和(或)价值上有所不同)。即使在区位上稍微有些变动(与同一位置的代替相对照的),整个结合也会发生变化,其总费用必然仍是不可变的。但随着较大的变化,例如迁至劳动力低廉的地方的变化,总费用无论如何会降低。一旦最小限度费用的地点多数存在的场合,最小限度赢利性原理不能显示出它的优点(不连续的代替)。

① A. 韦伯:《工业区位论》第一部(A. Weber, *Ueber den Standort der Industrien*, Pt. 1),蒂宾根,1909 年,第 100～103 页,英文版第 102～104 页。

例如,如果把各地方工资差加以考虑,那么,我们能用同样的方法指出每一单位生产品的劳动费比运费最小点大多少或小多少。[①]在这场合,工厂不在这最低点,而是在工资的节约额大大超过运费增加的地点建立起来。

第三,当技术的考虑把生产位置限制于一个唯一区位上时,以及部分的费用把区位导向一个边际区位上时,这种边际区位必然可用总费用的计算加以肯定。这种边际区位即使在工厂曾经是运输区位指向的场合,也可以受总费用的影响而加以确定。

第四,如果运费单独导致一个明确的特定的边际区位[②],一旦把生产因素的价格加以考虑,则不问这种因素是否能够在不同的地方找到,或者是有移动的可能,但在不导致运费提高的条件下,这个边际区位是能够移动到另一个特惠的地点的。[③] 如果

① 有时,工资的空间变动是这样有规律的,以致劳动的等值线(Isotimer)也能够绘制出来,那就是能够把工资相等的地点连结起来。再者在一定限度以内也能够插入类似的"等值线"(Iso-lines)或"等高线"(contour lines),L. von 博特基维茨对韦伯的其他完全正确的批评中,在这点上多半是不正确的。博特基维茨即使在只考虑运费和劳动费时,也偏爱经验的计算法,因为等费线本身只是由同样的个别经验计算法作成的,到了后来才与个别的劳动市场相比较。这种手续一般比只为这些场所决定运费的手续更为复杂。参阅 L. von 博特基维茨:《工业区位科学的几何学基础的建立》(L. von Bortkiewicz, *Eine geometrische Fundierung der Lehre vom Standort der Industrien*),《社会科学工程》(*Archiv für Sozialwissenschaft*, XXX [1910], 759ff.)。上述批评在 770 页。

② 一个根据运输导向的边际区位几乎常常是明确的。即使在有若干运费最小地点存在着,一般地其中一个区位的费用是最低的,因为是在多数供应地之间选择的。如果不是这样,那就是由总费用来决定。

③ 例如地方税、资本和劳动等。资本不是永久不能移动的。劳动至多是与一定种类和一定数量有关。但是,除了经济往来及上下班的以外,因居住地变动而支出的费用不能像其他运费那样来处理,它只能发生一次,而且与企业区位连结在一起。

只是生产费本身决定一个明确的边际区位，那么，这个区位不是完全由于技术的理由被决定，而是由经济的理由所决定的。[①] 把运费同时加以考虑，也与前一场合同样，会导致区位迁移到一个有利的地点。

第五，根据总费用的区位指向，就这样的场合而言，甚而会消灭边际区位，而不单单使它发生位置的变更。

2. 根据总收入的指向

a. 最有利的市场区位

一个工厂能在一个总收入最大而不是在支出最小的场所建立起来。[②] 与选择一个拥有最大销售市场的地点相比，根据它们的组成因素之一——即销售量或价格——进行企业区位的选择，那是单方面的。根据销售量的区位指向，是重视购买者的数量，根据价格的区位指向，则重视购买者的购买力。所以前者把生产牵引到人口稠密的场所，后者则牵引到富裕的场所。两者都偏好地选择一个远离竞争的区位。

b. 基于总收入最大地点的边际区位

如果市场在技术上与购买者连结在一起（与支出方面相应的现

① 当全部生产因素存在于一个地方或几个地方，因而为了生产目的，运输在技术上说不是必要时，在生产区位指向上唯一的或最低廉的原料来源地将被选择为区位。反之，在以总费用为基础的区位指向会组合来自不同地点的生产因素，或者把工业迁到市场附近是有利的。

② "……决定的自然因素不存在的场合……工业有在靠近市场的地方择定区位的倾向"。参阅英国皇家委员会（巴尔洛委员会）关于工业人口分布的报告（Royal Commission on the Distribution of the Industrial Population 〈Barlow Commission〉 Report），伦敦，1940 年，第 48 页。

象则是生产与不能够移动的生产因素连结在一起），或者，如果购买者不能够或不愿意变动他们区位（与支出方面相应的现象是生产因素不可能代替[①]），若单单注意总收入，则生产必会强力地引向消费者的区位。如果这样的消费区域在任何地方都存在（与自然因素有关并与它相应的现象是生产因素遍在的场合），那么，边际区位的事实便失去它的意义。再者，如果若干可能的区位存在，那么要确定其中哪一个是边际区位，在技术上是不可能的。那就是为了选定一定区位是必需的必不可少的条件，但并不是充分的条件，这时收入就是起着决定性作用的因素。只当所有的购买者或者至少有充分数量的购买者居住在一个地方时，边际区位才能在技术上明确地予以确定。

§2　正确的方法论

1. 根据利润的指向

以上所讨论的各种观点，就他们在实践中具有的影响力而言，或许都能够解释一个实际的区位，但除了特殊场合以外，没有一种观点能给企业选择一个正确的区位。正确区位的选择既非单独取决于支出，也非单独取决于总收入，更不用说任何个别费用的组成部分，或任何收入的组成部分。在开始分析的阶段，我们可以把它们所具有的意义分别地加以很好地考虑，但最后的和唯一的决定因素乃是它们的平衡——纯利润。在自由经济的条件下，个别企业的

---

① 照例，消费者的区位至少在原理上取决于技术上与这些消费者连结在一起的生产物的地方价格。

正确区位是位于纯利润最大的地点。①

固然，上面所讨论的各种方法都企图寻觅这种最优的地点。因为，例如说，当收入为一定时，最大的利润区位就与到岸价格（包括成本、运费和保险费）费用最低地点一致。但当考虑总收入的可变性时，就不能只根据费用单方面的指向。我们不应当像韦伯那样，由于假定需要和价格为一定的情况下而把总收入看成常数。实际上，需要是在一定程度上、部分地直接与价格变化相应的，在一定程度上部分地通过市场的规模而变化的②，事实上它也随着与生产被选定的位置而变化。在价格需要和区位之间有着如下的相互依存关系：例如，在工厂不同区位上，最大的总需求之被实现是不同的。因为随着价格的每一次变化，市场区便改变为其他形态（像经常发生的那样，即使在这场合，毗邻的竞争者不会改变他们的区位），并且因为个别市场的需要是以不同的比例变化的。即使在一种需求曲线呈直线的单纯场合，价格的提高就会对来自远地的需求的减少比来自近地的要大得多。这样，根据最大的总需求而被选定的工厂区位，当价格高对价格低时相比，会强力地受到附近市场更大的影响。那就是随着价格每一次变化，最优区位也会移动。当把需求的这种变化加于考虑时③，所有韦伯关于供给面的理论结构

① 在利润所能许可的范围内，这并不排除为了超经济的理由而发生的偏离。

② 换一句话说，当价格降低时，由于(1)牺牲竞争者和(2)牺牲其他生产物，销售量就会上升。不但需求曲线全部移向左方变位，而且实际需求在新的曲线上向下方移动。

③ A. 鲁滨逊最近对韦伯这一点的疏漏加以批评。参阅 S. R. 丹尼森对“工业区位和萧条区域”(The Location of Industry and the Depressed Areas，Oxford，1939)的评述。见于《经济学杂志》(*Economic Journal*，L.，1940，p. 267)。

便再次立刻瓦解了。[①]因为寻找费用最小地点也失去全部意义。运费最小地点和等费线也不再存在。运费最小地点消失了;其理由是,如果市场区的境界线可以变化的话,那么,当工厂所在地的地点以外不销售任何东西,以致连工厂本身最后也归于消失时,平均运费便将成为最小的了。工厂本身最后也消失!在另一方面,只当区位的移动并不导致它本身需要的变化时,等费线才能绘制出来。

关于这一问题的考虑,不需要再深入了。一旦费用及其销售的可能性也加以考虑时,韦伯对区位问题的解决被证明为不正确的了。他的基本错误在于寻找费用最小的地点。[②]把最大的销售

① 这并不排斥这样的可能性:在三种范畴的区位中,二种范畴为一定的场合,借等费线之助,除了生产的区位之外,对消费区位和原料区位也能予以决定(参阅巴朗特尔:上引书,第159页以下)。在第一种场合(生产的区位)中,如上所述,工资地方差要加以考虑;在其他两种场合(消费或原料的区位)中,原料的离岸价格差要加以考虑(上引书,第161～165页)。

在中间的场合,问题是要把这两种生产费地方差同时包含于计算之中。包含它们在原理上是可行的。但在这场合,所有的等费线(那就是相等的总运费的曲线)就成为单纯的等值线(那就是相等价格的线,或者在这场合,就是相等的每一单位产品的总费用的线)。在这些曲线的帮助之下,我们就能决定有关生产位置和原料供给地的各种特殊结合的地域(至少就费用不变的场合而言),我们能够决定这种结合比其他任何结合有利。划分这样的地域境界线,是无差别曲线(isostantsten)或等值线,那就是连结费用最低点之线。但不能忽视这样的事实:诸如此类的构成的方法是以预先具有生产区位的知识为前提,所以它不适合于生产区位的发现。如等费线构成的场合一样,也不允许考虑需要的变化对费用的影响。

② 这一点,对于所有现代区位理论特别是A.蒲雷多尔、巴朗特尔和里斯克尔以及其他等等都是适用的,因为他们都是以韦伯为基础。参阅我对巴朗特尔的"区位理论的贡献"("Beiträge zur Standorttheorie")的批评[见《斯摩勒尔年鉴1938年》(*Schmollers Jahrbuch* 1938)],和我致里斯克尔的答复(见《世界经济文献》,LIV,1941年,第1～12页)。

但这并不排斥把韦伯理论若干部分吸收到一种新的区位理论中来。韦伯的理论就全体来说是被否定了,但无论如何,总是一种巨大的成就。例如,韦伯的方法在决定农民分散居住和密集居住得失的农村问题,是可以采取的。在这场合,需求实际上是作为第一次近似律而被认为是已知的,因为它与区位数量和市场价格以及农产品数量有关

地点看作最适当的区位，也同样是荒谬的。每一种这样单方面的区位指向，是错误的。只有寻找最大利润的地点才是正确的。

但是，问题是这种最大利润地点在什么地方能找到呢？当把两个空间的变数再加上价格和数量的因素而加以考虑时，几何学的解法成为不可能了。因为这种解法至多只能适用于三种变数的场合。但代数方法的处理导致种种不能解决的次元方程式群。这种复杂性如已经指出的那样，起因于下面的情况：为了最大限度地保证周围地区的总需要，地理地点存在着一个以上，而且当从这些地点向外移动时，总需要并不按照单纯的函数关系而减少。[①] 这样，我们势必要分别地，逐一地把许多实际工厂区位中的每一个来作为工厂价格函数（市场和价格的分析）的生产最优规模。而在这些个别地点上，每一个可能获得的最大利润则能用费用曲线和需要曲线加以确定，并且由此就能找到最大的货币利润的地点，亦即决定最优区位。现在，不待说，这种方法已经不再属于理论的了，只不过纯粹是经验的东西，因为其所得结果只能推广到实际已被审查的区位，而且不能用内插法加以补充。因为在一地区内所有的地点绝不能用这样的方法来加以分析，所以，我

（参阅本书第五章农业区位理论，b. 广泛的解决。§2“农业生产区位”第二段注）。这样，从经济学的观点来看，留下来的问题是怎样给农场选定区位，以便使总运费用对于作为生产者、销售者和消费者的农民是最小的。

把国家看作点和把市场区看作已定的古典国际贸易理论赞成者们能够借助于最小运输费的学说来阐明国际劳动分工问题[参阅 W. H. 迪安：《经济活动的地理区位论》(W. H. Dean, *The Theory of the Geographic Location of Economic Activities*)，安阿伯，1938 年，第 24 页以下]，或者至少把运输条件引入到比较费用理论中来，使其成为完全。

① 在这里，代替的均衡论不再占优势。即使稍稍离开最优区位，费用是会变化的，如果它们的变化与它们的总收入是同样大的话。

们不能排除这样的一种可能性：在未被考察的区位中可能有一个区位比已被考察的最有利的区位获得更高的利润。关于个别工厂的区位，给出科学的论证和确定的解是不存在的，只有一种实际的经验的解反复尝试试验的解，但要不怕失败。因之，韦伯和所有其他著作家们企图为个别企业建立体系的有效的解的区位理论，是注定要失败的。

但是科学对于区位的实际考察者是有所帮助的。第一，科学会教导它必须避免单方面指向的错误。因为单方面指向一般使一个考察者达到错误的结论，要比正确的结论多得多。第二，真正最重要的是关于地区的理论和统计，这就是从个别企业的实际侧面来观察我们的学说，提出了指示：不是在什么地点而是必须在什么方面探求一个新的区位。为了实际的区位选择，我们至少要编制一份若干有利地点的一览表，用一切方法将这些地点的优点加以概括，以补充市场区近似的和中心地点的考虑，即使在它们的市场区过于饱和因而这些地点应予避免的场合，也必须进行考察。但这些地点之数目是如此之多，以致知道那些地点值得进一步分析考察是有用的。在这里理论的考察，在统计的结果和实际经验的结果之下，是会有所帮助的。①

最后，在一系列典型的但大大简单化的事例中，理论能够指示出一个单独的区位因素或至少最重要的区位因素群对区位的选择所发生的影响作用和相反作用。这对于现实的区位问题的研究，

---

① 为了这个目的，在费用方面，生产要素的哪一个供给点作为区位才能带来最大限度的节约，有加以决定的必要。这样，我们必须知道每一项费用项目：(1)它们在总费

会有直接的帮助,或者至少能够提出一个模式。[①]

但是,这样标准化状况的不规则性是存在的,所以系统地表述这个问题的解成为不可能,恰如在任何现实的场合情况的不规律性一样,常常会妨碍科学的解。即使在他应用韦伯的理论时,莱曼-莱诺瓦也只能沿着不断尝试和不怕失败的途径前进。[②]

当需要解决的问题,不是建立一个新工厂,而是迁移一个工厂时,事情要简单些。无论如何,在这场合,费用的分析困难较

用中所占的比重(就是在一个工业中的主要费用);(2)它们的地域价格差的程度(对于主要费用因素的最低来源地与最昂贵的来源地的比较)。前者仅能作近似的概算,因为比重本身是随地方而不同的。关于后者,地域价格差包括运费在内。就大的费用因素来说,在它们的供应地点之一,价格将是最低的。对于地方税来说,这样的供应地点当然是不存在的;工人们当首先移住到吸引他们的地点时,会心甘情愿接受最低工资。由于倾销或较小的商业利润,有些商品价格会在不生产它们的地方低廉些,在总费用中所占比重和其地域价格差特别大时,因素最低廉的地方,费用的节约额可能是最大的。在(1)或(2)的因素之一表示高值或两者都不表示高值时,总的节约额就不会那么大。这种最初的推测是否正确,对于任何一定地点来说,只有把并不特别低廉的因素的费用加以考虑后才能予以决定。但是在计算总生产费用时必须把需要加以估算,因为需要的大小常常决定费用的大小,并且常常决定它们能否负担。这样,在最后关于各个特殊地点的近似的利润可能性,必须详细加以估算。因为,一个最重要的,一个费用因素特别低廉的区位,可能到最后才证明是无利可图的。所以,这样的一个区位的建议,只能是一个暗示,要求继续研究。同样地,为得到相等价值的结果,区位可以从需要的观点来选定,并对产品会带来特别高的价格的或能支配一个特别大的市场区的区位进行评价。总而言之,对预期的能成为销售圈中心的地点,特别对其邻近的有利地点应加以考虑。

以上这些考察适用于整个工业部门。如果对各个工业的特征(技术限制、费用构成、市场条件)和对各种场所的特征(供应价格区位)和已经考虑过的区位特征准备一份系统的一览表,那么,我们就能给每一不同工业部门决定特别有利或不利的地点或区位条件。反过来,我们也能阐明一个区位如何能吸引工业,或这些区位能如何吸引那些工业。然而,到目前为止,我们还未提出不同工业部门的费用的系统分析,特别没有提出个别费用因素的地理价格的分析。

① 例如,我们有关个别企业的距离对于价格的地域差的经济意义的结论等等,都有直接的实际意义。

② 莱曼-莱诺瓦:“瑞士玻璃企业”(F. Lehman-Lenoir. Les Verreries Suisses, “Etude Comparative de leur répartition territoriale effective et de celle résultant de la” *Reine Theorie des Standorts* d'Alfred Weber),索莱特,1940 年,第 247 页以下。

少。但对成为选择对象的区位能期待怎样的需要？为了知道它事前能怎样发现？在这里，受到种种批评的基点价格制度的方法，可能是一种重要的帮助。这种方法是从与生产地点不同的地点对顾客征收运费的。把一个又一个合格的新区位作为一个点加以考虑后，我们几乎便能决定区位对需要的[①]效果，好像与工业已经在这些不同的地点试验地建立起来一样，但并没有冒实际投资的风险。[②]

2. 保证最大利润地点的边际区位

与单方面的区位指向相比，根据利润的区位指向，能够在既非支出最低也非收入最高，但它们的差额却是最大的特惠地点选择出新的边际区位。但是并非必然会出现处于这种状态的工业。

在总体的区位指向场合，生产只在如下的场合必然地在特惠地点进行。即是说，生产只在代替和移动均不可能的生产因素或消费者——或两者较稀有的结合——为生产所必要的场合（以技术条件为基础的边际区位）进行。这一场合是在一个地方（确定的边际区位）或在多数地方（不确定的边际区位）时发生的。在后一种例子中，区位是把其他一切因素同时考虑来决定，其中包括根据总费用单方面的区位指向不同，把总收入加以考虑来决定的。以一定的技术为条件的边际区位，必然是以利润的计算来确定，以单方面指向为基础的其他区位，大多数可以用同样的计算方法来确定。如果生

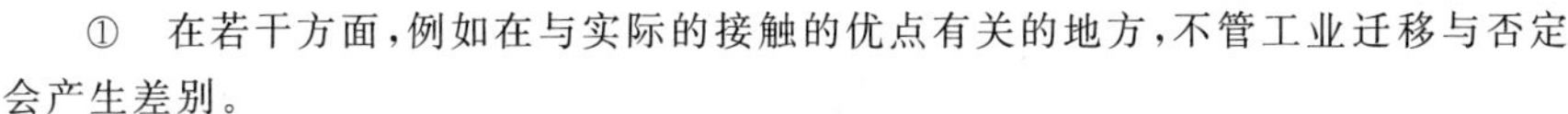

① 在若干方面，例如在与实际的接触的优点有关的地方，不管工业迁移与否定会产生差别。

② 拥有支店的生产者建设新企业要比只有一个工厂的生产者容易得多，因为前者能够从实际经验中比只能单纯依靠估计获得更可信赖的地理比较。

产只在考虑总收入(一种纯经济的制约)及运费的边际区位上进行,那么,这一区位常常会因生产费的不相等以及常常[1]会因需要的变化(销售区域的不确定)发生迁移或消灭。

再回顾一下,已经明确的是边际区位由单方面区位指向决定的数目,或许比由综合区位指向决定的数目要多。所以,在实际上,单方面的边际区位比它们在合理组织的经济中所看到的,要具有更大的意义。在一个区位的选择中,明确的容易调查的少数因素加以考虑的场合较多,而且常常发生的是,除了一个因素以外,所有其他一切因素都作为没有意义而被除外,因为一种真正的比较会招致过大的困难。所以恰巧实际上的边际区位比合理地被判断了的区位为数更多。

§3 区位指向与边际区位

到目前为止,所谓"区位指向"(Orientiering)这一术语,在过去的区位文献中有着种种的意义。例如,这一术语意味着区位选择的动机或区位选择的结果。在前一场合,区位指向意味着把考虑的因素看作是(1)独一无二的,或者是(2)特别重要的。我们在本书中只在第一种意义上运用这一术语,那就是根据运输费生产费总费用和收入的运输指向、生产费指向、总费用指向、总收入指

[1] 如果边际区位是取决于已建的交通线,那么,单单需要条件照例是不能把它排除。如果边际区位取决于重量比率,那么,只有当成品的运费占优势时,需要的条件才能把它废止(如果运费率不是递减的)而是与距离相应的费用,除了运费以外,是不重要的。当完成运输至若干地方时,这些分割的力的合成结果,便能发生作用,上述的优越性就失去了。反之,在原料的运费占优势的场合,不拘消费者如何分布,这一事态不会变化。

向和可能的利润指向[①]等等。

在第二种场合中，意味着(3)选择结果的记述或者(4)同时提出选择的理由。前者的记述只简单指出影响区位的因素来源地的实际情况，但这一因素是否成为区位选择的理由，依然是疑问（我们把它叫作原料来源地的区位）。后者(4)是说明选择的结果，意味着其来源地成为生产区位的因素是区位决定的明显的重要原因。这种解释只在受技术制约的场合才有意义。这种解释对于同一来源地是一个的场合，是充分的[②]，而且，对于同一种类的原料来源地是多数的场合，却成为必要的条件（虽然只是部分的解释）——例如在表 1 中的 d_1，——关于原料来源地叫作确定或不确定的"技术制约"。[③]但这种解释意味着只有现实的区位——不受同一场所存在的生产因素技术的制约——是合理的，我们把它叫作受消费地点等——表 1 的 d_2 和 d_3——的经济的或"超经济的"

① 还有超经济的，由于生产的技术条件。

② 除了生产是否会有报酬这一事实，也取决于影响利润的每一其他因素（参考蒲雷多尔，上引书，第 294 页以下）。

③ 这样的技术制约即使并非全部如此，但主要的是由自然所强加的，所以，自然对区位选择的影响在这里可以简单描述如下：给生产资料的经济稀少性带来地域差的自然原因，可以区分为：(1)自然的丰富性，首先是它们资源供给地的数目，第二是它们资源的供给地的内容；(2)它们对于运输上技术的适宜性，移动的可能或移动的不可能。

与生产资料供应来源地的数目相应，在生产本身与生产资料来源地之间存在着如下的关系：(一)生产资料是不可能移动的，而生产可以无条件地在技术上和经济上依赖于一种来源地（单一的来源地），或者有条件的依赖这种来源地（数个来源地），或者可以自由选择一个来源地（到处遍在的）。(二)一切生产资料是有移动的可能的，在技术上允许它们离开它们的来源地，不拘来源地的数目怎样（由于运输变成遍在物）。这样，区位对来源地的技术的独立性就居优势地位。因为不能移动的生产因素只在一个场所或在少数场所存在的场合，自当别论。但是，技术上的遍在性并不常常是经济上的遍在性，或是制约。[①]

“边际区位”(Grenglage)就是一个特惠地点上的生产区位，它与区位指向的任何一种特殊类型相应，那就是表1中(aa)“确定的”或者是(bb)“不确定的”。前者只有一个特惠地点，对企业能保证有利条件，后者有多数特惠地点能提供我们希望的区位。在(bb)的场合，无疑问只存在一个边际区位；(aa)的场合，决定了这个边际区位的位置。在以技术制约为基础时，(cc)是必然的；当制约仅仅是经济的或者甚而是超经济的时，(dd)是偶然的。一个偶然的边际区位常常是确定的(那就是运费区位指向)；一个必然的边际区位可以是不确定的(例如生产上受种种技术制约的区位指向)。[②]一个合理的边际区位常常是确定的，但一个确定的边际区位，不一定常常是合理的。

其相反。生产因素的经济上的稀少性，其差别是随地区而不同的，它能够更大地限制生产区位的可能性。它只能在限制的技术上的稀少性方面发生作用，而不能在它们扩大的方向发生作用。

除了通过来源地和运输技术影响区位选择外，自然通过生产技术也影响区位选择。但不待说，生产技术不仅仅依存于自然，而且还依存于价格关系。不拘如何，自然这样地影响运输物资的种类和相对量(重量丧失的大小不过是许多因素中的一种因素)。

① 这样，已为人们普遍熟悉的区位指向的概念，是具有多种多样的内容。例如说，某一工业是“原料区位指向”时，这句话是意味着(a)当选择区位时只是对原料予以注意吗？但当有若干种原料时，注意哪几种呢？应注意它的生产费用或者是它的运费？注意它的质还是它的量？或者(b)是原料在多少种区位因素中起着最重要的作用？或者是(c)不管什么理由，只是成为问题的生产常常在一个原料地产生？或者是(d)，我们说为了技术上的理由，一种工业只能在这个原料来源地进行？如果原料供应地有几处，那么，“原料的区位指向”对于任何现实的区位是一充分的解释吗？或者，最后的问题是当若干种因素或全部因素都要考虑时，一个原料来源地已证明是最适宜的区位，在这场合，“原料的区位指向”只是对运输的区位指向、生产费用区位指向或综合区位指向间特殊的手段吗？这一场合，前者是记述的概念？后者是说明的概念？如果把情况用简单易明的话来说明，很明显会更好些。

② 运费的区位指向不过是经济的制约，而生产的边际区位指向是技术的制约。

表 1

<table>
<tr><td colspan="3" rowspan="3"></td><td colspan="3">选择区位的动机</td><td colspan="3" rowspan="3"></td></tr>
<tr><td>(a)
局部的
单方面的</td><td>(b)
一切因素
均加考虑</td><td>超经济的</td></tr>
<tr><td colspan="3">指　　向</td></tr>
<tr><td></td><td colspan="2">普通区位</td><td>1</td><td>4</td><td>7</td><td></td><td></td><td></td></tr>
<tr><td rowspan="6">区位选择的结果</td><td rowspan="6">(c)
边际区位</td><td>(bb)
不确定的</td><td>—</td><td>—</td><td>8</td><td rowspan="2">以技术为条件的</td><td rowspan="3">必然的(cc)(d_1)</td><td rowspan="6">边际区位的说明</td></tr>
<tr><td></td><td>—</td><td>—</td><td>9</td></tr>
<tr><td rowspan="4">(aa)
确定的</td><td>2</td><td>5</td><td>—</td><td>技术的和经济的</td></tr>
<tr><td>—</td><td>—</td><td>10</td><td>技术的和超经济的</td><td rowspan="3">偶然的(dd)</td></tr>
<tr><td>3</td><td>6</td><td>—</td><td>经济的(d_2)</td></tr>
<tr><td>—</td><td>—</td><td>11</td><td>超经济的(d_3)</td></tr>
</table>

注：记号与本文中的区分相对应。

表 1 指出了在各种意义上的区位指向与边际区位间的关系。单方面的区位指向不一定导致边际区位(栏 2)，而边际区位并不一定要以单方面的区位指向为前提。① "技术的制约"性质

① 例如，根据消费地的区位，并不能得出这样的结论：易于销售是直接决定这种区位选择的全部的或部分的理由。在另一方面，在许多其他事例中，消费者的居住地对于区位的选择有着巨大的影响，固然这一事实被隐藏起来了。因为各种作用力的合力对其他区位有利，在消费者看来似乎与消费者无关。

上当然意味着边际区位，但这样的区位——除了根据唯一供给地的不可避免的技术限制的场合以外——有关费用、利润或超经济的事情的考虑，只要是同时不加以考虑，是不确定的。只在这个不可避免的技术制约的场合（它是例外的依据利润的区位指向相一致的），根据单方面的区位指向的合理的边际区位必然地可以找到。但照例，没有一个单一因素能说明区位。所有的因素都影响着区位选择，许多因素给它以影响。但它们之中任何一个单独一个因素不能有决定权。区位的选择是存在着许多理由的。①②

第五章　农业区位理论

就工业而论，以上我们只以讨论工业中单个企业的区位为限。那就是说，我们从个别新企业的观点考虑区位问题。以后，我们将

---

① 例如，任何特定煤矿位置不能完全用在那里有煤的存在来解释。只有探明了生产条件与需求条件之间的整个关系所产生的利润的结果，才能弄明白为什么煤炭恰恰在这一地点而不是在其他地点开采。至于哪一座可能的煤矿会进行现实的开采，这一方面取决于许多因素中的技术生产率和生产因素的当地价格（费用曲线），另一方面依存于运输对市场的关系（需求曲线）。这样，美国煤炭的一半以上是在洛基山脉中，S. de 格尔："美国制造业地带"（Sten de Geer，"The American Manufacturing Belt，" *Geografiska Annaler*，1927，pp. 233—359）。与在阿帕拉契亚山脉的煤田不同，这一煤田没有吸引许多工业，也没有大规模开采，因为它们的区位不利。虽然煤炭矿脉分布很广，但矿的需要却颇为集中。因之，"原料区位指向"或更精确地说："原料制约"在这里不是一种妥当的解释。在那里，这一因素只是进行考虑的许多因素中之一种。所以，就其本身而言，对于边际区位来说，这是一种错误的解释。

② 边际区位与"区位指向"的关系（在这里是尚未在实际上采用的种种意义上）是这样的，在（a）或（b）的意义上，边际区位是区位指向的结果；反之，在（c）或（d）的意义上，是区位指向的必要的条件或前提。

详细描述作为整体看工业企业是如何配置区位。关于农业在这里作更加一般的陈述——一种特定作物是什么地方栽培的，从开始就引起较大的兴趣。同时，第二个重要问题也就得到解答：在特定场所应该生产什么，或者应由什么特定企业来生产。

一、局部的（单方面的）区位指向

这些问题也能够把应予适当考虑的若干因素加以忽略而单纯化。在各种问题中，区位的重要性已由杜能加以最详细的考虑。在本书中，以后我们将讨论土质和需要的变化。最后，当我们考虑其他诸因素，特别是结合需要与供应、地方的工资差[①]和工厂的价格地区变化时，我们将转移到把所有因素都加以考虑的全部区位指向问题。但在这里，和在工业区位中一样，我们必须用几何学方法求解。

§1　以杜能理论为基础的体系

1. 初步论述

杜能把工业区位看成为已定的，并从它演绎出农业区位。基本上，他讨论了对于个别企业区位选择起反作用的特殊场合（如图3所示）。

---

①　G. 巴夫罗夫斯基："关于土地经济学空间秩序的问题"《国际土地经济学空间考察》(G. Pavlovsky, "Zur Frage der räumlichen Ordnung der Landwirtschaft," *Internationale Landwirtschaftliche*), Ⅰ. 33, 1942 年，第 337～373 页。

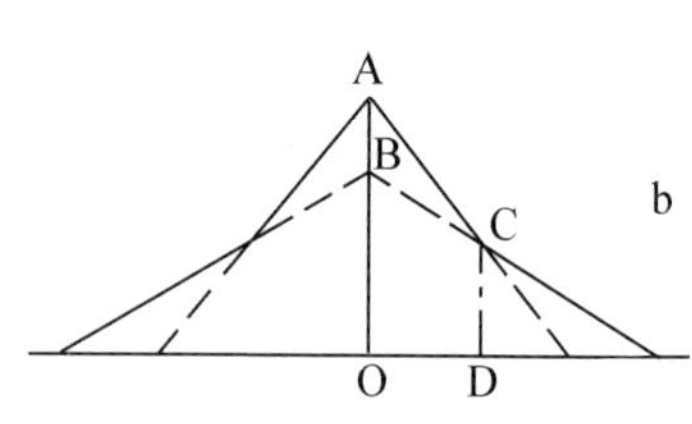

图 3

在图 3 中，假定 O 为以二种形态销售其生产物的一个企业的位置。其中一种形态是为消费而生产的，每一效用单位的生产费较为低廉。假定 OA 代表一架机器的工厂价格，AB 系把机器拆散，运输至消费者那里并重新组装的费用。从顶点 A 和 B 绘出有关表示不同距离的到岸价格（包括货物运费和保险费）的锥状运费线。因为运输一架体积大的或精致的包装好的机器，运费较高，所以，A 的锥体倾斜成锐角，但运输距离在达到 OD 以前，装好的机器的交货（工厂）价格是较低的，只当一旦超过 D 点时，机器便拆散来运输。①

再者，图 3 也说明了另一种情况。假定所生产的是种类不同的相互竞争的生产物，不是同一种产品的不同形态的生产物，让这两种生产物之中第一种生产物每一效用单位所耗费的生产费较为低廉，但运费较贵较高；让另一种生产物生产费较贵而运费较低（地下开采的品位高的富矿）。所以，贫矿的市场将从矿山扩展到 OD 的

① 棉花是另一个例子，运输长距离时，棉花需要用大规模的压缩机补充压缩加工过程。褐煤的情况也是这样。做成煤砖，每一单位重量的制造费用较大，但它的热值却提高了。所以，它能运至远方市场销售。

距离，只是到了那里，才开始了精炼富矿较为低廉的地带环圈。[①]

图 3 的 b 表示相似的情况，不同的是，这一场合的 O 现在不是生产中心，而是消费中心，环绕 O 的环现在相反的是各种不同生产的环。假定 O 的附近生产的某一生产物，是用原料的形态或成品的形态在那里被人购买。假定在生产地点加工费用贵，因为它必须是小规模进行的。但因为它能减轻重量，所以运费节约了。例如，让 OA 代表 O 地点的糨糊工厂为购买马铃薯所支付的价格，而 AB 则代表当地制成糨糊的加工费超过中心地制造的地区差额。于是以 A 或 B 为顶点所绘锥体，代表原料马铃薯生产者价格，作为距离的函数。对 OD 地区内的所有农民来说，很显然为了把马铃薯在中心地加工运至城镇是有利的。但对较远距离的农民，则运输糨糊更为有利。

在同一图中，图 3b 还可指明另一种情况，它在目前的关系中具有特殊的意义。让 O 成为相异产品的市场而不是形态不同的同一产品的市场，产品之一为马铃薯，它在 O 附近种植，提供每一公顷的经济地租(OA)，另一方面种植玉蜀黍，则提供 OB 的地租。离 O 的距离增加，图景发生变化，因为每公顷所收获的马铃薯的重量比玉蜀黍的大。所以，把马铃薯运至 O 的运费也较高。随着距离的增大，运费吸收马铃薯地租比吸收玉蜀黍地租更快，向 OD

① 如果 OA 是从在煤矿区建设大发电站供给电力，价格低廉，而 AB 的煤的装卸费(即与距离无关的费用)加上小发电站的追加费用，而且如果取决于距离的费用，煤又比电为低，那么，电将只送达到附近而煤则可运到遥远的地点。(参阅 C. 皮拉士：《交通运输经济的基础》，(C. Pirath, *Die Grundlagen der Verkehrswirtschaft*)，柏林，1934 年，第 201 页以下。)

的外侧延伸，只有玉蜀黍而不是马铃薯被栽培了。这样，种种作物的种植便以市场为中心以环的形状展开。

2. 可能的种种场合

著名的杜能圈境代表特殊的场合。这种理论的解的理由和限制，当说明了整个完整体系中所占的具体位置后，便会更加明白。为了这个目的，采用下列的记号：

独立的变数

A：每公顷的费用(单位：马克)；

E：每公顷的产量(单位：50 公斤)；

p：每 50 公斤的市场价格；

k：离市场的距离(公里)；

f：每 1 公里每 50 公斤的运费。

派生的变数

$a=A/E$：每 50 公斤的费用(单位：马克)；

$\pi=p-kf$：每 50 公斤的当地价格；

$r=\pi-a$：每 50 公斤的当地利润；

$R=rE=E(p-kf)-A$：每公顷地租；

$m=p-a$：每 50 公斤最高利润(＝对生产者无损失的最可能运费)。

表 2 包含两种作物 Ⅰ 和 Ⅱ，最初三种独立变数相对量的一切可能变化。

3. 空间秩序

这里，我们来探求两种作物被栽培的那些场合。只在这样的场合，才发生作物栽培的空间秩序问题。在这场合，当一种作物

表 2 两种作物在农业空间秩序的完整体系

场合数	各变数的相对大小关系			各变数以下列号码为条件						生产的作物						
				1	2	1	2	1	2	单一作物			多种作物			
	E_1至E_2	A_1至A_2	P_1至P_2	常常满足		有时满足		永不满足		无条件的		有条件的	无条件的 混合栽培		有条件的 环状	
										Ⅰ	Ⅱ	Ⅰ或Ⅱ	Ⅰ与Ⅱ并列		Ⅰ在内侧 Ⅱ在外侧	Ⅰ在外侧 Ⅱ在内侧
1			>	•	•	×	×	•	•	•	•	0	•	•	0	•
2		>	=	•	•	×	×	•	•	•	•	0	•	•	0	•
3			<	•	•	×	×	•	•	•	•	0	•	•	0	•
4			>	×	•	•	•	•	×	0	•	•	•	•	•	•
5	>	=	=	×	•	•	•	•	×	0	•	•	•	•	•	•
6			<	•	•	×	×	•	•	•	•	0	•	•	0	•
7			>	×	•	•	•	•	×	0	•	•	•	•	•	•
8		<	=	×	•	•	•	•	×	0	•	•	•	•	•	•
9			<	•	•	×	×	•	•	•	•	0	•	•	0	•
10			>	•	•	×	×	•	•	•	•	0	•	0	•	•
11		>	=	•	×	•	•	×	•	•	0	•	•	•	•	•
12			<	•	×	•	•	×	•	•	0	•	•	•	•	•
13			>	×	•	•	•	•	×	0	•	•	•	•	•	•
14	=	=	=	•	•	•	•	×	×	•	•	•	0	•	•	•
15			<	•	×	•	•	×	•	•	0	•	•	•	•	•
16			>	×	•	•	•	•	×	0	•	•	•	•	•	•
17		<	=	×	•	•	•	•	×	0	•	•	•	•	•	•
18			<	•	•	×	×	•	•	•	•	0	•	0	•	•
19			>	•	•	×	×	•	•	•	•	0	•	•	•	0
20		>	=	•	×	•	•	×	•	•	0	•	•	•	•	•
21			<	•	×	•	•	×	•	•	0	•	•	•	•	•
22			>	•	•	×	×	•	•	•	•	0	•	•	•	0
23	<	=	=	•	×	•	•	×	•	•	0	•	•	•	•	•
24			<	•	×	•	•	×	•	•	0	•	•	•	•	•
25			>	•	•	×	×	•	•	•	•	0	•	•	•	0
26		<	=	•	•	×	×	•	•	•	•	0	•	•	•	0
27			<	•	•	×	×	•	•	•	•	0	•	•	•	0

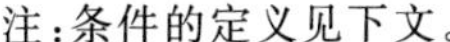

注：条件的定义见下文。

在地区的中心带，另一种作物在边缘带栽培，都能保证每公顷较大的地租时，两种作物便都被栽培。Ⅰ的栽培在中心带比Ⅱ的栽培能保证更大的地租。在这一条件下则：

$R_1 > R_2$

由此，产生第一个条件：

$$\frac{E_1 \cdot p_1 - A_1}{E_2 \cdot p_2 - A_2} \quad \cdots\cdots\cdots\cdots\cdots\cdots \quad (1)$$[①]

Ⅱ的栽培在边缘带能在下述条件下提供较大的地租。其条件是：

$R_1 < R_2$

由此便产生第二条件：

$$\frac{E_1 \cdot p_1 - A_1}{E_2 \cdot p_2 - A_2} < \frac{E_1}{E_2} \quad \cdots\cdots\cdots\cdots\cdots\cdots \quad (2)$$[②]

① 这一条件是如下推导出来的：

$R_1 > R_2$

代入

$E_1 \cdot (p_1 - kf) - A_1 > E_2(p_2 - kf) - A_2$

因为在生产中心带 $K=0$

所以：$E_1 \cdot p_1 - A_1 > E_2 \cdot p_2 - A_2$

若再除之，则成为：

$$\frac{E_1 \cdot p_1 - A_1}{E_2 \cdot p_2 - A_2} > 1$$

② 这一条件是如下推导出来的：

$R_1 < R_2$

由于代入，我们可得到：

$E_1 \cdot (p_1 - kf) - A_1 < E_2 \cdot (p_2 - kf) - A_2$

但在边缘带：

$kf = p_2 - a_2$

所以：

$E_1 \cdot (p_1 - p_2 + a_2) - A_1 < E_2(p_2 - p_2 + a_2) - A_2$

$E_1 p_1 - E_1 p_2 + E_1 a_2 - A_1 < E_2 p_2 - E_2 p_2 + E_2 a_2 - A_2$

如果两个条件结合，则

$$1<\frac{E_1p_1-A_1}{E_2p_2-A_2}<\frac{E_1}{E_2} \cdots\cdots (3)$$

最初，我们确定 A、E 和 p 如何变化才能保证条件(1)和条件(2)的实现。表 2 指出在 27 种场合中；条件(1)只在 7 种场合常常获得实现，而条件(2)则在 7 种场合才常常获得实现。在最初 7 种场合中，作物Ⅱ的栽培，在任何场合都不会获利；在另外 7 种场合中，只有作物Ⅱ才能被栽培。

在其他 12 种场合，我们对于 A、E 和 p 的相对数量的假设，在不同作物间做出决定是不充分的。关于一种作物或两种作物是否将予以栽培的问题，还依然没有决定。当两种条件(7)和(2)同时得到实现或完全不能实现时，后一种情况便会发生。这取决于 A、E 或 p 的**正确**的数值。如果两种条件都实现，或者两者都未实现，那么，10～18 种场合，便与其他 10 种场合不同。因为在两种场合 $\frac{E_1}{E_2}=1$，两者的条件不能同时实现。在另一方面，对于 $(p_1-p_2)=(a_1-a_2)$，两种条件不能同时成立的情况有

加以简化，并代入 $a_2=\frac{A_2}{E_2}$，则可得：

$$E_1p_1-E_1p_2+\frac{E_1A_2}{E_2}-A_1<E_2p_2-E_2p_2+\frac{E_2p_2}{E_2}-A_2$$

$$E_1p_1-E_1p_2+\frac{E_1A_2}{E_2}-A_1<0$$

$$E_1p_1-A_1<E_1p_2-\frac{E_1A_2}{E_2}=\frac{E_1E_2p_2-E_1A_2}{E_2}=\frac{E_1}{E_2}(E_2p_2-A_2)$$

用 $(E_2p_2-A_2)$ 除之则可得：$\frac{E_1p_1-A_1}{E_2p_2-A_2}<\frac{E_1}{E_2}$（证明完毕）。

着同样的效果。[①] 所以,像在其他 10 种场合一样,两种作物的同时栽培是可能的。而且在这场合,地区上可以并存。在毗邻的部分,它们也能在同一环圈内混合地种植,不像在其他 10 种场合,只在连续的环圈内种植。

对于其他 10 种场合,当 A、E 和 p 的比率存在一定的相对值时,就是说,在它们那里,两种条件都被实现时,这样一种作物的选择是距离的函数。在 $E_1>E_2$ 的一切场合,作物 Ⅰ 必然在内环栽培。同样,在 $E_1<E_2$ 的一切场合,作物 Ⅰ 恰好必然是在外环栽培。如果 $E_1=E_2$,那么,只有一种作物照例能够从经济的观点予以栽培,但在这场合有下列三种例外:在已提到过的第 10 种场合和第 18 种场合的两种场合,两种作物并列栽培,在一定条件下是可能的;又在第 14 种场合,即整个体系的中位场合,并列地栽培两种作物常常是可能的。现在,我们对 27 种场合中

① 为了证明当$(p_1-p_2)=(a_1-a_2)$时,无论(1)条件和(2)条件都不能实现:

$$(p_1-p_2)=(a_1-a_2)=\frac{A_1}{E_1}=\frac{A_2}{E_2}$$

如果像在第 10 场合和 18 场合所假定的那样,$E_1=E_2$,则我们可得到:

$$p_1-p_2=\frac{A_1-A_2}{E_1}=\frac{A_1-A_2}{E_2}$$

$E_1(p_1-p_2)=A_1-A_2$,所以,$E_1p_1-A_1=E_2p_2-A_2$,用左侧除之,则

$$\frac{E_1p_1-A_1}{E_2p_2-A_2}=1$$

但是条件(1)要求这个方程式大于 1,条件(2)要求它小于 1。(英译者)

10 种场合形成环圈的场合，加以更详细的考察。

4. 环圈形成的原因

a. 更加正确的理由。为了选择一种取决于距离的作物，条件(1)和(2)必须同时实现。如果作物Ⅰ要在内环内栽培，那么，方程式(3)指出下式必然是真实的[①]：

$$E_2(p_2-a_2)<E_1(p_1-a_1)<E_1(p_2-a_2)$$

或者是：

$$E_2m_2<E_1m_1<E_1m_2$$

或者：

$$E_1m_1>E_2m_2$$

因为

$m_1<m_2$，所以，必然是 $E_1>E_2$

这样，作物Ⅰ带来了较大的总利润(E_1m_1)，但每一单位生产物则带来较小的利润(m_1)。由此，可知每一单位面积实物产量 E_1

① 可以演绎如下：

$$1<\frac{E_1p_1-A_1}{E_2p_2-A_2}<\frac{E_1}{E_2} \quad\cdots\cdots (3)$$

因为 $a=A/E$，$A=aE$，代入(3)，

$$1<\frac{E_1p_1-a_1E_1}{E_2p_2-a_2E_2}<\frac{E_1}{E_2}$$

$$1<\frac{E_1(p_1-a_1)}{E_2(p_2-a_2)}<\frac{E_1}{E_2}$$

进行加倍或简化：

$E_2(p_2-a_2)<E_1(p_1-a_1)<E_1(p_2-a_2)$。

证明完毕。

是较大的[①]。从第一种不等式中，确认了作物Ⅰ在市场上的优越性；从第二种不等式中，确认了它只在一定市场上拥有优越性。如果两种不等式都被实现，那就是说，如果环圈都成立，那么，收获重量较大的作物将在内环栽培。[②]作物Ⅰ的优越性为什么随着离市场距离的增加而消失？其正确理由是：运费迅速吸收其每一单位的利润[③]，因而到了最后，会达到这样的地点，在那里增加的运费已不再被每公顷较大的收获量所补偿，于是就达到两种作物栽培

① 从几何学上说，这意味着（在同一顺序上）在图7a中，Ⅰ与Ⅱ相比，Ⅰ在离原产地远的地方与M轴相切，而距离原产地较近之点相切。因之，Ⅰ比Ⅱ，要急倾斜些。与公里轴的交点，对运输表出最大可能的距离(m/f)。这对于作物Ⅰ来说是较小的。

② 对环圈的形成，它既不是一种附加的条件，也不是一种充分的条件，而是一种必要的条件（虽然它已经包含在其他两种条件中）。所以，它不能替代这些条件之一。

③ 为了更详细地分析，必须考虑：同样物质投入的价格，随着距离而变化的，可能的运费距离也是变化的。在一个城镇附近，劳动力特别昂贵，而农业机械则较低廉。在这里，至少让我们有作简单描述的必要，即：农业名义工资取决于离市场的距离。假定劳动者的预算中购入物资的内容与价格无关，假定农产品的和工业制品能结合而成为一般的商品，并且假定这种商品量，每年消费各为l量和i量，又让f代表单位数量和单位距离的运费，p_1和p_i代表市场的每1单位价格。最后，又假定实质工资在任何地方都相等($R=l+i=$常数)名义工资(Na)如何随着距离(a)而变化呢？名义工资等于农产品和工业品的量乘其消费者的价格之和即：

$$Na=l(p-af)+i(pi+af)=lpi+ipi+af(i-l)。$$

其中lpi和ipi是常数，另一方面$af(i-l)$取决于距离。所以，名义工资是否随着离城镇距离的增加而增加或减少，取决于被消费的农产品与工业品哪一种重量较大。

即使在今日，在重量上，农产品似乎还占着较大比例。在城市，每人每年的消费量大约等于500公斤粮食和400公斤煤。农村劳动者从城市中获得60公斤的工业品和80公斤的粮食（起源于农村的马铃薯、牛乳、面粉和肉组成了生活资料全部的3/4）。农村劳动者的煤炭消费量比城市居住者要少，因他燃烧薪柴，而且煤并不常常从城镇运至农村。这样可以计算出起源于农村的生产物不过140公斤，城市生产物则为420公斤。农村生产物的许多事情还要取决于燃料。

农业工资为什么随着离城镇距离增大而减小的第二个理由，其一是房租较低，因为建筑用地本身较为低廉（这是农业地租较低和人口密度较低的结果），其二是因为天然建筑材料就在附近也较为低廉。第三个理由是存在随着离城镇距离增大而增大的过剩人口，而这种过剩人口又不是完全可以迁移的。第四个理由是，农业劳动力节省交通费和地方税，因为服务事业在农村也较低廉。第五，他有较多的未能估算的收入（园地、饲养小牲畜

间的境界线。①

b. 转运点的决定。在极限上 $R_1=R_2$，或 $E_1(p_1-kf)-A_1=E_2(p_2-kf)-A_2$ 的范围内，因之，

$$k=\frac{E_2p_2-E_1p_1+A_1-A_2}{f(E_2-E_1)}$$

或者：

$$k=\frac{1}{f}\left(\frac{E_1m_1-E_2m_2}{E_1-E_2}\right)^{②}$$

从中心地点运转的距离 k，是与扣除运费以前的总利润差额成正比例，反之，与运费率和实物收获量的差额成反比例。如果其等式写成

$$kf=(E_1m_1-E_2m_2)/(E_1-E_2)$$

的可能性和接近自然的生活方式）。第六，他从农民那里用较低廉的价格购入一些东西。最后，农业工资由于上述种种理由是降低了，所以，在其相互之间也就是在某种程度内，把它进一步压低了（被较低的商业利润所压低，就是一个例子）。在另一方面，在农村中有才能的人移至城镇，这说明城镇和农村间职业上的工资差。

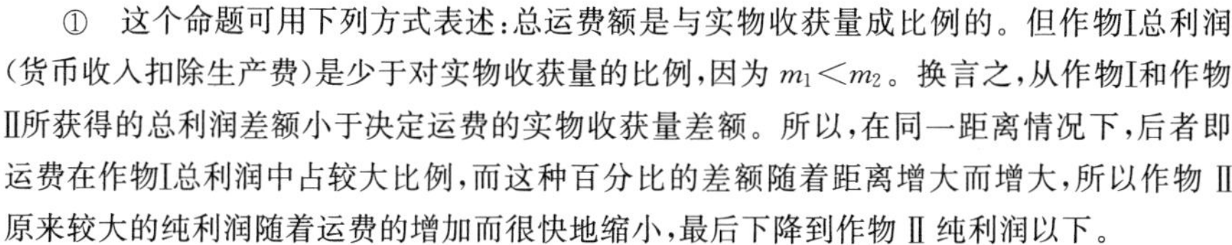

① 这个命题可用下列方式表述：总运费额是与实物收获量成比例的。但作物Ⅰ总利润（货币收入扣除生产费）是少于对实物收获量的比例，因为 $m_1<m_2$。换言之，从作物Ⅰ和作物Ⅱ所获得的总利润差额小于决定运费的实物收获量差额。所以，在同一距离情况下，后者即运费在作物Ⅰ总利润中占较大比例，而这种百分比的差额随着距离增大而增大，所以作物Ⅱ原来较大的纯利润随着运费的增加而很快地缩小，最后下降到作物Ⅱ纯利润以下。

② 这得到下式：

$$k=\frac{E_2p_2-E_1p_1+A_1-A_2}{f(E_2-E_1)}$$

因为 $a=A/E\quad A=aE$，所以

$$k=\frac{E_2p_2-E_1p_1+a_1E_1-a_2E_2}{f(E_2-E_1)}=\frac{1}{f}\frac{E_2(p_2-a_2)-E_1(p_1-a_1)}{E_2-E_1}$$

代入 $m=(p-a)$，并以（-1）乘分子和分母，

我们得出：

$$k=\frac{1}{f}\cdot\left(\frac{E_1m_1-E_2m_2}{E_1-E_2}\right)\text{（证明完毕）}$$

（W. F. 斯托尔珀）

那么，左侧便与边际费用(运费)相对应，右侧与每50公斤的边际收入(超过生产费以上的)相对应。这样，每一种作物的生产扩大，一直扩大到上升的边际费用曲线与边际收入曲线的环圈边界为止。

这与平常讨论个别企业内部的边际调节不同之点，只在于在后者边际费用是与生产过程的边际费用有关，前者则与运费的边际费用有关。藉此，生产量与生产区位的问题就同时解决了。如果环圈Ⅰ和环圈Ⅱ各代表同一种商品的集约耕种地区和粗放耕种地区，其间的转变并没有可能，那么，它与平常讨论边际调节条件的分析方法不同之点，只在于下列的事实：随着距离的增加，产品大部分的边际费用(那就是说，环圈Ⅰ比环圈Ⅱ更会集约)，便突然上升，超过边际收入，从而导致向粗放耕种的突然转变。

c. 流行的说明。关于空间秩序的序列许多研究者(甚而连杜能本人在内)的解说是似是而非的[①]，而且常常是以常识为基础，他们说"较轻的"或"较昂贵的"财货，是在离需要者较远的地方进行生产的，因为对他们来说，运费是无关紧要的。[②]如果这一模糊的公式意味着商品每一重量单位的价格高些，那就是说，如果一个马克能够购入较少

① H. von 杜能：《孤立国》(H. v. Thünen, *Der Isolirte Staat in Beziehung auf Landwirtschaft und Nationalökonomie*, Wäntig edition)，耶拿，1921年。

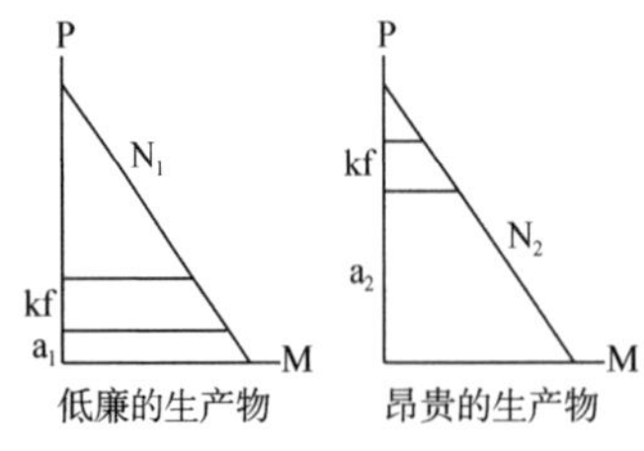

图4 增加运费对于低廉的生产物和昂贵的生产物的需要的影响

② 昂贵的商品能"负担较高的运费"的说法，在这种一般的意义上，显然是不正确的。如果在图4中，N代表需要曲线，a代表生产费，那么，同一的运费kf会把昂贵商品(Ⅱ)的需要几乎减少到零，对于低廉的商品(Ⅰ)几乎没有什么影响。自然在与它不同的形式的需要曲线下，情况也许会颠倒过来。参阅O. 恩格兰特尔："爱密尔·萨克斯的交通运输手段和交通运输学"(O. Engländer, "Emil Sax Verkehrsmittel und die Lehre. Vom Verkehr", *Schmollers*

的重量单位的商品，那么，这种说法是不正确的。例如，在表 1 的第一场合，较低廉的商品是在外环生产的。[①] 有时也有人说，更加粗放的耕种的作物是在外环生产的。如果这是指每 1 公顷较小的实物产量——与费用无关——而言，那是正确的。[②] 这种条件事实上是必要的条件，但是不充分的，因而集约的或粗放耕种的作物在任何地方栽培仍然是可能的。但是如果“粗放”这一术语是指“每

Jahrbuch，1924，pp. 265—305)。O. 恩格兰特尔认为“财货的运输可能性决不取决于它们的价值”(同上，p. 276)。

① 例如，玉蜀黍是在普拉特河附近栽培，而小麦栽培地区则更加远些，这并不因为小麦较为昂贵，而是因为它每 1 公顷的收获量在适当的集约耕种之下是较小的。这与 A. 鲁尔：《在土地经济地理学中的区位问题》(A. Rühl，*Das Standortproblem in der Landwirtschaftsgeographie*，柏林，1929 年，第 120 页。)的另一种极妙的讨论相反。货物的比重并没有像它们的价值那么重要；只有按每一单位面积的重量计算的产量是决定性的。与它相对的是高的运费率，运输容易损坏的东西和来自城镇的肥料和饲料等等(向相反的方向的运输)的可能性。

② 或者，实际上可以归结到这样的一点：压缩重量可用干燥、精选和牲畜的屠宰等。在战时，交通运输的困难，这种选集浓缩方法是在远距市场的地区进行着，因而在相对小的运输面积上有着同样有用的货运量。

重量可以通过下述方法来减少：(1)把无用部分或不重要部分除去，那就是说，用运输奶粉代替水质牛乳，运输果汁代替水果，用提高的运费率运输冻肉而不运输冷藏肉，然后运输去骨的肉，然后运输罐头肉类，然后运输干燥肉，最后可能只运输皮革。(2)进一步加工，例如，咸肉代替玉蜀黍，腌蛋代替大麦，牛油代替油料作物等。容积也可由压缩而减少。

正如 A. 恩格兰特尔正确所说那样[A. 恩格兰特尔：《货运和货运率原理》，(A. Engländer，*Theorie des Güterverkehrs und der Frachtsätze*)，耶拿，1924 年，第 117 页]，远离市场的地区的同一商品容积的这种缩小，只是远离市场的地区每一公顷所收获的生产品重量缩小的一种特殊例子，其间只有下述的差别：一是我们所关心的是同类的商品，二是同种商品的不同形式。再者，耐久性较大的或容易运输的生产品会降低运费，等于每公顷所得生产物重量的减少。A. 皮特森从这一点得出正确的结论说：某些对农产品加工业的企业(例如，酿酒业、牛乳加工业、精糖业、糨糊的制造、食品的腌制和罐头业以及制粉业)可以在东普鲁士有完全合理的区位，虽然它们远离它们的市场〔皮特森：《杜能的基本区位论》(A. Petersen，*Die fundamentale Standortlehre Thünens，wie sie bisher als Intensitätslehre missverstanden wurde und was sie wirklich besagt*)，耶拿，1936 年，第 16 页〕。他的错误在于相信到他那时为止，曾被忽视了的远离市场的集约耕种可与杜能的理论并存这一类。亚当·斯密早已指出：导致农产品价格低廉工业产品价格昂贵的两重运输制度，促成了遥远地区工业的发展。工业低廉地利用当地土地

一单位面积或每一单位生产物重量的费用较小”而言，那么，这一表述也是错误的。例如，在第9场合，上述的支出额对于在外圈栽培的产品都是较大的。

5. 杜能圈境之一例

圈境形成的牛奶销售的众所周知的例子，可以用来说明目前所讨论的主题。[①]当我们把可能的生产物按照牛奶(Ⅰ)奶酪(Ⅱ)和黄油(Ⅲ)的顺序排列时，立刻可以知道，在哪一顺序中每一单位面积(公顷)的收获量 E 降低，而在另一方面小于每一单位面积(公顷)的费用，大于 A 和小于市场价格 $7p$，在顺序上却上升了，这与表2中的第9场合相当。从上面的分析可以知道，这样的场合并不必然地导致圈境的形成。反之，这些生产物中的一种或两种生产却有全然不可能的场合。我们进一步知道如果圈境形成了，生产物的生产区位顺序却不会变更。如果离开市场达到一定距离，则制造奶酪比供应牛奶会更加有利。[②]但如果分离奶酪为不利时[③]，那么，牛油的制备在空间上便明显地不能插入牛乳与奶酪之间，而必然地要全部停止(在内环产的生产品每一单位面积〈公顷〉必然提供较大的实物收获量)。

所产的重量大的产物，然后将重量较轻的品质较次的财货运到遥远的市场〔亚当·斯密：《国富论》，(Adam Smith, *An Inquiry into the Nature and the Causes of the Wealth of Nations*)伦敦1811年，第三、第三章末。在那里，对于区位的变动也有有趣的考察〕。人口的大量增加，加强着这种走向工业化的趋势，而与之有联系的资本的缺乏，则限制了工业化。巴尔干各国就是好例。

① 在这里我们可以继续前进，好像可以把牛奶、奶酪和牛油各当作完全分离的个别生产物来讨论。

② 因饮用牛奶的生产者离开市场甚近，所以他有一个好的区位，不仅仅因为他在运输上没有困难，而且主要的是因为每公顷有高的产奶量(在德国，可在市场销售剩余的牛奶比谷物还要多——以重量计)。在养羊业产出重量几乎不到奶牛的1%(重量计)，因之，它的生产只在市场附近非常贫瘠土地上才有利可图。

③ 当 $m_2 > m_1$ 时，情况就是如此，即使牛奶是“轻的”和“昂贵的”产品。

例子[①]：

E 每公顷收获量（公斤）		A 每公顷费用（芬尼）($\frac{1}{100}$马克)	p 市场价格（芬尼）
Ⅰ　牛奶	25	250	20
Ⅱ　奶酪	2.5	300	160
Ⅲ　黄油	1	350	380

每公斤、每公里的运费：0.10 芬尼

$$a=A/F$$

因之

$a_1=10$；　$a_2=120$；　$a_3=350$

$$m=p-a$$

因之

$m_1=10$；　$m_2=40$；　$m_3=30$

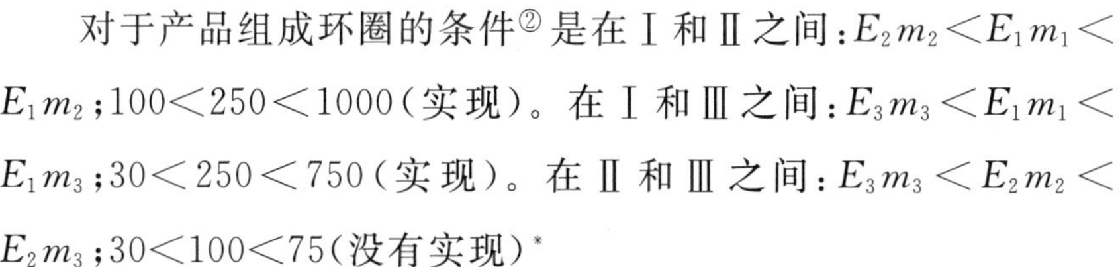

对于产品组成环圈的条件[②]是在Ⅰ和Ⅱ之间：$E_2m_2<E_1m_1<E_1m_2$；$100<250<1000$（实现）。在Ⅰ和Ⅲ之间：$E_3m_3<E_1m_1<E_1m_3$；$30<250<750$（实现）。在Ⅱ和Ⅲ之间：$E_3m_3<E_2m_2<E_2m_3$；$30<100<75$（没有实现）*

* 因为Ⅱ的产品常常比Ⅲ有利。

在Ⅰ与Ⅱ间的境界，以公里表示如下：

$$k=\frac{1}{f}\left(\frac{E_1m_1-E_3m_3}{E_1-m_3}\right)=\frac{1}{0.1}\quad\frac{250-30}{24}=92\text{ 公里}$$

① 参阅 E. M. 胡佛：《制鞋与皮革工业的区位理论》(E. M. Hoover, *Location Theory and the Shoe and Leather Industries*)，剑桥，1937 年，第 30～33 页。

② 参阅本节上面“3. 空间秩序”以下诸页，在那里，对这一点已经展开(W. H. 渥格罗姆)。

但在92公里的地点上，生产物Ⅱ的地租大于生产物Ⅲ[①]的地租。因之，黄油的制备便完全不能进行。为了使黄油制备成为可能，则 m_3 必须上升，大于 m_2。当黄油的缺乏使其价格至少上升到400芬尼时，这就立刻会发生。于是 $m_3=50$，而 m_2 只等于40。现在在 $k=\frac{1}{0.1}\left(\frac{100-50}{1.5}\right)=333$ 公里以上的距离时，如其生产黄油不如生产奶酪。在一种充分紧张的需要情况之下，类似的价格变化，在一种商品生产似乎是不可能的场合，能提供一种出路。例如，在表2第4种场合，结果只有商品Ⅰ才能生产，而商品Ⅱ不能生产。如果，结果是商品Ⅱ的价格开始提高，并且如果紧迫的需要驱使商品Ⅱ价格高出商品Ⅰ的价格，那么，第4场合的情况便改变成第6种场合的情况，在那里，两种商品的同时生产便成为可能。

6. 地域间的贸易

固然，在价格关系上，这样的相对变化不常常发生。它会被需要曲线的形式或被外部的影响所阻碍。例如，如果进口阻止黄油价格的上升，那么，国内黄油的生产便成为不可能。图5所指出的，单虚线指出价格在这样被压抑时黄油所能生产的地租。这种地租随着距离的增加而降低。在与降低更快的奶酪的地租相交之前就已降低到零。在另一方面，像很容易理解那样，由于输入使价格稍稍降低，就足以使奶酪的地租降低到点划线以下，而且除非黄油也输入，否则将排除奶酪在国内生产。所以，在这种场合中，黄油圈境直接与牛奶圈境为邻。

① $E_2<k_3$；$E_2(p_2-92f)-A_2>E_3p_2-92f-A_3$。

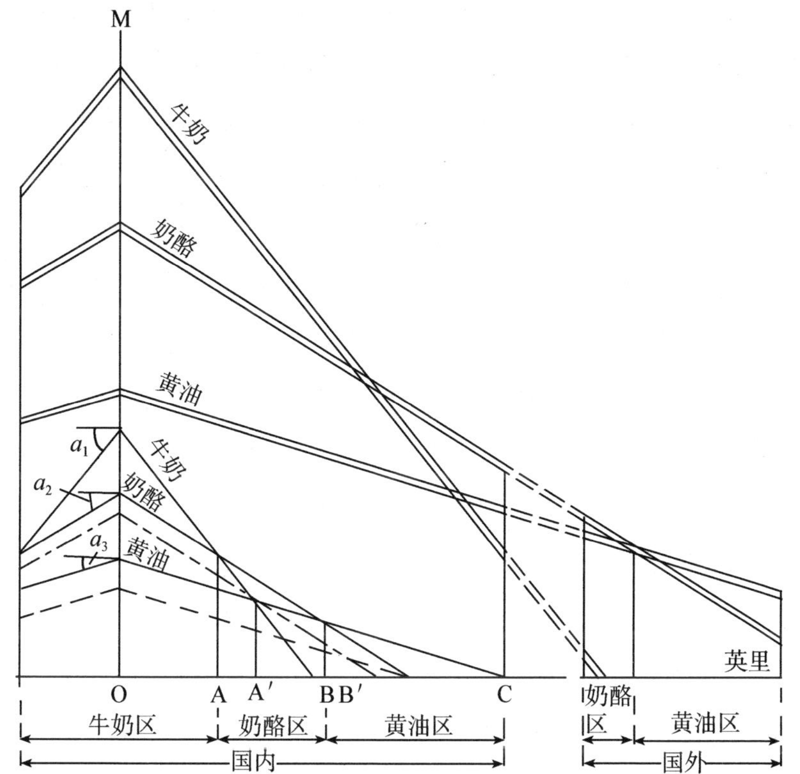

图 5　作为距离的函数表示的每公顷地租 tg a：每公顷实物收获量的每公里运费。

由于其他经济区的竞争对奶酪和牛奶圈境带来的威胁并不比黄油圈境的排除所带来的威胁大，于是就产生这样一种神话：认为外国的竞争由于费用的降低，一旦不但能输入黄油，而且能输入奶酪，甚而也会输入牛奶，这样，国内黄油工业情况又会改善。国内生产的地区作为整体来看，的确缩小了，但如果奶酪的地租也降低了，那么，它只会降低到早已缩减了的黄油地租水平以下（在图5），在 B′点降低到点划线（—-—-—-）以下的破划线（— — — —）。

现在，假定国外有一个"岛"，在那与"岛"国内的供给地域相比，生产费用只需要一半，如果对运费予以忽视，而且根据在O点的现行价格，那么，外国公司的总利润会比国内供应地区高二倍半。在这场合，我们能够环绕O点的周围设定相应的各个环圈，它们各自的半径自然要增加二倍半。现在让我们设想生产费用低廉的"岛"慢慢从遥远的地方向市场移动，起初，不拘它自己低廉的生产费，但不能进行竞争，因为它的运费率是高的。随着向市场方向进一步移近，这个"岛"首先达到了黄油的环圈，而且为了也能与奶酪和鲜牛奶竞争，这个"岛"必须靠近市场甚近。那就是说，货物是按照它们为离开很远的市场被准备的顺序进入区际贸易的[①]。如果这种顺序在输入国和输出国不同，那么，在同一运费率之下，输出国的顺序将占优势。

7. 生产体系的空间秩序

我们在各种生产部门的考察中所揭露的规律性，对于 $p_1=p_2$ 的9种场合中，同一种商品耕作上的种种集约度也是能够适用的。[②] 当然，只当集约耕作与粗放耕作之间不存在逐渐移动时才有一条境界线。如果Ⅰ和Ⅱ各自代表的是各种多数商品的全体，那就是说，如果它们代表一种生产体系，那么，上述的事是同样妥

① 例如，加拿大向美国输出的数量是按照鲜牛奶、奶酪、黄油和干酪顺序增加的。

② 在这里，我们可以把内圈等于集约的耕作，外圈等于粗放耕作(在任何一种上面已提及的意义上)，因为在允许环圈形成的场合中，只有场合2和场合29，$p_1=p_2$。在这两种场合，每公顷的支出和收入，在内圈较大，而且只需稍加思索，即可指出就场合2来说，如果 $E_1/E_2<A_1/A_2$，那就是说，如果不拘收入递减而集约度仍被保持着的话，那么，环圈才能形成。任何场合，$a_1>a_2$，因之，在"3. 空间秩序"正反面所提出的集约度的第二种条件便被实现。

当的。如果两种生产体系中有两种作物实际上被栽培，那么，即使比例不同，集约度也相异，但上述条件仍然起着作用。[①] 然而，一旦在这些比例之间和集约度之间发生移动，则两种生产体系间的空间境界线便消失了。反之，如果Ⅰ和Ⅱ代表不同的农业生产部门（即不同的商品），那么，即使两者有着不同的集约度（图6），也有一条明确的境界线存在。因为每一种商品照例是能用意愿的、不同的集约来加以栽培，所以为了杜能的环圈的形成，便受另一条件的限制，即这些环圈主要的只是以不同的商品出现的。

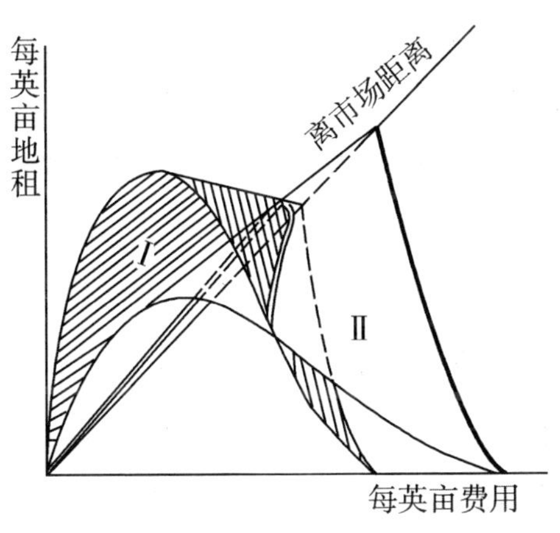

图6　两种收益性曲面的交线

① 试举这样一个例子。杜能认为在市场附近谷草轮作制（K）（Koppelwirtshaft）比三田制（D）（Dreifelderwirtshaft）为有利。因之，他所提出的数值的例子，必须符合我们本书的三个条件。

事实上（杜能，上引书，p. 121，§14a），当把K的场合与D的场合相比较时，我们看到稞麦的实产量都是极大的（1700/1000），每公顷的利润在内侧是较高的〔例如在市场上栽培者的价格为1.5泰勒（德国货币名，在市场地点上为1.818－1.119）〕，反之，每1蒲式耳的利润，即使在市场上是较小的（1.818/1.710<1.119/1000）。因为根据杜能（上引书，p. 36）稞麦的产量会与总收益成比例（关于这一点，我颇表怀疑）。这个例子对于作为整体看的两种生产体系的比较一般也是妥当的。

历史的意义。杜能证明了：采用英国式作物轮作只在离市场的某一距离的地带才是有利的，恰如李斯特与古典学派的著者们相反，指出自由贸易只在向前发展的某一阶段上才是有利的。换一句话说，恰如李斯特所证明：英国的各种理论的适用性有时间上的界限一样，杜能证明它们在空间上的界限。

8. 有多数消费中心的场合

像到现在为止所设想的那样，当生产不只是集聚在环绕单一消费中心的周围进行，而是集聚在多数消费中心的周围进行时，在这场合，这些消费中心，是从主要生产者活动空间之中选择它们的购入圈，如果它们的位置是很近的话(参看本书第二篇，第十三章，图 45)。这样，迄今所讨论过的环圈便环绕着每一个新中心周围而形成，但在许多城镇存在的地域中，没有成立外环的余地，外环便向这个地域的外边移动。这些移动的环数随着城镇密度的增加而增加起来。对内环来说，个别城镇成为市场中心，就外环来说，则许多城市的集合体成为市场中心。因之，随着西北欧洲的发达，每一单位面积(1 公顷)低产量的多数农业部门(例如养羊业，谷物栽培业，某些饲养的生产，黄油和奶酪的生产)逐渐向海外或东部欧洲移动。① 这种发展首先由 H. 恩格尔布莱希特②详细加以叙述。最近由 H. 巴克加以论述。③

§2 杜能环圈的倒置

1. 表现的技巧

现在我们根据杜能的理论，以表 2 第 6 场合为例来研究环圈的

---

① 种种例外可用下述事实来说明：即除了作为我们理论推论的唯一基础的事情以外，在现实上还有其他若干因素在起作用。赋税和津贴，自然肥沃度(英国的羊是在瘠薄的土地上饲养的)，运费率(像英国那样在沿海地区享受着低廉的海上运输)，结合生产的必要性，超经济的条件对新情况适应性的限制等等。

② 可参阅 G. 巴夫洛夫斯基："关于土地经济学空间秩序的问题"(G. Pavlovsky, "Zur Frage der räumlichen Ordnung der Landwirtschaft")载《国际土地经济学的空间考察》(*Internationale Landwirtschaftliche Rundschau*)Ⅰ，33，1942 年，第 345 页以下。

③ H. 巴克：《关于粮食自给的欧洲》(H. Backe, *Um die Nahrungstreiheit Europas*)，莱比锡，1942 年，第 35～61 页。

形成。用同量的费用从每一英亩收获的马铃薯重量Ⅰ比玉米Ⅱ高二倍。为了使环圈能够建立 $m_1 < m_2$ 和 $E_1/E_2 > m_2/m_1$ 的条件(参阅本书第八章"一般区位类型问题"第一段),必须予以满足。因为 $E_1 = 2E_2$,所以,上述的条件可以重新写成 $m_1 < m_2 < 2m_1$;或者,因为 $a_2 = 2a$,所以,可以写成 $p_1 - a_1 < p_2 - 2a_1 < p_1 - a_1$。这一条件是当 $a_1 < p_2/2$ 和 $p_2 - a_1 > p_1 > p_2/2$ 时成立的。我们从每 50 公斤的市场价格限度 $p_1 = 6$ 和 $p_2 = 12$ 出发,这对马铃薯来说,是最低限度的价格,因为如果马铃薯价格降低到玉米价格一半以下,那么,马铃薯便不能栽培。在这种价格下,对马铃薯的需要,恰恰比对玉米的需要多两倍,因而栽培两种作物的土地面积便会相等。

为了使图 7b 和 7d 简化起见,需要曲线要有同样的坡度,其中包含着对马铃薯需要较大的弹性。在这例中,如果把市场不看作点而是看作一条线(像拥有许多城镇的河谷),那么,例子会更进一步明了。在这场合,环圈成为带,而需要则与它们的宽度成比例。在这里,我们也假定(这将变得很重要):每 1 公顷具有较高收获的商品(马铃薯),将在离市场最近的带被栽培,像我们已看到的一样,如所有的环圈都已形成,那么,这是真实的。再者,我们可假定单独考虑每种产品的生产是处于均衡的状态,那就是说,无论玉米或马铃薯在它们各自种植的边缘都不能提供地租。

就表达的手法而言,应该记住用以测定玉蜀黍产量的尺度是测定马铃薯产量的尺度的 2 倍,而且玉米的尺度是从Ⅰ与Ⅱ之间实际境界算起,至于马铃薯尺度的原点,常常是以城镇的境界线为零点,这样,与供给曲线相反,需要曲线 N 必须随着零点移动,以同一幅度和同一方向平行地移动。如此,供给曲线 K(生产费加运费）和农业区域的鸟瞰图能直接进行比较。地域内每一地点的生产费与运费之和能够从相应的供给曲线上直接在该点之上或该点之下的一点上读出来。

现在立刻可以明白，在上述的出发点上，并不存在均衡。用图7c（所表现的鸟瞰图）的 AB 境界线上，每 1 英担马铃薯的（地租）为零，玉米每 50 公斤的（地租）为 R_2S_2。所以，玉米以牺牲马铃薯而扩大了，p_2 下降到 p'_2；在另一方面 p_1 上升，这样形成环圈的一切条件都已完成（$\alpha_1=2$；$p'_1=7.5$；$p'_2=11.5$。这些数量代入$a_1<p_2/2$，则得出 $2<3.75$，代入 $p_2-a_1>p_1>p_2/2$，则得出 $9.5>7.5>5.75$）。地租随着价格而变化，即是说，Ⅱ降低了，Ⅰ提高起来。当 50 公斤马铃薯的利润等于同量玉米利润的一半（$R_1S_1=R'_2S'_2/2$）时，最后的均衡便会达到。马铃薯的栽培便缩小面积 A′B′BA，总栽培面积缩小较小的面积$C'D'DC$。以上所说的都与杜能的理论相吻合，至于广泛讨论过的场合已经为大家所熟悉，在这里，只提示表达的手法罢了。

2. 环圈的倒置

现在我们来改变一下单一的假说。我们现在设想玉米是新从美国输入的作物，城镇附近的耕地不适于马铃薯的栽培，因为它们的利用法是被长期的传统所决定的。所以，新的作物将指定在较远的耕地，在那里，即使试验不成功，也不会招致任何重大的利润损失。如若我们再一次从同样情况出发，就每一种作物的均衡来说，姑且不注意其他作物间选择的可能性，那么，在这种情况下，在 AB 的境界线上（图 8c 马铃薯与玉米地带相接触的地方），是马铃薯占了优势。所以它们的栽培将以牺牲玉米a数面积而扩大起来，一

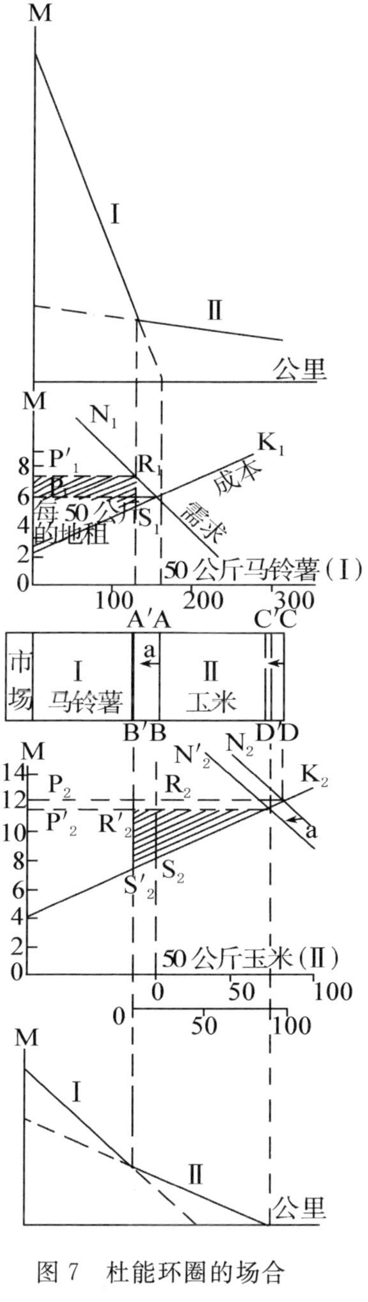

图 7　杜能环圈的场合

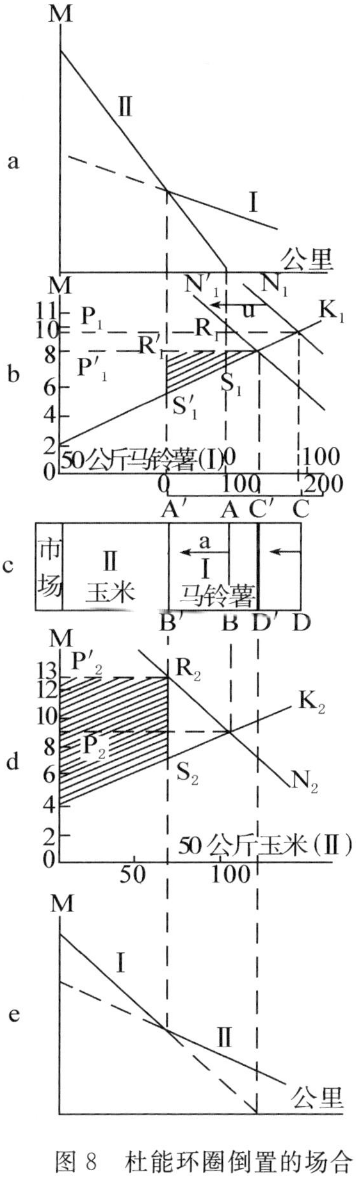

图 8　杜能环圈倒置的场合

直到境界线 $A'B'$线上每 50 公斤玉米的地租已为马铃薯的两倍时为止,结果,两种作物每公顷的地租就相等。这就是说,当达到这一点时,虽然杜能环圈已被倒转过来,均衡条件却开始成立。

这是一种引人注意的情况。图 8a 指出[①]境界线向左方移动,会使玉蜀黍的栽培在新的境界线上更为有利,而向右移动则会有利于马铃薯的栽培。在这范围内,如若均衡真正是在境界线上被

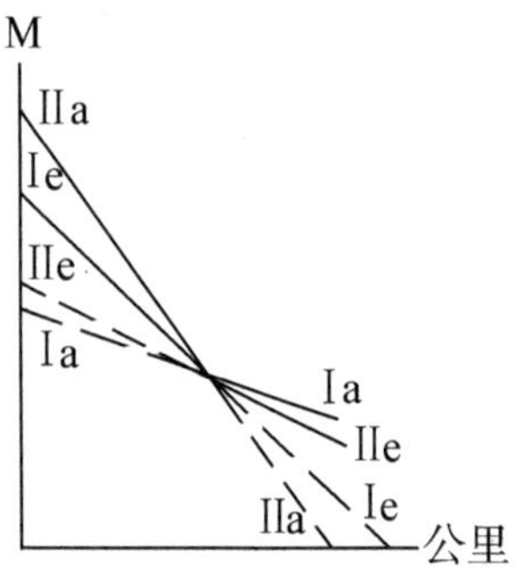

图 9 图 8a 与 8e 间的矛盾,Ⅰa 与Ⅱa来自 8a,Ⅰe 与Ⅱe来自 8c

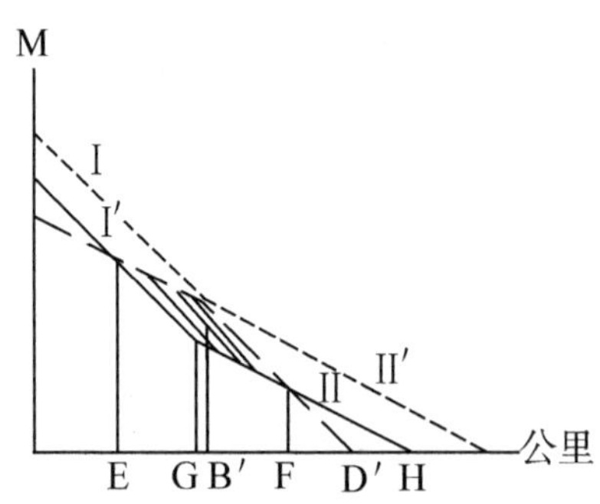

图 10 在杜能场合的地租(实线)与在其倒置场合(虚线)每公顷地租的比较

决定的,那么,8c 的境界线 $A'B'$实际上是唯一可能的均衡位置。反之,按照图 8e[②] 这样被找到的境界线,也将成为马铃薯和玉米的境界线,只有到了现在才显现出来(假定这境界线为已定的),至少在一定时间内在境界线的外侧任何地点栽培其他作物,将更为有利。在境界线的左方,能提供每公顷较大地租的,不是玉米而是

① 图 7a 与 8a 指出在边境线上依据境界线位置而得的每公顷的地租。

② 图 7c 和 8c 指出当境界线的位置为已定时,依据离市场的距离而得到的每公顷的地租。

马铃薯的栽培，在境界线的右方情况正是相反。

3. 批判的假设

图 8a 与 8c 间的矛盾（在图 9 中将作扼要讲述，并进行比较对照），是能够予以解决的。[①] 假设由于强制或由于历史的偶然，或由于传统已经被专擅地决定，那么，玉米将在左方被栽培，这样，个别农民的种植被他的环境所控制，使他只能在境界线上尚有进行选择的自由。在这种假设之下，图 8a 表示出玉米（左方）和马铃薯（右方）间境界线位置最后被建立起来。

但是，如果经济的精神是革新的，不是传统的；如果每一农民对于习惯的农业方式全部基础表示怀疑；如果甚而提出了作物最有利的选择问题，那么，他必然会遇到图 8e 的情况。但是，如果在 $A'B'$（图 8e）左方所有的农民突然从玉米转换为马铃薯，右方所有的农民从马铃薯转换为玉米，因为暂时会有较高的地租，那他们会是目光短浅的。很明显，那就意味着均衡的失调。现在图 7 中的解是有其效力的，境界线必会向左方移动，价格会下降，而最重要的是所有的地租数量会降低到曾引诱农民实行转换的（地租）数量以下。新的情况也不会对于一切农民都有利。在图 10 中，点线表示会引诱农民转换作物种类的地租（根据图 8e）实践表示转换完了以后将地租持续下去的根据（图 7e），最后虚线表示实行革新的转换以前流行的地租（根据图 8e）。从 E 到 F 之间的所有农民——从社会学的观点看，是整个农村中产阶级，或者更正确地说，提供中位的土地（地租）的整个地区——减少了地租（图 10 中斜线

---

① Ⅰa 和Ⅱa 来自图 8a，Ⅰe 和Ⅱe 则来自图 8e。

的区域)。只有少数最富裕的农民(从 O 到 E 之间)和农村无产阶级(从 F 到 H 之间)耕种在境界线上和境界线外的土地才能有收益。①

在保持传统秩序有利的 E 与 F 的农民们能够固执地继续栽培原来的作物,阻止革新的种植方法,并能放弃单纯的传统利益,

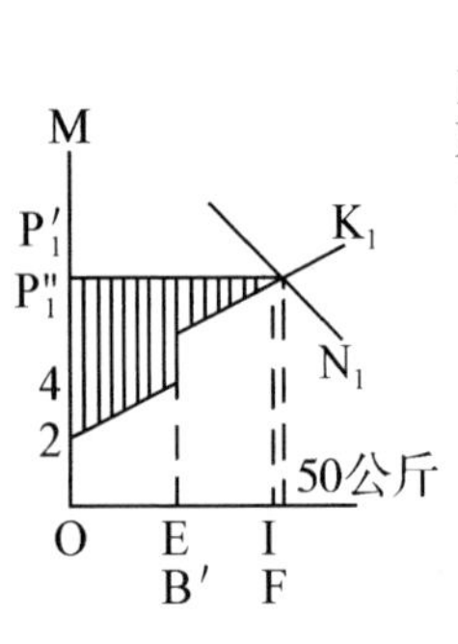

图 11　马铃薯的市场(OE——革新者的供应和地租,B′F——保守者的供应和地租)

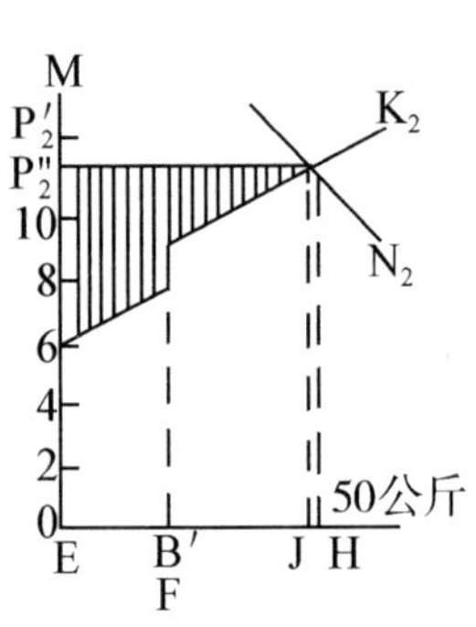

图 12　玉米的市场〔FJ——革新者的供应和地租,(EB′)——保守者的供应和地租〕

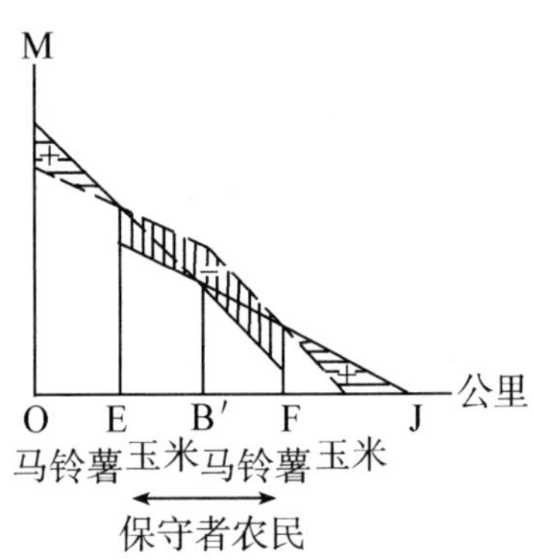

图 13　过渡时状况每公顷的地租。断线表示从前的地租(根据图 8e)。直线表示过渡的地租(根据图 11 和图 12)。平行线表示与过去相比,地租的增加部分,并且粗直线影的表示减少部分

以便最后获得最大的地租吗?在 O 与 E 之间一切条件下,向有利的马铃薯的转变和在 F 与 H 间向玉蜀黍的转变会导致两者价格的

① 这与以前的计算是一致的,即每一公顷地租较少的作物,在耕作地周边部分栽培是有利的,有的作物则在市场附近栽培是有利的。现在已经明白的是:杜能顺序的倒置成为有利的中间地带,则在以前的讨论中,未曾加以考察。

降低，以致保守的农民的地租也降低了。由于革新者区位较好，他们的地租比从前提高了，不拘价格降低。即使这种中间过渡的条件对于他们比旧的条件更为有利，对保守者比对革新者[①]更为不利（参看图 11～13），所以，新的作物转换到最后必然会流行起来。[②]

这样，我们得出这样的结论：在动态经济中，杜能的环圈必须形成起来，而在传统经济中，杜能环圈的倒置会同样很有效。[③] 环圈的顺序在传统的场合，不能证明它是一种必然的秩序，而只是组织的一种可能原理的前提。

§3　接邻的耕地不形成环圈而进行混合耕种的场合

假设任何地方自由农民都以一个相等大的百分比改种新的作物，而其余部分农民则仍固执保持传统的作物，或者换一句话说，每一个农民在其农田中以相等大的面积种植马铃薯，这最简单地可用两种作物在不连续的环圈而在相邻部分土地上的种植来表现，这是最容易理解的。这部分土地面积的变化，促使供应曲线在其与价格轴的相交点发生移动。因为一部分土地的扩大必然以牺牲其他部分而进行的，所以这些供应曲线向相反方向移动。这就立刻可以明白，这种状态只在特殊条件下才能达成均衡的结果。的确，下述的事常常是可能的，农田面积会发生这样一种改变，以

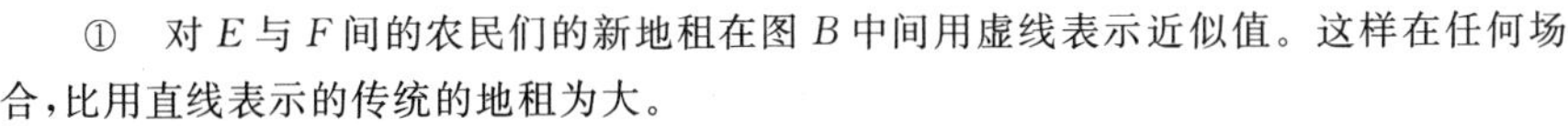

① 对 E 与 F 间的农民们的新地租在图 B 中间用虚线表示近似值。这样在任何场合，比用直线表示的传统的地租为大。

② 在两种场合中，只在 G 与 B' 之间（图 10）玉蜀黍将被播种。

③ 诚然，这种环圈的倒置，是不符合人们愿望的。因为它招致不必要的运费和较小的土地被播种。一种可能例外是这样的场合：在那里，每公顷较大收获的一种商品其价格虽较低，但每一英里只需支付极少的运费。

致在种植的边缘上或者在市场附近[①]，两种作物的地租会是相等的。但是地租只在下述两种场合才能在任何地方相等——如果没有这一点，就不会有均衡。

a. 是属于表 2 第 18 的变相的场合，在那里，按重量计算的每公顷收获量相等(图 14)。[②] 在表 2 中第 10 场合、第 14 场合和第 18 场合，农田放射状的配置才能提供一种可能的解，因为在其他的场合，$E_1 = E_2$，其他条件必得把生产限定在一种商品上。

b. 是当运费与每公顷的产量成反比例的场合。这种情况必须与我们在下述情况所得的情景相区别，即从城市伸展的各种交通线路把各环圈向外伸延，经过一定距离后，几乎与这些交通线相平行。在这里，是事实上划分地带的区划问题，不是像我们区划的场合那样的观念上的区划问题。因为应该毫无疑问的是，我们的区划只是为了表示一种混合耕作的一种特别方便的表示方法。

① 在这场合，耕地不但宽度不同(这不是不好的)，而且长度上亦相异。只有当每英亩产量较少的作物(玉米)在较远的地方栽培时，它的地租(按 50 公斤计算)在市场上方能比马铃薯相应的地租为大。而且当玉蜀黍按 50 公斤计算的地租为较大时，则每英亩的地租因每英亩产量较小而与马铃薯的相等。

② 在图 14 中，假定Ⅰ和Ⅱ两者每公顷的实物收获量相同。首先让同样广阔的两块耕地向离市场远的方向扩展(Ⅰ远远伸展至 A，Ⅱ远远伸到 B)，一直伸展到栽培地边缘，其地租等于零为止。为了使两种作物市场上的地租和耕地的长度上各个相等起见，耕地Ⅱ的宽度便以耕地Ⅰ为牺牲而扩展了(即 K_1 借此向上方移动，K_2 相应地向下方移动)，一直到使地租 EF 有与地租 GH 相等的必要。在这场合，两块耕地自动要求同一的境界线 $A'B'$(耕地的长度现在虽然仍可能从 K_1 和 K_2 读出，但已不再能从供应曲线 K'_1 和 K'_2 读出。为达到这一目的，有回到原来需要曲线的必要，在那里，在 K'_2 上的 J 点 K'_2 上的 D 点各表示出耕地的长度)。

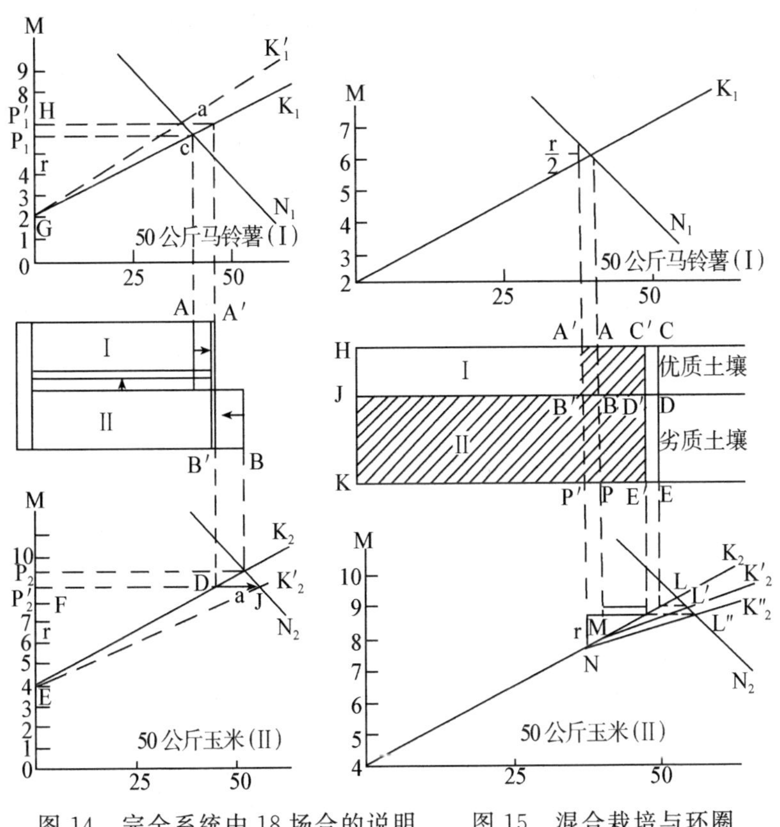

图 14　完全系统中 18 场合的说明　　图 15　混合栽培与环圈

§4　混合耕作与环圈

除了上述以外，还留下一种尚未予以考虑的情况，这就是区划（用图式表示的），或更正确地说，有混合耕作（事实上的）部分地替代环圈的场合。当然，土地是不均质的。[①] 不消说，在这些场合中，一定种类的土壤与其他的土壤相比，会在同一比例上对于一切

① 为了其他的理由，生产费不规则的地方差，对于在土壤性质上的那些变化，有着种种影响。

作物都是肥沃的。这样的场合，若与等质的土壤的划分相比，不会发生什么变化。肥沃的土壤与贫瘠的土壤将在两种作物间分配（混合耕作），或者两者将生产同一的作物（环圈）。

当土壤对不同的作物不是相等程度适合时，情况就不是这样。在这里，我们只限于一个例子来讨论。假如任何地方土地的三分之一属于I类土壤的性质，它生产马铃薯的量比玉蜀黍的要大二倍。其余的三分之二属于第II类的土质，它对生产两种作物生产相等的产量，而且与从第I类土质生产玉蜀黍的产量相同。在这些假设之下，(a)只要两种作物都被栽培，与距离市场的远近无关，较好的土壤除马铃薯以外，不可能生产其他任何东西。因为把图 15 稍加研究，就可指出，从较好土壤上栽培马铃薯所得的地租是与那里栽培的玉蜀黍的地租（把收获的玉蜀黍实物产量运到玉蜀黍栽培界限即 $C'E'$ 所需的运费），加上作为一直到马铃薯栽培界限 $A'B'$ 的运费来计算的马铃薯实物产量一半的地租之和是相等的。

(b) 进一步说，在较好的土壤上和贫瘠的土壤上利用的程度应有所不同是不可能的，因而，在 AB 的右方在较好的土壤上认为将不能栽培任何作物。因为较好的土壤常常是与较贫瘠的土壤同样程度地适合于玉蜀黍的栽培，$ABCD$ 将不可避免地种植玉蜀黍。这样，使供应曲线从 ML 降低到 ML'。但是，因为马铃薯在 AB 线上不能提供地租，而玉蜀黍则仍然提供地租，玉蜀黍向左方较好土壤推进，一直达到新的耕作界限 $A'B'$，由于马铃薯种植的缩减，随着发生两种作物从每公顷获得相同的地租。按照 50 公斤计算，马铃薯的收获只及玉蜀黍的一半，因为马铃薯每公顷产量要大三倍。这样，耕地的移动，由于 $A'B'BA$ 面积的产量，提高了玉蜀黍的供给，而供给的增加就降低了价格，因而种植的最外侧的界限便从 CE 后退到 $C'E'$ 作为最后结果，我们得到混合耕作在各种作物种植之下，深入到 $A'P'$ 的线上，它完全与不同性质的土壤的境界相应在 $A'P'$ 的右边形成了生产同样作物的环圈。①②

二、全面的解

现在，我们必须把上面交织在一起的各个区位问题明确地分开，而且特别要考虑另一个重要观点，在农业中结合生产的问题。

§1　农业生产的区位

这个课题也分为有关农场的区位问题和生产物的区位问题。

从个别农场观点来看的问题，在这里只是陈述而不加以解决，以便不再重复③在讨论工业区位选择时已展开过的论断。现在的任务是要对一定的生产物的生产在一定地区和一定规模上找出一个合适地段，以便把农场配置在那里，保证获得最大可能的利

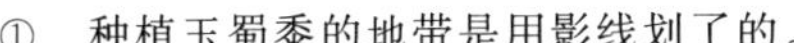

① 种植玉蜀黍的地带是用影线划了的。

② F. 勃林克曼从不同的思路，也得出结论说：在一个城镇附近农业系统——从粗放耕作到集约耕作——的整个阶段的耕作是可能的（放射状的分化）。同时，随着距离的增加，选择便逐渐受到极大程度的限制，贫瘠土壤被放弃了，良质的土壤必须粗放地耕种（同心圈的分化）。参阅 T. 勃林克曼："土地经济事业的经济"（T. Brinkmann, "Die Ökonomik des landwirtschaftlichen Betriebs"），载《社会经济学的基础》（*Grundriss der Sozialökonomik*），1922 年，7 期，第 46 页。

③ 只在如下的范围内进行叙述：在严密考虑之下（与上面"工业区位理论"第 70 页上的注①相比较对照），问题不再是一个农场如何配置——因而为要达到特定作物的耕地的道路尽可能地短——的单纯问题。因为各块耕地的耕作集约度取决于农场的正确的配置。参阅上面对最小运费地点的反论。

润。

但是，一定的作物——例如，稞麦——将在农场的哪一部分种植呢？在没有结合生产的情况下，稞麦将在比其他作物能提供较高地租的地方种植。但结合生产不是从稞麦或从一个单独的耕地里获得地租的问题，而是从整个农场获得地租的问题。[①] 从而某一农民如果不同时解决如何使用其整个农场，那是不能解决其稞麦在那里种植的。只当种植稞麦适于总生产计划时，只当它最后会给农场提供最大利润时，农场中才有种植稞麦的地位。农民必须熟知下述一连串的事情，那就是如果其余的耕地使用特定方法时，在多数的耕地上稞麦便能提供最大的地租(就是说，在考虑对象中特定耕地上稞麦的耕作是最有利的)。即使当每一耕地是按照能保证整个农场获得最大限度利润的整个计划而被种植的，那只有少数耕地也能从稞麦获得最高地租。稞麦不可能在提供最大地租的任何耕地上栽培，也不可能在从这一块耕地上生产最高地租的任何地方栽培。这不是总地租的变化归因于这块耕地的问题，因为这样的解释是不可能的，其理由将在后面提出。

只有总利润才具有决定的意义，对于任何个别作物，不可能有任何补充的主要标准。即使生产体系对于农场会是最有利的，但照例，从科学的观点来看不可能没有问题[②]，只到了经过试验以后，有了确定性，才能予以决定，即使到了那时，仍然存在着某些不稳定性，因为无数的组合是可能的，而在它们之中进行选择，一般

① 进行结合生产的工业企业从它们不同的部分和不同品种中相应地进行收益的加算。

② 除了种种简单例外。参阅上面农业区位理论中生产体系的空间秩序。

要取决于供给和需要间当地不规则的相互关系。不论如何，在这里和在工业的场合一样，科学仍然会有所帮助。

从经济整体的观点来看，农场的一般分布，将在第八章加以讨论。结合生产使我们决定什么地方集中生产一种作物——（这是单方面解决的主要课题）——造成困难，恰如计划决定个别农场的土地利用的困难一样。例如世界上的稞麦地带的决定，如果不同时决定所有其他作物地带区位，因而最后不决定个别农场生产体系的地理分布，是不可能的。所以，在稞麦地带，保证最大限度利润的不仅是稞麦本身，而且是包括种植稞麦在内的一种生产体系。稞麦是在有利于包括稞麦种植的生产体系比排斥稞麦种植的任何其他生产体系更为有利的地方栽培。

§2　一个区位的农业生产

假定土壤之质是不规则地分布的，市场的位置和在那里的统治价格体系是一定的。[①] 再者，除一块土地以外，让其余土地上的生产物是一定的。现在的问题是，在这些其余的土地上发现生产物。如果这土地是一块农田，那么，其他农田的栽培作物必须是一定的（包括有关该农场的其他耕地）。如果是一个农场，那么，所有其他农场的耕种必须是一定的。

一块农田的作物栽培不是由农田上所提供的最大利润所决定，因为结合的是农业生产，而是由能保证作为整体农场获得最大

① 市场形态根本上是不同的，这样的假设实际上是妥当的，这样的事情，与工业区位相比较，使农业区位问题容易得多。

利润的产品所决定的。当农场全部土地利用计划必须重新编制时，自然也将追求同样的目的。这些计划本身的内容除决定于区位的市场价格之外，还依存于位置、供应地以及产出的联合和其大量生产，依存于各个农田对农场的相对位置，农场本身对农产品销售市场与对生产要素市场的相对位置[①]，取决于土壤和气候的适宜性，在不少程度上取决于农民的熟练，取决于大量生产对个别农场与邻近其他农场的优点（因而也取决于在其附近其他农场所栽培的作物），最后，取决于已经讨论过的单方面的指向的不利。

关于这个主题，区位理论不能说得更多的了。[②] 不消说，区位理论能够从事于个别因素相互作用的性质的研究，恰如在本章阐述的一般原理中所做的那样。这些因素的相互合作在简单的场合是被从事区位问题决策者所讨论。但是由于多数可能的区位方案有着无限的可以想象得到的困难和复杂性，要提出一种体系的理论，是不可能的。[③] 在这领域内，科学也只能提示值得

① 如果只是位置成为问题，那么，即使在农场建筑物周围的作物也会形成杜能的环。农庄附近土地价格比较昂贵，这一事实指出，如果土壤性质相同，即使就小领域而言，位置也会起着重要作用。

② 要给“最大值”的概念的特征下一正确的定义是困难的。例如，如果我们假定：生产费和收益的偏微分数对每一农产品都一定相等的说法是不正确的。可能性更大的是在与保证最大限度收入的特定界限结合之下，整个费用将由收入来补偿，但就这种结合中所包含的每一种单独生产物而言，也有收益不能补偿的场合。H. 马尔凯特在他的卓越作品中《与价格有关的土地经济生产的探索》（H. Marquardt, *Die Ausrichtung der landwirtschaftlichen produktion an den Preisen*，耶拿，1934 年，第 80 页）和休纳特尔：《斯摩勒尔年鉴》，1936 年，第 213 页以下，似乎都忽视了这一点。

③ 杜能的方法只认为位置影响的分析是可能的，至多也不过考虑其他少数因素的补充影响。只要记住生产费如何在一村与一村间甚而一块耕地与另一块耕地间变化着，马上就可看到对于一个农业区位的决定，还没有一般适用的方法论，恰如为了同样的理由，在工业中也还没有可以普遍适用的一种方法论一样。

特别考虑的各种可能性。但是，与工业区位论不同，在农业中单纯的计算的确是不够的，因为相互依存关系特别复杂，而且因为它们还有被自然所决定的部分，关于这方面我们就被蒙蔽了。只有实际的实验（在有利害关系的农场数非常多和规模较小的情况下试验可能更容易进行），才能有所帮助。的确，因为有些影响只有经过长期以后才会显现，只有广泛的试验才能提出答案。[①]

三、农业区位理论和工业区位理论——一个比较

§1　不同的竞争条件

至少，在工业与农业存在着相类似的若干事情，把这些类似予以忽视而作一个概括的比较，一个主要区别点在于：在农业中，生产区位的数目较多，在工业中则是消费区位的数目较多。因之，在农业中生产者们成群地环绕着一个消费中心；在工业中，消费者集合在生产者的周围。农产品的销售市场是点状的，而工业商品的销售市场却是平面状的。后者是由一个或少数工业企业所供给，前者则由许多农业企业所供给。从而工业的典型竞争状况是一种受限制的竞争，在农业则是自由的竞争。这些不同初看时所显示的意义不大。在工业中，个别厂商的需要曲线一般是下降的，而在农业中则是水平的。这一事实，对于企业的规模有着怎样的影响呢？乍看起来，企业家对于价格是有影响的，但是，他的竞争者能

① 马尔凯特指出为什么小心翼翼的具有保守作用的农民日子过得好些。

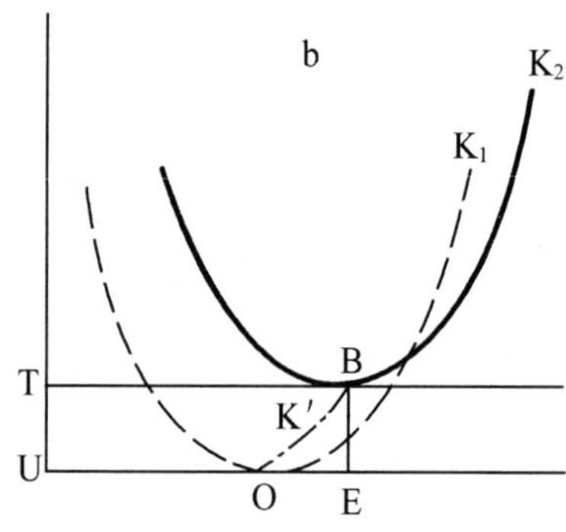

图 16　在(a)工业和(b)农业中生产单位的规模

够影响他企业的规模，一部分通过位置，一部分通过生产物的不同。而且当位置和生产品是一样时，则一部分通过他们单纯压力引诱顾客的办法来产生影响。各个农民对于价格没有影响，他的企业的规模却与其邻人无关。他的农场的规模取决于他支配的土地的多少，不取决于他支配什么样的市场。在图 16 中，从几何学上说，这意味着工业是在平均生产费最小点的左方，农业是在这点的右方进行生产。[①] 或者如果使地租包含在生产费内，那么，生产就在那一点上进行。[②]

但是，当土地根据经济的动机能够自由购买或出售时，这种显著的差别便失去其意义(只有这场合能与工业相比较)。在这里，

① 但也不妨碍对消费者的最优供给，因为较高的生产费在第一场合会由运费的节约(市场区的缩小)而多得到补偿，在第二场合，会由于价格下降(供应的增加)而多得到补偿。在这限度内，工业诉苦，说它受到生产能力过剩之苦，这是不中肯的。因这样过剩的生产能力对消费者是有利的。

② 这是容易理解的。在图 16b 中，让 *TB* 代表水平价格线，K_1 代表平均生产费曲线，*OB* 代表边际生产费曲线。最初，企业显然进行扩大，越过 *O*，扩大到边际费用曲线和价格线的交点 *B*。但是，地租 *TUOB* 是生产费因素，它表现为已支付的现实地租，

一个农场扩大的可能性也受着独立企业家数目趋向最大限度化的限制。这种趋势是特别符合期望的。[①]

在一个相反的下降方向上,限制因素也在起作用。即使在由于继承权使农场分割成为习惯的地方[②],农场也只能缩小到实际

或表现为对土地价值的利息而加入生产费内。因之,根据它的本质,地租不是一个差额,而是一种价格[参阅 J. A. 休姆本特:"在分配理论中的地租原理"(J. A. Schumpeter,"Das Rentenprinzip in der Verteilungslehre"),载《斯摩勒尔年鉴》(*Schmollers Jahrbuch*),XXXI,1907 年]。习惯的阐明是把已支付的地租表现为一种扣除后的剩余,这种习惯的阐明,实际上只是农民为土地所能支付的最高额价格的计算。对于非农业用途来说,有着相异的评价;在这些评价体系之中,对于工业和对于农业,土地的价格是来自这些用途的竞争。假定在这样体系之下,农民之所以获得土地,是因为他所支付的为最多。由于这一理由,他就能耕种它们。在这样的场合,他的生产费曲线由于固定的地租总额而向上移动。B 是新曲线上的最低点,因为没有其他生产量能负担这样高的地租。张伯伦(Chamberlin)是最早把这种新的费用曲线 K_2——这是需要曲线相接的最低点——应用于工业。他是最早把支付的地租看作费用的因素。因之,我们发现生产费曲线与需要曲线接触之点,就是两个经济部门均衡的标准。

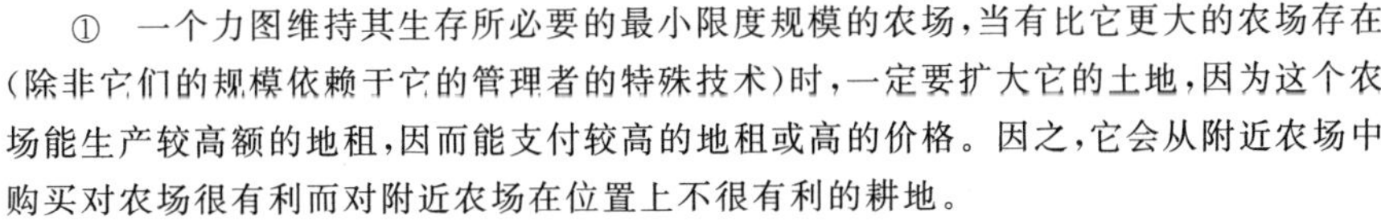
① 一个力图维持其生存所必要的最小限度规模的农场,当有比它更大的农场存在(除非它们的规模依赖于它的管理者的特殊技术)时,一定要扩大它的土地,因为这个农场能生产较高额的地租,因而能支付较高的地租或高的价格。因之,它会从附近农场中购买对农场很有利而对附近农场在位置上不很有利的耕地。

② 由于继承权而发生的货币价值的分产和实物分产的影响,必须加以区别。如果一个农场价值已予正确评价,那么,前者不能使农场成为不可能存在。在资本并不是必要的职业中,例如,作为一个熟练劳动者那样,可以把它的所得中超过其应得的部分资本化,一个农场能够这样做而得到极大的实惠。它能够负担自己的债务,如果退休的继承人的一份土地仍留作农场的佃耕地;或者根据原来农场的生产,远远足以维持一个家庭的生计,是用来改良农场或用于与其他农场合并,那么,继承人之间进行现物的分产,不会带来损失。所以耕地的细分的损害(无论如何它有利用合并精神),并不与实物的分产有必然的联系。但是,如果土地有规则地成为一个嫁给另一个农场的女儿嫁妆的一部分,那么,这种习惯就会发生麻烦。最后,当判断自由分产制的得失时,有必要考虑下述的事:随着农业的进步和人口增长的需要——特别在上一世纪,随着人口的大量增长的需要增加——小规模的农场已有保存其生命的可能。在成长着的城市周围,实物的分割意味着从一个能维持生存的小规模农业者经过与土地有着纽带关系的外出工作的劳动者,向自由的工业劳动者的健全的转变。

上只足以维持一个家庭所必要的规模。[①] 这样，无论在工业中不拘有一切形式的不同，却同样也达成了生产者数的最大限度化。即是说，一方面生产中心必须寻找适当的区位（设备、装置和农场建筑物）。[②] 另一方面，竞争者们的非常接近，使他们活动的范围（销售市场农场）缩小到为生存所必要的最小限度的规模（那就是说，缩小到均衡的规模，如果不减少生产者数量就不能再缩小均衡的规模）。

再一次回头来看一看几何学的表现：在工业中，侵入到某些企业家们活动范围里来的竞争者，会把销售圈侵占到某一点，在这一点上，需要曲线向左方转动，一直达到与费用曲线相切；同样，在农

① 这样的大小好像不是超经济地决定的。这就是说，它不是完全独立的变数，只意味着刚巧存在着足够的土地面积，可以自己供养一个可能有或没有外边补助的农民家庭得到现行农业的平均收入。如果收入增加了，那么，农场的最优规模也同样扩大了。在另一方面，其逆转的情况并非必然是真实的。在技术进步过程中，当农场最有利的规模增加时，农民的收入不一定要增大（以前它已把多数作物减少了）。参阅H.浦里布："关于德国未来家庭工业的形成和规模问题"，《关于土地经济情报》附录，（H. Priebe, "Zur Frage der Gestaltung und Grösse des zukünftigen bäuerlichen Familientebes in Dautschland", *Berichte über Landwirtschaft*, n. s. XXVII, 1942, p. 523）A.蒙什恩干：《农民的机器合作社》（A. Münzinger, *Bäuerliche Maschinengenossenschaft Häusern*），柏林，1934年。独立农民间的竞争会促使他们收入降低，因而往往有再度促使缩小农场规模的倾向。所以，能维持一家生计的农场的规模在任何特定时期里是一定的。此外，农民还有由于土地以外的其他因素（例如价格关系，自然，技术，聚落类型，耕地的分割状况，承袭法等）而得到收入。拥有几公顷或不及一公顷的农场，只要它位置在市场附近或在肥沃的土地上，就能从最有希望的生产物（例如，水果、蔬菜、药用植物、花卉、酒、烟草、家禽等）获得适当的利润（参考浦里布上引书）。消失的乃是收入小的农场，而不是规模小的农场。因为农村劳动是均衡支付的，必须足以适合于农民生存和支付按农场价值计算的利息。所以，没有债务负担的农场，即使是较小的规模，依然能坚持一家的生活。

② 在这里，区位的选择不但必须考虑生产面积，而且也要考虑销售市场的位置。

业中，竞争者的侵入会侵占农业用地，使费用曲线由于地租的增加，向左上方移动，与水平的需要曲线相切。这与张伯伦和鲁滨逊所描述的过程相对应。[①] 唯一差别之点在于在工业中与竞争的情况相应，费用曲线为已定的，而需要曲线则为可变的。至于在农业中，价格是一定的，费用是可变的。但是，在两者的场合，可变的曲线由于同一理由而移动，而且得到同样的结果，一直达到与固定的曲线相切。总之，无论在工业或农业中，我们发现两种重要的力，它们是相互对立的，而且决定区位的生产者数的最大限度化与地租的最大限度化的趋势。[②] 后者已为大家所熟悉，前者尚需作扼要的阐述。

§2　独立经济单位数的最大限度化的共同倾向

人类总是追求一种与其天性相协调的独立的安定的生活，这在人类中是根深蒂固的。这种独立生存的愿望，远远超过已提出的任何物质利益，保证了风靡 19 世纪经济自由这一观点的胜利。这个目标鼓励着发明者，引诱着拓荒者进入荒芜的美国西部，吸引那些对大事业

① 我们只能触及若干复杂情况。当农场缩小的时候，土地所有者的地租增加了，实际的耕作者的收入却减少了。前者的增加是因为现在耕地就一般而言，其位置与农舍接近，而且也由于这一理由，它比从前更集约地耕作。后者的减少是因为目前地租全部归属于土地所有者，并且因为小农的对非寻常的才能需要较少。农场的平均费用增加，从总产量来看是降低了，但单位面积产量却提高了，一直达到任何土地规模的缩小使每一单位（公顷）的费用的增加超过收入这一点，也就是说，达到地租停止上升这一点。这时，农业的均衡收入就会达到。因为，如果它太高了，那么，地租仍能上升，如果收入太低，则地租必然会下降。

② 即使当把农业和工业间其他少数差别点加以考察时，它们证明这些差别点是不很重要的。因之，在两者的场合，区位问题在一切基点上都是相同的，不拘有着不同的竞争条件和少数在程度上的差别。

具有热心的人们投入竞争的漩涡。在能干的农民子女看来，土地的无限制的分割是合理的。[①] 这些希望是否能够实现？以及反应如何？很难给予评价。[②] 但以独立性为牺牲的以求经济安全飞行并未出现。在经济学史上，我们可以追溯出安全与自由间有着大范围的钟摆式的摆动。[③] 一次又一次地我们找到各种时期，达到成功的奋斗者总是限制了下一代试图独立的努力，他们强迫下代加入一个基尔特或者获得一个许可证，或者把他们束缚在土地上。有些时候，他们通过封建的排他的基尔特和特权的独占，或者严格限制农场的让渡，或者禁止新发明的应用，来阻止这些期望的完全成功。[④] 随而发生的是他们通过竞争或消灭"小人物"来使他们自己的等级淡化。最后，当自己权力和自信由于个人的失败或不可控制的力量而致消灭时，便发生飞奔，求强有力者的保护。像中世纪初期，自由农场转让到大土地所有者手中，技术工匠飞奔工厂，飞奔卡特尔，飞奔获得年补助金的制度，从19世纪70年代以来逐渐增加了飞奔政府的保护。这些时期以后，当经济的权力者与农奴间的壁垒在地位低下的方向上自发作用时，自信力

---

① 即使在贫困地区的居民之间，常常坚信着这种观念，以为这种制度使最有能力的人们地位的上升，是可能的。——参阅H. 洛姆：《1838～1938年陀尔斐斯·格鲁伊滨根的居民政治和经济的面貌》(H. Röhm, "Das bevölkerungspolitische und wirtschaftliche Gesicht des Dorfes Gruibingen 1838—1938") 载《关于土地经济的报告》(*Barichte über Landwirtschaft*)，XXVI，1940年，第430页。

② 1882年，德国就业人口从36%降到1933年的33%是独立生产者，这期间只是绝对数增长了。

③ 关于收入构造这件事，具有如下的作用即是说，在人们选择独立的职业还是选择从属的职业的这样犹豫不决的界限上，人们与他准备对安全支付代价或者准备对自由支付代价相应，前者的收入是高的，后者的收入是低的。

④ 这往往导致激烈的社会斗争。

又恢复了，社会关系变得紧张。从经济上说，人们也愿意按照自己的意志和自己的责任来生活。而新的趋向自由经济单位之数目增至最大限度的趋势便显现出来。

第六章　城镇形成的位置和它们产生的理由

城镇是非农业企业区位的点状集积。现在发生如下的疑问：为什么在任何特定地点会出现(1)一种特别巨大的企业？(2)同类企业的集积？(3)不同类企业的集积？在这里，我们对于能在任何地方发生的不受限制的集积和局限于一个特殊地方的集积之间进行区别，那是很好的。再者，我一开始就将避免用单纯列举一个区位的种种优良特点这种方法来回答这些疑问。这些特点对于任何特殊地点的选择并不常常是本质的，而且即使是必要时，它们本身也是不充分的。例如，并不是每一个天然良港都可成为海港。我们倒不如说，必须证明为什么利用这些有利的特点对于某些企业家是有利的。

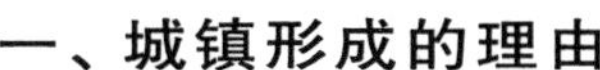

一、城镇形成的理由

§1　企业区位的自由集积(自然的体系)

即使地表是完全均一的，城镇仍然会产生。

1. 大规模的个别工业企业

一种商品的大规模生产或数种商品的结合生产的种种利益，会导致某些地点上建设起较大的生产共同体——一个工厂。这个共同体可能是如此之大，以致它本身就组成整个的城市(西门子市是德国汽车工业的城市)。美国原来的卡莱,第二次世界大战前的弗吉尼亚州的拉德福;田纳西州的橡树岭,华盛顿州的汉福德(原子能工业);华盛顿州的朗维尤(木材工业);蒙大拿州的阿纳康达(炼铜工业)等都是。

2. 同类企业的集积

a. 大量生产和联合的利益

某些地方许多同类的企业会建立起来,一部分是因为这样会增大对每一种个别商品的需求,因为购买者乐意在他们能把各类商品进行比较的地方购买某些形式的货物,一部分因为这样能节约一切企业的生产费用,并获得概括的术语称作"外部经济"(巨大的劳动市场,有效率的辅助工业,相互间的促进刺激和特殊的服务等等)。①

b. 位置和供应源的利益

生产可能被一个场所吸引,因为在技术上与其所利用的原料和中间产品的一个重要来源地紧密地结合着;或者因为它在技术上与其生产物的消费者的重要区位联结在一起,手工业工人和盲人的场合就是这样的例子。或者它或许简单地被一个大的劳动市场所牵引,被巨大的地方需要,与政府机关的接触,交通枢纽或与其他城镇靠近等所牵引。这些有利性局限于少数地点,也与自然条件的均一性共同存在,像我们以后在经济区单纯体系的模型中

---

① 参阅 E. 休斯特尔对于别尔马森斯这个城镇卓越的研究:《单一工业的集积,制鞋工业城市别尔马森斯》(E. Schuster et al., *Monoindustrielle Agglomeration. Die Schuhindustriestadt Pirmasens*),维尔茨堡,1940 年。在别尔马森斯只有制鞋工业集积。各种理由中之一是因为别尔马森斯完全利用了可资利用的一切种类劳动力。还要附加联合的非寻常集积的理由。关于这点下面将予以讨论。

即将看到的那样。这样的区位在均一构造的地域体系之中为数特别稀少，同时，也是特别有利的（参阅本书第二篇第十一章二）。我们所假定的可能的区域越小，则我们可能想定的区位周围市场所能贩售的货物量越多，比个别企业只为了生存所必要的货物量要大得多。

c. 内部的竞争

(a) 地方需要的差异。所有这些利益一部分通过低廉的费用，一部分通过增加的需要，影响在有利位置上建立起来的企业。这种企业几乎不能受到外部的即毗邻的竞争者的影响。它们的生产费可能这样的低廉，以致其他企业只能在很远的距离外才能生存。当大的需要原因主要来自第一个企业本身的区位时，远距离外部的竞争者想吸引这种需要的一部分是不可能的。总之，凡是以取决于许多独立生产企业之数的最大限度化趋向为基础的张伯伦过程（参阅本书第十章“市场网”），不能从外部来对这个位于有利地位上的企业发生作用，反之，竞争作用乃是从内部发生的。由于竞争，会导致城镇的需要分配给集聚在那里的各个企业，这种情况基本上是正常的。如果我们根据企业数目来测量集积度，那么，在工业内张伯伦之点上，工业企业的规模愈小，则集积度将成为愈加强烈。

(b) 对同一市场的供给。但是，如果企业之间进行分配的不是企业所在地的需要，而是市场区全体的需要（个别企业对于市场区实际上在区位利益方面不是一个企业超过其他的企业），那么，这个场合会发生什么现象呢？在图 17 中，让 N 代表最初在这里建立起来的企业的需要曲线，K_1 代表它的平均费用曲线。因为是一个几乎不受限制的独占企业,所以它把其价格定在库尔诺点近旁(图17,由若干企业家对同一市场的供给地近旁规定的价格)。但是,第二个和第三个竞争者出现了。这时,N对于所有企业都有效吗?或者会分解成三个部分的需要曲线吗?换句话说,像在张伯伦过程中一样,第一家企业的需要曲线是否会逐渐向左下方移动,一直到最后,像n_1那样,K恰恰与K_1相切?这种趋势在少数企业的场合,会继续下去,因为在这样的场合,企业家个人的特性或者登载广告等,会将注意力吸引到企业来,并且在特殊场合是重要的。但是,随着竞争者数量的增多,每条部分需要曲线就变成愈为平缓,那就是说,需要对一

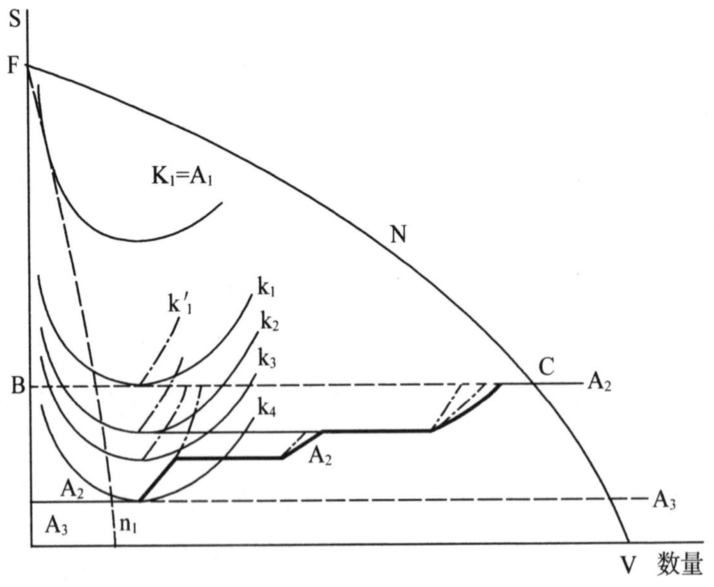

图17　几个企业对同一市场的供给

单独企业每次价格变的反应会愈锐敏。我们现在将达到纯粹自

由竞争，而且当部分需要曲线的倾斜变成如此平缓，以致最后以比平衡价格较高的价格提供财货的企业，几乎不能继续出售，如果稍稍降低市场价格，则它就能把它可能生产的商品完全出售，这时，我们就达到纯粹自由竞争。①

某一给定企业 r 的部分需要曲线 N^r，实际上在 F 和 V 点上完全地与虚线 FB、CV 相一致，在其余部分大体上相一致，在那里，发生背离的部分稍微靠近 FB 的右方，起初稍微在 BC 之上，然后略略移到 BC 之下。在它的最后部分，与总需要曲线大体上相一致。②

次之，供给曲线的形状是怎样的呢？随着新竞争者的出现，外部经济首先使第一个企业的费用曲线从 K_1 降到 k_1。这样一来，现在具有各种程度技能的工人麇集到相互竞争的企业中来。其中有些企业在铁路车站附近以昂贵的价格获得土地，其他的企业则只能以较低廉的但利益较少的位置为满足。不拘有这些差别，如果生产各因素的生产率，只随着工厂生产能力被利用程度而变化，而其他一切都不变，那么，所有的费用曲线必然是同一的。如图所指出（k_1 无论如何，并不必是最低的），费用曲线的差异完全取决

① 我们能够想象，如果有一个特定的企业购买大量的小企业的产品，并在附近地区零售它们，那么，个别小企业便会变成无名，它们的个人交易关系逐渐消失，而其数量却逐渐增加。

② 由于这些部分需要曲线是相互依存的，如果把这些曲线加起来而组成综合需要曲线，那是毫无意义的。因为这些部分需要曲线不是彼此独立的。

于有效使用生产因素的企业家的不同的能力。[①]

现在总的费用曲线是由个别的费用曲线构成的。让市场价格缓慢上升。当价格线达到其平均费用最低点时，每一家企业开始进行作业。如果价格再上升，则企业将沿着边际费用曲线 k' 展到边际费用曲线与价格线的交点，扩大生产。总的供应曲线向不连续的水平方向跃进，表示出一个新的企业已经能够加入竞争。这些飞跃的幅度愈小，即在特定产业部门内企业的最优规模愈小，则企业的集积度将愈大。在总费用曲线的两个飞跃之间的曲线部分，是把两个价格之间的一切边际费用曲线叠加算出而得到的，因为它们位在各个企业的平均费用最低点的右方和相互价格之间隔。由此便可得出如下的结论：每一生产者从参加总的供给曲线后，便可由这一曲线各个部分来代表。如果所有企业家的能力都相等，则供给曲线必然成为水平的（A_3）。在这场合，排除了特别利润，而且与张伯伦过程的需要曲线和平均费用曲线的接触点相

① 从理论上说，可以期望的是每一个企业家都会按照其直接边际生产物支付每种生产要素，而且不同要素的最终单位是否被边际企业家所利用或是被优秀的企业家所利用，其产出应该是相同的。再者，后者纵然从要素那里能有较多的所得，但会被其他的企业超过最低规模的不利所抵消。从个别企业的观点来看，边际工人能与其他工人相区别的场合，就在于劳动者一切都会按照产出来支付。但是，在这场合，各个工人超过边际工人的技术的产出率，必须起因于他们自己的技能，不是起因于他们在企业中的地位。这样各工人是按照他们的产出率支付的，所以，被雇佣的工人优劣如何，不会有什么区别。实际上，一个好的企业家总要确保好的工人和好的厂址，并对工人支付比边际企业家支付较高的工资。其理由是，由于他个人的品质，这些工人需要较少的监督，他们的企业家对每一单位的产出提出较少的必要时间，因之，企业家在他们自己能力范围内，通过雇佣好的工人，能获得较高的利润。就详情而言，工资的决定是极其繁杂的，如果劳动再分为小群，并且只强调每一个人能力在质和量上都各具有特殊的效率的话。

对应。在这样的场合,企业的集积化将愈大,这是因为第一,每个企业的规模会小些;第二,在较低的价格情况下,原来市场区域的需要会大些;第三,区域本身会扩大。在我们的需要曲线中,后两种作用已加以考虑。①

d. 霍特林的场合②

这里也将联系到以运费为基础的霍特林曾企图加以阐明的集积倾向。③ 他假定沿着一条规定的直线上有两个竞争者(例如沿着海滨上两家冰淇淋销售者),需要是没有弹性的。这两个竞争者中,至少有一个区位是可以移动的。离岸价格对于所有的顾客都是同样可变的。每个竞争者规定其价格时,都假定他的竞争者的价格是固定的。在这些假设之下,霍特林指出,从个别企业家的观点来看,最有利的区位并不与最小运费的经济上最为人所期望的区位符合一致。使运费缩小到最小限度的区位,会在从直线的一端起总长的1/4距离上。但是事实上,每一竞争者发现进行移动使彼此相互靠近是有利的。

反对这种推论的人④认为,只在非常特殊情况下才有效。第

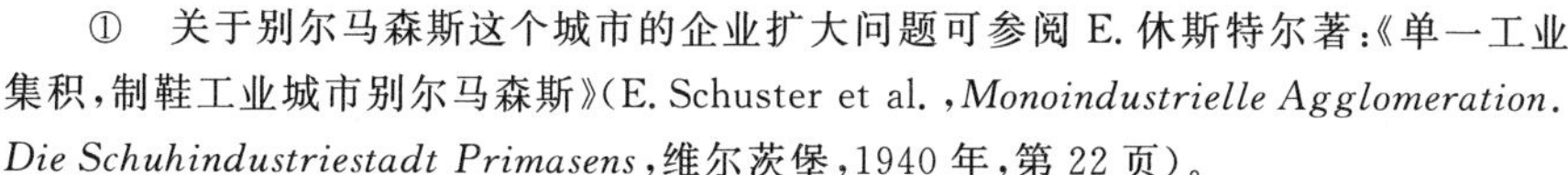

① 关于别尔马森斯这个城市的企业扩大问题可参阅E.休斯特尔著:《单一工业集积,制鞋工业城市别尔马森斯》(E. Schuster et al., *Monoindustrielle Agglomeration. Die Schuhindustriestadt Primasens*,维尔茨堡,1940年,第22页)。

② 在英文版中,本节系从德文原版第一版,第12～15页译出,在第二版中,因勒施为节省篇幅被删去了。日文版,系从德文原文第三版译的。所以也缺这一节。

③ H.霍特林:"在竞争中的稳定性",《经济杂志》(H. Hotelling, "Stability in Competition", *Economic Journal*),1929年。

④ 在H.霍特林的上引著作和更加一般性形成的T.巴朗特尔的《区位理论的贡献》(T. Palander, *Beiträge zur Standortstheorie*,乌普萨拉,1935年,第232～235页)的论文中,可以找到数学的计算。

一批反对者关心到竞争者的不大可能的行为。第一,两个企图独占市场的企业家,认为他的竞争者对他的行为不会起反应。这几乎是不可能的。这一假设一旦被放弃了,我们就会发现一种趋向扩散的明显趋势[1],恰如巴朗特尔所指出的那样。例如,如果两个企图独占的企业家采取的行为是同样,那么,对每个企业家最优的区位,是在从两端计算的全线长度上的 1/3 的地方。下面是霍特林例子的第二种不可能性:如果两个企图独占者的竞争所面临的一切情况都是相同的,那么,他们为什么会采用不同的行为呢?两个竞争者沿着我们主线的区位越是对称,则两方所得利润就越大,这是真实的。但是,这种利润的分配会是相等的对称的,为什么发现自由的区位处在较短一端的竞争者会对于这种情况感到满意呢?

对称的方案,可能性是最大的。或者我们允许第一个竞争者一开始就把自己区位放在线的中央,在这场合,他的竞争者所能做的最好动作,就是模仿他做同样的事;或者第一个竞争者把他自己的区位放在直线不对称的地位上,于是第二个竞争者就在他的附近安置他的区位,不过位置是在直线距边端较长的直线上。但是,在下一轮中,第一个竞争者跳过第二个竞争者,两者将相互跳跃,一直到他们达到中心点为止。或者两者在同一时间内同时在同一地点出发,或者在中央,或者在直线上位于对称的任何点。在后一场合,中心区位毕竟是唯一的限制场合——利润(两者分别地或两者合在一起地)在任何地方将是同等的,但听起来似乎是不可能

① 巴朗特尔,上引书,第 394 页。

的。这是从利润公式直接产生出来的。在霍特林的场合，由于一贯的追求，在他自己假设之下，导致这样的结果：对于两个企业只要它们的区位是对称时，那么，他们的区位的位置是完全不恰当的（H.霍特林自己认为对称纯粹是"不可能的"，但他没有把它从他的假设中排除）。

只在竞争者双方准备在他们之间分配市场决定他们价格时，其结果才有效。但是，这一假设极缺乏远见，而且这是他们行为的第三种不可能性。巴朗特尔[1]指出：两种可能行为类型的相互作用会导致价格的不断波动，并且即使在企业彼此间相距甚远时，这也是真实的。当它们间的距离等于直线长度的一半时，这也确实是真的。霍特林的公式指出，相互靠近的竞争者的价格和利润会提高起来。即使不提高价格，因而与入侵的竞争者分享接近的线段，被侵袭的企图独占市场的企业家会发现在一定的距离上降低价格，把竞争者完全从市场排挤出去，或者强迫竞争者降低其价格，是有利可图的。霍特林没有考虑到这种可能的行为。这样的价格降低，意味着竞争的对手会离开得更远一些，一直达到临界距离上，到那里，价格的上升看来又一次地更加有利。这种不断波动的原因在于这样的假设：竞争的对手将保持价格的不变。这一假设把两个竞争者驱逐到线外去。在线的内部存在的均衡，是从线之末端之点与线长 1/4 之点为界。

第二批反对者，是针对未必可能的环境。第一，霍特林假定一

① T.巴朗特尔：《区位理论的贡献》（T. Palander, *Beiträge zur Standortstheorie*），乌普萨拉，1935 年，第 233 页以下。

种完全非弹性的需要，这是一种极其稀少的场合。霍特林告诉我们，他会同意在弹性要求之下，将发生一种趋势，竞争的对手会移到 1/4 点的附近。或甚而会走得更远：在弹性需要的场合，如果企业者要求选择一个均衡点的话，他就会把其企业的区位放置在恰恰在 1/4 点上，因为，每一个其他的点在市场上都会在对称地位上，这样，限制了需要与利润的可能性。

第二，假定有两个以上的生产者，情况就发生变化。霍特林可能会通过放弃一个区域划线的方法，抢救他为若干竞争者所作的理论。在另一方面，为了直线——这对于较大的区域也是真实的——张伯伦指出，两个以上的生产者，即使在霍特林自己假设之下他会把直线扩展开去[①]，中间的生产者彼此之间各有相等的距离。如果例如其中之一向其右侧附近的右邻移近一点，那么，他从左侧竞争那里多得的面积，便会使左侧竞争者失去同样多的面积。不论情况如何，张伯伦忽视了这样的事实：这样一种不对称性是一个均衡的位置，也许对他是有利的。但是，现在如果竞争对手是等距离的，那么，这时均衡才能存在。无论如何，即使任何均衡的考虑是独立的，则张伯伦是正确的。两个以上的企业家的相互靠近是不可能的，位在他们之间的第三个生产者常常会由于跳过他的两个生产者而向右侧的生产者跃进，或跳过左侧的生产者，向前跃进，而有所获。只有在直线末端的生产者们所占的区域，要比其他竞争者所占有的区域大 1.5 倍。只要它们留在直线的末端部分的第三点上，没

① E. H. 张伯伦：《垄断竞争的理论》(E. H. Chamberlin, *The Theory of Monopolistic Competition*)，剑桥，美国马萨诸塞州，1936 年，第 194～196 页。

有一个竞争者的对手会受到任何刺激而去跳过他们，成为一个末端的人。在这范围内，人们可以说有向中央集积的趋势。

但是，如果我们抛去第三种限制，那么，这种趋势也完全会销声匿迹。假定我们有一条无终点的延展线，——如果我们想到地球上的各种条件，这一假设是充分可以允许的。在这场合，具有有限的最大限度交货距离的两个竞争者中的每一个，由于他们移开，一直移到他们之间发生完全无供应区域时，会有所获益。对于地球最合适的，可能是绕地球的圆周，以替代我们的展伸线。如果一个竞争者留在原地不动，另一个移近他，那么，一个圆周中“反向末端”的一半便将成为更大更大。但是位在平面展伸线上的竞争对手的场合不同，在那里，他的竞争对手在圆周上所占部分的“反向末端”，同时会相等的增加。但是因为公式，利润是随着两末端之差而增加的，因为这种差对于任何位置而言都保持着零，因而得出结论：在一圆周上，在一条有限度的展伸线上的情况，即使一个竞争者是不移动的，那么，另一个竞争者靠近它也是无用的。

因为霍特林的“集积的趋势”已赢得某些热烈的赞颂，它又导致巨大而有成果的讨论，其中并不是所有的参加者都站在反对霍特林的一面，但我们有较详细地审查他饶有兴趣的命题的必要。我们的结论是：即使在带有极小程度的现实主义的假设之下，以运输费用为条件的集积趋势是不存在的。

3. 不同企业的集积

以企业间的相互关系为条件的集积

(a) 与企业数目有关的利益。生产者不问种类如何，把大量生产[①]在一个场所集积是有共同的利益的。在这些利益之中，最重要的利益之一，就是有铁路车站。至于有较好的街道和排水系统，低廉的水电，以及较大的劳动市场，那就不用说了。

(b) 与企业联合有关的利益。[②] 第一，与任何经常的市场情况有关。消费者愿意在一个地点进行小量的同时购买，或对不同产品的不等品质进行比较，这些事实对于城镇的形成比在城镇内部特定繁荣地区的存在以及在这些繁荣地区内部百货商店的存在，并不具有较小的意义。接近它们这一单纯事实，不但降低生产费用，尤其是经常费用，而且同时增加了需要。

第二，与经济波动有关的利益。在一个地点，集中那些季节变动或周期变动时期并不一致的工业部门是有利的。不消说，这种集聚不是缓和这些波动本身，而是缓和了其土地对直接有关的，如当地的手工业和商业等企业所加的过大的第二次作用。

第三，与经济构造的变化有关的利益。当居民的利害关系，活动和品质等有着多样性时，对经济构造的变化是比较容易接受的。像里斯特所强调的那样，在这样的土壤上，发明创造和适应性以及进一步采取协调的人格的形成，变得容易。此外，恰当的均衡化的

① 有一个最优之点存在着，若超过这一点，对城镇的限制就有增加费用的倾向，使城镇的成长缓慢下来。一方面，由于混乱形成的种种不利和费用的增加(这特别在交通速度的缓慢和土地价格暴涨上表现出来)，另一方面，由于种种不利和费用的增大，例如离工作场所、离农产品销售者与离工业品购买者等等距离费用的加大。确实，这些费用一部分转嫁到一般公众身上，例如在大都市中心，在耗资巨大的铁路点的场合，和郊区居民居住地点耗资巨大的供应设备建设的场合，但也有通过对土地投机的禁止的场合。为了促使大城市地区的扩展，除了进行城市规划以外，最好的办法是对土地投机课以重税，但不要在实际上禁止它。

② 这些利益也代表共同的外部经济。

文化，不但它本身有其自身的价值，而且对于独自的发展和对新环境的适应性是颇有益的。

第四，与一般化理由有关的利益。从事并不与特定地点拴在一起的职业和事业的最能干的人，能够在他所乐意的地方居住，而且一般地说，他是有意识的文化传统的担负者，有着他们的相互吸引、相互协力的倾向，因而增加他们的成就和他们对生活的享受。

(c) 与相互接近等有关的利益等。第一，关于城市补充产业。W.桑巴特在城市“基础产业”与城市“补充产业”之间作了一种确切的令人赞许的区别①，那就是说，在为创建城市的企业和因城市已在那里存在而存在的企业之间进行了区别。② 前者是为了对城市的近旁或远方的地域完成一种服务的机能，就创造了种种要求权，这就是说，为了发挥这一机能，这些地方就把各种生产物特别是农产品运进了这个城市。后者是为前者而工作，后者也以其他的形式把它们的区位与前者区位相联系。它们就是地方工业(即具有很小市场半径的各种手工业和辅助工业，但也包括最后加工工业以及辅助的工业(例如纺织工业，它对于重工业工作男子的妻子提供工作等等))，要是没有前者给城市奠定基础的工业，则这些

① W.桑巴特：《现代资本主义》(W. Sombart, *Der moderne Kapitalismus*, Ⅰ 5. A)，1922年，第131页以下。

② 这是一种与一般相区别的特殊场合，可以区别出决定区位的企业和被区位所决定的企业两种类型。在粗略的分类中，前者一般包括农业、开矿业和各种制造业，后者包括它们的卫星工业，如服务业和商业等等。这种粗略的分类只是非常粗略的近似，忽视了对表面上的独立区位的反作用。不论如何，这种分类对新区域的开发计划是有用的。

补充工业没有一种能够存在。

第二,关于城市基础工业。有一种场合,“城市的补充工业可以升格到城市基础工业”的地位。像我们以后所将看到的一样。在每个经济区,个别财货的市场网,在一个地点上重叠在一起,对任何经济区都是有利的。这个中心大城市的确对整个区域完成着种种机能。但是,即使市场网是不规则地构成的场合,大城市的这些机能也能完成。这些机能之所以集中于一点,除了上面提出的理由以外,主要的是因为由消费所决定的工业本身便这样地相互创造彼此之间巨大地方需要的利益。[①] 这些利益,一部分在于更多的企业或更大的企业成为可能这一点,一部分在于只有这样才能对许多货物产生充分大量需要这一事实。这种大量的需要有着两种原因:城市人口的规模和个人对个别货物的需要规模,就个别财货而言,后者比人口均衡分布的需要多二倍。关于这点,下面将予以讨论。

4. 偶然的集积

理想的经济区的模型将指出,即使当不同的企业不能从相互之间获得任何利益,但能看到不同企业采取同一区位的场合,从它们的观点来看,采取同一区位只不过是偶然的。从地区体系的观点来看,这种集积有三个重要原因:(1)向首府城市的指向;(2)向主要道路的指向;(3)类似的区位彼此间相对距离的关系。这些关系是以原来居民点相互间基本距离为基础的,以致只有比较少数

① 它在一个都市内部的闹市区(一个“城市”)的发展上扮演着主要的作用。闹市区的兴起,一般在本质上与城镇的发展,特别是同一国内首府城市的发展,有着相同的理由。

地点才能对工业企业提供可能的区位，所以，这些工业企业必然集聚在交通运输线交叉的地方，特别是加上向首府城市指向的地方。最后，区域体系的秩序创造了某些有利点，这些地点是交通线路通过的地方，对于彼此相互没有关系的不同企业提供特别的利益。

5. 纯消费者的集积①

与大规模的单一生产者相应，有大的单一消费者。早期所看到的皇室、宫廷、贵族的住宅和大主教管区和今天的驻军地和行政、教育的中心地，也就是例子。事实上各种公共设施像消防大队、教堂、学校和娱乐场所等等这些机构，也就是促成纯消费者集中于一个地点的原因。消费者这种集中，由于个别利害关系者的联合和某一地点特别便利的位置进一步成为有利。简单地说，在这里我们重复了生产者成为建立城镇的原因。

6. 总括

即使地球是一平坦而均等的球体，城市仍会为了种种理由而产生出来。区位的这些集积，当我们不是从全体人民的观点而是从关系者的观点来看，一部分是偶然的，一部分是由于不参加城市建设的人所提供的利益的结果。利益可以分为企业的数目和它们的结合的利益②，便利的位置与供应源的利益。所有这些利益从别的角度，又可细分为消费、销售和生产的利益。生产的利益可分同一生产物的生产的利益和异种生产物的生产的利益。最后又可

① 根据W. 桑巴特：上引书（p. 142），在中世纪时代，大多数城镇是消费者的城镇，至于今天，它们无疑的主要是生产者的都市了。

② 自然，大量数目和结合的利益，当然也包括位置的利益，但单单这些，并不是完全的。

分为企业内部的利益和外部的利益。最初所有有利于城市建立的因素,到处起着同等的作用,但首府城市和主要交通干线一旦布定以后,它们便集中于特定地点而起作用了。在我们假设之下,这些首府和干线道路本身至少在一单独的经济区中可能是任意专擅地予以决定的。但是,它们一旦被固定了以后,不问是甚于历史的优越性或者为了政治的行为而设定的,追加的城镇将在什么地方诞生和为什么诞生,没有更多专擅的余地了。从而一切区位间的一般相互作用,不但决定那些场所的利益,足够促成集积的位置,而且也决定其他因素单独地或者共同起作用,将创造城镇的地点。

§2　区位被限制的集积(历史的体系)

除了偶然的因素以外,我们已经提出了常常决定城镇成立的四个因素:企业的大量数目和企业的联合、位置和供给源。后者在区位形成时期是首先出现的,然后,它转而吸引其他的企业。在这意义上,供给这一因素才会起上述的作用。但是,此外,随着人口密度、地形和自然资源的地域差别的历史现实,添加了另一因素。这个最后的因素,只在已经被决定的地点上才发生作用。这一因素就是传统的供给来源地。这一概念必须在广泛意义上给予定义。对于生产者本身来说,它包括原料、水力、适宜的气候,或者可以包括现在正在予以利用的可能的劳动力和资本等等。关于交通运输,它可以指河流的河谷以及若干河流汇合地点而言;对于消费者来说,它意味着气候和景观。这件事并不引起新的问题。我们从城镇形成的自然体系的讨论中,已经知道某些地点可能会提供特殊的利益。应用这一条的范围，现在已经大大地扩大了。不同之点只在于：在自然体系之下，有利地点在区位未决定之前是不显现的，至于在这里，内在的供给源是在区位决定以前已存在了。一般地说，这样的供给源对于一个特殊的企业会限制可能区位的数目，但是相反，对于城镇来说，却使潜在的区位的数目增加，因为在自然体系中，具有巨大意义的区位的偶然符合一致成为更加困难的缘故。

乍看起来，我们可以认为，位置也是历史因素之一。但是严密的深入的观察指出，历史的位置的一切利益结局能还原为位置本身的利益，或者也能还原为供给源的利益。种种地质的或地理的差别，既不是为创造位置的有利性的差别所必要，又不是为把位置看作一个新因素的引入所必要。唯一新的东西是，除了建立在消费者、制造业者或交通运输道路的基础上的区位以外，我们还应加上以供给源为基础的区位。

这些在供给源的城镇形成上所具有的巨大意义是，它们不但影响农村城镇和道路的位置，而且也决定首府都市和主要交通运输路线的位置，而后者在自然体系中是可以自由选择的。地表是不均一的，从开始时起就规定：对于每一城镇来说，只有一个最好的位置。因为这种不均等性，若人对它不支付代价，它也不许可专擅行动的。但是，第三卷中将指出审慎的干涉可能仍然是适宜的。

二、城镇形成的位置

§1　个别城镇的位置

凡是愿意解释或决定城镇区位的人，必须首先经常在心头记住两种主要的情况：第一，上述城镇成立的五种理由全部是一般对于城镇成立的地点给予影响的。这就是企业的大量的数目和企业的联合，位置与供给源以及偶然因素这五个理由可以相互协力或者也可以相互对抗。只有在稀有的场合，一种单一的因素才有决定的意义。第二，照例，城镇不但只是各种同一类型企业的区位集积，而且也是不同类企业的区位集积。因之，解释城镇成立的原因必然与工业各部门或纯消费者的种类相应而有不同。

1. 决定位置的一般考虑

个别城镇的区位问题是，其他一切城镇为已知的，现在是为这座城镇找寻位置。这个问题比替一个企业决定区位要困难得多。因为在城镇的场合，不但一个区位而且必须把许多区位同时当作变数来处理。再者，它们是相互依存的，因而这个问题不能简单地还原为如下的一个问题：在全国领土的这一部分建立的一切工业的各个区位是独立地分离地决定的，而且假定在这些区位的多数大致重叠的地方，城镇会诞生出来。这种假设在最好的场合，可以作为极其粗略的第一次近似而予以承认。如果经济的考虑在这些场合起着某些作用[①]，那么，为了进一步更加精确的分析，更不能忽视与城镇有关的大部分工业区位的相互依存性。例如，在被考察的地方内，个别区位对个别工厂是否有利，那要取决于火车站的正确位置，而有程度上的不同。而火车站的位置却又是由该地区内所有其他工业的区位所决定的。

所以，问题的更加正确的表述方法是：为了其他各种工业区位的每一种可能联合，给每一种工业选择区位，然后仔细考虑相互依

① 显然，它们不是在军事堡垒、行政中心地和宗教的中心地的场合。

存关系之后，给城镇选定区位，在其附近必须集中着最优区位。在这场合，这一表述仍允许区位有专擅的选择余地。这些区位虽不是经济地决定的，但无论如何，也有着经济的意义。在实践上这个问题是不能解决的。

因之，恰如给单独一个工厂选择一个区位一样，对于城镇选择区位，只要用概略的计算法，估算少数假定的位置中哪一个会给城镇吸引最多的工业就行了。这时，区位理论能做得最好的，在于建设应予研究各种位置的选择。重要的供给源，交通路的交叉点和由具有同样机能的近邻城镇所形成的多角形的重心等，就是属于可以进行这样试验的区位。但是，人们必须记住，不要被这种方法的极大不正确性质所欺骗。即使有卓越的法则可以这样来给城镇确定位置，即首先明确规定它在全体经济体系中的地位，然后是在狭小的区域内部的地位[①][②]，最后决定其地点，但对问题的解决并不常常有很多的帮助。因为所有这三种位置意味着随着不同的工业部门有着不同的意义，对于一种工业有利的位置，可以补偿对另一种工业的不利。

因之，在城镇区位的决定上，我们不能避免遭遇基本的困难。我们既不能忽视直接有关企业区位的相互依存性，也不能不在其复杂性中把握住这种相互依存关系，即使经过详尽考察之后，城镇的形成仍然会受幸运的支配很大，相继自发地建立起来。相对少数失败的理由在于区位体系的非灵活性。在可能的区位间的竞争比不完全性还要坏。在以前时期，特别是在城镇发展初期的决定

① 更精确地说，是被具有类似机能的附近若干城镇所包围的空间。

② 关于整个德国城镇的所有简短描述，可参阅 E. 凯泽主编的《德国城市手册》(E. Keyser, ed. ,Deutsches Städtebuch)，斯图加特 1939 年以及以后各年。

性时期，这种竞争还会进一步受国家特权或市政禁令的限制。

2. 特殊的场合(边际区位)

一个城镇的区位在一个最有利的特惠地点是最容易说明的。在本书中所谓这种特惠地点系指特殊的自然资源供给源，大规模纯消费者的区位表，交通路的交叉点等等而言。但即使在这样的场合，人们又一次地必须慎重地将这些明显的利益看作区位集积的充分原因。以纽约这个宏伟港口为例，如果它位于一个遥远的孤岛上，那么，这个城市至多将由少数几间小屋组成，另一个与之竞争的港口如波士顿或巴尔的摩将取而代之，或者如有必要，会建设一个人工的海港。[①] 在另一方面，如果美国整个东海岸的腹地是一片浩渺的沙漠，那么，新奥尔良或旧金山将会替代宏伟的大西洋港口而繁荣起来。可以顺便提一提，纽约之所以直接吸引极大部分经济，既不是由于作为港口的位置的利益和具有可建摩天大楼的岩基地盘，也不是由于它比南部任何港口更靠近美洲和西欧的工业区，更不是由于它的位置是在伊利运河和许多铁路终点等，而是由于极其众多的企业数的利益。

让我们首先考虑少数城市的例子。它们的存在极大程度上似乎是由它们的区位所决定的。一个州的中心或一个自然盆地的中心，常常具有在区域内最优的交通运输点的利益。这些利益由于受到自然的或人为的关税壁垒的保护，不会受外界的竞争而减少。

---

① E. A. 考茨：在其《海港的区位问题》，(E. A. Kautz, *Das Standortproblem der Seehäfen*)耶拿，1934 年，第 15 页和 33 页。及其他地方详细地分析了天然海岸的条件对海港区位的有限意义。

这样的一些地点，对于具有扩大的销售半径的消费指向的工业[①]，是理想的区位。

以德国莱比锡为例。它在两重意义上拥有这种利益：第一，莱比锡被厄尔士山脉、图林根山脉和哈茨山脉所包围（都相距约60英里）的盆地中央。第二，莱比锡也是德国的中心城市，几乎德国的大部分位于莱比锡250英里的距离之内，或在铁道的一天旅程之内，或者反过来说，几乎在那半径之内的整个区域就是德国。莱比锡区位的第三种利益是柏林—慕尼黑，上西里西亚—鲁尔和汉堡—布拉格—维也纳铁路干线，都在那里交叉。

美国芝加哥具有同样的种种利益。固然，它的位置不在美国中央，但更重要的，当考虑到人口不均衡分布时，它是在人口与生产的中心附近（根据附加价值的测定）。此外，芝加哥具有特殊的条件：纽约与明尼阿波利斯间的铁路和大湖上的轮船航路就在那里汇合，而较不重要的，它位置在苏必利尔湖附近和密歇根铁矿及宾夕法尼亚煤矿之间。巴黎也属于这一群。它位于以巴黎命名的盆地中央。布雷斯劳、布拉格、法兰克福（位在最重要的欧洲各首都与银行业中心之间的半路上）以及被山岭环绕的亚的斯亚贝巴和马德里，也是如此。马德里虽然位于西班牙地理的中心，但却离开了人口和工业的中心。

在其他方面，有的地点虽受区位之惠，往往是被货物转载所阻塞的地点。[②] 这些地点也就是各种交通线路所穿过的由于纯粹形

① 那就是它们的位置对消费者扮演着重要角色的工业。

② 参阅F.拉策尔的《大城市的地理位置》（F. Ratzel, *Die geographische Lage der grosen Städte*, Kleine Schriften, Ⅱ, 446）。

态的位置的利益，或者是不同种类的交通手段的运输线路所汇集（像在海岸上供给来源的地位）的地点。汉堡和科伦恰恰是大受这种区位之惠的地点。

但是具有巨大特殊意义的边际场合，乃是那些在区位的选择上受供给源限制的地点。比对交通运输有利的场所（例如海港）更为重要的是那些生产能够借以获得的供应源：第一是煤炭产地——这是一种在生产过程中重量丧失性极大的原料。因为自从在熔铁中煤代替了木材，铁矿移向煤矿[①]和因为蒸汽代替了水力以来，位置有利的煤田地带已成为在点缀着城镇的地区中占了优势的位置。以英格兰为例子，在那里，几乎所有的大城市都集中于产煤地带，或者，是在高度城市化地带上，即是从法国北部和比利时煤田，横切鲁尔和上西里西亚的褐煤地区，一直延伸到波兰的煤田，城市非常多的带状地带。[②] 疗养地、许多大学城镇、宗教中心和首都乃是消费品供给指向的例子。

但是，比举这些例子更重要的是这些例子的说明力的界限。对供给源的依存并不意味着受供给源的无条件的限制，对一种特殊的供给源更少受到制约。因为，影响城镇形成过程是与竞争的供给源和其他诸因素有关。这并不是意味着一个城镇的所有工业都受这种单一供给源的制约。多数工业是与供给源相结合的，因为它们是

① 但是，炼铁技术的改进，已破坏了这一规律。因为每1单位的铁所需要的煤量已经降低。再者，当日益减少铁含量的铁矿床必须加以利用的时候，铁矿床已经日益成强大的区位吸引力。

② 如果煤不经由费用较低廉的铁路运往遥远地区的话，在德国，城镇的集中就会更大些。煤的长距离的低廉运费率在区位中而且确实地在从前时期的分散中，是最重要因素之一。电力，它在短距离的运输要比煤的短距离运输低廉，最近，已发生一种分散的影响。

依存于受供给源束缚的工业。再者，其他的工业是在这些城镇中找到区位的，但并没有一种能决定它们区位的力量，就在那里，一个城镇的位置最后只有计算它胜过其他竞争者位置的方法，才能予以满意的解。如果问题在于寻找最有利的区位，而不在阐明其现实的区位，那么，这就变得更加明显了，因为现实的区位常常是被过去的历史的原因和偶然的条件所决定的。

§2　城镇的区位体系

因为城镇基本上是经济活动的区位的集积，所以，城镇区位的体系同时可以由区位的一般方程式和经济区的几何形来决定。经济区的这些方程式和几何形将在下面讨论。一般区位问题对于单一的工业部门和工业的集积是同样的。在个别企业的场合，这些区位问题之所以不同，只因为给个别企业选择区位比给一个城镇选择区位需要考虑较少的变数。

第七章　地带形成的位置和原因

我们将我们的分析局限于生产区位的带状区域的集积(Gurtebformalge Haufung)(参阅本书第一篇第二章，二、§2，区位的集积)。

一、生产同类财货的区位地带的形成

§1　专业化的利益

我们现在来考察美国的棉花地带、玉米地带和小麦地带等等。

这些地带主要是这些有关作物的生产地区，或者可以略有不同地说，这些地带这些作物的大部分是在那里生产的。地带是以与城镇同样的理由形成的：位置、供给源和大量生产的利益。

杜能在一百多年前已指出：不同位置的利益如何使一个市场周围的连续地带不同作物的事业化成为有利。在这里，我们只要回忆一下本书第一卷第五章“农业区位理论”就够了。

在供给源的利益中，我们包括了土壤、气候和人口对于某种商品生产的特别适宜性。[①] 但是我们申述如这种相同的自然条件如何有利于“白色黄金”的耕作，但不能作为阐明棉花地带的理由。因为如此相同的自然条件也同样可能有利于农业的其他部门。不消说，棉花从物理上不只是在这里生长方有可能，确实，不仅仅在这里棉花才能成长，因为任何地方都会存在着各种必要的条件，或至少能提供必要的条件，如棉花地迁入低廉的黑人劳动力等。只有有根据的比较才能证明这里的条件恰恰适宜于棉花的栽培。不消说，这一场合，可以比较的，不是单纯的实物收获量。因为收获量是完全取决于投入。在仅有一种作物栽培的地方，只有每一单位面积所能获得的最高可能的利润才可以进行真正的比较。

图 18 提供了一个例子。在这里，有两种不同等级的土壤 Ⅰ 和

① 气候和位置的不同主要决定大规模的农业区位，而土壤的不同则决定小规模的农业区位。参阅 F. 勃林克曼：“农业经营经济学”，载《社会经济学的基础》(T. Brinkmann, “Die Ökonomik des Landwirtschaftlichen Betriebs”, *Grundriss der Sozialökonomik*)，1922 年，第 7 卷，第 91 页。

Ⅱ上，两种作物 1 和 2 所得利润进行比较。说明的方法如下[①]：在边际费用等于边际收入的地方，利润是最大的。从几何学上说，这意味着每一单位面积的收入曲线的切线和每一单位面积的费用曲线的切线必须平行。或者因为在此例中，这意味着费用曲线是一条直线，对 e_1 的切线例如在 B 点上必须与 a 相平行。于是，g_1 就是作物 1 从土壤Ⅰ上所获得的最高利润。在这种土壤Ⅰ上，$g_1>g_2$，因之，第一种作物的栽培将是最有利的，至于第二种作物则在土壤Ⅱ上将有利。[②] 如果自然是唯一的区位因素，那么，第一种作

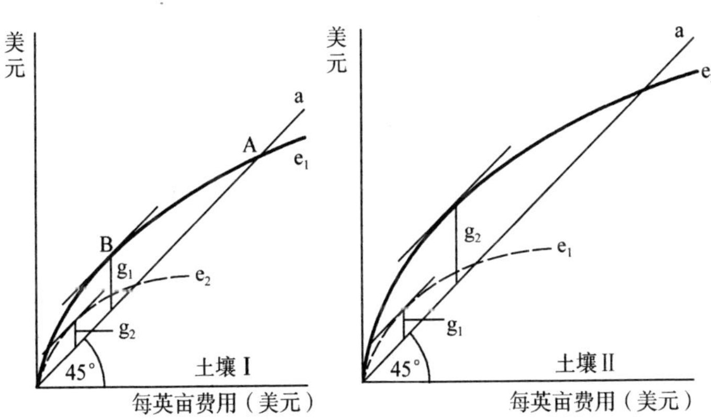

图 18　不同土壤对不同生产物的适应性

(a)每公顷费用(马克)

(e)作为费用函数的每公顷收入(马克)

e_1＝生产物$_1$，　e_2＝生产物$_2$。

(g)作为费用函数的每公顷利润(马克)。

g_1＝生产物$_1$，　g_2＝生产物$_2$。

① 根据 A. 汉斯："在图的表现中杜能的强度理论"。(A. Haase, "Die Thünensche Intensitätstheorie in graphischer Darstellung")，载《杜能纪念册》(*Thünen Festschrift*)，由希多尔夫和塞拉发姆主编，洛斯托克，1933 年，第 202 页。

② 如果作物 1 在两种土壤上，都比作物 2 有利，那么，情况便会指出必须采用比较费用的原理。我们将在下面第三篇"一个国家输出工业"285 页注⑤再来论述这一问题。

物1栽培地区便必将与土壤Ⅰ的相符合一致。[①]

形成地带的第三种原因是与大量数目有关的利益。这种利益对于特别在并不为当地需要而被栽培的一般产物的地区专业化，是有利的。假设气候允许的话，美国每一个农民都在较小的耕地种植棉花，那么，生产费用必将大大增加。首先这些农民不熟悉棉花的栽培，植棉的设备也较差，或者至少设备不能充分利用。总之，在个别农场上生产量会过小，而生产费用便因之而提高。此外，还存在与个别农场无关的各种不利。轧棉机和压棉机的供应区域半径必是很大的，因为每一单位面积原料的收获是小的，结果，运费必将很高。全部销售组织必将是分散的，不能充分予以利用。美国全国没有一个港口能运输足够的棉花包，像目前南方两个海港专为棉花运输专业化的装载机械和有效率的出口压棉机那样成为有利可图。

与上述场合同样，其他每一地带都各有它的中心（商品交易所、转运点、集散站、销售市场和调查研究机关等等）。如果其他条件相等，那么，利润会随着离这些中心的距离的增加而减少，或者因为所有的运载都需通过这些中心，或者因为随着距离的增加它们各种设备的利用就要遇到相应的较多的困难。因之，生产就在这些中心的周围集中起来。[②] 在另一方面，这些中心也

① 在生产者的价格任何地方都相同的假设中，这图消除了位置的影响，即下面将考虑这一问题。

② 这对于小企业是特别真实的。这些小企业与大企业相比，更依赖于外部经济。

就依赖于这些生产的集中而存在。[①]

如果一个地带有着若干这样的中心（城镇间的竞争有使中心地之数最大限度化的倾向），那么，我们所面对着的不只是一个同型的地带，这取决于它们的起源。这样，例如，人们必须把新奥尔良周围的棉花地区、休斯敦周围的棉花地区、加尔维斯顿周围的棉花地区来与少数较小海港周围的棉花地区区别出来。不消说，就与棉花地带起源有关的其他理由来说，这并不妨碍棉花地带组成为一个单位。

但是，使地带形成的各种力量很少能不受干扰作用。这些力量一部分是累积的，一部分是补偿的。只举一个单独的例子就足够了（图 19）。如果在这里，只是一个位置问题（如果任何地方的土壤是同质的Ⅰ），那么，生产物 1 将从 O 点起到 OC 的距离上栽培，但从那里起到 OD 上，将生长生产物 2。但是现在假定从 A 点向外，土壤属于Ⅱ类，对于作物 2 特别有利。除了在土壤Ⅰ上每公顷的利润曲线 $g_1{}^{\mathrm{I}}$ 和 $g_2{}^{\mathrm{I}}$ 外，我们必须给土壤Ⅱ绘制相应的曲线 $g_1{}^{\mathrm{II}}$ 和 $g_2{}^{\mathrm{II}}$。对作物 1 来说，第二条曲线位在第一条曲线之下，对作物Ⅰ说，它恰相反是在上面。每公顷利润现在在 OB 距离上，是相等的，而 B 当然位在 A 和 C 中间。栽培第二种作物的地区将不包括对于这种作物是特别适宜的土壤Ⅱ的整个区域。但是，如若只是距离成为问题，则它会向市场的方向推

① 关于这点，还可以通过作图作这样的表现：对于分散的生产而言，对中心地服务的需要曲线不会触及服务的生产费用曲线。当然不会让它单独与它相交。然而一旦生产在空间上集中，需要曲线便沿着其价格轴而向上方移动，一直到最后，由于充分的集中，它至少会与其费用曲线相接。

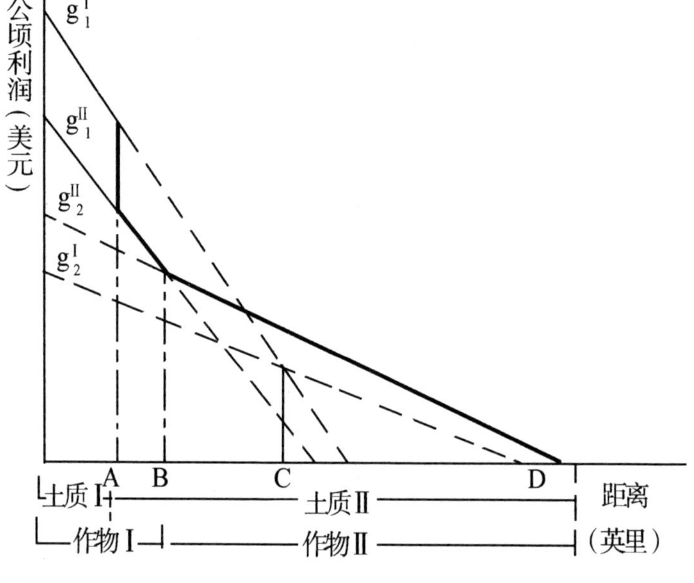

图 19　作为土质和距离的函数的作物区位

进更近些。①②

① 因此,区位的适宜性,不是单独由供给源(土壤的性质)所决定,而且被位置(生产者的价格)所决定。有了一种适当的价格,一种作物即使在不适宜的土壤上也能被耕种。一个最好的例子是:自从工业化勃兴以来,以落叶树作牺牲,针叶树枞树的种植大大增加,枞树迅速生产,提供作为需要的木材。山毛榉已被低廉的煤所替代,供薪柴之需[参阅 H. 科赫等主编:《俄斯塔尔勃的山毛榉,一个区位的研究》(H. Koch et al., *Die Buche der Ostalb, Eine Standortuntersuchung*),斯图加特,1939 年,第 92 页以下]。上面的例子,我们完全忽视这样的事实:由于土壤的新质引入我们的例子中,两种产品的市场价格必然要起变化。这种变化会把 *B* 点进一步向外侧移动,但不会远至与 *C* 相符合一致的地方。

② 当然,从其他种种的考虑来说,赞成在城镇附近种植单一作物是有利的场合。在这里与其他任何地方相比,更快地允许掠夺式的耕种,或者为了代替混合耕种或轮种,投入多量昂贵的肥料,这样使掠夺缓和(参阅科赫:上引书。关于林业,它与农业一样,受着同样的区位法则的支配)。另一方面,在远离城市的地方,通过轮作或者采用移动耕种,单一作物的栽培成为可能。

§2　专业化的不利

但有种种力量正在起作用，阻止一种作物在一地区上专业化。这个困难问题已经经过详尽的分析，所以，为了目前的目的，只作些概括就足够了。下面的陈述是以F.阿雷波和F.勃林克曼的著作为基础的。①

下述的论点特别是为反对单一作物栽培而说的：(1)单一作物栽培只是片面地利用土壤，而且在长期内要求投入较大的肥料费。(2)单一作物栽培导致劳动需要的季节尖峰，这只能依靠增加工资来克服。(3)单一作物栽培风险大。一个农场在经济上越是自给自足，它对于购入物费用和销售价格的波动愈少敏感，它愈能容易地使它自己适应于长期市场构造的变化。(4)单一作物栽培提高了运输费用。(5)单一作物的专业化常常在技术上是不可能的。因此，在生产羊毛的地方，也就能获得羊肉，在需要厩肥的地方，必须栽培家畜饲料等等。为了这种种理由，必不可免地要达到一点，在那里，由于大量生产增加的结果，由于批量生产获得较低费用不能抵消因专业化的增加所招致费用的增加。

促进专业化和多样化的各种力量的合成力是一种妥协。它是经营组织，被生产的不是那种从短期的观点看来能提供最大利润的**有限数目的作物的组合**。但是，一般地说，特别是在远离市场的

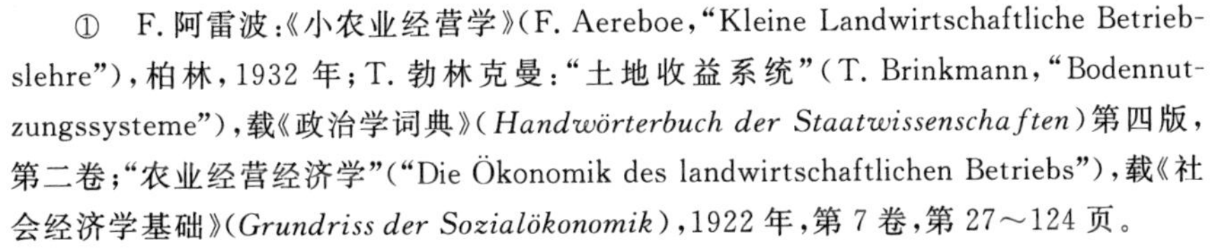

① F.阿雷波：《小农业经营学》(F. Aereboe,“Kleine Landwirtschaftliche Betrieblehre”)，柏林，1932年；T.勃林克曼：“土地收益系统”(T. Brinkmann,“Bodennutzungssysteme”)，载《政治学词典》(*Handwörterbuch der Staatwissenschaften*)第四版，第二卷；“农业经营经济学”(“Die Ökonomik des landwirtschaftlichen Betriebs”)，载《社会经济学基础》(*Grundriss der Sozialökonomik*)，1922年，第7卷，第27～124页。

地方，只能经济地选定[1]少数作物在其组合之中，包含那些在短期内个别地考虑能够提供最大利润的作物，而且是优先的。但这并不是绝对地确实的。要对最优组合的决定提示一种比这一般陈述更加具体的理论性的公式是不可能的。从无数可能的组合中[2]，我们可以选出一种能在整个计划时期提供最大可能的平均利润的组合。

由于边际收入经常可以看到相互依存关系，所以，上述的最大限度利润的实现，并不意味着组合中各个个别生产物的边际费用等于边际收入。在这里有意味的是考虑到在同时包括多数产品的组合中所引起的许多可能无限小的变化不会带来利润的增加。

最后，可以下结论说：虽然专业化的不利并没有在实际上阻止地带的形成，但它们却阻止在这些地带只生产该地带成名的单一生产物。

二、不同区位的地带

由不同区位形成的平面集积，可以用工业地区来作为例证。本质上有着我们已叙述过的同样的理由，即位置的、供给源的、规模的和联合的等利益。位置的利益导致与自然条件下均一性无关的工业的集中。即使在理想的经济区中（像以后我们将要看到的那样），特别存在着城镇特别多的地区，这是因为主要交通干线能够因此而予以最有利地利用。此外，在现实经济区中，还有对供给

① 参阅本章§1最后一个注。

② 这并不意味着任何结合是可能的。

地的位置的有利性和这些供给地本身的有利性。因为煤的重量不包含在最后的生产物中，所以，煤炭的供给地对于工业具有特别吸引力。已经指出，在世界大战之前，在英国，几乎所有的大城镇除了它的海港以外，都位于产煤地区。

特别肥沃的土壤，也可以吸引工业，因为稠密的农业人口对于消费指向性强的工业提供一种良好的区位。气候也起着不小的作用。这样，北美工业地带的北限与南限的决定，一部分无疑地是由下述事实在起作用：在这界限以外的气候，对于19世纪末叶以前占移民和工业人口大部分的西北欧洲人是过于异质的。同样，在古代希腊的殖民地似乎只限定于气候上一致的地区。[1] 但在古代社会中，最突出的是古代人口集聚在沿海岸一带，这是位置和供给源的利益的结果。根据吉尔曼[2]，非洲的殖民地的形成决定地依存于水的供给。同样重要的是具有特殊才能的人们的区位，因为在智能活动特别旺盛的场所，是工业的最适宜的培养地。

最后生产的大量和规模的利益是同样显著的。越是工业生产凌驾农业生产，越是在理想体系中促使城市成立的同样原因，越是相应地有利于工业区的发展，而工业区为了节约土地、交通和劳动等费用，常常只不过是扩散着城市。但是恰如我们已发现的那样，对于农业企业体系除了只能提供极其一般的公式以外，不能提出更多贡献一样，人们不应盼望我们关于工业区选择区位的决定，必然能提出成熟的示范方法。不消说，在许多场合，对于特定地域的

[1] J. H. 休特兹："古希腊人的殖民地理"(J. H. Schultze, "Zur Geographie der altgriechischen Kolonisation", *Peterm Mitteilungen*, LXXXVII, 1941, 7—12)附有地图。

[2] 吉尔曼：《地理评论》(Gillman *Geographic Review*)，1936年。

说明，常常有些值得赞许的理由，有利于某些地区的选择。而我们对可能的诸因素和他们的作用知道得越多，我们就越确信在个别场合起作用的因素没有一种是可以予以忽视的。

第八章　从经济整体的立场来看的区位类型问题

经济区位的理论的确到目前为止，几乎完全局限于个别企业经济的观点，这一事实，不能认为只是一种简单的偶然。[①] 恰如价格理论一样，一切经济活动的相互依存性被简单化的假设所舍弃了，因而问题的几何学的处理成为可能。但是与价格理论不同，一般均衡的存在和其条件的证明，在这里很少引起人们的兴趣。华拉斯方程式群证实了启蒙主义时代的信念，认为经

① A. 韦伯在《工业区位论》(A. Weber, *Ueber den Standort der Industrien*)第一部，蒂宾根，第200页以下，已经描述了经济各部门的区位间的相互作用。他把基层的构造，根据它们对其他给予的影响(例如农业那样的基层构造)，或主要地从其他受到的影响(例如，作为中央组织者的最上部构造)加以区分。根据A. 浦雷多尔“经济理论中的区位问题”(A. Predöhl, “Das Standortproblem in der Wirtschaftstheorie”, *Weltwirtschaftliches Archiv*, XXI, 1925, 304)，考虑并决定与相互依存关系有关的生产因素的价格和生产因素的分配的方程式体系，也能间接地解决区位问题。E. 斯涅特尔：“考虑生产者和消费者的地理区分的价格形成和价格政策”(E. Schneider, “Preisbildung und Preispolitik unter Berücksichtigung der geographischen Verteilung von Erzeugern und Verbrauchern”, *Schmollers Jahrbuch*, 1934)建立了价格方程式，考虑到一切区位。但所有这些人只不过单纯地触及这个问题：韦伯的描述只在农业部门极小的地方(富裕国或粮食输入国)有很少的适用，而他的解释只选择了唯一因素：生产区位对消费者的影响；A. 蒲雷多尔实际上只讨论了个别经济的问题；斯涅特尔从开始起就假定区位为已知的。

济在放任的竞争状态下，也将力求维持均衡[1]，自从华拉斯方程式发表以来，不拘这个证明由于空间和时间的导入而致复杂化，基本上似乎并没有增添新的东西。以后，等到许多人已完全舍弃那种信念之后，在另一方面，似乎很少有意识地企图在特别的场合证明长期以来在一般场合中一般所不能相信的东西。那就是，在各种事物中，存在着防止陷入无秩序状态的理性，而且照例没有任何人的助力的必要。在黑格尔那里，认为已达到顶点的思想的人们的自信，已被破坏殆尽，建筑在这种自信基础上的世界就在社会上、政治上和经济上都陷入崩溃。因为对于预定建立的协调的存在缺乏信心，人们相信他们自己必须把事物加以整理，使之秩序化。但是，他越是非常热心地为实行它而努力，他越是无计划地与协调的条件相对而行动，从而它越是确实地破坏了协调。今天趁我们的生活重新开始感觉到自然的旋律的时机，我们要来问一问的时候已经来到了：在衰颓经济危机的年代里，是谁或什么在经济领域中真正遭受失败？是合理的秩序因而是自然秩序吗？或者还是我们自己？

认为人类负有义务，必须把组织化原理提供世界，这种说法是不对的！这种原理早已存在，虽然在人类世界中，它无条件地并在极不显著程度内起着作用。人们亲自主动地在做道德的行动，亲

① 在我看来，古典的和新古典理论的主要贡献至少已在一个单纯模式——能够把一切事物都加入考虑（对谁也是不可能的）中证明：在某些假定得到保证的场合，自由经济便能发生机能。它无论从哪一点来看是否能在一种符合意愿的形式下发生机能作用，那是另一问题。就这点而言，古典理论的证明不具有说服力。但是，关于这一点的任何考虑必不至于动摇我们对于刚才提出的贡献的基本重要性的见解。

自主动地在做理性的行动，为什么这么少呢？经济的自然的均衡与自然界的均衡不同，恰如道德的和机械的不同一样，在于如下的一点：首先，自然遵从规律起作用，但人类则遵从规律的观念而行动。换一句话说，自然必须正确地行动，而人类则具有这样正确做的可能性。为了做得正确，人类对于他如何行动必须要有某些观念。至于经济均衡，这意味着为了正确指导他的经济活动，他有洞察这些均衡的条件的必要。这对于立法者首先是特别真实的，因为所有的人都要受法律的束缚，即使不懂得它们的合理性。政治家的正确行为是重要的，一切事物本身会自然而然地变成好的，这种安慰人心的保证，还是不要再给予我们了。事实上，政治家很少需要计划，但重要的是这种很少的计划也应具有经济的洞察力。[①]决定最一般均衡条件的知识，今日已经不够了，也有必要知道它如何在最接近现实的条件下发生作用。为了这一理由，时间和空间不能再予以忽视。[②]

下面各节将讨论空间一般均衡的各种条件。

一、区位的均衡

区位的均衡可由两种基本倾向来决定：这就是个别企业的立

---

① 经济发生一般作用时，可作为标准的若干重要而单纯的基本原理和希望作为标准的若干基本原理，必须予以严格遵守。如果它们被严格遵守了，大体上就没有具体干涉的必要，这是限制和自由的有意义的综合。

② 理论经济学的中心课题，现在正在进行再一次的移动，即是说，重点最初放在价格理论上，忽略时间与空间，然后把重点放在利息论与经济循环论上，导入了时间要素。而今第三个时期已经发端，它是从把空间加以严肃考虑而开始的。

场来看的努力获得最大利益的倾向（这是过去所考虑的唯一趋势）和从整体经济的立场出发、力图使独立经济单位之数达到最大多数的倾向。后者受到从外部来的竞争之影响，前者则受工业内部斗争的影响。个人是这样来选择他的区位：作为生产者要获得最大利润，或者作为消费者要得到最低廉的购入。但在这样做时，他好像成为自己理想的牺牲品，他使许多竞争者的存在成为可能。新的竞争者蜂拥进入市场，使其生存空间缩小，使其利益达到消失点。这样，这两种力量间进行着经常的斗争，一方面所得的，又被另一方面夺去。

这两种力量达到均衡之点，决定着区位。这种从各个区位间相互依存性中产生的均衡只能通过区位的一般方程式体系才能了解。当这些方程式所表现的条件一旦被实现时，争取空间的竞争便渐渐结束，当方程式群被解时，区位本身就被决定了。

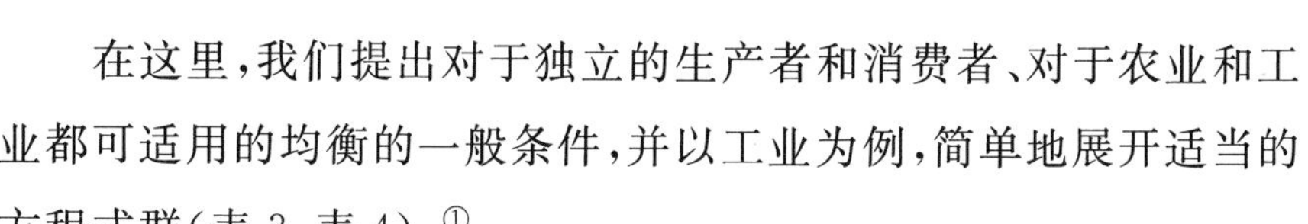

在这里，我们提出对于独立的生产者和消费者、对于农业和工业都可适用的均衡的一般条件，并以工业为例，简单地展开适当的方程式群（表 3、表 4）。[①]

---

① 为了暂时消除一切超经济的因素，我们假定工业原料均等地分布于一个大平原上，其中农业人口也是均等分布的，而生活情况也是一样。假定一切工业及其生产过程是每个人都可参与。由于这些假定使方程式简单化，但没有引起这些方程式成立时各种条件的变化。

表3　空间秩序的记号

产品号码	生产地		市场境界	
	位置	数	方程式的缩写	数
1	$P_1^1(x_1^1y_1^1)P_2^1\cdots P_a^1$	a	$\alpha_1^1,\beta_1^1\cdots\varepsilon_1^1;\alpha_2^1,\beta_2^1\cdots$	A
2	$P_1^2(x_1^2y_1^2)P_2^2\cdots P_b^2$	b	$\alpha_1^2,\beta_1^2\cdots\varepsilon^2;\alpha_2^2,\beta_2^2\cdots$	B
·	· · · · ·	·	· · · · · ·	·
m	$P_1^m(x_1^my_1^m)\quad\cdots P_q^m$	q	$\alpha_1^m,\beta_1^m\cdots\varepsilon_1^m;\alpha_2^m,\beta_2^m\cdots$	Q
$\overline{m}$	（总计）	n	总计	N
		$=\Sigma a+b+\cdots+q$		$=\frac{\Sigma A+B+\cdots+Q}{2}$

式中·为已知的值

$d^m=f^m(\pi)$——对于生产物 m 的个别需要

$\pi_q^m=\phi^m(D_q)$离岸价格
$k_q^m=x^m(D)$平均生产费 }——在 q 地点上将生产物 m 有关的左方作为总需要

$$D_q^m=\psi(f^m,x_q^my_q^m,\alpha_q^m\beta_q^m\cdots\varepsilon_q^m,\sigma,\sigma_q^m\cdots)\text{的函数}$$

$S_q^m=D_q^m\cdot(\pi_q^m-k_q^m)$——m 生产物在 q 地点的利润

σ=每平方公里的农村人口

σ_q^m=城镇 P_q^m 的城市人口

r=运输率

m=生产物之数

G=全区域的面积

·求出的值　　未知之数

1. π_q^m=产品 m 在 P_q^m 区位上的工厂价格　　n
2. G_q^m=在每平方公里中区位 P_q^m 的销售区域　　n
3. q^m=生产 m 生产物的市场数　　m
4. x_q^m,y_q^m=区位 P_q^m 的坐标　　2n
5. $\alpha_q^m,\beta_q^m\cdots\varepsilon_q^m=P_q^m$ 的市场区的境界的方程式　　N

总计　4n+m+N

表 4　方程式系统 I

条　　件	适当的满足条件的方程式	方程式数
1. 最大限度的利润（在 2～4 条件所能许可的范围内）	$\frac{\partial S_q{}^m}{\partial x_q{}^m}=0$　　$\frac{\partial S_q{}^m}{\partial y_q{}^m}=0$	2n
2. 全地域内被利用的总面积	$\Sigma G_1{}^m+G_2{}^m+\cdots+G_q{}^m=G$	m
3. 没有超额利润	$\phi^m(D_q)=x^m(D_q)$	n
4. 尽可能小的区域	$\frac{\partial \pi_q{}^m}{\partial G_q{}^m}=\frac{\partial k_q{}^m}{\partial G_q{}^m}$	n
5. 境界	$\alpha_q{}^m=\pi_q{}^m+r_q{}^m\ \sqrt{(x-x_q^m)^2+(y-y_q{}^m)^2}$	
无差别线	$=\pi_{q-1}{}^m+r_{q-1}{}^m\ \sqrt{(x-x^m{}_{q-1})^2+(y-y^m{}_{q-1})^2}$	N
	计：$4n+m+N$	

条件 1：个别单位的区位必须尽可能地有利。

所以，企业者在全地域内和在他自己的市场区内部这样来进行他的选择，使得他的利润在经济系统内部一般相互依存所能留下的狭小框框内将是最大的。[①] 怀着同样目的的农民，决定在什么地方购买土地和决定在农场的什么地方营造他的建筑物。消费者也按照同样的原理选择居住地。

现在，转向相反的倾向（参阅本书第一篇第二章第 10 页注①），在下述三个假设之下，独立企业单位之数无论在个别工业部

① 如果除了一个区位以外，其余的区位都认为是已定的，则表 3 的 $S_q{}^m$ 方程式中除坐标（$x_q{}^m$，$y_q{}^m$）外，其他都是一定的。在这样的场合，这些方程式的偏微分表示出区位 $P_q{}^m$ 将选定在最大利润之点上这一条件（表 4，方程式 1）。

门或在作为整体的经济内，达到尽可能地多。企业的区位必须这样的多，以致整个空间被占用(条件 2)。再者，在对任何人都敞开的一切经济活动中，正常以上的利润必须消失(条件 3)。这样，在生产中，价格在总体上必须与费用大体相等。①②③ 在消费中，比较是完全可能的，利益必须均等地分布。

当个别单位自动决定不让利润的一切可能性完全吸收时，这个条件就能得到满足。不拘如何，对新的竞争者来说，仍然还会有余地的。因在现存条件下成立起来的市场区能缩得更小些，不致损害已建立起来的工业和农场的赢利性。此外，必然会得到这样的结果：购入圈生产圈和销售圈会成为尽可能地小(条件 4)，只有在此场合，可能的企业数才能达到它最大限度。如果现在还有数目更多的农业经营者和工业家冲入该地区，则所有的企业便将成

① 它可能作为一个例外而发生这样的情况，甚而最大可能数目的生产者将会存在。在另一方面，还会给边际企业家留下一种极小的利润(但在此限度内却是最大的)。例如，当一个区域的需要大于 5 个企业家时，但对于 6 个企业家却不够大。也能看到同样的事态：一方面，一个地点对生产提供非常有利的条件，以致外来的竞争者不能充分靠近它们，夺走所有的利润；另一方面，已在该地点上定居的竞争者却因他的市场过小而不能发展。

② 在生产费中有时会成大流，含有三种收入的源泉：(1)企业者本人作为独立生产者为了自己的努力而得到企业家报酬(它是随着企业规模的缩小而下降的，一直降到边际企业家的收入那么小，以致在边际企业家的收入中已不包含作为企业者的工作的报酬)；(2)对他自己资本利息的支付；(3)属于他土地生产贡献所支付的地租(包括土地的幅员、位置和品质的稀少性等等)。

③ 为每一个区位给出一般形式的替代方程式 $\pi_q{}^m = k_q{}^m$，或如表 4 方程式 3。一个几何学的解释，是会有所帮助的。能从一个区位内获得供给的市场区的大小，一方面依存于需要曲线的形态，另一方面依存于企业的费用曲线形态。两者都在图 16a 中得到图解。在此市场区内，总需要 D 是作为离岸价格的一个函数表现的。总生产是作为费用时函数表现的。两条曲线在 S 点交叉，在那里费用和价格相等。

为无利可图。独立的生产者数一般有争取达到这样一点的倾向，因为在他们的背后，存在着依靠他人的为数极多的非独立者的后备军，力求取得机会，准备一头扎进空隙。[①②]与此相反，对消费者来说，各个为各行业继续存在的必要的生存空间在人口过剩的地区才是最小的。

最后，条件5在经济区的境界线上，对于它们所属的两个毗邻企业区位的任何一个必须是无差别的。这些境界线是无差别的线。[③④]

① 按几何学术语说，地区的缩小意味着需要曲线向左转动。需要曲线当与供给曲线正切时，达到了这种缩小的界限。在图16a中，D′是转移了的需要曲线，B是正切点。方程式3含有两条曲线正切的是第一个代数的条件；第二个条件是：$(\pi_q{}^m)=(k_q{}^m)$，或者为方程式4。

② 只当工厂在市场区内利润成为最大那样配置时，市场区能成为最小可能，所以一看条件1好像含于条件4之中。只是条件4与市场区的大小有关，与市场区的形状是否合理无关。反之，条件1与市场区大小无关，而与市场区的形状有关。在此我们假定：一切其他企业的区位是一定的，因而又假定在这里被选定的企业所属的市场区大小的顺序也是一定的。但在另一方面，在条件4之下，区位间的距离成为变数。这样，与市场区的已定形态有关。条件4就意味着生产者之数可能是最大的；反之，条件1则意味着：就一定数目的生产者而言，其利润可能是最大的。例如，如果在均等的平面上，生产者达到一定的数目，那么，条件会使市场形状成为正六边形。在另一方面，条件4则表示这个六边形蜂窝必将成为尽可能地小。当四边形成为最小时，利润也将消失。在这场合，无论如何，生产者数只在四边形时场合是最大的，而不是一般成为最大的。此外，要求市场区的形状的缩小经济上是最好的。

③ 就生产物的销售地区的境界上任何一定的点(x,y)来说（工厂价格＋运费率×距离），不管是从$P^m{}_q$购入或从$P^m{}_{q-1}$购入，必须是相同的。关于境界的几何形状可参阅本书第三卷“经济区”，十三章“若干新因素”“B.不同市场区相互间的价格差”。

④ 从这5个方程式中，一切事情都已明白，那就是市场区的大小和界限，在此市

二、区位的分离

如果经济区的空间秩序是具有意义的和永续性的，那么，上述的五个基本条件必须得到满足。但这些条件并不保证生产的最优区位与消费的最优区位将会符合一致，或重叠在一起。反之，这些区位的一般方程式群指出了它们分离的可能性。[①] 对生产者的最优区位，未必一定对消费者也是最优的区位。

在自由竞争之下，工业生产的最优区位对于工业制品的消费者无疑地也是最有利的区位。如果能够完全像对待工业生产中心那样对待农业生产中心，那么，事态就必然会在完全和谐状态中。但是，我们不可能做到这一点。与城镇不同，一个农村不是一个市场区的中心，只不过是一个生产区域的一部分。农业生产不能像工业生产那样集中，农业生产的本质是它最小单位分散和规模

场区整个地域内，生产区位的位置和离岸价格等，汇兑率依以决定的方程式（对外收支平衡的条件），为简化起见，已从这一体系中略去。在这里，不仅在通常意义上，而且也在下面各页所采用的最严密意义上，是以相等的通货量为前提，随而把各银行发行的货币排除在外。如果不是这样，作为未知数表示的各银行区的价格水平就将替代作为未知数表示的汇兑率，而汇兑率在各银行圈的对外收支必将均等地加以规定。对这一问题，我们将在第三卷中重复讨论。目前所讨论的方程式体系可进一步扩大。比如说，可以令人满意地要求：(1)对所利用的供给来源是什么？(2)它的有效利用达到怎样程度？或者(3)土地价格如何决定？(4)或者，谁接受地价等问题作出答复。

① 关于任何城镇区位，作为其生产中心地的作用，可用坐标(x,y)来表示；作为消费中心的性质则可用(ξ,η)来表示。第一方程式体系可以决定x和y，ζ和η也完全能由同一方程式体系来决定。在这里为了不在超经济问题上逗留，关于后者，不再作推论了。如果我们期望$x=\xi$和$y=\eta$，则对体系会作出估计过高的决定。结果，作为生产地点的城镇最优区位与作为消费地点的城镇最优的区位是不同的。同样，它们的购入圈和消费区也很少符合一致，除非是在一个自给自足的“城镇的经济”的阶段，另当别论。否则，城镇和农村间的支付平衡也就不会实现。

较小。因之，基本矛盾仍然发生。工业制品的生产和消费的最优区位是一个大城市。但在另外一方面，土地生产物的生产和消费的最优区位应该意味着是均等分布的。这已由早先时期和今天的人口分布所证实。从前，当农业商品的消费超过工艺人所生产的制品消费的时代，就会有许多小的城镇存在。①其后，当粮食对其工人只组成生活费中的一部分时，就发生大城市集中的倾向。到了今天，多亏交通运输的进步，区位的完全分离已成现实。固然，农民们居住在远离他们农场的地方，会感到困难②，但工业的工人常常面临着这样的一个问题：他们是否居住在他们被雇佣的地方，或者前往工作地点的旅费是否能被较低生活费和乡村间像阳光和新鲜空气等较大的金钱难买的利益所补偿。现在许多工人每天从乡村涌入工业城镇，不少是来自大城市郊区农村和半农村的郊区。

不论如何，消费和生产的两种区位是相互连接的。如果假定在 D_q^m 方程式中，D 和 (x,y) 间的关系不仅仅由从 P 到消费者间的运费所决定，而且也由生产所决定。在另一方面，生产费则依存于 P 对其供给地的位置（那就是说，依存于其他城市和平原地带），那么，生产者和消费者的最优区位从工业企业家的观点来看是结合的。对最优区位的接近，只要对农产品的消费者是降低劳动费而不是提高其运费，则对其生产的产品的需要将有增加。所以，他——在他作为消费者的立场，忽视对生产者为最优区位的场合——就舍弃对生产者的最优区位，而向消费者的区位移动。

在成为消费中心的城镇的场合，会发生同样的事情，城镇也将靠近工业的区位。这样，关于城镇我们得到两个新的区位，对于城市的居民作为工业生产物的生产者的区位，同时也作为农产品消费者的区位，当决定其中每一个区位时，另一个区位必须加以考虑。现在两个区位可能是两者相互靠拢，但它们未必相互重叠。对于作为农产品生产者和作为工业品消费者的农民，也能指出颇相类似的情况。

① 在这时代，农业已能组成决定性的基层构造。

② 但他们有时是这样：在美国得克萨斯州，许多大农场主在他们城市住宅中，度过周末，其他的日子则住在大农场上。

这指出了旅行的费用是能得到补偿的。①②

三、结　　论

在我们推论中,重要的不在于我们因为有像未知数和同样多的方程式而发出安全的叹息。③ 我们曾经推测,像在经济的其他领域一样,在区位相互之间,在一定条件下,均衡是可能的,但重要的是要弄明白这些条件的内容。④ 这些均衡条件,恰如经济上其他均衡条件一样,首先第一,必须得到证实,或者要通过法律体系或经济政

① 随着汽车价格的低廉化,工人上下班的范围就远远伸到郊区之外。在美国,上下班距离超过 40 英里,并不算不寻常的。按照盖洛普国势调查,美国工人大约有 3%居住于他们受雇场所的附近,45%是乘坐他们自己的汽车(一部分是同事的汽车)上下班。

② 现在另一个重要的例子,是受雇场所与休假地或退休时间的分离。许多人正从工资和生活费较低的地方向两者绝对量也都较高的地方移动,以便以后在他们出生地花费他们的积蓄。这样大大增加了他们储蓄的实际价值。这是许多迁移到北美来的迁入劳动者的态度可作例子。反之,工资和价格较低的地方对于那些想以后在较繁华地方消费他们积蓄的人具有较少的吸引力。

③ 在这场合,或地区境界上,作为例外的不是各个变数,而是方程式本身是未知数。参阅表 3。

④ 根据我的意见,像这样的一般方程式体系已不具有其他更多的意义。我考虑像一个理想主义者那样假定:这些方程式体系已逐渐被改良了,能够运用比我们目前采用的粗糙方法更正确方法以解决实际问题。总之,即是说是物理学者,他不能从普遍法则演绎出自由下降物体的法则,医学者也不能从其临床的一般医疗法则得出他的医治方法。再者,可以参阅 W. W. 列昂节夫卓越的尝试["价格产出,节约与投资的相互关系,一个普遍相互依存性的经济理论经验应用之研究"(W. W. Leontief,"Interrelations of Prices, Output, Savings, and Investment, A Study in Empirical Application of the Economic Theory of General Interdependence"),载《经济统计评论》(*Review of Economic Statistics*),XXXX,1931 年,第 109 页以下和以后的出版物]。还可参阅 H. 彼德的《财政文献和数理经济研究文献》(H. Peter, *Finanzarchiv und Archiv für mathematische Wirtschaftsforschung*) 1941 年。

策使之有效化，至少必须得到尊重。[1] 当这些条件成为均衡的恢复问题，它们是一切政府干涉的基本原理。再者，这些条件，为了整个经济不陷于绝境或者要加以不断的调整，就构成为达到公共目的而采取的措施，必须保持在其范围内的机构；其次，重要的是在确认均衡存在以后，就要指出均衡的态势是如何显现的。我们要明确指出由于方程式的导出[2]，在必要时，采用哪一种杠杆能够容易加以调整。

不用说，大部分情况是介于这些区位理论的一般经济原理与有关个别企业经济的区位理论的经验方法之间的中间地位。这些现象，我们是不能根据任何方法或个别的计算所能理解或加以控制的。只要我们果然有一种结合方程式群的一般性和几何学图形的具体性的方法，那是多好呵！这样的结合，固然有其不可避免的弱点，因为从最严格的意义上来说，这是不可能的。在学问的道路上，难道不是包含着在我们前进道路上能帮助我们愿意度过许多危险和常有不测之变的非常有用的桥梁吗？所以，我希望下面将予展开的经济区理论，指出深入到丰富的但几乎还未为人所知的领域中去的一条道路。

① 这对于条件 1 是不妥当的，条件 1 的实现，是由个人本人的利益来保证。

② 这些是“独立的变数”，它们影响均衡，但它们不会对它们本身发生反作用。在我们的场合，例如，一个空间的大小，需要的方向，生产的技术和运费的高低等等，属于这种变数。

第二篇

经济区论[①]

① 以下将要讨论的基本概念，我曾于1936年在波恩大学法律和政治经济学部的实习讲演“经济区是国际贸易的基础”一文中和1937年在美国大西洋城计量经济学会议上所宣读的“经济区的性质”论文中已予以展开。英译发表于《南部经济学杂志》(*Southern Economic Journal*)，第5卷，1938年，第71页以下。

到目前为止，国际贸易的理论是从国家如果不是唯一的也是最重要的经济单位这样的假设出发的。例如，有人争辩说，如果德国须向法国支付赔款，那么，为了使转移成为可能，德国的物价水平必须降低，而法国的物价水平必须提高。但是，为了明确起见，下述的说法是可以的。即是说：从东经 10°到 20°之间，与从北纬 45°到 50°之间的物价水平必将下降，从格林尼治子午线到东经 20°之间与从北纬 40°到 50°之间的物价水平必将提高。这无疑是正确的。换一句话说，划分物价水平涨落之线恰恰与政治分界线相一致，这几乎是难以置信的。即使德国的物价指数正在降低的线能用统计数字证明，但这既不能证明德国全境任何地方的物价都已降低，也不能证明它们只在德国降低。[①] 例如，当时属于波兰的上西里西亚煤矿在离它数公里的德国煤矿降低其价格的场合而想维持它自己的价格是十分不可能的。在这场合，上西里西亚已组成一个经济单位，这一事实在许多方面似乎比它在政治上与德国分离的事实要重要得多。在另一方面，假定巨额补助全从西德流向东德[②]，在这样的场合，经济的后果会与战争赔款的后果相类

① 根据旧的理论，这是可能的，即价格的变动影响着一个特定的国家，实际上只扩展到某国的某些部分，但同样扩展到邻近各国的可能性是大的。在小的国家或狭长的国家，像加拿大和智利，这就立刻变得很明白，这种形态对领土略呈圆形的国家也是适用的。我们将在下面讨论。

② 两德已于 1990 年 10 月统一，称德意志联邦共和国。——中译者

似。物价必然要在易北河以西降低，而在东侧上升。在同一国家内成立两个经济区。

不消说，不再有人想否认政治的境界同时也是经济的境界。[①] 上述例子只不过是指出：有些经济区是在政治境界的内部，而有些经济区则伸展到政治境界以外。

这个问题并不是迄今仍然未予注意。少数关于国际贸易问题的作家，特别是俄林，曾努力对它进行考虑。所以，他们的研究是属于经济区进行基本研究的一小群人之中的。[②] 实际上，他们只在用语上稍有不同。除了国际贸易以外，他们开始谈论区域间的贸易；从来对于国家有关的命题现在也适用于区域。但是关于这些经济区的构造却未曾展开研究。现在只举出一例：关于一般物价水平的错误观念已分裂成为若干区域物价水平的错误观念。而且，即使对这样的区域的性质进行表面的研究，也会指出物价表面更多地像一个多山的丘陵地而不是一个平静的湖面。不消说，包

① 它们达到怎么样的程度会成为如此？这个问题在我们研究过程中会变得进一步清楚。但差别是到处存在的，比假定与物价水平有关的汽缸—活塞理论的前提更加重要。

② 从事这些研究的，有许多不同的起源。区位理论的作者只提供了少数的东西（除了杜能以外，特别是劳哈特和最近的 H. 里斯克尔）。里斯克尔的经济区位理论，可参阅“生产部门区位的纯粹的和历史的动力学”（H. Ritschl，“Reine und historische Dynamik des Standortes der Erzeugungszweige”，*Schmollers Jahrbuch*，1927）。从事经济学史研究的学者有过种种贡献，例如，G. von 斯摩勒尔的“经济发展各阶段：农村、城市、地区经济和国民经济”也有贡献。参阅斯摩勒尔的“重商主义系统在其历史上的意义”（G. von Schmoller，“Das Merkantilsystem in seiner historischen Bedeutung”，*Schmollers Jahrbuch*，1884）。还有 K. 布歇“也区别出家庭、城市和国民经济各阶段”，参阅《国民经济学的诞生》（K. Bücher，*Die Entstehung ber Volkswirtschaft*），第一版，1893 年。

在经济地理学的著作中，特别值得介绍的有 W. 克里斯塔勒的著作《南德中心地》（W. Christoller，*Die zentralen Orte in* Süddeutschland），耶拿，1933 年；以及“空间理论

括在一个经济区之内的一切事物必然有这些或那些东西是共通的。但若由此做出结论说:物价是一切交换过程的中心现象,所以经济区最好的定义是:在全境之内物价大致相同的地区就成为经济区。这样的定义是不确切的。即使是在逻辑上提出这种建议既是过早的,也是错误的。因为,并没有这样的地区,即使存在的话,也是没有意义的,因此,不值得我们注意。为了不陷入这种同样的错误,我们将向相反的方向前进,在合理的假设下,力图发现一个经济区的境界究竟是否会成立?以及为何成立?被这样的经济境界所围绕的地区就成为经济区。我们不从先入为主的观念出发,而是先来确定实际的差异,这样做了以后,再来寻求这些合乎逻辑的公分母。

和空间秩序"("Raumtheorie und Raumordnung"),载于《经济计划文献》(*Archiv für Wirtschaftsplanung*),Ⅰ,1941年。

在美国的经济学者中,有N. S. B.格拉斯的例如"大都市社会的兴起"(N. S. B. Gras,"The Rise of the Metropolitan Community"),载《城市社会》(*The Urban Community*),芝加哥,1926年。此书由E. W.伯尔格斯(Burgess)主编;R. D.麦肯齐的〔《大都市社会》(R. D. Mckenzie,*The Metropolitan Community*,1933)〕及其他等等,都撰写过有关大都会经济学的著作。事实的研究为数更多,但都缺乏理论的基础。上面所以提及俄林的著作,是因为他有许多地方与本书著者有共通的地方,至少在提出的目标上而不是在解决上[C.勃林克曼坚持着另一种观点〔《财政文献》(*Finanzarchiv*),1940年,第210页以下〕。他也努力把区位、经济区和国际贸易的理论结合起来。但是在许多方面,其中包括简洁地表述A.韦伯关于这一题目的被人忽视的论文,在我看来,似乎是更加成功的。参阅A.韦伯:"区位论和贸易政策"(A. Weber,"Die Standortlehre und die Handelspolitik"),载《社会科学文献》(*Archiv für Sozialwissenschaft*),ⅩⅩⅫ,1911年,第667~668页]。

第一部 简单条件下的经济区

第九章 市场区

在能形成一个经济区的所有因素中，我们将选取经济的因素。我们认为市场区不是任何种类的自然上或政治上不平等的结果，不是派生的，而只是通过各种纯经济力量的相互作用而产生的，有些经济力向着集中化的方向，有些则向着分散化的方向起作用。在第一类集中化作用的力量中，有专业化的和大规模生产的利益；在第二类力量中，则是运费低廉化的和多样化生产的利益。[①]

为了在我们的假设中，不隐藏空间的差异，我们下面的推论是从基本的假设出发：在一宽广的平原上有经济价值的原料是均匀地适宜地分布着的。这个平原各方面都是同质的，含有的只是有规则分布着的自给自足的农场。这样的出发点如何导致空间的差异呢？

让我们从这些农场中选出任何一个农场，而且赋予这个农场所有者愿意生产在数量上超过他自己需要的产品。他能够把他们出售吗？由于大量生产而产生的节约对他的企业发生有利作用，

① 因为专业化的种种经济和不经济可以算入大量生产的利益中，所以我们只把后者与运费相对应。

而运费却加以妨碍。他的市场毕竟应该多少?假定他的邻人是同一类型的人物,而且生活也是同样,因而其中一个农家的需要曲线便是其他所有农家的典型需要曲线。在图20中,让d代表对于啤

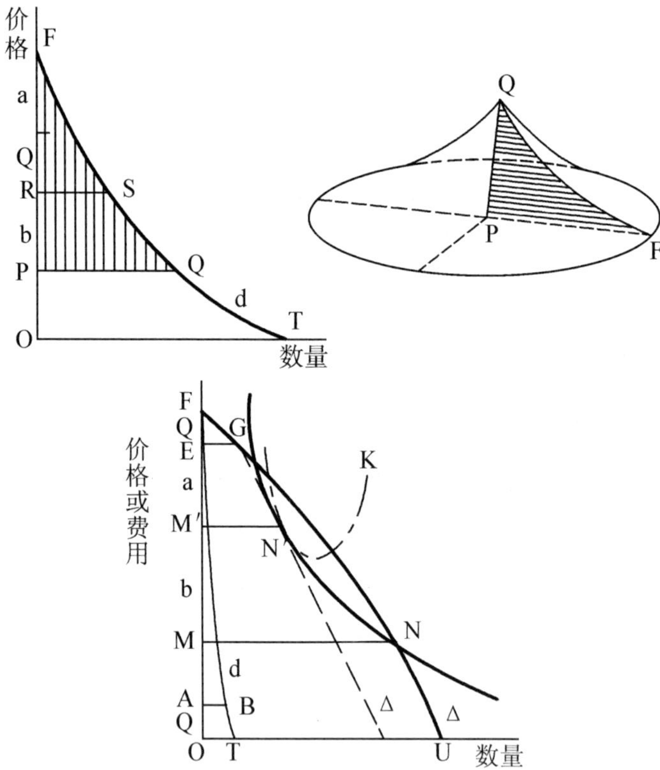

图20～22　需要圆锥体的构造(图21)取决于作为距离函数的一定产品的需要曲线所形成的市场区(图20)和费用曲线(图22)

酒的个别需要曲线,图20～22需要圆锥体的构造(图21),取决于作为距离函数的一定产品的需要曲线所形成的市场区(图20)和费用曲线(图22)。如果*OP*是位置在*P*点的啤酒制造厂的价格,那么,居住在*P*的人们将购买*PQ*瓶的啤酒。在离厂较远的那地

方，由于运费、价格自然增高，结果，需要也随之而较小。离厂更远一些，达到 F 点，运费等于 PF，啤酒完全不能销售。因之，PF 便成为啤酒最长的销售半径的界限。[①] 该地内的销售总量将等于以 PQ 为中轴而旋转 PQF 三角形所得圆锥体的体积(图 21)。这一体积还必须乘以由人口密度所决定的一个常数。这样结果便决定了根据啤酒厂的价格 OP 的总需要 D。

用代数式来表示：

$$D = b \cdot \pi \int_0^R f(p+t) \cdot t \cdot dt$$

在方程中

D——作为离岸价格 P 的函数的总需要；

b——一个正方形内人口两倍的值，在该地区沿着一个方向运输一单位需要运费 1 马克；

π——3.14……；

d——$f(p+t)$，就是在消费点作为价格函数的个别需要；

p——在啤酒制造厂的价格；

t——从啤酒厂到消费者手中每 1 单位酒厂消费者手里每 1 单位的运费；

R——最大可能的运费(在图 20 中为 PF)。

这个公式的导出是简单的。旋转体的体积等于旋转形式的平面面积乘以其重心轨道之长。让图 20 中的 PQF 的平面面积作为 F，而且让到其重心的距离(从原点 P 出发)作为 y_0。旋转时重心轨道之长作为

① 运费不是用公里表示，而是用马克表示。为要归结为公里只需把 PF 的值除以每公里的运费即得。

$2\pi y_0$，随而旋转平面形式的体积等于 $2\pi y_0 \cdot F$，或 $2\pi\int_0^R f(p+t)\cdot t\cdot dt$。

因为根据重心的公式：

$$y_0 F = \int_0^R f(p+t)\cdot t\cdot dt$$

最后，我们考虑人口的密度等于 $b/2$，于是我们就得到像上面已给出的那样把作为啤酒制造厂价格 p 的函数表示出来的公式。①

但是，实际上，我们还不知道啤酒制造厂的价格。直到目前为止，我们假定它为已知的，因为它取决于总需要。所以，需要圆锥体的体积必须就各种啤酒制造厂任意的价格计算。其结果能在图22中绘出一条新的曲线 Δ，它是作为啤酒厂价格函数表示的总需要。在同一坐标体系上，我们也绘出一条所谓计划线 π，它表示任何一定量啤酒能依生产的最小平均费用。② 只有在供给曲线 π 和需要曲线Δ相交的场合，我们的农民才能开设啤酒制造厂。如果

① 我们已经给出，也像我已发现的那样：这一式子虽然有不同的形式，但这一结论早已由 W. 劳哈特[《国民经济学的数学论证》(W. Launhardt, *Mathematische Begründung der Volkswirtschaftslehre*)，莱比锡，1885 年，第 152 页]，追随劳哈特的 E. 斯涅特尔["一种空间经济学理论的陈述"(E. Schneider, Bemerkungen zu einer Theorie der Raumwirtschaft)，载《计量经济学》(*Econometrica*)，1935 年，第 79～105 页]和 E. M. 胡佛["空间价格的差别"(E. M. Hoover, Spatial Price Discrimination)，载《经济研究评论》(*The Review of Economic Studies*)，1937 年，6 月号，第 182～191 页]以及 G. 廷特纳["专买区域的需求"(G. Tintner, "Die Nachfrage im Monopolgebiet")，载《国际经济杂志》(*Zeitschrift für Nationalökonomie*)，1935 年，第 536～539 页]等等已以完全一般形式提出来。

② 这种最小费用，只有在以这种生产能力为目标而特别建设的一个工厂才能达到。这样的工厂的平均费用曲线只在一点上才与计划曲线一度相切，其他部分则向右方移动。结果，个别工厂平均费用曲线的最低点位在与 π 相切点的右下方。但一个工厂能比其他任何较小的或较大的工厂较低廉地生产与其最低限度平均生产费用相当的

这些曲线不相交，那么，啤酒不能成为可以出售的商品，因为运费太贵，或者因为大规模生产的利益太小。这时，每个农民需得尽可能适当地酿造他自己消费的啤酒。如果曲线在 N 点相交，则 MN 将成为我们这个农民能销售其啤酒的总量。最长的市场半径或运输距离对这一场合的啤酒来说，将等于具有 $2MN \div B$ 的体积乘需要圆锥体之底边的半径，或者简单地说，将等于 MF。像啤酒一样，每一种经济商品都有它自己的最大限度运输距离，超过这一距离，它便不能销售。[①][②]

啤酒量，但那只是与其切点相应的量。这一切点代表工厂建设目标的生产能力。因为最低限度平均生产费用之点既然已经位在计划曲线之上，所以，就其生产最说其他的和较大规模的啤酒厂会明显地更为有利。这一点，可以从图 22 中给工厂生产能力 $M'N'$ 所绘的平均生产费曲线 K′容易看出来。从几何学意义来说，计划曲线是表示种种规模工厂的平均生产费用曲线的包络线〔参阅 E. 斯涅特尔：《统计成本规律》(E. Schneider, *Statische Kostengesetze*)，1932 年，第 9 图，第 423 页和 J. 维纳："费用曲线和供应曲线"(J. Viner, "Cost Curves and Supply Curves") 载《国民经济杂志》(*Zeitschrift für Nationalökonomie*)，1930 年〕。

① A. 韦伯[《工业区位论》第一部(Weber, *Über den Standort der Industrien*)，蒂宾根，1909 年，第 240 页以下，特别是在 224 页。该书由 C. J. 弗列特里克译成英文，书名《阿尔弗雷德·韦伯的工业区位论》(*Alfred Weber's Theory of the Location of Industries*)，芝加哥大学出版社，1928 年]本质上用"原来水平分析的小规模生产者的集积"相类似的方法来处理这个问题。不同之点，第一，在于韦伯把需要当作地方价格和独立的东西来考虑，他的推论是不正确的。第二，他的(边际赢利分析)方法是与张伯伦的分析法不同的，不甚协调。第三，他没有采用这种手续进行分析。再一个不同点，在性质上是推导的方法。韦伯从自然资源不均等分布出发后导入集聚，而我们则从相反的方向进行。

② 一旦有了若干可以销售的商品，它们的比价便随着地点而不同。而且一旦它们的生产场所集聚起来，它们的收入关系也会随着地点而异，这样，严密地说，它们的需要曲线是随着地点而异。例如，啤酒的需要价格对于啤酒厂附近居住者的需要曲线与远距离居住者的需要曲线是不同的。但不拘这点如何重要，目前我们必须予以忽视。

第十章　市场网状组织

一、人口的连续分布

§1　市场区的大小

如果经济区在形态上是圆形的，那么，我们在上面所做出的推论是正确的。但是实际上经济区并不是圆形的。即使我们所举例子的平原上布满了啤酒制造厂，它们的位置靠得很近，以致它们的销售圈相互接触，但任何农民都愿意为他自己开设一家啤酒制造厂。而且他能够这样做。第一，因为圆周之间所有的边角部分还未完全被填满；第二，因为个别的啤酒制造厂的规模能从图 22 中的 MN 缩小到 $M'N'$，不会使工厂无利可图。①

① 通过 E. H. 张伯伦：《垄断竞争的理论》[（E. H. Chamberlin, *The Theory of Monopolistic Competition*），1933 年，第 5 版 1938 年]和 J. 鲁滨逊：《不完全竞争经济学》[（J. Robinson, *The Economic of Imperfect Competition*），伦敦，1933 年]等的著作，生产物差别化的这种方法已为我们所熟悉。但这种方法对于区位的差别化也是同样适用的。对于这一题目的文献不熟悉的人，我们可以把张伯伦用语的基本思想概括如下：(1)随着商品的差别化，当生产物从各种各样的形式在市场出现时（在这里，它包括销售者区位的不同），对于个别的销售者来说，需要曲线（像在均质产品的情况之下相同），不是水平的，而是向右下倾斜的。例如，即使一个销售者提高他的价格，所有他的顾客并不都摒弃他。对一部分顾客来说，他的产品仍会提供利益，如区位的便利，因此即使支付较高价格，还是值得的。(2)只要需要曲线与生产费用曲线相交，吸引竞争者的剩余利润仍是可能的。这些剩余利润会产生出分化的产品，或在目前的论述中具有特殊意义的是，他们会这样地选择他们的企业或事务所的区位，以便使得他们对于一部分购买者感到特别便利。因为这些购买者失去的结果，老企业的需要曲线会向左方移动，最后达到与生产费用曲线相交，而所有的剩余利润便消失。作为我们刚才描述的过程基础的独立企业之数最大限度化的趋势，现在达到它的限度。但如果一个刚描述过的地

一直到了圆形压缩到蜂窝型时，各个角的部分便能充分予以利用。由于销售规模压缩的结果，总需要曲线 Δ 便向下方转移①，但六角形甚而能够缩得更小些，一直达到总需要曲线 Δ′恰恰与供给曲线 π 相切。至此市场完全被充满了。如果还有另一个啤酒厂建立起来，那么，市场区对于所有这些啤酒厂不够大了，两条曲线不能相切。如可能最长的销售半径 R 与总销售量 MN 相当，那么，最短的必要销售半径 ρ② 便与总销售量 $M'N'$ 相当；ρ 的大小对于不同的货物本质上采取的固有的值。③ 图 23 指出同一货物从最大可能的销售圈向可能最小的销售圈过渡。④

区比几个生产者所必要的面积要大，但不大过 $n+1$ 所必要的面积，则少额剩余利润仍会维持。如 $n=1$，那就会成立一种独占。不消说，这种独占会受到潜在竞争者的限制，而这种竞争又会在独占地位的利益被完全利用的条件下，成为现实。接着发生老企业和新企业间的斗争，其中之一，最后一定要消失，因为没有可供两者占有的空间。

① 随着市场区所侵占的部分继续变小，旋转点 G 便在 Δ 上沿着向上方向移动。它被 FE 所决定，而后者则等于被当时表现为运费的市场区半径。V 是移动的需要曲线 Δ′最低点，它由下述事实所决定：OV 必须与以 OT 为轴心旋转 $CABT$ 平面所形成的圆锥体的体积相等。

② ρ 代表内接圆的半径。

③ 这是我们从日常体验中就可知道的。假使有一人要在他家附近烘烤饼子，没有人会带着沉重的烤饼盘到全城寻找烤饼能手。但为了修表，人们会不厌其烦地走很远的路寻找精巧的修表匠，人们甚而走出城去寻找名医。

④ 一个市场区的缩小，对于一个已设立企业的企业家发生不利影响，因为他的利润消失了。但它对于新来的企业者是欢迎的，因为他有更多的可能使他自己成为一个独立的生产者。而且这对于消费者也常常有利，因为虽然工厂价格一般提高了，但平均运费却降低了。

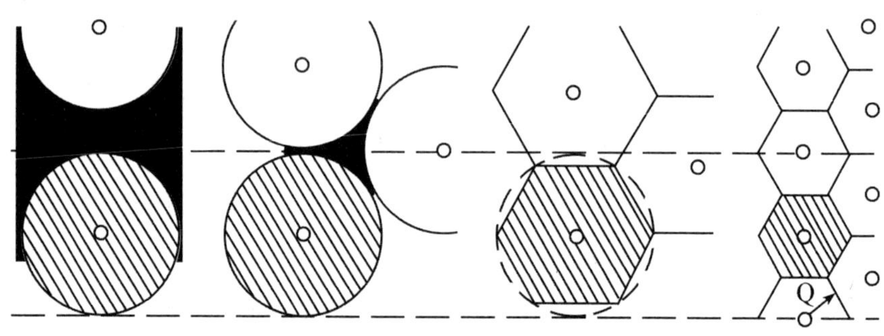

图 23　市场区域从大的圆周到最后小的六边形的发展

§2　市场区的形状

从几何学来说，市场圈间的各角的完全利用还有两种其他的可能性：能够设想三角形的或平行四边形的经济区。但六边形具有最接近于理想的圆形的优点。结果在三种可能性中，六边形能保证每一面积单位的需要是最大的。

在成为直线的需要曲线[①]的场合，导出更加严格的证明是可能的。让图21中，形成圆锥体的侧线QF成为一条直线，让高度

① 我们将更加频繁地作这样的假设，因为他不但是一种特别便利的假设，而且也是一种特别合理的假设。像在图 20 中那样，如果 OF 是没有任何商品能够销售的价格，而 OT 是被假设为财货运输免费时的消费量，那么，OF 和通过 T 与 OF 平行的直线以及 OT 和通过 F 与 OT 平行的直线，几乎在一切场合将会划定需要曲线位置所在的地区界线。现在我们来这样选定 OF 等于 OT 的尺度，用这两条直线和它们的两条平行直线成一个正方形。如果我们在这个正方形中绘出一切可能想象形式的需要曲线并引出对角线 FT，那么，所得到的位置在它们之内的三角形和可能的需要曲线的所有部分，都会与 FT 相等，并与它对称。离开 FT 的距离总和等于零，直线 FT 是每一种可能形式需要曲线的平均值。在一切关于需要曲线的实际形状的详情还不知道的场合，直线常常是唯一有根据的假设。

PQ 等于 H，底边半径 PF 等于 R。如果圆锥体在 ρ 距离上由于与旋转轴相平行的一个平面所切断，那么，圆锥体被切去的部分体积①便成为：

$$V=\frac{H}{3}\left(R^2 \operatorname{arc}\cos\frac{\rho}{R}-2\rho\sqrt{R^2-\rho^2}\right.$$

$$\left.+2.302632\,\frac{\rho^3}{R}\log\frac{R+\sqrt{R^2-\rho^2}}{R}\right)$$

现在，我们用与轴并行的平面来这样切断需要圆锥体，以致等

表 5　作为区域形状的函数的需要

市场区的形状		需要的大小[(1)]		
		全体	每一单位面积的平均	
			全区域	被利用的区域
大圆周[(2)]		$R^2H(1.04720^{(4)})$	0.302H	0.333H
小圆周[(2)]	相等面积的	$r^2H(2.598-\frac{r}{R}1.575)$	$0.907H-0.550H\frac{r}{R}{}^{(3)}$	$H-0.606H\frac{r}{R}{}^{(4)}$
六边形	相等面积的	$r^2H(2.598-\frac{r}{R}1.580)$	$H-0.608H\frac{r}{R}{}^{(4)}$	$H-0.608H\frac{r}{R}$
四边形	相等面积的	$r^2H(2.598-\frac{r}{R}1.602)$	$H-0.617H\frac{r}{R}$	$H-0.617H\frac{r}{R}$
三角形	相等面积的	$r^2H(2.598-\frac{r}{R}1.690)$	$H-0.651H\frac{1}{R}$	$H-0.651H\frac{r}{R}$

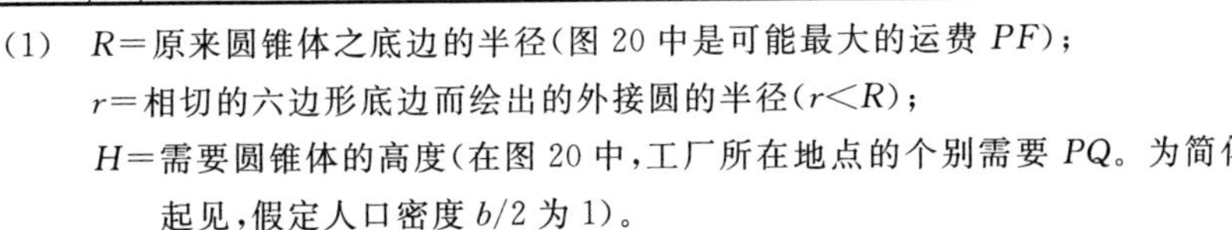

（1）R=原来圆锥体之底边的半径（图 20 中是可能最大的运费 PF）；

r=相切的六边形底边而绘出的外接圆的半径（$r<R$）；

H=需要圆锥体的高度（在图 20 中，工厂所在地点的个别需要 PQ。为简化起见，假定人口密度 $b/2$ 为 1）。

（2）大圆半径为 R；小圆半径为 $0.909r$。

① 承美国科罗拉多斯普林的 C. H. 赛瑟姆（Sisam）教授的盛情，给我导出这个公式，把反正弦应看作弧，而不应看作角。

(3) 容易看出,如果 r 加入限制值 O 和 R,则这个量比与六边形相应的量为小。
(4) 相应的各栏中的最高值。

面积的等边三角形、四边形或六边形,在表面上显示出来。这样,圆锥体上面留下来的部分的体积与有关的市场区的总需要成比例。这些体积是根据上面的公式来计算的。表 5 指出其结果。为了比较起见,这圆锥体也可用一垂直的圆筒体来切取,其底面有着与刚才叙述过的多边形的场合相同的面积。

结果是:作为全体的市场区的需要量,当这个区域完全没有缩小时,是最大的。当这个区域在形状上是圆形时,缩小了的销售圈的需要是最大的。但是,按照市场区每一单位面积来计算,需要最大的不是大的圆而是小的圆。因为在大圆的场合,每一面积的平均值,由于靠近运输的界限地方的小的需要而降低了。小圆的平均需要则很明显比相等面积的其他任何多边形为大。但因圆留下空角,所以在六边形的场合,整个面积每一单位面积的需要量,不但超过一个正方形的或一个三角形的需要量,甚而也超过一个圆的需要量。换一句话说,在实现相同的总需要量的一切规则的正六边形要求最小的面积。所以蜂窝型是经济区最有利的形状。[①]

① 规则的正六边形对于市场区是最有利的形状,恰像它是真实的蜂窝一样,但两者不是基于完全相同的原因。对真实的蜂窝来说,周围之长对面积的比例必然特别有利;对市场来说,圆锥体对面积的比例必然有利。在两种场合,如果把同时出现的空角予以忽视,则圆形将会是最好的。这些的结果是,没有完全被利用的角的空白部分,在“圆形的”蜂窝的场合是蜂蜡,在市场的场合是需要。在利用角的一切可能性中,六边形保持着圆所具有的最多数的优点。不消说,六边形的大小在这两种场合完全取决于其他因素。

由此产生的这种优点，是有利于作为全体的消费者的[①]，至于对个别生产者来说，未被切去的大圆却是最有利的，但是，因为自由竞争的结果，消灭了不应得的利润，所以，对企业家来说，他的市场区具有如何形状，那是毫无关系的。可是蜂窝型的形状，对于全体生产者都是有利的，它有使独立企业的数达到最大的可能。

从表5中，容易看到六边形的优点有多大。与其他多边形相比，优点的程度随着 r 的大小而变化：当 $r=R$ 时，它是最大的，但是当 $r=0$ 时，它便完全消失。当与小圆相比较时，优点几乎与 r 无关。在最大化的场合，在六边形中的需要比同样面积的正四方形要大2.4%，如果把空角的部分加入计算，则比圆的场合常常要大10%，而且最大限度地要比同一面积的正三角形大12%。六边形胜过四边形的优越性是最小的，而且这种优越性在许多场合，常常没有具有实际的意义。但与三角形和圆相比，则六边形的有利性是最大的，特别是在对于个别商品的需要曲线为一直线时。

对于其他形状的需要曲线来说，六边形的优点可能大些或小些。但在需要随着价格的提高而增加的少数异常的场合，这种优

① 到目前为止，我们只证明六边形比其他市场区的形状为优，但还没有说到六边形最好的规模。张伯伦的过程（在因竞争者数目的增加以致同时提高价格的情况下，企业的生产能力，不完全的利用）是否对消费者有利，还是一个悬而未决的问题。在上面所提出的证明中，我们假定：就市场区只在形状上不在规模上不同而言，生产者的价格能够在实际上当作常数来看待。但是，当判断销售圈缩小的效果时，重要的是要知道运费的平均节约是否会大于生产费的增加。那就是说，在图20、22和图4中，b是否会被a所超过。这不一定常常是如此。与它完全相同的问题，在政府组织中已被提了出来。并不是每一种行政上的简化，会使被统治者的地位得到便利。例如，如果有人建议把小行政区合并成大行政区，则在行政方面所得到的任何可能的节约，必须用公民的旅费的增加来作比较。

点才能变为不利。当与直线的需要曲线相比时，如果市场区外线上的需要弹性愈大，则六边形的有利性就愈大；如果市场区外线上需要曲线的非弹性愈小，则六边形的优点就会愈小。① 例如，在第一种场合，当需要随着离开生产场所的距离增大而迅速降低时，市场区域较大部分(例如三角形之角)位置在离中心相对远的地方，这种降低的程度会变得更大。

整个区域的大小和形状对于蜂窝型形状的有利性会发生影响。这样，如果整个区域的大小与个别市场区的范围相比是小时，或者是极不规则的，那么，为了全市场区的充分利用起见，市场区形状的巨大变形就成为必要，那就意味着市场区的扩大会因此受到阻碍。

总结起来，我们可以说，当整个区域的面积变成愈大和形状愈圆时，当境界线部分需要弹性愈大时，和接近的必要运输距离比可能的运输距离愈短时，则作为市场区形状的规则的正六边形变得越为有利。②

这些在支出上的差异是否可用统计数字所表示的那么大，是一个稍有不同的问题。从所谓数量级的名目费用大小的不同来推论在那一场合的实质费用的大小问题。类似的情况将在本书第三篇与自由贸易有关的第十三章中予以较详细的讨论。也可参阅H. 斯密特：《商品的国民需要的经济分配》(H. Schmidt, *Die wirtschaftliche Mengenteilung des nationalen Bedarfes eines Erzeugnisses*)，柏林，1942年。

① 例如，当六边形与四边形相比较时，六边形的内接圆与四边形的外接圆的境界领域，便成为问题。在内接圆内部的弹性为了比较，是意义较少的。外接圆的外侧弹性则完全没有意义。

② 我在两个文献中找到讨论过六边形的形状，虽然没有提出适当的证据。第一，是由W. 劳哈特提出的[《国民经济学的数学论证》(W. Launhardt, *Mathematische Beg-*

二、人口的不连续分布

拥有一个规则的正六边形形状的和为一种商品所固有的半径 ρ 的内接圆的市场区，是使这种商品的生产成为可能的，而且是必不可少的充分条件。这一命题，对于每种商品都是适用的。一方面 ρ 取决于暂时假定为一定的生产费曲线；另一方面取决于需要。后者可以归纳为两个因素：(1)个别需要曲线。关于它的影响，我们已在上面予以考察。(2)消费者，关于它们，我们已假定：为了简单化起见，他们是均衡地连续分布于我们所考察的平原上的。如果这与实际情况相符合，那么，ρ 便可采取任何的值。但是，在现实上，ρ 的可能值的数量是受着限制的，因为人口的分布可能是均等的，但是不连续的。不拘居民点——个别独立的农场、小村落或村庄①——是多么小，他们总是被一定距离彼此分开着，只有当这些居民地与市场区的关系很小时，才可以予以忽视。但是就大多

ründung der Volkswirtschaftslehre)，莱比锡，1885 年]。他只不过当作例证提到它。第二，W. 克里斯塔勒在其值得赞许的著作《德国南部的中心地》[(W. Christaller, *Die zentralen Orte in Süddeutschland*)耶拿，1933 年]中提到，他至少提出了一般的但不确切的证据。根据克里斯塔勒，中心地的六边形的排列有着这样的优点，"即它们的数目，既不过少也不过多，而且也可能没有一个有规则的供给地留下来"(上引书，p. 69)。H. 豪夫[《德意志铁路交通的地理结构》(H. Haufe, *Die geographische Struktur des deutschen Eisenbahnverkehrs*)，朗根萨尔扎，1931 年，第 14 页以下]发现交通道路的六边形网，对于一致的圆形地表是最有利的。这是因为在六边形的场合(它必然可以再分，就三角形而言，就不是这样)，交通线路和其利用地域的关系是有利的。再者，因为六边形与三角形相同，但与四边形不同，能够覆盖整个地球而不留空隙。

① 居民点的散开，对于生产者的农民可能是有利的，对于消费者的农民是不利的，这是极其显著的，散居制缩短了农舍农场建筑物与田间的路程(混合耕种为例外)，

数商品来说，原有居民的位置和大小对于市场区的位置和大小发生着极其巨大的影响。现在我们进一步来考察这种影响。

假定 a 为最小居民点A_1A_2等等之间的距离，这些居民点，我们已假定为农场。我们又假定这些农场最适合的形状为规则的正六边形。结果，农场建筑物所在地的中心位置不是在像正方形直角相交而是与60°或120°的角相交的直线上彼此相距a公里的距

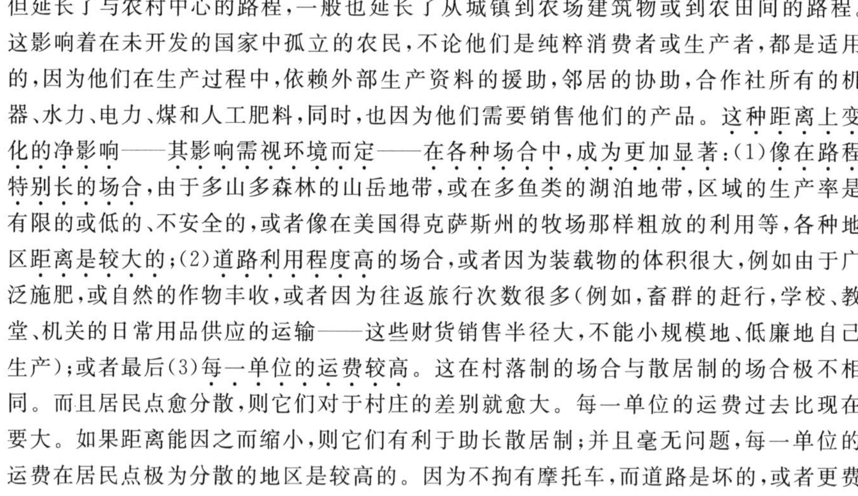

但延长了与农村中心的路程，一般也延长了从城镇到农场建筑物或到农田间的路程。这影响着在未开发的国家中孤立的农民，不论他们是纯粹消费者或生产者，都是适用的，因为他们在生产过程中，依赖外部生产资料的援助，邻居的协助，合作社所有的机器、水力、电力、煤和人工肥料，同时，也因为他们需要销售他们的产品。这种距离上变化的净影响——其影响需视环境而定——在各种场合中，成为更加显著：(1)像在路程特别长的场合，由于多山多森林的山岳地带，或在多鱼类的湖泊地带，区域的生产率是有限的或低的、不安全的，或者像在美国得克萨斯州的牧场那样粗放的利用等，各种地区距离是较大的；(2)道路利用程度高的场合，或者因为装载物的体积很大，例如由于广泛施肥，或自然的作物丰收，或者因为往返旅行次数很多(例如，畜群的赶行，学校、教堂、机关的日常用品供应的运输——这些财货销售半径大，不能小规模地、低廉地自己生产)；或者最后(3)每一单位的运费较高。这在村落制的场合与散居制的场合极不相同。而且居民点愈分散，则它们对于村庄的差别就愈大。每一单位的运费过去比现在要大。如果距离能因之而缩小，则它们有利于助长散居制；并且毫无问题，每一单位的运费在居民点极为分散的地区是较高的。因为不拘有摩托车，而道路是坏的，或者更费钱的，小规模的运输是成本较高的。

这样，经济上最有利的居民点的类型是随着环境而变化的；只有中间型(蔓延的村庄，一般结合着两种类型)不利。最近的发展倾向不待说是非常显著的。许多发明，例如，电话和无线电广泛使用的影响，无论如何，也不是没有问题的。它们助长了散居制；但市场网的发达却对于密居村落的成立起着有利的作用。这个问题常常由超过经济的考虑加以决定。散开的居住制易受自然和人类的攻击。破坏较大，必须予以考虑，而且最重要的问题是，为了较大的自由，就得支付较高的代价。孤立并不适合于大多数的人民，分散的居住型容易破坏村落的社会生活，因为文化是在不太大的城镇的含有刺激性的密居生活中才能更好地繁荣起来。参阅本书上面第四章“工业区位理论”第 35 页注②；W. 克里斯塔勒，《德国乡间殖民方法》(W. Christaller, *Die Iändliche Siedlungsweise im deutschen Reich*)，斯图加特，1937 年。

离上。这种分布可以略称为蜂窝型的分布。[①]

次之，让 b 代表B_1B_2等等小市场城镇间的距离，我们将它们称之为工业财货为销售而生产的最小地点。b 与市场区的内接圆 2ρ 的直径相当，但不同之点在于 ρ 用运费作为单位来表现，b 是用英里或公里为单位来表现。

让 nV 代表必要的运输距离，即最长的距离，在其范围内，一种商品必须销售出去，使其生产成为有利可图。但这除了 nV 等于绘出的内接圆半径的场合以外，并不意味着位置在这个圆内的**一切**农场，将由有关的城镇市场来供给。不能把 nV 单纯地与六边形所绘出的外接圆半径 r 等同起来。因为沿着所有境界线上或者至少在其各角部分，常常是没有居民点的。这样，在人口不连续分布的场合，nV 离 r，离 ρ 或离 $b/2$ 而完全独立的。

§1　居民点的相对区位

现在，我们就 10 种最小市场区的大小和区位来进行研究。必要的运输距离的最小可能值，很明显地就是与农场相互间的距离，因为我们认为生产是集中于这些农场中之一 A_1（居民点的位置）上进行，而不是集中于为了这个目的而在它们之间建设起来的建筑物（在重心位置）上进行的。但是，在这场合，包括 A_1 本身在内的被供给的居民点之数最小可能值不是 7 而是 3。因为我们认为有这样一种产品，在它销售之下，居民点 A_1 发展成 1 个市场城镇 B_1，而 A_1 为了回收它的费用，并不需要 6 个毗邻农场的全部需

① 在拉丁文中叫作“quincunx”，在英译中叫作“lattice”。

要，B_1 可以与附近市场城镇 B_2 和 B_3 一道来分担供给市场 A_2 的需要，而且同样地满足从农场 A_3 到 A_7 的另一个农场需要 1/3（图 24）。当这些份额和以前的在一起合计时，我们看到市场区 1 将包含（等于）3 个完全被供给的居民点。这个区域的面积 F 等于：$a^2 \cdot 3\sqrt{3 \div 2}$，市场城镇间的距离则为 $a\sqrt{3}$。

在第二个最大的市场区 2 中，nV 仍等于 a，但是现在毗邻农场的需要是如下地分配于相邻的竞争者之间：B_1 接受了三个毗邻农场的全部需要，连它自己的一份在内，共计4个农场的需要（图

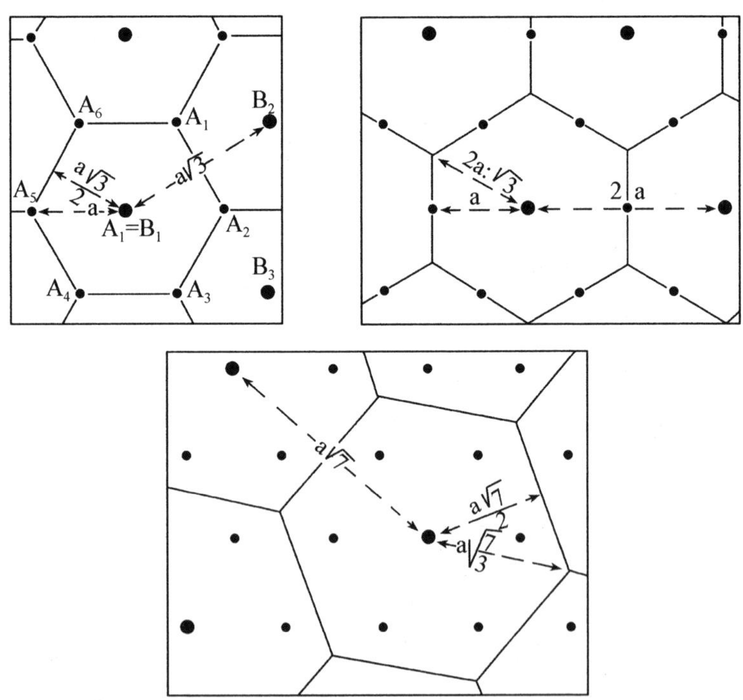

图 24～26　三个最小的市场区

25）。由此可得出结论说：市场区 2 必须与市场区 1 的指向不同。

前者的境界线并不简单地与地区 1 的境界相平行。结果，现在虽仍等于 a，但 b 也较大了，即是说成为 $a\sqrt{4}$。

此外，还需重视 nV 等于 a 的第三市场，虽仍在这场合，它是七个农场的唯一供给者。第三市场提供了一个例子，其境界线穿过旷地而不触及任何居民点(图 26)。因之，这样的境界线没有直接的经济意义，但如果我们知道它是如何进行的，对于我们的研究便得到方便。再者，这一境界线也不与前两个市场区的境界线相并行。

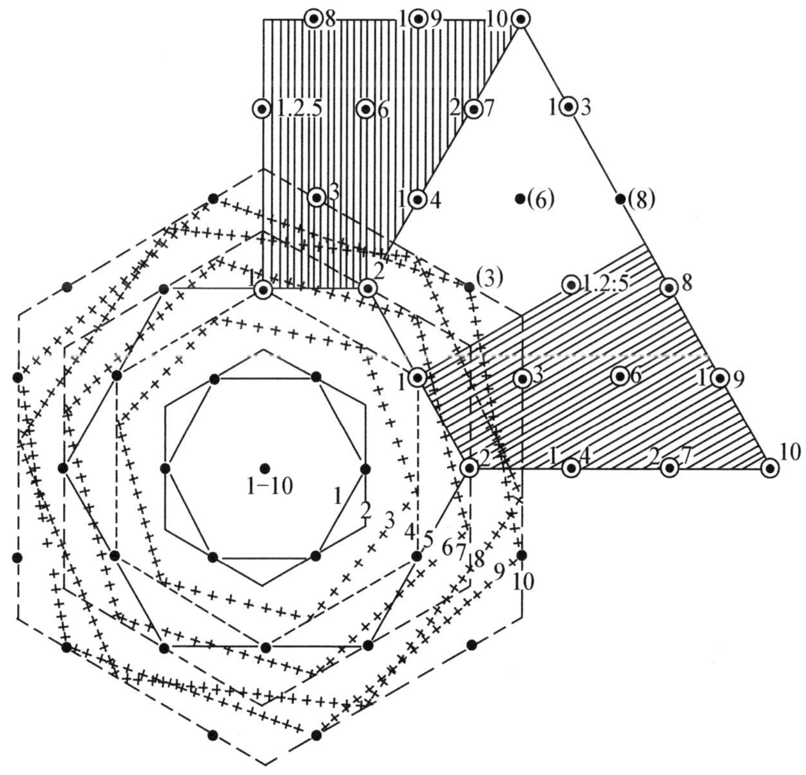

图 27　10 个最小的经济区，画线的部分表示具有许多城镇的地区。在其他区域中则用括号把城镇号码括起来。简单的各点代表原有的居民点，用圈包围起来的点是用数字指出的各种规模市场区的中心

以上所述的三种最小的市场区，同时指出了三种典型的区位指向(图 27)。假定直线中一条线——那就是农场按照距离 a 彼此相连的直线——在图中是水平的，那么，第一种区位指向就是以六边形固定在一边上为特征(例如，市场区 1 和区域 5)。在第二种区位指向中，六边形位于一个角上(例如市场区 2、4、7、10)。在第三种区位指向里，六边形向不同角度倾斜(例如，市场区 3、6、8 和 9)。

表 6　十个最小可能的市场区

区域编号	n	b	nV
1	3	$a\sqrt{3}$	a
2	4	$a\sqrt{4}$	a
3	7	$a\sqrt{7}$	a
4	9	$a\sqrt{9}$	$a\sqrt{3}$
5	12	$a\sqrt{12}$	2a
6	13	$a\sqrt{13}$	$a\sqrt{3}$
7	16	$a\sqrt{16}$	2a
8	19	$a\sqrt{19}$	2a
9	21	$a\sqrt{21}$	$a\sqrt{7}$
10	25	$a\sqrt{25}$	$a\sqrt{7}$

n＝完全受供给的居民点数，包含供给点在内。部分受供给的居民点是依据完全受供给的居民点相等的数来计算。

b＝供给点间的距离＝区域中心间的距离＝内接圆的直径。

nV＝必要的运输距离＝销售者对最远的必要的顾客的距离。

a＝原有居民点相互间的距离。

表 6 揭示出 10 个最小可能的市场区的最重要的数字测定。从这表中可以导出如下的极其简单的关系：被供给的居民点的数目 n 和对它们提供供给的小市场城市之间的距离 b 之间的关系。它们可用以下的等式：

$$b=a\sqrt{n}$$

用文字表述为：同类的两个企业间的距离等于受供给的居民点间

的**距离乘它们数目的平方根**。更有进者，包含在一个市场区内的全部居民点之数是按照一定的规律而增加的，如同从表 7 所能看到的那样。[①] 最后，一个市场区的大小能够很简单地加以计算。它常常等于 $a^2n\sqrt{3\div 2}$。

表 7　n 的计算

区域编号	n	区域编号	n
1	$(1\cdot\sqrt{3})^2+0^2=3$	3	$(1\frac{1}{2}\sqrt{3})^2+\left(\frac{1}{2}\right)^2=7$
2	$(1\cdot\sqrt{3})^2+1^2=4$	4	$(1\frac{1}{2}\sqrt{3})^2+\left(1\frac{1}{2}\right)^2=9$
5	$(2\cdot\sqrt{3})^2+0^2=12$	8	$(2\frac{1}{2}\sqrt{3})^2+\left(\frac{1}{2}\right)^2=19$
6	$(2\cdot\sqrt{3})^2+1^2=13$	9	$(2\frac{1}{2}\sqrt{3})^2+\left(1\frac{1}{2}\right)^2=21$
7	$(2\cdot\sqrt{3})^2+2^2=16$	10	$(2\frac{1}{2}\sqrt{3})^2+\left(2\frac{1}{2}\right)^2=25$
11	$(3\cdot\sqrt{3})^2+0^2=27$	15	$(3\frac{1}{2}\sqrt{3})^2+\left(\frac{1}{2}\right)^2=37$

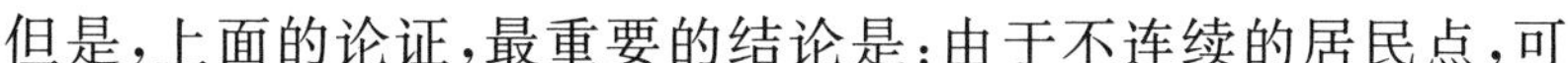

但是，上面的论证，最重要的结论是：由于不连续的居民点，可

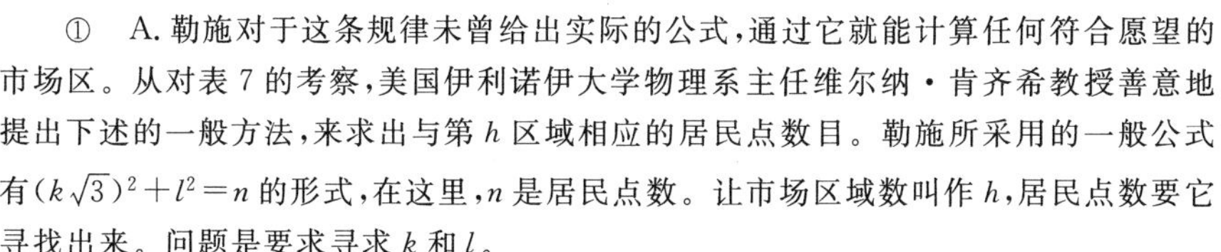

① A. 勒施对于这条规律未曾给出实际的公式，通过它就能计算任何符合愿望的市场区。从对表 7 的考察，美国伊利诺伊大学物理系主任维尔纳·肯齐希教授善意地提出下述的一般方法，来求出与第 h 区域相应的居民点数目。勒施所采用的一般公式有 $(k\sqrt{3})^2+l^2=n$ 的形式，在这里，n 是居民点数。让市场区域数叫作 h，居民点数要它寻找出来。问题是要求寻求 k 和 l。

第一，求整数 m，如此而成：

$(m+1)(m-2)<h\leqq(m+1)(m-2)+2m$。

叫作表现式 $(m+1)(m-2)+2m=h_0$

有两种场合：

(a) 如果 $h_0-h\leqq m$，则 $k=\frac{2m-1}{2}$ 和 $l=\frac{2m-1}{2}-(h_0-h)$；

(b) 如果 $h_0-h>m$，则 $k=(m-1)$ 和 $l=(m-1)-(h_0-h)$。(W. H. 斯托尔潘)

能市场区的大小和它们所包含的居民点数目也就不连续地增加。这使利润剩余成为可能。因之,例如,如果为了使某一商品生产有利可图,就有在32个居民点中销售的必要。那么,含有31个居民点的第13号市场区便会过小。但是下面的市场就是不必要的大的,第14号市场区含有36个居民点,所以,销售必须扩充到36个居民点。因而需要曲线将与生产费用曲线相交,而不是简单的相切,从而在这工业中剩余利润将会成立。[①][②]这种适度的剩余利润实际上可以成为规律而被观察到的,因为如果需要曲线在其跳跃中仍"恰恰与生产费用曲线相切",则它完全成为纯粹的机遇。

现在还有一点必须加以强调,这就是可能的一切市场区在现实上并不必须存在。任何一种商品,它的商业性的生产只对三个农场是有利的,那是不可能的。因之,市场区 l 便不会存在。但是,相反,每一个现实的市场区必须属于可能市场区表中的一个。[③]

---

① 这样,市场区的大小,是这种不连续性的结果,所以,张伯伦的过程发生作用,市场区缩小了,因之需要向左方移动的场合,需要曲线便成跳跃的,在另一方面,在只是单纯的价格上升的场合,需要就要连续下降,价格沿着旧曲线向上移动,固然随着价格的逐渐上升,在当时流行的销售限制之下,某些居民点便会不连续的消除。这种矛盾,可作简单解释如下:一个地方突然而完全地从一个销售区域消失以前,它的需要会随着价格上涨而逐渐下降,以至于零。那就是说,它的排除不再影响总需要。这样,一个市场区由于竞争者的接近或由于昂贵的价格而缩小,那是两个完全不同的问题。在第一场合,只有居民点的不连续性,才有影响,因为在这里,与第二种场合相比,在境界上诸居民点的需要不是零。

② 随着居民点的连续性,这种剩余利润甚而会缓和周期循环冲击的影响。为了剩余利润的分配而进行的独占市场的斗争会爆发出来。弗里施、斯涅特尔、von斯塔卡尔堡、莫勒、察丁和巴朗特尔等等所提出的解决办法,对于这一问题是适用的。

③ 在第一批10个场合中,第3号,第6号和第8号的实现的可能性,在我看来,

§2　在重心中建立的区位

一个生产场所可以在三个居民点中间而不在原来居民点之一的内部建立起来。我们将这种场所叫作重心区位。与在居民点建立的区位相比，它有不值得一提的当地需要的不利点，但有着与附近销售地点较接近的优点。因此，nV 的最小可能值与在居民点区位的场合不同，不是 a 而是 $0.58a$。但是除了 nV 以外，两种配置区位的可能性指出了有关市场区的大小和位置的令人惊异的一致。这样，表 6 除了最后一栏以外，对于重心区位也是有效的。另一方面，在其他相同区域内销售地点的分布，本质上是不同的。现在我们必须考察二个区位中之一是否比另一个区位优越这一问题。优越的标准是：相同数量的居住地是否允许有较大的总需要的可能。

可以设想非常的需要曲线实际上有利于任何地方的区位之一。但是，如果直线可以看作一切可能需要曲线的平均的形式，那么，它就能指出①：至少就 10 个最小的被考察的市场区而言，位于原居民点的区位就能负担场合中一半（区域 3、4、6、7 和 9）的较大

似乎是特别大的。在这里，与其余场合相比，在若干供给中心之间没有一个居民点被分割过。各种情况阻碍这种分割：(1)在行政区中，这是很少发生的，像交通量多数转向人口稠密那样，贸易有着转向政治中心的趋势。但行政上的划分是可能的：人们要回忆往事（例如，若干地主在同一村中拥有农奴）就足够了。(2)划分在实际上而不在理论上创出一种不稳定的经济情况，因为三个人争一个地方。(3)如果居民点是一个单一的农场，那么，分割是完全不可能的。如果分割不发生，则无人的地带就会在拥有不连续居民点的毗邻市场区之间产生，这使独占市场战略更加困难。

① 在这里要提出证据是不困难的，但是太长了。无论如何，对于我们的概念的展开并不重要。

的需要，而重心区位则负担其他的一半。[①] 但在重心区位是更经济些，它的优点比之居民点的区位更为明显。

所以，有时区位在居民点显出更为有利，有时则是重心区位更为有利。如果每一个区位就其本身来加以考虑，那么，作为全体可以假定当任何问题都加以小心考虑时，由于许多理由，较好的区位或者是在这一场所，或者是在另一场所：(1)在一个分裂区位的结构中，工业区位的数目会增加起来，结果，向各地点需要的集中的优点就减少了。这种情况对于经济首府特别真实。这些经济首府如我们将要看到的那样，决定着其他区位的位置。(2)城镇的分裂配置也导致交通线路的分裂。(3)在大城市区域中，一个区位超过其他区位的优越性是微不足道的。在最小的市场的场合，给区域1和3提供了最大的优点。

特别是统一的区位类型在实际上为什么大致就是原有居民点的区位，这是有许多实践的理由的：(1)工业首先是历史上在支付地租的农场上或在农村中当作副业或当作手工业生产兴起来的。(2)居民点的区位保证与消费者更好的接触。(3)交通线路即使在经济上自给自足的居民点之间早已开辟，但是，在一个重心区位的场合，交通线路必须进行新的建设。

---

① 结果，可以发生的情况是：如果一个工厂的区位是适宜的，则较少的居民点会对同一商品带来较大的需要。于是会发生这种情况：就一些财货来说，对大市场区周边各地点的需要几乎或完全不成问题，最长的运输距离也会感觉是短的。这是可能的。因之，这些财货对工厂来说是位于优惠位置上，只有其余地点才能对小市场区具有决定的重要意义。在相对短的运输距离的场合，会引起其他各种应予注意的事。在这里，对于它们进行讨论会引导我们走得太远。

三、地区的网状组织

我们已经看到市场区只有一种适宜的形状，也只能有有限数目的各种可能的大小和位置。因为市场数目有限，所以，对每一种商品是单独地决定它最有希望的市场区。[①] 同一的市场区常常会是若干财货的市场，因为生产品比区域大小的种类为多。但是除市场区以外，这些财货就完全没有共通点。特别是，一般地说，即使在工厂价格下当地的需要是相同的，它们实现着完全不同的销售量，因为即使在具有同一市场区的场合，它们一般有可能的不同的运输距离。

确实，人们几乎可以得出这样的规律：凡是财货都具有三种共通特性之一——销售圈，可能的运输距离和必要的销售量——可能与其他具有两种特征的财货有所不同。[②] 因之，在人口不连续分布的情况下，我们所能观察到的情况，便与人口连续分布完全不同。在后者的场合，每一种生产物能够按照其市场区的大小而被确实无误地认出，恰如化学元素能够按照其比重而在事前发现一样。现在销售一切已知的财货和今后一切财货的销售圈也能在事

① 在人口分布不连续的场合，是居民点的数目尽可能地少，而不是市场区的大小尽可能的小。

② 由此会生产出少数显著的变例。例如，即使在工厂所在地点的地方，需要是相同的，但小市场区域的总需要，有超过大市场区的总需要的场合。这就容易发生这样的事，在小市场区域销售的财货中有一种财货需要较长运输距离，一种财货的可能运输的距离越长，则为了达到一定销售量所需要的居民点数就越少。因为可能运输距离越大意味着运输影响越小，即就意味着随着运输距离的增大，只会导致需要大小的不显著的降低。

前发现应采取的形式。市场区已经变大，不再特别为一个单独的商品腾出市场来。但商品却从一种固定的品种中采取更加合适的形式。所以，我们不首先考察各种货物的实际销售情况，也可以继续进行我们的推论，因为现实的情况已包括在可能性之中。[①]

所以，市场区不再需要按照财货的种类来分类，而要按照其大小来分类。一切财货凡其必要的市场区是同等大小的，就归入于一类。同一大小的市场区由于它们的形状是彼此直接相互接触的，形成一个包括整个区域的蜂窝型的网。它们的中心，即同一类商品的生产场所保持着最小限度距离 2ρ，并且以有规则的蜂窝型的形状分布着。但是，不同类财货的生产场所如何彼此相关地配置它们的位置呢？

第十一章　网状组织体系

一、一般图式

各种各类财货的市场区是以类似的小眼和大眼的六边形的网状组织开始的，让我们任意把它们撒布在平原上。[②] 不拘其结果是混乱，还是复杂，在这里每一地方都将位于每一种财货的市场区

① 从实验中，尚不能完全通过精心劳动导出什么推论来。在这里，我不同意尤金斯在其《国民经济学的基础》（Euckens, *Grundlagen der Nationalökonomie*, 1940, p. 126）上所提出的意见。恰恰相反，理智却展开着日益丰富的经验的种种新的可能性。

② 根据已阐述的限制，它们的中心点与原居民点相一致，因而不是与重心相一致，也确实不与任意的地点相一致。

内。[①] 但是，在进行稍稍思考之后，从这种紊乱中引导出秩序来是有价值的。

首先，我们把网作这样的安放，使全部的网至少有一个共同的中心。在这里一个大城市成立，它将拥有与一个大的地方需要有关的各种利益。[②] 第二，我们环绕这个中心把网旋转，使我们得到六个拥有许多生产点的扇形地区和六个拥有少数生产地点的扇形地区（图 28 和 29）。[③] 在这样排列之下，最大多数的生产区位是一致的。在当地，进行最大限度数量的购买就成为可能，各工业区位间的最低限度距离之和成为最小的，结果，不但运输量而且运输路线的长度也可以减少到最低限度。如果居民点不是连续分布的，那么，自然地只有我们在上章 §1 中所描述的由倾斜形的市场区所形成的网状组织才能旋转。图 27 指出，对于他们的区位而言，这种市场区域网状组织的配置，往往有两种可能性。例如，如果以市场区 3 的直径作为半径，环绕中心城镇绘出一个圆，那么，这个圆将在第一个象限通过三个居民点，因而这三个居民点是在附近市场区 3 的中心的可能区位上。现在要在与圆的半径同等距离的两个外侧居民点或者在连同第二象限适当距离的第四个可能点的中等居民点之间进行选择。不选择前两个居民点之一，是因为它们太近了。一旦第3网状组织被选定，如果要把拥有许多城镇或

① 情况是完全象征性的。如果我们同时住在许多生活圈之中，而且只选其中之一，而忽视其他的一切，那不是无碍的。

② 所以，在许多部门中许多计划曲线并不以稳步下降为前提的。参阅图 48 和其随附的说明。

③ 图 29 比图 28 指出更多的地点，图 28 只指出 4 个最小区域的中心，而图 29 则指出所有的区域。

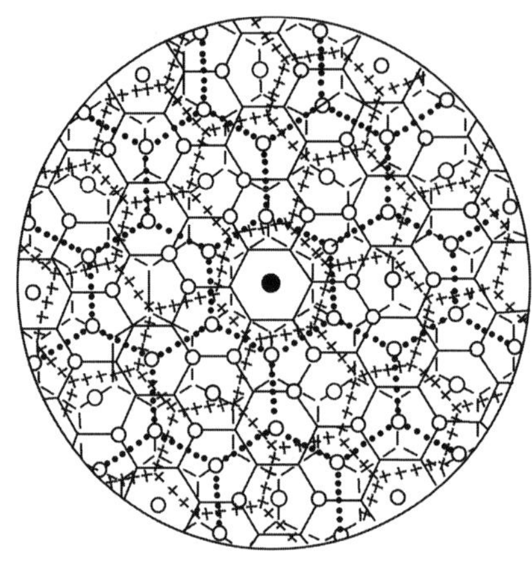

图 28　一个经济景观的理论类型

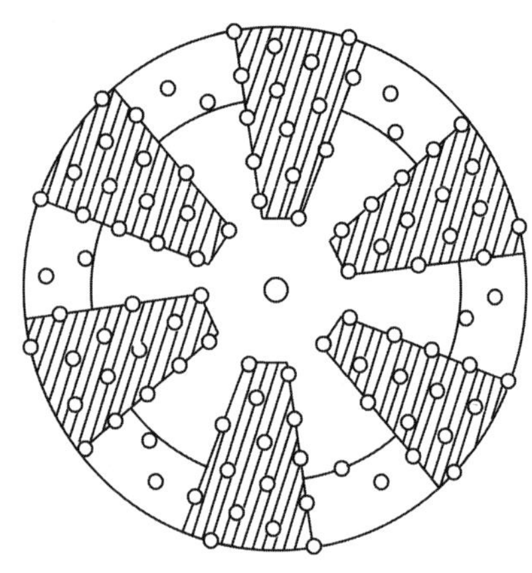

图 29　一个经济景观的理论类型，但没有市场网

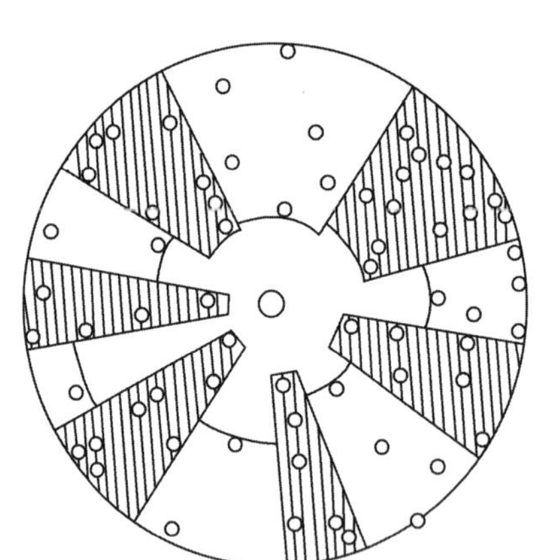

图 30　印第安纳波利斯和其 60 英里半径内的周围[摘自《安德烈地图手册》(*Andree's Hand Atlas*, 8th ed. ,p. 198)]

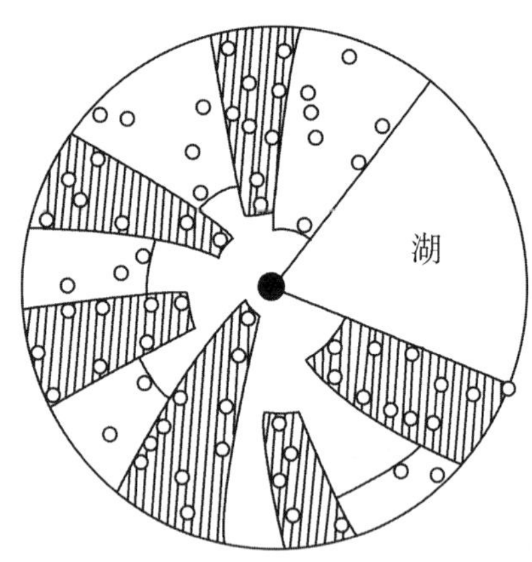

图 31　托莱多和其半径为 100 公里内部的郊外(同上)

少数城镇的扇形地区进行划分的话，则选择其余能旋转的网状组

织的位置就不再能自由的了。与市场区 3 的位置选择是如何决定的相应，第一象限的中央扇形地区或两侧的扇形地区，便只含有少数城镇。[①] 大城市相接的齿轮形的周围部，也必然成为城镇很少的地区，因为在大城市的周围，只有少数地方财货才能生产出来，有利可图。

即使在同一扇形地区内部离主要城市较远的外侧部分，也不是人口均衡分布的。许多地点完全没有自己的工业生产。反之，其他地方，重叠着大小不同的若干市场区的中心。这种区位的集积(或如克里斯塔勒恰当地把它们叫作“中心区位”)，当我们进行详细考察时，就能发现它们是按照某种规则分布的(图 32)。较小的集积能在彼此间隔 $\sqrt{3a}$、$3a$ 和 $2\sqrt{3a}$ 的距离上找到；许多中等规模的集积，彼此相距为 $6a$；较大的集积的位置则彼此以 $12a$ 的距离分开着。[②] 但是，如果说当两个地点成为同数的市场区的中心时，这些市场区本身的大小会是相同的。这种说法是不真实的。同等规模的城镇，十分可能地完成着完全不同的经济机能，即它们能建立完全不同的工业。较小的集积一般地位置在两个较大集积之间的中途上。随着距大城市的距离的增加，集积的规模就增大。

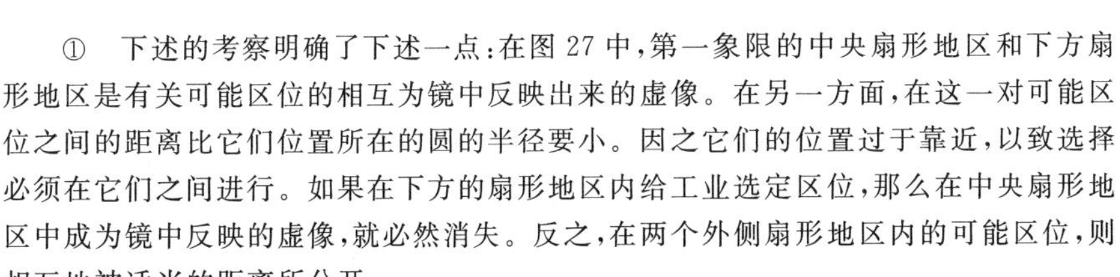

① 下述的考察明确了下述一点：在图 27 中，第一象限的中央扇形地区和下方扇形地区是有关可能区位的相互为镜中反映出来的虚像。在另一方面，在这一对可能区位之间的距离比它们位置所在的圆的半径要小。因之它们的位置过于靠近，以致选择必须在它们之间进行。如果在下方的扇形地区内给工业选定区位，那么在中央扇形地区中成为镜中反映的虚像，就必然消失。反之，在两个外侧扇形地区内的可能区位，则相互地被适当的距离所分开。

② 任何一定大小的两个生产中心间最短距离是 $a\sqrt{3}$，一切中心在这距离上至少都有一个它的邻接中心。

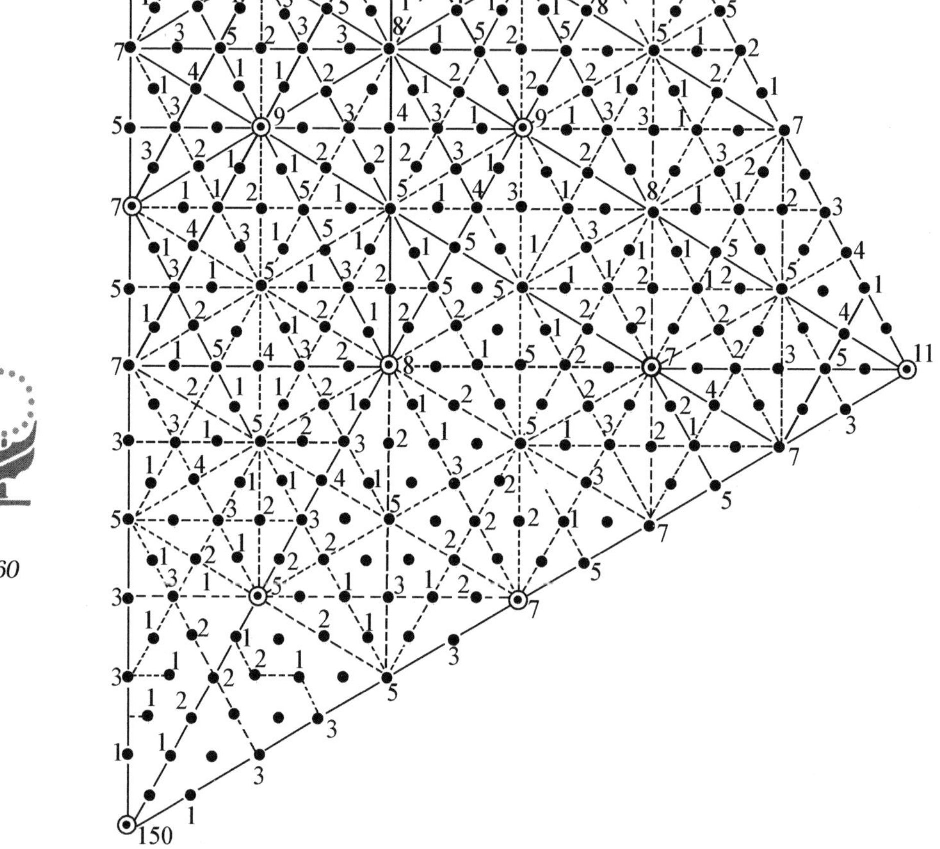

图 32　一个理想的经济景观中的交通线路(只有一个扇形地区)

数字各表示在特定地点重叠的各中心之数。在景观的中央,共有 150 个市区中心。它们都比所绘扇形地区所属的景观要小。

关于线,沿着粗线的各中心之数比沿着断线的中心之数大两倍或两倍以上。沿着细线各中心之数都比沿着断线各中心之数大两倍半。左侧城市多的扇形地区和右侧城市少的扇形地区间交通运输密度的差别很容易看出来。

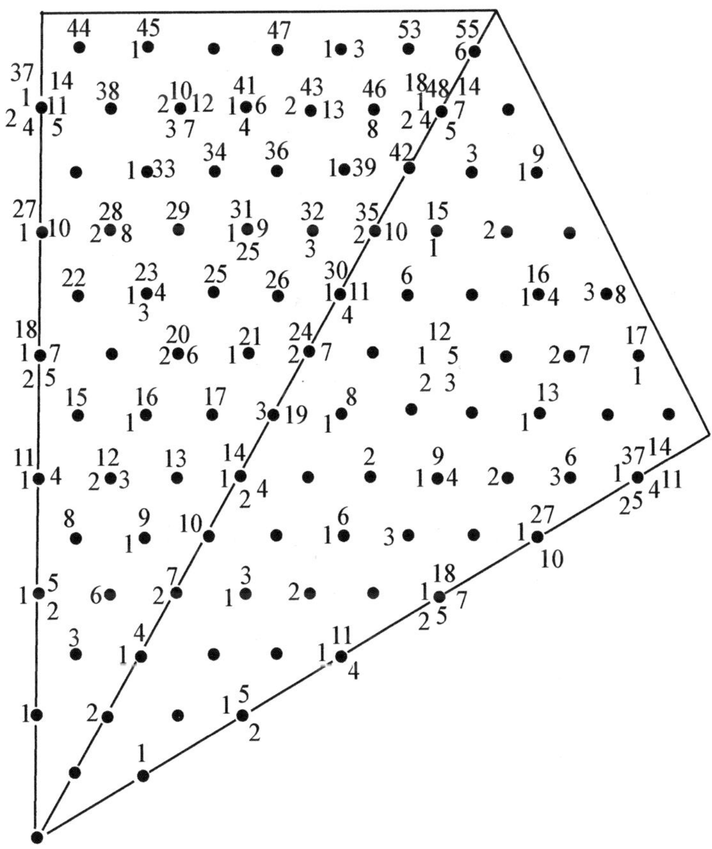

图 33　在完全体系中地区中心的位置

每一中心之侧，记上了市场相应的号码。

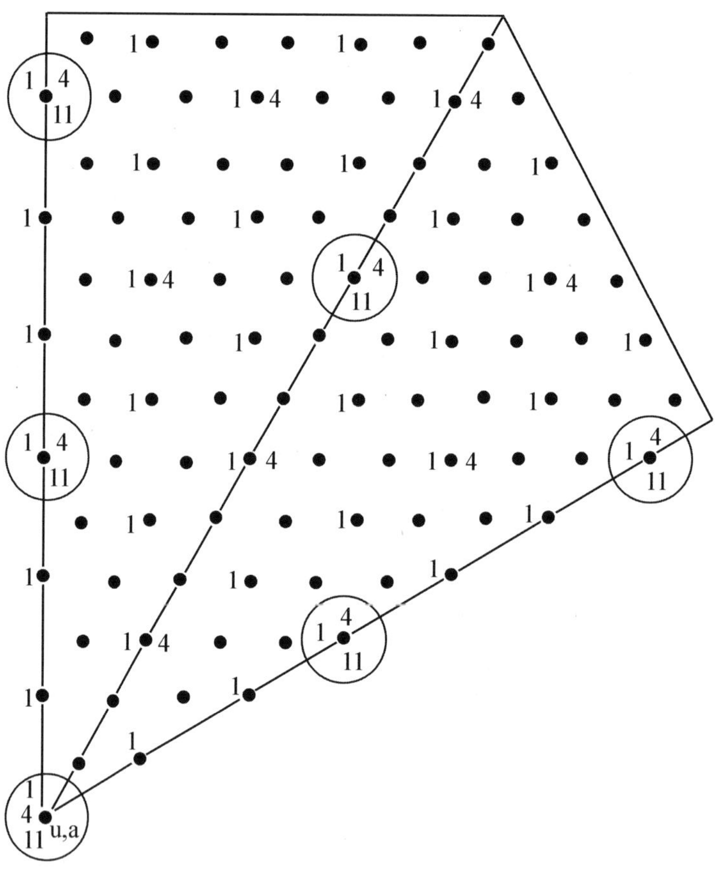

图 34　具有相同结构的市场区 $k=3$

每一城镇控制着较低一级的两个完全的城镇、数字标示出(与图 33 中一样)属于中心市场区的号码。在图 33 基础上,它们在本图上绘了出来,删去了没有中心的地区和两个低一级的完全地点。

工业的集中程度越高，工业财货的平均价格就自然也越低。所以，在大城市中，它们的批发价格水平是最低的。[①] 在拥有少数城镇的环圈中和更远的地方，工业品价格急剧的提高，一直到了最后，经过小的变动，生产场所之数又再度增加，以致地方物价水平又降低(但拥有极大销售市场的货物的物价指数予以加权，这样的场合自当别论。因为这些货物只在大城市附近才能够见到，所以，随着运费的增加，价格也愈加昂贵)。

如果整个地区体系有着半径 L，那么，ρ 比 $L/2$ 为大的货物，只能在大城市生产。[②] 即使在两个地区体系间境界上的各个区位，也不能在这样的商品上相互竞争。结果，在比 $L/2$ 为大的距离的远地，对大城市不会发生新的竞争。在这里，当距离大于 $L/2$ 时，价格将因之上升，因为具有大销售半径的财货的价格由于运费增加而更加昂贵，它们的单独价格上升，不能被当地生产所抵消。这样，从大城市达到其景观地区的边界，我们发现批发价格开始是低的，然后上升，然后又降低，最后又上升。[③][④]

① 在另一方面，“生活费用”包括农产物、地租和额外支出，并把零售价格加入计算，在大城市中是最高的，至少当燃料为了上面已述的理由(本书第五章“农业区位理论”第 54 页注③)而不予考虑时，就是如此。

② 作为这样的一个典型大城市的机能的例子是，在最高阶段上的票据交换。

③ 当政府强制实行全国同一价格时，各个地点发生利润的空间差别，而不是价格的空间差别。在这场合，就任何个别产品而言，“漏斗形的价格领域”将被利润的圆锥体所替代。

④ 这是理由之一，说明为什么在谈到一个经济景观的价格水平时一般是无意义的，对全地区的平均价格来说，地区价格的分散程度是太大了。个别购入地点和生产地点周围的价格圆锥体和价格漏斗给人以价格像山脉那样的印象。以后我们将遇到另一个理由，说明在价格方面不但其高度而且价格变化在地区上也有很大差异。由于计算这些平均数，这些差异被隐匿起来，并且在许多场合导致错误的结果。

最后，如果我们绘制主要的交通线，那么，我们就看到最忙的货运(用每1长度单位的市场区域中心的数目来测定)，会沿着扇形发生。因之，12条这样的主要线从大城市放射出来[①]，那就是有6条路线在大城市内交叉。在经济景观内的其他地点，只有2条或3条路线的接合点。在大城市附近，交通线的交叉连结在理论上没有什么价值，在实际上也少存在。[②]在拥有少数城镇的扇形地区中，交通线路之数较小，一般较不发达。从全面观点看，交通线恰似蛛网一样，环绕着大城市展开。

现在，在我们市场区中，突然出现一定的秩序。个别地区网状组织的位置不再是杂乱的任意的了，它们遵循着经济的规律。现在我们相信至少必须有一个大城市，环绕着它的周围分布着大城市本身的市场区和与之相竞争的区位。[③]可以说，这就是杜伦的"孤立国"中相对应的工业体系。我们不想把这种政治概念应用于原来完全非政治的情况，但我们将把它叫作市场网状组织体系，把这种在经济空间秩序的阶段中最高现象叫作经济景观。这恰能表

① 例如，从柏林，辐射出11条长距离铁路线。从巴黎，包括周围25英里半径内的支线在内，恰恰是12条铁路线。直接从伦敦辐射出来的公路为12条。自从奥地利和苏台德兰并入德国后，这种指向大城市的主要交通动脉的配置更加明显。这些国家的主要路线过去是驶向维也纳和布拉格的。

② 例如，若绕着慕尼黑和纽伦堡的铁路旅行则可以发现这只在缩短50英里距离上才是可能的。

③ 此外，进一步重要结果是：在大城市周围，可以划分出来拥有少数城镇的六个扇形和拥有多数城镇的六个扇形；在大城市附近郊外，环绕一个具有齿轮型的地区，没有城镇。各城镇是一种蜂窝型的分布，而且以同样最短距离与其他城镇彼此隔离着，主要交通线路则几乎在大城市相汇合。

现它的本质。①

二、特殊的场合

§1　均一构造的市场区

已经指出，我们在本书中所述的市场区系列是把逻辑上可能的一切场合都包括在内，虽然这些场合在现实上并不完全必须都存在。它们之所以不能存在，或者是因为没有像生产物所必要的市场区那样大，或者是因为超经济因素——特别是政治上划分的各个行政单位——影响经济的空间配置。

政治的划分常常导致一定数目较小地区联合而成为一个较大

① 特别是如果人们记起 Regio 和 Gebiet 的原来含义，那么，"经济帝国(Wirtschaftsreich)"、"经济区(Wirtschafts Region)"或"经济地区(Wirfschaftsgebiet)"(在狭义的意义上)，将是合适的名称。根据格里姆字典是"权力地区(Befehlbereich)"的意思。事实上，它是中央大城市的经济支配区域。在另 方面，经济地方区(Wirtschaftsgau)或经济省(Wirtschaft proving)强调经济上不自给自足，这是常常可以观察到的。地理学者也许会反对我使用景观(Landschaft)这个字的方法，但我要求他们考虑这样的用法不但与普通用法相一致，而且很密切地接近这个字的真实意义。在两者的场合，乃是指一个中心或大城市的周围而言。只有通过这些经济关系，地理的特殊性才能影响从纯空间里产生出来的地区。像 R. 哈卜克所引用的更加一般的"经济景观(Ökonomescher Landschaft)"这一术语，含有这样广泛的意味[参阅"古代经济史中的经济景观和国家分类"(R. Häpke, "Die ökonomische Landschaft und Gruppenstadt in der älteren Wirtschaftsgeschichte")，载《社会经济史杂志》(*Sozial-und Wirtschaftsgeschichte*)，该期为纪念 G. von 培罗专辑，1928 年，第 82～104 页]。另一方面，E. 文克勒遵照地理学者一般的用法，认为"工业的景观(Industriel Landschaft)"是地理科学唯一的对象，代表一个地理的单位，在那里，只有工业是支配的[参阅"工业地理学的地位和任务"(E. Winkler, Stand und Aufgaben der Industriegeographie)，载《地理学杂志》(*Zeitschrift für Erdkunde*)，IX 卷，第 597 页以下]。还可参阅 E. 文克勒："经济的空间秩序"(E. Winkler, "Raumordnung der Wirtschaft")，载《新苏黎世杂志》(*Neue Zürcher Zeitung*)，1940 年 10 月 18 日。

的行政区。例如在法国，三个 canton（县）组成一个 arrondissement（专区），三个 arrondissement（专区）组成一个 départment（省）。所以，我们将简单地来考察一下市场区体系，其中每一市场区包含着 k 个下一级较小规模的市场区。[①] 所有其他按照我们的分析有可能存在的市场区，将自然地予以忽视。

比方说，如果 $k=3$，则表 6 和表 7 指出市场区规模的 1、4、11、30 等可能存在，但 2 和 3 与 10 以及从 12 到 19 会不存在。因为只第 4 号市场区的大小是足够大的，能够包含三个第 1 号市场区；只有第 11 号市场区的大小足够包含三个第 4 号市场区，如此等等。表 8 给出了某些 k 值之下相应的各种市场区最重要的数值。

图 34 到 36 指出，在这场合的地域类型比在市场区的完全体系更加单纯。确实这种单纯性是由于牺牲若干经济性而获得的，因为在实际上，许多货物必要的市场区确实无条件地（在这里没有表示出来）大小是不同的。这样的货物，在一个单纯化的体系中有着 不必要的大市场区。[②] 不论如何，这样的一种单纯的经济景观对

---

① 这些市场区也可以用其他市场区的部分合并而成，所以，严格地说，大的市场区包含附近较小市场区的 k 个中心，但后者则由 k 个以上的市场区的部分组成。

② 因之，像克里斯塔勒那样（上引书，pp. 63—85）把 $k=3$ 的特别场合看作按照最合理的供给原理的“唯一的”配列，那是不正确的。再者，当 $k=3$ 时，一切与六条交通线的每一条有关的地点的位置是对称配置的，因而没有显出人口稠密和人口稀少的地区。这种偶然的事实，导致克里斯塔勒错误的结论。他建立了以“交通原理”为基础的另一种不同配列（$k=4$）。在这一配列中，最大可能数目的重要地点是位于主要交通线上。但不管怎样，这是一条原理（参阅图 32），特别是在市场区的完全体系中，无论何时更是如此。交通原理是地区组织的最后位置据以决定的原理之一。在我们的经济景观中，这一原理和供给原理是联结在一起的。如果人们设想在长距离上交通运输的低廉、迅速，运输密度高以及路线的延长，都能在广大地域创造一种特殊的区位有利性，而其

表 8　具有同质结构的地区

地区规模	各中心间的距离			在完全体系中市场区的大小和数目		
（实际的）	k=3	k=4	k=7	k=3	k=4	k=7
1	$a\sqrt{3^1}$	$a\sqrt{4^1}$	$a\sqrt{7^1}$	1	2	3
2	$a\sqrt{3^2}$	$a\sqrt{4^2}$	$a\sqrt{7^2}$	4	7	9
3	$a\sqrt{3^3}$	$a\sqrt{4^3}$	$a\sqrt{7^3}$	11	24	106
4	$a\sqrt{3^4}$	$a\sqrt{4^4}$	$a\sqrt{7^4}$	30	81	?
5	$a\sqrt{3^5}$	$a\sqrt{4^5}$	$a\sqrt{7^5}$	77	?	?
6	$a\sqrt{3^6}$	$a\sqrt{4^6}$	$a\sqrt{7^6}$	?	?	?
7	$a\sqrt{3^7}$	$a\sqrt{4^7}$	$a\sqrt{7^7}$	?	?	?

a=原有居民点间的距离。

k=下一级较小副区的数目。在根号下数字同时是有关地区居民点的总数。

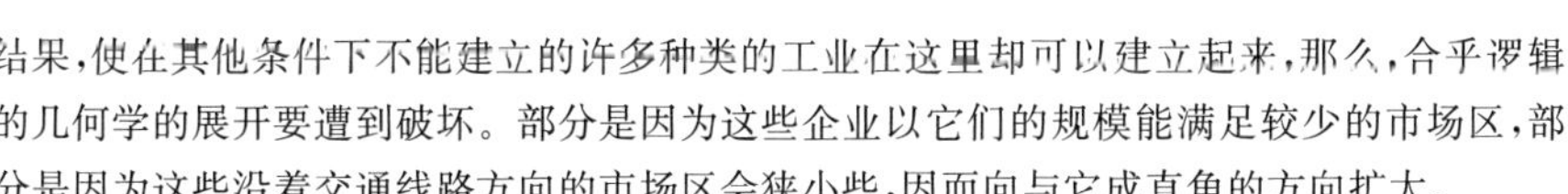

结果，使在其他条件下不能建立的许多种类的工业在这里却可以建立起来，那么，合乎逻辑的几何学的展开要遭到破坏。部分是因为这些企业以它们的规模能满足较少的市场区，部分是因为这些沿着交通线路方向的市场区会狭小些，因而向与它成直角的方向扩大。

凡是愿意把这一切情况加以考虑的人，一定会把它们导入一般的区位方程式中，或者他以局部的几何学的说明为满足，两者必取其一。在任何场合，他一定会放弃一个完全的几何学说明的种种优点。为了同一的原因，除了其他条件之外，我们未曾特别考虑这样的事实，即起着重要消费者作用的城镇相互地破坏它们自己的市场。例如，小的城镇把它们市场区偏心地向较大城市转移。像库尔曼在计划中所正确考虑的那样[参阅他所著"新德国东部地区的国家计划"，（Culemann，"Zur Stadtplanung in den neuen deutschen Ostgebieten"），载《空间研究与空间秩序》，（*Raum forschung und Raumordnung*），1941 年，第 100～230 页]。在较大城镇的场合，可以假定当地的需要与周围需要能由分散的个别企业予以满足。这证明下述的假设可能是正确的：一定生产物的市场区其规模将与小城市同样大小。

克里斯塔勒将 $k=7$ 的特殊场合（上引书 pp. 84—85）称作以"行政原理"为基础的一种构造。他用下述事实精巧地予以特征的描述，是正确的：第一，没有一个城市会在若干行政区之间进行分割（固然常常有这样的场合，例如像乌尔姆和新乌尔姆的双城

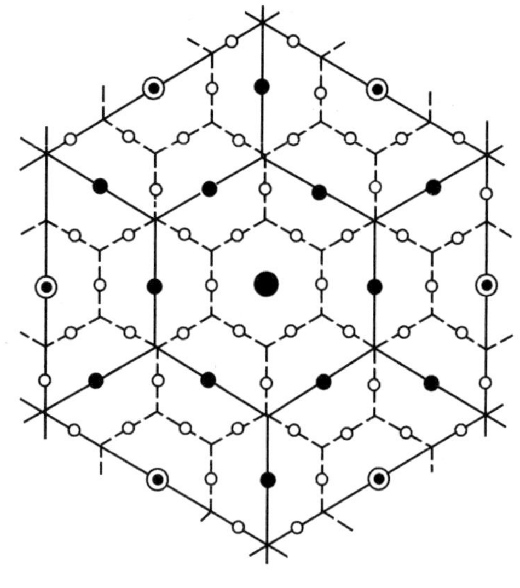

图 35　具有均一构造的市场区(2)($k=4$)

每一城市控制着下面低一级的三个完全城镇。与图 34 不同,绘出市场区边界,不是一个扇形地区,而是景观的整个内部。

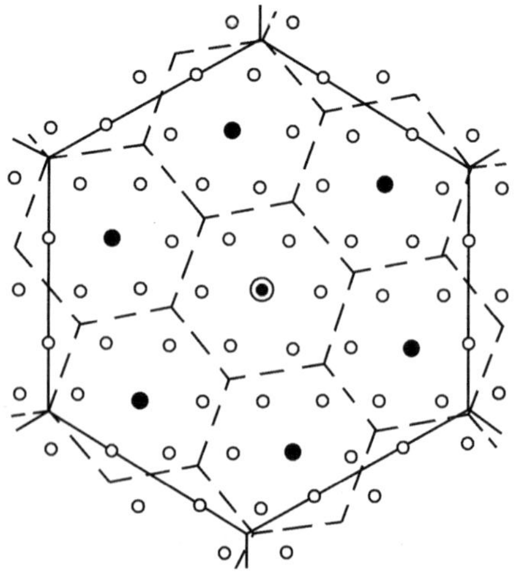

图 36　具有均一构造的市场区(3)($k=7$)

每一城镇控制着下面较低一级的六个完全的城镇。

它具有某些吸引力，尤其在今天，它也许是最大限度能够通过有意识的计划来达到。再者，由于它适应于个别的场合，形成了德国东部地方新组织的基本基础。

§2　正方形的市场区

我们已经发现第二种最好的市场区[①]，是正方形。在有效利

市，或如密苏里州的堪萨斯城和堪萨斯州的堪萨斯城）；第二，被讨论的城市的市场区是被政治境界分割，成为尽可能地小。事实上，为了这些条件，$k=7$ 事实上是一种可能的解决方案，$k=13$ 将成为另一种解决方案。但是，在第一种场合，大市场区的境界，不是像克里斯塔勒在其著作第 84 页所绘的那样，而是像本书图 36 中所出现的那样。克里斯塔勒的图之所以成为可能，只因为他偏离了原有居民点最合理的分布的假设。此外，像他所相信的那样，政治原理并不与经济原理相矛盾，宁可说少数可能的市场区境界同时也是可能的政治境界。

完全的市场区体系同时考虑所有的原理。但是只当均一构造的最小可能的市场区，不拘它们适应性小（在实践的区域计划时，为了单纯化，常常这样做的）而加以考虑时，三个最小市场区型式的每一种，从不同的观点来看是特别有利的。所以，根据供给原理，$k=3$ 事实上是真正最好的解决方案，因为在这些情况之下，它仍提供市场区的最大组合。根据交通原理，$k=4$ 是最好的解；而 $k=7$ 按照政治原理是最好的解。在这种顺序中，中央的位置成为数目较少、规模较大，而整个体系也自然成为更加粗糙和更加无弹性。但是克里斯塔勒虽然把他自己局限于这些特殊场合，但就我所知，他的研究是有关这一问题的文献中最好的，同时也是经济地理学研究中一个最卓越的例子。他的研究，显然影响德国东部地方的计划。

他的研究，不但是一个研究对象，而且在其表现方式上是如此完全地适合于我们的体系，以致最值得注意。因为我们目前的体系是不知道克里斯塔勒的知识而发展起来的。

① 杜能是把它作为一个例子来假设"孤立国"的（*Thünen Der isolirte Staat in Beziehung auf Landwirtscaft und Nationalökonomie*），柏林，第二卷，第二部 § 4，第 11 页。而 C. 库尔曼在其"领土区域的结构和安排是空间形式的任务"[（C. Culemann，"Aufbau und Gliederung gebietlicher Bereiche als Aufgabe räumlicher Gestaltung"）载《空间研究与空间秩序》（*Raumforschung und Raumordnung*），1942 年，第 249～256 页]中推荐正方形，因为它与六边形不同，通过的交通线路并不割裂为小的市场区，因而不扰乱当地近距离的交通运输，而只是与它们相切。无论如何，常常有曲折迂回的道路，或如在许多大城市中所看到的那样，有对角线的街道，因而市场区最后仍被分割。

用的需要时，正方形常常不比六边形逊色，而且具有可以简单绘出境界线的优点，但同时也有道路成为较长的不利一面。在正方形中，居民点数目间的关系，市场区的规模，和市场区与它们中心的距离的关系，也是极其简单的。如果 a 代表原有居民点间隔的距离（在正方形中，距离或许比在六边形蜂窝型的距离约小 50%），n 代表市场区中居民点数目，那么，市场区的面积是 a^2n，市场区的中心点距其最近竞争者的距离恰如在六边形中的蜂窝型一样是 $a\sqrt{n}$。最小的市场区包含 2、4、5、8、9、13、16 等居民点，从而他们规模的增大与蜂窝状六边形同样急速地增加。在这场合，关于若干少数市场区（第 3、6、9 号等等）的配置的选择也可能有所差别，并且也同样可以获得城镇很多或很少的适当位置的扇形地区（每一象限形中区域之数为 4 个），但是，它们远远没有像六边形中那么明确。这就说明正方形市场区为什么在经济上较少有利的另一个理由。图 37 指出 10 个最小市场的形状和中心的分布。

在这图中，插入的数字也指出最重要的交通线路。在较大的城镇有 4 条通过的线路相交；在较少的城镇则有 2 条相交。尽管在正方形的场合下，相互以 45 度相交的两条正方形道路网相互重叠。但在蜂窝型的场合，道路网的大多数的连接要短得多（参阅图 32）。

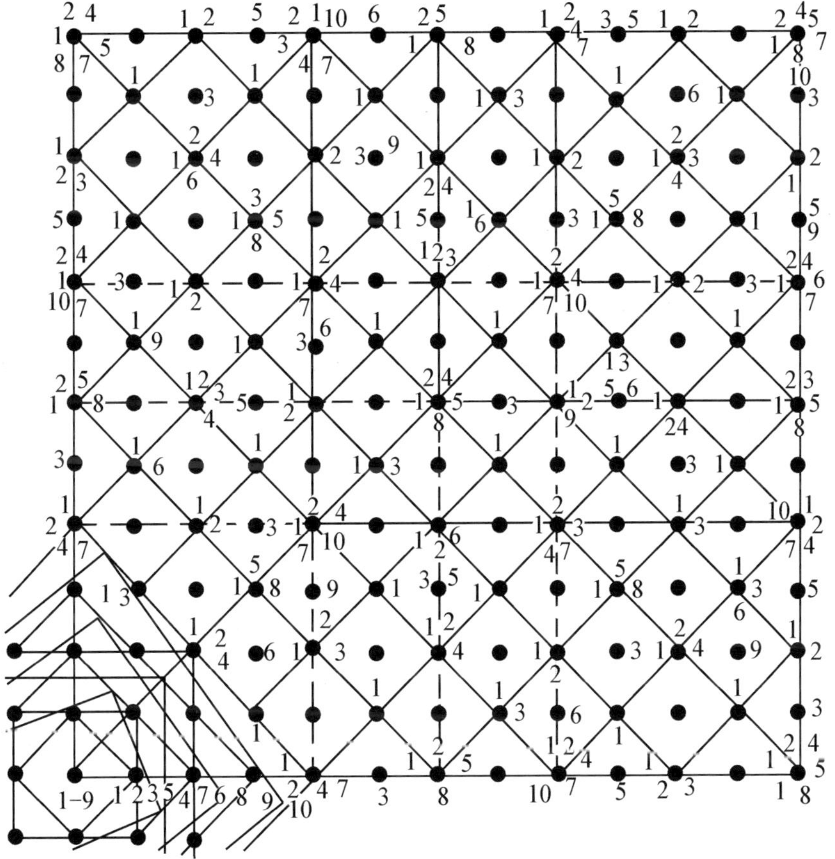

图 37　一个正方形经济景观的一部分(右上方四分之一)

经济景观中心和环绕它们的 10 个最小市场区是在左下角。原来的居民点,记有 10 个最小的市场区的数字,它们是区域的中心。与图 32 相比,指出四边形体系和六边形体系的差别。在四边形体系中,最多有 8 条交通线路汇合于一个地点。在六边形体系中,最多有 12 条线路汇合于一点。它们相交的角度为 45°和 30°,或者是其倍数。因而,在六边形的场合,也发生直角的相交,在四边形场合发生锐角相交。

第十二章　各种网状组织的联系

一、经济景观相互间的关系

若与我们的平原的面积相比，即使最大的必要的市场区也可能是小的。但是，经济景观不小于这个最大的市场区，因为这意味着没有理由放弃那必要的远距离运输的商品生产。但是经济景观几乎不应成为更大些，因为这意味着比离大城市 H_1 的(参阅第十一章)更远的一切地点，没有理由放弃建立第二大城市 H_2。在这些遥远的地方，生产者们在 H_2 集积所产生的利益不再令人注目，因为第一，它们不再从大城市购买任何货物；第二，城镇多的扇形地区和城镇少的扇形地区之间的差别和它们相关的交通优点也逐渐消失。因之，在距第一个大城市 $2L$ 距离上产生第二个中心大城市。其他可由此类推，按照这一程序进行，一直到最后，整个平原布满经济景观。

当这些经济景观被组成充分多的时候，它们就采取规则的正六边形的形状。但是，还未决定的，是拥有许多城镇的扇形地区在各种经济景观中如何相互有关地配置。图 38 和图 39 提出了两种可能的解决方案。第一方案共有连结 H_1H_2 和 H_3 的主干线一直地通过，而在沿途上拥有最大数目的城镇的地区的利益。

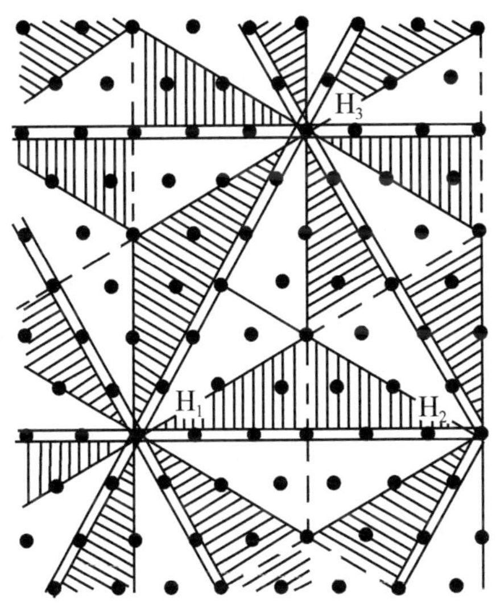

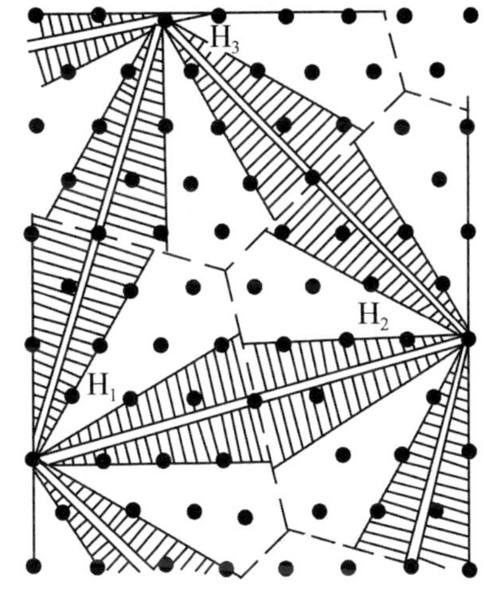

图 38 与图 39 彼此相互有关区位

双线：大城市间连接路线；

虚线：经济景观界线；

画线部分：拥有许多城镇的扇形地区。

第二种方案，只有少数城镇直接位于交通线上，但许多城镇则位于它们相对短的距离上的左侧和右侧。一开始可以认为最大的市场区的位置决定整个经济景观的边界，但在交通线的需要对于它们是如此过于紧要，以致到最后对它没有具有占优势的意义。

二、境界地区

所有工业部门至少在每一经济景观中找到一个生产区位。只有那些具有必要的运输距离 ρ（即不比 $L/2$ 更远）的财货，才在一个以上的地点生产。如果 ρ 位置于距离稍大于 $L/2$ 与较大于 $L/3$

之间的地方，那么，所有更远的生产区位将位置于境界线上，或者在境界附近，至多是位在离境界线 $L/3$ 的距离上，它们的市场区一般地将侵占邻近的经济景观。但是，即使货物的必要运输距离 $\rho<L/3$，它们的市场区网状组织也不可能恰在经济景观境界线上终止。空虚的未被填满的角部分常常发展起来。在境界上有时偶尔被建立起来的工厂，特别在三个经济景观相接的角上，能从邻近各经济景观的空白角部分给自己缀合成一个充分大的市场区。如果这些角的部分对这还太小，那么，又将发生下述情况之一：市场区能够比必要的面积为大，适当的过剩利润成为可能，而这种过剩利润在 $L/2<\rho$ 的场合，达到特别大的规模。总起来说，如果 ρ 小于 $L/3$，则首先境界线将越界；如果 ρ 位于 $L/3$ 与 $L/2$ 之间，则有些境界线越界，有些生产过剩利润；如果 ρ 比 $L/2$ 大得多，则过剩利润提高。

经济景观境界的作用在它们不是按照货物运输距离而是按照有关的生产者的区位而被位置的场合，是能够更容易予以探究的（见下表）。

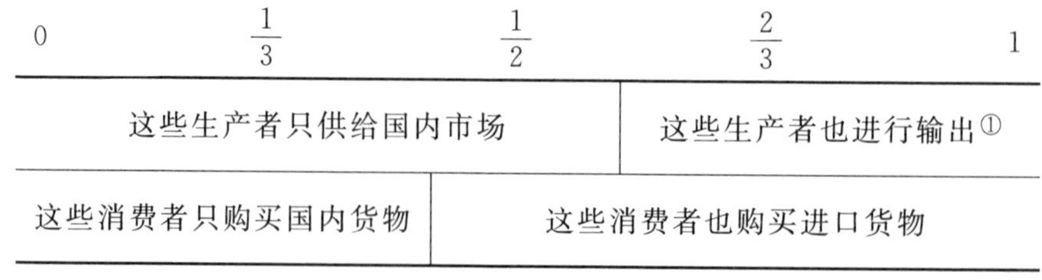

0	$\frac{1}{3}$	$\frac{1}{2}$	$\frac{2}{3}$	1
这些生产者只供给国内市场			这些生产者也进行输出①	
这些消费者只购买国内货物		这些消费者也购买进口货物		

① 在另一方面，只有这些生产者也能被外国竞争者所替代。因之，凡是在一个经济景观的境界同时又是关税的境界的地方，只有这些生产者才会害怕竞争的斗争而对保护关税感到关切。

这样，消费者们受到境界影响的地区是大于对生产者们与它们相应的地区，那就是，依靠进口的地区大于参加出口的地区。固然，这与输入额和输出额的相对大小规模无关，但由此可得出结论：当作为消费者从国外购买商品的人数要多于作为生产者参加输出的人数。如果输入额和输出额相等，则个别消费者输入的商品平均地要小于个别生产者的输出。

三、结　　论

当更详细地考察时，能从我们市场区中揭示出许多规律来，但是，因为我们分析的假设在现实中很少能够完全实现，所以，把问题的研究追索到最后的细节，是没有多大意义的。上面我们获得的结论已足够惊人的了，一个被我们假设为已在实际上消除一切差别的平原，能从纯经济的考虑出发，划分为种种地区，这些地区并不单纯地代表均质的合乎逻辑的系统，而且如果我们可以这样来表达的话——组成一个有机的总体。

首先，我们发现单一的市场区，以有规律的正六边形状，环绕每一个消费中心或生产中心。第二，发现每一类生产物都可找出这些市场区网状组织。第三，发现了在这些不同网状组织的配置上出现一定的体系。这种自给自足的组织是经济景观，或狭义的经济区的理想型。最后，这些经济景观像网络一样，按照一定的规律，分布于全世界。

第二部　在复杂困难条件下的经济区

到目前为止，我们已经简单地根据距离、大量生产、竞争的函数导出经济区。自然，不应该期望我们现在为了获得与现实相适应的一种理论，我们将把上面忽视了的一切因素都加以考虑。这听起来是悦耳的，但这是人力所不及的范围。如果我们来做这样的尝试，我们或者不得不满足于方程式的做成，或者不得不放弃用目力能见的观察和应用，或者不得不处理无限的没有一般有效的无数个别事例。所以，我们将讨论我们假设中的少数有关的变化的影响（第十三章和第十四章），然后提出经济区更加现实的图景（第十五章）。固然不准备努力深入它们形成的原因。不能期望我们对于原理在实际上的应用会导出单纯的法则，因为那是超出科学可能性的范围的。就是说，从那里开始技术和冒险的世界。

第十三章　若干新因素

一、经济的差异

§1　价格的地区差[①]

1. 同一市场区的内部

a. 实行地理价格政策的可能性

在这里，只讨论企业家的价格政策。对于企业家来说，价格政策基本上存在着三种可能性。他能够使他的价格适应于各个场合(A)，或者把他的价格加以严密固定，因而使所有的购买者支付同一的离岸价格(f. o. b.)，或者工厂价格(F)，或者支付同样的到岸价格(c. i. f.)，(或者提货价格或消费地价格)(C)。[②][③] 他的价格与他的价格政策相应，就平均而言，是随着场所而不同的。我们在这里要来检查一下这些价格是如何规定的？这些价格是多高？它们如何影响企业家本人和他们的顾客的？为此，我们首先必须使我们

---

① 凡是不喜欢数学的读者，可跳过这一节。我们研究的主要结果如下：(1)地区价格差使市场的大小进一步缩小成为可能。因此，它是以独立企业单位数目最大限度化的趋势为条件的。同时这件事使从价格差所发生的利润再次消灭。(2)一般地说，价格差对附近消费者发生不利作用这种场合颇多。(3)最有利的价格差一般并不很大，因中间转卖者的介入带来损失。(4)对于消费者说，许多场合离岸价格(f. o. b.)越是均一的越是有利。这就是一条规律。

② 这不应该与它完全无关的技术问题混同在一起，即是说，不应该与货运业者是否从购买者或销售者那里收取运费的问题，或运费是否在账单上出现的问题相混同。

③ 存在着价格政策若干组合和变型，例如，可以建立均一价格地带(A＋F 或 A＋C)或从一个虚拟的区位(基点制度)来计算运费等。读者应把 A、F 和 C 的意义铭记在心，因为这些对下面的研究是很重要的。

自己完全从把需要看作集中于一点的即从传统价格理论的观念中解脱出来。

(a) 预备研究(1):工厂所在地和远距离的个别需要——一个比较。在各种因素中,居住在各地点的消费者需要的大小和不同的程度取决于企业采取怎样的地理的价格政策。为了简化起见,我们再一次从下述的假设出发:个别需要是直线的,就所有的个人而言,是不同的。

让图 40 中的 d_0 作为与提货价格(到岸价格)有关的个别需要。这对于一切购买者都是同一的,不问他们住在工厂附近或远离工厂,因为这件事与每一消费者实际上支付的价格有关,那就是说,与适用于个别目的地点的价格有关。住在近邻地点的顾客与离岸价格有关的需要曲线是 d_1,它位于需要曲线 d_0 的下方,由于垂直距离 i(从工厂到毗邻地点每 1 单位的运费),d_1 只适用于住在特别距离的场所的一切顾客,因为 d_1 是以工厂价格为基础的,而工厂价格则代表对生产者的净支出,它随着距离而变化,但对购买者本人没有特别兴趣。在这里,我们假定价格为一定的。让垂直线 UT 在均一的

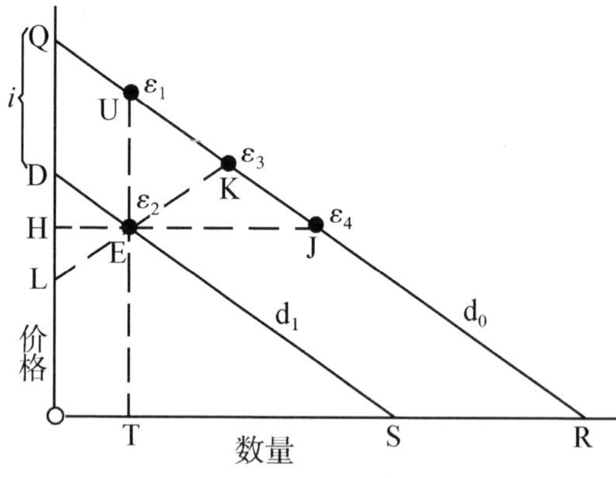

图 40 个别需要与到岸价格(d_0)有关的及与离岸价格(d_1)有关的比较,后者是从一个附近城镇购买者来看的。d_0 与 d_1 间的垂直距离 i 为从工厂到毗邻城镇的运费单位

到岸价格水平上与 d_0 相交。然后，这垂直线在与相离的地点有关的离岸价格水平上与 d_1 相交。让水平直线 HJ 在均一的离岸价格水平上与 d_0 和 d_1 相交。在这场合，与之相当的到岸价格位在与 d_1 相交点的直线上方的 d_0 上。由于下述的理由，把 DJ 平分的直线 KL 在有差别的离岸价格水平上与 d_0 和 d_1 相切（政策 A）。与它相对应的到岸价格则位在与 d_1 相交点的直线上方的 d_0 上。

由此得出结论：在 C 的场合，销售者负担运费的全部，在 A，销售者负担一半，在 F，完全不负担运费。其结果，在 C 的场合，个别贩卖量在任何地方都同样大小；在 F，不拘在邻近工厂的地方均一价格高度如何，与运费相当的分量却下降了。A 的情况也是同样，除了失去的分量往往等于 F 的场合的 1/2。

需要弹性的地理差要加以决定是很困难的。在 U 的弹性是 $\in_1 = UR \div QU$；在 E，是 $\in_2 = ES \div DE$；在 K 是 $\in_3 = KR \div QK$；在 J 是 $\in_4 = JR \div QJ$。因为 $QU = DE$，$UR > ES$，所以，$\in_1 > \in_2$，与之相应的比较，明显的是：

$$\in_1 > \in_2 > \in_3 > \in_4$$

用文字来表述：(1)与到岸价格有关的个别需要的弹性与作为与之相当的离岸价格的函数的个别需要的弹性要大（$\in_1 > \in_2$）。[①]

① 理由：离岸价格某一百分率的变化会引起相应的到岸价格百分率较小的变化，至于两者变化的绝对额，在任何场合是相等的［参阅 E. M. 胡佛的“空间价格的差别”(E. M. Hoover,“Spatial Price Discrimination”)，载《经济研究评论》(*Review of Economic Studies*)，1937 年 6 月号，第 183 页注］。因为到岸价格的较少百分率变化会产生同样效果，所以与离岸价格有关的弹性是较大的。

这是对同一地点有关的每一种价格政策，对任何需要曲线是真实的，这是与线型需要曲线有关而成的命题不同。

(2) 如果由于距离的增加，各地的离岸价格的不同使总运费发生差异(C)，那么，这时与离岸价格有关的需要弹性，随着距离而减少($\in_1 > \in_2$)。[①] 如果它们之差只等于总运费的 1/2(A)，或者完全没有(F)，那么，这时与离岸价格有关的需要弹性便随着距离而增加($\in_2 > \in_3$；$\in_2 > \in_4$)。它们减少或增加的程度愈快，则离岸价格的差别就愈小($\in_3 > \in_4$)。[②] 这对于不同地点间的比较就成立了。

正确地说，与这相应的情况在下述的场合中也能见到：一个市场中心会被一供给区域(例如说，片乳的供给区域)所包围。城镇中价格的同样变化对遥远的销售者会发生极强烈的影响，因为他的净收入由于大量的运费而成为较小的。所以，他的与到岸价格有关的供给比离岸价格有关的供给具有更大的弹性(与胡佛上引书 p. 191 相反)。除了说明供给与区域半径即使少量的缩小也有深刻的地区效果以外，对于为什么农产品供给对世界市场价格(特别在遥远的国外和在这些国家中的边境地方的供给)会引起强烈的反应，也进行了说明。在这里，我们遇到农业与工业间进一步的差异。农业是供给工业的需要，对有关到岸价格是特别有弹性的。因之，在前一场合，需要的变化和后一场合供给的变化，对到岸价格的影响是相对的；反之，在前一场合的供给(因为粮食的固定需要)，在后一场合的供给(因固定价格)对到岸价格几乎没有反应。这样，价格的下降在农业中带来了均衡化的作用。这是因为在农业的场合如其说增加需要，不如说减少了供给。在工业的场合，如其说减少供给，不如说增加了需要。但是，在这场合，市场价格只在农业的场合是到岸价格；在工业的场合，恰恰相反，市场价格是离岸价格。结果，在农业的场合，生产者支付运费，在工业的场合，消费者至少支付 1/2 的运费。

关于离岸价格，工业制品的顾客，特别是矿产品的顾客的需要也是弹性较少，即使如此，它们有相当的弹性，特别在市场区的境界上(在 C 的场合是例外)。无论如何，伴随着景气循环而发生的需要的减少，——特别关于这些生产物是较大的——重工业产品和矿产品的市场价格除了依存地理的弹性关系以外，如果它们的市场价格不受控制，那么，比农产品的市场价格要降低得多。只有在事实上破产的状态和受补贴的国外边际农业者的过剩供给和由于工业的联合带来供给限制等等的场合，关于农产品价格常常会下降得多。

① 除了那些在严密意味上不能比较的货物以外。

② 证明：如果 d_1 连续向下方偏移，则这一直线就在其下端相近的地方同 UT 相交，在

(3) 与到岸价格有关的需要弹性比与离岸价格有关的需要弹性大的程度，是随着离工厂的距离的增大而增大(随着离工厂距离的增加而变成连续地增大的$\in_1$超过$\in_2$的优越性也变得更大)。在C的场合，因为与恒定不变的到岸价格($\in_2$)相对应的现行离岸价格有关的弹性($\in_2$)，按照第二命题，其绝对值下降了。所以，在F和A的场合，与现行工厂价格有关的需要弹性随着距离的增加而上升，但其程度与消费地价格有关相比没有那样显著(因为这从$\in_1>\in_2>\in_3$和$\in_1>\in_2>\in_4$①来看是明显的)。所以，$\in_2$绝对值是增大了，但与$\in_1$相比却减少。②

(4) 与到岸价格有关的弹性随着价格在一切地点都在上升($\in_1>\in_3>\in_4$)，因之，在远距离地方，即使当地价格有小的变动，在一定环境下会比工厂附近的大变动引出对需要的较大反应。

(b) 预备研究(2)：工厂所在地的总需要和地区全体的总需要——一个比较。在单独一个工场所在地的需要与其整个市场区的需要之比，只是个别需要与总需要之间之比。制造业者与同一城镇居住的n人的需要等于他们中任何一个人需要的n倍。除了

其上端靠近的地方，则与HJ相交。那就是说，在前者场合，需要对迅速降低的工厂价格的作用的反应越来越少、越好，在后一场合，对于并不下降的工厂价格的作用，就越来越强。

① 如果把J作为任何一种任意的到岸价格而与E无关，那么，$\in_1>\in_2>\in_4$就可作如下的解释：对于相同的销售额(离岸价格的场合与到岸价格的场合作比较)与到岸价格有关的需要就大($\in_1>\in_2$)；反之，如果离岸价格与到岸价格由于符合而相等，则同一地方与离岸价格有关而有较大的需要弹性($\in_3>\in_4$)。

② 随着距离增加的工厂价格的等额的变化，会使消费地价格变化率逐渐变小，这是真实的。对F的证明：当计算$\in_1$和$\in_2$时，分母是相同的($QU=DE$)。如果d_1向下方偏移，那么，在弹性的新计算中的分母，在两种场合，都减少相同的绝对值。但是，只在$\in_1$的场合，分子以同值上升(在图45中，$\in_1=P_2L\div AP_2$；$\in_2=p_2K\div Bp_2$(在这里，$Bp_2=Ap_2$)。变化后新的计算：$\in_1=P_2L+P_7P_2\div AP_2-P_7P_2$，$\in_2=p_7J\div Cp_7$。〔在这里，$p_7J=p_2K$和$Cp_7=AP_2-P_7P_2$〕)。

C 的场合以外，这些 n 个购买者分布于整个市场区上的总需要是不同的。预料其结果是，市场全体需要比工厂所在地需要要小，一般地说，弹性却较大。在两种场合中，弹性照例随着价格而提高，也随着距离而增大。

市场区全体的需要是较小的。如果在 P（图 21）有 n 个人居住着，若其他情况相等，则他们的需要（城市的需要）将是 $n \times PQ$。但是，如果同数的人，在以 P 为中心的 PF 的半径的地域内均等地分布，那么，在价格政策 F 时，一般也在 A 时，每一人的需要将小于 PQ（农村的需要）。如果直线的需要曲线再一次作为一切可能形状的平均，则我们甚而可以说农村的需要将表示出比城市需要低多少，即是说，农村需要等于城市需要 1/3。[①] 因为圆锥体的体积等于它的底面积乘它的高的 1/3，所以，在这地域内任何一地点的平均需要将等于 $PQ/3$，在 n 个地点的需要等于 $n \times PQ/3$。这样，我们知道为什么大城市的需要（$n \times PQ$）与农村的需要相比，对于工业具有这么大的吸引力，它不仅仅是而且常常是吸引着较大数量的消费者，而且每一个消费者的需要在极限的场合要大三倍。那就是说，所谓极限的场合，乃指现实的销售领域半径与可能的销售领域的半径相等而言。但竞争大大缩小市场区的范围，正确地说，这时，在全体之中需要最小的境界地带被消除了。在剩余的领域内，个别需要平均仍然比 PQ 为小，但在多数的场合（特别在 A 的场

① 在另一方面，需要曲线呈凹形，则农村居民的需要（与住在工厂所在地的人的需要相比）与它们的人数相应，将少 1/3。如果需要曲线是凸形的，那就多 1/3 以上。

合)它要比 $PQ/3$ 大得多。[①]

市场区全体需要的弹性是较大的。严密地说,这一命题仅仅对直线的需要曲线的平均形态才能有效。所以,它不是对实际场合,只对于大多数可以想象的场合才是有效的。但这是经验的法则。看来,它是有理由的,因为例如,价格的上升,不但缩小个别需要(需要圆锥体的高度),而且也缩小购买者的数目(圆锥体底部半径)。当然,圆锥体的平均高度(这就是与总需要大有关系而言)的减少程度,要小于圆锥体最高限度的高度(它表示市场区中心的个别需要)。随而,在这样的场合,就需要曲线是直线的平均场合而言,对这一命题进行严密的证明应该是必要的。在这里,它因此提供一种场合,在那里,市场只受到运费的限制。在这一场合,在图41中,曲线⊿代表总需要。[②] 现在让 d 作为生产地点的个别需要,D 作为市场区全体的总需要,R 作为在工厂价格为 p 时从生产地

① 一直到现在被忽视的若干因素修正了这一结果。富裕的程度或人口密度,总是随着离开城市距离增加而减少的。因为远离城市居住的农业者将付双重的运费——他们对他们所购买的工业品的运费和他们销售他们的农产品的运费——所以,他们的收入比居住在城市近郊的农业者为少,或者他们的农场比城镇郊区的农场为大。但是,即使收入相同和价格相同(特别是如果价格提高的场合),各人以同一价格购入城市生产物之量仍随着离城镇距离的增大而减少。因为他的需要取决于作为全体来看的价格关系,而这些恰恰向着大大有利于农村生产物方面变化。结果,个别需要曲线沿着与其轴的交点而更多地向左移动。这样,销售圆锥体不能根据个别需要曲线来构成,而必须根据当价格上升时会突然急速下降的特别需要曲线来构成。因为繁荣度和购买货物的欲望减少了,所以,在整个市场区的农村需要只有城镇需要的1/3。只有人口密度的减少,才可与这种情况起相反作用;在人口分布较均等的场合,较少数的农民会居住于城镇近郊。在那里他们的需要会相对大。这是由于三个理由使境界地带的需要特别变小,这些境界地带的消除,使农村的需要相对地提高到较高水平。虽然也许绝对不会高于城市需要的1/3以上。

② 但是下面所采用的符号,与图41无关。

到市场区境界的消费者所负担的单位运费(最高运费);而且让 d',D' 和 R' 作为当价格为 p' 时的需要的相应值。在这场合,$D \div D' = \frac{\pi R^2 d}{3} \div \frac{\pi R'^2 d'}{3} = R^2 d \div R'^2 d' = d^3 \div d'^3$,因为在直线需要曲线的场合,$R' = d'R \div d$,如果 $p > p'$,则 $d < d'$;$d \div d' > d^3 \div d'^3$;$d \div d' > D \div D'$。反之,如果 $p < p'$,那么,$d \div d' < D \div D'$。那就是,市场区全部的需要随着下降的价格而上升,随着上升的价格而下降,其升降的程度,比在工业所在地的个别需要更为强烈。总之,与工厂价格有关,它的弹性更大。①

现在提出一个例子:在直线需要曲线的场合,$D \div D' = d^3 \div d'^3 = R^3 \div R'^3$。那就是说,在各种工厂价格下,市场区全体的需要是与最高运费的三次方成比例。如果例如工厂价格上升到最高运费的1/2,那么,市场区需要就下降为1/8,但个别需要只下降1/2。在市场区受竞争者限制的场合(图41中的 Δ'' 与它相当)也可进行同样的证明。

就价格高度与弹性间的关系而论,恰和个别需要完全一样,价格越高,则总的需要弹性越大(常常假设为直线性需要曲线)。如果想起相同的绝对额的(其他百分率更是如此)价格连续的增加,

① 用更普通语言来说,必要的市场区越小,价格变化对总需要的影响就越弱。随而当市场区是一点时(例如,一个城镇),它的需要弹性就因之成为最小。结果,外部需要的弹性比当地需要的弹性大,国外的需要弹性比国内的需要的弹性大,当考察运输问题时,这点是重要的。了解情况的另一面,也是有兴趣的。价格越低,则对市场区大小的需要的影响就越大,在图41中,从曲线 Δ' 和 Δ 很容易看到那样。但是,市场区越小,即使在高价格情况下,市场区变化的影响也越大。在极限的场合(即市场区为点的场合),G 便与 F 相一致,把城镇在多数生产者间划分的影响,在任何价格中分割的比率是相同的。

R 便相对地更加大幅度缩小，那么，这很容易从 $D \div D' = R^3 \div R'^3$ 式中看出来。以上是就曲线⊿的弹性而说的。

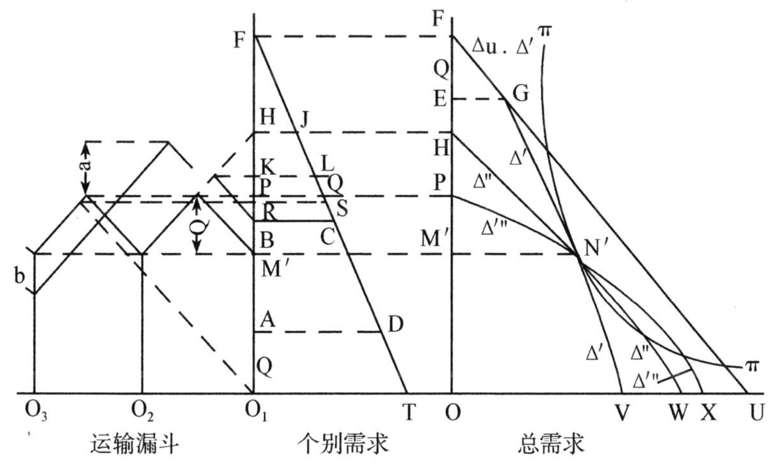

图 41　各种需要曲线的类型

OU＝以 O_1T 为轴，旋转 O_1FT，因之而得到的圆锥体的体积。

OV＝以 O_1T 为轴，旋转 O_1ADT 结果所得到的没有顶部的圆锥体的体积。

OW＝以 O_1T 为轴，旋转 O_1RST 结果所得到的没有顶部的圆锥体的体积。

OX＝以 O_1T 为轴，旋转 O_1PQT 结果所获得的没有顶部的圆锥体的体积。

Δ＝作为工厂价格函数的最大可能的总需要。

Δ′＝在半径 ρ(＝M′P＝O_1A＝EF)的圆内的作为工厂价格函数(a)的需要。①

Δ″＝当竞争者价格和距离为一定时，作为工厂价格函数的总需要。

Δ_m＝当假定市场区域境界的价格常常为 OP 时，作为工厂价格函数的总需要。

OM′＝价格，ρ 是市场区的大小，两者都带来平衡的结果。不论哪一种工厂价格，运输距离不一定达到 ρ，最后，ρ 是没有一种需要能从外部达到 O_1 的周围。

可能的运输距离 R 在另一种情况下会怎样呢？如果市场区的半径不大于 r(在均衡点是 ρ)(图 41 中的曲线 Δ′)，那么，事情会完

① 工厂价格在比 OE 高的场合，这一市场区的缩小不会对总需要发生影响，随之 Δ′与 Δ 一致。

全相同。现在让我们假定 R 缓慢增大，那就是，让我们假定价格下降。在 $R<r$ 的限度内，被给予的境界就没有关系。但当 R 变成大于 r 时，可能需要增大的部分，因受市场区的限制将不能实现。那就是说，为了这一理由，价格越低，则总需要的弹性也就变得越小。[①]

如果，与上述的场合相反，生产者市场的境界不一定是最大的距离，而竞争者的距离和价格为一定时（曲线 Δ''），那么，这样的事情也提供了一条追加的理由，说明弹性为什么会随价格而增加。在图 41 中，O_2 是 O_1 的最靠近的竞争者的区位，这个竞争者把在 O_1 所达成的最高离岸价格限制于O_1H 上，就是说，限制在均衡价格 p 上，即与它相应的运输距离的二倍之值 2ρ。在任意的价格O_1B 之下，可以达成的销售距离 BK，等于实现价格和可能最高价格间差额之 1/2（$BK=BH\div 2$）。再者，在这场合真实的是，价格上同一比率的提高，使缩小销售半径的比率的程度要比高的价格大。因为价格绝对地越高，销售半径也就绝对地更加缩短了，现在销售半径已经比在曲线 Δ 条件下更小了。所以，可以得出结论，伴随着工厂价格的上升，曲线 Δ''的弹性比 Δ 的弹性增加得快得多。

最后，与距离本身有关的需要弹性，那就是说，与运输费有关的弹性是颇饶兴趣的。离工厂某一距离上的居住者数（$c2\pi r$），与距离（r）以相同的比例增加。反之，与运费有关的个别需要的弹性则随着距离而上升。这一点像从图 40 所能看清的那样，考虑到 x

① 人们也可以这样说，市场区域越小，总需要的弹性就越小。可是，这一值不能降低到个别需要的弹性以下，但在极限的场合，如果整个市场区与工厂位置重叠，它们只能达到个别需要的弹性。

轴穿过 H，就可以知道与从图的 H 的上部移动的运费有关的 d_0 的弹性。由于第一种理由，与距离有关的总需要的弹性系数可能是低的，或者有时甚而可能是负的，但是，由于第二种理由，它随着距离的增加而增加了。

在另一方面，总需要的弹性与人口密度无关。因为在一切价格水平下，人口密度以同样的程度影响总需要。

(c) 地理的价格差别。在价格差别化进行的情况下，销售者对每一个购买者要求会带来最高利润的工厂价格。所以，凡在不会卷入过多困难的地方，价格政策 A 是最好的。现在，在一定时间内，如何能找到最有利的价格呢？

(1) 价格差的程度。在大地域内，一个孤立存在的企业的工厂价格，会影响它的销售，但相反地，边际收入并不与价格相等。因之，均衡条件不是在其极限形式上(边际生产＝价格)成立，而是在其一般形式上(边际生产费＝边际收入)才能成立。在这场合，价格差(像在 F 和 C 的情况那样)，不只使全体购买者得到满足，而且使个别购买者也得到满足时才成为最有利的。[①] 在这里，边际收入取决于需要强度和弹性，而这两者则取决于距离。这些都与离岸价格有关，因为企业者感到关心的，只在他所收到的价格，而不是购买者的支付价格。

现在假定：如果

t＝从工厂到购买者每一单位的运费；

① 只有在规定的市场区的场合，边际条件并不必然在最大利润点上实现。参阅勒施：《价格地理》(此文当写本书时正在准备中)。反之，在这场合，总收入≥总费用常常成为第二条件。

P＝消费地价格〔$P=f(n)$〕；

p＝工厂价格（$p=P-t$）；

n＝与消费地价格有关的个别需要；

$\in$＝与消费地价格有关的需要弹性；

$$\in=\frac{P\cdot dn}{n\cdot dP}$$

即：$\dfrac{\text{数量的变化率}}{\text{价格的变化率}}$

c＝边际生产费；

则边际收入是：

$$\frac{d(Pn)}{dn}-t$$

$$=\frac{P\cdot dn+n\cdot dP}{dn}-t=P-\frac{P}{\in}-t$$

边际收入当 $P-t-(P\div\in)=c$ 时，便与边际生产费相等。因此，最有利的生产价格为 $p=c+(P\div\in)$，或者，$P=c-nf'(n)$；或者更正确地说，那就是如果含有 p 的量没有保留在式的右侧上[①]，那么：

$$\boxed{p=\frac{\in c+t}{\in-1}}$$

从这式可明了：工厂价格并不是对一切购买者都是相同的，而是随着 t，$\in$ 和 c 而异的。现在我们可以利用最初提出的简单的第一方

① 关于这一式的导出有负于胡佛之处甚多。参阅 F. M. 胡佛的"空间价格的差别"（E. M. Hoover，"Spatial Price Discrimination"），载《经济研究评论》（*Review of Economic Studies*），1937 年 6 月，第 182～191 页。

程式〔$p=c+(P\div\epsilon)$〕来讨论这三种因素对 p 的影响。

距离[1]愈大，则根据上式 p 也愈大。当顾客离工厂的距离增加时，如果其他的条件不变，则顾客必须支付的工厂价格就愈高。当 ϵ 和 c 为一常数时，p 随着 t 而增加。ϵ 并不照例地保持常数不变，但恰如 t 那样，是随着距离而增加的（参阅上面关于这一点的节）。当 p 随着增加的 t 而上升时，它却随着增加的 ϵ 而下降。所以，p 是否随着距离而上升或下降，这取决于 ϵ 与 t 间的关系。

在什么条件下 p 会随着距离而上升呢？让 A_1 离工厂的距离比 A_2 较近，并且，如果：

$$\frac{\epsilon_2 c+t_2}{\epsilon_2-1}>\frac{\epsilon_1 c+t_1}{\epsilon_1-1}$$

则 p_2 将大于 p_1，从这里，可得出：

$$\frac{\epsilon_2(t_1+c)+(t_2-t_1)}{\epsilon_1(t_2+c)}<1$$

但 $\frac{t_2-t_1}{\epsilon_1(t_2+c)}$ 必然小于 1。如果 $(\epsilon_2 t_1+\epsilon_2 c)<(\epsilon_1 t_1+\epsilon_1 c)$，那么，不等的余数小于 1。但是，照例 $\epsilon_2 c$ 大于 $\epsilon_1 c$。如果不等维持着，则 t 与 ϵ 相比，将指出有较大幅度的增加。但这是很不可能的，因为 ϵ 能变成为无限的，而 t 则常常保持是有限的。假使我们没有很好的情报，我们假定一条垂直的需要曲线当作平均状态时，ϵ 将比 t 增加得快。那就是说，恰恰是需要曲线的形状不可能使

① “距离”弹性和“边际生产费”等小节，是从德文第一版原文中翻译过来的。——英译者

p 变成随着 t 的增加而增加。但是,此外,即使在少数场合,就需要曲线有关而论,p 将随着 t 而增加。这只在更少数的场合,即 A_2 不是能够通过 A,而是直接从工厂购买时,才能实际发生。由此得出结论,工厂价格将照例随着距离而下降。①②③

弹性:需要的弹性越大,则必然支付工厂价格就越低。这一命题,由于 t 系常数而成为绝对有效,而且由于 $t=f(\in)$,它也是真

① 这在图 42 中指出如下:如果 p 与 $\in$ 为变数,c 保持常数,则 $p'=\frac{\in c}{\in -1}$,是一矩形双曲线,因为 $\in >1$,这条矩形双曲线完全位在第一个扇形体内。它的渐近线是 $p=c$ 和 $\in=1$,因 $t=f(\in)$,所以,$p''=\frac{t}{\in -1}$,代表一组相同的矩形双曲线,带着 $p=0$ 和 $\in=1$ 的渐近线。最后,$p=p'+p''$。因为 $\in>1$,所以,p' 随着增加的 $\subset$ 而下降。结果,如果 p 随着 $\in$ 的增加,则 p'' 的增加必然至少与 p' 的下降那么多。但是如果即使 $\in$ 的少量增加,会大大提高相应的双曲线,那就是说,如果 t 会很快增加,则 p'' 才能随着增加的 $\in$ 而增加。图 42,进一步指出:在常数 $\in$ 的情况下,工厂价格将随着距离而较少地增加,较大增加的是 $\in$。因为 $\in=2$,所以工厂价格的提高,将比运费的增加为少。这是来自图 42,如下列的方程式:

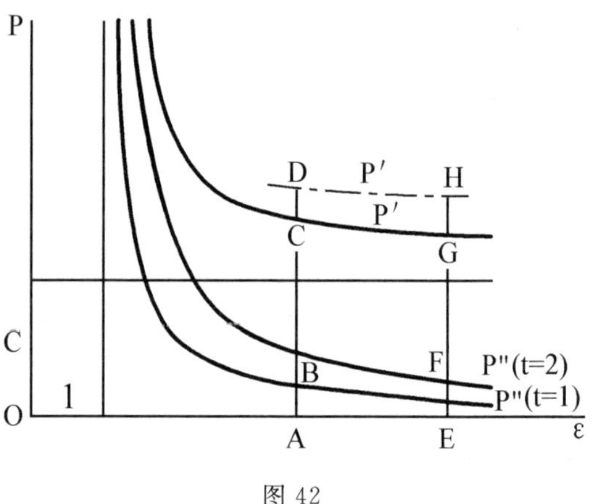

图 42

$$dt=\frac{t+dt}{\in -1}-\frac{t}{\in -1}$$

这一方程式之得以实现,是因为 $\in <2$。

② 因此,因为较近的企业家的过剩利润大于较远的企业家,所以,前者对区位的选择比他们相应的需要有着较大的影响,更不用说他们的数目了——这就是为什么工业集中于大城市的补充理由。

③ 这不仅是合理的而且是现实的。人们只要想一想许多例子就行了。在这些例子中生产物有一致的价格,或有销售者至少支付运费的一部分。

实的。如果需要弹性非常大，那么，工厂价格事实上就与边际费用相一致。双曲线 $p'=\phi(\in)$ 接近其渐近线 $p=c$。价格不能下降到边际费用以下。但是，如果 $\in=1$，则情况便会成为这样。由此可以说，均衡点必然落在需要曲线的弹性延伸上。[①]

边际生产费。边际生产费越高，则同一购买者必须支付的工厂价格也就随之越高。c 的变化是如何影响空间价格的扩散呢？那就是说，如何影响在不同距离上成立的工厂价格的扩散？因为 p' 是与 c 成比例地变化的，而 p'' 则可离 c 而独立，所以，c 的变化对 $p=p'$ 的影响要比 p'/p'' 大得多。因为这一部分是随着距离而增加的，所以，边际生产费的增加，提高了远距离的购买者的工厂价格（与近距离的顾客相比）。这样，边际生产费的上升，降低空间价格的差别，而边际生产费的减少，则扩大空间价格的差别。[②] 当市场区的缩小由于价格差而成为可能时，也提高了生产费。这样，由于上述的理由，

① 双曲线 $p'=\phi(\in)$ 的左分支在向上方向上受 $p=c$ 的限制，在向右方向上受 $\in=1$ 的限制，而且它常常通过原点。在负的弹性的情况下，价格是正的，但它太低。因为 $0<\in<1$，所以价格成为一种补贴的支付。这会使边际收入又成为正的，因为 $0<\in<1$，所以，是负的。当生产增加时，总生产费提高了，补贴支付下降了。我们假设，这一场合，生产扩大，一直扩大到边际生产费等于在补贴支付上的边际节约。因为 $\in<1$，所以，边际收入和边际生产费的相等，意味着损失的最小限度化，而不是利润的最大限度化。所以，边际生产费和边际收入的相等只不过是一种均衡条件，其他的必须条件是真正的利润最大限度化。

② 我怀疑在恐慌时期，一再引人注意的地域价格差的增大有加以解释的必要，其复杂性与上述的一样，甚而连承认它也有困难。生产费的一般降低与部分降低发生着不同的作用，我们的分析，简单地只对于后一场合是可以运用的。H. W. 辛格尔在其《略论空间价格差别》〔(H. W. Singer, “A Note on Spatial Price Discrimination”) 载《经济研究评论》(*Review of Economic Studies*)，1937 年 10 月，第 77 页〕中企图作这样的解释，他是把 $\in$ 作为常数，或不是这样的场合作为他论证的唯一基础的。

也就缩小了空间价格的差别，它本身就发生着制动作用。

例子：现在我们把上述的各种结果应用于个别需要曲线为直线的，并提示第一次代数的解具有特征的场合，从需要方程式 $p+t=-\left[\left(\frac{b}{a}\right)n\right]+b$[①]，可以得到 $\varepsilon=(p+t)\div(b-p-t)$，因之，按照方程式，又得到工厂价格 $p=\frac{1}{2}(b+c-t)$，因 b 和 c 是一定的，所以，当 t 上升时，p 就下降。关于两种不同的地点，我们得到 $p_1-p_2=\frac{1}{2}(t_2-t_1)$。这样，在直线需要的情况下，工厂价格就随着距离而下降，其下降的程度达到运费的 1/2。

其次，提示有关几何学的解，图 43 中的 d_0 到 d_2 是彼此相互被距离 i 所分开的三个地点，从 B_0 到 B_2 的与离岸价格有关的个别需要曲线。B_0 是工厂所在地。如果使 N' 把 ON 分为二等分而绘出 AN' 线，则边际收益 u_0' 便容易从需要曲线 d_0 导出。[②]作为总销售量的函数的边际收益曲线 U'，可以从个别边际收益沿着水平加算中导出。它与边际生产费曲线 K' 在 G 相交。在这里，边际生产费等于边际收入，随而它是最高利润之点。HG 与个别边际收入曲线的各交点，表示运输至各地点的最优量。工厂价格 p_0、

---

① 在这里，p，t 和 n 具有上面给 c 绘出的意义，而 b/a 和 b 是特别直线型的需要曲线的参数。——W. F. 斯托尔珀

② 证明：直线的需要曲线的一般方程式为：$y=-\frac{b}{a}x+b$；总收入曲线的一般式为：$R=\left(-\frac{b}{a}x+b\right)x$。从这些可用微分导出边际收入曲线，$R'=-2\frac{b}{a}x+b$。〔关于几何学的证明，可参阅 J. 鲁滨逊：《不完全竞争理论》(J. Robinson, *The Theory of Imperfect Competition*)，伦敦，1934 年，第 32 页。——W. F. 斯托尔珀〕

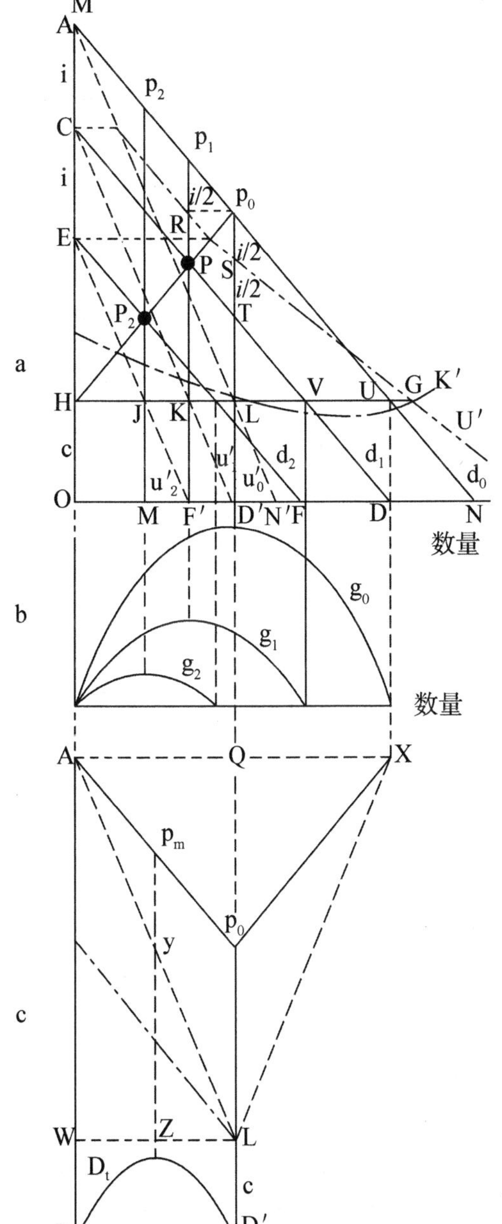

图 43　(a)与作为离工厂距离的函数的离岸价格有关的三种个别需要曲线
(b)＝二种相应的总收入曲线
(c)＝相应的运输锥体

p_1 和 p_2（它们偶然地位在直线 HP 上），能从相应的需要曲线读出。最后，与它们相应的提货价格 p_0，p_1 和 p_2 都在 d_0 上。

很容易看出，这些价格相差为 $i/2$。按照一个周知的定理，例如 $P_0L=AH\div 2$ 和 $p_1K=CH\div 2$。因为 $AH-CH=i$，所以，$P_0L=p_1K+i/2$ 等等。再者，很明显，就每一地点而言，价格落在可变的直接费用和什么也不能销售的价格之间的半途上，那就是在与销售量有关的总利润弹性等于 1 的地方（例如，$Vp_1\div p_1C=1$）。如果人们企图处理较小量或较大量的货物，那么，有关购买者的总利润（那就是总收入减去可变费用）在两种场合将成为较小（图 43(b)）。①②

如图 43(c) 中所示，通过运费漏斗（Verkehstioktev）可使所有这些都特别明了，在这图中，所用记号与图 43(a) 中相应的直线相同。$D'L$ 是边际生产费，为了简化起见，假定它为常数 LP_0 是来自工厂所在地购买者的独占利润，P_0A 表示到岸价格的线。如果没有取得独占利润，只是在可变费用水平上要求均一的工厂价格，那么，ALX 便成运费漏斗的断面。AP_0X 是在独占价格下的运费漏斗。如果一个单位是 OD' 直线的任何点上销售③，那么，区域 $OWLD'$ 的面积表示可变生产费，三角形 WAL 表示运费，三角形 LAP_0 表示没有减去固定费用的总独占利润。或者，从不同侧面来看，四边形区域 WAP_0L 的面积是购买者支付的超过了可变生

① 关于总利润曲线的构成，是以单独购买者对边际生产费不会发生影响为前提的。

② 一个同样的但颇为简单的图曾由 J. 鲁滨逊绘出（上引书，第 188 页）。鲁滨逊夫人也处理了曲线型需要曲线较简单的场合（W. F. 斯托尔珀）。

③ 销售半径在需要圆锥体的场合，可用最高可能运费来表示，也可以在所谓运费漏斗的场合，用每一购买者的最高可能销售量的即 OD' 直线来表示。

产费的数额，其中 1/3 将由购买者本人负担的运费，1/3 由运货者负担的运费，另 1/3 则为独占利润。四边形所分割的等面积的三个三角形与这些数量相当。[①]

现在，当然，即使假定购买者均匀分布，同样的量不能在市场区半径的每一点上销售。反之，在离开 D' 的距离上，每一购买者的销售量 d 从 OD' 下降到零。在另一方面，在一定距离上（以运费 t 测定）居住的购买者的数目 $n2\pi t$（n 系每一运费单位）是与距离成比例地增加的。由此可知，在一定距离上，总销售量成为：$D_t = d \times n2\pi t$。在直线的需要曲线的场合，则为 $t = \frac{b}{a}d + b$。所以 $D_T = -\frac{n2\pi b}{\text{a}}d^2 + n2\pi bd$，这里是一个缩小纵轴的形象。像在图 43 中 C 所表示那样，焦点是 $a \div \frac{2}{ab\pi n} \div 2$ 的双曲线。由此可见，如果把 R 作为市场区半径，那么，距离 $\frac{R}{2}$ 上居住的所有消费者的合计的需要，一般将有最巨大的重要性，于是，近距离的消费者和远距离的消费者的总需要将对称地下降。[②]结果，独占利润 $YP_m = LP_0 \div 2$，同

① 利润三角形是 LAP_0。这样，利润恰和农业地租完全一样，随着距离而减少。但是，农民在每一单位上获得同额的地租，所以，它们只在不同的农民间有所不同，至于工业家的利润是随着购买者的居住地而变化的。

② 现在已明白，当市场区因竞争而缩小时，为什么在它们境界附近竞争如此剧烈的原因，是位在二个小城市的各工厂本身的需要大部分就在这里。如果市场区没有缩小，那么，这就是为什么对外贸易亦随着距离而减少的理由之一。在德国，轻石粉末和碎石拥有一个只受运费限制的市场，油毡拥有在特定方向上受运费限制的市场区。因为前者只在一个地区内生产，后者将由少数工厂制造。1982 年前，前者通过铁路运输的距离约达 300～375 英里，后者约达 375～430 英里，或者，按照正确理论，几乎达到最大量的一半（大约各达 750 英里和 800 英里）。

时就是每一生产物单位的平均利润，而总独占利润等于这个量——不但不再用 WL 来乘（这样，也不再等于三角形 ALP_0），而是用被双曲线 Dt 和直线 OD' 所包围的平面积来乘。在这里，我们假定市场区不受外部的侵占。

（2）价格差的界限。除了需要曲线正常形状之外，仍然还有另一种理由，说明为什么工厂价格对遥远的购买者 A_2 比邻近的购买者 A_1 几乎不能较高的事：如果不是这样，那么，对于 A_2 来说，通过 A_1 去购买会更为有利。① 反之，对于 A_1 的工厂价格比对 A_2 的工厂价格之差最大限度不会超过从 A_2 到 A_1 的运费 f。如果超过运费，那么，A_1 会通过 A_2 购入。至于到岸价格 P_1 和 P_2 的价格差，至多只是由于运费 f 而高于或低于 P_2，而且同样地，当 P_1 为一定时，P_2 的波动范围等于两地间运费的一倍，而 P_1 与 P_2 间之差，最高只能等于单程运费额。

如果把中间贸易的可能性予以忽视，为了要使差别化的工厂价格不会大于运费起见，需要的构造必须如何构成呢？我们只能简单地讨论这一问题，因为这个问题是颇为难解的，而且因为如下面将要看到的那样，它只对那些与平均极为不同的需要曲线是重要的。

几何学的解。在图 44 中，让 k_0 作为在工厂所在地 B_0 上不包含运费在内的边际生产费；让（$k_1=k_0+i$）作为包含运输至 B_1 地点的货物运费在内的边际生产费；让（$k_2=k_0+2i$）作为包含运货至距离大一倍的 B_2 地点的运费在内的边际生产费。对 B_0 的购

① 无论如何必须记住，中断的拖运比直接连续的拖运要贵得多。

买者来说，让 OB 作为能提供最大利润的价格，让 P_0A_0 作为在这一地点按此价格销售给每一购买者的量。

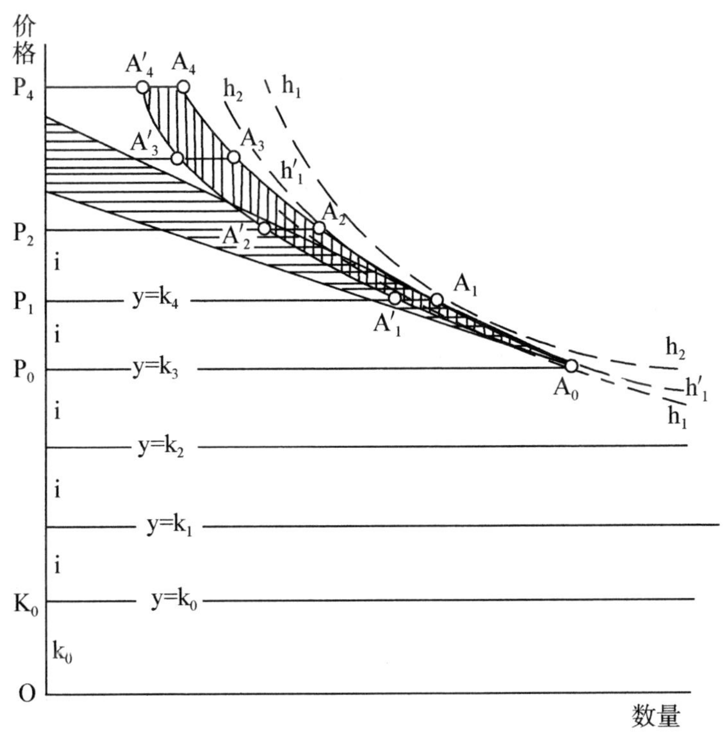

图 44　价格差的限制的几何学解法

第一，不拘趋势是指向价格差别化，但为了使工厂价格对居住在任何地方的一切购买者都是同一的，则个别需要曲线 d 必须采取如何形式呢？直到现在，我们只知道 d 上的一点 A。我们绘出一条通过 A_0 而其渐近线为 y 轴和水平线为 $y=k_0$ 的直角双曲线 h_1。表示利润之积的 $x(y-k_0)$ 在这双曲线的每一点上都是相同的，所以，d 必须在 A_0 上与双曲线 h_1 相接，d 在其他部分则位在双曲线 h_1 的左侧。如果不是这样，则 OP 对于在 B_0 的购买者不是最有利的工厂价格。次之，我们绘出一条通过 A_0 的等轴直角双曲线 h_1' 而其渐近线为 $x=0$ 和 $y=k_1$。如果 d 在其他部分位于 h_1' 的左侧和 h_1' 在 A_0 上相接，则在 B_1 不能从 OP 以外的任何消费地价格获得较大的利润。所以对 B_1 的工厂价格与对 B_0 的工厂价格之差比 f 要低，如果为了在 B_1 的消费地价格位于 OP_0 之上，那么，必须满足的条件是 d 必须通过 A_0 的上方，并位于 h_1' 的左侧。因之，不是 h_1' 而是具有相同渐近线并且位在其右侧的双曲线与 d 相接。如果，接点是在 $y=k_3$ 和 $y=k_4$ 之间，则对于在 B_0 的企业家来说，把货运至 B_1 时负担运费一部分是有利的。B_1 必须负担全部运费的条件是接点必须位在直线 $A_1'A_1$ 上。这一接点与 A_1 越靠近，则从购买者 B_1 所得到的利润就越大。这样，在 $y=k_3$ 和 $y=k_4$ 之间，d 必须位于垂直地划着阴影线的领域之内。这样，具有渐近线 $x=0$ 和 $y=k_1$ 的一组双曲线，除 $y=k_4$ 的位置以外，不在 d 相连接是必要的。同样，通过 A_1 能够绘出两条双曲线，其中较陡的 h_2（渐近线 $x=0$ 和 $y=k_1$）限制了 d 更远地向右移动。坡度不陡的一条双曲线是不必要的，因为 d 的左方的界限是由通过 A' 的双曲线中坡度平缓的一条（渐近线 $x=0$ 和 $y=k_2$）所限制。如果图中的结构再向前进行，则可获得一个“角型”区域，在图 44 中是用垂直线画了阴影的。如果为了工厂价格与距离无关，则 d 定位在“角型”区域范围内。[①] 对此，作为追加的第二个条件，d 必然在这个区域内与利润双曲线相接各点的纵坐标恰由于运费

① 上升到上限（A_0，A_1，A_2…）以上所有的需要曲线，导致比相应的运费差要大的价格差，那些下降到下限（A_0'，A_1'，A_2'…）的所有的需要曲线导致较小的价格差。

而必然不同。

第二，如果工厂价格随着购买者的距离而上升，则“角型”区域必然地在 $A_1'A_1$ 的上方，倾斜度更陡，像这里很容易看出的那样，然后，h_1 和 h_1' 仍然构成 A_1' 和 A_1 之上的极限，它们的倾斜度比 h_2 和 h_2' 更陡些。所以，在这场合，与提货价格有关的需要弹性一定比前一场合随距离而缓慢下来。关于这点，我们在上面关于“弹性”一节中已论述过。

第三，如果工厂价格随购买者的距离而下降，则“角型”区域的倾斜度连同其需要曲线的倾斜度，很明显地必将平缓下降。这意味着随着价格上升，需要弹性就相对快地增大。在此场合中，一种特殊场合值得特别注意。假定由渐近线 $x=0$ 和 $y=k$ 所决定的一组双曲线在 $y=k_3$ 和 $y=k_4$ 之间半途上连接需要曲线，这意味着提货价格随距离的增加会按照运费的 1/2 的程度增加，所以，工厂价格就按照等量下降。很容易指出[①]，在此场合，“角型”的界限成为直线[②]，其中之一较陡。可用下列式表示：

$$y=-\left(\frac{y_0+\frac{i}{2}}{x_0}\right)x+2y_0+\frac{i}{2}$$

关于平缓的一线的式子是：

$$y=-\left(\frac{y_0-\frac{i}{2}}{x_0}\right)x+2y_0-\frac{i}{2}$$

---

① 为了减轻本书数学上难解的负担，证明就省略了。

② 只当 f 为较小时，这才是严格正确的。否则至少双曲线支线的各交点，才位在一条直线上。

在这里，$x_0 = P_0A_0$ 和 $y_0 = K_0P_0$ 在图 44 中，d 的领域是用水平线画阴影的。在此场合，需要曲线本身可能是一直线。反之，真实的是当需要曲线为一直线时，企业家往往负担运费的 1/2。[①]

代数的解：从工厂价格的式可得出 B_1 的到岸价格的式子：

$$P_1 = \frac{\in_1 c + \in_1 t_1}{\in_1 - 1}$$

和 B_2 到岸价格之式：

$$P_2 = \frac{\in_2 c + \in_2 t_2}{\in_2 - 1}$$

让 B_2 离工厂的距离比 B_1 要远。如果 P_2 是较高的，则为了使消费地价格差不比运费高的条件，是 $P_2 - P_1 \leqq t_2 - t_1$；或者，如果 $t_2 - t_1 = i$，则 $\in_1(c + t_1 + i) \leqq \in_2(c + t_2) + i$。

可以发现，直线的需要曲线的结果所形成的弹性会满足这一条件。

(3) 应用问题（倾销，市场区的重复，基点价格制度）。倾销或者对远距离消费者有利的工厂价格差，绝不意味着外部市场的入侵。像我们已经指出的那样，在一个无争议的国内市场区内的遥远部分，存在着一种颇符合愿望的倾销形式。

在完全同质的生产物的场合，市场区的重复，即是说，在市场区的竞争者的倾销，与上述的场合不同，常常是一种解体的征候，或是恐慌的征候，或是夸大妄想狂的结果。在这限度内，与其说关系到经济学者，毋宁说牵涉到精神病学者的事情更多些。至少，这

① 严格说，企业者不支付运费的一半，后者代表任何场合的购买者必须支付补偿的不变费用，但他放弃利润，或放弃与运费之一半的相当的对固定费用的报酬。

是粗心大意地忽视距离的后果。[①] 特别在美国，对于这种相向运输已经有许多人诉苦。根据美国联邦贸易委员会的计算，1928～1929 年间，例如，在水泥工业方面，由于这样，招致不必要的运输费，已达总生产费和销售费用两者合计的 20%。[②] 精确的分析常常指出涉及质的差别。再者，统计只表示大区域，不表示分割的小区域，这样，只处理表面上的相向运输，在实际上，却是处理“小的境界贸易”。那种遗留下来的相向运输本身数量往往予以忽视。已经说过，为了证明相向重复运输的正当化，并为了固定费用高的工业部门确实保证贸易的充分数量，这是必要的。[③] 再者，即使在边际生产费递减的场合，仍会由此而导致国内价格的下降。[④]

但是这些议论忽视了下述事实：一方的倾销，特别同一国家之

① 或许其理由是：一个生产者对他自己生产费用没有明晰的知识，不熟悉毗邻的购买者和运输业者，希望继续偶然的商务关系，享受例外的非常低的运费率，或者，在企业内部的交易中无须考虑距离等。但是如果生产者不很容易移动，那么，只在这时，某种程度的相向运输便可能避免。这就是说，当主要与这些生产者或消费者有关的供给源，由于歉收减产和大建设的结果，不能处理生产的突然急减或者突然需要的激增，则不可避免的相向运输就会发生。从基本上说，市场区可以发生暂时的变动，而且在一定条件下，市场区甚而可以转化成供给区域。因此，为了在需要锐减时期确保供给，对于远距离供给者，可作为预防措施，预先进行正常时期订货的一部分。这些已由德国“运输秩序的建设材料管理处和运输组织服务处（从前的局）的调查结果所证明”。

② T. K. 厄达尔和 C. J. 奥尼尔：“在石灰工业法典中基点制度规定的执行”（T. K. Urdahl and L. J. O'Neill, “Operation of the Basing Point Provisions in the Lime Industry Code”）载《分工评论，工作材料第 65 号》（NRA, *Division of Review*, *Work Materials*, No. 65），1936 年，第 75 页以下。

③ G. 塞德勒：“在公平竞争法典下，地理价格关系的控制”（G. Seidler, “The Control of Geographic Price Relations under Codes of Fair Competition”），载《分工评论，工作材料第 86 号》（NRA, *Division of Review*, *Work Material*, No. 86），1937 年。

④ G. von 哈勃勒：《国际贸易》（G. von Haberler, *Der Internationale Hadel*）柏林，1933 年，第 229 页；英文版 1936 年，第 309 页。

内，相互的倾销，必然不可避免地从单方面的倾销发展起来，其结果，没有一个参加者会接到追加的订货，虽然都会感到额外支出。倾销由倾销来对抗，这只是心理的必然性而非经济的必然性。更加有利的是，使用倾销办法负担运费的一部分，来阻止外国对国内市场的销售，以替代侵入另一市场。①

无限制的倾销，只导致对价格的压力和带来全面的损失，基点价格制度企图用规定的或受限制的倾销替代无限制的倾销。在许多基点制度形式中，最简单的是所有的工厂价格是相同的，反对购买者加算从基点到购买者的运费。所以，基点以外的生产者，则视环境如何对他们的顾客要求加算比实际较高的或较低的运费。正是由于这样，在极限的场合，所有的生产者才能在同一价格下对每一购买者进行竞争（与其说是价格的竞争，毋宁说是品质的竞争）。在不利区位上的顾客的场合，如果生产者必须从附近的顾客取得比相应的利润更多的运费，再加上固定费用的份额，那么，在现实上，他们不会这样做的（m）。此外，可以被允许的运费负担额有时会受协定的进一步限制。如果对位于任何地点上所有的顾客，都运用同一的工厂价格，那么，负担的运费充其量不过是从工厂到基点的运费（h）。在其他协定中，可以负担的运费将按照工厂价格的百分比固定下来（z）。② 在任何场合，在基点价格制度下可允许的倾销的最大限度是在竞争者市场区中某一地点自动地建立起来

---

① 这就说明为什么国际的倾销并不必须采用关税来保护国内的高价格作为前提的一个理由。再者，最有利的价格差，一般是这样的，在任何场合，再输入低价的已出口的货物是不值得的。

② G. 塞德勒，上引书，p. 37。

的；而且除了全由倾销所占有的地理界限以外[①]，在原则上，倾销的最高限度在极限的场合的负担可能额，将比利润加固定费用之和的总额要小。这样，真实的是**基点价格制度只能限制但不能制**

① **关于供给区域的大小**。如果把 h 作为与价格政策 A 没有关系的单纯在基点价格制度下技术上可能的倾销最大程度（从工厂到基点的运费），把 z 作为协定所允许的倾销程度，把 m 作为经济上可能的倾销程度（利润加每一单位的平均固定费用）。再假定 m 和 z 至少等于 h_1，那么，销售者便愿意按照均一的离岸价格，运往任何地点销售（运费负担额，只当工厂与基点 h 线向后者的方向延长的线上时才能达到其最高值）。如果 m 或 z 小于 h，则连基点本身也不能受到供给。在均质的运输平面上，运费率采用与直线距离成比例的场合，市场区将以一条双曲线为界。当 m 和 z 位于 h 和 h/z 之间时，则这双曲线包含基点；当 z 等于 h/z 或者 m 至少也等于 h/z 时，它就成为一条直线，通过工厂和基点的中间；在相反的场合，也是真实的。反之，如果 m 或 z 小于 h/z，则双曲线包含工厂所在地。但是，在后者的场合，不但不能负担运费，反而工厂会取得比征收运输费的计算额要大〔所谓“运费的利益”。例如，参阅莫勒的《世界经济文献》（Möller, *Weltwirtschaftliches Archiv*），1943 年，第 91 页，图 1〕。当采用递减运费的场合（包括对较长托运的较低里程运费率——W. H. 渥尔格姆），双曲线封闭了成为近椭圆［G. 麦根仑堡：《德国钢铁工业的货物铁路运输费用》（G. Meoklenburg, *Der Gütertransportaufwand der Deutschen Eiseninduslric*, Hannoversche Dissertation），1941 年，第 27 页］。

关于特别有利的供给区域的大小。此外，还有这样一个区域：厂址不在基点上的工厂，愿意在任何价格之下，进行供给，区域的一部分是以获得较少的利润进行供给；或者更精确地说，可以把区域区分为两部分，一部分是从工厂索取运费较高的价格进行供给，一部分是以较低价格进行供给。

如果两个地点的价格政策是相同的，那就是说，如果它们两者征收同一的均一离岸价格，或者如果它们两者从同样水平出发进行差别化，则分界线便会在工厂到基点的中间通过。在这样的场合，工厂通过基点时，价格就较高或者相反。

在另一方面，如果从基点征收相等的价格，而在工厂则计算差别化的离岸价格，则经由基点征收较高的离岸价格，其区域也就扩大（如果 $z, m \geqq h$）。只有在类似椭圆形的地区中，偏心地位置在基点的区域，采用离岸价格则更加有利。当成为差别化出发点的价格比均一的基点价格为高时，椭圆就大，在相反的场合，如果出发点的价格较低，椭圆便变成较大。总之，当向基点运输货物的销售者，和从基点输出货物的购买者，付出的运费比合理的倾销要大。因之，在前一种场合的收入和后一种场合的需要之下，运费的降低比距离的增加更快。

止向外国区域的不合理的倾销。另一方面，在国内市场区范围之内，合理的倾销可以由此而被制止，固然在程度上，根据基点价格制度的结构而有种种不同的变化。[①]

(d) 均一价格。如果销售者不大大改善销售手续和商业的计算，均一价格对于销售者不会有利。我们在这里，对于均一的工厂价格(F)和购买者的均一的交货价格(C)有加以区别的必要。在前一场合，购买者负担运费，在后一场合，销售者负担运费。但是对销售者来说，当他的销售区域是由竞争决定，而不是例如说由政府权力机关决定时，这与他选择这两种均一价格中之一种，对销售者没有什么不同(在直线需要曲线的平均场合)。他的销售区域的大小(随而独立生产者的数目)以及他们利润的大小，在任何场合，都是同一的。[②] 销售额和平均工厂价格也将相等。所有这些，对于个别企业最高限度的利润的倾向占支配的场合，或对于(从全体经济的观点来看)独立经济单位数最大限度化的国民经济的倾向占优势的场合[③]，都是妥当的，换一句话，无论对于经济的尽可能有利的大销售区域的选择，或者还是尽可能小的销售区域的选

---

① 在均一的基点价格的场合，基点上的生产者要想与购买者的距离相适应，把他们的工厂价格进行差别化，是完全不可能的。位置不在基点上的生产者，不能向直接离开基点的方向，使他们的价格发生差别。只能指向基点，对附近的购买者才能使他们的价格发生明显不利的差别(在这场合，离岸价格随着离开工厂的距离而下降，不是上升，固然其下降的速度要比相应的现实运费慢得多)。

② 这样，C对运费完全不起作用的货物，是可能的。过远的购买者的排除，在F的场合，是被价格所促成的；在C的场合，是被企业者拒绝供应所促成的。

③ 参考下面的(e)节。

择，上述这些都是妥当的。①

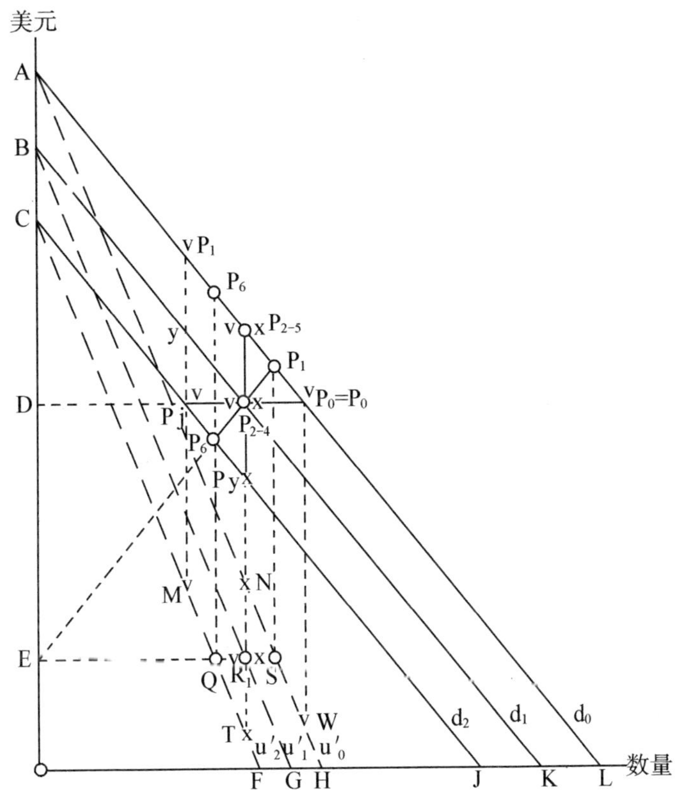

图 45　价格差(O)的比较，均一离岸价格(V)和(X)均一到岸价格

①　这件事就 F 和 C 的场合而言，是与均一的和平均的离岸价格有关的总需要曲线和总边际收入曲线两者相同的。拙稿《价格地理》提出了难解的证明。边际收入曲线和边际生产费曲线的交点决定最有利的均一价格。在图 45(系图 40 的放大)中，如果 P_0 作为均一的离岸价格，P_3 作为均一到岸价格，则 DP_0 将决定线上的个别地点上的销售额，表示出 TP_3 线上的个别地点上的离岸价格和边际收入(作为 d_0，d_1 和 d_2 分别与 u_0'，u_1'，u_2'的相交点)。EP_1 表示 C 和 F 时总销售额有关的有差别的工厂价格。来自一切购买者的边际收入只在 A(Q，R，S)有关的场合是相等的；与之相反，在 F(M，R，W)和 C(N，R，T)有关的场合，它们一部分高，一部分低，以致不能允许需要的同等有利的利用，因而也不能获得相等大的利润。

(e) 地理的价格政策和竞争。新旧企业家间的竞争，那就是扩大企业的努力与为独立企业的生存的努力两者有予以严格区别的必要。前者发现地域的界限；后者实际上是无限制的对于愿意使他们自己独立的人是一种储水池。

(1) 新设企业间的竞争。我们已经展开了对于一个任意的市场区在企业家自由支配之下的场合，实行地理价格政策的各种可能性。把个别企业的市场区保持尽可能小的趋势，只在公开市场上才能在广大范围内看到。在本书第九～十二章中，我们曾假定当市场区缩小到与均一工厂价格有关的需要曲线和生产费用曲线相接时，达到了市场区缩小的界限。随着任何进一步的缩小，除非采用地理价格差的适宜措施，否则企业家再不可能补偿他的生产费。那就是说，除非他要求其顾客按照距离支付不同的工厂价格，否则不能补偿他的生产费。这一办法带来附加的收入。这些情况常常不允许市场区进一步缩小。必要的市场区越大，随而运费负担的可能性越大，则市场区缩小的可能性也变得越大。[①] 这样，凡

① 为了决定最小的市场区和在市场区内最有利的价格，边际生产费曲线不再绘制成与流行的最高边际收入曲线交叉，而是与最低可能的边际收入曲线相交。这样，这种边际收入曲线对于各居住地方的最小可能的数目是有效的。如果在这样小的区域内，总收入曲线在全区总生产费曲线之下，那么，它不需要成为在绝对值上的最低的收入曲线。这样，在 A 的场合，这是较不普遍地发生的。此外，在这场合，边际收入曲线在这里会与边际生产费曲线交叉的可能性较大，因为前者(在数学上虽然 C 与 F 的场合的曲线完全相同)对于较大的市场区具有实际上的意义。所以，在 A 的场合，比在 C 和 F 的场合具有较小的市场区是可能的。在后者，在同一的边际收入曲线群之中，只有一条位在 A 场合的上方的边际收入曲线常常具有决定性的意义。在这里，为了对这件事的说明，有加以非常详细讨论的必要。我再一次提到我将发表的《价格地理》。但在这里，只需提出下列的说法就够了：边际收入曲线应该是同一的，但这与在 A 的场合的总收入曲线所在的位置一样地位在上方的这一事实完全相一致。

是在独立企业增加的趋势完全发生强大作用的地方，它就强迫实现地理价格差。[①]

(2) 现存企业间的竞争。竞争的浪潮对于(a)在地理的供给区域界限内的价格政策和(b)全盘的价格政策两者发生怎样的作用？

(a_1)市场区的闭锁性会被倾销所破坏吗？或者至少(a_2)在境界上的价格会由于竞争而下降到可变费用吗？或者(a_3)竞争者在相互之间会把边际购买者的所得留作利润或留作固定费用吗？或者(b)他们将与自己生产的一般价格水平无关系地追求一种政策，其结果永远达不到他们生产物的价格与市场价格间的稳定的均衡吗？

在这里，我只能写下我的答复——但不能为我的答复给出证明。(a)独立企业数最大限度化的趋势，强迫具有充分洞察力的企业家在境界地方也按照上述形式使价格发生差别。(b)再者，一般已由 W. 劳哈特[②]、H. 霍特林[③]、T. 巴朗特尔[④]、E. 斯涅特

① 如果独立企业单位数增加的趋势，强迫价格发生差别，那么，它会转而助长竞争的加剧——或者是在工厂所在地，或者是在遥远的地方。在前一场合，多数企业分享同一市场地域；在后一场合，区域会进一步缩小。在两种场合，不拘价格的差别，利润最后都会消失。工厂所在地的竞争，不需要阻止价格差本身，只要由于销售量的降低，生产费的大幅度上升，以致利润被耗尽就足够了。价格差就这样使其目的以失败而告终。市场区的缩小，几乎毫无疑问地提供一种独占的典型例子，说明独占者在自己支配范围内可以实行价格差。但他仍不能获得剩余利润，因为，他们所完全控制的区域过多地受外部的限制。

② W. 劳哈特：《国民经济学的数学基础》(W. Launhardt, *Mathematische Begründung der Volkswirtschaftlehre*)，莱比锡，1885 年，第 161 页以下。

③ 霍特林："在竞争中的稳定性"(H. Hotelling, Stability in Competition)，载《经济杂志》(*Economic Journal*)，1929 年。

④ T. 巴朗特尔：《区位理论的贡献》(T. Palander, *Beiträge zur Standortstheorie*)，乌普萨拉，1935 年，第 231～253 及 370～394 页。

尔[①]以及其他等等所展开的与运费有关的一种战略的价格政策，至少对垄断者来说，一般很少留有采用的余地。[②] 如果具有敏锐的洞察力，那么，一般存在着一种明确的均衡。如果许多人都做了不合理的错误的行动，则达到稳定的合理的结果就会推迟；而正当行为的知识与依法律庇护的鼓励，会提早导致稳定而合理的后果。[③] 关于这一点，将在下面的“不同市场区相互间的价格差”一节中讨论。

---

① E.斯涅特尔：“一种空间经济学理论的陈述”（“Bemerkungen zur einer heorie der Raumwirschaft”），载《计量经济学》(*Econometrica*)，1935 年，第 90 页以下。

② 由于地理上的分散，各个人也许有半打的竞争者，因此，彼此间各个人间的影响是小的。

③ 关于 a_1：在附近的一个市场区上，倾销会遇到报复，或者最好是避开它，因而，建立新工厂的努力，一旦等到这些努力完全成功以后，特别侵入者的有利性就缩小了，而且破坏他自己的有利性。如果所有的人都采用倾销，那么，当然市场的最小限度的必要规模就会增大，但是同时即使由于放弃倾销，不进行侵略，市场缩小或破坏的机会仍然也会增加。所以，只有在与不同货物竞争，而不是与同一类货物竞争，吸收运费才是有意义的。

关于 a_3：下面对于价格差的陈述是真实的。因为边际总收入曲线随着市场区的缩小而向左侧移动，所以，它和边际生产费曲线的交点也向左侧移动。按照新交点高于或者低于旧交点，新工厂的价格在地理境界上会比从前较高或较低。在地理境界上的新的均衡中，平均生产费在许多场合，一般由于销售增加的结果而上升，超过地理境界上的工厂价格。在这里，价格是处在平均生产费和边际生产费之间。当然，在这场合，边际生产费仍等于边际收入。但这只意味着可变费用在境界地带上由其收入来补偿，并不意味着连固定费也得到补偿。这样的事是不会发生的，损失恰好由工厂附近的剩余来弥补。也就是说，工厂附近各地方的“夺取”和在远距离地方的倾销将彼此相应地相抵。与此同时，这样的双方相合，使比无价格差的地区更远的必要市场区的缩小成为可能。这种缩小过程在进行着，一直缩小到平均生产费超过境界地带流行的工厂价格。所以，固定费用的不足额，恰恰由内部的剩余来补足。

关于 b：一种稳定的价格和市场如何才能找到？人们会劝告：只要把运费的一半加到生产费中去就行了，但事情并不是那么简单。因为生产费也取决于市场区的规模，

b. 地理价格政策的作用

(a) 对人口密度和区位集积的作用。在 A 的场合，最有利的市场区比 F 和 C 场合要大，为了存在所必要的最小市场区则比 F 和 C 的场合相等或者要小。因之，在能够自由进入的工业部门中，区位在与价格有差别的场合较之均一价格的场合，往往是相互密接地存在一起的。

价格政策对区位向有利地区的集积的作用是较难判断的。第一，就政策创始者的区位而言，在 A 的场合和在比较显著的 C 的场合，来自邻近购买者那里的利润，比来自遥远的购买者的利润要高。结果，关于区位的选择，前者要比需要的考虑重得多，至于区位的数目更不用说了——这又是工业集中于大城市另一个理由。

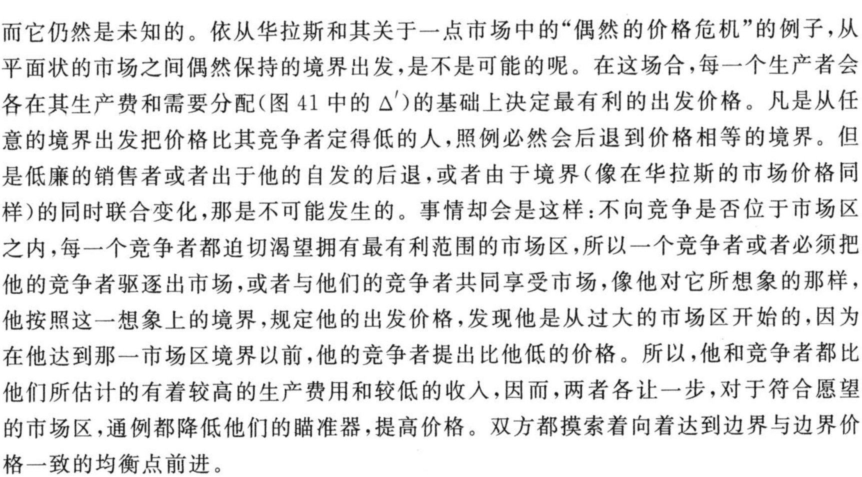

而它仍然是未知的。依从华拉斯和其关于一点市场中的“偶然的价格危机”的例子，从平面状的市场之间偶然保持的境界出发，是不是可能的呢。在这场合，每一个生产者会各在其生产费和需要分配(图 41 中的 Δ')的基础上决定最有利的出发价格。凡是从任意的境界出发把价格比其竞争者定得低的人，照例必然会后退到价格相等的境界。但是低廉的销售者或者出于他的自发的后退，或者由于境界(像在华拉斯的市场价格同样)的同时联合变化，那是不可能发生的。事情却会是这样：不向竞争是否位于市场区之内，每一个竞争者都迫切渴望拥有最有利范围的市场区，所以一个竞争者或者必须把他的竞争者驱逐出市场，或者与他们的竞争者共同享受市场，像他对它所想象的那样，他按照这一想象上的境界，规定他的出发价格，发现他是从过大的市场区开始的，因为在他达到那一市场区境界以前，他的竞争者提出比他低的价格。所以，他和竞争者都比他们所估计的有着较高的生产费用和较低的收入，因而，两者各让一步，对于符合愿望的市场区，通例都降低他们的瞄准器，提高价格。双方都摸索着向着达到边界与边界价格一致的均衡点前进。

是不是只有这样的一个境界和境界价格呢？就连结 Ⅰ 与 Ⅱ 的联结线的一切境界各点上的消费者价格曲线来说，如果境界价格随着境界的变动而发生单调的变化，则它便将与相应的曲线一度相接，正如 Ⅰ 所能成为目标那样，——关于这点，在详细考虑之下，必将以一常规出现。这样，当双方停止斗争，并且双方不能盼望单独在那里生存下去时，就有一种趋向独立的强大倾向，稳定的均衡就能取得支配地位。

最重要的是基点价格制度的作用:位于基点上的工厂无限制地享受市场区的利益。它们不能在任何地方以低价格出售,也没有一个地方能使它们受到损失,它们的目标是最高利润。凡在最低的到岸价格点并不与基点相一致时,像所有的工厂一样,他们便会向基点移动。[①] 在市场区内所有的竞争者均等地分享需要的程度越大,则对它们全部来说,到岸价格最低的地点几乎愈加一致。区位的集积在进行着,其结果生产费项目的价格因集积而大幅度上升。这样,结果这些企业的一部分便向其他集积点移动。只当企业自发地向较小的市场区域(一般是利益较高的区域)集中时,才会发生企业从基点分散的趋势,它们分散到愈远的地方,则愈为密集,最后的结果是,分散与新的集积发生,这样的场合,从基点移动或许必然会发生的。[②]

在这里对于以价格政策作为问题的商品**购买者**来说,有利性完全倒转过来,他们会被吸引到低廉的基点,或吸引到采用 A 政策和特别在采用 F 政策的生产地点去,但这很可能被许多其他因素掩盖而变得不甚显著。政策 C 与基点价格制度的场合同样,不

---

① 这里是韦伯理论的一个突出例子。关于这一点,直到现在仍为其追随者所忽略,而没有加以注意。一个企业在其拥有一定生产量(分配定额),拥有一批绝不会被最低廉的竞争者夺去的一群顾客和一种特殊化的需要(因为消费者价格是固定不变)的场合(特别是在许多生产因素的价格在地理上被价格表平均化而趋于稳定的场合),这一企业在现实上能够借助于等费曲线选定新区位。运费最小的地点并不一定是消费场所。所以,为要节约必须由消费者支付的运费,企业必须展开从基点向消费点迁移的倾向,并不是真实的。这取决于原料的运费是否因此而增加。

② 根据 A. R. 伯恩斯的意见,从 1916 年到 1951 年,美国钢铁工业的生产能力在基点匹兹堡以外的地方增长得更快。[见《竞争的衰退》(A. R. Burns, *The Decline of Competition*),纽约,1936 年,第 341 页。]

但使生产者区位对价格的影响消失，而且也使价格对消费者区位的影响消失。在被选定的销售区内，有关商品会变成“遍在物”。购买者集积在生产地点的较少。但他们是否将分散，或明显地更加密集于某些其他场所则还未决定。假定均一销售价格，就要消除合理的空间配置的最重要的调节机构。

(b) 对生产者和消费者的作用。与价格差的场合的比较指出，A 往往带来高利润，在自由进入的场合，使多数的独立生产者参加进来。[①] 这样，A 对于企业者更加有利，而 F 则常常使到岸价格降低，平均地对消费者有利。[②]

只有远距离的消费者在 A 的场合比 F 有利；在 C 的场合，因在此运费被吸收了，所以 C 更加有利。另一方面，那些住在工厂附近的人则支付较高的价格（参阅图 45）。至于基点价格制度的场合和采用政策 C 的场合，由于相向运输，浪费很多。[③] 使价格上升。

2. 在不同市场区相互间的价格差

正如到目前为止我们所假设的那样，如果采用政策 A 和政策 F 的场合，所有生产中心地的价格与运费率是相同的，那么，这些销售区是正六边形，它们的境界线是直线，如果运费率（与距离成比例）是不同的，那么，销售区域成为不规则的多边形，其境界线成为弧线。如果工厂价格不同，那么，销售区域是不规则的多边形，

① A. 勒施：《价格地理》(A. Lösch, *Geographie der Preise* 〈in preparation〉)。

② 在一定地域内，这件事意味着与平均到岸价格有关的某一地区的需要曲线，在 F 的场合是最低的，在 C 的场合是最高的。人们对这样的解释是否理解还是疑问。消费者的负担，在 A 和 C 的场合是额外的重，但它们准备支付更多些。

③ 特别在基点四周地区内部，生产者的区位都在那里，其中在运输系统的负担已很重的地域，这一点特别显著。

其境界线是双曲线。[①] 事实上,这也许是最重要的场合。最后如果工厂价格与运费率两者都不相同,那么,销售区域是一个不规则的多边形,其境界线成为四次的曲线。[②] 如果与距离成比例的运费率被递减的运费率所替代,那么,境界线成为很复杂。

事情与农业供给区域的场合完全相同,但不同之点是就此场合说,它们是工业生产物销售区域的“镜像”。如果工业销售区域的境界是价格漏斗断面的投影圈,则农产物的境界线就起源于价格圆锥体的交叉。再者,最重要的是这一场合,而不是运费中心点的价格不同的场合。图 46 指出 A、B、C 三个地点的价格圆锥体和在 S 以上表示工业的镜像。恰恰同样,作为一个工业地点的 B,如果那里的工业生产物价格等于在 A 的价格加上从 A 到 B 的运费,那么,作为工业生产物的生产地点的 B,会从销售区域排除出来。与此完全相同,如果在 B 的农产物价格只等于从 A 的价格减

① 即使无代数的证明,这一点很容易看出。就境界上的各点来说,这是无关紧要的,它们可从附近生产中心得到供给。所以,工厂价格的一定量之差必然会从相等不变的运费差和相反的运费差得到补偿。如果两个一定点的距离之差是一定的,那么,所有各点的几何学轨迹是双曲线。在大城市中,各种价格是最低的,所以双曲线的顶点存在于区域体系的中心附近。再者,它们是交叉的,以致它们的焦点位置在它们所包围的地区的中间。在此场合,需要成为最大的。

② W. 劳哈特已指出了这点[《国民经济学的数学的论证》(W. Launhardt, *Mathematische Begründung der Volkswirtschaftslehre*),莱比锡,1885 年,第 157 页以下]。T. 巴朗特尔已给出详细的展开[《区位理论的贡献》(T. Palander, *Beiträge zur Standorttheorie*),乌普萨拉,1935 年,第 223～230 页,也可参阅他的书的第 363 页图 193]。又,A. 西林格:《在数学形式上竞争的经济地理学原理》(A. Schilling, *Diewirtschaftsgeographischen Grundgesetze des*)导入了一个地点与经济前线间的“市场境界线”(均衡线)的概念。它们同样是圆锥断面——扇形椭圆抛物线或双曲线。市场境界线不像几何学上两点间竞争的场合那样由价格漏斗的交叉产生的,而是由表示价格漏斗与运费额从经济前线向外上升的到岸价格的平面的交叉产生的。

去从 B 到 A 的运费①，那么，从 B 获得农产品的供应会受到阻碍。恰与 DG'' 形成在 B 的工业生产物价格的上限同样，DG 是农业生产物价格的下限。城镇愈大，则在城镇中农产品市场价格就愈高。假定 A 的人口增加一倍，则比如说，牛奶的价格一定要上升到 AD 以上，以便牛奶房能以城镇 B 为牺牲而增加起来，城镇 B 也会经验到价格上升，但增加的绝对量较小，因为它的人口还保持原状。结果，它的界限双曲线的支线会受到压缩。为了充实自己②，就要开拓一个较小面

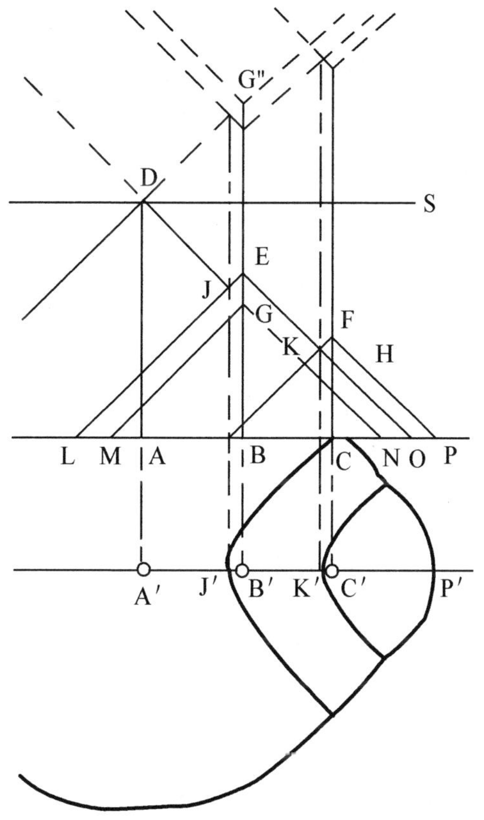

图 46　环绕城镇 A、B、C，而且在 S 轴之上的农产品价格圆锥，它们的镜像

① 位于 A 与其内地相连结的一条交通线上的 B 除外。

② A. 蒲雷多尔在其"美国钢铁工业的地点分布"[(A. Predöhl, "Die örtliche Verteilung der amerikanischen Eisen-und Stahlindustrie")载《世界经济文献》(*Weltwirtschaftliches Archiv*)，XXVII，第 239～292 页，314～329 页]中已就与之相应的工业场合进行了描述。只要 B(今日之芝加哥)不能完全满足当地对钢铁的需要，则 A(匹兹堡)就供给其余部分的钢铁，而且作为边际生产者决定价格，一直到了芝加哥能按匹兹堡价格水平生产足够的和超过足够的钢铁以满足当地的需要。这时在芝加哥，价格降低，并且将拥有它自己的销售区域。

积的集奶圈，以供应 A。一个更小城镇 C 的集奶圈的位置会在 B 的范围内，因为在 B 和 C 近旁还存在着其他城镇。所以，这些供应区域实际上不会伸展到圆弧的地方，但将被双曲线的延伸线所包围。

与价格政策 C 有关，情况就不同。如果标准化商品的每一个生产者要求均一的到岸价格，并且无论如何，要与其竞争者的价格不同，那么，最低廉的生产者会把其销售区域向四方扩伸，一直延长到最有利的销售半径。如再向外延伸，他们将拒绝供给，即使其产品比竞争者更低廉。[①]

§2 生产物的地区差

空间的价格差，使市场区大幅度缩小成为可能，但空间的生产物差别化对这种影响起着反作用。不同地点生产的财货中，完全同质的财货只是少数。[②] 照例，它们能共同地满足并不完全相同的多数愿望，即使对商品所提出的主要愿望是同一的，例如，即使把价格问题作为别论，一辆汽车，在一个地方是必需品，而在其他地方却是纯奢侈品。至于就由此而得到满足的各类欲望（各种类型的汽车）或者同时得到满足时各种附加欲望（例如，后背可以放

---

① 在这场合不会发生区域的缩小。那些已经存在的企业者的竞争对于新进入者的竞争会发生作用，以致影响特定的个别的生产者，不会影响竞争者的数目——一直到新的进入者改而采取对其更加有利的政策 A 或 F。

② 这种差别可能在于零售商业的类型而不在于商品本身。零售商的卖价和买价的差别和同一生产物的价格是与零售商业的类型相应而变化的。在昂贵的商店中，顾客的支付是为了同时可购买许多不同类的商品的可能性，是为了与此有关的较好的设备，是为了确实能购得高档适合胃口的流行的财货等等。

下躺卧的椅子)而言,那是毋庸赘言了。商品的性质是其生产地的函数,而把它倒过来也是真实的。商品是符合那里流行的生产费和需要关系而制造的。不待说,这种商品企图去满足需要,一般系来自与其生产场所密切相接的附近地区,但这并不像对均质的生产物那样完全如此。它的销售区域境界并不与邻近的生产场所的境界一致。市场区是相互重叠的。因为即使大多数购买者的住地在工厂附近,而其生产物是符合邻近地区的欲望而制造的。[①] 然而即使在此场合,仍有遥远的若干购买者存在着,他们由于各种理由,不愿购买自己附近地区制造的这种形式的商品,而宁愿从远地购买这种商品。迁移者对这一现象起着不小的作用。数量足够多的迁移者,常常是输出的开拓者。[②] 共同的嗜好几乎在每一家工厂的周围创立了一群购买者的环圈,因而使类似的生产物的销售圈在空间上的相互重叠。[③] 这样一种生产物的个别性质的不同,对于制造者起着有利或不利的作用。所谓起有利的作用,

① 假使工厂是在一个小镇上,则最邻近的土地并不一定符合需求。因为市场区在不受限制的场合,需要的大部分像在图43C中所表示那样,系来自中等距离的地方。

② 在美国,这种倾向一方面被非常的关税,另一方面被国内大量生产财货以及极低的运费所抵消。没有这些,这个"民族的熔炉"几乎不能使统一的生产发展得如此迅速。有趣的是类似的过程在德国也可看到。对外贸易的压缩,"大众的"无线电收音机,引导消费的"大众化的"交通运输,和"快乐力量公司"(KDF——纳粹时代劳动者休假的组织)帮助之下便宜的旅行等。

③ 多少相同的事情也会在文化界发生,也许是上面描述过的各种现象的根源。文化越是地方性的,民族性的,或者甚而是宗族性的,它也就愈能丧失其特殊性。广泛的差别给无害的麻烦事情让路。实际上它们在不同的方言、习惯和服装的少数特殊性和不同的过去时代的模糊记忆,虽历久不会消失。但这样不同文化中心的势力圈就越会重叠起来。只要这样的差别是重叠的,这些势力圈现实上就会存在。再者,如果这些差别完全消失,它们也会分开,但在现实的中间阶段上,它们是重叠的。

是因为不拘运费如何，他们能够侵入他们竞争者活动的范围；所谓起不利的作用，是因为不拘他们很有利的运输位置，他们不能把不同财货的竞争者从他们自己的领域中完全排除出去。[①] 一种生产品越是与众不同，其代用品越少，它就为自己完全占有市场，不会受到局限。[②] 但基于同样理由，它的市场区比它的所有购买者即使住在一地点上，其面积要大得多。[③] 关于相互重叠的销售地域的数目有多少，可以根据零售商所提供的各种财货来判断。

企业家的活动也能从空间的关系加以理解。小小的改良

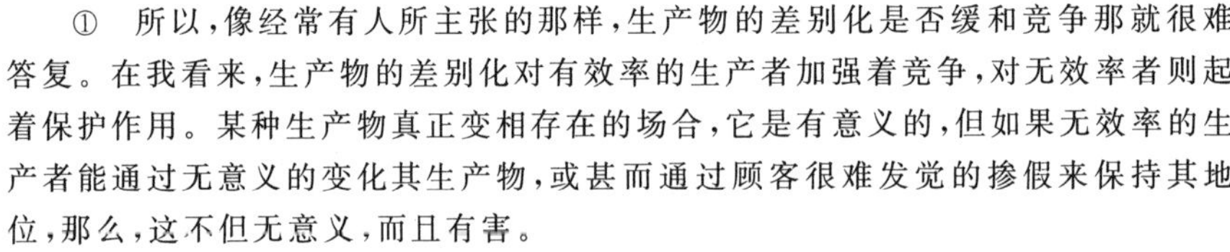

① 所以，像经常有人所主张的那样，生产物的差别化是否缓和竞争那就很难答复。在我看来，生产物的差别化对有效率的生产者加强着竞争，对无效率者则起着保护作用。某种生产物真正变相存在的场合，它是有意义的，但如果无效率的生产者能通过无意义的变化其生产物，或甚而通过顾客很难发觉的掺假来保持其地位，那么，这不但无意义，而且有害。

② 因此，原料和半成品的市场并不像完成品的市场那样重叠。因为它们还是相对地不定型的，所以，常常有标准化的可能。此外，在原料和半成品的市场上，运费在生产者价格中的关系起着重要作用。所以单凭这一理由，相互重叠就局限于较狭小的边境地域。在高级商品的场合，一切东西常常取决于原料的特殊性质。所以，即使这些原料属于普通品质的，但极其富裕，也要从远方去定购优质原料（因之，例如在德国，虽有数百处能供给黏土，但只有一个地方能供给高度耐火产品生产所需的黏土）。在完成品的场合，特别是在消费财货的场合，在下列两者之间必须加以区别，一方面是因具有严密封闭性的销售区域的中心地所供给的标准化的日用小商品，另一方面，是有选择可能性和微小差别值得重视，因而拥有无明显境界，却只在大城市能处理的高价财货。例如，可参阅齐默尔曼："明尼苏达州的农庄贸易中心，1905～1929 年"（C. Zimmerman，"Farm Trade Centers in Minnesota，1905—1929"），载《明尼苏达州大学农业试验站报告》（*University of Minnesota*，*Agricultural Experiment Station Bulletin*），第 269 号，1930 年，第 16 页。

③ 因之，以竞争者或以其他财货为牺牲的销售区域的扩大，能在如下许多不同方式下发生：(1) 向外向最近的境界移动；(2) 在这些境界之内扩大现实的销售区域；(3) 在旧的市场区内，一部分对老顾客、一部分对新顾客增加销售。

就能以竞争者为牺牲，扩张他自己的销售区域，并使之更加集中。新的或大大改良的财货就以所有旧财货为牺牲，占有它们的市场。这样，汽车的发展，不仅牺牲了铁路，而且也牺牲了钢琴和酒类饮料等等制造业。到后来，当一种新产品已经达到经济上的成功时，模仿者会分享它的市场区。反之，如果市场区即使对于第一个企业家是太小了（那就是说，如果他不能使需要曲线和生产费曲线相交的话），那么，他把自己当作失败的先驱者之一。在一个天才企业家所开拓的市场与生产着标准财货的企业[①]的严格限制的市场之间前进和后退，这个发展过程不断来回进行着。

§3　运费率

在公用事业里，其独占的运费率的目的只是为了某些特定服务业获得最大利润[②]，其次，运输企业恰恰足以补偿它们的费用为目标[③]；至于第三类交通运输企业，则受有意识的补贴。目前德国的现行铁路运费率提供了上述三条中每一条的例子。一种递减运费率对于这三条原理的任何一条都不重要。对我们成为问题的，

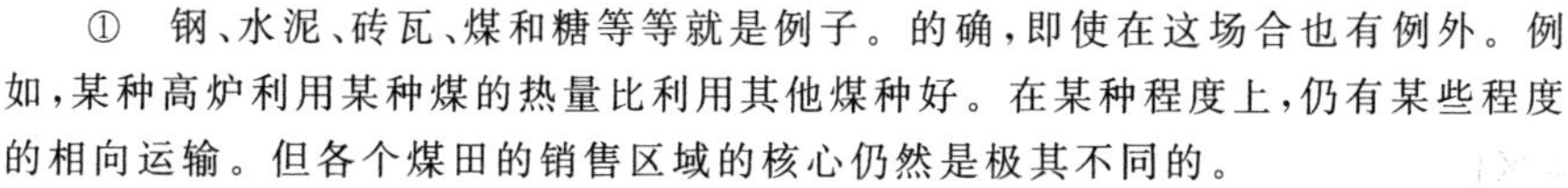

① 钢、水泥、砖瓦、煤和糖等等就是例子。的确，即使在这场合也有例外。例如，某种高炉利用某种煤的热量比利用其他煤种好。在某种程度上，仍有某些程度的相向运输。但各个煤田的销售区域的核心仍然是极其不同的。

② 特别是在交通运输繁忙的铁路线，在中等距离，在小量货载和在贵重财货（参阅下面的注）的场合。在这些场合，发生了与汽车运输的竞争。

③ 关于铁路经常费的重要意义，一般都给予过高的估计，随而对于高的边际费用额予以过低估计。在设备完全被利用的条件下，每一次货运量的增加，费用必定几乎成比例增加。边际费用是低的，广泛应用这一点来辩护低廉的运费表，一般是没有根据的。关于这一题目，我将在另一本书里加以详细讨论。

只是这种递减的程度。[①] 就区位有关而论，在德国重要的津贴是煤的长距离运输。这种运费率破坏煤矿周围工业的集积。因为在过去一个世纪中，煤矿促进了机械化发展的一般过程，并且使森林枯竭。[②] 在其他重要的原料中也可以看到同样的情况。[③]

但是，只有竞争的运费率才遵从一般原则。随着运费率水平降低 1/10 之后[④]，按照产品种类[⑤]和运输距离计算的铁路差别运输率，自从马车和四轮车消失以后，带来了区位类型的极其重要的变化。像载重汽车一样，马车和四轮车征收的运费，原则上是与重量和距离成比例的。

1. 地区的运费率差

a. 按照目的地规定的运费等级

假定财货从一个地点 B 运往不同距离的其他许多地点。与

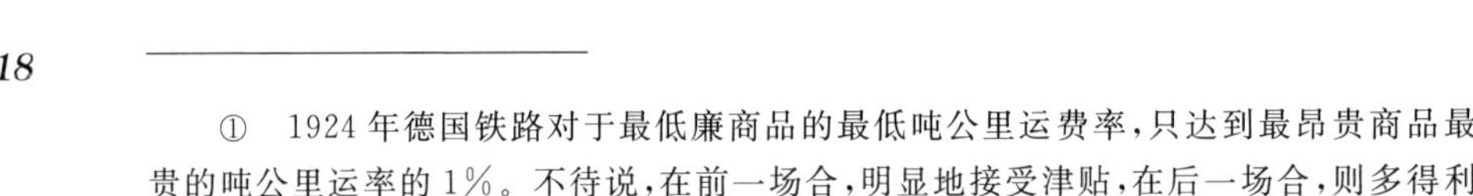

① 1924 年德国铁路对于最低廉商品的最低吨公里运费率，只达到最昂贵商品最贵的吨公里运率的 1%。不待说，在前一场合，明显地接受津贴，在后一场合，则多得利益。

② 参阅 W. 桑巴特：《现代资本主义》(W. Sombart, *Die moderne Kapitalismus*)，第二卷，1919 年，第 1143 页以下；第三卷，1927 年，第 98 页以下和 122 页。

③ 在其条件相等之下，无论如何，机械的利用必然随着距煤矿距离的增加而减少，结果必然是低品质大量生产的货物随着离原料供给地距离增加而减少。反之，低工资的高级劳动的重要性必然会增加。

④ W. 桑巴特：上引书，(Ⅱ，345)；P. 舒尔兹—克梭夫：《铁路货物运输率政策在工业区位和空间秩序的效果》(P. Schulz-Kiesow, *Die Eisenbahngütertarifpolitik in ihrer Wirkung auf den industriellen Standort und die Raumordung*)，海德堡，1940 年，第 25 页。

⑤ 从利润最大限度化的观点来看，如果不是运输率问题，货物的运输能力会发生什么事情呢？问题在于货物运输的难易，不是它的价值。盐比家具能负担较高的运费，虽然每磅盐的价值比家具便宜得多。由于运费的增加，新生产地是否能建设起来，距离是否由此而缩短的问题，消费者的反应和生产者的反应，同样是重要的。

它们的运费率有关的运输量的弹性，第一件随着运费率的上升而上升，第二件随着以到达目的地的距离的增大为转移而提高。[①]基于第二种理由，垄断企业降低长距离运输的运费率。递减运费率的空间差别是与财货价格的空间差别相应的。

图 47 连同图 20 可作为证例。

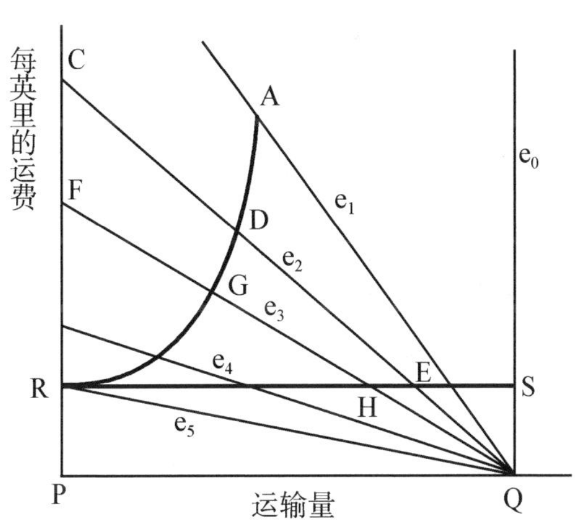

图 47　通过分区的运费，财货的价格差别和空间运费差别的类似点

为了简单化起见，我们假定每一地点只住着一个顾客。如果 *OP*（在图 20 中）代表工厂所在地的价格，那么，在购买者支付运费或者运费率等于零的条件下，位于生产中心之外的每一地点的运输量，将等于 *PQ*（在图 20 和图 47）。当距离乘运费率之积等于或大于图 20 中的 *PF* 时，运输量等于零。这样，这个销售地点的距离越远，则足以阻止保证合乎目的的一切运输的运费率就越低。如果 e_0，e_1，e_2 等等（图 47）等于代表距离逐渐遥远的地点的运输需要曲线，那么，它们在这种顺序上便变成逐渐趋于平缓，这样，对

① 在销售区域，弹性取决于销售区域购买者对要求的支付价格的意愿。在供应区域，获得利润的机会取决于出售者。根据兰斯菊的意见，在英属东非，由黑人生产的财货的运费率高于白种居民所生产的财货，因同额利润对于黑人具有较大的意义。对于黑人来说，代之以其他的可能性是较为困难的。

同样的运费率就逐渐变为具有更大弹性。那种使收入超过不变费用(PR)的剩余额最大限度化(图 47)的递减运费率[①](即为运输不同距离所支付的不同的运费率表),是容易用普通手续获得的。在图 47 中 RS 与 PQ 并行,并把位于 RS 与 y 轴之间的需要曲线的部分平分为两等份。递减运费率将位于连结这些点的曲线 RA 上。

递减运费对于必要的市场区大小的作用是不同的。对于近距离的场合说,递减运费位于与距离成比例的运输费水平之上;对于长距离的场合说,递减运费则位于与距离成比例的运费水平之下。在自由竞争之下,如果与距离成比例的运费只足以补偿运输企业的费用,那么,上述两种运费必会比在独占下能提供同样总利润的与距离成比例的运费更远的地方相交。递减运费对必要的市场区域规模的作用被下述情况所左右,那就是,由与距离成比例的运费为了要把财货自市场区境界运输,其递减运费高于或低于与距离成比例的运费。如果递减运费高于与距离成比例的运费,那么,结果与它相应所有的消费地价格便因之较高。从而地区内的需要也比在距离成比例的运费的场合要小。在这场合,采用递减运费所要求的必要的市场区要大。但是,如果递减运费恰巧位在成为问题的地点大大低于与距离成比例的运费,那么,较小的市场区就足

① 这就是所谓铁路"按照运输的商品所能负担的限度"征收运费这一说法的正确含义。运费率的最低限就是可变费用。但是运费率不能任意确定高于这一水平。这样的确定是要使每一场合的剩余部分尽可能地大。总剩余额至少必须与经济费相等,否则整个工业都将无利可图。

够了。因之，我们事前不能演绎地说，递减运费是助长工业的集中[①]，还是阻碍工业的集中。递减运费对可能运输距离的作用（它自然地是延长的作用），必须不能与它对必要的运输距离的作用相混淆。后一种作用就它本身来说，在许多场合，往往[②]具有决定性的意义。因为在递减运费之下，运费在长距离上不过是缓慢增加的，所以成立了扩大的销售区域。在这区域内，某一特殊生产者比其他生产者的优越性只取决于到岸价格的微小差别。当生产物为均质时，这就充分了。但是，即使微小的产品差别，也会因之导致不稳定的均衡，而显著的市场区的重叠也会导致极大的规模。[③]

在少数场合，运费率不是随距离而上升。例如，凡是企业用自己的载重汽车提交货物的场合，就是如此。如果他们的顾客位于距工厂一日旅程以上的地方，那么，交货费用会由于超过规定时间的劳动和住宿而增加。[④] 在这里，其作用是递减率运费的反面。

b. 根据出发点计算的等级运费

为了了解按照出发点而分等级的运费，我们可以想象有各种

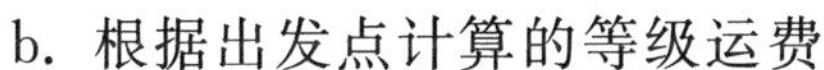

① M. 基尔坚持它是鼓励的。参阅"在制造工业区位中的经济因素"（M. Keir, "Economic Factors in the Location of Manufacturing Industries"），载《美国政治社会科学院年报》（*Annals of the American Academy of Political and Social Sciences*），1921年，第90页。

② 对矿业生产的场合，现实的运输距离和可能的运输距离，或许会符合一致。例如，莱茵地区产的浮石销售区域只受运费限制，不受直接竞争的限制。

③ 参阅T. 巴朗特尔：《区位理论的贡献》（T. Palander, *Beiträge zur Standortstheorie*），乌普萨拉，1935年，第365页。

④ J. 斯米兹在其充分详细考察中，计算出：就酿造业而言，当销售半径达到47英里时，就达到这一点。"德意志酿造工业的区位问题"（J. Schmitz, "Das standortproblem in der deutschen Brauereiindustrie"），载《科尔纳大学论文集》（*University of Cologne dissertation*），1930年，第61页。

交通运输手段从不同地点放射出来的场合，有同一的运输业者对特定地点规定特别运费率的场合，或差别是由于被运输财货的性质的场合。例如，每吨运费率虽然是同一的，但富矿每一单位金属含量所支付的运费要比贫矿低得多。

在不同的运费率下，把同样产品运输至两个生产地点的各销售区域间的关系是怎样的呢？一般地说，可以说是两件事。第一，支付低运费率的生产物不论其工厂价格如何，不能完全从市场上排挤出去。即使这种生产物在其生产地被另一种更低廉的生产物所驱逐，但在一个充分大的可能的销售区域的情况下，无论如何，在某种距离上会达到这样的地点，在那里，低运费率的生产物的交货价格降低到其他生产者的生产物的交货价格以下。[①]第二，支付高运费率的地点的销售区域，现在被一个利用更低廉的运费率的地点的销售区域所包围。不用说，销售区域越大，运费率就越高，工厂价格也越高。这一销售区域会缩小到只剩下一个点，并与其他区域相对照，完全会消失。

2. 运费率的水平

现在我们达到这样的场合，在此场合中，运费的提高或降低不是为了单独的一个地点，而是为所有的地点。[②]如果运费率水平降低了，那么，销售区域的可能规模会扩大，但最低限度的必要规模却会缩小。[③]因降低运费就降低到岸价格，其结果是，从原来的销售区域就会

① 参阅T.巴朗特尔，上引书，p.228的统计数字。

② 对于具有大的必要运输距离的货物，递减运费率与在许多点上作为运费率一般的降低都起着相同的作用。

③ 例如汽车已增加零售业可能销售半径的10倍，但确实没有增加经济的销售半径。

产生超过必要量的需要。运费率的降低使销售区域缩小成为可能。

流行着一种支配的信念，认为运费的降低可使市场扩大。这种支配的信念的流行有若干理由。首先一个理由是错误的，即把可能的运输距离与合理的运距看作是相等的。对于可能的运距而言，下述命题是可以成立的。[①]用公里表示的运距是与运费率成反比例，销售区域的大小与销售量则和运费率的自乘成比例。[②]但运费率降低这种巨大作用在现实上决不能实现，这很容易从这样的事实看出来：竞争者也会从这种运费率的降低中获得利益，特别是对那些生产低廉商品的生产者，获得更多的利益。这是很明显的，他们销售区域的扩大，主要是以其生产较贵产品的竞争者为牺牲而获得的。[③④]其中，少数生产者则完全从市场被驱逐出来了。但

① 参阅D.拉德纳在一世纪前的旧著：《铁路经济》(D. Lardner, *Railway Economy*)，伦敦，1850年，第140页。W.劳哈特得出奇怪的结论，说运费率的降低会大幅度地增加销售区域[《国民经济的数学基础》(W. Launhardt, *Mathematische Begründung der Volkswirtschaftslehre*)，莱比锡，1885年，第15页]。但供给区域几乎没有什么增大(同上，p. 177)。他的结论取决于下述事实：在杜能的场合，消费者的数目(那就是城市的人口)是一定的。但在另一方面，当把竞争不予以考虑的限度内，就工业产品的销售而言，消费者之数是有增加的可能的。特别在独占工业的场合，这种增加在事实上可以观察到。可举一例：随着汽车的发展，邮件传递范围扩大了。参阅黑勃尔所著《国民经济学》，(Heberle, *Weltwirtschaft*)1934年，第15页以上美丽的地图。关于相反的意见，可参阅C.皮拉士在其所著《交通运输经济的基础》(C. Pirath, *Die Grundlagen der Verkehrswirtschaft*)，柏林，1934年，第73页。

② 在比较对照中，我们可以看到，与F政策的场合不同，在A政策的场合可能的销售量增大4倍，而在C政策下，可能无限地增加。自然，运费率的一般降低并不会把销售额增加到像根据个别需要曲线判断所预期那么大的程度。

③ 同样，对于生产费低廉但运费率高的商品而言，销售区域是扩大了(图3)。例如，原料农产品往往是在某些中心加工的。

④ 劳哈特脱在上引书第160页上写道：随着交通手段的改善，昂贵的商品失去了“一切保护关税中的最有效的首先是恶劣道路的保护”。因之，在运费率降低的条件下，保护主义论便抬头。反之，运费率上升，则有利于生产昂贵产品的生产者。因运费率与

这并不是最后的结果，因为现在，利润产生了，它诱发新工厂的建立，而最后，这些新工厂又缩小销售区域。但新的竞争现在会“从内部”发生，——那就是在低廉的工厂区位上发生——因为现在不能移动的生产条件比运费起更重要的作用。[①]

在这样的场合，销售区域会维持它的扩大的规模，较多的工厂却分享同一的市场。在此限度内，运费率的降低事实上的确进一步促进生产的集中[②]，特别是在劳动供给方面比较有利的地方就是这样。[③]

运输的低廉化，对于类似的财货同样也能扩大市场区。因在此场合，现实的销售半径接近可能的运输距离（从社会学来说，与它相当的是例如通婚圈的扩大）。这种现象激化了真正的竞争，恰与重叠的市场对于同样的财货激化无意识的竞争同样。

就我们的命题来说，尚有一种可能的例外应予考虑。假定某

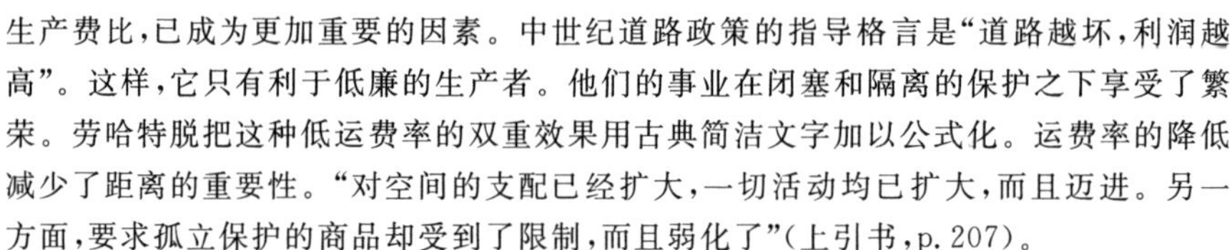
生产费比，已成为更加重要的因素。中世纪道路政策的指导格言是“道路越坏，利润越高”。这样，它只有利于低廉的生产者。他们的事业在闭塞和隔离的保护之下享受了繁荣。劳哈特脱把这种低运费率的双重效果用古典简洁文字加以公式化。运费率的降低减少了距离的重要性。“对空间的支配已经扩大，一切活动均已扩大，而且迈进。另一方面，要求孤立保护的商品却受到了限制，而且弱化了”（上引书，p. 207）。

① 现在，地方性的特征更加尖锐地发挥出来。这样，降低运输成本的效果绝不会被抵消。农业生产同样受运费率降低的影响。各种资源与土壤性质、气候、低廉的劳动等同样，与它们的位置相比，已获得显著的重要性。在城市附近，农业集约度已见降低。许多分散的生产性较低的矿山已于19世纪关闭，矿业已集中到最低廉的矿产埋藏地。这样，在许多场所，繁荣的钢铁工业集积起来。但在过去，钢铁工业是分散在许多地方兴旺起来的。这是铁路运费和海洋运费的普遍大幅度降低，连同远距离托运和原料运输等费用的特别下降的结果，最普遍的实践是从最有利的供给源获得许多原料。如果土壤的自然生产力这样地与运费的降低变成具有巨大的重要性，则在另一方面，国家的位置所起的作用随着自然肥沃度越高而越小了。

② 至于说到对消费的作用，降低运费率就缩小地理的价格差，同时也缩小了供给的差别；反之，在战时，船舶的不足，又会增加供给的地理差别。

③ 另一方面，今天工资的人为的平均化，就再次增大低运费率的重要性。

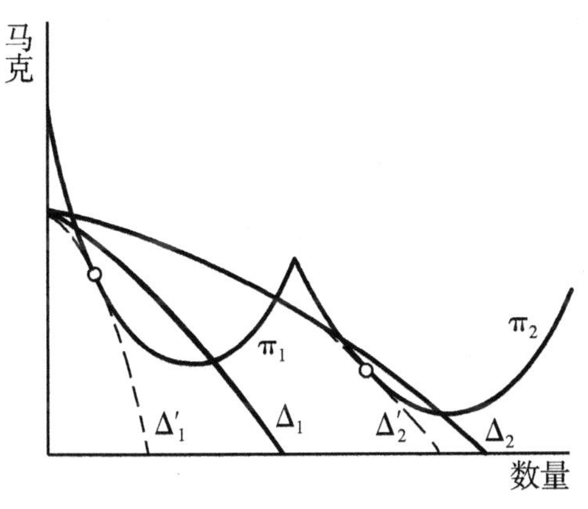

图 48　新的大规模节约对市场区规模的影响

种生产物有两种生产方法，其中之一只在销售量非常大的场合才能使其成本比较低廉。在这场合，如图 48 所示，计划曲线分为两支 π_1 与 π_2。也就是说是曲折的。再进一步假定在以前的运费率之下，即使具有全部可能的销售区域，为了使低廉的大规模生产成为可能，能变得极小，即是说，假定 Δ_1 已不与 π_2 交叉。在这场合，如果运费率降低，那么，不但在以前的销售区域销售量大幅度增加，而且连可能的销售地区本身也大大扩大。现在 Δ_2 与 π_2 交叉，而低廉的大量生产成为有利可图。现在，它允许销售区域在 Δ_2'与轴线 π_2 相切之前再度缩小成为可能。现在，新的销售区域比旧的销售区域要大成为可能的了，虽然这并不是必然如此。

在 19 世纪时，运输费曾发生过特别大幅度的降低，一般来说，最可能带来这样的效果。① 但必须记住，那时有两种现象同时发

① 人口的增加，或更正确地说，购买力的上升，在这方面与运费的降低起着同样的作用。这一点特别说明了这样的事实：城市的事业规模比农村的要大，而不是要小，并且因城市的需要曲线一般倾斜度很陡，所以乍看起来，可以期待在价格高的销售区域小的地方，它们是与旧的生产费曲线相接的。另一方面，战时需要的减少，常常以这一理由给小生产者带来利益。许多价格在城市为什么是低廉的另一理由，就是只在城市中能把找到完全发挥其能力可能的许多最熟练的企业家吸引到城市来；或因当他们在生产上特别熟练时，会降低生产费用曲线；或者因为当他们精于做广告时，他们会使需要曲线向右移动——两种原因都导致价格的降低。

生过作用：第一，是大规模生产的改进（在一定量的生产之下，π_2替代π_1）；第二，是交通运输技术的改进（Δ_2替代Δ_1）。[①] 如果这两种因素不同时发生（的确这不是一种单纯偶然机缘），那么，那些小世界——其中心，无可争论的是皇家住宅地、小的农村地方、城镇或者只有一所领主住宅——便不会这样迅速地完成它们的命运。像情况所发生的那样，它们中心机能的大部分足够快地转让给较大区域的潜在中心了。[②] 由此，一般降低了中心地生产的财货的价格，但因此而必须支付的代价是多么大啊！这些曾经是如此明白地可以了解的，又是如此容易地可以考察的小世界都已沦为废

① 在19世纪时，这些改进是属于引起区位革命的六大事件之中的，那就是：(1)人口的增加；(2)以新发明为基础的独占的出现；(3)从木材和水运向煤炭的变化；(4)由于生产激增的结果，小规模来源的枯竭；(5)进一步的机械化；(6)运费率的降低。这些因素虽有时也是相互抵消的，但如下述那样，对区位发生有利作用：煤产地(3,5)，大规模的低廉的原料来源地(4,6)，大城市(1,5,6)，劳动供给源(6)，人为的任意选择的区位(1,2)。例如，参阅W.桑巴特：《现代资本主义》(W. Sombart, *Der moderne Kapitalismus*)，卷Ⅰ，A，1922年，卷Ⅱ，3，A，1919年，卷Ⅲ，1，A，1927年；施利尔：《1860年德国工业机体》(O. Schlier, *Der deutsche Industriekörper seit* 1860)，蒂宾根，1922年；H.利奇尔："生产部门的纯粹历史动态学"(H. Litschl, "Reine und historische Dynamik, der Erzeugungszweige")，载《斯摩勒尔年鉴》(*Schmollers Jahrbuch*)，1927年；P.舒尔兹—克梭夫：《铁路货物运输率政策在工业区位和空间秩序的效果》(P. Schulzkiesow, *Die Eisenbahngütertar ifpolitik in ihrer Wirkung auf den industriellen Standort und die Raumordnung*)，海德堡，1940年。

19世纪，许多市场的扩大本身是较大发展的连锁的一部分，而这些发展的逆转是不可能的。这一连锁开始于专业化（在租佃农场或农村中的手工业），继之以城市化（与农村手工业的相对立的行会）和机械化（与手工艺相对立的工厂）所促进，而以大量生产（与小企业对立的大企业）两面胜利而告结束。其最后导致到处市场规模的缩小（统治了的市场和自给自足）。

② 曾经独立的中心从属于较大的中心，或者，一向从属的市场转向对别的主要中心的从属，这些对中心的上部构造给予最强烈的影响，因为由于这些从属，区位和机能发生最显著的变化。

墟，地方城镇已成为更大的有机体的一部分，这一有机体当开始时在其广大的空间中，是难以把握地变成更加抽象的了。但生活感的扩大并没有随着这种技术的发展同步扩大起来。[①] 这不但对离大都市遥远的宁静的角落是真实的，而且更重要的是对于大都市本身的内部。在中央机能中难于驾驭的专业化，不单单妨碍大都市与农村的密切接触，并且妨碍它们相互间分享成果的有效影响。个别的机能便低廉地合理地在实践上完成着——当然，这就是带来重新改组的理由——，但整个社会状态一开始就遭受日益彻底改变的生活方式。运费的大幅度降低，强有力地使城镇离开他们的地区。特别在美国，日用品常常要从遥远地方购买，因为在品质上仅有微小的差别，或是为了赶季节，从爱达荷州购买马铃薯，从加利福尼亚州购买莴苣，从得克萨斯州购买卷心菜，从佛罗里达州购买鲜花。[②] 在这里我们可以问：在我们所生活的土地上生长的粮食难道对于我们不甚有益吗？最近大多数的研究正倾向于支持这一观点。

我们可以把降低运费率的纯经济的效果归纳如下：一般地说，运费率降低，虽然会缩小经济区的规模，但在一定条件下，它们会导致经济区规模的扩大。[③] 运费率的降低只影响个别城镇的规

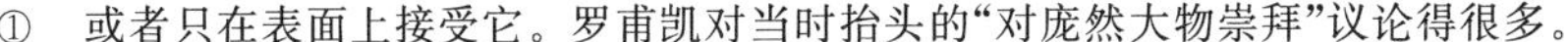

① 或者只在表面上接受它。罗甫凯对当时抬头的“对庞然大物崇拜”议论得很多。

② 对于这一问题可参阅 E. A. 达第的关于芝加哥的考察《新鲜水果和蔬菜的实物分布》，(E. A. Duddy, “The Physical Distribution of Fresh Fruits and Vegetables”)，芝加哥大学，《商业管理研究》(University of Chicago, *Studies in Business Administration*)第七卷，第二号。

③ 如果在远离的生产条件并不十分有利的地区鼓励发展工业是符合愿望的，那么，除了原料以外，这一地方输入的运费率不应有所降低。但是(在由于运输减少而缩小地区规模的场合)在该地区内部的运费，或者(运费率的降低会扩大市场区规模的场合)从那里向国内其他地方的运费，应该有所降低。

模，但不影响它们的地理分布。因为只要农场的分布不变，即使运费率降低，各种可能的市场区的种类仍会保持不变。只要个别的生产物现在是与另一个规模的市场区相联系了。只有这些生产物的生产地相互间的距离发生变化[①]，但作为工厂的可能区位成为问题的地点仍和从前一样。因之，既然完全不同种类的财货是在这些成为它们中心市场区的城镇上销售，所以，城镇的经济机能便会随着运输费用的变化而改变，但可能的市场区本身及其中心的位置依然保持不变。

二、自然的差别

§1 生产率的地方差[②]

现在，我们舍去一块肥沃度均等的平原的假设，来考虑自然对人类的努力的反应在不同地方并不是均等的这一事实。人类与自然协作关系有从事生产物的生产，土地的耕种到果实的采集等形态；有的场合，自然对于人们进行的制造和建筑等只供给补助手段（资源）；有的场合，耕作只当人类能使自然的肥沃度增加时才能从事农业；也有这样的例子，当人们所希望的生产物只以自然形态已经存在时，人们才进行采集和夺取（开矿、捕鱼等）。

---

① 大量的损失或利益会偶然地由于移动而发生。如果必要的销售区域在规模上增加了，那就会损失。因那时，集中的工业会突然出现过剩；如果必要的市场区变小了，那就会产生利益，因为为了它常需要若干时间，以便流入生产部门，充填这些空隙。

② 它们的经济意义，已由 E. W. 齐默尔曼特别详细地加以研究。参阅他所著《世界资源与工业》（E. W. Zimmermann, *World Resources and Industries*），纽约，1933 年。

与自然合作的形态及其程度，随着场所而有很不规则的变化，有符合某些规律的变化的场合，或者也有在广大区域内完全没有变化的场合。第一种不规则的情况是最普遍的，使许多研究者对于任何经济空间秩序的存在表示失望。事实上，由于自然的非规律性，经济景观的均一构成遭到阻止。但这种可能性不是完全没有。它们并不必须完全破坏它们，因为有一切组织的力量联合起来，与对无秩序分散发生作用的种种力量相对抗。例如，即使土壤的性质从一块耕地到另一块耕地有着极端的差异，但它们的利用并不显示出斑驳的混乱。在各地方，由于受到离市场的相等距离的影响，由于地带性等原因，这里和那里的土壤各种差别就会被修正。但即使这些作用并不很强烈，即使在土地利用和农村人口分布不规则的场合，农村的城镇和较大居民点所形成的上层构造仍会产生出来，而且不管怎样，这些城镇仍然发生种种变形，它们中间互相保持分离的距离，不会结合在一起。而且不管一切的扭曲，它们仍形成一种类型，指向大城市和大交通线路。

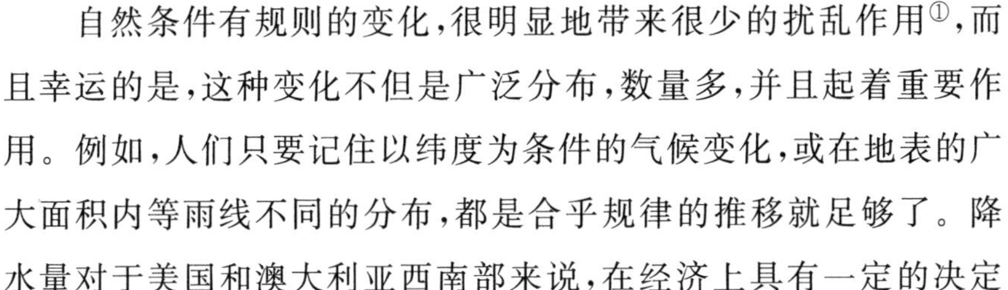

自然条件有规则的变化，很明显地带来很少的扰乱作用[①]，而且幸运的是，这种变化不但是广泛分布，数量多，并且起着重要作用。例如，人们只要记住以纬度为条件的气候变化，或在地表的广大面积内等雨线不同的分布，都是合乎规律的推移就足够了。降水量对于美国和澳大利亚西南部来说，在经济上具有一定的决定

① 借用韦伯的话来说，它们对区位的选择发生着连续不断的影响，与运费率同样，不是二者择一地发生作用，或者像没有中间阶段的地方的优点那样，是没有变化而发生的。

性的影响。在美国降水量从东部向西部逐渐减少，在澳大利亚西南部，随着进入内地逐渐减少。这种自然条件合乎规律的变化，甚而使乍看一下经济上均等的地域也可观察到。因之，在美国棉花地带收获期从南部的7月上旬开始到北部以10月底为止十分有规律地变化着。①

属于上述第一类的自然条件的变化的扰乱作用，在某种程度内，给空间经济类型带来不规律性。第二类则造成经济空间的不均等性，但我们现在进行考察的自然的扰乱作用，不会在这样广大的范围内表现出来。这样，有着肥沃度几乎相等的广大土地恰与生产率水平完全不同的其他地方密切地连接在一起。这种情况当山脉突然从平原上隆起时，就可以看到，如果平原部分和山岳部分是十分广阔的，那便形成在其内部表现

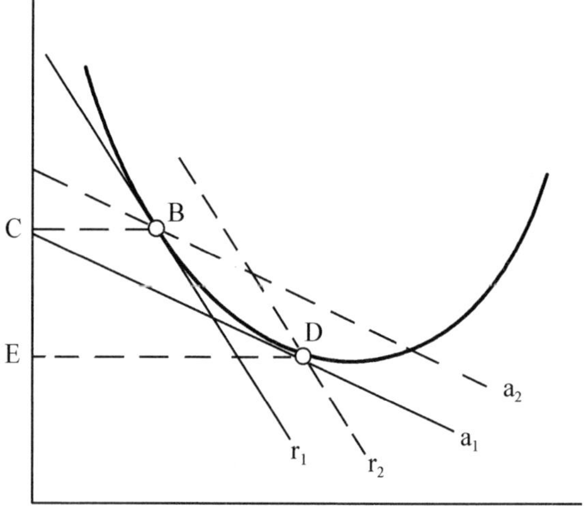

图49　具有相等需要曲线的人口稠密地区和人口稀少地区的市场区的比较

① 因今天对城市的可能供应区域已变成非常广大的范围，所以同一农产物常常包含着不同收获季节的地区。事实上的供给圈随季节而变化。例如，纽约从佛罗里达州、得克萨斯州或加利福尼亚州，在不同时期获得橘子和葡萄。

出巨大的规律性的但彼此间性格却有极大差异的两个经济景观。[①]

在这里，引起我们兴趣的，第一是这些性格的差别，第二是境界上的情况。

第一，肥沃地区[②]的市场区是否大于或小于贫瘠地区的市场区？其城镇是否多于或大于贫瘠地区的城镇？对于这些问题的解答及其理由与运费率一般降低的结果相同，即是说，它取决于是否基本上存在不同种类的大量生产方式，中间没有转换的可能。如果这样的方式存在的话，那么，肥沃土地上的市场区可能会更广大些，城镇会大些。如果这样的方式不存在的话，或者如果在贫瘠土地上它们是充分有利可图的话，那么，肥沃土地上的市场区会小些。[③]在

① 此种经济景观地域，在巴黎、科隆、明斯特、莱比锡、布雷斯劳四周低地突入地带可以见到。与之对应，发展着相应的连锁的高地中心，如特里尔、卡塞尔和布拉格等等。

② 土壤肥沃度的不同，常常是与靠近或远离经济景观中心之间的距离之差别，土地占有的大小之间的差别，以及较高的人口密度和较小的人口密度之间的差别等相应。在肥沃土地上，农业人口常较密，同样，农村规模也较大。大型农村生产更多更低廉的货物。这些货物比小村从附近购买的要低廉得多。

③ 因人口稀薄接近可能的一个市场区的必要运输距离愈近，则这个市场区也愈小，可由下述事实来说明：在贫瘠土地上，因需要很少，销售区域要由相对广大的地域组成。在人口稠密的地域，一个销售区域为了保证具有与人口密度低的地域同样的需要，并不必要保有像人口稀少地区那样的销售区域之面积。因而如所述那样，在其他条件相等的情况下，在小面积的销售区域的需要弹性小，所以人口密度高的地域的企业，常能通过提高价格的办法，来补偿它的生产成本，不拘进一步缩小其销售区域。反之，在人口稀少地域，因销售区域是小的，就是在相同工厂价格下得到像其他地区同一货物的销售区所带来的需要。在此场合，不发生市场区的缩小，而且通过价格的降低，能获得一种适宜的需要。

图 49 解决了这个明显的矛盾的对照。r_1 和 r_2 是人口密度高的地域(R)的需要曲线，a_1 和 a_2 是人口稀少地区(A)的相应的需要曲线。在 A 地区内，必要的需要量是 DE。在 R 地区，需要曲线 r_2 像在 A 的价格下一样，会带来同样的需要量(DE)。但这一场合，市场区相应面积比位于其左侧的需要曲线 r_2 相当的面积为大。这一曲线带来了R地区内提供必要最小限度的需要BC。当A的销售区域与R的销售区域相比时，

肥沃土地上城镇的数目会多些。[①]这里并不意味着人口规模的不同，而是意味着人口分布的不同。在其他条件相同的情况下，居民的数目在肥沃土地上，不消说，很明显地要多得多。

第二，如果工厂位于两个景观区域的境界线上，在这样的场合，这个工厂区域伸入肥沃地区或贫瘠地区的销售区域的规模，将取决于各个有关地区里市场的相对规模。如果市场在贫瘠地区是大的，在肥沃地区是小的，那么，依销售区域规模来测定，这个工厂的实际腹地，从地理广袤的观点来看，将位于贫瘠地区内。但在它们的经济价值上，两个销售区域大约是相同的。因为一般来说，这样的边界销售区域在形状上不合理，但作为整体看却比内部销售区域要大。如果在肥沃地区的销售区域是较大的，那么，境界线上的工厂是否能从贫瘠地区吸引足够的需要，以便为肥沃地区组织较大规模的生产方式进行生产，那是难于确定的。

另一类型地区自然条件差别的场合是重要的。让我们设想一个大区域 A 和小区域 B，它们在自然条件上完全相同，但被一座山脉或一片沙漠或一个大水体等广漠的荒无人烟的地带，或者被 A 的高关税率所分开。在此例中，重要的假设是规模与距离的不同 。另外，还附加两个具有经济性质的假定也很重要：第一，计划

这也是同样真实的。其结果，由此便可得出，人口稀少地区的城镇中，工业产品的价格便将低廉。反之，在这些城镇中的农产品的价格和农村平均土地地租将比人口稠密地区要高。这首先是因为运费率由于交通运输手段的更强烈地利用而要高些；第二，因为城镇人口较多，它的农产品供给区域是较大的；第三，因为供给区域本身的肥沃度较小。

① 再有进者，在人口稀薄地区，财货在这里存在。关于这些财货，即使有完全利用可能的输出范围，也依然不会有适当的市场规模。

曲线像在图 48 那样，是不连续的，因之，在此必须有两种不同的生产方法存在，大规模的和小规模的生产方式。第二，只有 B 为了组织大规模生产，必然是过小的。在这些条件下，A 成为一个大规模企业的区位。B 也许是构成 A 的销售区域的一部分，但它企业的位置无论如何不能位于 B 而同时又供给 A。按照假设，在 B 的一个大规模企业不能单独依靠 B 作为其销售地区。但在 A 地区内部的产品，由于从 B 到 A 的运费高，即使没有关税，若与当地大规模企业的成本相比，一定要贵得多。反之，如果 A 地域是一个充分的销售市场，或者如果 A 进行大量生产的成本低于 B 地域小规模企业的生产成本加运费，那么，在 A 地域本身就能建设一家大规模的企业。

在此情况下，比如，即使美国没有实行荒谬的进口关税政策，也能使之成为大规模企业的典型国家。[①] 所有欧洲国家中，德国今日成为大的经济区，已最接近美国。[②] 其决定原因，与其说是人口规模，不如说是国民所得起着决定性作用。欧洲其他国家如果不采用关税率加以保护，那么，它们就将包含在许多美国大企业的市场区域范围内。[③]

一般地说，在自然条件中，均等地起作用的因素对于农业一般

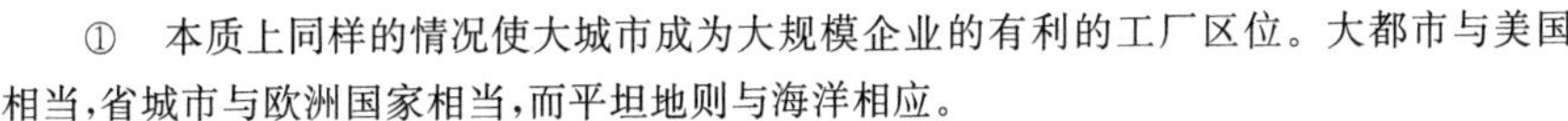

① 本质上同样的情况使大城市成为大规模企业的有利的工厂区位。大都市与美国相当，省城市与欧洲国家相当，而平坦地则与海洋相应。

② 本书写于 1939 年秋季以前，但 1944 年版中仍保持这种说法。——英译者 W. H. 沃格洛姆

③ 参阅 A. 勒施《战后饮料的运输成本和区位转移是关税趋势的原因》，(A. Lösch, *Selbstkosten- und Standortverschiebungen von Genussgütern naeh dem Krieg als Ursachen von Zolltendenzen*)，柏林，1934 年；《缓冲国经济》(*Zwischenstaatliche Wirtschaft*)由 H. V. 贝干拉赫主编，第四卷。

是很重要的。不均等地起着作用的因素对于工矿业也是重要的。自然在一切经济领域中的影响力对于区域(Bezrik)和地带(Guitel)的形成上起着一种极其重要的作用。[①]自然的作用有有利的一面,同时有不利的一面。其不利一面是它使城市化和市场区的形成发生不合理的变形;其有利一方面在于这样的事实:当同种的生产集中于同一地点时,在不利的自然条件下,没有必要通过购买,实现这种产品的一部分的生产,结果就能获得外部经济。[②]

§2 在交通便利方面的地方差

在我们最初图式的纯经济因素为条件的偏离中,有提出下述附言的必要:在现实上"交通运输平面",那就是在任何两个任意地点之间的运输存在着直线的交通运输的区域,是不存在的。道路和铁路,铁路车站和港湾设施等数目的有限性,可以归因于它们建设上高的不变费用。因此,在现实上,在任何两个一定点之间的运输想通过任何合于愿望的线路的交通运输,是不可能的,但它们只有在少数的所谓交通运输地点之间和同样少数的所谓交通线之间,是可能的。再者,这些交通地点和线的数目随着运输手段之不同而异。[③]在四轮马车和载重汽车的场合,交通运输点和交通运输

① 华盛顿劳动统计局统计主任 S. W. 威尔科克斯曾告诉过我:他们把美国伊利诺伊州根据生产物种类进行地区划分的尝试,指出了划分的结果,恰与地质学的构造的划分令人惊奇地一致。例如,为市场生产玉蜀黍的地带与地质构造相吻合。因为面向市场的玉蜀黍栽培地带与为面向饲料的玉蜀黍栽培地带属于不同的地质构造。

② 例如,如果一切种类的土壤到处都是均匀地混合的,那么,情况将成为这样。

③ 关于决定各个不同运输公司分配运输手段和决定货运量的相对大小的规模的法则,可以参阅 A. 勒施:"航海的贡献"(A. Lösch,"Die Leistung der Seeschiffahrt"),载《航海事业》(*Nauticus*),1941 年,第 326~336 页。

线的数目是多的[①]，在铁路的场合，它们的数目是少的[②]，在飞机和轮船的场合，它们是最少的。交通运输枢纽和路线的配置，本质上

① 就公路而言，它在人们所愿望的任何地点都可能有停车场，所以，它的稠密的网眼比具有疏散的网眼的铁路线明显地接近真正交通运输平面。这是载重汽车交通运输的特征之一，在其与铁路的竞争中和在区位的形成和发展中是特别重要的。此外，如果把成为这种交通运输的特征方式的从直线距离和重量而不按照递减方式，或从价值来加以考虑，那么，汽车运输普及的最重要效果，便容易推断出结论来。就它会降低运费作用而言，汽车运输将有利于生产费低廉的地点，恰如一般运费率降低一样。就它们使运费率均等化的作用而言，汽车运输，如已指出的那样，会对"特惠地点"起不利的作用。因此，载重汽车的普及具有集中化的效果还是具有分散化的效果，这个现在正争论的问题，要提出一个简单的答复是不可能的。例如，关于交通不便的地区开发，汽车运输对新开发的地点的进入和搬出提供便利。在一方面，大城市的竞争现在有可能突破遥远的角落，并破坏地方产业。根据德国和美国的经验，这对于零售业是特别真实的。参阅 A. 爱伦梅尔："汽车对生产区位和商业的意义"(A. Erlenmaier,"Die Bedeutung des Kraftwagens für den Standort in Produktion und Handel")，载《交通运输社会科学杂志》(*Zeitschrift für Verkehrswissenschaft*)，XII，1934 年；C. E. 莱夫利："1905～1930 年明尼苏达的农村贸易的增长和衰退"(C. E. Lively,"Growth and Decline of Farm Trade Centers in Minnesota, 1905—1930")，载《明尼苏达大学农业试验站报告》(*University of Minnesota, Agricultural Experiment Station, Bulletin*)，第 287 页。另一方面，过去不能接近的地方，一旦被载重汽车所打开，有利的生产条件便把工业吸引到这些地点来，例如，参阅 A. 爱伦梅尔，上引书第 94 页；巴兰特尔，上引书，第 352～360 页。同样，铁路建设也曾给远地的劳动来源地带来利益[参阅 O. 斯里勒：《1860 年：德国工业机体》(O. Schlier, *Der deutsche Industriekörper seit 1860*)，蒂宾根，1922 年；P. 舒尔兹-克厄梭：《铁路货物运输率政策在工业区位和空间秩序的效果》(P. Schulz-Kiesow, *Die Eisenbahngüter tarifpolitik in ihrer Wirkung auf den industriellen Standort und die Raumordnung*)，海德堡，1940 年]。

至于德国的高速公路与铁路相类似，它们的连结点数是有限的，因此，与通常的公路相比，它们在出发点终点间的距离愈长，则节约的时间也愈多，而且很明显，高速公路干线两端间的距离也愈近，节约同等时间的各线像箭头一样，飞速向终点奔驰。在德国高速公路干线的场合，转角无条件地要比铁路的转角锐得多，即后者表现出交通运输的极大革命。关于德国高速公路干线可参阅 C. 匹拉兹所绘的有趣的图，发表于由 K. 迈耶尔主编的《人民与生存空间》，(*Volk und Lebensraum*, edited by K. Meyer)，海德堡，1938 年，第 262、269 页。

② 目前，在德国，3/4 的村落中没有火车站。

是从我们市场区的理想体系里发生出来的结果。[①] 那就是说，在自然条件不带来扰乱的限度内，它们纯粹是以交通运输的需要为条件的。

1. 交通运输线路

自然的障碍，按照折射的法则招致交通运输路线的改道。这种法则具有广泛的适用性，远远超出经济的范围。[②] 人类根据自己洞察力在选择上服从于这一法则。按本质说，在此场合，这只是经济原理应用于特定情况。自然（光和声）则基于必然性，服从于这一法则。在这里就有自然法则和以理性为基础的法则之间具有显著意义上的一致性，充分明显地指出：经济法则不单纯是人类的一种思考的产物，而且也不单纯地只与某一特殊时代的状况相应。[③] 这一法则可以作为贯穿于自然科学历史中的节约法则，也可作为最简单的手段的原理和最小抗拒的原理，也就是说，自然现

① 当然，作为一种反射作用，特别是就费用高的设备而言，沿着少数很发达的交通路线有一种集中的趋势。

② 当我们评论巴兰特尔时，已提到过这一点[“区位理论的贡献”（“Beiträge zur Standortstheorie”），载《斯摩尔勒年鉴》（*Schmollers Jahrbuch*），1938 年]，同时可参阅 H. V. 斯塔克尔贝格详细而值得赞扬的论文“交通运输线的放射法则”（H. V. Stackelberg，“Das Brechungsgesetz des Verkehrs”），载《国民经济和统计年鉴》（*Jahrbücher für Nationalökonomie und Statistik*），CXLVIII，第 680～690 页。

③ 反之，这一法则适用于所有的情况下的若干人的行动，也适用于在若干情况下所有人们的行动。当欲望和嫌恶是强烈时（即是说，尽可能获得多数特定目标，或尽可能回避多数的特定的东西——追求一切利益或高的目标，节约自己的力量，回避不愉快的事情等等），当我们生活得万事如意，不是使手段与目标分离而是两者浑然一体而生活时，我们在娱乐中感到快乐时，当委身于感情——只有不做情欲的俘虏才能成为充满着爱情的人——时，上述情况是不合适的，在那里，有着两个世界，我们在它们中间徘徊。

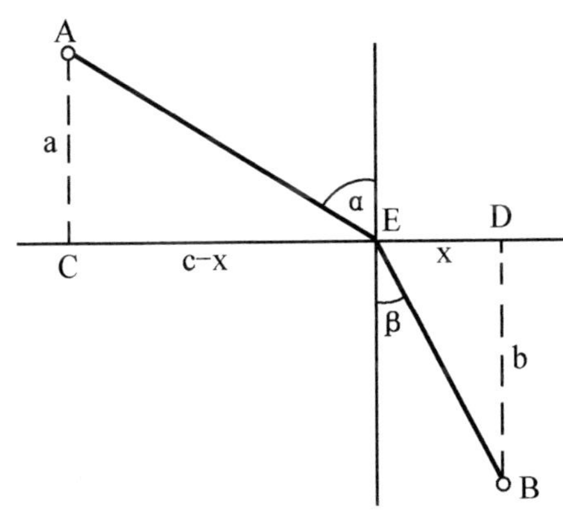

图 50　折射法则

象可通过最短的捷径达到其目标这一假设来把握。[①]

假定某种生产物有以尽可能低廉的费用从事 A 运输到 B 的必要(图 50),海岸线 CD,在其北侧或在任何地方都适于登岸,可以实行低廉的海上运费 fa;在其南侧可实行高的铁路运费 fb。当运输 AE 距离时,每一单位生产物的运费将是:

$$F_a = f_a\sqrt{a^2+(c-x)^2}$$

当运输距离为 EB 时,则运费为:

$$F_b = f_b\sqrt{b^2+x^2}$$

当

$$F'(x) = \frac{(x-c)f_a}{\sqrt{a^2+(c-x)^2}} + \frac{xf_b}{\sqrt{b^2+x^2}} = 0 \text{ 时,}$$

则最小限度为:

$$F(x) = F_a + F_b$$

因此,

① 即使在我们结论的其他部分,在自然现象之中也可发现其对应物。总之,各种动物的种和类不是和人类有不同的市场区同样,常常有极端不同的生活圈吗?即使就植物的种来看,也同样存在着它们个别必要的和典型的距离。这是在个体想扩展的冲动与独立个体数据最大限度化趋势之间斗争的结果。这是我们在经济分析中所熟知的。我不认为动物学的、植物学的和经济学的区位理论三者的基本原理有巨大的差别。

$$f_b \sin\beta - f_a \sin\alpha = 0$$

或

$$\frac{\sin\alpha}{\sin\beta} = \frac{f_b}{f_a}$$

根据上式，就决定港口的位置 E。在此式中，如以单位时间表示的距离替代单位运费表示的距离，那就将得到光和声的折射公式。

再者，作为第三个例子，让我们假定一个指挥官以尽可能小的牺牲，将其军队从 A 移动到 B，并假定敌人的火力在两地带的猛烈性如上例中的运费，他将选择 AEB 的路线。简言之，屈折法则对于当必须用最小的损失(时间、货币和血的支出)通过两个不同等的有利地带的一切场合，都是普遍有效的。折射律的最重要的应用或许是一种低廉的交通运输线(例如，一条铁路线或一条可通航的河流)，横断地穿过一个很昂贵的交通运输平面——例如，稠密的道路网。[①] 当货运在铁路运输上来回转换时，角度 B 是容易计算的。因为在这场合，AE 在图 50 中是与 CE 线相一致的，所以 $\alpha=90$ 度。随而 $\sin\beta = f_a \div f_b$。同一公式的另一种应用的例子，是在宽阔河流上铁路桥的建设。它的建设费愈高，则铁桥愈将偏离铁路线的主要方向，以便在河面最窄处渡河。

折射律自然也可适用于更复杂的事例。例如，通过透镜的折射现象，在经济学领域中它有它的副本。为了确定解决方案，假定图 51 中划了斜线的部分是一面双凹透镜。问题在于从 H 这里射

① 巴兰特尔(上引书，第 337 页以下)对于各种交通手段的结合，提出了一个令人赞扬的表述。但在第 337 页上等式的左侧最小限度化条件应是 $x \div \sqrt{a^2+x^2}$，而不是 $(x \div a)$。

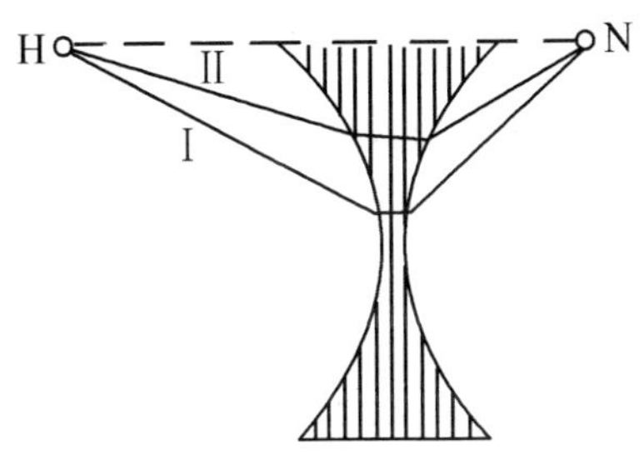

图51　从夏威夷(H)通过巴拿马运河或可能的尼加拉瓜通道到新奥尔良港的有效道路的概略映像

出光线，以便达到 N；或如果 H 是夏威夷，划斜线的部分是中美洲地峡，N 是美国南部新奥尔良港口，那么，问题是替代光线的是要把一批菠萝尽可能用便宜的运费，从夏威夷运到新奥尔良港口。关于解决，没什么不同。透镜的折射率愈大，即它对光线的通过的障碍度愈大，则光线的路径离直线方向的偏离愈强，光线的折射也愈大（从路径Ⅱ到路径Ⅰ），情况恰与这同样。如果目前没有巴拿马运河，而要选择一条连结太平洋大西洋间的铁路线，那么，这条铁路线越偏南，铁路运费与海运费比就愈高。到目前为止，发生了另一个问题：通过尼加拉瓜的一条运河的建设费，是否能由海路的缩短来补偿？如果其他条件相同，运河的建设费愈高，则运河所通过的地方应愈短。换言之，巴拿马运河超过一条通过尼加拉瓜的运河的优越性愈大。在这场合，一个解决方案可不诉诸折射律而得到解决。因为在这里，只存在两个方案。在有许多方案而不能作透彻研究的地方，正确的选择只有求助于上述折射律，才有正确选择的可能。

但在这里，必须对折射律的应用提出重要的限制。这一法则的性质本质上与劳哈特脱和韦伯的几何学图形是同类的。它假定的前提是，其间进行运输的各地点是早已确定了的，它们的数目也很少——在目前的场合，只有两点。因此，上面早已提出对图形的批判，本质上对目前的折射律也同样有效。但在这里，反对的意见较不重要。因为我们现在讨论的交通运输线在数目上远比运输点少。例如，就美国东西海岸间的海上运输来说，不拘有许多港湾和无数的出发点与到达点，在中美洲地峡附近则不过只有一条或两条运输线。但如果加上南美西海岸与欧洲及美洲东海岸的贸易，那么，运输线之数目是多的。就各种情况而言，巴拿马运河的位置对每一条路线更为有利。因为每一条运输路线，开凿自己的特殊运河是无利可图的，更不要说建设运河的区位选择严格地受着技术理由的限制。所以，现实的运河建设的区位是一种妥协的产物。为了克服交通运输线的阻碍所支付的固定费用愈多，克服其障碍的运输路线之数目愈多，则折射律愈失去其意义。这一折射率的法则不能应用于交通运输线群上，即是说，不能应用于输入地区。在此场合，出入口的地点必须像任何其他工业企业一样，有加以选择的必要。这些进出口地点的区位，必须选择在其背后有十分广大市场的地方。

2. 交通运输地点

在许多交通运输地点中，结节地点特别重要。结节地点的位置，从运费观点看，比单纯的停车地更有利。我们已看到决定最优交通运输点的机械模式，即在这样的结节地点上静止。这就是为什么这些结节地点对工业和商业是特惠的区位。在一切结节地点中，原受自然条件强力制约的瓶颈地点，是特别重要的。这种结节点与其他结节地点不同，其他结合点不能用经济的条件回避，而前者不能用技术手段所能回避，是必需通过的关口。造成特殊的障壁，一部分是自然条件（山脉、河川，没有河流入海的海岸），一部分是经济因素所造成。为了从一种货物运输手段(例如,从船只)转到其他运输手段(铁路)的转运,或者如果克服障碍物的昂贵设施(例如桥梁、隧道),是以相对广大的供给区域的存在为前提条件的,从而只集中于少数的地点,才能够找到。

作为这样的“通过城市”的古典例子是维也纳(在多瑙河的长弧线上,其他终点是布拉迪斯拉发)。① 维也纳是三重的门户,从它可通往周围被山脉所包围的波希米亚盆地、匈牙利盆地,并可通往德国南部的三个地域。如果其他条件相等,隘口愈为狭小和位在这自然门户背后的市场愈为重要,则愈与它靠近,就会拥有巨大的必要的工业,为这些工业自己而建立起来。但是,只要在隘口的另一侧有另一个较大的市场时,这些工业才会通过这一隘口。

当阻碍不但分隔着不同的市场,而且也分隔着不同的交通运输手段时,便发生一个特殊问题。② 在这样的场合,通过的城市,同时也是转运点,如果它的通过点是十分长的,那么,转运点便将位于尽可能靠近它的终点。在那里,就是较昂贵的交通运输手段开始的地点。因之,如果一个港口是在一条可航的河流上,那么,

① 反之,布达佩斯不是多瑙河上河运的瓶颈地点,而是穿过多瑙河渡口的门户。参阅《交通运输经济杂志》(*Zeitschrift für Verkehrswirtschaft*),XVI,1939 年,第 1～31 页上所载布仑姆著的论文,和休尼菲斯在迪脱什尔等主编的《欧洲人民的生存空间问题》(*Lebensraumfragen europälscher Völker*),莱比锡,1941 年版的第 659 页所刊载的一篇论文。

② 它对于较小的市场区是恰好合适的。至于一个门户,则只限于较大的市场区。所以,一般地说,被山脉分隔着的国家,经济上的密切结合却较弱。就它本身而言,这就是例如符腾堡和巴登为什么没有组成一个单一经济区的原因。山脉使智利成为一个独立的经济区,它对阿根廷的对外贸易份额仅占小的百分比。

这个港口便将尽可能地位于河流的上游。[①]

巴兰特尔[②]曾指出河港的腹地为何较大于一个海港的腹地。我们不应该假定,开发何处的自然港湾的问题和解决河川上建港应位于河流上游多远的问题,这是两个不同的问题。作为第一阶段,我们不能例如说,在一条已标志出可能海港预定地的通用海岸线上,用折射律方法选择一个港湾的假设区位(在广义上),然后作为第二阶段,尽可能远在内陆地点选定实际的区位(在狭义上)。只有一个区位问题,不能把它分阶段来解决。在有关少数被选定的候补地点的一般计算中,腹地的位置状态,运输的目的地,海岸线的形态以及港湾设施的建设费等一切条件,必须同时加以考虑。

在市场区的形成上,交通运输地点起着重要作用。如果例如,小麦生产者将其小麦直接供应消费者,那么,这就会导致市场区的紊乱的多血病。设想市场区的位置和形态是不容易的,因为小麦不足区域与过剩区域在地理上遥远地隔离着。交通运输地点未能使这种情况大大简化。因此,只有通过这些点才能掌握这个市场区的概况。小麦地带的每一个火车站就是一个缩小的小规模收集点。每个车站被它的小规模供应区域所环绕,每一农民的贩卖收入等于收集站的统一单位价格扣除小麦输送至该站的运费。贸易上的结节地点是这些火车站的收集地点。环绕这些结节地点的是一个较大的供给区域。各个停车站的价格等于高一级的结节地点的价格减去运费。最后,这些收集地点的高一级收集站是少数大

① 当可能的供给半径并没有比必要的供给半径大得多时,这就特别重要。再者,港湾设施在河流上费用也较低廉。

② 巴兰特尔:上引书,第349页。

规模的小麦输出港口。这些大港集聚着一个广大的腹地的生产物。只有这样的通过地点，才能兴起大的供给区域，替代小的供给区域。再者，它们由此还简化了空间价格体系。下一级的收集站的价格是由输出港上的单一价格和把小麦运输至该港的运费来决定的。[①]

如果这种均一的价格降低了，那么，输出港的腹地会变成较小和更加零碎。它之所以成为较小，是因为在最远的结节地点或鸣笛即停的停车站的领域内，小麦的种植不再有利可图。它们之所以更加零碎，是因为即使在腹地内比较近的地方，或者由于离火车站特别远，或者由于土地贫瘠，或者由于缺乏能力的个别农民，现在会放弃小麦的种植。有关空间关系秩序形成上的价格机能的重要性，是不能忽视的。

小麦的销售区域，也可用同样方法加以单纯化。固然单纯化不能达到这样的程度：在整个世界上仅有一个小麦输出港口来供

① 当小麦在两个关系地域间进行贸易时，地方价格差恰好完全等于其间运输所要求的费用。在其他场合，它们会差别得少些。在这样的场合，即使没有货物的任何移动，地方价格的巨大差别也会存在。如果 A 和 B 供给 C，由于运费的多少，A 的价格会比 B 的高出多少或低多少，但 A 和 B 两地之间没有直接贸易关系。这意味着只要 A 和 B 都是剩余地域，则价格差别在此范围内发生变动。因为价格的变动，常常以中央收集站作为起点而发生的，所以，对于所有属于其下的附属地点，它们必然是相等的。如果对于经常的剩余地区和经常不足地区而言，那么，隘口地点具有使空间的价格差固定化的作用，因为从 A 到 C 或从 B 到 C 的运费的不同，A 和 B 的价格往往不同。如果采用其他价格，则两地点中之任何地点成为供给是不可能的。只有当 A 和 B 供给两个相互间没有联系的不同地点时，A 的价格将比 B 高或低，其差额恰等于到 B 的运费，并且在此限度内任意变化着。没有一个地方会完全被从市场驱逐出来。事实上，两个地点间价格差的变动，不仅由于摩擦的困难，而且一部分是由于生产物的微小差别，一部分由于许多地区有时有剩余，有时又有不足。就这些地区来说，隘口地点严峻地决定着空间价格差。

给一个单独的输入港。如果这样的事态实现了，那么，概观就变得十分容易。即是说，一个单一的供给区域面对着一个单一的销售区域，而且通过输出港和输入港就成立一个小麦单一的世界价格，其间价格差反在于与运费相当的数额。

但是，现实情况并不如此单纯。即使我们除去地方上消费的生产品，多数的供给区域总是与多数的消费区域相联系的，几乎每一个输出港总是有船开往若干个进口港，反之，几乎每一个输入港，总从若干个输出港接受货物，这是一种非常的情况。我们可期望若干消费者向数个生产者订货，或者若干生产者供给一个大的消费者。例如在小麦市场上，可看到这种值得注目的地域的重复，是否只取决于产品的质的不同呢？或者能用其他理由加以解释呢？

假定所有的输出港的价格为已定的。在这场合，原则上一个小规模的进口港只能从一个输出港获得同样品质的小麦。因两个输出港对其销售区域境界线上的少数输入港来说，它们从这些输出港中，任何一个接受供给，或者从两个输出港受到供给都是同样的。但我们假定：在境界线上的输入港之一的输入必要量很大，不能由一个单独的输出港来满足，或者只有通过输入价格的上升来满足，这样，一个输入港（例如，利物浦）不仅是若干输出港的销售区域的一个境界地点，而且同时也成为一个供给区域（在其境界线上位于那些供给这个大输入港的输出港）的中心点。这些输出港能共同供给只位于它们共同边境上的这个输入港。但两个以上的供给地，担当这些销售区域的一部分的事例是很少发生的。

由于这些考察，我们已提出了隘口地点的重要，并把握其显著

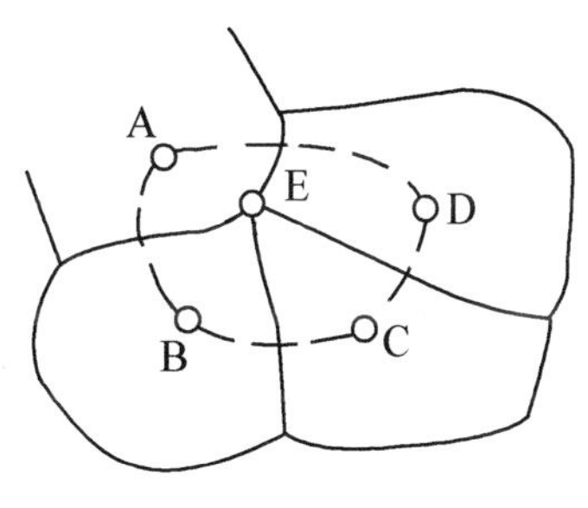

图 52　隘口城市对市场区和供给区的影响，A、B、C、D 是具有分别的销售区域的输出港，E 是巨大的进口港，F 的供给区域用断线环绕起来

的作用。就是说，这些地点能在无数独立生产者和消费者间建立一种不完全竞争状态。这可用下述事实来表现：对于在一个境界线上大规模的购买者与小规模的购买者不同来说，从他们所在的境界线上每一销售中心（在这些市场的境界上位置决定着这个购买者）购买量的多少不是一个无关紧要的问题。作为一个例子，我们可引英国和秘鲁从加拿大、美国、阿根廷和澳大利亚购买小麦的例子。如果秘鲁从阿根廷获得其全部必要量，那么，事态会引起很少的变化。但如果英国也企图作同样的事，那么，整个空间价格结构就会引起急剧的变化。因为英国购买上列各国输出小麦总计的 1/3，而秘鲁输入的比例只占无足轻重的一份。在英国的输入量所占各剩余地区的份额是均衡状态中唯一被决定的。

从而，隘口地点对市场区域特征作用是双重的。第一，它们创造少数大规模供给区域和销售区域。第二，当供给区域或销售区域的任何一个成为特别时，它们就导致区域的引人注目的重复关系。在标准化生产物的场合，销售区域只相互彼此相接，不会重复，但在此场合，供给区域和销售区域会重合（图 52）。

三、人的因素的差别

§1 个别企业者间的差别

因为能力低的企业家的计划费用曲线在能力强的企业家的计划费用曲线的上方，所以，前者的销售区域的必要规模一般较大，他的生产者价格一般较高。这点很容易能从一曲线图中推演出来。如果有些有充分能力的人存在，那么，没有能力的企业家想延续生存是不可能的。这对于很久以前业已建立起来的产业部门是极其恰当的，因为这样的产业为要生存下去，其经营指挥者必须具备平均以上的能力，而接近于具有平均能力的人是常常可以找到的。因人民的才干似乎是沿着“高瑟频率曲率”分布而有所不同。才干高的企业家和才干低的企业家在这些产业部门中是相对不普遍的，是少数，而市场区的规模应该几乎没有很大差别。

新创立的工业，要求具有各种才能兼备的人，但在这里，能力较差的企业家仍有其一席之地。固然，他们仍然是平均以上的。能力高超的生产者不满足于小的销售市场而让大市场留给那些不如此便不能生存的无数的生产者，结局是所有企业家都在同一市场上进行竞争。能干的扩展其市场区，一直达到更远，伸展到必要境界以外的所有边界，而价格则等于他们的无能的邻居的最低限度的必要市场区境界线上的价格。结果，能力最高的企业家的实际销售区域不是必要的销售区域，便将大于其他企业家的销售区域。[①]

① 领导的企业家的各种能力一般来说能扩展其销售区域，同样，一个地方销售代理店，如果是有能力的就能向特定的方向，大大地扩展其销售区域。

他们是在广大范围内具有影响力的企业家。因为他们尽可能地喜欢选择大城市作为区位，所以，单单为了这一理由，其销售区域就将常常在规模上超过平均能力的企业家的销售区域。

§2　国民性的差别

国民性本身也表现在其组织经济的方式上。但在此引起我们注意的，只是这种国民性的差别在空间发生作用的方面；同时，在这里，我们是从各国民族并没有完全相互混合状态的前提下出发的。凡是在消费仍被一种共同生活方式严格决定的地方，种族的、民族的和国民的差别同与地区有关的一定人群之间的一切差别，从空间观点看，有着巨大的空间经济意义。在这样的场合，部落或民族的境界同时也就是全体各种财货的地区网状组织的境界。当在国际交流日益昌盛即世界成为一家的时期，当风俗习惯、规章制度消灭了它们的特殊性而成为更加相互类似的时候，情况也不会有很大改变。即使到了这些风俗习惯崩溃了，广告和时势替代传统的封闭的生活样式而决定消费时，一切境界仍不会消灭。许多习惯是被景观的性质，被它的风土和历史特质以及生物学的因素所决定的①，只能缓慢加以改变或者甚而不能全然加以改变。② 这样，一个当地诞生的企业家能正确地判断如何可能与通行的习惯达到妥协。他的解决方案及其广告将更密切地与国民性的或种族在文字的意义上，的

① 遗传性质和景观，影响国民性，一部分是直接的，一部分是通过传统。后者大部分是由历史的偶然所决定。关于景观的影响可参阅 W. 海尔巴哈：《地区心理学》(W. Hellpach, *Geopsyche*)，第 5 版，1939 年。

② 反之，对访问美国的欧洲人来说，印象最深的现象之一是，不拘美国内风土的

特性相适应，而且在一定限度内国民的境界仍将成为经济的境界。

即使生产者们不完全为了满足他们自己的需要而进行工作，但生产仍然受生产性格很大的影响。生产者从事生产，在极大程度上当然取决于一个国民的特有的技能，固然，不能简单地说，他们将生产那些他们相对地了解得最多的生产物。[①]

这种特有的技能不可无条件地看作先天的东西，因为，例如为了技能的开发，往往要求一种适宜的训练。然而自然的吝啬会刺激某些国民有勇气前进，某些国民因之沮丧落胆。决定特定适宜的区位的，绝不是唯一客观的标准，因为不同的国民对此特定区位的利用方法会有所不同。与对自然环境的反应一样，他们对人类的环境也会起不同的反应。一个国民生产的多样性，是由他们抵抗一般标准化趋势的程度来决定的。这种抵抗程度愈大，他们为特定大市场区域生产的财货上片面专业化的程度就越小。[②]他们既不单纯适应一种对他们自己并不熟知的需要，也不满足于对任何其他国家普及

差别非常大，但居民的性格上和习惯上从而在有关消费方面，几乎没有什么差别(其微妙的差别比第一眼所看到的为大)。在欧洲人的心目中，所得到的印象是：美国人民是自然的主人，塑造了自然，不是让自然来塑造自己。这种给人深刻印象是强烈的，这种显著的一致性(像拉什尔所说的那样)，是美国的财富源泉之一。如果在那里，像在欧洲那样，同一空间内含有同一程度的许多文化的差别，那么，低廉的大量生产方式便将告终，收入至少将下降，虽然心理上的收入不会如此。偶然地也正是这样经济的、文化的均一状况这一事实，防止了各州的强大的政治地位威胁联邦政府的地位。不仅如此，即使在美国地区的繁荣也正在开始。

① 为了进一步了解详情，可参阅本书第十七章“关于劳动分工六个根本问题的个别考察”(一)一个人的职业与(二)从事一定工业部门的人。从各城市的市民之间特别是大城市与小城市的市民之间，可以看到才能之差是普遍的。在许多场合，前者工作得灵活些，后者工作得坚实些。

② 欧洲殖民地政策的真正意图，主要是强迫实行专业化。

流行的财货。[①] 这种对本地所固有的宗族传统的忠诚具有非常巨大的利益，远远超出减少经济危险的范围[②]，因为它有助于人类天性更加和谐的发展。从个人的立场来说，在任何地方，他必须专业化，但产出巨大的不同之点，在于他的周围[③]是否只有同一行业上专业化的伙伴，或者他是利用他必须放弃其他的可能性作为生活之道的人所包围——即是说，他的周围形成一个完全的世界。[④]

民族和国民的特征也在企业运行的方法上表现出来。不仅个人而且种族和国民——在例如胆怯或勇敢、谨慎或鲁莽、传统的喜

① 关于过于急剧的或高度的生产集中，会使业已建立的生活方式改变，或者商业的发展会使人们脱离土地。就这种效果而言，不可能予以过高的评价。用国外木材替代国产木材制造家具，在土地上种植从未见过结实的水果，穿着适于不同气候的衣服，旅行外国接触到未曾预期的文化环境，以一种世界主义态度为背景的无数可能事物在短期内突然导入国民生活中时，要沉静地判断那一种新的经济可能性，将与自己的生活相适合，那是难的。因为如果没有用任何方法把这些生产物的个别性质，生产地和生产者安置在自己世界的生活体系中的位置上，那么，这些生产物仅由于是低廉的或具有巨大吸引力的这样的理由，而从遥远地方大量订购，对于人们几乎是无意义的。人们的眼界必须随着市场的扩大而扩大，但如果认为这种市场的扩大好像命运那样，是外部侵入一个国民的，那么，这种主张是完全不适当的。决定这种现象是否会发生正是他们自己，是否接受它们也取决于他们自己。

正如促进生产一样，要阻止生产的集中，自然是错误的。因为自资本主义黎明时期以来，只因为我们作为整体乐意接受大量的生产物，以替代具有个性的生产物，国民福利才有可能显著上升。在这方面，美国走得更远一些。这就是为什么美国拥有大量财货的理由之一。就欧洲而言，大战后，随着财富迅速地恢复，存在着充满危险的可能性，纵然只是在表面上的。

② 从专业化所获得的市场扩大，也有着使危险减少的倾向。参阅 E. 维雷克：《关于受空间限制的人类劳动》，(E. Willeke, *Von der raumgebundenen menschlichen Arbeitskraft*)，耶拿，1937 年，第 113 页。但这几乎不足以抵偿与专业化本身相联系的危险的增大。

③ 它伴随着交通运输的进一步——但未必是与它同一速度扩大。

④ 所以，为了发挥文化方面的特性，一种景观必须充分地大，足以形成一个小世界，但同时也必须相应地小，以便使其文化的领导人多少可得到全貌的了解。

好或发明的热爱、保守的思考或弹性的思考、基础的训练或表面上肤浅的训练、稳重性或轻薄性——关于这些品质方面有着多么大的差异①,而这些差异如何强烈地支配着他们经济的性质,即是说支配着他们所有生产的对象,他们企业的规模,企业家与其劳动者的关系,劳动和资本的移动性,垄断企业者的营业战略,区位以及对经济危机的抵抗力等等,所有这些几乎没有给予充分的注意。所有这些不但依存于企业家个人的性格,而且也取决于企业家进行活动的环境以及在空间意义上的环境,因为经济依存关系的密切程度,一般是随着距离的增加而减少的。

为设法解释符腾堡经济能特别良好地抵住 30 年代大恐慌这一事实的过程时,有些有关人口的讨论偶然触及上述事情。但许多解释都未能充分触及事情的根源。我们国土的自然原料的贫乏,在这个例子中,的确发生幸运的作用。但在生产的多样性上,特别在工业和农业的当结合以及工业和基于自由分割性和明智政策②的土地所有权的分散等等方面③所显示的平衡的经济结

① 关于企业家的民族类型,可参阅桑巴特:《资产阶级》(W. Sombart, *Der Bourgeois*),慕尼黑,1913 年,第 170～193 页和第 266～284 页。K. 维登费尔德:《现代产业者的人物》(K. Wiedenfeld, *Das Persönliche im modernen Unternebmertum*),莱比锡,1920 年和 R. 米契尔:《经济与种族,社会经济学的基础》(R. Michels, *Wirtschaft und Rasse, Grundriss der Sozialökonomik*),第二版,1923 年,第二卷,第一部。

② 关于这些情况,G. 斯托克曼在其"符腾堡工业基础和危机的坚决处理"[(G. Stockmann, "Grundlagen und Kriesenfestigkeit der württembergischen Industrie"),载《德国经济人杂志》(*Deutsche Zeitschrift für Wirtschaftskunde*),卷 Ⅰ,1936 年,第 281～298页]有很好的描述。也可参阅 P. 海斯等的大地图,见《符腾堡—霍恩索伦行政区的农民和农业经济》(P. Hesse et al., *Landvoik und Landwirtschaft in den Gemeinden von Württemberg-Hohenzollern*),斯图加特,1939 年。

③ 从1948年以来,工商业中心厅(现在的地方工业部)以模范的状况完成了地区

构，绝不是偶然的。不论是谁，凡是对于那些积极的健全的事业政策——那些容易理解的控制条件以及不超过一个家庭[①]（在许多方面，符腾堡本身在许多点上类似一个大家庭，对于减轻社会的紧张性和鼓励利用地域内生产品的）所保有的资本和劳动的经营规模为目标的经营政策——进行详细观察的人，不论是谁，都能容

计划的政府机关的某些先驱机能。最近是在斐迪南·V. 斯坦因培斯的观点长期领导之下进行的。

① 根据美国官方 233 种调查研究，最大规模的企业的经营生产费很少是低廉的。生产费最低廉的，一般是中等规模的而且常常是小规模的企业[参阅 G. J. 施蒂格勒：《美国经济评论》(G. J. Stigler, *American Economic Review*)，1942 年，6 月，第二卷]。至于符腾堡地方的农业，由于过小规模的农场数目，易于过高估价（参阅本书第 82 页注①）。市场净收入（生产费除外的收入）1934 年在巴登每公顷等于 155 德国马克，在符腾堡等于 145 马克，在汉诺威等于 124 马克，在石勒苏益格－荷尔斯泰因等于 88，在波美拉尼亚≥3。按照上述顺序，大规模农场所占的比率是大的，大部分农产物收获量也大。但这是通过采用机器和人造肥料的较大投入量来完成的。耕种地区的国民经济效率，随着经营规模的缩小而增加。参阅 H. 浦里布："关于德国未来家庭工业的形成和规模问题"(H. Priebe, "Zur Frage der Gestaltung und Grösse des zukünftigen bäuerlichen Familienbetriebes in Deutschland")载《农业经济报告》(*Berichte über Landwirtschaft*)，XXVII，1942 年，第 585 页。虽然每公顷的货币收入较高，但由于充满小农地区的人口稠密和土地保有的零碎性，并不能得到完全补偿（主要从事农业的，每人的净收入在符腾堡为 300 德国马克，波美拉尼亚为 400 马克）。当考虑到每一农民经营中，几乎要雇用大量低效率的劳动力（儿童和老人，他们的效率低），其剩余几乎消失了[参阅 G. 伊森堡："德国东部农业经济和工商业人口的生产力"(G. Isenberg, "Die Tragfähigkeit des deutschen Ostens an landwirtschaftlicher und gewerblicher Bevölkerung")，载《德国东部中央地的结构和成长》(*Struktur und Gestaltung der zentralen Orte des deutschen Ostens*)，莱比锡，1941 年，第 13 页]。

无论如何，由于在品质上无可替代的青年一代的损失，在德国的地方，例如斯华比亚农村人口的减少，是影响工业本身的活力（博施本人在许多方面是典型的：他是汽车电气警笛发明人，就是一个来自斯华比亚·阿尔卑斯山的农民之子），而且完全削弱整个地区的活力的根源。这种活力在精神和经济上是从人口和自然的丰富性上涌流出来的。即使没有这样的人口减少，在符腾堡的未来，也会发生许多事情使有利的条件变成无利。

易地理解国民性对于这一地域的经济给予特别强烈的影响。[①] 如果不了解斯华比亚哲学，那就不能完全掌握斯华比亚的经济，因为这一哲学以最适宜的方法构成这一国民特性。[②]

四、政治上的差别

国家和经济领域并不必然是一致的。它们是否一致，取决于下述两种情况：(1) 经济区和国家在最后的场合，同国民本身一道，在主权之下作为一个社会独立自治的共同生活体，当经济是绝对的自给自足的体制时，其外部经济境界就与政治境界相一致；或者(2)有意识的国家干预将作这样的经济安排，使它的经济机构一旦开始启动后就成为自动行动的组织。并作为一个整体就会继续按照它自己的方式前进。[③] 在后者的场合，许多经济境界会越过政治境界而扩大。在上述两个明显的极端之间，存在着较不明确

① E. 浦雷舍尔[《作为典型的符腾堡经济区》，(E. Preiser, *Die Württembergischer Wirtschaft als Vorbild*)，斯图加特，1937 年，第 79 页。]精确地赞赏了符腾堡，因它对危机具有相对牢不可破的耐抗性，其空间安排和社会和谐，消除了资本主义破坏力最大的批评。这是正确的。

② H. O. 伯尔格：《鬼神故事中的斯华比亚人》(H. O. Burger, *Schwabentum in der Geistesgeschichte*)，斯图加特，1933 年。

③ 如果有人谈论到经济竞赛的规则，是由国家制定的，那并不是十分正确的。因为与运动竞赛的场合不同，在经济中各个个人不是聚集在一起的集团，可不阻碍经济运行，而是可按照自己所好畅所欲言。但自由经济对于一个竞赛，情况却并不如此。自由经济颇为精确地是这样构成的：个人可以自由行动，可作为一个整体发生机能。对于这一命题的一个最重要的例外，是有关各种垄断的倾向，所以，对于垄断必须加以监督或者加以检查。

的无数中间性格的经济政策[①]，但在下面各节中，我们主要讨论第二种受限制的场合，因为它能使我们建立政策，对经济区形成的影响达到最小限度。在讨论这一问题之前，我们首先来进行纯粹国家领域和纯粹经济区之间的比较。

§1　国家与经济景观——一个比较

1. 类似性

（1）每个国家和每个经济景观都各有自己的主要首府，它们下面的组织和主要交通干线都指向着它而配列。[②]

（2）两种主要首府的区位尽可能位于中心地点，因为要考虑到许多竞争的区位，而且还要考虑到下列的事实：它们服务的整个地区内所有提出的对主要首府应予完成的机能的需要，并不是在领域内均等分布的，而当地区位的有利性也并不是在所有场合都均等。

（3）领域的规模趋向相等的倾向，无论对于国家，对于经济景观都是共同的。我们讨论经济区时已指出过这一点。关于国家可参考拉什尔的大著《政治地理学》(*Politische Geographie*)。他把相互竞争的毗邻国家，由于斗争的结果会达到相等规模的事实，用

① 这样是否把自由贸易看成是正常的？或者把国家的干预看作是一种干扰？或者是否从一个国家的计划出发，在这一定构造内显示出经济力的作用的差异？这些不过是权宜的问题，与具体的中间状态可从自由竞争或垄断中导出是同样的。

② 这点阐明了一件奇特的引人注目的事实：德国的境界常常是语言的境界，不是种族的境界。

巴伐利亚和符腾堡间的境界就是一个例子。斯华比亚人恰恰住在说着带有巴伐利亚方言色彩的境界线上。这是因为他们在政治和文化上都指向慕尼黑的缘故。这对于教师和牧师尤其真实，因为他们在语言发展上起着极其重要的作用。

均衡观念来说明。[①] 在这种相互冲突的过程中,中心位置在两种场合表示相同的特征。即攻势时是强力的,守势时,它的立场则受到威胁。[②]

(4) 国家的和经济景观的规模,行政区域的和市场区域的规模,在很大程度上取决于交通运输手段和生产技术的发展。在每一场合,它们的规模必须至少达到保证其生存,即是说,经济景观的生存必须由市场来保证,国家和行政区域的生存则由权力来保证。如果这些规模是大的,那便会出现富有的企业家和强大的国家。前者使它吝啬 ,后者能使它宽大。

(5) 国家和经济景观的境界线切断市场的规则的网状组织,其结果导致经济的损失。

(6) 境界线具有使各种体系秩序分裂的机能。"飞地"是把其他国家的领土包围在本国领土的范围内,无论在政治和经济上都是不利的、不合理的。

(7) 中心地的影响力往往随着靠近周边部分而减弱。主要首府及其周围的核心地域相互间的差异,比境界部分的相互差异要大。恰如我们已看到的,在经济景观的境界上,有着不属于与它毗邻的任何体系之一的市场区域,恰如个别市场区的边境地带最容易被竞争对手夺取那样,一个政治区域的边境领域,也是最容易受到威胁的部分。再者,国境部分两侧的行政当局,可以看到在许多方面采取了各种方式的相互合作体制(例如联合河川委员会);可

① F. 拉策尔:《政治地理学》,(F. Ratzel, *Politische Geographie*),慕尼黑,1897年,第221页。

② 同上书(p. 282)。

以看到各种交错关系(例如关税减免);也可以看到对邻国允许各种特权(例如在毗邻国家境界车站上实行各种海关检查手续等等)。[①]

这样,政治区域和经济区具有着许多重要的组织原理和许多特征是共通的。因为有这种空间构造上的类似性,所以,国家和经济区常常相重叠,那是不足为怪的,至少,既然政治的首府和经济的首府是一致的,所以境界线同时也就是许多市场区域的境界线,再者,许多市场区域和行政区,它们的首府也是同一的。

2. 差别点

(1) 政治境界线比经济境界要固定得多。政治境界是不容易变化的。

(2) 一般地说,政治境界线比经济境界线要宽阔。国家像大沙漠中的绿洲分离存在着一样,被关税、法律、语言、社会意识、不安全感、命运和其他偶然事情分离着。[②] 经济境界则只要有价格稍微的差别就能分离。

(3) 政治的境界比经济境界更为明确。的确,政治的境界,特别是当它们取决于自然特性的时候,不是线状而是带状。[③] 但在两种场合,越向境界靠近,中心地对于境界的影响力就逐渐缩小。

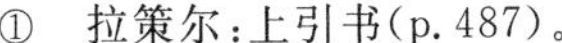

① 拉策尔:上引书(p. 487)。

② 特别是从第一次世界大战以后,对世界贸易非常重要的二个政治原理——即势力的均衡和战争与和平的区别——被丢弃了。参阅 W. 欧根:"资本主义国家结构的变化和危机"(W. Euken,"Staatliche Strukturwandlungen und die Krisis des Kapitalismus"),载《世界经济文献》(*Weltwirtschaftliches Archiv*),XXXVI. 1932 年,第 297～321 页。

③ 参阅拉策尔:上引书(p. 451);J. 梭尔赫在《科学地理学中对自然毗邻的理解》(J. Sölch, *Die Auffassung ber"natürlichen Grenzer" in der wissenschaftlichen Geographie*),因斯布鲁克,1924 年,第 26 页。

但是相互重复和渐移在经济景观边界上的不成比例更为强烈。这有深刻的理由。在经济景观的境界线上区位着个别小的单位,他们是使渐变成为可能的流动的小规模的个别单位;同时,它们又是“空间上冲突”的具体的单位,所以,对它们来说,距离具有一定的意义。在政治境界方面,两种组织相互碰头,两个国家相互连接。这些政治组织是巨大的在某种意义上是抽象的单位,对于它们距离完全不会引起什么变化。曾经有人说,“爱国主义对内没有差别,对外则形成严峻的分界”,这种说法是真理。[①②] 经济境界则随着经济利益的改变而变化。理想或居民是随政治境界的变化而变化的,或者至少在某种意义上,由于组织的变化会引起个人的服务的变化。因之,经济的结合要比政治的纽带松弛得多,薄弱得多。在经济景观之间,中间区域或渐移区域是可能的,它确实地指向这个体系或那个体系,不会导致不利。反之,个人在国与国之间必须进行选择。

(4) 经济景观和国家的实际目的是各不相同的。如果国家的目的是按照延续权力、文化、财富的顺序排列的,那么,其重要性在前者就越高,在后者就越低。反之,对经济区域来说,重要性的顺序必须倒转过来。人类天性的正反两个侧面在政治的和经济的秩序中都个个表现出来。

3. 政治的境界和经济的境界

---

① W. 舒尔兹巴赫:《民族团结的感情与经济的利益》(W. Sulzbach, *Nationales Gemeinschaftsgefühl und Wirtschaftliches Interesse*),莱比锡,1929 年。

② 这样,德国经济学家李斯特的计划卓越地是爱国主义的一种。国内的铁路运输和对国外的关税是保护本国的幼稚工业的。

即使经济景观的境界和政治境界具有相反的性质，但两者关于某些点有着相同的作用。经济景观的境界好像是错综市场网状组织的一条接缝线，政治境界则类似一条裁剪线，剪断了极其错综复杂的市场网络。但接缝线和裁剪线两者都有同样的作用。接缝线与裁剪线两者切断了有规则的网状组织，其中一部分较非经济形式的地区代之而成立了。在这二点上，具有同一的作用。为了使这种不经济缩小到最低限度，就发生一种使境界线长度缩小的倾向。首先，凡是有可能的地方，尽量使政治境界与经济境界相互一致；第二，使国家和经济景观的规模尽可能地大，由此，使境界线发生缩小的倾向。所以，在一定区域内部，能够成立自己的经济景观的数目比在境界上有摩擦的经济景观要少。

在两种境界的类型中，有规则的地区显示出多数空隙，这些空隙被不规则形状的市场区所充填。但在其他方面，两者是不同的，恰如两个从完全不同的出发点并达到完全不同的目的地在途中偶然相遇的旅行者一样。在经济景观的境界上，有一种使这种不可避免的空隙尽可能地填满起来的倾向在起作用；在国家境界上，则另有一种尽可能使其扩大的倾向在起作用。经济景观境界的特征，是它们对于充填这些空隙的市场区中心提供特别有利的区位，因而使市场区扩大，越过境界。国家境界的特征则相反，具有阻碍市场区越境阻止空隙的充填作用；再者，在国境线上除市场网状组织以外，在原来不存在的空隙的地方，又创出新的空隙[①]（因为国

① 在极端的场合，整个国家从位置上看，是从它所属的市场区切割下来的，换句话说，国家的整个领域属于一个独立的市场区。整个国家成为市场本身，成为一个人工的空隙市

境线能直接通过一个经济景观）；而且除了某些少数例外，还起着阻止工业在境界附近建立起来的作用，在那里，事实上即使建立起这些工业，它们也常常只有各向着一个方面的市场。

这也就阐明了为什么政治境界变动以后，新的边境区域常常成为萧条地区的理由。新的境界部分，不仅不改变它们经济活动的内容，它们还必须把自己缩小。如果境界常常通过人口密度低的地区（例如山岭间的境界），或者通过本来人口稠密的地区（例如沿河的境界），那么，境界线使经济萧条的作用，实际上更加明显。在后者场合，人口密度无论如何是正常的状态，在前者的场合，则只能归因于自然的贫乏。但当一条境界线创造空隙，并且保持空隙敞开而不闭合时，那就是说，在边境上没有通过建立工业企业的方法阻止空隙的填满时——那么，结果是：如果在编组（这也是相对不经济的）不能扩大领域内部市场区的数目，则过剩利润变得更大，但是，在一切场合，常常对消费者的供给量减少。

为什么政治境界会发生这样的作用呢。常常与它们有联系的派生现象应负其责。第一，政治境界几乎常常同时又是关税的境界。但关税发生着与河流一样的作用，它可用经济的手段，把两河岸间的距离扩大到实际的河流宽度以上。[①] 第二，它们也就常常是民族的境界。第三，它们是行政区域的境。语言、欲望、民族性的不同，与关税有着同样的作用。一方面意味着官厅的契约越过

场，这个市场的存在得到保护关税的保证，并且在它庇护之下被兴旺的民族工业所利用。

① 这样，关税与运输线路的延长相等。这种延长的程度，一部分取决于关税的水平，一部分取决于关税征收的方法（只在一定的指定的征税地点才能通过境界线）。穿过城市的路线的影响与它同样。

这一境界人们就不愿意接受；另一方面意味着，营业上的运输在与官厅的运输相结合而进行的场合，它是不能越过境界的。第四，境界地带是危险的地带，即使在和平时期，对于军事上的需要必须予以特别的考虑，在战争时，它们是受威胁最严重的地区。

§2　作为国家之基础的经济区

我们在这里将开始的研究，首先是勾划经济区对国家的影响的轮廓，然后，以更详尽地分析其相反的关系来结束。毋庸赘言，在国家领域内所含有的各个企业的利害关系（显然不是一致的）在极大程度上常常由大量地参与国家政策和其领域的大小的决定。这一点没有重新叙述的必要。为了保障长期的利润，终于要求工业企业经营领袖关心政治是必要的。[①]为了长时间保障国家的权力，终于要求国家把人民的经济利益当作国家自己的利益。输出和必要时的输入如果可能的话，就要采用武力征服命令或有关关税和贸易特权等等的条约，在政治上加以保证。历史的教训指出：一国的命运如何密切地强有力地与其国家经济命运息息相关。当意大利逐渐允许罗马帝国各军团由它们自己来供应时，当它丧失有葡萄酒、橄榄油以及其他重要工业产品的特权时，意大利对以葡萄酒和橄榄油特权为基础的对罗马帝国的经济上的指挥地位便失去了，其结果，也失去了它的政治优势地位。[②]由于当时往东印度

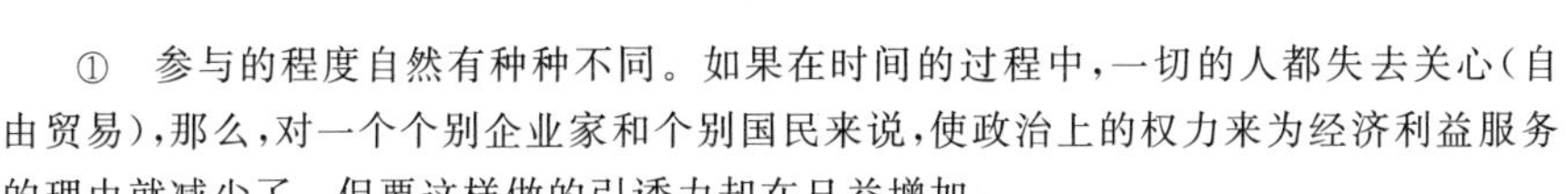

① 参与的程度自然有种种不同。如果在时间的过程中，一切的人都失去关心（自由贸易），那么，对一个个别企业家和个别国民来说，使政治上的权力来为经济利益服务的理由就减少了。但要这样做的引诱力却在日益增加。

② 参阅 M. 洛斯托夫采夫：《罗马帝国的社会和经济》（M. Rostovtzeff, *Gesellschaft und Wirtschaft im römischen Kaiserreich*），莱比锡，1930 年，第二卷。

群岛的海上贸易路被发现而到远东的旧商业道路被放弃时，意大利商业城市就衰退，优势便告终了。英国经济景观的特性，特别对于英帝国的形成，起过有利的作用。因岛国领土规模的限制，迫使英国对狭小的国土予以最大限度的利用，同时，它们所处的岛国地理地位，对它们提供了与海外广大的领域发生接触的无上优点。[①]这点说明了英国与德国两国的帝国主义间发展的差别。因为海上运输费非常低廉，在英国本国没有一个地方离海岸100公里（60英里）以上，所以，它与全世界其他海洋国家发生紧密联系，恰如德国与中欧毗近的国家发生联系密切程度相同。陆上运费与海上运费间的巨大差别，对于大陆帝国比之面向海洋的国家设定了更加狭小的界限。[②]

在一个国家内经济利益越单纯越一致[③]，则政治对经济的调整就越显著和越有效果。如果美国同盟结成它们自己的联邦，那么，它们就能获得非常巨大的经济利益，自由贸易政策会被它们全体公民所支持，所以，就能够遵循一定明确的路线。但是，保护关税主义者工业北部和自由贸易论的棉花栽培者的南部，生活在同一国家内，所以，美国的政策随着它选举的结果，在温和的关税和极端高率的保护关税之间摇摆着。

① 参阅拉策尔：上引书，第356页以下。

② 就思想上和血统上的结合性而言，它的经济距离比它的地理距离为短的事实，无疑地是英帝国强固结合的最重要的原因。参阅A. 勒施："航海的贡献"（A. Lösch, "Die Leistung der Seeschiffahrt"），载《航海杂志》（*Nauticus*），1941年，第326～336页。

③ 各种例子可以参阅A. 蒲雷多尔："国家空间和经济空间"（A. Predöhl, "Staatsraum und Wirtschaftsraum"）载《世界经济文献》（*Weltwirtschaftliches Archiv*），XXXIX，1934年1/12，第3页。

§3 政治境界和经济境界的一致

当政治的境界由于自然条件难以通过时，政治的境界也就是经济的境界。当政治境界为了某些显著的理由，例如自然的障碍，特别是民族的(种族的)障碍而存在时，就特别是如此。海洋、湖泊和宽广的河流恰如山脉、沙漠或言语的障碍一样，使许多较小的市场区不能越过它再向外扩展。[①]

虽然常常听人说，河川与其说是使它们的河岸分离，毋宁说它们具有结合作用。但这只对于长距离运输贸易是妥当的，因河川比之陆地，在运输速度上虽较慢，但在运费上却较便宜。然而，毫无疑义，在对立的河岸上，短程运输或甚至中程运输的许多财货的销售，无疑地成为特别困难。如果河川很宽，而其桥梁又较少，那么，这种困难就愈大。因而在19世纪，民族意识觉醒以前，各国均渴望以自然障碍作为境界，而且这些境界是民族的境界，常常使民族分离，所以，今天大多数政治境界(如果不是全部的话)同时也就是小市场区的自然境界。这点就零售商和手工业而言是特别真实的，对制造业却未必妥当。

政治境界和经济境界一致在大地域中是顶好的，而且是互为

① 在这里是指自然境界而言。这种境界并不必然会使一切贸易成为不可能，也不是把每一种自然障碍都可当作政治上的境界线来加以利用，这样，即使叫做自然的境界不一定只包括同质的。

被境界包围的一个国家，如果其规模的大小和经济结构，充分地适合于军事目的境界而强大到足以维持自己的话，那就足够了。根据我的意见，J. 梭尔赫的著作，在其他之点是值得赞赏的，但关于自然的境界，还要提出许多要求[参阅 J. 梭尔赫：《科学地理学中对自然毗邻的理解》(J. Sölch, *Die Auffassung der "natürlichen Grenzen" in der wissenschaftlichen Geographie*)，因斯布鲁克，1924)]。

条件的。站在指导立场上的国家是这样来划定它地理上的势力区域的，可能的话，把那些具有它确信对国家生存极为重要的经济条件的地方，包括在自己境界以内，并在此范围内，国家对经济进行自己的调整。另一方面，国家必要的对外贸易尽可能地转变成容易予以保护的市场，而且在这里，经济就必须自己调整以适应于国家的政策。只有当拥有对生存极其重要的多少与其所能保卫的领土符合一致时，“大地域”的形成才告成功。①

§4　在国家境界影响下经济区的变形②

在国境只是人为的交通障碍的场合，较大的市场区和在国境上的市场区会沿着政治境界线变形。我们可以把这些变形分作如下的两类：第一，区位的消灭，或者区位从境界上的迁移。由于这两者的作用，没有其他因素发生作用的限度内，境界地带会出现荒废之地。第二，区位越过境界向对方迁移。

1. 境界地带上的荒废地

① 怎样的空间，从经济的观点看，才带来经济上的利益？关于这点可参阅本书第三卷“贸易论”第三十章，来自外部的调整§3第二节“关于大经济区”和A. 勒施的《经济大空间的性质和利益》（未完稿、亦未出版）。不待说，重要的国防手段的供给，很明显未必会有完全的保证。有些只在境界以外才能找到原料，突然会需要得很多，或者一种发明会使这种原料的缺乏比其他任何原料的缺乏形成更大的威胁。这种原料常常可用合成方法加以制造，或可以找到其代用品。比地球本身要小的任何地区，永远不可能得到绝对的安全。也必须考虑到，当空间领域的规模增大时，更多的防御措施成为必要，需要提供更多的防御手段。因为大的帝国必须料想到还有更强大的敌人。一个大领域的扩张是另一个更大的领域扩张的起点。一切取决于哪一个大领域增加得更快些——为了安全手段之需，或者是为了供给之需。

② 关于国家内部的变形，特别是通过非常重要交通运输政策所引起的变形，可参阅本书第三卷“贸易论”第二十章中“关于空间计划的结果”一节。

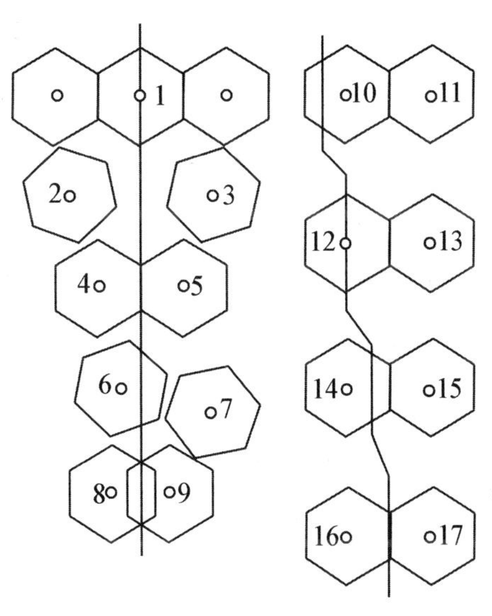

图 53　经济境界和政治境界

上面概述了政治境界和经济境界的比较。现在我们可在此加以若干补充。[①] 图 53 指出，左边是经济景观上少数典型的情况；右边是两个国家的境界上的情况。景观两侧地区的相对位置，根据其大小和其他因素而有变化。因为沿着经济景观境界线的市场区指向着不同中心，所以，它们并不必然相互一致，另一方面，政治境界除非恰与经济境界相一致，否则必然要把有规则的市场区的网状组织割裂为二。

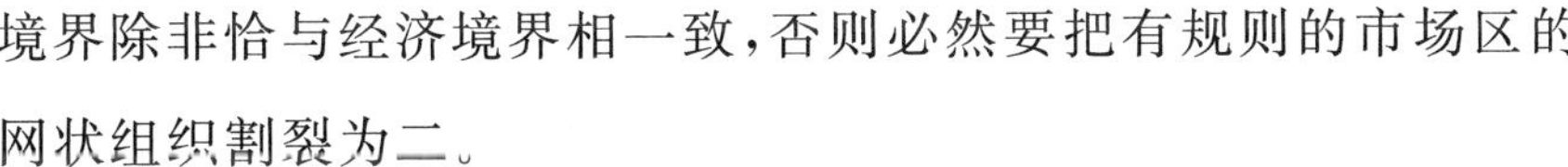

我们首先讨论个别的可能性。地区 1 仍然保持不变，因经济境界本身没有任何的影响。另一方面，政治境界减去了境界另一侧的需要，而且因为总需要便将因此而停止自给自足，地区 1、2 将被分割。这样，邻近地区的规模便因之而增加。地区 4、5、15 和 7 仍将保持不变。在地区 2 和 3 之间位置着市场区的一部分，如果市场网络不受干扰能进一步发展，那么，它们的供应来源，便将位于境界的另一侧面。依靠这些“裂片”的大小，“角”的区域便会发

① 在本书的其余部分和以下四节，为了节省篇幅，在德文第二版中删去，英译本从德文第一版原文译出。——英译本主编

生。这种角区，由于它经济上不适合的形式，将远远地向上方或下方的方向发展，以便导致一个充分大的销售区域，如果其他区域和可能的销售半径允许这种扩张的话。如果“裂片”是小的，那么，区域2和3便将扩大。区域6和7也是同样的情况。

区域10和14的情况不同，因为它们的角也会被境界线所割裂。区域10对境界线的右侧，区域14对境界线的左侧，现在面对着一种不充分的需要。所以它们(至少开始时)将被邻近区域所分割，这些邻近区域相应扩展起来。区域8和9是相互一致的，如果让它们独自存在，也是过小。但它们能合并成为颇大的新市场区，其中心将位于经济景观的境界线上。区域2或区域3的情况也同样，虽然它们表现得更加明显。这些是我们所能说的典型情况的暂时解决。

但这些有利条件的地区的扩展，并不是在所有的场合都会持续下去。由于区域形状的改变和由于区位的移动，这里或那里会导致补充区域的形成，特别是沿着经济景观境界线上，最可能的是这样三种景观接触的角上①，因为毗邻的景观的裂片，比三个国家相遇的场合的角能更好地被利用。

凡是这些零星裂片不足以组成一个新市场区的地方，旧的区域仍会扩大。只有当生产物过剩足够多，使成为问题的产品的所有销售区域移向较高规模的一级，但还不够允许销售区域数量增加时，沿着境界和其内部区域的规模才会相等起来。这对于具有

① 这样的三个国家的角，被特别多数的重复的压缩了的市场区所包围。但三个区域的裂片可以巩固结合，所以，这里比境界沿线的其他任何地点会存在更多的企业。

较大必要销售半径的财货，特别是如此。

关于其他方面[1]，国境和经济境界具有同样的结果：靠近这些境界的市场区的规模是大的[2]，所以它们的数目就少了。[3] 境界地带的接缝线多少给人以荒地的印象，因其人口较稀少，许多产品只能从远地获得，或者完全不能获得。[4] 物价是高的，一部分因工厂价格要加算平均以上的运费，一部分因较少的竞争。境界线招致经济的损失，而经济上和政治上两重的境界意味着两重的损失。

所有这些结果，即是说，市场区的变形，市场区的扩张以及死角等等，在政治境界上的不相称更为显著。因为政治境界与经济境界不同，国境一侧的市场区部分的需要削减了，而且因为它们常完全阻止市场区扩充到国境线的外侧，所以，在此填补空隙的工业部门的数目减少，市场区变得更大。在这里，不能获得的生产物数目和种类也增加了。例如关税的作用在境界的接缝线上最能感到它的影响，随着走向内地，这种作用逐渐减少。在经济景观的场合，境界线有填补空隙的许多工业的区位，但在国境的场合，境界本身却成为荒废了的地带。因为不拘政治境界如何，当一半的需

---

① 位在边境地带的工业，区位会选择境界线两侧中空隙部分较大的一侧，或如果空隙部分不是太小，则较高的关税壁垒会给较小规模的报偿。

② E. H. 张伯伦也指出在境界线上相同的现象：在边界以外，没有许多市场。参阅他的《垄断竞争的理论》(E. H. Chamberlin, *The Theory of Monopolistic Competition*)，剑桥(马萨诸塞州)，1936 年版，第 195～196 页。

③ 只当产品的过剩额多到足够满足所有的销售区域，并使它上升到规模更高一级的时候，才能使经济景观的境界区域与内部地域的市场区规模进行调整，但要进一步增加销售地区的数目却又太小了，那就是特别在具有较长运输距离的货物的场合。

④ 这对于必要的销售距离并不过小，于景观半径的一半和可能销售距离没有达到其半径的经济景观的场合也是妥当的。

要来自毗邻国家时[①]，照例把生产迁到那里去会更确定地有利。至少在不寻常情况中所提到的例外，将等以后加以进一步地讨论。

政治境界的作用，不消说当然全面地依存于为阻碍贸易而建立起来的壁垒的种类与规模。但在其他相同的条件下，具有小的必要销售半径的生产物，会受到最严重的打击。第一，当工厂价格加低的运费比工厂价格加高的运费为高时，任何同一的关税率就有着相反的巨大影响。第二，除了关税以外，在国境上还有其他一切极其繁琐的手续是必要的，为了这些麻烦的手续，使许多小企业家不得不放弃一切对外贸易。第三，而且特别重要的是，境界通过点的数目，由于关税技术上的必要，受到了限制。因之，销售者和位于国境附近的顾客间的距离相对地大大增加。[②]

2. 区位向毗邻国家转移

假设国家 B 是充分大的，足以保证一定类型的若干工厂的存在，但在国家 A 有一地点 O，其条件非常有利于生产，因而某一部门的全部企业都集中在那里，其中若干企业供给国家 B。如果国家 B 要征收高关税率，则它所具有的特殊优点就等于零。O 点对 B 供给的有利性消失了，有关的企业会从 A 迁移到 B。[③]

次之，再假定，在一工业部门中，有很小和很大的企业，在技术上都是可能的，而且这一或那一个企业按照人口密度来说是最有

① 这种需要是从比必要的销售区域 1/2 相等大的区域发生的。

② 有着典型的短的销售距离的零售商品的关税率，是按高的零售价为基准来计算的，但对批发货物，则按照很低的中间阶段的价格计算。若境界线两侧的销售边际购买价格，包括关税在内，具有相等的比率则对于最终消费者没有区别。

③ 关于这一问题，可参阅巴兰特尔所著上引书，1935 年，第 331 页，第 83 图及其文字说明。

利的。假定在人口稠密的国家 A 的少数大企业，曾帮助供给人口稀少国家 B 的毗邻地区。但突然间，B 设立了高关税率。假定 B 的内部需要并不很大，不足以建立很大企业，却适于建立很小的企业，而且因为它们不再受境界以外的大企业的竞争，所以小企业便如雨后春笋般丛生出来。在第一个例子中，一个是久已建立的企业，会迁移越过境界。加拿大提供这两种场合的典型例子。[①] 奥匈帝国分裂以后，也发生了工业的迁移。

一个资本贫弱的国家，可以很好地利用国内所发现的原料，进行加工，但外国资本家却会被它不安定的政治条件和未能预期的征用等等所吓跑。这样，国家受着双重的损失，它失去了它的劳动就业的机会，因为外国企业家将在国外对原料进行加工。[②] 它将因高的危险保险而受到更大的损失。

3. 境界上的经济作用的范围

让 S 代表一个国家范围的大概半径，L 代表一个经济景观半径。在这里，问题是 S 和 L 两个半径的长度具有决定意义。如果 S 小于 L，那么，全国各处的消费者在一定条件下以相对大的必要运输距离（$P>S$）从国外购买财货。如果 S 等于 L，那么，像在经济景观的场合那样，离首府 $S/2$ 以上距离的一切消费者将从国外

---

① 参阅 H. 马歇尔等著：《加拿大—美国的工业，一个国际投资的研究》（H. Marshall et al., *Canadian-American Industry, A Study in International Investment*），纽黑文，1936 年。

② 例如，几乎所有委内瑞拉的石油都在荷属西印度群岛的库拉索和阿鲁巴岛上进行精炼。其后，委内瑞拉已成为世界上管理最井然有序的国家。这样，庞大的工厂设备一旦建立起来，只有遇到巨大的困难才能迁移。当然，无论如何，海上航行的轮船是不能进入到石油井区的。

购买。如果 S 大于 L，那么，在一定情况下，进口会被限制于附近的狭小地带。对于生产者也是同样。如果 S 小于 L，那么，在一定情况下，所有的生产者都有输出的可能。如果 S 等于 L，那么，只有 $\frac{2S}{3}$ 最小距离的生产者才能输出。如果 S 大于 L，那么，只有在境界非常狭小的接缝线上的少数生产者在一定条件下才能从事输出。①

根据这些推论，我们可引出一系列结论。但首先，我们应好好记住，我们已经排除引向对外贸易规模增大起作用的一切自然条件的差别。继而，在此意义上，我们的结论必须联系到最小限度的前提范畴，因为若干差别常常在事实上存在。第二，我们把国家一切干涉除外。在这意义上，我们的结论便联系到最大限度的前提范畴。这样，这两个前提是在相反方向起着作用，所以，我们的结论，可以说，指出可以期待的一种平均的条件。

我们的结论如下：(1) 在境界的宽度对于所有的经济景观是相同的，但国家间却不同。

(2) 经济境界的作用可以达到中心地的距离的一半，政治的境界的作用，在一个大国内，只在境界接缝线上可以感觉到，小国

① 当国家的境界线远远超出经济景观的境界线时，农产品人为地从其天然市场转移到其他地方。这种转移对于有关的农民是最大的不利，但对于已剥夺了自然境界地带的经济景观也带来不利，即使一个大国，只在有限程度内从这种转移中受到利益。因为由于农作物供应的增加，中枢的经济景观的居民每人的收入要比国家境界和经济境界一致时为高，但在境界区域的居民，每人收入和全国计算在一起的所有的人的平均收入则较低。这样，起因于境界的损失，看来在农业中恰与在工业中完全一样。

可能达到首府本身。[①]

（3）在两种场合中的任何一种，境界的经济影响力随着向内地深入而减弱，但其程度则随着必要的销售区域的增大而愈大。[②]

§5　政治的经济圈

在这里，所谓政治的经济圈乃指这样的经济地区而言：它们之所以存在，只因为它们就是国家，因之，照例，其领域与国家的领域相等。在这里，具有极重要意义的，就是它是以政治为基础而被规定的经济制度所及的地区。所以，每个国家都有其经济秩序的特殊原理，那是十分可以理解的。就这些基本上不同的政治信念而论，正如贝克拉斯所述的那样[③]，不拘各国的政治体制根本不同，但资本主义在19世纪时之所以在世界的规模普遍化，这绝不是自明之理。

从国家产生出来的第二个作用，是包括其全部领域的单一经济景观的创立。就经济景观来说，它与国家领域一致是极为有利的。同样，对国家来说，当它要扩大成为一个经济景观并与经济景观一致时，至少可使损失减少。为了这点必须以下列三个条件作为前提。第一，政治境界必须成为一种巨大的人为交通障碍；第二，国家的行政机构必须具有极大的经济意义；第三，一个经济景

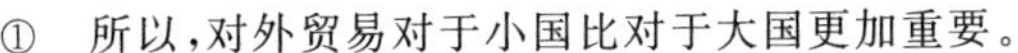

① 所以，对外贸易对于小国比对于大国更加重要。

② 结果，大工业比小工业更关心关税政策。

③ 贝克拉斯："政治与经济"（H. von Beckerath，"Politik und Wirtschaft"），载《斯摩勒尔年鉴》（*Schmollers Jahrbuch*），LVI，1932年；"政治与经济状况"（"Politik und Wirtschaftsvertassung"，ibid）载《斯摩勒尔年鉴》（*Schmollers Jahrbuch*），LVI，1933年，第258～276页。

观的最大可能规模必不比国家的领土小得过多。

再者，在同一国家中，个别的家庭和公司分享着一种共同的政治命运。我们已完全知道，这种情况对于资本输入的程度、来源和输入的持久性发生如何深刻的影响。① 根据政治同盟的关系来指导资本的输出是明智的。这即使在自由贸易时代也已经广泛地实行的了，只是把资本输出投放在可能成为敌人的领土上是危险的。②

但是财货的市场区并不受政治情况的影响，只要想起为了爱国的理由，实行抵制外货或购买国货等等，就容易理解。1871 年，1918 年和 1933 年的教训指出了国家的胜利和失败如何巨大地能够使一个国家的企业家意志活跃起来或被抑制下去，结果给这个国家的经济带来萧条，并导致国民经济的繁荣或衰退。战争对于产业循环也有事后的影响。战争会成为生产波动的原因，提高生殖率和这些“生殖浪”会向“结婚浪”和劳动力供给浪转变，都会导致经济上循环的变化。至少在德国是如此。③ 人口浪随而产业的循环在幅度上在各国之间是有特征的变化的。因为战争的直接影响会在境界内突然停止。④

---

① 自然国家的命运与国民经济联系在一起。国家的安危在许多方面，与对资本输入的课税率的高低发生同样的作用。除了利息率以外，它还决定危险的保险费。

② 对这种形式的危险的防止，尚不能保险。

③ A. 勒施：“人口波动和变动情况”（A. Lösch，“Bevölkerungswellen und Wechsellagen”）刊于由 A. 斯匹托夫主编的《关于经济变动的繁荣、衰退停滞的研究的贡献》（*Beiträge zur Erforschung der wirstschaftlichen Wechsellagen Aujschwung, Krise, Stockung*），卷 13，耶拿，1936 年。

④ 同样，1937 年，在美国，以国内政策为条件，对工业投资的不振或者军事工业的繁荣带来对外贸易的抑制其影响首先几乎达到国境部分。

第四，一个国家可能是一个在政治上创建起来的各种货物销售市场。在那里，对这些财货的需要，如果没有从上面施加压力（例如关税、赋税[①]、规章制度或运费率等等），那么，在一个国家内不会完全存在的，而且在这个国家内任何地方也都不会存在。因为必须明白地理解，具有这样的作用的不是上述的一切，而只有关税和其他少数的东西。在公共事业的场合，国家境界一般地同时也就是可能的供给区域的界限。

在这里，有必要提到一些例外的场合，那就是，由国家创建的不但受它控制而且与国家领域的本身大小不相一致的经济区。通货制度关税和政治联盟不需要与领土范围相互符合一致。如果关税、通货制度与法律的境界只包括国家的某些部分，那么，也有包括若干国家的场合。作为后者的例子，我们考虑关税同盟、铸币联盟和第一次世界大战后德意志和奥地利的许多法律上的共同法；作为前者的例子，我们考虑到国内的关税制度——今天主要地关于母国与殖民地间的贸易具有特殊显著的意义，或者像我们在巴黎附近[②]所能看到的那种时代的遗物一样——和具有地区性效率和意义[③]的许多法律等等。

① 例如，计算租税的方法，影响着汽车制造业。

② 这些在 1941 年为了改进粮食的供应而减少了。

③ W. 舒尔兹巴赫在其“奥地利经济的意义”（W. Sulzbach，“Der Wirtschaftliche Begrift des Auslands”）中提出了很好的表述，此文载《世界经济文献》（*Weltwirtschaftliches Archiv*），XXXII，1930 年。在美国各州之间有许多贸易壁垒。可参阅《产品改进管理，销售法调查，说明各州间贸易壁垒的各州法规比较》（Works Progress Administration, The Marketing Laws Survey, Comparative Charts of State Statutes Illustrating Barriers to Trade between States），华盛顿，1939 年。

最后，在许多方面，国家领域只不过是一种表面上的暂时的一种同质的统一的经济区。像在第三卷将要看到的一样，共通货币制度的经济区形成力的可能性是正常的，但是极其微弱的。在通货膨胀时期和从上次危机以来两个极端的经济是例外。大多数关税也不能有助于一个全国性市场的建立，或者甚而不能有助于纯粹国内市场区域网状组织的形成。照例，关税在原则上只会发生切去伸到境界外的市场区末端部分的作用。不仅如此，下面我们将指出有关生产因素在国际上具有较少移动性的古典命题的某些局限性。如果从前对于政治因素在发展经济区方面的重要性予以过低估计是错误的，那么，今天我们不应该忘记，在另一方面，政治因素只有许多因素中之一。

第十四章　对市场区的其他限制

上一章讨论了个别因素的各种作用。本章将讨论所有不同的因素同时向同一方向发生作用，即是说向市场规模缩小的方向发生作用。这是一个极其重要的问题。因为许多论者怀疑，即使在今天，低运费是否会有效地限制市场区的规模的作用。

除了运费之外，第二种限制的因素是关于竞争的作用。但是，凡是运费具有较小意义的地方，竞争本身对市场区的限制和生产区位的分布几乎不会带来影响。在这场合，区位相互之间没有维持一定距离的必要。由此可以看到，所有的市场区是相互重叠的。竞争的限制作用，只有通过运费或起着同样作用的其他因素才能发挥出来。在这里，这些因素是否通过对消费者提高价格而起作用，还是通过降低生产者的利润而起这样的作用，对于我们不是重要的问题。[①] 为了简单化起见，我们的讨论将以前一种场合为限。

(1) 距离的费用。运费常常是随着距离而增加的，而且当然也会不久达到需要等于零的地点。在这样的场合，运费不具有太大意义的议论，就失去其根据站不住脚了。在这里，人们会想到零售商人、洗衣业者、啤酒业者等等其他能由汽车或邮差运输货物到顾客手里的例子。随着离开生产者距离的增加，居民的密度和各个顾客的需要减少了。这一部分是因为大城市外侧的人口密度和购买力减少了，另一部分是因为(即使在运费率一定的情况下和以后将予讨论的理由)顾客的比例份额和各个顾客购买欲望变成较小的了。其结果，随着距离的增加，汽车和邮差工作时间被利用的效率逐渐降低，留下来的只有在二者之中进行选择：或者结果使远地的顾客负担运费，或者超过一定距离以上放弃交货。与运输费类似的费用也具有着与运费率的提高具有同样的作用。在这些费用中，包括特别的保险费和运输中财货的破损费等等。但不是装货和卸货的费用，因为它们属于经常费用范畴。

(2) 时间的费用。所谓时间的费用，不是从距离的克服所发生的不经济，而是指从所需要的时间产生出来的不经济而言。属于这一范畴的，有家庭主妇在进行购买时损失了时间，在订货到货

① 在后一场合，出现的收益圆锥体，而不是价格漏斗。“相等的总收益曲线”可能首先是由富兰采用的。参阅 V. 富兰：“国民经济学和世界经济学的区位问题”，(V. Furlan. “Die Standortprobleme in der Volks-und Weltwirtschaftslehre”)载《经济学文献》(*Weltwirtschaftliches Archiv*)，II，1913 年。

之间也需经过一定时间，就包含着这种费用。时间的货币费用是在各种各样形式下发现的。如商品运转时投资额的利息，为了迅速交货所追加的费用，批发小商人保存较多商品的贮存费用，或者例如商品在必要时不能交货以致商业遭受损失。[①]

（3）销售的费用。随着距离的增加，为促进销售的费用也增加起来。例如，当购买者的分布密度稀薄时，推销员的时间便不能有效率地利用，同时，报纸上的广告会引起较少的注意，其效果也相对的小。再者，经营者必须很好理解自己的市场，必须获得商情趋势的情报。当市场是在附近时，这种情报常常会自动得到，但在市场较远的场合，它就需要费用了。设置支店和代理店招致追加的支出。最后，为了通讯的费用，如邮电、电话费、旅费等的支出也增加了。

（4）商业的危险。危险一般随距离增加而增大。对此没有给以充分的注意，但在下面讨论统计的部分，将得到具体证明。这距离使有关顾客的确实知识，例如，有关他的支付能力或欲望等可靠情报的获得成为困难。同时，关于必要的违约罚金问题，难于达到应予采取的合法处理方法。[②] 少数坏的购买者常常为了自己的利益利用这种情况。

（5）个人的癖好。几乎所有的生产物都是为适合各个狭小的

① 迅速交货在时行商品的场合起着特殊作用，它甚而决定区位，像 E. M. 胡佛在其值得赞许的制鞋工业的研究中所指出的那样。参阅其著作《制鞋与皮革工业的区位理论》(E. M. Hoover, *Location Theory and the Shoe and Leather Industries*)，剑桥（马萨诸塞州），1937 年第 176 页。

② 按照德国的法律，除在契约上有所规定外，支付必须在购买者的永久住处进行。

贩卖市场的特殊性,如适合于气候、习惯、收入状况等而发生的。因此,远地的特殊需要不易使之满足。

(6) 交易的范围。即使交易进行的空间范围的扩大不一定带来特殊的耗费,但在此场合,当扩大到一定点以后,由于企业规模实质的扩大,便会发生特别费用。这一因素对位于最低限度费用的左侧而操业的场合,不会发生作用,但当继续扩大时,它最后扩大到超过以上范围时就发生作用。

(7) 贸易上的障碍。许多货物的贩运迟早会碰到政府所设置的障碍。例如,特别在中世纪时代,必须克服无数的通行税、土货税和关税等等。从 1870 年代以来,这种障碍又变强化起来。

(8) 行政上不能令人容忍的事和缺乏经验。随着企业家销售量的增加,特别是随着他的顾客的距离的增加,他个人所遭遇的困难也增加了。例如,许多生产者不就是与许多关税手续有关而放弃了对外贸易? 不仅如此,大多数企业家缺乏理想和想象力,阻止了远地联系的建立。

这样,除了由于距离而发生其直接费用以外,就一切人们来说,有关以信赖和熟知为前提的一切事物,常常起着一种有害的作用——对这种作用至今没有引起人们的注意。只要对远距离的购买者不是直接供给,而是由经纪人或支店来提供,那么,这种距离的作用不只会削弱而且会消失。的确,距离的作用是很明显的,大大超过经济的范围,而且扩大到其他领域。例如,要保持一个广大的或不整形的帝国结合成为一个整体是很困难的,但通过牺牲各个地域特殊性,才有可能。随着离罗马的距离的增加,欧洲天主教徒的比率就大大减少。[①②]

一般地说，对于距离的法则现在有着予以轻视的强烈倾向，而且在长时间内，这种趋势被看作是进步的。

交易不再看作是由地方和属地的关系等直接经验的现实所决定，而是被极其粗糙地满足任何地方需要的抽象观念、普遍原理、指导思想与一般法律等等所决定。这种见解虽然具有除去许多视野狭隘偏见的效果，但同时得到排除根深蒂固的很多议论的结果。下面统计的部分将指出这种对距离因素的忽视，会招致极大的经济上及其他方面的损失，不只是经济方面，而圣托马斯·阿基纳斯关于 inclinatio rarum in proprios fines[③] 的话，现在仍继续有效。

第十五章　现实的经济区[④]

一、空间的秩序

前面两章分别考虑了同一现象的不同作用或不同原因。在本

---

① 是人口在具有一定宽度的同心圈的各个圈内所占的比率，不是人口在各个城市中所占的比率。同样，麦加和麦地那是位于伊斯兰教世界的中心。

② 参照社会学的领域中通婚圈和移民的供给区域的范围，在 E. V. 厄克斯塔台特主编的《大国的人口生物学》[(E. von Eikstedt ed., *Bevölkerungsbiolgie der Grosstadt*)，斯图加特，1941 年，第 242 页]中所提出的例子，以及学生的分布。受刑罚的人所占比率随离城市距离的增加而减少。参阅 R. D. 麦肯齐：《大都市社会》，(R. D. Mckenzie. *The Metropolitan Community*)，1933 年第 185 页。

③ 原文之意是："事物具有在它们自己界限以内保持下去的倾向"。

④ 一部分文章是以我的演讲为基础。参阅 A. 勒施：《经济区的性质》(A. Lösch, "The Nature of Economic Regions")，载《南方经济杂志》(*Southern Economic Journal*)，V，1938 年，第 71 页。

章里，必须把两种考察方法所得的结果结合起来，描绘出一幅完整的图画。

§1　市场区

当我们放弃同质的平原的这一假设时，单纯的供给区域和销售区域，由于上述的自然的个人的和政治的差别而采取不规则的形态的规模。再者，同种生产物的销售区域会相互重叠，因为各种生产物的最后完成，并不常常是用同一方法生产的。其结果，在每一区域的周边部可能成为“镶边状”的部分。但是，我们原来单纯化的假设似乎常常或多或少地转化为现实。而在这样的场合，我们最初的理论推论，不加很大的修改就能应用。在统计部分，我们将提出若干例子。

§2　区域网状组织

恰如刚才所说的那样，因为同一生产物的市场区是相互重叠的，所以，严密地说，它们不再能够与网眼相比较。它们更多地像不经心地摔在地上的玻璃碎片的一堆不规则重叠堆层一样。但无论如何，一种网眼状的本质的各种性质常常保持着，在这里，市场区的任何一种图面都能表现这样的实态。但是，在这里，有网眼状的另一种非常重要的修正，具有更重要的意义。我们假定网状组织覆盖着整个平原，当然，在现实上，它们的大小范围受到或多或少的限制，我们谈到的是区域、地带。根据被描述的空间内，只包括生产场所或它们的市场区域来加以考察。这样集中的现象可能是以外部的经济为基础的，或者取决于自然的因素，或者是基于政治因素等的有限范围。当这些因素本身形成一定的市场网状组织时，这就会表现得特别明显。但是，这些超经济的诸因素，和它们的经济成果，在空间的侧面并不必然地直接结合一致。棉花并不一定在它们能茁壮成长的地方生长，也不一定在棉花被栽培的一切场所纺纱织布。[①]

§3　区域体系

经济景观是经济区最高层次的和最复杂的形态，与单纯化的理论模型远不相同。要把所有不规则的和常常在空间密切结合的网状组织安排成至少各有一个共同中心那样，那是绝对不可能的。事实上，现在已不复有经济上自给自足的经济景观，也不再有一个拥有所有部门的工业的首府。绝不单单如此。事实上，人们可以想象或者甚而发现少数的场合，经济景观独占地通过它们的大都市，交换它们自己的专业化产品。[②]在这种情况之下，一切经济景观仍然会像在我们理想的系统中一样整然配列起来。但是在这里，我们常常使用"经济区域或经济省"这一术语。因为这些词能更加明显地表现出，我们不再处理独立的经济上自给自足的单位。在现实上，整个经济省在某些独特化的生产物方面，不单与其他首府有关系，而且在其他之点，基本上完全依赖邻近大都市的，对于许多财货来说，小城市也是大大地超过自己所属的经济省，有时成为包括整个在内的广大市场领域

① 美国的纺织工业现在都集中于棉花地带的东部。

② 中心城镇两个最重要的机能之一，是与其他经济景观建立联系。另一重要的机能是与其自己所属的经济景观进行贸易。

的中心。[1] 再者，每一个区域体系，虽有一个大都市作为它的中心，但每一个大都市并不一定是这种体系的中心。例如，许多大的矿业城镇，对它们的周围地区几乎不能完成经济的机能。[2] 这些区域的许多主要城市与这些专业化的城镇不同之点，于前者的中心城市生产物的多样性，或者至少在它们产业的多样性，这些生产物和产业与它们的周围具有复杂的贸易联系。

但是，无论如何，在所有这些现实的无秩序状态之中，丝毫无误地存在着经济区的基础构造。在下述重要的一点上，这些基础构造与理想的经济景观不同，它们不是自给自足的。但就两者在同一原理的基础上，即利用一个大的地方需要和交通运输稠密网的有利点，建立起来这一点而言，它们是一致的。

第一，恰如我们在理论讨论中已看到的一样，为了形成经济景观，上述的原理就足够了。但是，第二，市场的层次构造也有赖于行政区域的层次构造的场合。第三，经济景观，例如像农业的单一作物种植区域（同类生产物的栽培），或某一人种的一定生活方式（同质的消费）的场合也可以在一定地域中被具有空间性格的自然

① O. 希勒："德国景观"（O. Schiller，"Die Landschaften Deutschlands"），载《普通统计文献》（*Allgemeines Statistisches Archiv*），XX，1930 年，第 24～41 页。他甚至于主张在德国只有下列城市在它们所属的经济景观中是主人翁，柏林、斯泰丁、柯尼希斯贝格、布雷斯劳、慕尼黑、维也纳和斯图加特。

② 因此，这些城镇在人口方面常常表现极大的波动。例如，在美国科罗拉多州的克里普尔克里克金矿开采城镇，在它全盛时期，拥有 45 万人口，到 1930 年，只剩下 4000 人。但自美元贬值以后，旧金矿又恢复它的有利性，人口就很快增加到 7000 人。[古德里奇等《移民与经济机会》（C. Goodrich et al.，*Migration and Economic Opportunity*），费城，1936 年，第 271 页。]

因素或国民因素所组成。[①] 这样，棉花的栽培，长期内规定了美国南部各州的经济空间构造。在个别种植园和佃农的生产区域中，存在着15000架原棉除籽的轧棉机的原料供给区域，在这些供给区域中，又在较远的间隔中存在着网眼较大的轧棉工厂网。[②] 在它们上面又存在着500家榨油工厂，然后是转运点，对棉花进行分类和贮存的收集站，最上层的是拥有大供应区域的两个主要输出港。[③] 分配贸易的零售业网状组织类型的配置，大部分是由于具有这种支配影响力的棉花生产网状组织所决定的（上引书，p. 190）。

像这样区域网状组织的下层构造，几乎在任何地方都可以见到。但它们并不常常具有同等的重要性。它们的重要性是与经济景观构图不一致的市场区的重要性成反比例的。例如在德国南部，

① 在最后场合，对整个系列的商品而言，它的市场区网状组织具有同样广大的范围，因为这并不是偶然的，而是表现这些商品的一种有意义的结合。为了使之与所有这些经济区从外部区别出来，这就足够了。

② 因为一架重轧棉机的价格约在5万美元以上，所以，平均年产只达1000包的个别净棉厂购买一架轧棉机是无利可图的。为了使用轧棉机有利可图，平均的净棉厂具有30倍产量的必要，同时，净棉厂的供应区域的半径有从10英里增至50英里的必要。这些事实，对于一旦已巩固地建立起来的区位体系提供一个有趣的事例。过去净棉厂的供应区域半径大约为5英里，但随着净棉机的改良和道路的改善，供应区域最有利的规模也扩大了。但这种供应区域最有利的规模只在密西西比河以西的新产棉地带才能实现。因为在那里，个别净棉机比旧产棉地带的净棉机加工平均要多产1/3的棉花。参阅E. S. 莫尔登："美国西南沿海一带的棉花生产及分布状况"（E. S. Moulton, "Cotton Production and Distribution in the Gulf Southwest"），载《美国商业部，国内贸易系列第49号》(*U. S. Department of Commerce, Domestic Commerce Series No, 49*)华盛顿特区，1931年，第46页。

③ 只有东南部的棉花主要是被附近纺织工厂所使用，结果产生了许多小的供应区域。

像W.克里斯塔勒令人信服地指出那样[①][②]，这些下层构造具有很高的重要性。反之，在鲁尔地方就很难找出这样的下部构造。[③]与按照空间组织构造的规律性的程度相应，这样的下层的构造在一种场合，可以看作具有本质的东西，在另一种场合，它可以看作次要的现象，完全可以不予考虑。采用地域的考察方法，就许多区域而言是合适的，但企图把一个大国完全机械地划分为若干经济景观是困难的，并且是无益的。[④]

① 参阅W.克里斯塔勒：《南德中心地》(W. Christaller, *Die zentralen Orte in Süddeutschland*，耶拿，1933年，第165～251页。)

② 法兰克福、纽伦堡、慕尼黑、苏黎世、斯特拉斯堡的经济首府以及它们的中心斯图加特等诸城市是非均匀地分布的。

③ 除非像克里斯塔勒(上引书，p. 27)所做的那样，人们可把相互竞争的莱茵—威斯特法里亚地方诸中心地势力圈联合起来，因而获得了从中心分裂的较大的经济景观。与之相反的场合，可参阅伊森堡："关于新的德意志东部区域的州计划"，(Isenberg, "Zur Stadtplanung in den neuen deatschen Ostgebieten")，《空间研究和空间秩序》(*Raumforschung und Raumordnung*)，1941年第141页以下。从圣保罗和明尼阿波利斯双城的简单例子中，很明显地可以看出，各个部分中心的势力圈如何能够相互区别。不拘它们一般经济机能完全相同，它们各部分的势力范围却仍是明显地不相同的。就是说，明尼阿波利斯的腹地向西部延伸，而圣保罗的腹地向东部延伸。参阅M. L.哈特苏夫：《作为大都市市场的双城》(M. L. Hartsough, *The Twin Cities as a Metropolitan Market*)，明尼阿波利斯，1925年，第13页。英国的利兹和勃拉特福特的场合也是同样[L. D.斯坦普与比弗：《不列颠群岛》(L. D. Stamp and Beaver, *The British Islands*)，伦敦，1937年，第573页]。

④ 但是，根据K.豪斯霍弗："季风地区的大国问题"(K. Haushofer, "Grosstadtprobleme der Monsunländer")，载《人口文献》(*Archiv für Bevölk*)，1942年，第268页，日本完全是由具有同样形态和区域的"同样规模的细胞"所组成，拥有城市中心的小河川流域灌溉着盆地，"结合在一起像蜂房的小室一样配列着"。伊森堡：上引书，第200页。在德国大多数不同的部分中找到了令人惊异的一种有均一性的下属构造。即使有许多干扰因素，但没有给予结构的规律性以很大的变化。参阅J.乌姆劳夫："空间秩序计划的立场"(J. Umlauf, "Der Stand der Raumordnungsplanung für die eingegliederten Ostgebiete")，载《新农民阶级》(*Neues Bauerntum*)，1945年，第287页。

最后,经济景观和政治景观或文化景观在三者的构造上各有共通的本质的特征。例如这三者都是一个中心地。在恰当的场合,三者的中心地是完全一致的。于是,在这样的时候,在那里,就产生了一个强有力的最大的世界中心。

§4　小结

我们已找到经济区的三种主要类型:单一的市场,区域网状组织和区域体系。或者为了使我们的印象更加明晰起见,我们可以区别为市场、地带和区域。这一系列的成员,在那秩序之下,成为更加复杂,在经济关系方面,更加自给自足,但是,不幸的是更加稀少了。

作为极端的一方,我们有非常单纯的供应圈或销售圈——它们的确是很单纯的,但是极度具体的,而且完全依存于交易行为。在另一极端,有市场区或区域的组织是对偶的,它们的构造绝不是简单的而是复杂的。在理想型"经济景观"的场合,它们完全是自给自足的,但这样明确的形态却很少能找到。许多财货是在每一个这样的体系之外的。凡是在我们能找到体系的地方,它们总是相互重叠,而不是一种简单的市场。一种明确规定的经济景观是一种幸运的偶然,而不是一个国家的自然划分。但是,无论如何,与一个经济景观相类似的下层,却能在市场区的错综之中几乎在任何地方都能找到,虽然它们达到不同程度的发展。

在单一的市场区与完全的经济景观中间存在着网状组织——那就是同一生产物的全部市场区的总体。网状组织本身或者至少是它的核心部分,常常被集积在一个狭小的空间。均一的生产或消费的这样的地带或地区引起我们的注意，但它们不应该与经济景观混同。经济景观是不同的诸市场的一个体系，一个有机体，不单单是一个器官。

二、关于把现实看做无秩序状态的见解

毫无疑问，环绕着我们周围的空间经济构图在许多点上，含有着足够的不合逻辑的、不规则的和无规律的特征。但我不同意对这种秩序的缺乏给予过分强调的见解。不论许多事实，广泛地可以证实否认秩序存在的见解，但我们认为这种见解不仅是没有价值的，而且是危险的。所以说它没有价值，是因为存在着一种理性的现实，而这种理性的现实最后的结果比事实上的现实有着不可比拟的更大的意义。所以说它是危险的，是因为我们关于事实的观念是形成未来的因素之一种。如果在资本主义勃兴时候，人们只一味地单纯强调对逻辑的和对自然的力的自由发挥所起的种种困难，那么，他们便永远不能达成它的伟大的成果。它不需要计划，的确蔑视计划，把计划看成一种“扰乱”。因为它相信的这一时代伟大指导原理，并且按照那些原理而生活。它由于信任自己的秩序而繁荣，由于不信任自己的秩序而没落。在一种有秩序的过程的信念面前，或者更正确地说，在机能发挥可能性的信念面前，各种混沌的事实便自然而然地失去它们的意义。

当这种信念不能和各个事实相调和时，它就在自然和理性中寻求根据。就是说，从这些事实、信念秩序在创造模型，而秩序乃是作为信念的结果而产生出来的。

无政府主义的基础是什么？它是从怀疑和绝望中产生的混沌

状态，它是秩序的寄生物。这种混沌状态使我们想起一切人类的秩序不过是暂时的东西，由于它才会偶然地使秩序开花结果。但是，在另一方面，还有别的一种类型的混沌状态，即是说，混沌状态不是别的，只不过是秩序的伪装。因此，在空间里，不同的地方和不同的现象中，令人神迷目眩的个性的产生，乃是因为它们的每一种是由不同秩序——地理的、地质的、政治的、种族的、宗教的以及其他等等的秩序——的特殊结合而组成的。它们相互干扰，造成紧张，但并不相互破坏彼此的根源。经济的空间只不过是相互重叠的生活的其他许多活动空间的一种添加，既不能控制它们，也不能只服从于它们。

第三篇

贸易论

第一部　关于均衡的描述

第十六章　劳动分工的六个主要问题和它们的相互关系[①]

我们的主体是人类，劳动和地点的结合。从人类的观点来看，这是职业的空间的劳动分工问题。在许多场合，**我们**常常不从**我们自己**出发，但却要想知道：对于一个企业或一个国家而言，怎样的结合才是最好的。为了这一理由，只有把下面六个问题联系在一起，才能把主题完全讲明。参见图 54。

现在这些问题，在另一种形式中是我们早已或多或少熟悉了的。

---

① 在本章中，我们只讨论分工的性质，而不涉及其原因。在最后的分析中，原因将成为我们早已深悉的三个要因：位置、供给条件和生产的批量。那就是自然的差别和大量生产的优点，或者如俄林或艾弗森所发表过的那样，缺乏移动性和可分性。从历史的观点来研究问题，使我们不得不把发展阶段加以考虑。E. W. 齐默尔曼在《对外贸易和船运》(E. W. Zimmermann, *Foreign Trade and Shipping*，纽约，1918 年，第 40 页以下)中偶然地发现了这种差别，这种发现本身是十分适当的，因为由于各国发展阶段的不同，今天的国际贸易沿着纬度进行的倾向的确很强，至于将来，只要气候的差异仍然保持时，国际贸易将会沿着经度进行。这是以建立世界经济区概念为思想基础的观念。但是，这种观点忘记了位置和大量生产也会导致贸易。再者，关于供给源的概念，必须十分广大，足以使我们把人类的种种能力也包括在内。

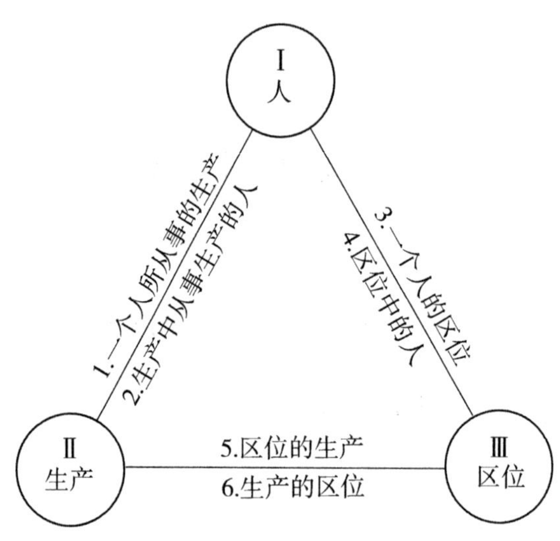

图 54　劳动分工的六个基本问题的图式

(1) 一个职业的选择问题；

(2) 一个企业中人们的合作问题；

(3) 选定一个居住地点(迁移问题)和人口的分布问题；

(4) 都市社会学问题；

(5) 商会问题(一个城镇的发展可能性)；

(6) 传统的区位问题。

在这里,我们要在较广泛的视野上来考察第六个问题。这是我们至今要考虑的主要问题。

对于这六个问题的初步答复,初看似乎是非常一般的,或者甚而是幼稚的。在每一个场合,它以生产性效用和货币收入等等最大限度化为目标,这是不言而喻的。我们努力使每一情况达到最完善的利用。但是,我们马上会认识到:从这种一般回答中导出对我们具有最大兴趣的一切最正确详尽的解答,只有放弃对有关情况的完全理解才有可能。例如,对于最优的交通运输地点的数学决定,作为区位问题的解远远地只是印象的,它与一个企业家考虑一切条件之后将在他最喜爱的地方建立企业的这样的记述相比,则是太不正确了。我们最好时时想起我们精密公式的有效性是有限度的，以便我们不可忽视这一事实：这些公式只当达到解时才能对我们有所帮助，这些公式本身不会提供解。

即使最审慎地经过深思熟虑的结论，毕竟不过是一种实验。恰如射击一样，我们既不能确切知道我们的目标是什么，又不能进行试验，来试一下我们的选择与目标接近到怎样的程度。自然，归根到底，我们认为，我们是以最高效用为目标，许多人相信自己能够对目标进行测定。但是，不应该玩弄文字。效用可以意味着一般的福气和个人幸福，而求其实现的努力是基于一种责任感而进行的，或者是基于爱好而进行的。[①] 到目前为止，我们已经对于这样含糊的词语表示同意，即任何批评者都是能够“挑错”的！在效用的一切测定中，真正的困难在于我们对于“效用”的真正含义没有一个明确的概念。我们确实常常推测它的意义，但当我们决定选用两种相互排斥的方向之一时，这并不因为我们有所偏好，或者它的效用大，也不因为对于我们的选择哪一种都没有关系，而是因为最后我们必须有所选择。每一种选择给人一种印象，认为自己已选择最大效用。这样，为什么当我们选定一种心中所愿意的可能性的场合不得不放弃其他可能性时常常感到痛苦呢？如果我们的场合只是两种效用单位与四种效用单位间进行选择的问题，恰如在两个货币单位间进行挑选那样，那么，我们不应有这种烦恼的感觉。在这里，我们所遭遇的困难是这样基本的，以致我们不能用

① 但是，在任何场合，都有符合经济原理的这样的努力，像在本书第 236 页注以③所述的含义所展开的那样。

“无差别曲线”这样的小技巧来回避它。事实上，这种曲线不能回避效用的概念，只不过是隐蔽效用。我们从这一曲线能够把效用曲线的形状再生出来。事实上，它以比人类日常的决定具有更好的有关效用的知识为前提。因为就效用大小而言，不消说，人们从价格相等的二种对象中选取一种。但是，一种食物的一种结合的价值，与另一种食物的结合相比，对于它们的效用必须要有一个非常正确的知识。在边际效用几乎相等的场合选择是特别困难的。

我们切不可欺骗自己（当我们处于对自己的成果给予过大的确信的危险之中时，记着这一点是有好处的），认为由于导入效用的概念，解决未知数问题便已建立在科学的可靠途径上。如果我们乐意这样去追求，那么，除此之外，没有其他的途径可循了。虽然我们知道我们常常最后必须为我们的幸运祈求，但我们总是通过我们天性中的好奇而完全合理的癖好，探求单一行动的意义和适合一切事物的较高秩序。[①] 我们好像已理解人生的目的，因而能按照导向目的的速度，把各种途径分门别类而行动。我们把各种经济活动解释成好像其目的是指向最高效用的企图，把一种在现实上可能不存在的合理性硬塞进效用中去。

但在这里，为何像物理学中的力与物质概念那样的基础构造，并不具有至少可提供初步真理的知识建筑物的基础价值呢？难道

① 我们所以使科学发展，只有尽可能良好地解释世界；否则，我们便不能生活，除此之外，不能再有其他的理由。

这种基础构造不像我们所想的和相信的一切事物那样，即使不是永久的，但有了它们便能生活一些时候吗？科学与闲话之间的区别，不在于其基础的性质，而在于基础的广度和建筑在其上的构造物的一贯性。

第十七章　关于劳动分工六个根本问题的个别考察

一、一个人的职业

一个特定的人生产什么？官方职业指导机关应给每个人指派他能最好地为国家利益服务的活动。但当国家允许每个人自由选择职业时，任何个人都会在他所能获得的职业中选择一种能给他最大满足的职业。如果他的满足取决于所得，那么，存在着两种途径决定一种的职业。其中之一，是边际考察法，它与华拉斯的均衡叙述方法相当。

§1　边际的考察

如果劳动能划分为均质的群，那么，边际考察法便会有效。每一群构成人员在每一种职业中都能带来同样利益，他对每一种职业都干得同样地好。但这并不意味着他们在不同活动领域中的物质生产率需要加以比较。当这样的均质的群存在时，下列均衡条件是属实的：

（1）当某一特定的均质群的构成人员被分配于各种产业部门之中，使他们的工资在任何产业中都是相同的。这一条件对于刚才提出的问题自动地给了回答。

(2) 不同群的构成人员中的一定数目被任何特殊工业部门所雇用时,他们的边际生产物与其工资成比例。这一条件对下面提出的问题作了答复。

我们的假定是:人们能分成若干群,在群的内部有可看作有互换性的单位,这一假设可使问题大大单纯化。但在现实上,即使在两个人物的场合,他们的生产物在同一活动中保有同等的比例,或者在相同活动领域中,他们的生产率不同,这种情况几乎是没有的。这意味着边际考察时对整个群的各个人的问题会扼要地提出答复那是不可能的。但如果这些个人的单位很大,足以影响各种活动领域中的工资,那么,边际原理就能应用于这些个人。因为在这样的场合,个人会把他的劳动时间按照群将其构成人员分配于各个部门的同一原理,分配于各种不同的雇佣之间。但因个人并不经常运用这种对工资的影响,所以,他把他的全部时间投入到能给他带来最大收益的职业(虽然不单是货币的收入)。因此,除少数例外,边际考察法既不适用于群,也不适用于个人。

§2 比较生产费的原理

根据我的判断,职业的选择是根据有关国际间劳动分工的决定所展开的早期的国际贸易论的原理而进行的,这就是比较生产费用原理。事实上,为了以后基于讨论第五个主要问题时所述的理由,这个比较生产费原理一般只适用个人,而不适用于国家。但因我们无条件地惯于使用这一原理,所以,在两种场合中彼此相互对应的现象，比较是会有兴趣的。[①] 但首先当把这一原理运用于复杂的场合时，必须把它比现有文献更详细地加以考察。[②] 在这里，我们把讨论的基础放在国与国间的贸易，固然这样做是不正确的。因为这一原理只在这样的形式上方为大多数读者所熟悉。

1. 这一原理的发展

首先，让我们只考虑两个国家。当生产物的数目也只以两种为限时，我们就能用普通熟知的方法，从比较生产费之差上毫无问题地决定每一国家的生产专业化。如果有若干种生产物，那么，我们只能把必须参加国际贸易的每一国家排列顺序。只有在国际收支均衡的公平调整的另一原理帮助之下（参阅本书第十九章“自己调整”，c.“新理论的适用”，(k)“国际收支的均衡”），才能在系列的财货中有可能来决定哪些可以输入、哪些可以输出。如果生产物按照比较优势的顺序来排列，而且开始以国家Ⅰ对国家Ⅱ具有最大的比较优势的生产物的顺序来排列，那么，我们就能绘出一条线，国家Ⅰ会把位于线的上方的生产物输出，把其余的都输入。[③]

---

① 固然，它对个人间劳动分工的应用，并不是新的。参阅 J. D. 布莱克：《生产经济学导言》(J. D. Black, *Introduction to Production Economics*)，纽约，1926 年，第 129 页以下，以及 G. von 哈勃勒：《国际贸易》(G. von Haberler, *Der internationale Handel*)，柏林，1933 年，第 100 页；英文版，1936 年，第 130～131 页。

② 以下是我的关于比较生产费的文章，“比较生产费论的效用在哪里”[(“Wogilt das Theorem der Komperatigen Kosten?”)，载《世界经济文献》(*Weltwirtschaftliches Archiv*)，1978 年 7 月]。

③ 分线只当比较生产费中含有的绝对价格（即物价水平）和价格体系（相对价格）为一定时才能予以决定。物价水平的变化具有国际收支均衡迅速恢复平衡的机能。当以黄金为本位时，各种物价水平是直接变化的，在纸币本位制下，是通过汇兑市场而相互变化的。结果各国的绝对物价差别的方向和程度足以把国际收支带到相互平衡

如果生产物是多种，生产的国家数也在二个以上，那么，比较优势的顺序，取决于每一对国家。当国家Ⅱ是其参加者，而国家Ⅲ也是其参加者，则国家Ⅰ与这两国之间的比较优势顺序是不同的。如果同时在两国之间，例如在Ⅰ与Ⅱ之间发生双边贸易(这在现在已不再是必要的了)，那么，即使运费予以忽视，交换不需要扩大到所有的生产物。反之，在此场合，照例有两条分线：一条在对国家Ⅰ比对国家Ⅱ具有最小比较优势的输出生产物的下方(第一分线)，另一条在从国家Ⅱ输出的相应生产物的上方(第二分线)。第一分线必须在第二分线的上方。再者，两条分线是由国际收支必须平衡的条件来决定。但如果两条分线只对一对国家适应时，那么，我们可确信只有国家Ⅰ输入在第一分线下方的一切生产物，但并不输出在第一分线上方的一切生产物。同样，国家Ⅱ输入第二分线上方的一切生产物，但并不输出在第二分线下方的一切生产物。因此，什么财货参加两国间贸易还未决定。只有位在两分线之间的商品，两国才会无限制地从第三国家输入，那是确实的。至于输出，即使有这种不完全的知识，也不可能。我们还不知道什么生产物会被输出，或者在什么顺序上它们输出的机会最大。

表 11 和 12 是根据表 9 计算出来的，可作为说明的例证。只有这种场合，国家Ⅰ与每一其他国家的贸易，才能存在唯一的一条分线，但在其余的一切场合，存在两条分线。例如，让我们来考虑

(履行不可能的债务和强制信用除外)。只有通过这一机构，在充分的数目上和在数量的顺序上，才把可能的(相对的)生产费之差转换为实现的(绝对的)生产费之差。

表 9　国际贸易

1	商品		国家Ⅰ	国家Ⅱ	国家Ⅲ	国家Ⅳ
2	A	现实的生产率（世界纪录＝1）	1.0	0.8	0.9	0.9
	B		0.8	1.0	0.3	0.2
	C		0.7	0.4	1.0	0.3
	D		0.2	1.0	0.2	0.2
	E		0.6	1.0	0.3	0.9
	F		0.1	1.0	0.1	0.95
3(1)	A	每小时生产量（单位数）	10	8	9	9
	B		8	10	3	2
	C		7	4	10	3
	D		2	10	2	2
	E		6	10	3	9
	F		1	10	1	9.5
4(2)	A	在自给自足场合国内价格	1.00	1.25	1.10	1.10
	B		1.25	1.00	3.33	5.00
	C		1.40	2.50	1.00	3.33
	D		5.00	1.00	5.00	5.00
	E		1.66	1.00	3.33	1.10
	F		10.00	1.00	10.00	1.05
5(3)		汇兑率	1 德国马克＝0.5 先令	1 先令＝1.0 先令	1 美元＝0.4 先令	1 法郎＝0.9 先令
6(4)	A	在自由贸易下潜在的价格	0.50	1.25	0.46	1.00
	B		0.60	1.00	1.30	4.50
	C		0.70	2.50	0.40	3.00
	D		2.50	1.00	2.00	4.50
	E		0.80	1.00	1.30	1.00
	F		5.00	1.00	4.00	0.95

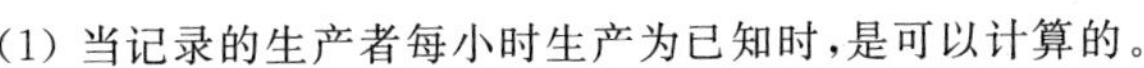

(1) 当记录的生产者每小时生产为已知时，是可以计算的。

(2) 国内价格是用国家通货单位表示（表 9），或者对于个人是用时间单位（小时）表示（表 10）。在前一场合，在对物价的绝对水平能加以计算前，国内的每小时工资必须为已知（因为这对于国内流通中货币量的假设是必要的）。在后者的场合，交换比率，即价格体系与后一场合一样，是由生产必要时间来决定。为了使之较简单化，各国货币流通量是这样决定的，相等实物的生产率是用每种通货的相等数量的货币单位来给出的。

(3) 均衡依以成立的场合的汇兑率和工资。因需求曲线不是已知的，所以其值是在如下限制条件下任意加以决定：①每一国家或每一个人都能给市场生产若干货物，这一条件不能满足时，均衡便不能成立，因为这个国家的通货的汇兑率和有关个人小时工资，必会明显下降，结果，这些国家和个人便能参加交易。②各个国家或者过小，没有一个国家能个别地用一定货物来满足全世界需要（这一条件，就个人场合而言完全同样）；或者各个国家过大，对世界市场能生产并供给两种以上的货物。表 9，受着后一假设的限制。反之，就个人来说（表 10），我们假定没有一个人能在一定生产物方面来满足全部市场，或者一个人同时能生产若干种商品（因为表的范围狭小，只有从事职

表 10　个人间的交易

1(1)		2(2)				3(3)				4(4)				5(5)	6(6)			
		A	B	C	D	A	B	C	D	A	B	C	D	A	A	B	C	D
		现实生产率（世界记录＝1）				每小时产量（单位数）				为自己消费的生产（小时单位）				小时工资（美分）	劳动分工下的潜在价格（美分）			
α	Ⅰ	1.0	0.8	0.5	0.6	2.0	0.8	50	6	0.50	1.25	0.020	0.16	70	35	87	1.4	12
	Ⅱ	0.8	0.5	0.4	0.6	1.6	0.5	40	6	0.60	2.00	0.025	0.16	60	37	120	1.5	10
	Ⅲ	0.7	0.3	0.4	0.2	1.4	0.3	40	2	0.70	3.30	0.025	0.50	49	35	163	1.2	24
β	Ⅰ	0.2	1.0	0.75	0.4	0.4	1.0	75	4	2.50	1.00	0.013	1.25	83	26	83	1.1	21
	Ⅱ	0.5	0.6	0.2	0.4	1.0	0.6	20	4	1.00	0.16	0.050	0.25	47	47	78	2.3	12
	Ⅲ	0.3	0.4	0.3	0.3	0.6	0.4	30	3	0.16	0.25	0.033	0.33	33	55	82	1.1	11
ν	Ⅰ	0.8	0.5	1.0	0.5	1.6	0.5	100	5	0.62	2.00	0.010	0.20	110	68	220	1.1	22
	Ⅱ	0.4	0.2	0.8	0.2	0.8	0.2	80	2	1.25	5.00	0.012	0.50	88	110	440	1.1	44
	Ⅲ	0.5	0.5	0.6	0.5	1.0	0.5	60	5	1.00	2.00	0.016	0.20	66	66	132	1.1	13
δ	Ⅰ	0.7	0.8	0.8	1.0	1.4	0.8	80	10	0.70	1.25	0.012	0.10	100	71	125	1.2	10
	Ⅱ	0.3	0.5	0.7	0.9	0.6	0.5	70	9	0.16	2.00	0.014	0.11	90	150	180	1.3	10
	Ⅲ	0.9	0.5	0.3	0.9	1.8	0.5	30	9	0.56	2.00	0.035	0.11	90	50	180	3.0	10

(1) 群 α 包括所有在职业 A 中大部分从事主观生产率最大的人。对于群 β 和职业 B 也是同样，等等。在各群内部，各人是按在有关职业中从事客观生产率而安排的人（Ⅰ～Ⅲ）。(2) 例如，在职业 B 中，αⅠ的生产率为与由 βⅠ所保持的世界记录的 80％相当。在职业 A 中，αⅡ的生产率与 αⅠ所保持的世界记录的 80％相当。(3) 与表 9 中的注(1)相比较。(4) 与表 9 中的注(2)相比较。(5) 与表 9 中的注(3)相比较。(6) 与表 9 中的注(4)相比较。

业 B 的场合，看来是一例外）。反之，他总是把自己局限于最有利可图的职业，而且在同一职业中，所有的小时工资自然地与其产量成比例。这样，与汇兑率不同，它绝不能在条件Ⅰ的限度内任意加以决定，效率工资必然是同一的。

(4) 用第 4 栏和第 5 栏的乘积来计算，实际的生产物的价格采用黑体字加以强调。

表 11 各国生产率(比较优势)的比较(1)

	国家Ⅰ						国家Ⅱ					
	A	B	C	D	E	F	A	B	C	D	E	F
Ⅰ	100	100	100	100	100	100	125	80	175	20	60	10
Ⅱ	80	125	57	500	167	1000	100	100	100	100	100	100
Ⅲ	80	37	131	100	50	100	112	30	250	20	30	10
Ⅳ	90	25	43	100	166	950	112	20	75	20	99	95
	国家Ⅲ						国家Ⅳ					
	A	B	C	D	E	F	A	B	C	D	E	F
Ⅰ	111	265	70	100	200	100	111	400	232	100	61	10
Ⅱ	89	333	40	500	333	1000	89	500	133	500	101	105
Ⅲ	100	100	100	100	100	100	100	150	233	100	30	10
Ⅳ	100	66	30	100	333	950	100	100	100	100	100	100

(1) 按照表 9 第 2 栏计算得出。

表 12 比较优势的顺序(1)

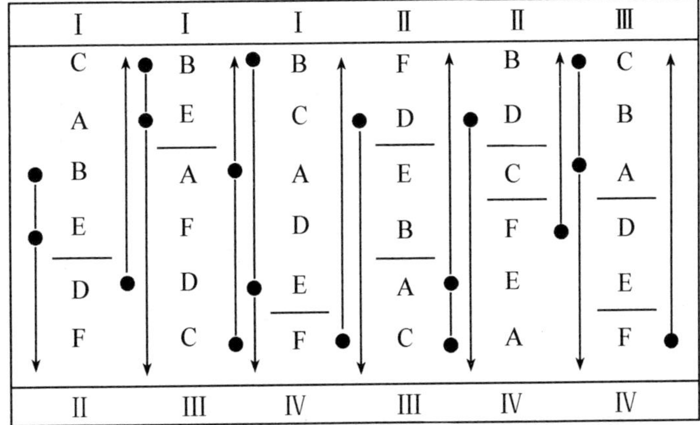

(1) 各种货物是在属于上方的国家和属于下方的国家比较的场合，按照有利性变小的顺序排列(根据表 11)。点和矢指出两国交换的生产物和交换方向。

国家Ⅱ与国家Ⅲ(表12第4栏)的贸易吧。第一分线位在生产物D与E之间,第二分线位于B与A之间。虽然国家Ⅱ与国家Ⅲ相比,其比较优势仍然使国家Ⅱ向国家Ⅲ输出粮食D,但不输出粮食F。然而,与国家Ⅱ对国家Ⅲ相比,国家Ⅱ的比较优势的程度是较大的。但如果与国家Ⅳ比,国家Ⅱ的比较优势是较小的,其结果,不仅位在两分线之间的B和E两种生产物,而且在上面那条分线的上方的F,两国也将从第三国输入。

从上面有关比较生产费的单纯知识所得出的结论,可分为3种场合(两个国家——两种产品;两个国家——多种产品;许多国家——许多产品)。第一个场合,即有关这一理论的教科书中所常用的理论例子,存在着一条明白的分线,划分输入财货和输出财货。第二种场合,能决定各财货参加国际贸易的无条件的位次,由此成立这样假设的命题:如果分线能被给出,它就会鲜明地区别输入的生产物和输出的生产物。第三种场合,知识是不完全的,如果任何分线可能存在的话,那么,在分线之远侧,财货将列入输入的项目,但输入的财货并不以此为限。由此得出结论:关于任何两国间贸易关系的充分知识在这里知道得很少,就是说,在分界线之间,这两国并不夹着分线而相互交换货物,但两国却从其他第三个国家输入。在第二种场合,一旦分线被给出,则一切都变得明白了。但在第三种场合,即使有分线划分开两国,但只提供两国间所发生的事情的部分信息。为了要获得两国间贸易的全部知识,我们除了要知道成为问题的两国间的分线以外,还需要知道其他许多知识。这样,在多数货物的场合,尤其在有多数国家的场合,要决定一个国家会输出什么,是非常困难的,这不单单依靠比较生产

费来决定，还要知道国际收支均衡的原理，要知道两国以上的其他国家的贸易知识。[①]

2. 比较生产费原理对职业选择的应用

现在，我们来把各国间贸易与个人相互间的贸易作一比较，以便知道个人间贸易的哪些概念是与我们在国际贸易中已知的(表9和10)概念相应的。为此目的，我们必须作这样的假设：这一原理实际上能适用于对外贸易。一种相对生产率的尺度，即使就个人的场合，也可以作出与国家的场合完全同样的假定(第2栏)。[②]从这些比例数在每一单位时间内一个生产者的绝对产出额(第3栏)中，我们可以计算出进入国际贸易以前的国内价格体系(在表9第4栏中还包含关于货币量的一个进一步的前提)。同样，每个人生产的财货与花费在产品上的劳动时间可以成比例地相交换(表10第4栏)。

最后，在两种场合中，我们需要一种交换比率把国内计算单位(德国马克，小时)换算成外国单位，然后，用它来比较一切国内的价格。对于国家来说，这是标准的通货(例如德国马克)。这种交换比率，决定国内价格水平的相对高度。在国际贸易中，汇兑率是

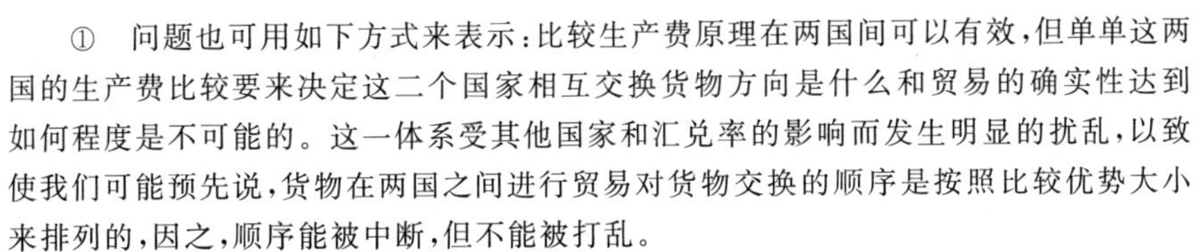

① 问题也可用如下方式来表示：比较生产费原理在两国间可以有效，但单单这两国的生产费比较要来决定这二个国家相互交换货物方向是什么和贸易的确实性达到如何程度是不可能的。这一体系受其他国家和汇兑率的影响而发生明显的扰乱，以致使我们可能预先说，货物在两国之间进行贸易对货物交换的顺序是按照比较优势大小来排列的，因之，顺序能被中断，但不能被打乱。

② 下面的推论，假定效率是一个常数。我在某些地方，曾努力指出比较生产费用原理在边际方面也是有效的，而且当与工厂的工人有关时，效率是随着企业的种类而变化的。参阅本书著者在1938年10月在《世界经济文献》第50～52页中所发表的“比较生产费论的效用在哪里？”(“Wo gilt das Theorem der Komparativen Kosten?”)

我们在国际贸易中所熟悉的，而在两个人之间的贸易中，每一小时的工资，则几乎完全无误地与这种比率相当。[①] 恰如一个国家的价值单位(像德国马克)能够按照汇兑率换算成英镑那样的国际单位(表9第3栏)，所以，个人的价值单位——小时——也能按照小时工资换算成一般单位——德国马克(表10第5栏)。换算率的水平取决于相互需要，而且必须使这种需要归于均衡。恰如考察一个国家一样，对于个人的场合也应如此。他们的债务总额必须与债权总额相一致。那就是说，他们的国际收支必须在均衡状态中。当缺乏需要关系的知识时，在两种的场合中，换算比率只能在一定范围内任意地设定。[②] 在这里它们必须常常是这样，以便没有一种生产物例外。如果有一种生产物除外，均衡状态就不能成立。对于过高的换算率，生产者就应降低他的换算率和降低他的工资。要求额，至少一直降低到能比别人更低廉地生产一种产品。

在这里，我们得到唯一的差别，这就是程度上之差。在国际劳动分工中，如果没有一个单独的国家能够完全满足全世界的需要，那么，一种生产就能在多数国家中进行生产。反之，国家可能是很大，以致它能够输出一种以上的生产物。对于个人来说，后一种情况一般来说不是确实的。对于大多数生产物，需求量如此之大，没有一个人能够单独充分地满足这种需求，一个人同时从事若干种

① 唯一的差别在于，汇兑率并不直接给出每一工作小时的国际工资，只是到了中间物(用国内通货表示的小时工资)引入以后。

② 参阅G. v. 哈勃勒：《国际贸易》(G. von Haberler, *Der internationale Handel*)，柏林，1933年，第102页；英文版，1936年，第133页。

职业是不可能的。[1] 这样，在表10中，当我们记入每小时工资时，我们必须注意不但各个工人能从事一种职业，而且同一职业的所有工人的效率工资都是相等的。这样，例如，在表10中，农业工人γⅢ接受每小时为66美分的工资，而农业工人γⅠ的工资为1.10美元，他们两人正确地按照他们的生产率而被付给报酬。一个单位生产物的工资和一个单位生产物的价格在任何地方都是相同的，而不论什么个人或什么国家来供给这一单位。如果在国家的场合，我们也是假设没有一个单独国家能够满足全世界需要，那么，在决定汇兑率时，把同一商品的价格在不同国家必须相等这一条件加以考虑。效率工资是与国际价格彼此相互符合的。

我们现在在个人间贸易的简单假设之下，来讨论若干扰乱因素的影响，这是国际贸易理论的主要题目。假定一个人愿意为一种极低的小时工资而工作（这件事与一个国家实行的倾销相当）。在这里，就有若干种不同的职业向他提供，所有的人都企图雇佣他，需求则超过了他的劳动能力。他发现他即使要求一种较高的小时工资，他同时仍然能够完全被雇佣。但是，随着他要求的提高，他被雇佣的可能性就日益消失，一直到最后，他的工资要求提高得很高，以致他的效率只能在一种职业中与他的高工资相一致，他便选择了这一个职业。同样，国际间激烈的竞争也最后达到它

① 例如，第一，在人口稀少的场合也有例外。在那里，小时工资作了这样的调整，使一个工人的可能各种活动总量在那样工资之下恰恰填满劳动者的劳动时间。请考虑一下农村技工从事多方面的工作，或者旅店的经营与农业经营的结合等等。职业的尖锐分离在农村区域是不符合愿望的。第二，劳动者兼农民的生存的主要理由之一就是能连续地被雇用。因为工业的波动，不能在全年经常地雇佣，所以农业作为副业来进行。因此，个人和国际贸易的差别只是一种程度上之差。

的界限和落到它合理的场所。但是,如果我们考虑的是一个很大的国家,那么,它就要在较长的时间,才能达到对其货物的需要超过其生产能力这一点,并驱使其汇兑率提高,一直等到外国对其仍为特殊生产物的需求能由生产它们所必要的国内劳动供给量来满足,这一点迟早必然会达到。小时工资和汇兑率最后会大大上升,以致对外支付在两种场合都达到均衡化。那就是说,国家的或个人的劳动时间供给量乘它们的价格(=输出)等于对外国货物的需求量(=输入)。

关于上述的程度之差,现在再举一个例子:为了用经常的收入支付负债,国家不得不降低物价并增加其输出剩余,一部分通过增加输出,另一部分通过减少输入。另一方面,一个人(工资获得者)为了增加他的"输出",一般并不一定要降低劳动价格,因为他本来输出他的全部生产物,他不能对自己生产物的价格发生影响。他不能用降低价格的办法来提高他的收入,只能用劳动时间的延长来提高收入。固然,削减他的支出,是达到必要的输出超过输入的普通办法。但这并不要求降低"国内价格"。这是简单的转换购买力、不改变价格而进行转移的一个典型的例子。这是以个人在整个经济中的相对意义为基础的。

在这里,让我们把国际贸易和个人交易间的一对一的对应关系作简要的比较(见下页表)。

所以,一个职业的合理选择应取决于什么的问题,我们说,它取决于收入,可以提出如下的回答:它依存于一个人的生来的适应性,依存于他所能得到的价格,依存于他工作日的长短。这些决定着恰恰保证他全部时间被雇佣的最高的小时工资。这样,一个职

国际贸易	个人间交易
汇兑率	小时工资
国际价格	效率工资
货物交换的条件（进口价格对出口价格的关系）	实际工资（工资对商品价格的关系）
国内价格体系	每一单位生产所耗费的时间关系
国内物价水平	工资水平
黄金流入	贮藏（货币的储藏）
资本输出	节约（银行中存款）
输出＝输入	所得＝购买

业的选择，并不简单地取决于他的适应性，而是取决于这种职业能给他带来多少收入和它能提供多少雇佣时间。这一方程式对于一个有限的独占的场合，特别有效，因为有效独占能使一个职业中全部雇佣时间是可能时，问题可以这样提出：人们会选择这样的职业，在考虑到适应性和效率工资之下，能给最高的小时工资的职业。在这里，我们可以看到与国际贸易完全有着平行关系。

一个国家最后会输出什么？或一个人在职业中会生产什么？这在一定的比较优势之下取决于每一国家或每一人在均衡状态下所达到的交换比率（汇兑率）。国家也好，个人也好，两者都在那种产品上专业化，这种产品在一定的交换比率（汇兑率）之下，至少能够与其竞争者同样低廉地生产出来。所以汇兑率（交换比率）与小时工资正确地完成着完全相同的机能。

但是，一个职业的选择，并不完全取决于货币收入，像我们以上所假定的那样，或者甚而也不取决于这种收入所能购买的各种效用。反之，除了这些多少可变的效用之外，还必须加上那些与各种职业相联系的并且常常以固定效用或无效用的形态显现的不可估量的无形的东西。人人努力的主要目标在于最高的总效用，不在于最高的有购入可能的效用，但对于这做出他的决定的一般原理，不论是为了效用的计算，或者为货币的计算都是同样的。当一个人同时从事若干种职业时，他就会为它们而工作，把他的时间分配于它们之间，一直等到一切活动领域的每一时间单位的边际效用相等，而且与边际费用（在劳动痛苦中或者在其他种种效用的放弃以后测定的）相等。再者，比较生产费原理或许多少可以应用于效用计算，并不是没有困难的。

二、从事一定工业部门的人

§1　从事一定职业的人

从事任何一定职务的人员有什么共同点呢？第一，不管有什么困难，他们的数目是与对他们所提出的各种需要相应的。这是指适应性的一定的最低限度而言。这意味着取决于工作的种类和性质或多或少地是稀少的最低限度的适应性。[①] 但是，无论如何，这种共同的特征，至少就完成事业的天然能力有关而言，并不限于从事这一特殊职业的人员。这种特殊能力在不同程度上可以在从

① 这甚或可以说是以人的一种一定类型为前提的。例如，熟练的棉花纺织工可能是属于外向型的人，坚实的矿工和炼铁工可能属于内向型的人[参阅 W. 密特兹：《一个德意志西部大都市的结构类型学的安排》（W. Mitze，*Die strukturtypologische Gliederung einer westdeutschen Grosstadt*，莱比锡，1941 年）]。当然，这是多方面选择职业的原因和其结果如何之间有加以区别的必要。

事这种职业的人以外的人中找到。所以,它至多不过是一种必要的特质,而且不需要提及。它永远是一种不充分的特质。对于一个职业成员来说,成为决定性指标的是工作能够迅速地完成呢还是这种工作究竟能否完成。常有人说,在一个职业中能找到"相对具有最高生产率"的人,或者说"相对优越于其他"的人这些话的正确含义是什么?这绝不意味那些与其他人相比能客观上生产最多的人。一个银行行长不会只因为他在擦皮鞋方面以及在经营银行方面超过那些擦皮鞋匠而与擦皮鞋匠互换工作。这些话也不意味着这些人是在这种特殊职业上能最接近世界纪录的人,那就是说,这些话并不是指那些在客观上最精于这种特殊职业的人们而言。[①] 例如,表 10 中的 αⅡ,选择了他能产出世界纪录的 60%的职业 D,而不选择 80%的职业 A。其所以如此,单纯的理由是因为考虑两者的报酬,他的小时工资在 D 为较大。或者可以举一个更明显的例子:一个银行家可能是一个卓越的邮递员,只是一个第二流的银行行长。但是,当他把他的产出乘效率工资时,他作一个行长有着更多的收入。

但是,"相对优越"这一词语还有没有其他什么意思?像在国际贸易中那样,这一词语只能适用于生产者为两人的场合。如果他们在各种职业中的相对生产率按系列配列起来,那么,每一个人会从系列中选择对他最有利的一个职业。只当所有的生产者的均衡工资为已知时,才有可能正确地决定最有利的职业。这时,我们

① 也许只有两个人的场合是例外,在那场合,"主观上最有技巧的",是与"相对地优越"相同的。

看到所有的选择一定职业的人们具有一种共同点，那就是，他们在该种职业的收入是最多的，而这种职业当与其他职业中任何一定的人相比较时，是在比较系列中对他们最为有利的。比较优势的公式在简单的场合虽然是极为明显的，但到了复杂的场合，却变成模糊和不完全的了。无论如何，在一定职业中聚在一起劳动的人们在普通语言的意义上未必都是能力最高的人[①]，但要包括那些能力在该职业中为最高的人们，以便保证他们——只为他们——在现行计件工资下获得最高的小时工资。[②] 或者更一般地说，当货币收入的计算过渡到效用的计算，这个命题可以表述如下：任何从事特定的成员与外部的人们相比较，只有一件事情是共同的，那

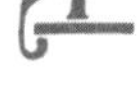

① 当休姆本特在对一定机能的特殊才能中看到阶级差别的起源时，是否止确，值得怀疑[参阅 J. A. 休姆本特："在无神论的物质环境中社会阶级"(J. A. Schumpetor, "Die Sozialen Klassen im ethnisch homogenen Milien")，载《社会科学文献》(*Archiv für Sozialwissenschaft*)，1927 年，第 1～67 页，特别是第 58 页]。

② 关于妇女选择职业能由此导出什么结论呢？在女权主义运动中，作为有力证据的曾风靡一时的议论是在许多职业中，妇女与男子具有同样的能力。但这一议论只当工资按照时间而不是按照效率支付时，才是正确的。否则，无论妇女的绝对产出量与她们的男性伙伴的绝对产出量是否相等，在一种适宜的职业的选择中，上述的提法对妇女是不恰当的。对妇女来说，最能有利的职业同时也是必要的职业，在这里，妇女是比较地优越于可以从事其他职业的男子的，或者是绝对地优越于有些男子的，因为这种职业，对于男子来说，并不是必要的。

反之，一种职业由妇女干起来会超越一切男子，但她的收入却比她从事其他劣于一切男子的职业要少，但在能力上却绝对劣于一切男子。因此，典型的妇女职业只能是这样一些职业，那就是一般妇女能获得最多的收入。妇女在这些职业中能优越于一切男子，她们做这种工作相对优越于她做"男子的工作"。妇女可能进入的这种职业具有相对优越性，但不一定对所有妇女都有利。才能与职业选择之间的关系，绝不如此简单。

就是，他们发现在职业中应获得最高的满足。[①]

举出少数的例子或许可澄清这一点。在从事职业 D(表 10)所有劳动者中，δⅠ是能力最高的，αⅡ能力最低。因此，他们的小时工资各为 1 美元和 60 美分。如果计件工资每一单位从 10 美分降至 8.5 美分，那么，两人无论能力高低都将离开那一职业，因为他们能在其他职业获得多一些收入(所谓其他职业对 δⅠ是 C，对 αⅡ是 A)。或者，另举一例。在 B 职业中，计件工资从 78 美分增至 84 美分，就不但会吸引对这种工作(D)并不熟悉的 βⅠ，也会吸引较熟练的 βⅢ。所以，当工资提高时，预先来说谁是边际劳动者，是不可能的。他甚而不一定是在这职业中效率最低的工人。固然，最熟练的工人只到现在才进入这一职业，因为无论如何，他在此以前在别种职业中赚钱更多些。甚至可能的是：效率最高的工人会离开这种职业，因为他将来会在其他职业中获得更多些。所以，在一种职业中，所谓边际工人是这样的工人，即使在其他职业中的小时工资几乎等于他在该职业中所得的收入。或简言之，所谓边际生产者不是最劣等的生产者，而是最不愿意的生产者。

虽然在每种职业中，工人能按生产率的顺序来配列，但这并不排除这样的情况：从事其他职业的人们会包括在这一就业中，他们不但包括处于生产率配列末位的工人，也有位列于这一配列任何位置上的工人，其中有些工人还可能由于较高工资而被吸引进来。[②]

① 那就是说，在现存条件下，最高的满足对他们来说是可能的。

② 这样，在一定就业中，工资并不取决于效率上最低的必要劳动者的生产率，而是取决于有多少人相信，一定的工资结构内部在这样特殊的工资下，在这样的职业上专

企业家主要关心每一产出单位[①]的工资，而劳动者只关心其每小时的工资。对劳动者的错误关心是把每小时工资与工资本身混同，即是说，与工人劳动服务的价格混同。计时工资替代以产出额为基准而支付工资已带来革命的结果。在计件工资场合，没有“最好的支付工资”的职业了，因为在这里已没有可资比较的基础。缝制一套衣服的工资不能与做一双鞋的工资相比较。当制鞋者与裁缝的工资是按产出支付时，共同的小时工资便不存在。

当工资按照固定的计时工资表支付时，图景便会起变化。在这样的场所，在自由竞争下，以前的职业中多赚工资的许多人们便被吸引到更有利的职业中去，虽然其生产率较低，但仍获得较高工资。在自由竞争下获得工资较少的人们也会被牵引到较少有利的职业中去，在那里，其他劳动者则加入失业行列。只有工资表才能给予边际劳动者以经济的意义，即所谓边际劳动者其意义应了解为具有最低生产率的劳动者，而不是在意义上指上述的比别人更易离开或进入一种职业的劳动者。只有在固定工资表的场合，从事收入相对多的工作的所有人们比所有从事收入相对少的职业的人在客观上具有较高生产率，这样说是正确的。这种情况本质上与实物交换不同。在实物交换中，下述的情况不一定是真实的：在

业化是最有利的。在此场合，必须与边际劳动者的生产率降低的场合相区别。因为生产率的降低不是因劳动者个人的无效率，而是由于与企业组织有关的经营上的理由。例如，因为企业超过其最优规模或经营是由边际企业家经营，但因其无能而损害他的从业人员的工作。虽然从个人立场看，边际的观点已成为不可能，但从工业的立场看，它仍具有有效性，将继续引诱效率不同的人的混合集团，一直到边际生产物的价值等于为它而支出的工资。

① 把单纯地依存于时间的经过和生产时间的长短的生产费用的场合除外。在这样的场合，他对工作速度因而对个别劳动的每一小时的工资给予关心。

工作方面主观上或客观上优越的人，会在实际上都能完成它。当工资是在自由市场上被决定和当效率与计件工资加入考虑时，选定的职业便会导致最高的工资。在实行计时工资表时，选定的职业是产出乘计件工资至少等于已实行的计时工资，而且提供了最高的计时工资（这只当工资是在自由市场被决定时才是真实的）。固然，产出乘计件工资并不一定等于现存的任何计时工资率。其结果，将导致失业大军的形成。而头脑糊涂的博爱主义者却不知疲倦地在创造这种失业大军。

§2　属于一定企业的人

谁从事一定商品生产呢？在原理上，这一问题的回答与上节讨论的问题的回答是同样的。在这里，更加明显的是下列事实：人们进入同一企业的不是由于人们类似的性格，而是由于追求最高效用。这是从一企业内部代表的职业的多样性中产生出来的。上面说过的一切，对从事同样职业的人员都是有效的，但我们必须多少补充另一点。上面的分析意味着在自由职业下，所有的人像工匠、商人或农民那样进行职业的选择，独立从事生产。在此，至少意味着，在企业内部，劳动者的结合并不影响他们的生产率。凡是当这一假设不发生作用时，一种职业的选择不取决于发挥它们自己不同的效率（这些效率在许多职业中，甚而是不可想象的），而是取决于为了生产的不同的可能性，这些可能性则依存于任何时候与其他生产因素的组合。这些是在任何一定时间内一个工厂能力利用程度的函数。这样，被雇佣的劳动者的职业选择与独立的职工较少地取决于他们的才能。反之，从工厂看来，从事各种职业的人们所组成的共同体，产出量是他们生产物价格的函数，同时又是任何时期使才能发挥成为可能的种种技术可能性的函数。

三、一个人的区位

任何一定的人在什么地方进行生产呢？这时，我们迄今所采用的程序倒转过来，从特殊的解到一般的解，一步一步追求我们的答复。

§1 非独立的被雇佣的劳动者的区位

1. 名义工资的均等化

对于个人的区位选择，所有一般见解在一点上是一致的，即工资水平在地区间均等化的原理。只有立足于这个背景上，才能理解美国劳工部对国家工业复兴委员会(NRA)所提出的非常惊人的意见。它宣称，地方工资的差别在经济上是不当的。这种见解能从两种假设加以辩护。其中之一在现实上是不存在的，另一种是不能容忍的。

(1) 事实上存在着地方间名义工资趋于均等化的危险的近代化倾向。这种倾向的拥护者，是那些既不愿意又不深刻理解各地方和各种事情间存在差别的人。在这场合和在其他事情上，他们不考虑赞成和反对的双方，理由只是随从别人的做法。他们追随最高的名义工资，如像它是一块磁铁一样。这些只考虑货币工资的人们，数目相当多，在许多场合，他们都具有使工资水平均等的倾向。

(2) 如果“工资铁则”实际上具有妥当性，那么，个人便将在其中能找到维持生计的地方进行工作，而所有的人便将这样被配置起来，使得尽可能多的人生活在这个星球上。[①] 但人类的数目，不像企业的数目那样，不可能达到尽可能最大限度的数目，所以，劳动者恰与土地一样，获得因稀少性而产生的地租，那就是说，工人的收入要大于工人再生产所必要的费用。像每一个企业家一样，工人最后会找寻一个其最大利润的区位。在两种场合，利润是总收入和可变费用间之差额，而它们两者就是区位的函数。[②] 就个人的场合来说，可变费用不但是为他们简单生存所必要的费用（在一个企业中，为了维持资本货物，只需要尽可能小的费用），而且除了简单生存的费用以外，也包括为了得到较好食物、工作服和交通费等等所需要的附加费用，使他能适合于工作。但像在限制独占地位上的任何人一样，个人选择他的区位时，增加收入不但主要地表现在货币形态上，而且更直接地表现在如替代较高工资的宜人的气候条件的自然恩惠的形态上。如此，可以更有力地得出结论说，名义工资绝不能在地区间均等化，恰如名义工资不能在职业间均等化一样。人们希望使其总效用达到最大限度，不单使他的货币收入达到最大限度。但地区间的总效用的均等化是以名义工资的地区不均等为前提，即是说，计件工资的不均等，像我们已看到一样，无论如何，小时工资也是在不同的个人间变化的。

2. 实际工资的均等化

① mutatis mutandis（拉丁语，意为“变其可变”）这一术语，对于企业也是适用的。因为它们是受“利润铁则”的支配的。

② 仅在静态中，利润是总收入和总费用之间的差额。因为在这里，与动态的场合不同，可能的是固定费用也将得到补偿。

但人们会反对说，只有计件的实际工资才可以假定能均等化。但这一点又是不正确的。对个别人来说，实际工资的地区间比较的困难是可以克服的。但劳动的类型在不同地方一般是不同的，当其住地随他工作地点的改变而变动时，一个人的定居便变得完全不可能。价格体系，他的消费类型随场所的变化而变化。在许多地方，他将不可能获得他所习惯的货物，因为这些货物的销售区域，不会扩展到这么远。[①] 但他的边际效用既然随着相对价格及其环境的变化，所以他将自发地[②]使他自己适应于当地的习惯。R.维尔勃兰特[③]有趣地指出这种习惯源于大部分为固定的地方边际效用。这样，任何个人即使不一定是个统计学家，也能在原则上把不同地方可以购买的物质效用进行比较。

但是，我们生活方面的总的满足，并不唯一地依赖于用一定时间内的收入能在各地购买的货物。因为除了可以购买的货物以外，还有一些没有价格的独特的东西，影响着我们的区位。例如各地方和人们的那些个别特征是不能相互交换的；生产和消费的那些不能测算的附带物，对于我们常常意味着比经济过程本身有着更多的无从比较的意义。为了这一理由，同一劳动者的潜在实际工资与同一

① 在L.B.柴波里昂的[“国际和国内商品与价格理论”(L. B. Zapoleon, “International and Domestic Commodities and the Theory of Prices”)，载《经济学季刊》(*Quarterly Journal of Economics*)，XLV，1931年，第443页]值得赞赏的研究中，表示他的意见说，目前生活类型的地区差别，与其说表现只在局部地方才能获得不同产品这方面，不如说更多地表现在任何地方都可获得的财货物及其他服务的相对数量与质量上。

② 在另一方面，人们只是为了看来不致怪诞，必须使自己适应于习惯，这些习惯的地区差异，不再包括在现实工资的概念中。

③ R.维尔勃兰特：《论经济生活》(R. Wilbrandt, *Vom Leben der Wirischaft*)，第一部，柏林，1937年。

生产物的批发价格不同，会随地区而不同，并且超过他的旅费。

3. 满足的均等化

我们希望增大至最大限度的，既不是货币工资，也不是实际工资，而是我们的总效用。对各个人来说，总效用在地区间的差别远比旅费大得多。诞生在一个地方，或迁居到哪个地方，这两者对于我们有着巨大的差别。迁居意味着许多东西的损失，像朋友等等，这些东西只有经过一段时期以后才能得到替代；或者像故乡那样，永远不能替代。我们不能把风景和人随着我们带走。我们很少能够依附于新的环境，好像我们在其中生长而成为它们的一部分。因之，同样的工资和其他类似的条件对新来的人，比对于具有同样特性的本地人提供较少的效用。所以，在边际的场合，对于个人来说，效用由于交通费加上与失去故乡有关的损失而在地区间是有差别的。①②③④

① 这样，在熟悉的情况继续发挥它们的魔力和费用使移动成为困难的场合，自由移动不会导致无限制的集聚。

② 如果一个人能在不同地点间分配他的工作时间和自由时间，那么，他的地方边际效用（减去旅费和他家庭的损失之后）的均等化便会成为均衡的条件。

③ 因此，为了引诱劳动者改变他的就业地点，对他提供的效用必然随着他离开原来居住地到新被雇佣场所的距离而增加。开始时，这种增加是缓慢的（原有的家庭，他尽可能长地予以维持），然后，稍稍飞跃，更加快些（在同一地点上改变住宅），然后突然大大激增（向其他城市迁移），到最后，又缓慢下来，一直到达本区的或国家的边境。[参阅 K. 菲利普：《财政政策》（K. Philip, *Finanspolitik*），哥本哈根，1942 年，第 354 页。]

④ 我们可以再向前跨进一步，而且假定，个人没有区位选择的自由，但是从国家的立场来看，政府给予的处所总是处于对他最有利的地方。在这场合，个人效用上地域间的差异是没有界限的。替代的是，个人是这样地配置在地点上的，以致没有其他地点会使他的公共效用大于旅费。

此外，是否存在着其他普遍妥当的效用的地域差别呢？如果所有的人都是一样的，如果他们选定他们认为能改善他们目前各种活动的区位，那么，总效用的地区差即使在最大的场合，也是与旅费加上为失去家乡而得到的补偿相等。① 但是，因为个人间的效用比较是不可能的，甚而对不同时期的“同一”个人的各种效用进行比较也是不可能的。② 为了要说得更清楚一些，效用的这一概念只不过是一种想象上的东西，所以，效用的空间比较，在任何意义上说，是不可能的，至于均等化，那就是更不用说了。

4. 结论

从上面所说过的一切，我们得出结论：第一，人们选择区位的客观指标随着我们的模式一步一步接近现实时逐渐消失，一直到最后，在个人的极限的场合，连选择也没有了。结果，与我们在开始时从特殊的假设所导出的以自由意志为基础的空间分配法则的单纯符合，也几乎不存在了。最初的精密性是基于不可能的假设所得到的。这是值得怀疑的。这一事实指出，像我们在这里所做

① 为了这一理由，劳动比货物难于移动。当货物的价格差等于运输费用时，货物开始移动。反之，迁移一直要等到效用的地区差大于旅行费用时，才会开始。只有现代的吉卜赛人才能把同一法则适用于货物和他自己。但是定居的人，吉卜赛人和货物的移动性的差别，即使在全国内的移动的场合，很明显只有程度上的差别。无论是谁，若从劳动在国际间不能移动的假设出发，那他所处理的只是有限的场合。

② 如果我们把个人的地点选择作这样的解释，好像他是赞成较大效用而作出决定的，那么，效用对于个人在任何一定时间能在各地点间进行比较。这时，这个人在其实质意义上可以看作同一个人。如果我们对他的区位的选择解释成好像他是赞成较大的效用而作出决定的话。但是，个人间的效用的比较却完全不同。这是把形式的说明原理当作一种现实力加以解释。但是现实力不会变成更加现实，因为人们信任它对实际工资进行计算，并与它相一致作成工资表。崇拜不会把一个偶像变为上帝。

的那样，当我们从特殊到一般不是从一般到特殊时，存在着极大的心理学上的差别。在第一场合，当我们从一般到特殊来进行时，即使特例的场合，在一般背景之下，也具有显著的意义。因为在这里，它对一定关系提出更为正确的解。第二场合，当我们从特殊的场合出发时，我们立刻被更加一般的解所充塞，然后在通向真理的道路上，只出现一种错误。

第二，因为在自由经济下，并不存在在效用上普遍有效的地域空间差别，所以，对于名义工资或与效率成比例的实际工资地域的（空间）差别界限也不存在。所有的工资仍然是唯一的，在空间上是不可能比较的，这样，对于人的空间分布并不提供标准。只在地区间工资差别能被充分大量的人所同样感受到的地方，才能产生单方面迁移。结果，这种迁移，在一定情况之下，会导致有规则的工资的一致差别（参阅图 91）。

关于个人区位的选择，只能建立起一条一般的原理。个人会在这样考虑之下选择区位：没有其他任何地方会使他感到能更多地补偿迁移的费用，而且如有必要能补偿他住惯了的环境的丧失。

§2　企业家的区位

一个企业家渴望增大到最大限度的不是用货币表示的他的利润，而是他的效用。由于这一理由，像劳动者的工资一样，他的利润随着地点的不同而不规则地变化着。但是，工资的“铁则”是不存在的，但却存在着一种趋向利润“铁则”的趋势[①]，而且因为企业

① 换句话说，工资可以任意地提高到最低生存水平以上，但一个企业家的利润，如果不导致抵抗力量的反作用，便不能任意超过企业者的收入。

家的收入,特别受到位置的影响。[①] 再者,企业家与劳动者不同,一般说一个企业家与其事业密切地联系在一起,而且当然与自己的经营更密切联系着,所以,与劳动者相比,个别企业家所进行的区位选择的范围受着更多的限制。再者,作为一个群的企业家的区位选择却更加容易计算出来。只当一个企业家的工厂和企业家的能力的条件允许他获得相对大量的货币收入时,或者只当企业家的企业或工厂的区位能分离而不带来损失时,个人对于一个区位的自由选择才能提供较广大的范围。

最后,关于人对区位的选择和企业对区位的选择之间的联系来加以论述。即使要忍受必要的牺牲,在自己所选定的区位上建设工厂,与对潜在的企业者相比,则对于具有适当数目的潜在劳动者要容易得多(例如,参看美国纺织工业向南部的迁移就是这样)。在另一方面,从农村向城镇的迁居,提供许多例子,足以证明许多人的迁移或是自发的,或者出于必要性是随着工厂而移动的。所以,要从一个方面或那个方面作基础做出一般结论是不可能的。在原则上,人的区位和工厂的区位可以具有相互依存关系。

四、在一定场所的占有者

谁占据任何一定的地点?回答,首先取决于所谓地点位置(locality)含有什么意义。这个名词既能具有一种含糊的意义,或

① 那就是,由于一个区位的错误选择,企业家的收入比工人的收入能更容易下降到最低生存费水平以下,特别是因为企业家的错误是不容易改正的,因为工厂的迁移费用无可比较的要比工人的迁移花费更多。

者又含有一种严密的意义。它可以了解为许多区位的群①，其数目能够增加，像纽约、柏林那样，或者它只指单一的点而言②，像美西那样。

与上述事情相应，住在某一地点(位置)的居民必然会在他们自己中间彼此相互比较，或者与外来人相比较。在前一场合，比较是针对类似性而进行的；在后一场合，是针对差别点而进行。在另一方面，“人”可以划分为纯消费者，有着固定的收入的人(利息生活者或年金生活者)，他们唯一的问题是在最有利的地点(位置)使用他们的收入；反之，另一种人是生产者，他们有一件事是共同的：他们的收入也依存于他们区位的选择。所以，地点对纯消费者来说，问题等于发现最好的居住地；对于生产者来说，问题却在于发

① 在两重意义上：(a)通过垂直方向多层建筑物的人为的增加而导致空间积集，和(b)并不为农业的目的而被利用的大地的水平积集。

② 自然，这一见解，仍然不是完全精确的。个别一片土地面积大小遗留下来的极端困难问题，令人追忆起“生产物分化”与正确决定“生产物”是什么的困难问题。人们会想到采用例如“占有单位”的一种法律的标准。

如果当前的问题是一定面积的土地所有者如何能够使其产出最大可能的总报酬，那么，这会是正确的。但基本原理的讨论并无采用诸如此类的一种“法制上的难题”的必要。或者人们也许会无限地占有一小块土地，同时禁止怠工，那就是，无论是谁，也不会允许把他的土地作为“最小单位”保持下去。但若有人出高价，他也许会把它出售给他人。然而，在这场合，这样的小块土地的无限占有的问题或生产的问题是毫无意义的，因为这一小块土地只当与毗邻的几块土地相结合时，才能有用。但是，不但一定面积能与其他面积为了同一目的用无限的方法相结合，而且不同的人和不同的生产物常常不会为了求同一面积的结合而发生竞争。这件事意味着所有其他小块土地价格保持不变的假设成为不可能。关于单独的特定区位的占有或单独的一个地区的生产，我们没有更多的话可说，但只能决定人的一般分布。这样，所有的竞争者为了同一的地区的组合——不论这些结合是如何决定的——而竞争的场合，常常会成为讨论的对象。我们把这种组合称之为狭义的区位。

现生产地和居住地的最优结合。

§1　广义的场所

就最普通的场合而言，其中居住地和生产地是符合一致的，其解决途径可归结如下：凡是能在那里得到他们最高效用——必要时必须扣除一定额的旅费和由于乡土丧失而蒙受的损失——的人[①]都会集中到那同一地点（位置）。[②] 这件事不但对于居住地而且对于更广大的区域（例如，经济景观、国家和大陆），也是有效的。因为在合理的条件下，所有那些在那里能取得最高效用的人，都会在那里聚集起来，随之而来的是，使这些人结合在一起的空间具有特殊态度的基础，例如，使他们对故乡的热爱，对经济景观的感情和国家的自尊等，这些都是很好的理由。只当总效用的不合理的极大部分归因于这些地理上的划分之一时，人们会把这种夸张作

① 这些人的数目转而影响个人的效用（那就是通过地租和工资的水平）。

② 恰如属于同一职业或特殊企业的一定集团的人们那样，人们在某一特殊地方的一定集中，不能用居民的特殊的共同性格来阐明。这样的性格或者通过选择过程或者通过淘汰，可以变成主要的。再者，任何一定性格，不会只在一定的特殊区位找到，也不是只能在那里找到的唯一的一种。真正有关的问题是，为什么有完全的特殊性格被利用？为什么它们利用恰恰在那些特殊的地方？对于这些限制，最近以来，许多人研究了大都市的居民类型，是有真正价值的。例如 W. 海尔巴哈：《大国的人和人民》（W. Hellpach, *Mensch and Volk der Grosstadt*），斯图加特，1939 年；E. von 厄克斯台特主编：《大国的人口生物学》（E. von Eickstedt, ed. *Bevökerrungsbiologe der Grosstadt*），斯图加特，1941 年；W. 密特兹：《一个德意志西部大都市的结构类型学的安排》（W. Mitze. *Dle strukturtypologische Gliederung einer Westdeutschen Grosstadt*），莱比锡，1941 年。

所有这些研究都同意特别大量有才干的人们移住到城市，同样，迁移到城市的人都是极有才干的。但在另一方面，即使在各方面并不十分好的人物，也能在城市专业化上有较好的成功。

为爱乡心、党派性和沙文主义的结果而予以非难。

§2　狭义的场所

谁得到狭义的区位——位置呢？他就是准备为得到这一地点支出最多的人。这含有两层意义：第一，在现行的价格关系下，这一个人在这地点发现了他的最高效用。第二，在他为这个地点支付的价格之下，只有他一个人才能在这里找到他的最高效用。这样，所谓地租，是一种价格[①]，其机能在于除了他一个人以外，把其他所有的人从这场所排除出去。

从企业家的观点来看，各种价格作用的机理可以作如下的考虑：除了土地的价格以外，每一种企业的各种生产费为已知的，一切区位的收入以及一切区位的价格，除了一个正在讨论的区位以外，也都为已知的。在这样的场合，各个区位就能按照它们给各企业家提供总效用大小顺序排列起来。如果将予以处理的区位是在系列的最上端，那就是说，如果它会保证至少与次好的区位相等的效用，那么，它的价格不能超过一定的可以计算的量。[②] 这一价格也许成为一负数，特别是，如果从这一区位所得到的收入不能抵偿其生产费的场合，就是如此。现在，我们可以把各企业家按照他们准备为某一区位支付最高价格的顺序进行排列。位于名单上最高

---

① 凡是在地租作为一定的“差额”出现时，支付价格的意图事实上只会被某种程度的客观因素所限制（例如运费上的差别或自然田野间距离的差异）。这样，由于位置不同的地租理论和以土地肥沃之差为基础的地租理论，在简单的场合表现出土地价格的差异。

② 那就是，任何人愿意为某一场所支付的金额取决于其他位置对他提供较大总效用时对它支付的价格。

一端的企业家便可得到这一个区位。

当我们企图把最高的投标者(提供最高价格的人)与所有其他投标者进行比较时(恰如我们企图把一个职业的从事者与其他竞争者进行比较一样),我们没有发现足以帮助我们把他们与其他的人相区别的特征。作为一个例子,他不需要是一个能在这块土地上获得最高总利润(扣除有关土地的费用之间的收益)的人。不管总利润较小,他既然在此能获得这样高的总效用,他就比其他所有投标者对这一土地都能提供更高的价格。

当我们企图对能提供最高价格的投标者所选定的区位与其他竞争的地点相比较时,除最高的效用之外,完全没有显示其他的标准。被选定的地点不一定对他提供最高的总利润(是在扣除有关土地的费用以前计算的);在其他地点,他可能获得较大的总利润。但因为土地已支付了不成比例的较高价格,所以,就获得较小的纯利润。纯利润可能比其他某些地点高一些,因它本身并不决定总效用。

在我们的经济地区的模式中,我们把自己限定于货币的计算,而且假定竞争充分强烈,这足以排除货币利润。在这样的经济地区中,机理在原则上是相同的。位置的价格将上升,一直上升到除一个人外其他所有的人在那里进行生产都要遭受损失。[①] 土地的上升价格,使生产费用曲线向上方移动,因而利润也以同样程度减少,因为需求曲线由于土地面积缩小的影响向左方移动。一般说,

① 这对效用的计算并不妥当。但若货币利润不再被排除在外,则对于企业家的报酬不再需要相等。这样的场合,就是正常的一种。

在那块土地上，留下来的只是一个人，此人就是一个农民。因除少数中心地外，工业在任何地方经营都会遭受损失，所以，对土地只能支付负的价格。在理论的推论中，关于土地价格问题是不加讨论的，因我们的议论似乎是说，工业生产能集中在一点上，所以我们就忽视了工业对空间的需要。然而，工厂既然包含在空间相互拥挤的各种客体之中，所以土地价格的地区差异当然不能予以忽视。它们包含在那些使我们正六角形发生扰乱的因素之中。

五、位于一定场所上的工业

§1　广义的场所

1. 问题的正确解

在区位上，各企业有下述一点是共同的。这些企业家在那一区位上找到了最高的总效用。但因一个企业家对于工业区位的选择的影响是受限制的，特别是当在完全竞争下利润消失的时候。再者，许多企业的区位不是由任何种类的个人效用，而是完全由赢利性决定的，所以，某些较狭隘的形式会更明确地表现出基本的论点，即在任何一定的区位上，只要毗邻的竞争还留有余地，则任何生产物就能进行生产。[①] 那些必须从事城市或国家发展计划的当局，要来决定某一特殊地点应部署怎样的特殊工业的区位是一种困难的任务。解决这一任务的实际程序可设想如下：首先，要决定当前所讨论的区位的主要生产上的有利性；第二，决定各种企业的

① 那就是，为了任何事物，计划曲线和需求曲线至少是相切的。在一定场所的特殊位置成本必须包括在计划曲线内。

主要费用因素。然后在此基础上，就显出哪些企业的有利性是当地的生产费最为有利的。关于供给来源问题也可这样来解决。

关于需求，必须加以决定的是：(1)哪些企业最近的竞争对手是否距离非常遥远？(2)中间存在的需要是否充分？但如果有利的生产条件和离竞争对手有着令人满意的距离，这两个条件能满足，那么，这种企业类型便会有一种良好的机会。但既不显示出对生产的有利条件，也不显示出特别有利的竞争位置，新组织的企业却最后能成功地防卫邻近的竞争者，这样的场合是很难找到的。[①]最困难的是，要发现被吸引到该地点的工业如何使相互计算的基础发生变化？特别是要发现怎样的价格水平上达到最后的平衡？

邻近的生产区位是否会对建设一个新工厂留下余地？这更多地取决于同种工厂竞争。照例，某一地点上的生产物与其他许多地点上同种类的生产物相比较，在质量上、包装上及其他方面是不同的。就全体而言，其生产物是一种具有与其他生产物不同的特色，而且是只能在那里才能买到的物品，而真正的问题在于这种生产物是否能维持自己，抵抗消费者会购买的其他生产物的(一切可能同样的或完全不同的)竞争。一个区位所固有的个别特征是否能维持？它的特产物是否能找到适宜的市场？是否为这一场所消费者所特需的货物能将其适当的价格予以调整，恰恰足够使充分数量的人们与它保持联系？——这些就是必须予以回答的问题。

① 因此，问题未必一定是比附近区位具有较低生产费，而是足以补偿它们的销售问题。

2. 传统的解(比较生产费原理)

a. 一个国家的工业

这种古典的区位理论并不是错误的，但它往往采用错误的方法。这种理论企图阐明各个区，即各种经济景观①或各个国家②应对什么生产物进行专业化的原因。这种理论能阐明人们能生产什么。③ 比较生产费说一般对各国是不能适用的，主要的理由在于各国的空间范围的广大。比较生产费理论把国家当作“点”来处理，而且相信只要把各国之间的“这个”运费加以考虑，它已经研究了一切必要的东西。但在许多场合，运费等于零，而达到边境的运费几乎不会等于零。这种把国家降低到“点”的水平的理论，便利了他们的经济单一性的这种错误理论的成立。

在这里，诸如此类的单一性对于我们下面提示的具有基本意义的两个方面是不存在的：

(1) 在不考虑政治差别的古典理论的假设之下，国家除了它们的居民和生产地点(以及至多在较大单位企业和经济景观)的利益以外，没有独立的相对的利益。它们的居民和区位也没有任何比较优势，可使它们从世界其余地方区别出来。因为一方面，居民和自然资源是随地方而不同的。这些是供应面的差别。另一方

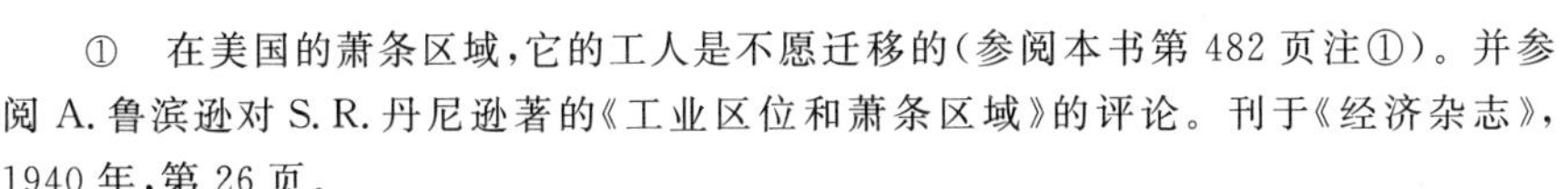

① 在美国的萧条区域，它的工人是不愿迁移的(参阅本书第 482 页注①)。并参阅 A. 鲁滨逊对 S. R. 丹尼逊著的《工业区位和萧条区域》的评论。刊于《经济杂志》，1940 年，第 26 页。

② 此问题的解决是这样的：每一国家能专业化的，应是那些生产费相对低廉的货物。

③ 只在极端的场合，比较生产费理论多少可能适用于国家的场合：这些国家也许是小的、分隔很远的，并极不相似的岛国，而且在不同时候，企业的规模和利用度的不同不起什么重要作用的场合。这一理论起源于英国并不是偶然的。

面，需求随场所的不同而变化，在这点上，尤其来自海外的需求也不是没有差别的。[①]在这里，距离起着一种重要的作用。人们只要回忆一下有关一个位置在国境上的企业区位和一个位在国家内部的企业区位对外国的联系是不同的就够了。即使当两国间贸易必须在实际上通过每一个国家的一个进出口门户——例如说，从安特卫普到纽约——时，这种与国境有关区位的相对位置就有决定意义地影响着贸易的机会。这样，运至国内港口的运费加上海上运费往往是较高的，而且这些运费从个别的发货点和个别的到货点往往是不同的。因为这些运费在供给上和需求上的地区变异，所以绝对价格和比较优势也就随着场所而不同。

(2) 在上节中，我们阐明了即使在同一国家中，同种货物的绝对价格与不同种货物的价格之比，为什么会随地方不同而异的原因。在此，必须补充说，价格变动和物价水平在不同地点也是不同的。换言之，划一的全国物价水平是没有的。它在国境上会突然起变化。反之，国际间的移民和贸易，特别是在国境近旁都会把国内市场上和国际市场上的价格联结起来。比较生产费的理论应用于各国的基本的不言而喻的假设，在现实上并不具有妥当性。[②]

---

① 古典的论证似乎是这样进行的：就每一产品有关的国家来说，似乎问题只是在完全无市场区域与最大可能的市场区域(世界)之间来进行选择。这种可能市场区域的过度简单化，是与可能区位的过度简单化相对立的，选择局限在少数国家。在无限连续体中，决定区位的困难可通过把无限连续体划分为一定有限数目的不连续体来避免。

② 此问题在我的另一篇论文"比较生产费的效用在哪里?"，["Wo gilt das Theorem der Kompatativen Kosten?"载《世界经济文献》(*Weltwirtschaftliches Archiv*)，1938年

独立的中央银行政策的临时可能性，在长期内不能改变这种情况。[①]

然而这意味着，各国并没有显示出由比较生产费原理所假定的经济单一性。因之，对这些国家适用这种理论是不合逻辑的。[②][③]决定一个国家的生产问题，必须用其他方法加以解决。

b. 一个国家的输出工业

比较生产费原理的特征是它同时能回答一个国家的工业和输出工业这两个问题。因为这一理论既然把国家看作"点"来考察，那当然它们所生产的每一种货物自然也就是供输出的了。但对我们来说，对这两个问题的回答是个别的。我们可以知道一个国家什么工业有利可图，但这种知识很少会告诉我们，这一国家将输出什么或进口什么。只当我们对这一问题发现新的答案时，比较生

7 月，第 48 页以下]中加以详尽考察。

① 长期的过程，今天不恰当地被忽视了。唯有它们，才服从那些共同构成一种机能的与有意义的统一体的诸法则。短期过程的研究，在它们的范围内是有效的。但短期过程的研究，目前被估计过高，足以使之面临着衰竭和解体的边缘。当然，充满才气的凯恩斯为了捍卫它们进行辩论。在长期内，我们都将终归于死。恰恰是天才变成了障碍。第一，它对于全体国民是不妥当的；第二，它对个人也不常常有效。因为一般地说，所谓长期意味着一般不会超过数年。

② 另外，还有一种反对意见。例如，对于某一个国家完全不能生产的货物的生产费要进行计算，在理论和实践上都是不可能的。然而这一原理却假定，这是为我们已知的。参阅 A. 勒施："比较生产费的效用在哪里？"(A. Lösch,"Wo gilt das Theorem der Kamparativen Kosten?")，载《世界经济文献》(*Weltwirtschaftliches Archiv*)，1938 年 7 月，第 51 页。

③ 有某种偏见认为天然资源贫乏的国家，在国际贸易上站在不利的地位，这是普遍存在的偏见。因为这一偏见把国家看作一个单位是不正确的。所以，这一原理完全适合于对这种偏见的反驳。只要把一个国家内部各种固有的差别的多样性加以考虑的理论尚不存在时，则比较生产费原理在国际贸易理论中就会有它存在的理由。

产费论就将完全被其他理论所替代。[①]

在比较生产费理论假设成立的当时(不拘怎样完成它的目的)情况下的国家,从经济观点考虑,只不过是为了单纯参考用的完全专擅的构造物。因此,问题是要第一,与政治国界无关地决定一切区位的生产物;第二,描绘出这些境界线,并考察它们对市场区域大小的影响。这样,它的市场区域与边界线交叉的货物,如果生产中心位于国境线以内时,则所有的货物就是输出的;如果它位于国境线的外侧,所有货物便将成为输入的。这在供应区域的情况也同样是妥当的。[②] 这是比较生产费理论本身所提示的第二个问题的解决。[③]

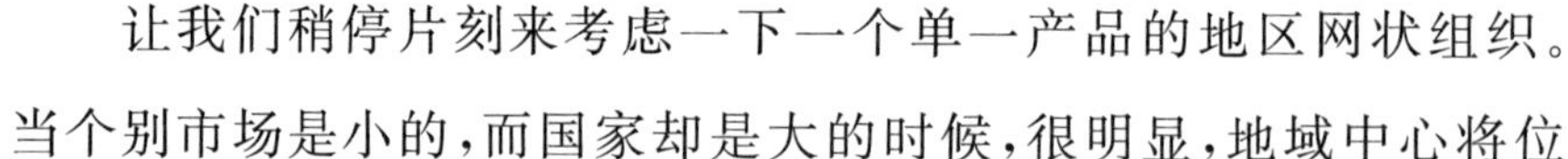

让我们稍停片刻来考虑一下一个单一产品的地区网状组织。当个别市场是小的,而国家却是大的时候,很明显,地域中心将位

① 充其量而言,这一原理仍然可适用于狭义上的区位。在此场合,每一土地单位的纯收益(像在个人的场合,每一单位时间的工资一样),会完成相同的机能。无论如何,这种观察事物的方法,是不必要地把事物复杂化了。

② 国家愈小,则所有与国境线相交部分,对国内市场全体的比例愈大。其结果,随着国家规模的扩大,国际贸易的相对重要性就缩小了。例如,可参阅 J. H. 赫伯兹:"对外贸易在法国经济中的重要性"(J. H. Herberts,"Importance du commerce extérieur dans l'économie française"),载《经济活动》(*L'Activité Economique*)巴黎,1937 年,第 6 页。

③ 按照 B. 俄林[《地区间贸易与国际贸易》(B. Ohlin, *Interegional and International Trade*),剑桥,1933 年]的看法,一个国家在货物上的专业化,需要它在天赋上得天独厚的生产因素。这可能有合适的场合,也有不合适的场合(参阅本章,五. 位于一定地点上的工业,§ Ⅰ广义的区位)。生产因素稀少性的地域差别,从一方面说,像我们所能看到的那样,不是货物交换的一个必要条件,也不是一个充分的条件。从我们经济区的模式来看,不拘生产性的各种资源的分布是否均等,但贸易仍然要进行。另一方面,自然条件纵然是不同的两个遥远地相互分离的岛屿间,不拘价格的不同,仍不会发生贸易。俄林一方面过分强调了供给,好像需求并不重要。但他应考虑原料的价格和辅助手段的价格。因为,他不是以空间的条件为基础来考虑问题的。

于国境界以内或在国境界以外的其他地方。换言之，同一产品在不同国家的不同部分会产生输入和输出。另一方面，如果与国家相比，市场区大的时候，而且如果它们的中心甚而是集中于狭小的空间，像许多天然资源那样，那么，某些国家在有关产品将成为典型的输出国，其他国家在另一些有关产品将成为典型的输入国。

§2　狭义的场所

某一个人的区位问题的解决，如果加以必要的修正，在这里也是适用的。一个狭义的区位是由愿意为它支付最多的企业家所获得。为使这一点具体化，我们假定：除一个居民点和一个企业以外，所有的居民点和在那里的企业都为已知的。这样，在居民点网状组织内的某些地方，必须把一个间隙充填起来，而问题是，在这里什么工业能挤进去？与这一问题不能分离的第二个问题是，这些工业精确地将配置在什么地方？[①][②]

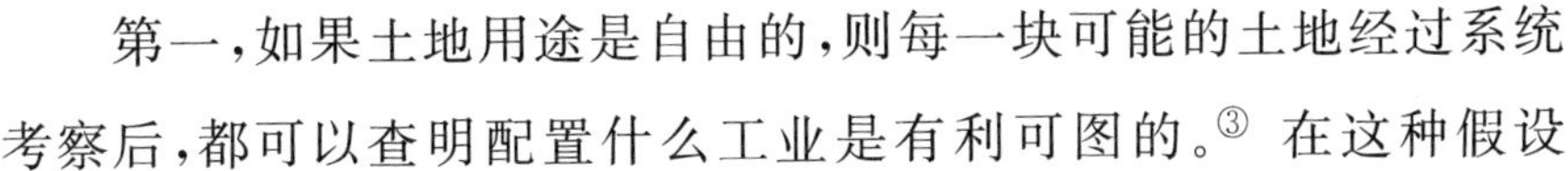

第一，如果土地用途是自由的，则每一块可能的土地经过系统考察后，都可以查明配置什么工业是有利可图的。[③] 在这种假设

① 不能过分强调地域的选择，区位的选择和位置的选择之间的一般区别，在严密的意义上，是站不住脚的，但在教育的意义上却很有用。如果一个有利的区位不能提供一个优良的位置（厂址），那么，一个有利的区位有什么作用呢？区位问题必须在一次选择中予以解决。

② 这样，我们脱离了有关此问题的最严密的公式表述。因我们没有假定除了一块土地以外，其他土地的价格为已知（这与上面四·一个一定地点的占有者§2的程序相对比），但是假定除了少数以外，其他所有的价格都为已知。这个较广泛的问题，公式表述使程序更加明白。

③ 在实践中人们为了若干候补的区位就得满足于粗略的计算。对于一个具体的场合，一种精确的解决，一般是不可能的。

下，将提供的纯利润会指出一定的工业，为取得一定的场所所能支付最高的地租。对大多数工业来说，这个数目是负的，因为邻近的竞争者们对它们几乎不会留给什么余地。只有那些能提供肯定报酬的少数企业才能从集聚在自由土地中心附近或相互重叠的地带的位置上获得利益。各种工业都会为得到这种有利位置而发生竞争。当竞争者"竞争的激化"开始增加土地价格，因而也提高生产费时，在自由土地上所有能生存的工业并不都是继续有利可图。这样，在开始时期参加争购土地的工业的数目超过可以利用的位置的数目，因而许多为争购自由土地的工业随土地价格上涨便从竞争中排挤出来。价格一直上涨，到了最后，每一位置只留下一个购买者。即使位置和争购者之数是相对地少，但这种均衡价格的决定是一个困难的数学计算问题（变异计算）。谁能获得个别的位置？价格如何？以及谁将完全被排除出来？这些问题没有一种简单可行的解决方法。

这是真实的，即使到目前为止，我们还没考虑到这样的事实：收入也转而取决于最终的结果，特别取决于收入相关联的生产要素价格的最终决定，取决于铁路车站和道路系统的正确位置等等。各种区位所得的收入是交通路线的函数，或者相反。最后留下来的困难是，不同企业，并不恰恰为了求得同一区位而竞争，而是为了求得相互重叠部分的区位而发生竞争。这是一个非常复杂的问题。企业最终在一个区位上落实下来，其决定的方法并不简单。用简单的语言来表达，那就是，得到胜利的企业必须得到满足的条件。这个生产必须不但在一特定位置比其他任何位置更为有利；而且它必须对这一位置比其他竞争者提出更高的价格。[①]

表 13　决定土地价格的例子

a、b、c 三种产业为了区位Ⅰ和Ⅱ的竞争

区位和价格	扣除区位上的土地费用后的企业的纯收益					
	Ⅰ			Ⅱ		
	a	b	c	a	b	c
0	4	3	2	7	1	4
1	3	2	1	6	—	3
2	2	1	—	5	—	2
3	1	—	—	4	—	1
4	—	—	—	3	—	—

表 14

区位和价格		a	b	c
Ⅰ	Ⅱ	上记工业所选择的地点		
1	1	Ⅱ	Ⅰ	Ⅱ
1	2	Ⅱ	Ⅰ	Ⅱ
1	3	Ⅱ	Ⅰ	Ⅰ或Ⅱ
1	4	Ⅰ或Ⅱ	Ⅰ	Ⅰ
2	1	Ⅱ	Ⅰ	Ⅱ
2	2	Ⅱ	Ⅰ	Ⅱ
2	3	Ⅱ	Ⅰ	Ⅱ
2	4	Ⅱ	Ⅰ	—
3	1	Ⅱ	—	Ⅱ
3	2	Ⅱ	—	Ⅱ
3	3	Ⅱ	—	Ⅱ
3	4	Ⅱ	—	—
4	1	Ⅱ	—	Ⅱ
4	2	Ⅱ	—	Ⅱ

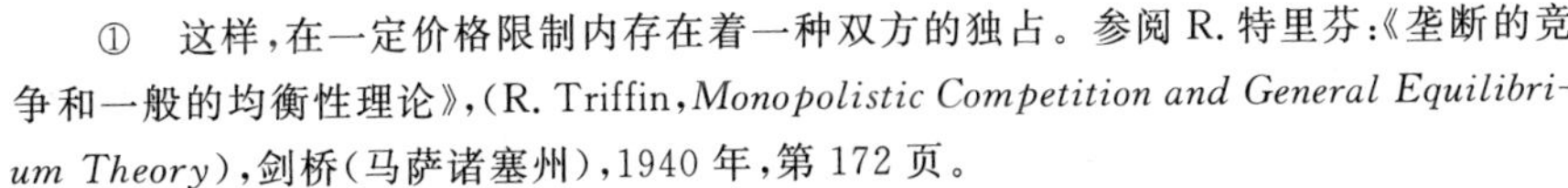

① 这样，在一定价格限制内存在着一种双方的独占。参阅 R. 特里芬：《垄断的竞争和一般的均衡性理论》，（R. Triffin, *Monopolistic Competition and General Equilibrium Theory*），剑桥（马萨诸塞州），1940 年，第 172 页。

表 13 和表 14 提出了一个非常简单的例子：指出决定谁以什么价格购得一块土地的方法。这两个表指出三种企业 a、b、c 为两个区位 Ⅰ 和 Ⅱ 进行竞争。胜利者是工业 A，它以价格 4 获得位置 Ⅱ，工业 b 以 2 的价格获得位置 Ⅰ。反之，企业 C 即使它显示出相对高的总收入 1 却是败北了。有趣的是，位置 Ⅰ 对于产业 A 在购买价格下更为有利可图，但它却为产业 b 所获得。表 13 指出关于位置 Ⅰ，在价格 2 之下，企业 a 能从它获得 2 的纯利润；另一个方面，企业 b 则只能获得 1 的纯利润。无论如何，只有企业 b 满足了条件，不但在位置 Ⅰ 上获得比其他任何位置更多的利润，同时，它是出厂价格最高的。这是因为企业 a 选择位置 Ⅱ。

六、一定工业的场所①

§1　一般的工业

1. 地域的基础构造

工业区位一般不是无秩序的配置的，而是它们自己集聚在经济景观中，有一个大都市作为一个中心，而其他城镇的一般配置则占据在交通运输关系上便利的地方(参阅本书第十一章)。

2. 决定生产特殊集积的经验的法则

严格地说，一切区位都是相互依赖的。没有一个区位或区位因素能够叫作主导的，而其他的则是附属的。区位体系像太阳系一样，可以说自由地浮游在空间，并不悬挂在什么地方，只依据它们内部的力量，结合在一起。然而，无论如何，在实际上自然

① 本节是第一部结论的最一般的概括。

要素，作为一条规律在资源性生产中具有特别大的比重：例如可耕的土地，自然资源，河谷，港湾和气候等。其中最重要的是，那些一方面只存在于或集中于有限的土地上而在另一方面则与它相对的大量经济活动被它们联系在一起的诸因素。例如，自然资源，其地位就高于土壤。在这些资源的若干可能位置存在的条件下，还有可能进行选择的余地，然而在许多场合，若干自然因素的位置上交通便利和优良品质是显著地结合在一起的，这样的地域从一开始就可以成为区位体系中重要点的可能性则是非常高的。

其他生产中心，并不是无条件的束缚于自然资源的，在极端的场合，有些生产中心由于其性质强有力地指向消费者，在或多或少的程度上被牵引到这种指导的集中地点，或者至少，是在与它有关的地点决定区位的。其结果所产生的人口的集积，最后会导致大规模企业的出现(这种大规模的企业在人口均衡分布的情况下，认为是不可能的)。这一有利地域的范围，重要性和近邻关系，决定着地域中心在其内部成立起来，或者比其他场所更加集中的全体地域组织成立起来。集中常常能达到这样的程度，以至于个别地域组织不再能认辨出来。主要由于农业需要用地，阻碍了工业生产和商业完全集中于少数地方。因此，在以农业占统治地位的国家中，即使城市人口也是更加均等地分布的，一旦到了消费工业产品的极大部分的农业人口分布于广大领土上时，距离的有利或不利开始对于许多工业起了重要作用。这样，许多工业的集中被打破了，这转而又使工业的其他部门也发生同样情况。用经济学的语言来讲，市场网状组织愈扩大，随而个别市场中心之间的距离，

也随之而成为愈大。

我们将忽视在历史基础上已被决定的不一致，固然在实际上，这些不一致暂时之间是很重要的。例如，中国的矿产储量丰富，如果中国的经济发展不是如此不长进的话，必然会导致人口的极大集中。但是，对历史的尊重必不可把我们带到蔑视逻辑的程度。在这里，我们关心的不是在实际上已发生的分布，而是对逻辑的人口分布的经验法则。只当它们不仅从历史的观点而且能从逻辑的观点加以解释时，我们才能提出许多例子。

无论在欧洲或美国，资源对于人口分布的重要意义都是很明显的。[①] 为什么北美洲的人口集中于美国东北部？[②] 最重要的原因是气候[③]，北部太冷，南部太热，西部则过于干燥。次之，是土壤，就全体来说美国西部的土壤比中西部和东部要贫瘠些，常常不能满足草类的要求，更毋庸说谷类了。

① 我们讨论，是把人口的分布和工业的分布联结在一起的。

② 北美洲人口密度高的长方形境界大致如下：西起美国衣阿华州西侧的南北垂直线，东至海岸线，北起加拿大的蒙特利尔的平行线至北部；另一条线通过华盛顿至南部。从整个来说，农业人口的密度较高。北美每1平方英里的农业人口，可参阅美国统计局《1930～1931年统计提要》。

③ 气候愈热，则在同一土地上同一作物和同一生活水平之下，农业人口密度就越小，因而个别的农场面积就愈大。即使温度并不影响自然肥沃度，它也妨碍土壤的集约利用的可能性。那种土壤在北部有利用的可能。固然这些差别必须不要过分夸大。自然，在美国，集中于东北部的不是农业人口而是工业人口，这一件事要归之于历史的原因。南部的封建制度和其破坏性的南北战争的余波，显著地破坏了南部的脊梁，对于大规模人口的流入发生不利的作用。但是，一个最重要的理由是，来到的人必须习惯于北部的气候，他们在北部具有更高的效率，而且最重要的是他们感觉到的不是通过生产面，而是通过消费面。

气候、土质和人三者协力合作产生了现在的结果。在南部,有些土壤,即使在今天也是很好的,实际的例子是只有自然的因素是无关紧要的。在东北方面,自然资源虽然给它一些利益,但不是没有问题。[①] 反之,在其交通运输方面的情况却非常有利。它的位置离欧洲的工业地带很近[②③],有着最好的港口和五大湖的水路。当然人为的措施——与其说是经济的,毋宁说是政治的,决定了运费率的差别待遇,对其最大的竞争者密西西比河谷是不利的——强有力地加重了美国东北部的自然优越性。

从英国工业地带稍稍向南伸展越过法国北部和比利时、荷兰南部、鲁尔地区、德意志中部、萨克森、西里西亚上部和波希米亚的附近部分以及波兰南部,然后转入罗马尼亚北部和乌克兰,然后转向西北的顿涅茨区域。[④] 这是一个人口极为密集的地带。参阅图55。这主要应归功于有各种天然资源的存在,特别是铁和煤。但在德国中部山脉和卡尔巴阡山脉北部边缘,土壤的肥沃度起着作

① 在南部(铁矿石和煤)和在德卢斯附近(铁矿石和可作为回程运输的煤)能够很低廉地生产钢铁,但它们对于市场的关系是如此的不利,以致工厂不能达到它们最优的规模,至少在德卢斯附近是如此。参阅 A. 浦雷多尔:"美国钢铁工业的地点分布"(A. Predöhl,"Die örtliche Verteilung der ameriklanischen Eisen-und Stahlindustrie"),载《国际经济文献》(*Weltwirtschaftliches Archiv*),XXVII,1928 年,第 286 页以下和第 329 页。

② 其中包括偶然的优点:当移民者们经过最短的途程从欧洲来到美国时,他们在东北部登陆,并且首先在那里定居了下来。

③ 即使前往欧洲去的路程,虽有不同的距离,而从去欧洲的若干海岸上的一切港口的运费,现在是相同的。但例如像利息那样,时间的费用在北部的较短路线仍然有所节约。

④ 这是真正令人惊奇的,而且是人口大集积的引诱力的进一步的证明。随着这地带距离的增加,人口密度有规则地下降了,特别是走向北方。在南部,这种人口分布型由于特别上溯莱茵河流域,继续延伸到阿尔卑斯山的另一山坡,直下意大利半岛的顶部的第二人口稠密地带的存在而被歪曲了。参阅图 55。

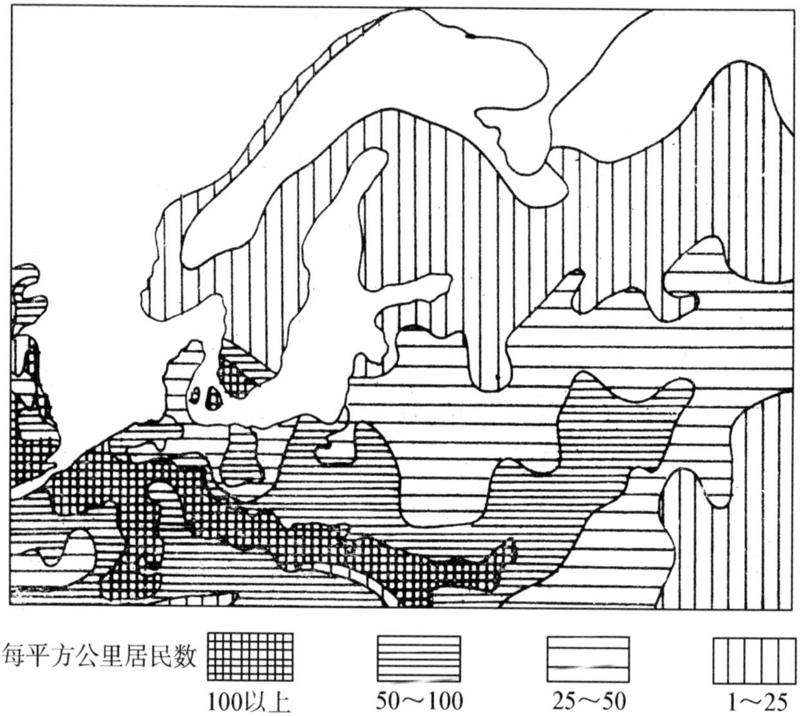

每平方公里居民数
100以上　50～100　25～50　1～25

图 55　1930 年欧洲东北部的人口密度(根据古德等人)

用,特别是在黑土地区。[1] 有关交通运输方面,一个自然条件有利的情况,例如,伦敦、莱茵河下游及德意志中部也是如此。

再重复一次,严格地说,这并不是现实的完全的说明,因为它不但漏去了历史的因素,而且也忽略了各种经济力量的全体相互

① 根据豪夫的意见,这一地带即使在工业化时期以前,已有稠密的人口居住着(H. Haufe, *Die Bevölkerung Europas*,柏林,1936 年,图 1)。关于工业的区位与特别是生产力高的农业区位之间的彼此相对关系,可参阅 O. 施利尔:“地区统计”(O. Schlier, “Regionale Statistik”),《世界经济文献》(*Weltwirtschaftliches Archiv*),LIV,1941 年,第 292 页。

依存性。但是，作为第一次接近，而且在这样广泛地域差别存在之下[①]，把最重要的因素放在图景中心是有用的，虽然它们不是唯一有效的因素。我们的意图并不想提供区位合理选择的完全论证。其结果，不是决定性的结论，它只是一种盖然性的。在实践上，诸如此类受种种限制的经验的规律比在科学地着重正确强调相互依存性具有更大重要性。

§2　个别的工业

1. 概述

个别的工业企业（和个别的农业企业）具有这样的规模而且在空间是这样分布的，以致独立企业单位的数目成为最大的，同时，在这个范围内，每一个经济单位收入，成为最大限度化。因此，每一种货物便会在尽可能多的区位上生产出来。[②]在某些方面，像这样的方法的解决可作如下的具体化：市场区域网状组织被放在一个平面上时，是充分小的，至少对于边际企业家不会产生利润，但是它们具有这样的经济形态，而且是这样布置的，对个别市场区域来说，需要是尽可能大的[③]（参阅本书第八章从经济整体的立场

① 我们对于单个区位问题的研究愈深入，则其他因素就越重要。

② 这只对一定的工艺是真实的。技术的进步会导致相反的倾向——减少生产者的数目。

③ 就一个一定工业来说，区位的选择取决于生产者数目的最大限度化。就适于一定区位来说，工业的选择，取决于地租的最大限度化。第一种倾向，当有关所有其他货物的网状组织的位置和规模为已知时，是决定有关一种产品的地区网状组织的。第二种倾向是把网状组织看作已知的，而且决定它们彼此之间的关系。

来看的区位类型的问题，一、区位的均衡）。

2. 个别的工业企业

a. 一般的解[①]

所有的工业企业家都是在能提供最大利润的地方建立工厂的（如果市场条件显示出垄断因素的话），或者至少是在恰恰能对投下的资本获得一般正常收益的情况下（完全竞争）继续生存的地方建设工厂。这样一个区位没有问题是在客观上被确定的。个别企业家在他们所关心的不是货币利润而是最大的总效用的场合也许会选择其他的区位。对于这种主观的区位选择的范围，在客观上是受到限制的，因为由此遭受的损失至多不能超过利润和企业家的工资。[②]

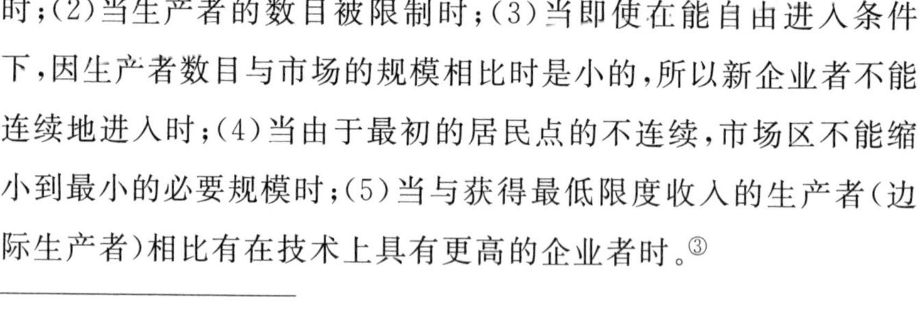

垄断利润主要在下列五种场合是可能的：(1)当供应量被限制时；(2)当生产者的数目被限制时；(3)当即使在能自由进入条件下，因生产者数目与市场的规模相比时是小的，所以新企业者不能连续地进入时；(4)当由于最初的居民点的不连续，市场区不能缩小到最小的必要规模时；(5)当与获得最低限度收入的生产者（边际生产者）相比有在技术上具有更高的企业者时。[③]

---

① 我已经在其他地方对比较生产费理论所提出的解表示过不同意。“一个工厂所要选择的是那些对于这一类型的生产能保证比较利益最大的地点”。参阅我的“比较生产费的效用在哪里？”（“Wo gilt das Theoremder Komoeratigen Kosten”）《世界经济文献》，(*Weltwitschaftliches Archiv*)1938 年 6 月，第 350 页以下。

② 这在自由经济中是妥当的。对于计划经济来说，这一表述应读作，一个企业会对政府利益做出最好服务的地方，建立起来。

③ 在最严格的意义上，(1)和(2)是基于自然的或人为的稀少性形成的地租，(3)和(4)是由于不可分割性的利润，(5)是一个企业家的工资。参阅 F. 马克卢普：“竞争、哲学和利润”(F. Machlup,“Competition, Philosophy and Profit”, *Economica*)，1942 年，第 164 页。

但是，在这些所有的场合中，工业的进入是自由的，可能企业数目是多的，发展是平稳地进行的，这时潜在企业家的压力往往发生这样的倾向，使利润消失，同时，又使区位的集中发生密集的作用。这时企业只能在它能够生存的场合建立起来。它的生存主要地取决于为了销售产品或者为了生产因素而与之竞争的毗邻企业的区位。例如说，如果要建立的是一家新银行，那么，必须找出已经存在的银行网状组织中的空隙，那里，一方面能够保证是一个有钱可存的地方，另一方面为了银行的信誉要有适当的市场区。

b. 特殊的事例

在过去的文献中，曾占统治地位的多数特殊的解决法，只在它们的非常局限性的假设被实现的稀少场合才有适用性。

(1) 一个工厂选择运输费用最低的区位。在这场合，假定生产费在任何地方都是相同的，消费中心的数目和需要也是不变的。如果消费中心的数目是可变的，那么，当销售只局限于生产区位时，总运输费或平均运输费是最低的；如果消费地的数目是一定的，但它们的需要是可变的，那么，一个区位仍会显出总运输费和平均运费比另一个区位为低。但是，因为遥远地点的需求过小，没有重大的意义。区位向遥远地区移动，会使它们的需要大幅度增加，而现在变成更加遥远的市场的需要减少得很少，其结果使新区位更加有利，虽然它的运输费增加了。确实，增加的需求会使生产费大幅度降低，结果，即使在放弃了的区位上，价格也会下降。最后，最初的假定（即生产费在任何地方为一致的）即使在价格为一定和工资为一定的场合，也很少能实现。

(2) 一个工厂选择的区位是生产费最低的。[①] 很明显，这只在运输费和与消费者的个人接触不起作用时才是妥当的。在这种稀有的例子中，一个产业的同一部门的一切工厂会集中于这一个区位上。然而，同时，应该注意，各地方的生产费绝不是固定不变的，却转而取决于它们的牵引力。当然，凡具有优惠的生产费曲线的区位，发挥着特别牵引力，但这种牵引力也更多取决于区位的相互关系和对消费者的关系。这一点不能有过分地予以强调的必要。但是最后的区位表中，无论如何，并没有包括生产费最低的区位的必要。[②]

(3) 一个工厂选择交货价格（生产费加完成品的运输费）最低廉的区位。韦伯和巴朗特尔已主要地从事于这种场合的研究。从这立场来看，生产费和运输费的片面的区位指向只构成特殊的场合。在(1)和(2)中，已经提出来的一切反对论对它们都能适用。成为这种解的前提条件只在例外的情况下才能实现。

---

① 与上面讨论过的纯生产指向的场合不同，这些也包含原料和辅助物的运输费用在内。

② 假定一个矿山准备开采一种丰富的矿脉。这个个别企业的主要问题是是否存在着充分大的无竞争的土地（供应曲线与需要曲线是交错的）。但是大体上，对于矿业来说，单单这一点并没有解决问题。就特殊的矿区而说，也许是有利可图的，但是，如果所有的矿山是这样分布的，以致不是这个单一矿山而是其他丰富度低的两个矿山——因而只在代替前者而被开采的场合，才存在的——才能开采，那么，企业总数可能会增加起来。

在农业中也是如此。纯运输指向或纯生产指向很明显是边际的场合，反之，相互依存则是一般的。需要开垦的既非最好的土地，也非最接近的土地。

七、结　　论

劳动分工只能由两大原理——必要性和爱好——来决定。所谓必要性，就是指生产者(人或企业)能够勉强维持生存，但同时他们的数目应该尽可能地多而言。所谓爱好，就是指一定数目的生产者企图使他们的效用达到最高限度。在第一种场合，个人的收入是一定的，而收入获得者的数目却常常是变数。在第二场合，情况便倒转过来。但是这些变数常常必须最大化。现在，个别生产者(劳动者)的数目，在任何一定时期，一般是一定的，反之，各种生产的结合和他们的指导者(企业和企业家)的数目却常常是变数。那就是说，一定数目的生产者能结合而形成种种较小或较大的集团。如果马尔萨斯是正确的，那就是说，如果人像下等动物那样，持续地极其迅速地增加，以致每个人恰恰又要维持其生存[①]，那么，这样的差别是不存在的。但是，因为人们限制他们本身的增加，以便使他们的收入提高到为维持他们生存所必要的最低限度以上(从劳动中产生的利润，并且对于他们的爱好是有限度的大)。正确地说，在这限制内能自由选择区位的不是独立的生产者而是被雇佣者。与这相反，只有较少的独立生产者数能够从被雇佣者的大储水池中自由地得到补充，随而他们的命运与企业的命运相类似。他们的区位选择与其说是由爱好所决定，毋宁说是由必要性所决定的为多。此外，在这里我们再一次可以看到一种排除企

① 当然，一个国家的最低限度生存水平是在于别人的生存水平之上，因为某些必要的机能不能由个别的人来完成。个别的人只不过是寻求生存。

业家利润的永远持续的倾向。同时，对企业家保证某种程度的自由。即是说，与其说有“工资铁律”的存在，不如说有“利润铁律”在起作用。不拘如何，任何企业的利润的产生大部可以归因于与“来自劳动的利润”的相同的原因，那就是，归因于人数增加的限制。由于这一点，人才能把自己的大部分，按照他自己的所好，参加地域劳动大分工，而企业则相反，随寻求间隙市场而移动。

第十八章　价格梯度[①]

在自由经济下，劳动的地域分工是受地理的价格差所控制的。在均衡状态之下，地理价格差常常形成如下三种形式的有规则的价格梯度。

（1）单一的供给圈或市场区的任何部分的价格与中心地点的价格减去距离的费用相等。其结果成立的价格圆锥体和价格漏斗，形成了市场梯度。

（2）如果一种商品在同一时间内在同一经济景观阶层构造的各种阶段中，同时被生产出来，那就是说，如果在不同的规模和位置的区位上同时被生产出来，那么，在这些区位的中心价格之间就会出现经济景观的梯度。

（3）在不同的经济景观具有同等重要意义的区位的相互之间，也会出现价格的差别，这就是所谓世界的价格梯度。其中，国

① 在这里，我仅能把在我的《价格地理》（正在准备中）和《关于东西方向价格暴落》（尚未出版的手抄本）进行概括的叙述。

家的和大陆的价格差别代表它的一部分。

经济景观的价格梯度和世界的价格梯度适用于不同生产者的财货，影响工业生产物的市场梯度适用于同一生产者的财货。价格梯度在最小限度内，至多等于广义的距离费用，其中也包括贸易的边际。即使在这些价格差的界限内，一切价格是由一个原则所决定的，每一种价格是在能保证为达到区位的均衡所必要的条件的现实水平上被确定的。

第二部　均衡状态的扰乱

贸易论有两个课题:第一,它必须阐明劳动分工的原理;第二,必须指出这些原理借以克服各种扰乱的结构。[①] 第一个课题,在上面各章中已予以讨论,第二个课题,将在下面各章中加以考察。[②]

第十九章　自己调整

一、短期的扰乱时生产物的转移(关于转移问题)[③]

即使在只有两个地区之间发生劳动分工的变化,最后会通过价格的移动,改变整个体系。一种暂时扰乱的种种影响,由于收入的变化,雇佣量的波动,雇佣地点的变化(但只在居住地的变化是偶然发生的),以及货物和资本流动的重新调整等等,实质上被排

---

① 我省略了解决第三个传统的课题,那就是计算来自国际贸易的利益。因为那是不可能的。

② 最重要的结论已在我的文章"国际贸易的一种新理论"(A. Lösch,"Eine neue Theorie des internationalen Handels"),《世界经济文献》(*Weltwirtschaftliches Archiv*,1939年)中加以概括。但在这里所提出的详尽的表述会提供一个完全的了解。

③ 在这里,我的目的在于解释新的基本观念,至于我的理论已在我的文章"汇兑学——新的脉管"(A. Lösch,"Die Lehre vom Transfer-neu gefasst"),《国民经济年鉴》,(*Jahrobücher für Nationalökonomie*),CLIV,1941,pp. 385—402。更严密地在体系上更完全地予以表述。

除殆尽了。总之,对外收支的均衡和组成发生变化,但区位类型就整体来说,没有发生变化。与这些价格波动有联系的一切情况(它们发生的原因,它们所采取的现象形态是怎样的? 以及它们的位置、时间、方向、规模和影响又是如何?),是属于国际贸易理论最重要的主题。在这里我们要来讨论这些方面的问题,作为国际贸易理论的参考的最重要主题和地域间贸易关系的图式。

§1 个人的场合

让我们从非常简单的条件开始。假如现在对于名叫琼格这个鞋匠来说,工作的需要增加了,因为他已经成为鞋匠行会的会员,现在会员们都喜欢他。他要求略高的价格,并不因为他苛求利润,至少是因为由于较长的劳动时间和他的工作变得更加令人疲倦。在他收支平衡表的贷方,他"输出"的价值增加,第一,因为他要求较高的价格;第二,因为较长的劳动时间;第三,因为他现在发现他放弃了他本来为家庭所做的工作,代之以修补靴鞋是有利可图的。这种情况恰与从为国内市场的生产转变为在国际市场上的输出而生产相对应。在借方,他的"输入"的价值增加。第一,是为了刚才所提到的生产单纯转变的理由。例如,他不再修筑园圃篱笆,但将有人替代作这一工作;第二,因为他有较大的收入,就能购买更多的东西。他将他的剩余存入银行,换句话说,他将扩大他的资本输出。他所购买的大部分货物的价格几乎没有什么增长。因为他的顾客或他的竞争者就全体来说,现在对他消费多了一些货物会购买得少一些;此外,数量是如此分散,不致影响价格。

当然,他现在更自由地使用他的货币,比以前较漫不经心地进

行他的购买，在高价商品购买较贵的货物，支付较高的价格，即使这些价格并不与较好的品质相应。房东由于提高他的房租，从他继续增长的繁荣中，有了获利的更好机会。我们的修鞋匠生活于一种繁荣的生气勃勃的空气中，他索取较高的价格，支付较多的房租，较自由地花钱，并在银行里，存入很多的钱。与之相反的情况则适用于他的竞争者，固然在程度上是较小的，因为他们的损失由许多竞争者分担了。与这个修鞋匠琼格离得最近的修鞋匠受到影响最为严重，因行会会员的忠诚守法，也随着距离的增加而减弱了。

但是，有一天突然收到一份新的征税表，于是这个修鞋匠琼格面对着和德国在赔款时期同样的问题，他必须进行单方面的转移。他的"货物收入"和他的"资本输出"将承担主要的负担，他叹息着必须把两者都加以缩减。他将比从前花用得少一些，存入银行的钱比从前得减少些。但除此之外，周围的高价格整个水平的压力将对鞋匠琼格发生作用。受着必要的强迫，修鞋匠又得小心翼翼进行购买。他将和房东进行讨价还价，稍稍降低他的房租(地租)，以便至少弥补税款的一部分。总之，修鞋匠琼格必须经受一种通货紧缩的危机。如果现在其他的修鞋匠参加行会，并夺去原来属于这个修鞋匠琼格的顾客，那么，这种危机将会更加严重化[①]，一直等到他纳完税款，他的情况会比从前更坏，——到最后，一切情况正如他在开始时一样。

这样，我们只对大规模企业所熟悉的机理，在缩形规模之下以

① 如果这事不发生，而顾客数目的减少必须看作是永久的，那么，离修鞋匠几座房的另一个修鞋匠或其他修鞋匠便将迁出，以便获得更多的顾主。这样，我们遇到工会问题将在以下进行讨论。

不同的重点也发生作用。我们将再一次更详细地在比个人大一些的经济单位中加以考察。

§2　工厂的场合

假定：在斯图加特的一家鞋店 A，从前是向当地鞋销售商人 B 那里定购的，现在他突然向像图特林根那样小的城镇的鞋商 B_1 那里定购了价值 1000 马克的鞋。由于对这个城镇的鞋的追加需要，鞋的价格提高了，其理由一部分因为图特林根工厂必须惧怕不完全的竞争；再者，为它的生产的扩大带来了生产费的增加。由于提供较高的工资，这些企业会从本地方其他的企业中吸引一部分追加工人。如果这样还不够，它会再增加工资，并以附近工厂为牺牲扩大出勤工人的供给区域。

最后，工资会提高到这样的程度，以致劳动力会从其他远地吸引过来，其结果又转而提高房租。随之而来的建筑业的繁荣，将增加泥水匠和其他技工的工资。蔬菜和牛乳由于它们供给圈必然要扩大，也会变得更贵些。简而言之，当地的价格水平都提高了。对于当地价格变化的进一步过程要有正确的概念，是极其重要的，也是本章提出来的理论核心。

1. 价格波和它们是如何扩大的

我们能够把地方价格变化的扩大区别为直接的扩大和间接的扩大两种。与工厂有关的远地的顾客和一些工厂的销售者会受到直接的影响，竞争者的价格和其他商品的价格会受到间接影响。地方价格上涨的直接的空间扩大（图 56 画影线的部分），受到运费和附近竞争者的阻挠。但是，价格的上涨对其发生点所控制的地区的影响是双重的。这一地区本身的生产物的较高价格会使它们市场区域狭小化(例如图 56,从半径 B_1'、G_1'到 B_2'、G_2'),而输入财货的价格昂贵,则会使它们的供给圈扩大化(例如,从 B_1'、D_1'到 B_2'、D_2'),而且常常会有利于或不利于附近的竞争者。价格的增加,在这些市场区的全部并不起一致的作用。固然,对于这一切货物来说,在“最终”的生产地点,它是相对地最大的。而这“最终”的地点对输出领域来说,是中心点(B_1'),对输入地区来说,是周边地带(例如 D_2'),在那里,恰是运费不包括在价格中的(它并不一定要同时增加)区位。

地方价格增加的间接的空间波及范围将继续向远处扩大。最初,它传播到 B_1'附近的竞争者。如果 B_1'由于提高价格牺牲 B_2'而扩大其供给圈,那么输入财货的稀少性也会提高 B_2'的价格,虽然它没有像在 B_1'提高的那么高,因为在那里没有特殊原因在起作用。在另一方面,B_2'现在对于再不能受到 B_1'直接影响的各地点组成一个新的“传播中心”。此外,价格上涨不单单通过销售给 B_1'的生产者传播到其他货物,而且也间接通过它的顾客,传播到其他货物,而这些顾客,在 B_1'提高鞋的价格之后,为了购买其他生产物,必须支付更多的货币。

2. 价格波的方向

价格波常常从它们的原点向四方扩散。在购买力转移的链条中,时间的和空间的每一个连续环节,必定比前者更远地离开原点,那是当然的。这一现象又用这样的事实来阐明,增加了购买力的获得者,将转而在离原点的(在我们例子中是图特林根)遥远方向——那里,价格还没有提高——将更有效地利用。而在斯图加

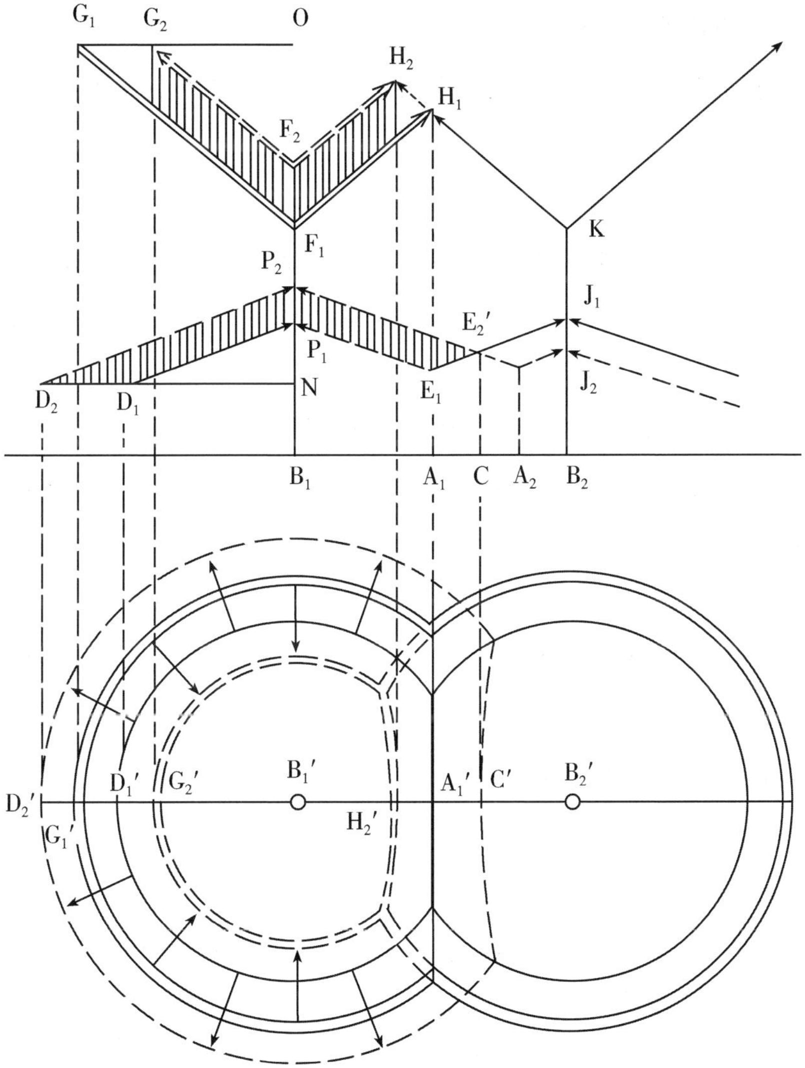

图 56　价格上涨对市场区域的影响

特，受购买力降低影响的生产者，则将努力向城市相反的方向处理他们的生产物。这是因为离斯图加特愈近，则它们遭受的 B 的猛烈降低价格的竞争愈强烈。

3. 价格波的减衰

当价格的变化扩大时，它的强度由于如下四种不同理由而削弱下来。

a. 原点影响的渐减

区位B的供给圈和购入圈，不但受着运费和其他因素的明确限制，而且与在这些领域内的B的商业关系照例是随着距离的愈近而愈密切。有时，会偶然发生这样的情况：B从遥远的地点[①]，输入重要商品的结果，B的价格上涨能直接越到像煤矿和铁矿那样遥远的地方（像这样的场合，是特别突出的，所以，它的重要性容易予以过高的评价）。但无论如何，购买量和销售量则随着距离的增加而减少。

如果我们来分析任何一定地点的消费者的各种支出，那么，可以看到当地经济活动（例如建筑业者、零售商人、工匠、教员、新闻报纸发行人和饮料业者等等）的支出究竟占多大。其次大部分的支付来自邻近场所的货物（蔬菜、马铃薯、牛奶、蛋类、薪柴、砖石等等），其半径自然随着城镇的规模而变化。其他的供给物部分，则来自较大的腹地（供屠宰用的牲畜、水果、黄油、面粉和家具）。还有在总支出中占不大比例的许多工业产品，是由全国各个地域来供给。只有其余很少部分的农产品和工业品则

① 但大部分为了当作当地工厂的生产物的形式再输出，这就是一种加工类型的贸易。

来自全世界市场。[①] 这一断言的正确性，如果考虑到环绕着B的市场区的面积会与离B的距离的自乘成比例地增大这一事实，就会变得更加明显。如果把围绕B的市场区被面积相等的环所分割，那么，我们可以看到各个环在B点出售的商品部分照例是随着距离的增加而减少，而每一环从B购买的比例，特别对B的输出来说，更是如此，对于B的输入来说，也是明白的，因为随着离B的距离的增加，即使是较小的城镇，也能为自己从供给B的地区中分割出经常增大的供给圈，而且因为在随着生产者价格降低的地域内消费增加了。这一记述，对于每一任意的产品群也都是妥当的。从上述可得出结论说：价格变化的影响，随着其原点的距离的增加而逐渐减少，这是明白的。

b. 在购买力变化中吸收的增大

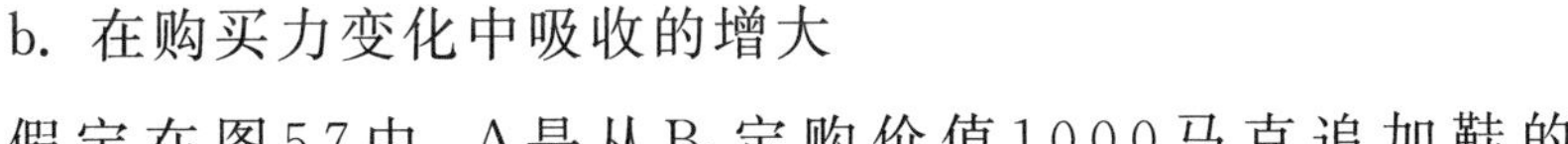

假定在图57中，A是从B_1定购价值1000马克追加鞋的

① B.巴福德在其所著的《大规模的工业企业对当地的经济影响》〔(B. Barfod, *Local Economic Effects of a Large-scale Industrial Undertaking*)，哥本哈根和伦敦，1938年，第44页〕中，对奥胡斯作了计算，消费支出的45%(居住占85%，衣服占30%，食品占25%)是以地方收入的形式留作为地方的收入。根据伊森堡〔“关于新德意志东部区域的州计划”(Isenberg, “Zur Stadtplanung in den neuen deutschen Ostgebieten”)，载《空间研究和空间秩序》(*Raumforschung und Raumordnung*)1941年，第137页〕在德国农业区域中，非农业者的开支的60%又成为当地的非农业的收入。他把它叫作“地域内支出余数”。对工业和农业混合着的经济区来说，这一数值必然会更高些。根据同一著者的意见，德国生产工人在1939年时，从事于满足当地需要的产业部门占29.3%，从事农业和林业的占27.3%，27.1%是从事其他的工业(按照区域性的全国性的和世界市场性来分类)。如果其余的工人(公共服务业、批发业、交通运输业)分配于这些部门之中，那么，就会证明，就全体而言，土地的需要的绝对量会随着距离的增大而绝对地减少是真实的。

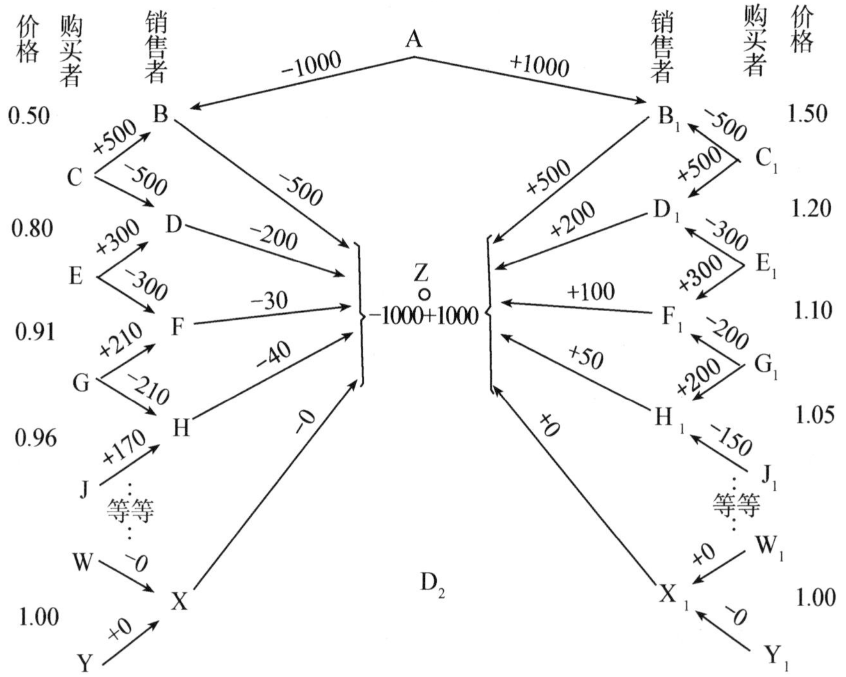

图 57　价格变化的扩大（货物的完全转移和假定大于 1 的需求弹性）

人。C，E，G 等等，和 C_1，E_1 和 G_1 等等，都是消费者，其余为每一种生产物的生产者，B 是鞋生产者；D 是面包生产者；F 是黄油生产者等等。假定每一生产物的每一单位的生产费原来为 1 马克，现在让 A 扰乱了均衡，让交易上的连锁关系像在图中所示一样。这样，例如烤面包者 D 会供给 C，或许也供给 E，但他既不供给 A，也不供给 F。这样的一种选择连锁，照例是在不完全竞争流行的地方，事实上普遍存在着。

A 对 B_1 支付 1000 以上的马克，A 的支出比作为 B 的顾客 A 的购买力要少得多。为了赢得一个替代的购买者，B 把他的价格减少了一半。在这价格下，一个新的顾客C从他那里买去了未为A所购买去的1000马克的鞋。因为现在C从B比从前多购买500马克，所以，他必须以同等的数量减低从D的购入额。但是D为了对他出售500单位的面包，他将对E不是从1马克而是以降低了的80芬尼的价格出售。他降低他的价格必须比B的价格要少些——这就是重要点——因为他出售的损失额只等于500马克，不是像B那样1000马克。E以每一单位80芬尼购买375单位，共计300马克，C也能利用降低的价格购买另外125单位的面包。为了使我们的讨论单纯化起见，C减少他从D购入的总值，不拘价格已经降低，但也只等于已经提过的500马克。因此，D的损失从500马克减少到200马克。过程这样展开下去。以上就是对于从价格降低的中心B扩大的概貌。

现在，我们转向价格上涨中心B_1来考察。因为他对鞋的需要突然增加，B_1把他的价格提高到1.5马克。C_1由于他的收入未增加，便不像从前那样购买值1000马克的鞋。只购买500马克的鞋(所以，其结果，B_1将对A出售667单位，对C_1出售333单位)，用其余额的500马克来购买D_1的货物。D_1的货物直到现在还没有提高他的价格。由于把D_1的长年顾客们共同参与500马克追加的需要，所以，他使D_1提高价格成为可能。虽然，它的程度比A要提高得少一些，因为他从B_1获得1000马克的追加购买力，如此等等。

这样，由此可得出结论说：随着原点的距离的增加，从原点发生的购买力与价格的降低(从B开始发生)和购买力与价格的增加（从 B_1 发生）两者便会拉平。[①]

c. 购买力的分散

以上，我们假定购买者 A 的需要转移的负担全面地落在销售者 B 的身上，而 B 则只能获得一个新的顾客 C，作为替代。但在现实上，A 将减少他对若干消费者的购入量，而 B 则将获得若干新的顾客。[②] 这样，减少的需要，对于个别出售者的影响要小一些，此外，个别销售者为了全部处理他的未经出售的货物，也没有降低价格很多的必要。这种分散作用是以几何级数增加，在另一方面，离搅乱的起源地的距离则只以算术级数增加。所以，价格变化在空间中的消失，要比我们上述论证中所假设的要快得多。

d. 货物转移的增加

上面所叙述的三种原因导致了价格波随着离其原点的距离的增加而趋于平缓。这是由于价格波**分散**了的结果。但是，当发生更多更广泛的货物转移时，即是说，当两种价格波相互接触时，它们就趋于平缓，这是因为它们**消失不见了**。关于这点下面将予以

---

① 这样的结论是从这些情况成立的需要弹性比 1 为大的假设导出来的。如果需要弹性在任何地方都等于 1，那么，B 和 B_1 不拘如何规定它们的价格，总要负担一切损失或获得全部利润。如果 B 和 B_1 每一个都是相互竞争的多数生产者，那么，可以想象需要的弹性会小于 1（如果每个代表的生产者只是一个人，那么，小于 1 的需要弹性意味着它不能在库尔诺点上决定价格）。在这种颇不可能的场合，价格变动的方向恰恰是本文所述情况的逆转。那就是，B 向上方变化，B_1 往下方变化。最好的场合是 B 把全部损失转嫁给 D_1，在最坏的场合，B_1 会把全部利润转嫁给 D_1。一直到最后，一切利润和损失达到 Z，而且在那里相互抵消。种种的弹性结合的影响更是复杂些，作为一般的讨论，没有很多的兴趣。

② 在这里，我们谈论的是购买者和销售者集团内部的分散。至于个别购买者和销售者间的分散，我们已经在上面 b 节中讨论过了。

叙述。

4. 价格波的始末

如果地域的价格差在最初的经济时期是很大的，那么，在以后各个继起的经济时期，价格的降低的范围会扩大开去，而且趋于拉平。但必须记住，在这种过程的各种原因（已在上面 a、b、c 中加以讨论）扩大的限度内，购买力的增加和减少之和即使由于部分的转嫁而分配到更多的人那里去，仍然保持不变。这就是购买力的守恒律。这样，纵然从 B 的购买的减少总量为 1000 马克，但他却损失 500 马克。其余的 500 马克转嫁给 D 了，而 D 则吸收其中的 200 马克，将 300 马克的损失转嫁给他人。吸收了的损失总计（500＋200＋90＋40＋…）恰恰等于 1000 马克。从一个收入时期到另一个收入时期相互间的转嫁，应与从一个人到另一个人相互间的转嫁区别出来。如果在第二时期，A 与从前一样，又从 B 购买他的鞋，无论如何，B 在第一时期中少收入 500 马克，因从 Z 购买皮革。B 的损失便由他从 Z 的购买额的缩减所组成，而且一旦他处理了这种损失，风暴就从他那里刮过去。[①][②] 但是现在阴云是在 Z 的上空。[③]

① 这样，当 B 把价值 500 马克以上的商品售给 C 时，他已经转嫁了，即使是损失的，而他从 Z 则购买小于 500 马克的商品。这样，他带着与前一时期所具有的购买力相同的购买力进入下一生产时期。除非购买力的损失的一部分仍影响他的顾客之一，否则就他而论，转移是完成了。

② 所以，在被单一扰乱的场合，我们讨论一种真实的价格波，并不单单讨论一种价格梯度。

③ 在这里，必须区别两种事情：(1)购买力的降低是在每一个新的经济时期的远距离的场所反复显示出来；(2)但是在同一时期，当所有的货物——即使一部分是以降低了的价格出售的——都售罄时，其影响也就消灭了。

如果扰乱不从两种不同的方法逐渐消解，那么，这种扰乱会从一个收入时期带到下一个收入时期，继续要求新的牺牲。我们将在下面叙述的补偿的吸收必须与已经讨论的带来损失的吸收相混淆。后者一次又一次地重复出现，如果补偿吸收没有干扰，就是说，如果我们所处理的是一个封闭式的经济体系，那么，一般划分的价格降低只当发生的购买力降低的地区才告终止。前者是最后的。它最初是(但并不是最频繁的)以如下的形式显现出来。例如，收入已增加的 B_1 愿意从 Z 购入恰恰等于 B 因购买力减少所放弃的商品量。在这场合，Z 的价格仍不变动。但是，增加的需要和减少的需要之间的这种迅速符合一致的事几乎是不可能期待的。[①] 照例说，从作为生产者的 B 不仅开始已描述过的一系列价格下跌的连锁(如图 57 中所表示)，而且从作为消费者的 B 那里，由于减少 500 马克的购买力，在图中也没有表现出与它相当的一系列价格下跌的连锁。对于减少 700 马克购买力的 D，也是这样。以下同样，B，D，F，H 等的购买者们作为全体会把缩减到 1000 马克的购买力转嫁给 Z，自然不是直接的，而是通过中间的连锁。Z 必须在某些地方存在着，就是说，在那里购买力的增加和减少相互均衡的场所，是在一个场合和数个场合所存在着，而不改变价格。除这以外，还存在另一种可能性，变率在开始时更高些。拥有合计 300 马克新追加的购买力的 D_1 和 F_1 将替代 E 成为 D 的新顾客，而不是 Z 的新顾客。在那场合，价格下跌的连锁将在 D 上终止，

① 更不可能的是 B_1 从 B 直接获得他增加的需要。作为一般通例，B 会努力与第三个人交易，处理他的存货，而 B_1 则会企图用同样方法满足他的需要。

价格下跌不再达到 F、H 等等。结果，它们对 Z 的需要将不减少，它将等于以前所假定的 Z 对 D_1 和 F_1 的追加需要的损失。换一句话说，这两种连结价格提高和价格降低的连锁之间的环节的可能性是同时发生的这两种可能性，意味着作为购买力转移的单纯结果（通过 Z），或者作为先行的价格变化的结果（例如在 D 的场合那样），获得购买力的人们增加了需要，购买那些购买力减少的人们所放弃的商品。这两种可能性都是现实的转换的古典形态，这种转换是在减少的购买力和增加了的购买力在某一地方相遇的时候完成的。

这两种转移形式的地域（空间）分布是重要的。起初具有减少的购买力 dp 的人们或地点，与那些具有增加购买力 ip 的人们或地点可能相离很远，以致它们没有趋于相等化的可能性。但是随着购买力波动的扩大，dp 和 ip 两者的移动逐渐接近。开始只有这些最大供给圈和市场区会有稍微的重叠，而在 Z 重叠的区域中，少数从 ip 到 dp 的需要转移才能对于它们的价格发生很小影响。结果，开始只当发生价格剧烈变动时，货物非常微小的现实的转移才会发生。这种重叠逐渐增加，dp 和 ip 甚而移动到彼此领域的内部，因而，在价格发生较小变化的情况下，直接的现实的转移就会展开。最后，dp 和 ip 与 Z 重叠，而最后的转移是在价格不变情况下进行的。随着时间的推移，那就是说，随着购买力波的扩大相互间货物的真正转移进行的各地点，便彼此相互靠近，转移的范围扩大，转移据以进行的价格与正常价格的偏离就越来越小。

货币的现实转移所牵涉到的地域的大小，照例，并不与减少的购买力和增加的购买力的地域完全重叠，但必然位置在它们境界

以内。货物的现实转移是在具有减少的购买力的地域部分和增加的购买力的地域部分之间进行的。

§3 经济景观

一个企业的经济联系在一切方向上并不是相同的；反之，它一般地位于一个经济景观内部，而且指向它的中心。这对于价格波的扩大并不是没有影响。价格变动纵然常常在其原点周围显现特别明显，但经济景观的中心各点，较早地和强烈地反映出腹地的任何地方所发生的局部变化。一方面，价格变动经过整个地域传播到这里；另一方面，价格变动常常从这些中心点跳跃到邻近的经济景观中心点也向外展开。总而言之，它们是到处向外展开出来。[①]

最后，货币转移一般是通过中央银行而不是直接在由有关企业之间进行的。当我们想起这一点时，这种经济首府城市的重要机能，即价格波动（也包括循环性质的波动）向它们经济景观转移，或相反，从这些景观向世界其余地域转移[②]，便成为更加明显了。所以，如果简单的地域形象替代真正受到贸易扰乱的个人时存在

---

① 这实际上是胡根斯原理的一种特殊例子。根据这一原理，价格波的任何点可以变成新波的中心点。

② 在一经济景观中，各个企业自然也会与外部世界维持直接联系，例如，一家机械工厂想知道其他地域景气的恢复，不是通过本地区的首府，而是主要通过工业地带或通过其中特殊顾客群。这种情况在组织化的景观完全不存在的地方是很明显的。当一个城镇与其景观很少有联系时，一种地方性经济恢复是不能通过区域扩散的，但它会到处传播开去。这并不必然意味着它的完全的分散（拿一个要塞进行装备为例，最初主要是重工业地带中某一工厂成为有利），但这确实地意味着一种不规则的地理分布。而这种不规则的地域分布当然以攫取地域间贸易过程中发生的积累循环效果为满足。

着任何意义的话，那么，这些形象就一定应该是经济景观（而不是国家）。

§4　国家

在经济关系中发生的种种扰乱，是不是常常在上述的对那些最初关系者的种种形象中消失了？还是它们在最初扰乱者的贸易关系通道的扩大中消失了？或者它们是他们在越过国境所进行的支付中发生一些补充的特殊现象？在这里，我们必须来研究政治境界对于克服均衡的暂时搅乱所具有的重要意义。重要的不是对均衡本身的意义，因为它已经加以讨论了。在国家的领域几乎与经济区相互近似一致的场合，不论是偶然的或者出于强制的，已论述的对于经济区适用的原理，对于国家也是妥当的。作为国家本身不是作为经济区，国家是不是有这些补充的意义呢？

1. 通货

通货的不同是国际贸易的第一个重要的特征。通货政策的不同将成为下章讨论的题目，在这里，问题乃是通货的基本构造的不同是不是改变转移的机理？首先我们将把这一问题与另一个更基本的问题相区别。

a. 信用建立的事实对转移的意义

因为大量的支付几乎从来不是直接进行，一般是通过银行来进行的，所以，我们在上面诸章中，早已提出这样的问题，当银行建立起信用之后，上述的转移过程会起什么变化？但是为了与现代货币制度对转移的影响一同来讨论，我们便把这一问题拖延下来了。

假定货币制度是这样：在债务人和债权人之间，一般是以能接受的基本货(在国际贸易上的黄金和其他的国际支付手段,在国内贸易上所用的银行券和存入中央银行的存款)为基础的,并在这基础上发行大量的非普遍接受的局部货币(在国际贸易上使用的银行券和银行存款以及供国内贸易之用的银行存款),只能在债务人和债权人的贸易银行的中央区内流通。[①] 这样的场合,债务者可以用货币而不必一定用国际上所能接受的基本货币来支付国外债务,所以,局部货币发行者仍然面对着要获得其余的国际货币的问题。在这样的场合,在上述的最终转移必须先进行第一次的转移或预备的转移,这一转移结果将进一步被其后发生的反作用所抵消。

(a) 第一次的或预备的转移。第一次的转移(汇兑)是由物价进一步大变动所引起的,而这种物价的进一步变动则是由购买力的转移而发生的变动所附加的。

第一,物价水平的变化。附加的一般的(在中心附近是特别急剧的)物价下降,是在那些银行区域内发生的,即:那些银行以信用货币的形式收入转移的货币额,然后,这一银行必须依靠自己的货币准备金来进行支付。[②] 首先触及这一业务的是地方银行,它首先收入这一宗货币作为自己的存款,作为地方支付手段的货币又

① 我把由空间的或物的诸条件所限制的人们集团内部通用的支付手段称作"局部货币"。

② 如果从存款的开始到其处理之间经过一段时间,那么,便将发生这样的补充问题:银行是否能把其闲散资金转成为短时的借款?这样,债务者的贸易银行对他所引起的当地通货紧缩会引起反应,而债权人的交易银行则能预期当地价格的上升。但只当银行确定存款所有者不会首先处理他的存款时,那就是说,如果不受到以上的转移的威胁,那么,这样做才是明智的银行政策。

支付出去;[①]其次,是地方银行,必须把它的存款换成银券;最后,是中央银行,它收入银行券,必须支出黄金。现在假设:斯图加特必须对巴黎进行1000马克单方面的支付,并且假定,在德国黄金不是唯一支付手段,但在那里以黄金为基础,发行两倍以上的银行券,创造了上层构造,并在这基础上,又创造了10倍的存款货币。如果德意志银行把1000马克黄金运往巴黎,那么,它必须采用提高其折现率的方法收集两倍多的银行券(假定在所有的时间内,常常保持最低限度的黄金准备)。对这个送1000马克银行券到巴黎去的符腾堡银行来说,它的信用基础更加缩小。这家银行必须采用提高再贴现率或直接压缩信用的方法来减少10000马克存款量。其结果,符腾堡的物价会比没有存款时降低10倍以上。在德国的物价会比没有银行券时降低多达2倍。物价水平的真正变动只是随着信用的创造才发生,那就是说,是随着不同种类的货币阶层构造存在的场合才会发生,至于在单一货币的区域中,价格波是由于购买力的变化**必然**地发生转移的情况下,才**足以**发生。[②]

第二,对支付日最近到期的效果(即时的部分转移)。但是相对物价水平的变化不再作进一步的详述,这是由于假设会导致输出剩余增加的反作用的缘故。但不论如何,黄金输送量的超过只为弥补价格波所必要的量。这样,如果只有与50马克相当的黄金需要运往法国,以它为基础,在那里创立1000马克的

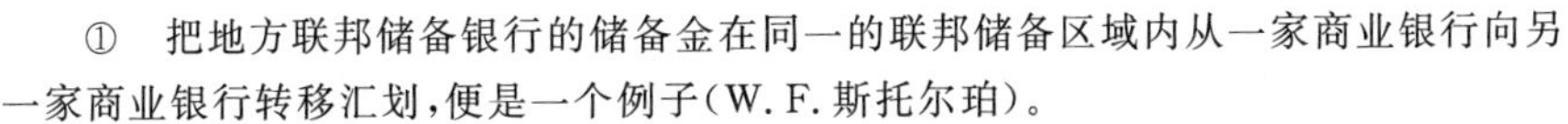

① 把地方联邦储备银行的储备金在同一的联邦储备区域内从一家商业银行向另一家商业银行转移汇划,便是一个例子(W.F.斯托尔珀)。

② 不但利息率而且所有的价格,至少必须具有相同的趋势。在这场合,物价水平的变化是一种现实,不仅是一种假想的平均数,像价格波的场合那样。

存款货币，并且在德国消失[①]，那么，将有与值 50 马克相当的货物转移的必要。但是，当在斯图加特附近和巴黎附近之间两种价格波仍发生作用时，在这种物价水平下，货物的转移是不可能的。反之，当有 50 马克以上黄金从德国输往法国时，德国才能按期支付。德意志银行预料到这点，便提高它的贴现率，它就立刻降低德国的物价水平，一直到国境线。由于相反的理由，法兰西中央银行恰恰同样，会强迫它的物价普遍上涨。因为价格波是缓慢地相互接近的，所以，物价水平降低和物价水平上升的范围几乎会同时一致起来（至少在邻近诸国是如此）。其结果促成货物的迅速而大量的转移。这种转移也许主要地是在国境地域上发生。我们将在这里忽视自由化的资本移动，并且假定在开始时即将有 100 马克的黄金和 300 马克的货物的转移。这一数额当德国支付期到之日，德国必须予以付清。

第三，支付日到期后的效果（早期的总的转移）。会引起骚扰的支付，现在虽已经完成，但转移还没有终结。因为价格变动仍在继续：价格波还相距甚远，彼此还不能中和，而且物价水平仍相对地变化；因为仍有 500 马克的德国黄金存在法国。只要德国与法国的物价水平的相对变化持续下去，则德国输出的超额会继续到原定满期的以后。但现在，法国必须支付现金，因为 1000 马克早已支付，一部分用黄金，一部分用货物，所以，法国对这一超额有用黄金支付的必要。那就是说，约有 50 马克的德国黄金从法国回

① 这样，黄金的输送，在这范围内，除了购买力的转移所发生的影响以外，对于价格不会有进一步的影响。

流，物价水平恢复到它们从前的高度。[①] 德国输出超额消失了，而且到另外650马克相当的货物输送后，货物的转移看来完成了。

(b) 最后的转移。但是，由于购买力尚在途中移动，在巴黎和斯图加特周围开始的价格波仍在继续扩散，而且相互靠近。即使在这过程中，像已描述过的那样，它们是部分相等。当它们相会时就完全相等。这种增加的或减少的购买力达到均衡化，就会在任何场合发生货物的真正转移。在另一方面，另有与它明白区别的必要的是：第一次货币的转移只是随着特定型的货币制度而被附加的。[②]

(c) 反作用。这样，与950马克相当的货物转移进行了两次：第一次是相对价格水平变化的结果；第二次，是价格波中和的结果。这样，一次转移的回数可能是过多的。如果这两种价格波之一越过国境界时，法国向德国追加了订购与1000马克相当的生产物，那么，法国就得一部分用黄金支付，一部分用商品支付，而最后50马克有用黄金支付的必要，950马克有用商品支付的必要。因之，除带来价格波动的50马克以外，德国开始时消失的本国的黄金和同额的法国黄金暂时之间流入德国，那50马克是补偿价格波，单单这种黄金移动是不可逆的，因为价格波是不可逆的。于是德国的物价水平上升到法国的价格水平，其上升程度正与它从前

① 法国的物价水平只在计算上比从前略高。因为1000马克货币量继续增加，对于德国的物价水平恰恰相反下降了。

② 必须创出基本货币和有兑换可能的附加的局部货币。局部货币必须是附加的，至少一部分是如此。它必须不能简单地替代基本货币。附加的货币必须是局部货币。基本货币创出的作用与上述的不同。局部货币必须是有兑换可能，否则便不会发生再使它消灭的必然性。这样的局部货币的创造必须是在信用创造过程中发生。

的下降率相等。这就是说，在最后解决中，再一次反映出了最初的第一次转移的正确镜像。其后，整个过程又再停止。这一过程为了信用的建立（它是创出交换可能的局部货币的场合）能够进行，在技术上是必要的，但在较深的意义上，是无用的。第一次的转移和接着的反作用相互抵消了，而购买力波的中和化在整个转移过程中，依然是构造的唯一本质的侧面。

b. 转移对信用创立的程度和本位制不同对转移所产生的意义

(a) 在不同本位制的结构下各种可能性。像在信用创造的场合那样，在局部货币的背后，成为基础的国际货币支付额是很少的，或者像在纸币本位制的场合那样，到期日完全没有支付，无论对于债务国和对于债权国，都提供一个特别的问题。这一问题是通过第一次转移来解决。在这里，我们把他与储备率规定为100%的黄金到零的场合，在下述假定之下进行比较。债权国和债务国的本位制是同样结构的，储备率像汇兑率一样，是严格维持着的。

再一次假设，1000马克从斯图加特送往巴黎。在这场合，要考虑如下的事：（Ⅰ）如果转移是用窖藏黄金进行的，而收款者也转而将黄金窖藏起来，那么，物价变动不是必要。[①]（Ⅱ）如果在两国中，局部货币100%都可用黄金来支付，但这时与债务额相当的货币流通量有从流通中抽出的必要，那么，由于购买力的变化，两国都会发生价格波动，但是，直接支付在开始时几乎完全同样用黄金支付，其中债务者所积累的局部货币能够进行兑换，不会有进一步

① 这件事在黄金从债务者的窖藏流到债权者的窖藏的场合，是妥当的。但是，在黄金从一发行银行的窖藏流动到其他发行银行窖藏的场合，只要两者信用政策使购买力的转移的影响中和时，才是妥当的。

的困难。(Ⅲ)如果银行券的储存货币为10%,而银行券又转而可以完全用黄金支付,那么,我们就有了上面已叙述的国内贸易的典型场合,在国际贸易上也可以看到。现在局部货币已不再能够简单地兑换成黄金;反之,黄金的运输对储存量起着10倍的作用。在这场合,局部货币的发行必须在一个国家内在10000马克的范围内被缩减,在另一个国家内则必须新的创立。这样,不但看到价格波,而且还引起物价水平的变化。现在有200马克将用货物转移,其余则用黄金转移。(Ⅳ)如果银行券的黄金保证只占50%,那么,800马克的黄金输送将使银行券变为1600马克,储存量变为16000马克。物价水平将比上面的场合有更大的变化,因为其余用黄金支付的部分对于货币流通量将有20倍的影响。至于在第一种例子中,1000马克是用黄金转移的,在第二种例子,几乎也是1000马克,第三种例子,至少为800马克。现在,在这一例子中,它用这种形式转移的或许是700马克。(Ⅴ)在没有黄金准备,而用纯粹纸币的场合,不会有作为货币的黄金输送。反之,1000马克到期以后,必须全部用货物运输。再者,随着这一款项的转移,物价水平发生的变化是最大的。

所以,储备率的减少,或者换一句话说,局部货币发行的增大,同时就意味着这样的一种危险的增加:即这种局部货币发行必将暂时削减。[①] 现在为了对付这一危险,一种途径可以采取,这就是一种浮动的汇兑率。这样,物价水平的相对变化是通过它而不是

① 具有低准备率的国家必须遭受大幅度的物价变动的袭击,绝不是货币机构无意义的技术上多变,这是它们创立广泛信用制度的自然的不利。

直接地发生的。①②

因为纸币的通货没有建立信用，也是可用的，而且因为物价水平的波动，或者直接地，或者通过汇兑率的变化，在纸币的场合，特别显著。所以，它们变动的原因，一定比我们到目前为止的假设更为深远。它们包括最广泛意义上的通货的差异，那就是在事实上，一个银行管辖区域的一切支付手段的全部，或者至少由信贷的创

① 这一点至少不会与我们的准备率为一定的假设相矛盾。因为当与黄金准备的10%相当的黄金发生流出时，局部货币量减少10%，物价水平降低1/10。在这场合，以局部货币评价的黄金价格水平提高1/10(10%的贬低值，也不具有其他的意义)，因而实质上减少黄金准备将重新恢复它以前的名义价值。在这场合，局部货币量能够照旧不变，实际准备率也是同样的。我们自己必须习惯于这样一种概念：旧式金本位制的个别特征，例如，固定准备率和固定汇兑率，并不一定相伴并进的[参阅我的论文"汇兑学——新的脉管"(A. Lösch，"Die Lehre vom Transfer—neu gefasst")，载《国民经济年鉴》(*Jahrbücher für Nationalökonomie*)，CLIV，1941年，第395页]。关于纸币本位制(没有储备)，汇兑率也有必要区别为固定的场合和伸缩的场合。

② 这种差异特别出现在转移的难易之差方面。不拘汇兑率暴落，当一个债权国不能从债务国购进任何东西时，如果后者的债务额超过其黄金准备时，则后者便不能支付，但它的经济仍继续运行，好像什么事也没有发生一样。在另一方面，在汇兑率为固定的场合，债务国因而面临着严重的通货紧缩的危机，将陷于破产，不仅对外如此，对国内也是一样。这明显地是因为转移的困难仅仅存在于销售的一方面。在不同的通货情况下，这种困难确实会早出现，而且准备率越小，则它的第二次通货紧缩效果就越激烈地出现，因为最初能从世界货币保有量中支付的分期付款额越小，则黄金外流越多，使局部货币量变化的程度越大。在这里，第二种影响开始出现也越快。但他们对于具有伸缩汇兑率的国家是可避免的。这样，便不能把原因归之于通货差异本身。F. W. 迈耶尔在其《收支差额的平衡》(*Der Ausgleich der Zahlungsbilanz*, Jena, 1938, p. 111)一文只对固定的汇兑率进行过正确的讨论。即黄金准备对于限制货币的发行是没有重大意义的；但反之，关于国际支付，其大小必然与干扰的大小相适应。再者，即使就旧式黄金本位制来说，由于两个黄金输送点间的变动，物价的变动至少有一小部分将被汇兑率的波动所替代。这种有利性，恰像W. 舒尔兹巴赫所强调的那样，会由于通过国际清算银行在国际间的清算而消失了〔《外国经济概论》，(Der wirtschaftliche Begriff der Auslands, *Weltwirtschaftliches Archiv*, XXXII，1930，p. 75)〕。

立所创出支付手段，在另一银行管辖区域内是不通用的。[①] 这样，从黄金到纸币之间有着一种缓慢转移的许多中间阶段。随着两国间国际支付手段（黄金准备）的存在量的增加，开始时价格波动就小了，而黄金的移动量就增大，相反的情况也是如此（表 15）。[②③]

表 15

通货结构					初步移动；采用	
		银行券的黄金储备率	银行券流动的有无	存款（一部分由银行券作保证）	黄金的移动	物价变动
Ⅰ	黄金本位制	过剩	有	无关系	减	零
Ⅱ		100%		无		+ 增加
Ⅲ		100%		— 有		
Ⅳ		1%—99%		—		
Ⅴ	纸币本位制	0			零	↓

但是，这些差异在某种程度上失去了它们的某些意义，因为即

① 所以，在这里，我们必须想到的，不但是不同国家的银行券，而且是国家内部不同的银行管辖区。例如，在美国，一家储备银行的银行券达到另一家储备银行区时，就得发回到发行者的手中。德国的巴伐利亚和符腾堡等发行银行也是这样的情况。一家银行的存款，在其银行顾客圈以外就“无效”。反之，不同通货制度的流通手段在实际交易中具有着相等的价值。这样，美国的票据和在某种程度内的加拿大票据，在沿边境的广大地带内往往按照票面值予以通用，特别是两国的铸币是如此相同，以致在国境的两侧都可以用于硬币式自动售货机。

② 所以，在只能供给少量黄金偿付的穷国，会很容易地过渡到“伸缩”汇兑率，这使大幅度的价格波动成为很少有害。

③ 关于黄金准备率高的场合，物价变化小的理由还有第二种与上述不同的只以摩擦的困难为基础的理由。因为货物价格的变化和对外贸易对它的反应是需要时间的。在另一方面，名义的转移必须立刻进行，在一切场合，支付的大部分（如果忽视短期资本的移动）在货物转移之前，一定首先要用黄金的形式转移。但是近似的同额的黄金输送对于具有较高黄金准备率的国家，比黄金准备率较低的国家有着较少的作用。只因这个原因，一种高的黄金准备率对固定的汇兑率的场合是有利的。

使在一切场合,第一次的转移必然是用货物的形式来进行的。作为其结果,物价的变化愈小,则它们的变化就愈加持续下去。那就是说,大量黄金之流的再回流需要较长的时间。具有不同通货的转移和相同通货的转移是不同的。唯一不同之点,在于在不同通货(纸币本位制)的场合,转移是直接用货物进行;至于在部分相同的(黄金本位制)或完全相同的通货(国内贸易或世界通货)的场合,转移是分布于较长的时间内。所以,在第一种场合,物价水平的变化是较急剧的和较短期的;在第二种场合,则变化稍为薄弱,但时间延长得较少。简单地说,随着通货同一性的增加,以货物的形式的转移就发生得愈慢。①

表 16 不同储备率的转移

	1		2	3		4
	对银行券的黄金准备率(%)		黄金输送马克数	物价波动(%)		B超过A的物价差别
	A	B	从A到B	A	B	%
1	10	10	200	−20	+20	50
2	10	40	260	−26	+7	44
3	40	10	300	−8	+30	41
4	30	50	490	−16	+10	31
5	40	40	500	−12	+12	28

说明:栏 2,大小的顺序是任意的,但其等级差不是这样。

栏 3,假定在每一个国家中,银行券流通总额为 10000 马克。又假定没有什么存款。又假定 A 国和 B 国是同样大小的。

① 在我们上面的例子中,货物的第一次转移越过符腾堡境界,缓慢地向外移动。因为德国马克在国界两侧是通用的。但越过国境线的场合,因为通货的不同,货物的转移很快就发生了。

(b) 债权国与债务国有着不同的通货机构。当黄金准备率不相等时，物价水平的实际变化和其对每一国家的影响是随着黄金准备的程度而异的。① 首先表16指出，我们在上一节所已看到的那样，在一笔交易中，参加的一国或者甚而参加的双方，黄金准备总额愈高，则其结果是通过黄金输送来支付的部分的比例也愈大。表16进一步指出，关系国中之一国(场合2和场合3)在与场合1相比，具有较大的黄金准备的场合，物价的波动对于这一国家与场合1相比，是较小的，对其参与国来说是较大的。就是说，准备率高的场合与准备率较低的场合相比，同额的黄金移动对物价会给予较小的影响。②

它们成了一种缓冲器，抵制起源于国外的循环变动的和国际间资本移动的影响，缓和通货紧缩的危机和通货膨胀的上升，虽然它在另一方面是延长它们的。的确，它缓和了债务国在贸易中货物互换条件的恶化(那就是它的输入品价格与输出品物价相比是增加了)。因为即使当我们把债权国与债务国的黄金准备率互换

---

① 银行券的黄金准备率是长期不同的，这与黄金准备使用程度上的差异具有相同的作用。这些差异可能是无意识的。在两国之中的一国，黄金准备率为50%时，1000马克黄金的输送，可能会促使一个国家的银行券量引起2000马克的变化，如果这个国家是在繁荣阶段的话。反之，如果这个国家是在紧缩阶段，那么，在那国家招致1000马克的变化。

② 它特别解释了美国和法国物价对黄金移动的反应是轻微的。在这些国家中，现实的而不是法律的黄金准备很高。此外，中央银行的存款必须部分地用黄金作保证。这些国家的黄金巨量蓄积，并不因此得到说明，因为根据表16，受到多额黄金输送的不是实际黄金准备率远远超过其债务国的债权国(场合2)，而是有黄金准备率高的债务国(场合5)。此外，这种黄金应缓慢地流回原来流出的国家。

位置时，我们不会得到相同的结果（场合 2 和市场 3 相比）。如果我们假定，在场合 2 与在场合 3 同样，与 300 马克相当的黄金被运送 3，其结果物价在 A 下降 30%，在 B 上升 8%。因而若把它与场合 3 相比，则只不过是 A 和 B 的角色相互交换，其最后结果仍不会相同。若与最初的情况（=100）相比较，则在场合 2，A 的物价保持 70%，B 的物价为 108%，就是说，比 A 高 54%。在场合 3，A 为 92，B 为 103，B 比 A 高 41%。如果说，在场合 3，成立了均衡，就是说，如果价格差恰恰是使 A 对 B 进行值 700 马克的输出；而 B 连同 300 马克的黄金恰恰与负债额相等，那么，场合 2 的输出剩余，必然在 700 马克以上。所以，价格的变化过大，小于 300 马克的黄金会足够促使其余的采用货物转移。不论如何，在这场合，黄金的输送额是大量的，足够使 B 的价格上升，超过 A 的价格 44%（不像在场合 3 那样，超过 41%）。

采取纸币本位制的国家[①]，与采取黄金本位制的国家之间的交易，是按照流行着的不同的黄金准备率规则进行的。黄金的运送量减少至最低限度。[②] 关于不同的价格变动，我们已在上面讨论过了。

---

① 在这里，如果采用固定的黄金准备率，那么，采用货币黄金组成的汇兑稳定基金，这不是不可能的。后者在黄金准备率可变的场合，可用这一黄金缓和价格水平的变动，即使当一国家在形式上采用纸币本位制的时候。

② 当纸币本位制与伸缩的汇兑率相结合的场合，可以说，同样是真实的。如果债务国采用黄金本位制，而在债权国，价格上升，作为商品的黄金价格同时昂贵，那么，黄金暂时将从债务国和其他诸国流入债权国。反之，如果债务国采用纸币本位制，因而当物价降低之际，黄金价格也降低，那么，作为商品的黄金便流入具有黄金固定价格的债权国和其他国家。

当然，这些差异不过是暂时的。(1)黄金的输送额越大，随而最初的价格变化和商品移动越小，则这些移动在第一次转移完全用货物的形式来完成以前，会长时期地持续下去。这样较高的纸币的黄金准备率，并不削减必要的货物转移量，但只在长时间内将它们进行分配。结果，债权国的贸易条件恶化的时间较长，在开始时由于运送大量黄金，它们受损害也就较少。不论如何，这意味着：当同量的货物的转移是分配在若干经济时期进行时，就全体而言，这种财货能够按照较低的费用转移。这样，较高的银行券黄金准备率降低了第一次转移的费用。(2)在这种费用没有由于反作用而得到补偿的场合，当然就并不十分重要。但是，在通货机构不同的场合，这就不一定是完全妥当的。再来考虑一下表 16 中的情况 2 和情况 3。在第一次转移中，A 的贸易条件的恶化比它们由于反作用而导致的改善(价格差为 41%)要超过得多(价格差为 44%)。[①] 因之，较高的黄金准备率会减少转移的费用这一陈述，比乍看起来，会具有较高的真实性。但是，在最后的判断中，我们有记住下述差异的必要，较高的银行券的黄金准备率有些时期会伴随着转移的损失，或者，伴随着转移利益的放弃，而在有些时期会积累起来。这一过程过去是普遍发生的，现在若加以考虑，结果就可得出这样的结论：

① 在表 16 中的 3 场合，必须设想 A 和 B 是可以交换的，因为我们设想 2 的场合的参加国是相同的，只是转移的方向不同。

在最后分析中，通货的构造对于转移是不重要的。[①] 但是，不论如何，如果过去被忽视了，那么，也不能否定这样的可能性，不拘大量黄金准备伴随着巨额的利息，价格的波动和转移费用的负担对贫穷国家的打击，比之对富裕的国家的打击要严重得多。

(c) 总括。当采用不同的货币制度时(那就是说，当存在着各种局部货币只有一部分用国际货币作准备时)，即使那些与转移无关的国家(全体债权国与债务国)，在进行转移时，一开始就得与转移有关的个别经济(债权者与债务者)合作协力。债务者的中央银行必须筹措必要的国际货币以便支付到期日使用。在准备率为一定的场合，这只当它回收局部货币的一部分或者贬低其一定量的价值时，才能这样做。有两种途径可以释放这个中央银行的国际货币的一部分：第一种途径是减少由黄金准备总数所保证的局部货币量；第二种途径是增加由黄金准备总数所保证的国际货币的价值。此外，两种途径，由于在局部货币流通的地域里，通过物价的降低(与外国物价相比)，因而增加货物输出而可获得更多的国

① 与鲁支的思想一致，F. W. 迈耶尔〔“外汇的经营运用是新的价值形式”，(F. W. Meyer, “Devisenbewirtschaftung als neue Währungsform”)，载《世界经济文献》(*Weltwirtschaftliches Archiv*)，XLIX，1939 年，第 415～471 页〕巧妙地维护了这一命题：今天黄金本位制已不能发生机能，因为各国常出于景气循环的考虑，努力使黄金移动的影响不发生作用。换一句话说，各国好像是按它们的准备率非常高那样而行动的。现在的结果是大量的黄金运送，但大部分黄金很快流回债务国。这时，债务国的物价与债权国的物价相比是降低了。与现行观点相对照，其下降的程度要比黄金移动对信用构造的影响要小(参阅表 16)。但是，从基本上说，无论如何，这是真实的。通货的制度机构，在最后分析中，对于转移并不重要。只当它企图使购买力本身变化效果中和时，冻结政策才是危险的，即是说，阻止引起现实转移的购买力波的根源是危险的。

际货币。与第二种黄金源泉(追加输出)相比,黄金的第一种源泉(黄金准备的释放)当它的黄金准备率愈高,特别是本国的黄金准备率愈高,则流入更多,在准备率为一定的场合,债权国的银行,必须支持债务国银行的这些努力。在引起反作用的时间内,所有这些过程在相反的方向一直重复着,没有留下任何永久的效果。

c. 新理论的适用

我们的思想有广泛的适用性,但很少与传统的观念相一致,因此,把它适用于若干重要的事例,可能有好处。

(a) 部分的国际债务对于全体是损害的吗?——在我们前例的斯图加特,由于它对外国的支付,减少了整个德国的对外汇兑吗?这个都市是否把转移的费用转嫁给其他的国家?将第一次转移看作唯一的最后转移的旧国际贸易理论,必须对它给出肯定的解答。毫无疑问,把那些与转移无关的人(那就是不仅包括居住在物价下降的斯图加特的人,而且,也包括那些受德意志银行影响的人)吸收进来,就能促进转移,这就是增加德国贴现率的机能,对于把他们自己的购买力损失的一部分转嫁给其他的人或者转嫁给在统一币制下与转移无关的人来说,它就恶化了贸易中以货易货的条件。但是,现在我们知道这种恶化只是暂时的,而且通过日后同一程度的大改善而得到补偿。在转移中,无关系的人所做贡献是暂时的,全体不会因个人的行动而加重负担。

(b) 转移的效果对于受转移之惠的人是一种帮助。巴黎和斯图加特是位于通用同一的简单的金属货币的地区内,所以,除了最后转移以外,不会有其他事情发生。与这情况相对照,追加的物价波动会在斯图加特出现。中央发行银行的势力范围愈小，则这些波动也愈强烈。如果符腾堡拥有自己的发行银行，并且直接向伦敦输送黄金，那么，符腾堡的贴现率的上升会比德意志银行的贴现率的上升要大得多。因为同量的黄金意味着对于符腾堡这个小地方的损失要比德国全国来说大得不成比例。与这种情况（场合 A）相比，全国的合作在某种场合（场合 B）缓和了符腾堡的物价波动。[①] 因此，场合 B 与场合 A 相比，符腾堡的物价较高，这一国家的其余地域的物价则较低。其结果是，即使符腾堡为了完成第一次转移的输出剩余也需要较长的时间。全国的介入并不减轻符腾堡的第一次转移的负担。[②] 因为只要它有助于分散的时间延长，则全国的合作，便对这种转移提供便利。符腾堡的物价会维持得长久一些，而低落的程度也会小一些。无论如何，即使在 B 的场合，符腾堡的物价比全德国物价要低。这是基于（a）因为购买力降低和（b）起因于银行流通受限制，因而购买力降低，以致银行信用紧缩的结果。这种银行信用的紧缩与黄金准备的降低有关，是德意志在全国的金融紧缩的追加。

（c）第一次转移的范围。为了各种如下所揭示的理由，第一次初步转移与最后转移的大小无关。

① 除非相同的干扰在全国各部分都同时发生。但照例，随着货币流通区域的扩大，（至少它一直把半个世界包括在内），这些干扰之中多数会在相反的方向起作用，从而发生着补偿作用。

② 只要储存的货币存在着，则这样的第一次转移仍将在符腾堡与全国其他部分之间进行。

（1）如果债务者和债权者之间对于预期的支付作了早期的安排，或者债务银行到清算日之前取得追加的外汇[①]，那么，第一次转移就不会发生，如果我们把资本的移动量置之不问（因为它们只不过把问题拖延下去），那么，债务者就有筹措与支付额相等的输出剩余的必要。这件事他可以通过降低购买额（输入）来做到。也就是说，他可以通过手边保存的库存的缩小，企业活动的限制和放弃他的工厂扩大计划等等来做到。他也可以通过他输出的增加来做到。前者降低工资和进口货物的价格，后者降低债务人的生产物的价格。

在支付的期待中，债权者也会进行若干调整。他可以添置新的机器，雇用工人，扩建他的建筑物。这些都使他输入商品的价格有所提高，特别是当地的工资比以前提高了，甚至在支付之前就已提高了。基于两者期待所采取的行动，一方面作为购买力的简单转移的结果产生了德国输出剩余，例如，债务者首先会对其从前输入德国货物的购买实行限制。[②]

另一方面，价格波开始它们的运动，并且继续进行，即使在现金转移之前，货物的转移已在逐渐进行中。在这里，值得注意的是，这种货物的转移不一定是**最终的转移**。那就是说，不一定是购

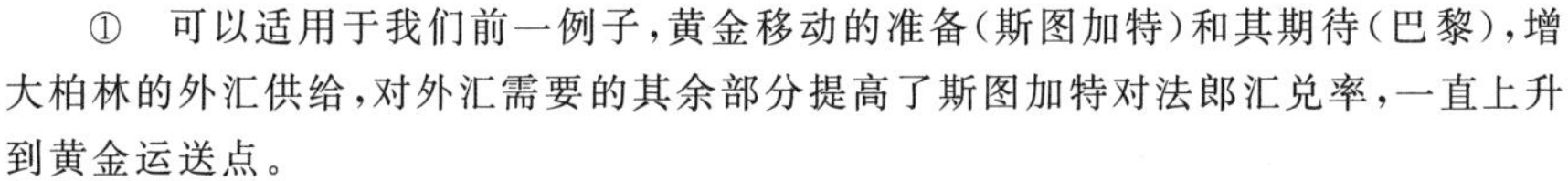

① 可以适用于我们前一例子，黄金移动的准备（斯图加特）和其期待（巴黎），增大柏林的外汇供给，对外汇需要的其余部分提高了斯图加特对法郎汇兑率，一直上升到黄金运送点。

② 例如，像在南美洲所常见的场合那样，在那些专门生产一种或少数种产品的国家中，对于这些输出物之一的需要的降低会自动招致进口的减少。参阅 H. 巴克：《关于粮食自给的欧洲》（H. Backe, *Um die Nahrungsfreiheit Europas*），莱比锡，1942 年，第 75 页。

买力增加的相等化。正如我们所看到的那样，购买力波的运动只不过是货物继续转移的结果和原因，这可以把它叫作前进波的转移。物价降低波（或者在这场合可能不过是它的第一波）一旦越过国境，货物的转移在这范围内对德国来说已告完成。固然，最终的均衡还未完成，也许直到后来，在远离国境的洛林或者深入法国领土的内部才告达成。购买力的变动和物价波动越过德国国境导致了最终的货物转移，一定量的货币在支付日期已经有加以利用的可能，在这范围内“第一次转移”已经成为多余。①

(2) 第一次的转移，在一定范围内，可以用短期的资本移动来替代。根据古典的见解，这些移动不但暂时延缓了转移的问题，而且（严格地说）使本来多余的第一次转移成为事实上的不必要。这是符合人们的愿望的，因为这是物价水平发生了变化的麻烦的派生效果。随之而来的如下的信用类型具有与上述同样的效果，即：①那些以购买力的变化和伴之而起的利息波动为基础的类型。信用一旦发生反作用，同时就必须还清。这种反作用是为信用的偿还（至多达到负债额的一半）而起作用，另一方面第一次转移便成为多余。②各个中央银行之间的信用，除了第一次的转移由此而得以避免外，而且购买力波的影响效果也得到补偿。否则，第一次的转移便不能避免，只不过延期。在我们的前例中，存在着两种场合：或者是(a)，信用必须不超过950马克，不然，德意志银行从斯图加特流通量中间抽回1000马克，并通过同量的新信用的供给再

① 所以，严格地说，在货物的最终转移中，人们必须区别出：(1)在单纯的“前进波的转移”与购买力增减的相等化（包括小量货物最终的转移）之间的区别；以及(2)在任何场合，同一通货圈内的转移和越过通货圈的转移的区别。

把它回流;或者是(b),如果柏林从流通量中抽回1000马克,并且予以冻结,在巴黎把它支付给购买者的场合,则把1000马克可以完全当作信用来使用,例如,强制清算信用。[①] 价格降低的两种价格波之一刚越过德国国境,马上提供了一笔追加的1000马克金马克的外汇量,信用就必然被付清了。[②] ③通过债权者(分期付款)把债务的一部分用作信用。在继续支付的场合,第一次转移只到第一次价格波已经达到国境时,方成为必要。[③] 这时从价格波超过国境的过程中所得到的外汇额,就足够用来抵偿现金的转移。从这时起,无关系的领域又一次地从转移机构排除出来。当然,在支付终止以后,不会随而依次发生反作用。与这些既述的场合不同,这一类的信用运动是起因于中央银行的贴现政策,不是转移的代替物,只是其特殊形态之一。[④]

(3) 如果支付到期以后,在所有德国的黄金已经回流以前,购买力波的若干部分通过德国国境,这样相当数量的黄金可以用来支付从那时以来已增加的德国输出。随而,在这程度内,输出剩余

---

① 例子就是受约束的清算的债务。参阅本书著者的论文:“汇兑学——新的脉管”(A. Lösch, “Die Lehre vom Transfer—neu gefasst”),《国民经济年鉴》(*Jahrbücher für Nationalökonomie*), CLIV,1941年,第400页以下。

② 这令人想起用于赔偿支付所采用的方式。在这场合,当时由德意志银行所筹集的赔偿金没有加以冻结的必要,一切与此有关。

③ 如果支付在充分短促的时间间隔内重复,那么,支付便成为一种继续的价格梯度。例如,在旅游时节,环绕休养胜地的价格梯度就属于这种类型。在诸如此类的地方,高物价不仅来自购买力的流入,而且在短促的旅游休养季节必会出现这样的情况。再者,恰与依靠投资生利而生活的人所居住的城镇那样,为了当地消费而进行的生产是较少的,它的供给圈在旅游季节必须大大扩大,这是重要的一点。

④ 参阅上引我的论文,上引书,第391页以下。

便这样消失了，因为物价水平发生相对的变化。其结果干涉到以后降低了货物第一次转移的程度，因而也减少反作用。[①]

(d) 转移的援助是必要的吗？当法律上或经济上必要的准备金可以完全用来发行银行券或储存时，银行当局不能选择在一次转移中是否合作。随着准备金的减少，银行当局必须提高贴现率。在另一方面，如果准备金是充足的，因而双方中央银行都能冻结黄金[②]，那么，其情况恰与纯金属货币完全同样。第一次现金的转移与任何货物的转移并无联系，也不能有与货物转移的任何种类有关的必要。它简单地是由剩余的准备金来完成的，而货币的流通量只有通过若干方法（例如当债务国累积到足够支付的量时，便从流通中抽取出来的方法等）来减少。

当只有债权国而不是债务国，能够冻结黄金的移动时，也就是当这些冻结会导致债务国物价水平下降时，要来判断是否不需要转移的援助并不是十分容易的。这种债务国物价水平的下降会产生这样的结果，其输出剩余比债权国同时物价的上升要减少。结果，不拘物价的暴落，第一次转移的较大部分最初是由黄金组成，

① 参阅我的论文："关于一种新的汇兑理论"（"Um eine neue Transfertheorie"），载《国民经济年鉴》（*Jahrbücher für Nationalökonomie*），1943 年，第 23～25 页。给费里兹·迈耶尔的答复："是一种新的汇兑理论吗？"（"Eine neue Transfertheorie?"），载《经济计划文献》（*Archiv für Wirtschaftsplanung*），1941 年，第 171～180 页。

② 通过上述贴现率的变更，阻止物价水平的变动是合理的。但通过汇兑和有价证券的买卖来阻止物价变动，就不是这样。有人相信黄金流入对购买力的影响可以通过发行国债券代替银行券而得到补偿，这是错误的。如果经济界需要更多的货币，那么，信用发行就达到可能的界限。银行贴现率可以上升，引诱外国货币，由此流入更多的黄金。由于发行更多的有价证券使其效果成为无效，而变得更加困难，因为以前发行的有价证券价格已经落实。

其较小部分则由货物组成。债权国的冻结政策通过一种大幅度和持久的降价的派生作用，伤害着债务国。金额在大冻结的场合，物价暴落的严重性和与之同时发生的第一次转移的成败，实质上取决于债权国的中央银行是否提供转移的援助。

(e) 转移的费用对谁给予影响？购买力两种波的前进，与物价的变化相联系，因而与收入的变化相联系。而收入一部分是它们的结果，一部分是它们的原因。我们将它们叫作"转移的费用"和"转移的利润"。因为两部分主要是相关的，但两种场合有加以区别的必要：(1)如果债务国和债权国都是纯粹的消费者，那就是说，如果我们处理的支付，没有一种是即刻销售的支付，那么，转移的影响由于债务者削减他的购入时所发生的暂时的物价下降和债权者增加购入时发生的暂时的物价上升而消失了。一切的购入品对支付者(债务者)都是低廉的，对于受款者(债权者)则变成昂贵。债务人获得转移的利润，债权人则遭受转移的损失。他们的供给者受到与上述相反的影响。(2)主要关系者本人就是生产者，而且如果如图 57 有关的假设那样，对商品的债务必须为了货物而支付，那么，情况便不相同。在这样的场合，可能的是债务者将负担转移的费用。因为他如上述那样，从债权者(B_1)那里以高价购入，却从供给者(B)以低价购入，并为图收入的增加，他降低自己生产物的价格。反之，债权者获得转移的利润，不过这种利润会受下述的事实的限制，即他的需要的增加会使他的工人和销售者的服务花费更多一些。主要有关的那些人的销售价格降低了，销售者的利润减少(虽然是少量的)，因为，销售者是从他们那里购入的。即使对那些主要的关系者来说，这种业务上的联系几乎是不重要的，

因为，他们的工人和销售者的购买力的变化，最初不值得注意。的确随着时间的推移，两者会把他们购买力的损失或利润的一部分像已经描述过的方法那样，转嫁给别人，由此而减少他们的不赢利或赢利。同时，在较小的程度内，价格变动将转嫁给那些主要有关的固定顾客，由此增加了他们转移的利润或损失。[①] 有关前进波的转移的其余部分，由于远离原点，受损失和利润的影响较少，因为像我们已知道的那样，价格的变化是随着距离的增加而降低的。但是如果说，在上升的价格波的领域内，所有的人们都会遭到转移的损失，这种说法是不正确的。如果把巴黎和斯图加特的周围分成若干环圈，在斯图加特的每一环圈中，那些能使波动前进成为可能的购买者便会有所得益，而那些必须强制波动前进的销售者便将蒙受损失。巴黎周围则相反。现在，因为几乎所有的个人是购买者同时又是销售者，所以，只在因自己的商品低廉而受到的损失比其他的人的商品价格低廉化所得的利润要少的人，才能得到转移的利润。除了两个最内侧的环圈以外，斯图加特的所有其他环圈就是这种情况。在那里，包含着债权人和他的供给者因为转移费用从一环圈移向另一环圈而降低，这样，购买者从他的环圈的前一环圈中由于较高转移费用而得到赢利，销售者负担前进到下一环圈的较低的转移费用。这种纯利润之和，随着距离的增加而降低，恰等于债务人供给者所负担的损失。

在这里，德国国境上的情况有予以澄清的必要。位置在德国

① 反作用的强度是随着商业联系的密切性和弹性对变动来源的关系而变化的，它们的强度会随着距离的增加而减低。这是真实的。

国境的环圈中，购买者从德国人那里获得利益，那就是从位置在前一环圈的卖者那里获得利益，而出售者则从法国人那里遭受损失，那就是，位置在法国国境环圈内的购买者有所损失。位置在德国国境环圈内与在其他环圈一样，产生着转移的利润，但作为德国全体，产生了转移的损失，虽然损失并不很大，因为国境的位置距斯图加特不太远。[①] 与政治国境的场合相反，在购买力两种波相遇的经济境界上，完全没有出现收入的转移，因为在那境界上，最后的调整是在没有发生价格变化的情况下完成的。

在旧的理论中，还有一种比上述的更加显著的重大错误亟待修正。在债权者只购进债务者所让予的东西的场合，通过购买力的转移而不改变价格，货物的转移就被认为是成功的了。这一议论忽视距离的重要性。在图 56 中，让 B_2A_1 作为债务者从前的供给圈的半径，假定 B_1A_1 作为债权者的同样的半径，因为购买力的转移，价格在 B_2 下跌了，而在 B_1 的价格却腾贵了。新的价格圆锥体用阴影线画出。从前供给 B_2 的 A_1 与 A_2 之间的地域实际上成为债权者，但只在一个单独点 C 上，销售者所接受的价格，仍然是旧的价格。[②] 在这一点的右侧，销售者受到损失；在其左侧，他们获得利润。这和我们关于购买力减少的领域和增加的领域所作出的一般结论完全相同。

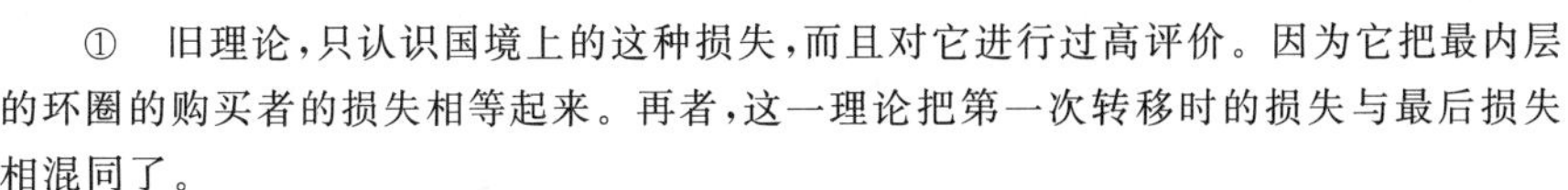

① 旧理论，只认识国境上的这种损失，而且对它进行过高评价。因为它把最内层的环圈的购买者的损失相等起来。再者，这一理论把第一次转移时的损失与最后损失相混同了。

② 在 A_1 的供给是很大的，因而需要的变化只有通过下述的事实来实现，即对 B_1 与 B_2 的供给量的比例是变化的。在这一场合，价格没有发生变化。

(f) **国家面积大小的意义**。所有银行的顾客特别是中央银行的顾客,构成了一个转移的共同社团,因为,支付手段是在他们之间流动的,在他们之外便成为无效。这样的共同社团越小,开始时受到转移的影响就越大,但是为了受反作用的补偿效果,这一事实只能意味着是摩擦的结果。因为参加交换的结果,受其机构的影响,既不是国家,也不是银行服务区域,而是个别的经济单位。与最初由于技术的理由而以一国全体的规模开始的变动相反,最后终于贯彻着地理的差别(参阅(b))。

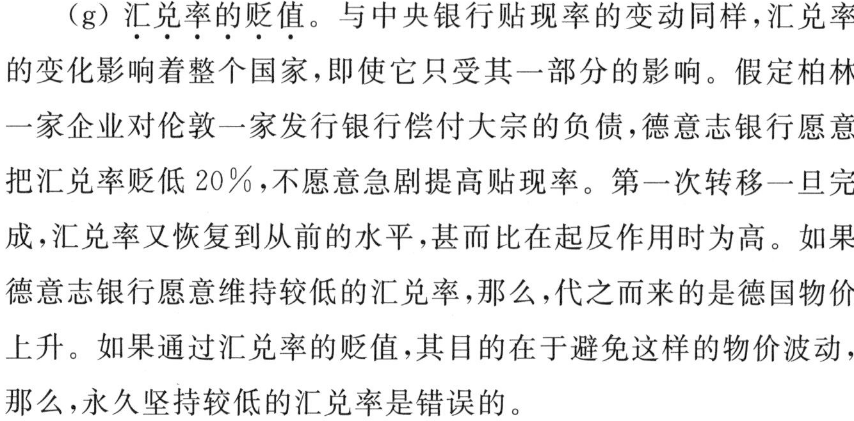

(g) **汇兑率的贬值**。与中央银行贴现率的变动同样,汇兑率的变化影响着整个国家,即使它只受其一部分的影响。假定柏林一家企业对伦敦一家发行银行偿付大宗的负债,德意志银行愿意把汇兑率贬低 20%,不愿意急剧提高贴现率。第一次转移一旦完成,汇兑率又恢复到从前的水平,甚而比在起反作用时为高。如果德意志银行愿意维持较低的汇兑率,那么,代之而来的是德国物价上升。如果通过汇兑率的贬值,其目的在于避免这样的物价波动,那么,永久坚持较低的汇兑率是错误的。

让我们把为便利转移而采取的汇兑率贬值与以恢复经济为目的汇兑率贬值的结果进行比较:假定在两种场合贬值都为 20%,那么,物价水平在两种场合上升 20%,但是,在事态发展达到如此深远以前会发生什么情况?这是决然不同的。(1)按照程度,由于转移物价水平起反作用时上升 40%,但为了经济循环的理由,由于汇兑率的贬值,物价水平绝对不会上升到 20%以上。(2)按照方向,由于**转移**估计的平均物价因物价下降波开始时下降了,以后到反作用平息时(比以前水平高出 20%到 90%),它又下降了。但由于景气的恢复和没有反作用的必要时，物价水平往往是继续上升的。(3)按照地理方面的，物价水平的完成方法在两种场合确是相同的，但是由于景气循环的理由而发生汇兑率贬值的场合，应更加详细地加以考察，那是富有教育意义的。与外国的物价相比，汇兑率贬值在开始时国内物价降低得更多些。外国的需要，连同总需要增加了，所以，即使从国内通货和国外通货的两方面来看，物价都上升，但两者的上升幅度并不同。照例，虽然并不是必要的，与国内销售额相比，以前输出额越小，则国外需要增加的重要性也越小，结果，使物价上升的必然性也越少。由于这一理由，物价的上升和随之而发生的景气的恢复开始时在地理上是十分不同的。但随着时间的推移，它从受它影响的地域和产业的向外扩散，起初受到影响的是商业的分支部门，然后平均地扩散到各地。最后，如果我们忽视第二次循环的效果，那么，当汇兑率已经降低时，除利息率以外，所有的价格都依同一的比例上涨。

上述第二局面要用实例来证明是困难的，因为它出现较晚，新的事物歪曲了它的真相。但是，第一局面，已由美国汇兑率贬值的例子做出很好的证明。1935 年，与贬值前一年的 1932 年相比，燃料与家具等等这类典型的国内货物的价格，几乎没有上升，分别上升 4%、2%。[①] 工业产品中少数是输出的，涨价多些，例如纺织品上涨 29%。占输出比例高的农产品，上涨得最高，例如，棉花一半以上的产量是输出的，在新奥尔良棉花价格上升 81%。[②] 小麦上

① 参阅《美国统计提要》(*U. S. Statistical Abstract*, 1936, p. 299)。

② 美国农业部:《农业统计》(U. S. Department of Agriculture, *Agriculture Statistics*, 1936, p. 83)。

涨还要高些，但没有一点输出，这是由于歉收所致。[①] 限制播种面积的各种措施，也发生作用，但不是决定性的。

因此，汇兑率贬值对美国大萧条区生产棉花的南部，受到最大的利益，它在贬值以前受到不景气的最大打击。棉农的处境自然与他所采用的货物的价格相关，但没有达到会使它们立即发生变化，而且没有使美国全国普遍发生变化的反作用。反之，在起源地开始的反作用却是极其强烈的。这样，直到 1932 年，包括工业地带的新英格兰，大西洋中部和中央东北部等在内的个别调查地区，粮食价格比 1929 年下降 33％到 37％。与之相比，在棉花地带，那就是在大西洋南部、中央东南部、中央西南部各州中，它们降低了 35％到 39％。反之，在工业地区 1935 年比 1932 年，它们上涨 15％到 20％，在棉花地带上涨 20％到 22％。[②]

把工业地区的 6 个城市——波士顿、布法罗、纽约、费拉德尔菲亚、芝加哥、克利夫兰等——的工人生活费用与棉花地带的 6 个城市——亚特兰大、休斯敦、孟菲斯、莫比尔、新奥尔良和萨凡纳等——的工人生活费用相比时，也出现同样的结果。1929～1932 年间，工人生活费用在工业地区下降 20％到 26％，在棉花地带下降 22％到 27％。在 1932～1935 年间，前者上涨 3％到 6％，后者上涨 4％到 10％。[③]

---

① 参阅 S. E. 哈里斯：《汇兑贬值》，剑桥[马萨诸塞州，1936 年，第 341 页。(S. E. Harris, *Exchange Depreciation*)，1936，p. 341]。

② 根据《美国劳动局统计，零售价格》(*U. S. Bureau of Labor Statistics*, *Retail Prices*, Serial No. R 384，pp，8—9)计算出来的。

③ 按照《美国统计提要》，(1935 年)第 298 页，计算的。原始的数字来自美国劳动统计局。

但是，不要忘记，输出限额只决定各种货物的汇兑率，使各种货物的价格最后与汇兑贬值率相适应。在转移的场合，平均价格根据已被描述的方法，缓慢地调整自己而在各地域之间则较少一致。这时的缺点在于，价格率降低之波加上物价水平的真正变化，改变其算术的平均。

首先，很明显受购买力损失影响的德国一部分地域（在我们的例子中，是从柏林向外扩散的地域）与其他国家相关的价格的下降相比，受这种损失影响要大。但是，即使在柏林经济区内部，其程度也有种种差别。首先，进行偿还的工业产品的价格下降了，即使到了后来，价格下跌转嫁到其他各种企业时，与债务支付部分相比，差别仍没有消失。所以，地方价格的变动完全取决于与地方有关的工业。这些地方物价的变化取决于当地的产业：有些是主要受价格下跌影响的产业，有些是只受中度影响的产业，有些则是几乎没有受到影响的产业，等等。柏林地域的物价水平并不是同等下降的，而是在这里或那里分别地降低。

即使在受到特别影响的产业的市场内部，价格的降低也不是一样的。照例，有关的工业中的生产费用必然比运输费用要降低得更剧烈（固然在各部门间并不一样）。而运输费用下降的程度也取决于在其他各企业中的销售量。结果，生产场所的物价下落占最大的比率。在市场区境界上，下降得不甚激烈。在国境上运输费用几乎没有降低是一重要因素。此外，价格下降的全部波动逐渐离开柏林，当它触及其他新地方时，就平稳化了。

最后，我们不再注意这些地方的差异，让我们把德国经济景观的被计算的平均值作一比较，不管其变化的原因如何。虽然德国的物价从全体来看，开始时与外国物价相比是降低了，但是慕尼黑的物价与柏林的物价相比，就上升了。如果我们假定把柏林看作德国受影响地域的代表，慕尼黑看作暂时不受影响的地域(那就是价格波尚未达到的地方)的代表的话。汇兑率的贬值即将使慕尼黑的出口价格降低20%，这是完全没有理由的。但由输出剩余和输入降低的结果，逐渐地贬值会导致上述的物价水平一定限度的上升。随着价格波从国境渗入德国内部，因为它在事实上没有受到起源于柏林的购买力衰退影响，又一次使全国汇兑率的下降均等化，继后，在反作用过程中，超过了均等化的线。后一种物价水平的差异，即使在变化着的地域之间，一直等到波从德国退去之前，仍会持续下去。

从上述的一切，可以归结如下：外债的偿付首先使德国价格水平平均上升，然后，又使之平均下降；但是，德国内部在其大经济区内部，在其有个别的市场区域内部，以及在一个企业内部，会发生完全不同的事态。[①] 这种差异，不仅仅是一种微妙的变化，它们会走得很远，以致慕尼黑会使在柏林开始的价格波倒转过来。这一例子指出："一般物价水平"的概念内含着许多的差别。但是如果回到我们的出发点，那么，最重要的是指出：由于转移而引起汇兑率的贬值是与为了经济恢复引起的汇兑率贬值起着完全不同的作用。

伸缩的汇兑率在转移理论中，提示出另外一个困难问题。购买力的两个波之值，看起来未必相等。这样，它们彼此之间怎么会

① 在气象学中，也可观察到非常类似的事情。在广大区域的气象条件之内，我们德国各城市的每一条街和每一广场往往表示着自己完全不同的气候状态，各以不同的程度参与全国气候的变化。

相等起来呢？假定最初的1000马克，等于1000法郎。但是，由于汇兑率贬值，德国债务者对1000法郎不得不支付1100马克。另一方面，购买力减退超越了国境，波及国内，结果，汇兑率上升了，这样，现在1100马克成为1300马克。因此，1300法郎的购买力的满潮与1000法郎的退潮就会在法国相遇。

但是，照例，事态并不是这样地进行的。斯图加特的1000马克的购买力减退的命运与斯图加特追加发生100马克的汇兑损失的真正命运是不同的。购买力的减退是在地方上受到限制，而与输出相对多的输出业者和输入相对少的输入业者相当的购买力的增加[①]，分配于整个德国，使物价水平到处腾贵。[②] 汇兑的利得和损失同样是空间地分布的，斯图加特的损失一般地与其他地方损失不能区别。具有决定意义的是：由于汇兑率的变化使德国国内的任何地方所发生的退潮和满潮之小波与物价水平一般的上升和斯图加特地方的退潮的场合相比，容易使彼此相互间价格均等化。只在初期当大的波动开始进行时，退潮与购买力的剩余（还未被物价上升所吸收）相互均等化了。但是退潮的大部分将达到国境。反之，小的汇兑率的波动，在斯图加特的扰乱并不非常激烈的场合，就在近距离的地方消失了。随而转移的基本过程无论在汇兑率固定的场合或变动的场合，是完全相同的。

(h) 在债务的支付中会由于通货的种类而生差异吗？即是说，是否用债务者的货币支付或者是用债权者的货币支付而会发

① 与固定汇兑率的场合相同，这种购买力的增大，不会由于货币的输送或废弃而离开德国。

② 如果退潮也加以考虑，那么，它在平均化上是不上升的。

生差异吗？在把一种通货变为其他种通货的过程中，债务或债权者的任何一方开始物价水平的波动或是汇兑率的波动，对于有关国家来说，很明显地是不重要的。在固定汇兑率的场合，无论对哪一个国家都是没有差异的，但是，在可变的汇兑率的场合，是外国货币的支付者或接受者中的一方负担着汇兑上的损失。①

(i) 购买力的单向的波。地方的上升运动引起购买力的上升，而且与它相对应的购买力的减少，在任何地方也不会发生。与正常的场合同样，货物是由有关地域中心所吸收，但这场合的货物，并不一定由与它相当的输出的增加来支付。例如，支付可以由退藏货币的解除来进行。一个最显著的例子是在新被发现的产金地物价的惊人的激烈的上升。在这场合，发生了购买力未曾预期的大大的增大，而当地商品的生产却不能同步增长。与外部世界的贸易必须首先建立起来。在开始时，进口货物比输出黄金要困难得多，费用也大。因为购买力之流没有由于减退而均等化，所以，它逐渐地颇为一致地向广大的世界中扩散，而且可以引起世界规模的繁荣。因为与正常的转移相异，在这场合，物价将到处腾贵。而且将持久。

(j) 国际收支的均衡。物价变动对于单纯的收支均衡并非总

① 无论如何这也许是不可能的，因为谁愿意接受他自己不要使用的通货的支付？但因为这个叙述具有妥当性，特别是对于银行的外国存款具有妥当性，所以，由于蕴涵着汇兑的危险，汇兑行情的变动就会妨害国际的资本移动，那是真实的。然而在货币本位制的场合，除了一般理由以外，还需追加特别的理由，说明为什么在国际间的资本的移动性比国内的要少。但是，关于这一点，就全体而论，我们同意 Ch. R. 惠特尔西的主张，即：自由本位制对国际的资本移动的阻止作用从来就被过分夸张了。[(Ch. R. 惠特尔西："国际资本的移动")(Ch. R. Whittlesey, "Internationale Kapitalbewegungen bei gebundener und freier Währung")，载《世界经济文献》(*Weltwirtschaftliches Archiv*)，VLIV，1936 年。]

是必要的,因为在一切支付的延期或者销账的请求之中,物价的变动往往是均等化的。均等化只有在通过某种特定方法,即使用除了延期或不能支付以外的方法所带的场合,才能成为问题。在同一通货的场合,即使这样公平的均等化,也会自动地成立的,因为例如,在个别输出(即是所得)减少的场合,他必然会相应地限制自己的购买量,或者如果可能的话,他会出让他的储蓄的一部分。反之,在转移的共同社团相互间支付的均等化场合,个人来完成他的债务是不充分的,因为他的支付为了均等化用同样货币已充分了,但现在照例是用地区货币来进行[①]而且必须首先一般通过特别的措施变换成基本货币。这样,只有在不同种类货币的场合,国际收支公平均等化的原理也成为给予秩序的力量,纵然它的作用是暂时的。

(k) 与旧的转移理论的比较[②]两种见解的不同,明显地表现在转移时所发生的第一种物价变动和第二种物价变动(波和物价水平的变化)所给与的重要性的不同。旧的学派又分为两派。其中之一派主张:在某种情况之下,起因于贴现率变化的结果,第二种

① 有一个例外,见本章 373 页注②。

② 关于我对于这一理论的批判,可参阅我的论文“关于汇兑问题的一个论述”(A. Lösch,“Eine Auseinandersetzung üder das Transferproblem”),载《斯摩勒尔年鉴》(*Schmollers Jahrbuch*),LIV,1930 年,第 1093~1106 页[印刷上的错误的校正见上引书 LV 中(1923 年)]。关于它的拥护者可参阅 F. 迈耶尔:“是一种新的汇兑论吗?”(F. Meyer,“Eine neue Transfertheorie?”),载《经济计划文献》(*Archiv für Wirtschaftsplanung*),I,1941 年,第 171~180 页。和我对他的答复:“关于一种新的汇兑理论”(“Um eine neue Transfertheorie”),载《国民经济年鉴》(*Jahrbücher für Nationalökonomie*),1943 年,第 19~28 页。因为到目前为止,对新理论的赞成论是占支配地位的。例如,可参阅 E. 斯涅特尔:“经济理论中的空间”(E. Schneider,“Der Raum in der Wirtschaftstheorie”),载《国民经济年鉴》(*Jahrbücher für Nationalökonomie*),CLIII,1941 年,第 727~734 页。

物价变动、转移才能成为可能[①]，另一派主张起因于购买力变化的第二种物价变化，只不过使转移变得容易。反之，购买力的简单的转移往往就足够了。[②]

这两个学派把第一次转移和最后转移混同起来。为了最后的转移，事实上单有购买力的转移——即使在当债权者现在愿意追加购买债务者应出售的份额以外的货物的场合，购买力的转移一般会导致价格的波动——就充分了。但是，为了进行第一次的货物转移的成功，物价水平的人为的变更是必要的，但其效果到了以后被反作用所抵消。旧学派的代表者进行静态的考虑。忽视了空间。在他们看来，购买力的损失和贴现率的上升，无论在什么地方，都几乎同样地带来了“物价水平的”降低。他们对空间和时间上购买力变化的运动没有真实的观念。因为他们不能认识第一次转移和最后转移间基本的差异。这种差异在基本上是从两种物价变动的强度和远近的不同而产生的。物价波动的最高点和最低点的界限是不明确的，而且，是相互远离的，所以，在不同通货种类的场合，为了完成黄金的转移，就得进行必要的货物迅速的转移。只是为了这一理由，要进行第一次货物的转移。这只有通过物价水平的变化才成为可能。贴现政策，特别是汇兑率机构[③]的快速效

① 在转移的辩论中，关于这点，我也同意第一版。

② 关于细节，参阅我的论文“关于汇兑问题的一个论述”（“Eine Auseinandersetzung über das Transferproblem”），载《斯摩勒尔年鉴》（*Schmollers Jahrbuch*），LIV，1930 年，第 1103 页。

③ 波动的汇兑率的优点在于商品价格的变动，能够自动地在时间上没有损失地进行。反之，固定汇兑率的优点则如次：贴现政策非常迅速地影响短期的资本移动，其结果能期待，贴现率的改变对物价的效果是缓慢的。

果，除了它们对资本的移动发生影响以外，取决于这样的事实：它们会突然使两种相对的领域相互接近，因为事实上，物价水平的变化从开始就一样也扩大到国境。[①]

因为中央发行银行不能等待购买力之波达到国境，它只能预期购买力之波的效果[②]，因为中央银行由于单纯地使贴现率发生变化，就能事前处理其效果，所以对它是重要的，因为这些效果在两种场合都是一样的：货物主要地从一国的国境地域（广义的）流入另一国家的国境地带。即使在一般物价水平变化的场合，国际的均等化同样地在国境地带成立。而且增加了内部地域与国境地域间的国内转移。[③] 但是，即使把这一点另作别论，价格波动与物价水平的变化，无论在空间上或时间上都以完全不同的方法发生作用，随而在转移上完成着不同的机能。旧的转移理论的许多拥护者，把与物价水平的变化相联的第一次转移看作最后的转移，而且其结果把货币因素的重要性予以过高评价。但是，即使这一理论认识了与物价波动有关联的购买力移动的决定的重要性，但空间的概念还是欠缺的，所以不能认识最后的转移必须用第一次转移来补足。

① 这一原则与购买力的变化会均等化的原则是同一的。再者，它的均等化随着购买力损失的环形波谷与购买力流入的波峰在空间的接近，或者随着从开始起就越来越高，则相等化越重要。

② 必要运输距离长的商品和小国的场合是例外。

③ 这些国内转移运动的方向与价格波移动方向相反，它们在国境开始，逐渐向内地移动。

2. 关税[①]

关税加重了使转移能够完成所必要的物价变动。像美国那样，为了阻止从债务国商品的输入这个明白的目的，设立了新的关税。在这样的场合，美国明显地就是这样做的。但是，即使旧的关税，也具有同样的效果。因为关税限制了贸易量，所以不拘需要的较高的弹性[②]，为使对外贸易导致一定的绝对量的变化，价格必须发生较大的变动。关税对商品贸易的意义，恰与政治的危机对资本的国际移动所具有的意义相同。我们很容易想象关税政策简单地替代贴现率政策，不会使转移更加困难，反而使转移更加便利。如果收入的国家降低关税，支付国家提高关税，那么，关税的作用便可替代汇兑率或物价水平的变化。[③]

3. 概括

检查我们上面已提出的结果，我们发现越过政治的国境的转移，若与一国内的相当的转移相比，则一般的转移大的物价变动成为必要。其理由有下述的几点：

(1) 限制的关税和直接的输出入的禁止，实际上是限制可以转移的货物的范围，或者至少限制物价变动本身对进行外国贸易的货物的影响。

(2) 在通货的部分或完全不同的场合（这在国际上常常是显

① 从我们的理论可以得出这样的结论：关税在国境地带影响最大，它们的影响在内地地带最小。

② 把本书第十三章“若干新因素”有关弹性和距离间的关系的讨论进行比较，距离的效果恰与关税的效果相类似。

③ 输出的补贴或输入的补贴就是另一种手段。

著的），价格水平的短期激烈的变动，增加了物价的波动。

（3）在国际贸易中的支付人口和受款人比国内交易的场合相互间距离更远。但是在购买力增加的地域和减少的地域，贴现率高的地域和低的地域，是远离的，在这场合，可以推测它们的贸易量是小的。因此，为达成同一的第一次输出剩余，物价较大幅度的变化是必要的。但在有较密切交易关系的场合，这种变化即使是小的，也是好的。

（4）一般地说，劳动与资本的移动如下面将讨论的那样，会遇到大的困难。所以，代之而有进行货物移动的必要。

（5）可缓和物价变动而利用信用的事，在国际贸易中并不普遍进行，其效果的预测是困难的。在另外一方面，却常常可以看到：短期信用的大规模的突然的回收，会引起物价的波动。但这些尖锐的物价变动的大部分完全可由后起的反作用补偿。

§5　其他超经济的空间类型

当一家柏林的企业必须对巴黎支付1000马克时实际上发生的事是这样的：在柏林周围购买力减退的地域，物价低落，在巴黎周围购买力增加的地域，物价腾贵。这种购买力的增减，照例是随着物价变动的每一个收入周期从原点向外进行，最后，它们一部分当作物价变化的结果，一部分不随着物价的变化而在某些地方相遇。这时，货物的转移是完成了。[①] 那就是说，这种货物的转移是由从物价低落地域向

① 这两种转移的效应是相互连接在一起的，其中之一，从柏林向前方移动，另一种好像预测其将到达，向相反的方向和向着从柏林来的波运动。换一句话说，值1000马克的货物以经常新的形态向巴黎移动。但是，对巴黎来说，它们已于事前由其周围供给了货物，巴黎的周围又从它们的邻近地借贷，等等。这样，来自柏林的输出是作为最后一批而到达。

物价上升地域的转移所支付的总额相等的输出剩余组成的。

以上这些是事实,若超过这些,那就成为一种纯粹任意的事情。或者这只不过是对于物价的变动和商品移动要归因于怎样较大的统一体的一种有兴趣的问题。柏林的商人,作为一个市民,会降低德国物价的平均;在另一方面,他作为一个新教徒,与在一个天主教徒区地域比较,他降低了新教徒地域的物价,作为莱茵河左岸的居民,与左岸诸国的物价比较,他降低了右岸地域的物价。最后,作为一个德意志人,与拉丁人的物价比较,他降低了德意志人的物价。他的行动干扰着他所活动的每一个生活圈,他的行动降低物价的统计的平均,但是他的行动只在要与购买力减少地域内,降低物价的统计平均。德国只当它作为全体能满足这一条件的场合,我们才能论述德国物价的低落。实际上,物价只在柏林周围低落。只有当物价低落的中心地域主要只在德国国境以内时,德国物价的低落才能看作是本质的现象。

现在,在大部分国际贸易过程中,任何一定的价格波将**完全**包括一个国家而且在事实上只包括这一个国家,这种可能性是不存在的。如果国际贸易是在大的圆形国家的中心地相互间进行,那么,这样的事也许可能。但是,在实际上例如,德国的市民和法国的市民,平均都在离国家中心一半的距离上居住着。① 然而在其居住地周围展开的物价之环在一定的方向上在达到中心地以前,就非常迅速地越过他的国家的国境。但是,在面积充分大的和近于圆形的国家的场合,购买

① 即,在人口分布均等的半径 r 的圆形国家,对国际贸易有关的场所,不是在该国的中心部,而是在离中心 $0.7r$ 半径的地方,这是可能的(在人口分布均等的场合,人口就被具有 $0.7r$ 半径的圆分割为二等分,随而有直接关系的地点是在离开中心的地方)。本国的大部分地域离中心点比外国的邻接地域要远。

力的变化最集中发生的内部地域的大部分，也许是在同一国家之内，而且这一国家的大部分将是只受到在本国国境内开始的购买力之波的影响。

我们对于输入超过地域和输出超过地域的境界能够用同样的方法加以决定。通过连结柏林与巴黎的每一条路线，值1000马克以上的许多货物流向巴黎的所在地域。这条路线通过购买力增加或减少的地域的中心部，或者通过事实上从柏林购入最多的西部地域——这样也越过了政治的国境。如果实际上值1000马克以上的许多货物直接从柏林售给巴黎，这件事就是简明的真实。但是，这个陈述是绝对妥当的，即使在柏林和巴黎完全没有贸易关系的场合，也是如此。它的具有妥当性很容易从图57中看出。我们可以在这图中引出任意的线。B与B_0不位在同一侧的场合，B_1的一侧具有1000马克的负的贸易平衡。于是一般地说，下述的事是可能的：越过两个地点——一方为支付地点，一方为接受地点——之间的任一条任意线，与支付额相等的多余货物便向接受地点流入。

§6　地球

到目前为止，我们在纵断面方面追踪从柏林向巴黎扩展的购买力之波，那就是只追踪位在直接结合线上的波（图58上的BB_1）。为了这个理由，这些波在Z点上相会。但是，柏林的物价低落的波不但向西方移动，与来自巴黎的价格上升的波相会，而且也向东（PQ）向北和向南传播。在数额小的场合，他就在广大空间上消散了。这件事只是把其命运问题降低到无足轻重的地位，而不是给予解决。当转移的不是1000马克而是1亿马克时，会发生什么呢？购买力的减少环绕柏林的

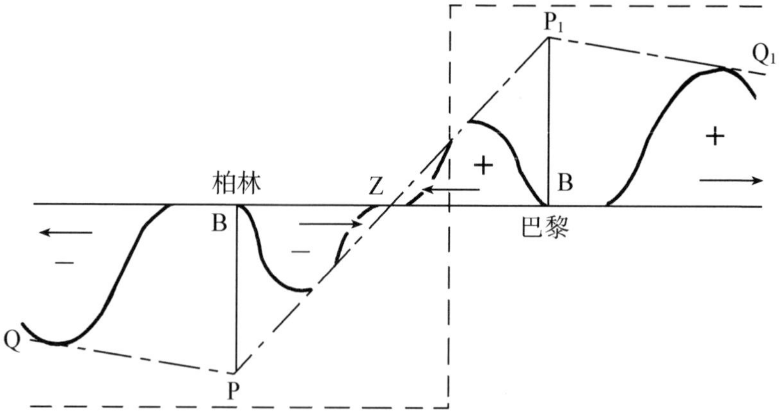

图 58　波及全世界的价格波

周围逐渐向前卷动。即使均等化在西方（大体上在比利时）成立，正常的价格在柏林再一次成为支配以后，退潮之中均等化部分是在前进途上，它的强度广泛分散，但没有减少波及爱斯基摩人，黑人，甚而波及遥远的土耳其到地球的边缘。不拘广泛的分散，这种波在某些地方遇到涨潮之前是不会消失的，它的相会在何处进行呢？

如果全世界一切条件完全相等，那么，最终的均等化的各点的轨迹会是通过柏林与巴黎间的中间的大圆，在其间的其他地点中也存在着 Z。如果满潮和退潮在达到大圆之前均等化还没有实现，那么，在这里带来最后均等化和转移就会发生。满潮和退潮首先到达二个首都之间的 Z。然而，每一次最终的转移之点，沿着地球的两个方向的大圆进行。[①] 结果，最终的交易则在与 Z 的对侧的地点上进行。这样，购买力的波从购买力减少的

① 它的速度比购买力之波扩大的速度还要快得多。

中心或增加的中心扩大到地球的一半，在达到这两个一半地球的接合处后，开始静静地完全地消失。①

二、长期扰乱之际生产因素的再分配(组合问题)

§1　由于移民形成的均等化

以上，我们讨论了暂时干扰的调整适应和转移问题。现在，我们要来讨论最终变化的结果，或者说讨论组合的问题，就是讨论有关劳动、资本、土地之间的新的空间组合问题。② 这样的需要与供给的最终的变化，是起因于爱好的变化，供给地，国土的枯竭和发现，长期的一方的支付，关税的提高，人口增加率、技术的进步的不同等，这样的扰乱以过去的均衡水平发生的工资或利息持续偏离的形式表现出来。

再来考虑图 57。如果在其需要从 B 到 B_1 发生的变化的场合，那么，发生的不是暂时的物价之波，而是在两地点间持续的价格差，因此，物价在购买力减少的地域不是永久低的，在购买力增加的地域不是永久高的。关于转移的机构就讨论到此为止。如果其他事情与这种作用没有矛盾，那么，只要货物的完全的最终转移业已完成，便达到了新的均衡。在达到购买力发生变化的程度内，在每一个收入周期，新的均衡也就会重复。但是，物价变化的持续性打开了生产力的再分配的道路，它改变区位的类型。在购买力

① 波的强度(各种波的顶点像在第 56 图中存在的用线 $QP\ P_1Q_1$ 表示那样)，在结合 B 与 B_1 的最短线上是最快地减少了，在最长的线上，是最缓慢地减少的。虚线表示物价水平的变化。

② 这个问题也可以叫作“再分配问题”，或者叫作“生产力的空间再分配问题”。

减少的地域(特别在 B 的周围),不但货币工资而且因为输入品成为高价之故实际工资也下降了;反之,在购买力增加的地域它们上升了。因为这种变化看来是永久的,所以,劳动力离开 B 而向 B_1 移动。[①] 作为这种移动的结果,由于债务者限制他的介入,银行提高它的贴现率之故,本来已经上升的利息率,现在在 B 的周围下降了,在 B_1 的周围上升了。随着劳动力的迁移,资本也发生移动,由此,追加了暂时在购买力减少地域的转移问题。解决转移问题的是物价的变动;解决结合问题的乃是移居。

与货物移动的场合相同,移居并不要在 B 与 B_1 之间直接发生。如果同一的工作,在 B 得到 50 芬尼的报酬,在 D 获得 60 芬尼,在 F 获得 70 芬尼,那么,移住便会按照如下的方式进行,从 B 迁移的大多数劳动者不会移向对他们不熟悉的土地 F,而移往接邻地 D,只有从那里被挤出的人们才会移往 F。例如,在过去一世纪中,劳动者的移居就是这样。土著的加拿大人或者移居美国,或者开始去开拓他们自己的西部,西欧人补充于东部加拿大,从东欧迁出的移居者则追踪他们之后,在西欧落脚。

向外的迁移,是为了除去从 B 发生的需要变化的压力。在那里,货物的供给减少,物价和工资再度上升,固然没有达到从前的水平。照例,在 B 的稀少性较小(因为流出)和在 B_1 的稀少性较大(因为流入)以及土地的边际生产率较小,阻止了物价水平恢复到以前的水平。

① 在一定范围内,现在已经发现的差异是非常大的,足以弥补因居住地的改变而形成的不便,并足以补偿离出生地距离的增加而招致的种种不利。

新的情况与旧的情况同样，由于既述的理由，很少具有工资的地域间均等化这一特色。因此，关于这点，还有许多情况不了解。在大多数场合，已经确实的是迁移从工资降低的地域向工资上升的地域进行，虽然，一般地还不能说移入的人从何处来，或者移出的人向何处去的问题。但确实的是：在两种场合，距离起着一定的作用。[①][②] 除了个人以外，新的均衡状态根据什么能予以认识一般还不能说（参阅第十七章已经叙述过的）。[③]

利息率的新均衡（至少已达到距离费用和保险费的程度），只在同一市场区域内部可望期待着，但在金融中心地的相互之间均等化，至少暂时地或者甚而只在资本已在两中心地之间移动时，才能成立。以后，利息率与市场间商品价格的场合一样，会以两中心地间距离费用的两倍的幅度任意变化。确实，因对危险的主观评价的不同，变化更多些。要而言之，如果说迁移会继续到工资和利息在任何地方再次均等化的时候，那是不正确的。它们在新和旧的任何一种均衡中，都没有均等化的

① 当然，已为人们所知的是：在移居完全自由的场合，人们总是移到对自己最快适应的场所去，或者至少到能够获得生活费的场所去。在工业方面，是移到能够获得最大利润或者无论如何能偿补生产费的场所去。但在这样的关系上，诸如此类的知识过于一般了。

② 例如，参阅美国国家资源委员会的地图集“变化着的人口问题”（National Resources Committee, “The Problems of a Changing Population”），华盛顿特区，1938 年，第 93 页以下。

③ 例如，应把地域间的效用差能由充分多的人可能同样感觉的场合除外。在这样的场合关于工资，恰与关于商品价格情况相同，地域的价格差在若干范围内可以从一个地方到另一个地方变化着，但是，不会招致大量的人口迁移。在这样的场合，为了地方工资，可能存在着向上方（或向内的）移驻和向下方（或向外的）移驻点。固然不能像在均质商品的场合那么明确。

必要。

§2 移居的结果

用生产因素的移动来替代生产物的移动，不是必然的，而是可能的。[①] 事实上，如经验所示，事实上，移居常常——不是说大部分的场合——伴随着需要向移民出口的国家转移[②]，其结果，伴随着生产因素的移动，因之，生产物的输出也增加了。[③] 一般都承认，移民常常是母国的忠诚顾客，把其输出品介绍给其他国家。同样，借款的大部分常常根据协定用于从出借人的母国进行购买。这样，人，资本，商品三者向同一方向移动，实际上这在殖民史中是规律。所以，对人口过剩诸国的选择不是“输出人还是输出货物”，而是或者只输出货物，或者只输出人。在后者的场合，输出实质上是便利的。真正的问题是人们是否为了这种援助而准备付出代价，那就是说，负起人口损失的担子。

一切自发的区位移动（例如，农村的人口移动或工厂从 B 向 B_1 移动），即使在自由经济下，也是重要的。对于国际计划，真正

---

① 像俄林所巧妙指出的那样，相反的情况更为普通，即是说，货物的移动达到一定程度时可以替代生产因素的转移。

② 严格说来，与其说移民的国家首先有了对货物的新需要，不如说移民需要的一部分和伴着资本输出而发生的需要的一部分被居民移入国所保持，那是正确的。新的事实是，这种需要现在来自国外，因而导致输出。

③ 输出货物的价格上升，可以说是十分可能的。因为一方面，居民的移出，减少了移出居民的国家的生产商品的供给，另一方面，如已述的那样，对移入移民的国家所产商品的需要增加了。那就是说，供给曲线向左移动，其结果新的平衡价格更容易提高。

提出了基本重要的问题：为了这个原因，将有多少技工，补助工业等等进一步从 B 迁出或流入 B_1 呢？严密地说，在这里，我们讨论的是地方对外收支均衡的扰乱问题。这种均衡，可由这样的扰乱发生作用的全部机构来进行解决，通过物价跌落，职业的变换以及移民来解决。其后，实际上会发生多少的移民？这取决于许多事情：它可以发生工业企业从 B_1 挤出来，代之而在人口逃离的 B 发展起来。或者，后面遗留下来的人们，愿意忍受低收入或选择转业，而不愿意移居，这样，B 至少可以维持下去。如果把这些可能性排除在外，那么，进一步迁移的程度，便将取决于留下来的人们的收入中有多少自己迁出的人（a%）？多少来自其他地域的人（b%）？他们收入的其余部分是由他们自己的生产品的消费或在他们相互之间的交换等所组成的部分（c%）。因此，$a+b+c=100$。移居者可以从他们从前的供给者那里继续购买若干商品（a_1%）。这些供给者则把（$a+b$）%的程度取决于外国汇兑的收入。结果，它们之中留下 $100(a_1+b)+(a+b)$%，其余的人同样迁移到其他任何地方去。反之，已移居于 B_1 的农民，把已存的技工人数（是由 $a+b$ 所决定的）增加到 $(a_2+b)\div(a+b)$ 倍（后者开始时在他们原来的收入中取得 a_2%）。

如果 a_1 与 B 是零（近似这样的场合是多的），那么，所有的东西都会离开 B。在这样的场合，绝对数是特别容易计算的。如果我们想知道例如一定的农民能维持多少数量技工的生活（那就是，对于技工的均衡收入中，除这些技工的生产物中自己消费部分和他们相互间交换部分以外，他们能提供怎样的部分）那么，我们就能知道农民为了技工的产品支出多少？或者技工从其中取得多少

收入？（10000 马克）。[①] 再者让 c（技工收入在地方上所支出的比例）$=60\%$。这时，$a=40\%=10000$ 马克，结果，$a+c=10\%=25000$ 马克。[②] 如果一个技工平均收入能够获得 5000 马克，那么，就有 5 个技工能够迁移。

§3 对迁移的障碍

1. 各种结果

从古典学派时代以来，因为过度强调劳动和资本的国际间较小移动性，也有若干例外，[③]以致生产要素的国际组合问题，事实上都从国际贸易论中排除出来。例如，像哈勃勒几乎没有一个字提及它。为了议论的方便，假定古典学派首先是对的，国际间的迁

① 根据 B. 巴福德：《大规模的工业企业对当地的经济影响》（B. Barford, *Local Economic Effects of a Large-scale Industrial Undertaking*），哥本哈根和伦敦，1938 年，第 21～38 页，由有关的企业的工资支付额和企业在当地购买额并不以同一程度增加地方收入，但后者只有前者的 70%左右。

② 这里的乘数是 $100\div40=2.5$。那就是，技工从农民那里得来的原始收入每 1 马克，通过他们相互间的贸易，再增加 1.5 马克，总收入为 2.5 马克。并不是全部国民收入已增加那么多（凯恩斯的错误）。在 B_1 的原始收入中提高一个马克，结果在转移到那里去的总国民的收入中只追加 1.5 马克。恰如留在那里的人并不是单纯的失业，而是在他们从前的场所、以前的职业和以前的工资中等待失业。再者，像容易看到的那样，把倍数当作无限级数的总和来计算，或者甚而把它看作是这样的起源，即像巴福德在上引书中（第 39、51 页）和"关于新德意志东部各州的州计划"[（B. Barford, "Zur Stadtplanung in den nuen deutschen Ostgebieten"），载《空间研究与空间秩序》（*Raumforschung und Raumordnung*），1941 年，第 100～230 页]。作者所用方法而成立的那样，是不必要的。在其他各方面，两篇文章都是卓越的。

③ 例如 B. 俄林："国际贸易与劳动和资本的国际移动间的关系"（B. Ohlin, "Die Beziehung zwischen internationalem Handel und internationalen Bewegungen von Kapital und Arbeit"），载《国民经济杂志》（Zeitschrift für Nationalökonomie），II，1930 年，第 161～199 页。

移是特别困难的。关于贸易和国际劳动分工方面，从这里能导出怎样的结论呢？

a. 国际的工资差是较大的吗？

各地方间的比较：效率工资的差异（而且只有这些能作地理的比较），是否由于迁移而增加或减少？这是不能确定的，但是可以确定的是：工资在劳动者流出的场所提高了，流入的场合降低了。如果迁移确实是从低工资的场所向高工资场所进行，那么，各地区间的工资几乎会更加相等化，迁移便成为更加容易，而且变得更加频繁。但是，货币工资甚而实质工资，在迁移的目的地可能较低，因为他愿望增加的，不是他的有购买可能的效用，而是他的总效用。在这样的场合，工资差会随着迁移而增加。

时间的比较：购买力减少地域的工资，与购买力增加地域的工资相比较，不仅有降低的倾向，而且即使与从前的工资比较，也有绝对降低的倾向。在这场合，只要摩擦的抵抗和迁移的禁止阻碍着劳动的再分配，[①]事情就是这样不变。像上面说过的那样，工资由于迁移而完全恢复到从前的水平，是不能期待的。因为工资即使在均衡状态之下，也是在迁移的上下界限点之间变动着。但是这种变动的可能范围，随着迁移的困难而增大了。在完全禁止的场合，会是很大的。这样，迁移所遇到的障碍愈大，则工资由于迁移而恢复到以前水平的必要性（不是不然性）就愈小。反之，我们有作下述那样假设的必要：在扰乱之后，工资离它们以前的水平的

① 在这里，我们是为了警察、军事，或政治的理由来讨论对迁移的限制的。那些在性质上属经济范畴的限制，将在下一章讨论。

程度愈大，则迁移的范围愈小。因之，从劳动移动性的程度允许得到这样的结论：只是有关工资的时间差的事情，不是有关地域差的事情——这是我们在目前的关系中最有兴趣的主要问题。

b. 货物的国际移动增大了吗？

政治的国境是不是妨碍人的流动而有利于促进货物之流呢？像我们已经看到的商品的交易，可能因为广泛的迁移而繁盛，而且因即使小量的迁移也会促使贸易昌盛。这样，正因为国际间的迁移范围要比国内的迁移小得多，所以，国际的货物流动并不需要较大的量。

c. 如果对于迁移没有障碍会使贫困国家的人口减少吗？

古典学派经济学者的见解认为：国际迁移的阻碍使比较生产费的原理提高到支配的地位，由此，贫困的国家即使没有具有绝对的有利性，只要具有相对的有利性，就能在国际贸易上进行竞争。

我们根据我们的方法可以对这同样的事实作出如下的说明。这便是：在某些方面具有不利立场的区位，如果是在它们的某种利益能与其他不利点相均衡的场合，也会具有竞争力。这样，即使在其生产费用作为整体来说非常高的场合，它们由于运输费用的缓冲器而对其竞争者仍得保护。或者如果只有某些生产费用非常高，也能由于其他方面的节约而得到补偿。例如，如果土地利用的费用非常高——古典学派的人们主要把这一情况记在心头——只要有些人准备为适当低的工资而工作时，这种高的费用不影响他们竞争的地位。

为什么会有这样的人存在呢？第一，他们可能感觉到：自由货物能较多补偿可购的货物的稀少性，这样的人，即使是在别的地方诞生，也宁愿生活在这一土地上。第二群人，当其他地域的有利性大于旅行到那里的旅费时，他们就是“向外部”移居的人口。他们的不幸，是在这块土地上诞生。对这两种人来说，现在支配的工资，其高低虽可能会随着不同地点而异，但是，它是一种均衡的工资，那就是说，能使他们获得可能得到的全部效用。最后，第三群人，即使国际的迁移对他们带来最大的有利，但是他们是由下述这样一些人组成的：他们是受警察的规则和被内心的抑制所限制，使他们对迁移踌躇莫决，因而他们虽自己承认迁移对他们是对的，或者对他们是最大的利益，他们却是被妨碍迁移的人。所以，就这第三群人们中的一部分来说，下述是真实的：国家设立了人为的工资差和通过强制的区位选择，降低它的国民收入。

这样，即使在天然资源非常贫乏的国家，也仍然有人居住着，即使国际间的迁移并没有特别的困难。但确实地，即使迁移完全不用花费什么，他们也会定居下来。但是，当然在那里，人口稀少。运输手段的改善和国际间移动成为易事，那就会促进不利地域人口的减少和人口向有利的地域集中。

2. 妨碍迁移的理由

从上面所说的一切，可以归结如下：即使古典学派的作者的主张是正确的，但生产要素的国际间移动的困难的各种结果，要对理论构造中国际贸易论所占的强有力的特殊地位加以辩护，既没有充分的重要性，也没有特征。[①] 但是，古典学派经济学者们是不是

① 例如，就转移问题的解决而言，不是它的起源和程度，它与移动性的程度是完全无关的。

完全正确的呢？在他们的时代，在他们的理论与统治地位的整个时代，虽然，在国家内部，可能有着种种困难，但对国际间的迁移并不存在特殊的阻碍，难道这不是真实的吗？在许多场合，国境并不对于移居创造出特别的障碍，只是对自己进行调整，使他们适应这些障碍。事实上，各国是通过它们的关税来促进移居的，像禁止移民或热爱家乡等等这些特殊障碍，是一般的遏制，与旅费和收获递减法则等相比较，在原则上，还不是起着不同的作用吗？即使国境不存在，地球上的全部人口，是不会把各种工业集中于“费用绝对有利性”的地域的。古典学派的著作家们对国际分工的基本特色进行赞赏，但是，既没有他们所相信的那种特色，也没有什么重要性。

§4　与转移问题的比较

经济对于短期的扰乱可通过生产物的移动来使自己相适应，对于长期的扰乱则可以通过生产要素的移动来适应。前者是购买问题，后者是区位问题。货物的转移和劳动的转移是从购买力减少的地域向购买力增加的地域进行。两者货物就受到费用及货物和人的转移有关的种种障碍和妨碍。伴随着转移和移民与伴随着生产力的新分布的任何商品的移动，只具有派生的重要性。转移的目的，是要负担需要变化的结果，再分配的目的，是要回避它们。

三、古典学派的理论还有什么遗留下来的呢？

新古典学派的理论有关国际贸易三个基本问题的解决，一部分是完全的，一部分是维持不住的，一部分是不正确的。关于结合问题，还没有着手进行。通过比较生产费说，回答国际劳动分工问题似乎也是维持不住的。转移问题的讨论是不正确的，而且在主要之点是错误的。

在这里，只需提一下最重要的若干点：关于物价变动的类型和范围的陈述，当加以注意研究时证明是不正确的。第一，在它们本质的姿态上，并不发生像水平面上下的波动那样，划一的上涨和下降的形式。这样的现象即使与通货的不同暂时显现出来，但它和其所有的结果，到最后都通过反作用而必然消失（这一事实，到今天为止，一直被完全忽视着）。必然的物价运动是从原点出发，采取滚动前进的滚动的波的形式，或者当发生持续的扰乱时，则采取缓慢的物价梯度形式。第二，这必然的物价运动所展开的领域并不与政治的领域相一致。其结果，在同一国内不同地方的物价常向相反的方向变化。

把国家作为一个单位进行考察的古典学派的见解[①]，从那一时代来说，是一种重要的成就，但它甚而只是部分地接触现实，而且即使在这场合，只是第一次接近，当作经验的法则对它进行说明。在一定的空间的和时间的限度内，关于一国全体物价水平的运动的见解是正确的。在扰乱的源泉离国家的中心并不太远的场合，它正确

① 这种见解成立的理由是很容易理解的。首先，人们有一种愿望，想从单纯的场合导出各种原理。它们至少大体上可以适用于英国的情况。国家提供了可用统计数字证实这些原理的唯一可能性。最后，有关整个国家所得到的结果远远比国家的一部分所得到的结果具有更大的关心。第一，因为对于这样的像自由贸易或保护贸易等问题的实际决定是取决于这些结论的。第二，因为古典学派著作家们的伟大课题和伟大信念，不在于个别或部分甚而也不在于结构，而是在于整体的机能。他们与反对派不同，后者也强调整体，但是，整体如何能在效用之上而不是在个人的牺牲之上建立起来，以及如何在自由之上而不是在限制之上建立起来，是不能理解的。

地描述发生反作用以前时期的物价水平的变动。但是，即使在这些限度内，物价水平毕竟只不过是有组织的差异的平均。在这些差异之中，首先是由较广大的运动支配着，到最后则进行着较狭小的但属本质的运动。一切取决于物价波与物价水平的真正变化相分离。这是因为两者的机能完全不同的缘故。如果两者混同，那么，转移从理论上和从实际上都不能理解。通货政策一旦从它的旧见解中解放出来，便能直接接受完全新的原则的指导。旧式的见解只固执着部分的过程，新的理论观念则着眼于全过程。古典学派著作家说明事物发生的平均，现在有指出各个事物发生的详情的必要，像今日的物理学是在古典力学大法则基础上研究细微的现象发挥其有用性一样，我们的经济学者也应不停留在单纯计算的平均上面，应向现实有意义的差异的研究推进，这样是会得到收获的。因为由于必要性，我们势必求得这些正确的知识，这样，我们才能把经济更多地从自然的无规律的成长推向有意识有计划的发展。

如果经济政策只停滞在古典学派著作家们的有诱惑力的非常单纯的阐明阶段，那么，它可与一个帽子制作者相比，只制作一样大小的帽子，以适应平均的头的大小。

与物价水平的场合一样，如果我们对于不同的货币制度，生产因素移动性的相异，各国间自然条件的差别，以及什么货物进入国际贸易的决定等进行考察，那么，出现的不是不连续性的变化，而是连续性的变化。现在的生活，活生生的个性会取代划一的大量现象的补助的假定。其结果，国家已经不再看作是一个经济单位。我们现在不是单纯地把它作为点，而是在它们的多样性和广大范围内加以观察。在这里，我们就是把空间认真地予以看待。

第二十章　来自外部的调整

在理想条件下起作用的自由贸易的优点，在于个人自己决定和全面的自己调整，或简单地说，在于自由和均衡。[①]但如反对论者蔑视地说的那样[②]，"这种均衡不要求合理，它可能是任何种类的均衡"。这种反对论调，有些含有真理，如自由经济是否也能提供第三种优点，即是否能提供最大可能的社会产品还待证明。但批判家也许反映：自由经济就其本身来说是一种利益，而且构成国民收入的一部分。这就是来自外部的适度调节（干涉）为什么在原则上可能是有益的第一个理由。虽然自由的均衡并不是可能最好的一种，但如果当人们遵循自然和逻辑而行动时，它不是肆意的，而是合理的。如经济的自律的空间秩序，从总体看，甚而从超经济的观点来看，表示出一种完全可以接受的类型，其结果往往能通过干涉而得到改善。[③]来自外部的有意义的调整的第二种类型并不企图创造出一种事态，要比从诸力的自由活动所发生的为优，但可从较低的费用导致这种事态，即使适应更容易些。所以在这一场

① 在经济发展过程中，单纯的机能的发挥替代了均衡。

② 例如，J. M. 凯恩斯："国家的自给自足"，（J. M. Keynes，"Nationale Selbstgenügsamkeit"），《斯摩勒尔年鉴》（*Schmollers Jahrbuch*），1933 年，第 82 页。

③ 因即使是各种力的自由作用能完全发挥，当其他诸力有一定配置时，也只不过保证各人会达到他最大可能达到的效用。它不能保证整体的福利，或甚而每个人的福利在一定条件下不能因外部诸力的适合时宜的变化而有所增加。特别是当外部不健全的诸力能参与自由活动的场合这是可能的。另一方面，不能希望因各种力量完全合作而会发展为不受欢迎的事态，这样的场合也不会多。

合，指导应该比自己调整更精确地发生作用，或者至少应该更快地发生作用。

一、生产物转移的调节（转移问题）

§1 适应的困难

现存的贸易关系的扰乱，照例会引起物价的变化和人口的迁移。在暂时扰乱之际，前者演着主要的角色，在持续扰乱时，后者演着主要角色。两者都是今天令人困惑的问题。人们几乎常常随时准备阻止短暂的适应，恰如阻止永久的变动一样。关于转移问题，反对意见集中于下述两点：

第一，与转移相关而发生的物价水平的变化，被认为是不符合希望的。事实上我们知道它们并不是必然的，能采用适当方法加以防止。这些惯用的方法只能达到不完全的目的。特别像黄金移动的冻结（关于这一点，我们以后将进行考察），确实能缓和物价的变动，但要以其他参加者的牺牲为代价。如果不但物价水平的不必要的变化，而且本质的物价波动也能调整，而且如果两个方面都可发生，那么货物的转移事实上成为不可能的了。

第二，是与转移相结合的货物移动的反对。如一个国家采取一种愚笨的政策，执拗地阻止成功处理大扰乱，即使是暂时的（如赔偿），那么，生产要素本身便因此开始移动。人和资本便将抛弃一个受关税保护的国家或者特别是受关税影响的国家，因这样的国家都蒙受关税作用之害的缘故。如果这种作用在一个被保护的国家中受影响较小，那么，与工资和利率较高相应，移民便会增多（如在美国），或输入资本（如在加拿大）。向一个高关税之国的移民，主要将是在保护产业中寻求使用的生产要素的国家。至于允许向国外移居，则由一个必须负担关税重负的经济的其余部分来补给。

§2　使适应容易

1. 通过货币政策[①]

a. 货币本位制度

货币政策是为了促进短期适应变得容易而被国家所采用的主要方法，即一部分以避免物价水平的变化为目的，在任何场合，它以后会因反作用而被取消；另一部分是它们以避免第二次效果为目的。第二次效果是与特殊现象形态的结合，不是与事物本质相结合。例如，物价或汇兑率都降低了，其主要效果是同样的——即输出剩余成立了。但在贬值这一使人烦恼的道路上，伴随着一种不符合愿望的不必要的现象，它们原来可通过贬值这一捷径予以避免，但物价的直接降低带来萧条的后果，并会导致景气的下降。在此限度内，短期变动仍受过去作出的决定——一种关于货币政策的决定的影响。

一种纯粹国内通货纸币本位制，采取汇兑率变动形式，会导致短期的但激烈的物价突然上升；另一方面，与世界通货相近似(具有高储备率的黄金本位制)会导致物价水平较小的但长期的变动。

① 我们从旧式黄金本位制和纸币本位制开始，这样，在汇兑率和黄金储备率中，前者是一定的，后者是浮动的。我们说，当只有一种因素变化时，货币政策在制度上不会改变，如在黄金本位制下，储备率是自由的。在纸币本位制下则是固定的。只有在两种因素都变化的场合，可谈论一种新的制度。

在有完全移动性的场合，这种差异是不重要的。实际上，大幅度的物价变动对它们本身是不利的，特别是当它们并不采取汇兑率变动的形式而直接发生时，尤其是不利的。再者，我们必须进一步考虑到在黄金储备率低的场合，转移费用不可能完全因反作用而得到补偿；在黄金储备率高的场合也不能得到补偿这一点，当它们是在蓄积过程时，即使是暂时的，也有考虑的必要。

还有，高储备率意味着利率的损失，但一方面，它与纸币本位制相比，具有第一次转移的大部分可通过资本的运动来完成这一优点——这在黄金本位制下是与转移机构的作用必然结合着的贴现政策的结果。最后，黄金本位国家像已叙述过的那样，吸引着大量的外国资本。

要把这些利弊进行平衡是非常困难的。用普通有效的方法把它们进行对比是完全不可能的。其结果几乎完全取决于特殊的场合和个别人的意见。这恰恰是为什么对外来调节留有若干余地。据我的判断，选用那种本位制，常常存在着与各个事情相应的多数理由，尽可能完全地坚持世界通货制度，会使第一次的转移容易遏制外国经济变动的波及，并使较可信赖的计算成为可能。

但是，只有富有国家才能享受这些利益。因为正如我们所看到的美国实现的那样，它们要求有大量的黄金储备和对信用的创立必须具有大的自制力。在另一方面，对于贫穷国家，特别对国际收支大幅度受扰乱的国家，纸币本位制比之储备率低的金本位制具有无比的适宜性。如果一种高率的黄金储备常常有利（对此开始可以议论的是很多的），那么，对穷国或借贷黄金或至少蓄积生息的外国汇兑基金是有利的。成为障碍的无疑只是心理上的抑制，或是与目前的牺牲相比，对未来的利益估计过低。再者，高率的黄金储备只在随着小规模信用的创立的场合，才能发挥充分的利益，这是事实。但对穷国来说，意味着其他的不利，一种纸币本位制仍然值得推荐。

在中等繁荣国家的这种中间的场合，很明显两种极端形式的组合，即具有稳固性基金的纸币本位制的这种形式是最好的。只要基金存在，物价的波动一般是可避免的。即使不能避免，至少也只会发生相对无害的汇兑率波动。

b. 在同一本位制的场合的通货政策

在什么限度内，独立的通货政策是可能的，即中央银行在怎样的程度上对物价波动和汇兑率给予影响？或用其他变动替代它们？

(a) 黄金本位制。场合Ⅰ：中央银行可能拥有法定以上的黄金储备。在中央银行拥有任意的黄金储备的场合，黄金储备在萧条时期因纸币通货发行的减少而成为特别大，不拘法定储备率的大小，都能造成这样的结果。即使发生黄金移动，中央银行没有设定贴现率（正常贴现率）的必要，就能正确地与法定储备率相对应而变更纸币量。反之，当黄金流出时，中央银行可以回收法定储备率定额以下的银行券；黄金流入时可以发行法定储备率定额以上的银行券（正常以下的贴现率）。这样，在前一场合，转移机构发行的银行券似乎具有高黄金储备，物价变动小，黄金移动增大。在后一场合，情况相反。但两种场合，黄金储备都减少了。这一政策受到坚持法定黄金储备率的限制。

另一方面，中央银行随着黄金的流出，可以回收多于与法定储备率相当的纸币;随着黄金的流入,可以发行少于与法定储备率相当的纸币(正常以上的贴现率)。在前一场合,与法定储备率正确维持的场合相比,物价变动大,黄金移动小。在后一场合,情况正相反。这一政策,不受法律限制,但对贬值的抑制效果有着一定的限度。

现在债务国把贴现率降低到正常以下,债权国把它提高到正常以上,于是抑制黄金移动的效果,即它阻止对物价水平发生的影响,黄金的移动则自然因此而增加。反之,债务国由于实施正常以上的贴现率,债权国实施正常以下的贴现率,那就至少会加强黄金移动对物价的影响效果。但很少有人这样做。这样黄金移动的冻结的强化,使第一次的货物转移便变得容易了,那就是,它会及时分配黄金,在黄金移动效果强化的场合,第一次货物移动便迅速地进行。

对于短期的资本移动的第二种效果,在黄金移动强化的场合,会造成各种可能性之间的差异,在物价波动的场合会使它们减弱。黄金移动冻结时,信用从债权国向债务国的流入减少了,使较多的黄金流出成为必要。当黄金移动效果强化时,贴现政策产生了较大的信用移动,由此,已经减少的黄金移动更加减少了。

另一方面,在第一种场合如果不是这样,那么,微小的物价水平变化就加强了;在第二种场合,如果不是这样,那么,已经强烈的变化就会缓和。于是各种可能的中央银行政策对中央银行本身比对国民经济更为重要。它们对黄金移动对比物价变动具有更大的影响。正常贴现率政策的效果与黄金移动的冻结政策的效果间的差异,在法定储备率低的场合是最大的;相反的场合情况就相反。

所以黄金冻结政策对贫困的债务国比对富有的债权国更为重要，同时却更为困难。[①]

单方面黄金移动的冻结是以其他参加国的牺牲，来缓和本国的物价变动(表 16)。两国中央银行的合作，像在汇兑管理的场合所常看到的那样具有更大的意义(虽然在两者间没有理论上的关联)。债权国的中央银行在购买力波越过国境线和债务国的银行由此而接到必要的外汇以前，允许对债务国的中央银行延期国际账目的清算。波动波开始的必要条件是债务国银行从债务者那里收取一定量的现金，债权者银行开始用货币对债权者进行支付。[②]

场合Ⅱ：黄金储备率是自由的，汇兑率是固定的场合。

场合Ⅲ：汇兑率是自由的，黄金储备率是固定的。这两种追加的可能性，只需提一提就行了。在场合Ⅱ，债务国在变动其物价水平之前，能利用黄金的全部保存量。在场合Ⅲ，黄金的移动和汇兑率的变化是同时发生的。

(b) 纸币本位制。纸币本位制对市场运作提供了可能性。在

① 如果像在美国那样，黄金储备率相当高，那么，信用创造和信用限制的范围便与它相应而狭小。这样，不拘贴现率在正常以上或以下，并不带来差异。与德意志银行相对照，加盟银行从它们储备银行借贷这样小，以致这些银行为了影响货币的流通，必须从事公开市场的活动，进行有价证券的买卖，因而它们的贴现政策不会充分有效。

② 在战时，由于对外汇的控制，大大阻碍了物价波超越国境线，结果刺激了债权国内物价水平的提高。参阅 A. 勒施："汇兑学——新的脉管"(A. Lösch，"Die Lehre vom Transfer-neu gefasst")，《国民经济年鉴》(*Jahrbücher Nationalöknonomie*)，CLIV，1941 年，第 400 页以下；"英国贸易政策的新方法"("Die neuen Methoden der Englischen Handelspolitik")，载《国际经济文献》(*Weltwirtschaftliches Archiv*)，LIV，1941 年，第 337 页以下；以及 F. 迈耶尔的论文"是一种新的汇兑理论吗?"(F. Meyer，"Eine neue Transfertheorie?")，载《经济计划文献》(*Archiv für Wirtschaftsplanung*)，I，1941 年，第 174 页以下。

这点上，与黄金本位制之间没有明显区别。例如，在场合Ⅱ，中央银行同样可保持外汇储备，其机能与自由黄金的储备相同。它使用完了的场合，银行与其允许汇兑率的降低，不如通过其贴现政策来降低物价。另一方面，物价上涨，因纸币发行额受法律限制而受到限制。

c. 通货制度的变更

轻微干扰的初步影响，能通过一种适宜的货币政策加以促进或缓和。例如，在一定限度内，中央银行能按其本位的不同而行动；或者在实际上能使其一部分发生变化。在一定的本位制之下，在大扰乱时，上述场合Ⅰ的行动就会很快地达到黄金储备的法定限度，或者，由于黄金储备的丧失而招致部分缓和的场合，特别在贫困国家会很快达到事实上的限度（场合Ⅱ）。这样，其结果只是留下两种选择：或者放弃在管理上一切进一步的尝试，允许冲击整个经济，物价水平发生激烈变化；或者通过暂时的或永久的汇兑的自由变化，改变通货制度的基本结构。①

英国于1931年作出了一种重要和幸运的决策，像当时德国政府已做的那样，不是以超越的行动，使本国投入已指出过的贬值的危机，而是冒英镑声誉丧失的危险，贬低它的价值，停止大范围的短期信用的流出。当然这种政策变更恰与贴现政策同样，对于资本移动带来第二次的效果。如果贬值像1936年法国的情况那样，只是引起国内通货紧缩，随而如果它的限度不可预见，那么，其结果资本

① 在场合Ⅲ，企图首先使用所有的黄金，使黄金储备发生变化，由此来阻止汇兑率大幅度的变化。

逃避会招来货币价值不断的新的贬值。在这样的场合，在黄金本位制框框内，代之以一个简单的措施而向自由浮动汇兑过渡。

在上述措施中，如下一点是共同的：这些措施不侵犯经济的自由。但在汇兑控制的场合并不是如此。因此，基本上在自由制度下，汇兑控制由于心理上的理由，只在通货制度不可能变更的场合才予以采用。反之，在纸币本位制下，如只有轻微的扰乱就能克服，那么，汇兑率和储备率的稳定化，即是说向黄金本位制过渡是有利的。

简单地说，富裕国家在小扰乱的场合，宁愿采取一种纯黄金本位制；贫穷国家当面临严重扰乱时，就选用纯粹的纸币本位制（参阅上面 a 一节）。扰乱如果在黄金本位制下增大了，在纸币本位制下减少了，那么，部分地（b 节）向别的本位制过渡，在极端的场合，全面向别的本位制过渡是明智的（c 节）。

2. 关税政策

对关税政策可作这样的设想：由于替代了物价水平或汇兑率变化，并强制地导致输入剩余或输出剩余，会使转移容易。但即使关税政策设法阻止对扰乱的自由调整，在一定条件下可能是有意义的。例如，同时进行妥当的贴现政策，当发生第一次转移之际，它会企图用资本的移动替代货物的移动，因为资本的移动与反作用相结合，就有可能避免引起生产上的扰乱。

§3　成果的改善

1. 目的

(1) 商业利润的增加，垄断者会使它的价格适应于供给和需求的弹性，在可能的场合，对每个顾客可能给予差别待遇，借此来增大利润。国家是采用对外贸易的中央控制来达到同一目的。这种有利性由于增加的控制机构的高费用从一开始就有减少的倾向,而且当其他各国追随的时候就消失了。在国际的对外贸易独占体制下,有些国家比在自由贸易体制下最后是更加贫困了。这样,时机一成熟,新的循环又开始。①

(2) 完全就业。景气似乎会从外国带来两重威胁:(a)贸易平衡的变化(输入增加,输出减少),至少在旧式黄金本位制之下,在第一次转移时期内基于景气循环,发生了信用创造的部分后退。(b)外国的萧条,通过需求的减少,输出价格的降低和信用的回收等等,又纯粹从心理学的方面影响着国家。为摆脱这样的状况(在a的情况下)进行着种种尝试,抑制在循环上不重要的输入,如这还不够,那么,通过贬值,使输出低廉化,或通过输出补助金,使国际结账均衡化,或者(在b的场合)通过对外贸易的减少和统制,在一定过程内排除国际经济中的变动。

① 这样,作为自由贸易的对立物,不单有保护关税、输出入关税体系以及其他控制手段。其目的在于完全灵活利用一切贩卖的机会。我在1930年曾提出这样的体系["关于汇兑问题的一个论述"("Eine Auseinandersetzung über das Transferproblem"),载《斯摩勒尔年鉴》(*Schmollers Jahrbuch*),LIV,1930年,第1093~1106页。印刷上的错误表已于LV卷第192页上发表]。在当时,德国仍然还有暂时的优点,但在以后年代里,德国在贸易上的利益是否在实际上因此种政策而有新的增加,颇成疑问[H. S. 埃利斯对F. W. 梅耶尔的争论,参阅《汇兑控制在德国》(*Exchange Control in Germany*, *Quarterly Journal of Economics*, vol. LIV, no. 4, pt. II)]即使梅耶尔把汇兑控制看作"唯一可能的长期解决法"["外汇的经营运行是一种新的保护形式"("Devisenbewirtschaftung als neue Währungsform", *Weltwirtschaftliches Archiv*, XLIX, 1939, p. 453)],但现在接受了我们上面提出的反对意见,承认只在时间上是正确的政策[《关于欧洲的保护问题》(*Zum Europäischen Währungsproblem*, Bankarchiv, 1941, p. 445)]。

当然，现在在正常景气上升时期，在适当时机缓和信用创造是符合希望的(场合 a)。另一方面，防卫起源于外国的经济变动，只在包含着资本移动在内的对外贸易的绝对禁止的场合，才能成为完全——即使到那时，乐观主义和悲观主义之波继续越过国境线而扩大了(场合 b)。如果保卫是完全的，那么，保卫费因之也越高，由于放弃自由贸易的利益，其费用也自然就越大。再者，防卫外来影响，只在因经济管理成功地避免了国内景气循环时才有价值。如果不是这样(而且必须考虑这样的事实：在正常状态下，周知的原因以不同的形式再次重现)，那么，促进上升的各种力量，在一个封锁的国民经济中，就会发生强有力的作用。但在另一方面，萧条已不再能转移到国外。这样，对外贸易的管理只有例如，像在德国那样，在重整军备的特殊条件下能保证完全的就业。[①] 最后，我们还须知道，对经济发展来说，下述哪一种是有利的？是不间断的经济活动，还是象征性地说像迄今所流行的昼和夜那样的节奏？对此在这里不能回答。

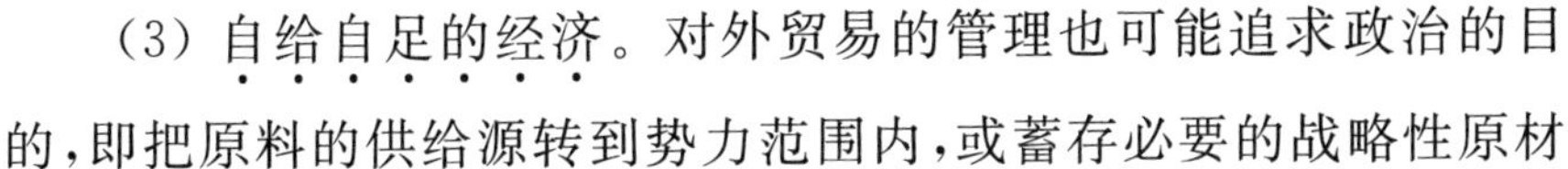

(3) **自给自足的经济**。对外贸易的管理也可能追求政治的目的，即把原料的供给源转到势力范围内，或蓄存必要的战略性原材

① 再者，我们来叙述一下迈耶尔(在其他之点上他是最敏锐的汇兑管理的理论者之一)。他未讨论经济循环理论，把例外的事例一般化，把它们作为当然之事运用于大的经济区[参阅他的“外汇经营运行是一种新的价值形式”(F. Meyer，“Devisenbewirtschaftung als neue Währungsform”)，载《世界经济文献》(*Weltwirtschaftliches Archiv*)，XLIX，1939 年，第 415～471 页，以及他的“对外经济的部分要预防自主的经济发展”(“Die Sieherung der autonomen Wirtschaftsentwicklung im Bereich der Aussenwirtschaft”)，载《世界经济文献》(*Weltwirtschaftliches Archiv*)，LIII，1941 年，第 321～369 页，特别是 364 页]。

料，或保护国内的生产等等。另一方面，通过对购买进行干涉，使本国的供给安全化，或通过输出的禁止等，来阻碍对敌人的供给。为了进行这些活动，与自由货币政策的场合同样，不仅对对外贸易的范围，而且对其构成和循环起源，也有必要进行控制。

2. 手段

在国际收支平衡的管理中，除全部自己调节的方法外，还可增加三种新方法：物价的直接调整（根据关税和补助金，规定与协定），数量上的直接调整（根据定额购买协定）和价值的直接调整（根据有关输入：对外汇兑的许可制和有关输出：对外国要求的用途的限制，根据外汇价格差的调整）。

旧方法已有改良，而且在技术上已有发展。例如，价格只对国家发生变动，价格差异只允许按市场条件而予以采用。但有关采取怎样的手段问题，特别是管理，当局有广大的范围的选择的自由。特别是管理当局很少诉诸直接降低国内价格的手段。[①]

3. 管理下的转移过程

由于篇幅有限，有关转移的每一单独方面，我已在其他地方论述了的，不再在此重复。关于个别的场合，不拘有兴趣上的差异，

① 详细内容可参阅 A. 勒施的“汇兑学——一个新的领域”（A. Lösch, “Die Lehre vom Transfer-neu geasst”），载《国民经济年鉴》（*Jahrbücher für Nationalökonomie*），CLIV，1940 年，第 40 页；和“英国贸易政策的新方法”（“Die nuen Methoden der englischen Handelspolitik”），载《世界经济文献》（*Weltwirtschaftliches Archiv*），LIV，1941 年，第 312～348 页。

但本质的均衡过程在自由的场合与管理下的场合是完全同一的。[①] 在两种场合中，最终的转移，不问其以价格波形显现，或以雇佣波形显现(在物价统制场合，都是以购买力波之均等化而成立的)。又，在两种场合，最后的转移必然以第一次转移为前提，两者中主要手段是货币财货或信用的转移，虽然它们的重要性有部分的不同。最后，两种场合，在第一次转移中的许多类似作用到最终转移完成后又消失了。

二、生产因素分布的调整(结合问题)

经济政策在分野上是想促进和便利均衡机构的结果(本节下面§2中的"适应的便利")，或是想使它们发生变化。这种新状态比没有干预状态有利得多(本节下面§3"成果的改善")，或者与从前完全一样，或者至少是特殊的新事态被阻止(下面§1)。

§1　适应的各种困难

1. 旧关系的保持

经济景观与自然景观之区别是前者的面貌变化比后者要快得多。有时，经济景观全体分解，则变化尤大。例如，耕地之放弃，工

① A.勒施：上引书，第394～402页。这一事实被下述那些人所忽视，这些人如何把价格理论运用于新形式的通货和对外贸易，因此，他们不在自己身上而在理论上寻找错误，大忙一阵。

业发现更好的区位，人们向那里迁移。对于这样的变化，常有各种力量在起作用，努力予以阻止。特别是在幸运的场合，经济景观与文化景观和政治景观一开始就结合在一起，现在进行着的斗争大部分是旧组合的分解和新组合的形成以及企图阻止它们努力的随附现象。

让任何事物历久不变的愿望，往往导致自负的目标的设定。英国企图维持在世界贸易中的作用和美国企图保护对美国南部的统治等等，就是例子。在后一种场合，例如，可能意味着人口、土地和工业三者联合在一起，决定着任何时间美国南部的特性。于是帮助南部的愿望意味着企图把这三种因素中的两种或全部结合起来，人口和景观（它的人口对南部必须予以保持），居民和工业（南部的棉花生产者必须予以帮助，也许移植到得克萨斯州更肥沃的棉田去）；或者建立非农业企业和经济景观（发展南部的纺织工业）。就整体而言，最坏的场合，也得维持人口、土地和工业三者独自的历史组合，即是说，原来的人口在原来的位置上从事原来的产业（黑人、南部和棉花三者不可分）。

达到这些目的的**手段**是强制、报酬和教育。所谓强制，是人口和企业的迁移或禁止，或企业关闭或新企业开设的禁止，种植面积的缩小或扩大的禁止，或者雇佣地点的改变和被雇佣者交换时的禁止。所谓报酬，原则上采用关税和直接补助金的形式。所谓教育，就是学校教育，各种现代化农场的巩固与新工业的导入。

成果是什么呢？用强制来克服原来落后性的场合，毫无问题是福利的增加。在其他场合，至少是国民收入或社会收入的增加。[①] 虽然有时也有一方面增加而牺牲另一方面的情况。人们可以被禁止向适当的场所或职业转移，固然他们会被禁止移向物质生产更低而且在物质意义上的物质生活的恶化的场所，或者他们会被禁止向物质上优惠但会感到不愉快的场所移居。但在后一场合，他们是否出于感情上的忠诚，长期忍受这种物质上不合理的状态是有疑问的。青年一代如没有这种强烈的动机，也许逐渐放弃这样的状态。[②]

把原来有利的结合用强力使之永久化，特别把旧的事物完全维持原来的形式，那意味着建造一座博物馆，像所有设施一样，为维持这样的博物馆，需要巨额的维持费。[③] 旧的组合解体，证明经济上是合理时，阻止解体的每一企图就意味着牺牲。但这种牺牲有时可用下述事实加以辩护：即使渡过了它的经济极盛时期，这种牺牲有助于暂时维持经济的景观及政治和文化的生存。在此场合，牺牲的负担者是居民们自己，他们由于移居被阻止了，被迫承

① 我给国民收入下的定义是：作为物质的货物之量和作为心理效用之量。两者都不可测量。虽然说的是增加或减少，这是可能的，如果任何一个时间的变化只在一个方向上发生的话。个人感兴趣的只是效用的量，国家所关心的主要是货物之量。社会的利益和国家的利益可能是矛盾的。在战时，国家需要的是制造大炮的钢铁，满意的哲学家对国家有何作用？但在和平时期，人们愿意看到的是幸福的人们，而不是诸如此类的无益的活动。

② 我所想到的是阿帕拉契亚山脉中贫困的农民，他们生活在贫瘠的土地上，接近维持最低生活水平，一般都有许多小孩。

③ 有许多场合，人们牢固地依附于他们的经济景观和职业，以致只是为了不失去他们的联系而能准备作出自动的牺牲。许多场合与之极不相同。这样的解决来自忠诚和理性，确实常由于发现固定工资相等化、固定的价格和全国同样的不动产税，因而创立许多新的萧条地区而归于无效。

受较低的生活水平。从长期的观点来看，他们因此陷入了政治上的危险。如果这只是一个国家内萧条地域的场合，那么，繁荣区域一般负担着代价。即使在超经济原因的重要性被充分认识的场合，这也往往不是明智的政策。为使土地、人口和经济活动旧结合的解体容易一些，它追求有组织新的有活力的结合，那常常会更好一些，即是说，促进适应性比阻止适应性更好一些。

2. 对新的组合的阻碍

阻碍最新的组合，不会比保留旧的任何事物不变更坏。有两种手段可用来保卫自己承受种种来自外国的相应的影响力：即第一，使国际商品运动困难化，会阻碍一个国家内生产因素的再分配；第二，对国际移民的干预，则会阻止生产因素在国际间的再分配。

3. 贸易壁垒

对外贸易的持久变化可带来国内不符合希望的区位失调的结果，这种结果有时可通过关税及其他手段予以避免。下述变化可能不符合人们的愿望。

(1) 消费者带来的效用比给生产者带来的损失要小的场合。这等于贸易自由论的反对论。据我所知，迄今为止，已证明的是，当两个人的能力在两种货物生产上的适应性有相对差异时，这两个人间的劳动分工(那就是自由贸易)增大了每个人的物质收入。在此场合，各人取得两种生产物之量都增大了。如有若干种货物，那么，一旦即使一个单一商品被少量消费时，在自由贸易情况下与自给自足条件下相比，物质量的比较，便不再成为不可能。但在此场合，个人所关心的，不是物质的收入，而是心理上的收入。在最单纯的基础的场合，即是说，如果我们只考虑消费的效用而忽视工作的快乐与痛苦，那么，上述观点也必须谈论到劳动分工的利益。当把这些加以考虑时，则会发现如下的情况：人们在职业选择上不乐意做某种他所特别适应自己专长的职业，成为可能的是，他却会感到他可能增加的消费的效用不足以补偿无效用的增加。在此场合，不拘会有物质上富裕的可能性，但交换不会发生。再者，在二人以上的场合，情况便与上述的不同，那些通过低廉的输入品而获得效用的人，不再需要与那些必须转换成他们不感兴趣的输出品生产的人看作是同一个人。[①] 在经济机构内没有人能把某一个消费者的地租与另一个以劳动所忍受的痛苦的无效用进行均衡，可能发生的是这样的情况，即使无效用比地租大，但各种力量的自由作用会迫使转换的发生。[②] 这种均衡（如上面所指出的那样，这种均衡在任何场合是非常有问题的），那就是自由贸易和保护关税的选择，这纯粹是一种政治的决定。但即使自由贸易会增大，社会生产物上升，而证据只不过是单纯的猜测（例如，像哈勃勒所说的那样）。[③] 但无论如何，这一议论是可能的，道义上的自由贸易论依

① 当然，这是一定的，他们在这种种职业中比他们继续旧事业能获得更多（用效用来计算），否则他们不会转换新事业。不确定的是，他们是否会比在从前条件下从事他们的旧事业的情况会更好一些。

② 再者，在自由贸易下，因有新的供给源，少数消费者甚而会愿支付较高的价格。这种新供给对大多数人是较低廉的，但离他们很远，谁会将这种新情况来与有利情况的优点作比较呢？如果我们不假定人们对愿望的满足具有相等能力，那么，我们便会排除这样的信念：谷物条例的废除会增加一般福利［L. 罗宾斯：《经济杂志》（L. Robbins, *Economic Journal*），1938 年，第 636 页］只在极端的场合，主观的判断实际上才能符合一致。

③ G. von 哈培勒尔：《国际贸易》（G. von Haberler, *Der internationale Handel*），柏林，1933 年，第 162 页；英文版，1936 年，第 221 页以下。

然是不可动摇的。只有那些不怕任何种类骑士般争辩的人，才能具有不怕失败的自信心。自由贸易的一个确定的优点就是自由本身。

(2) 采用关税和其他手段阻止生产专业化的增大，还有少数有力的超经济的理由。即：(a)因为对一个国民来说，多方面地发展他们的能力，结局是有许多利益的。[①](b) 因为国防上重要的物资，除它们在海外有丰富的资源蕴藏量或者在势力范围内确能取得外，必须在国内能够生产。(c) 因为自由贸易从外国取得的利益比本国大，在政治上是不符合愿望的。

(3) 根据物价计划表制定的关税，使一种激变的再分配变成渐变的再分配常常是有利的。[②]

4. 移民的禁止

与自由贸易的场合一样，移动的自由对于一定地点的个人来说，只当他被许可移动的场合，无疑是有利的。如果所有的人都被准许迁移，那么，每一个人就要考虑：即使他尽可能使自己适应于新的环境，但结果也许他所得的利益总要比以前的少些。因此，可得出结论：国家对迁移的干涉，在一定条件下，会增加福利。这一点，就个别场合而言，有进行证明的必要。移民的限制，对一个国家来说是一种(虽然是不完全的)防止生产要素的再分配的手段，

① 这种辩护只在一定限度内才是真实的。完全的自给自足会对任何人民处以贫困和虚弱的惩罚。

② 当然，大多数场合，像对幼稚工业的保护关税一样，在适应时期，一种辅助的关税对一国的全体很可能是有利的。但新企业有负担转换和发展费用的必要。关于例外，可参阅上引哈勃勒的著作第 207 页以下，英文版第 281 页以下。

这是不符合那一个国家的愿望的。例如，在移居是自由的场合，当过多的不同的民族集聚在一个国家之中时，对某种民族和宗族禁止其移入，便成为有意义的了，像美国所做的那样，虽然这样做已经太晚了点儿。当然，结果是，他们不是阻止生产因素的进入，而是设法使生产物侵入。反之，如果生产物被拒绝了，那么，生产因素对一个国家有时会有吸引力。

最后，假定只有两种生产因素中之一种流入，则在一个国家禁止商品的输入以及禁止人口的移居或资本的流入的场合，这个国家就要冒辅助生产因素流出的危险。例如，美国今后禁止来自欧洲的移民，那么，北美的资本会向南美流出，在那里与改变方向迁移的人口合作，固然，条件或许是相对不利的。

§2　适应的便利

1. 现实中区位自由选择的缺点

在现实中进行的区位选择上，最主要的缺点之一就是对事实的知识不充分，即在以此为基础而导出结论的场合，有个人体验上的困难以及将其付诸实施时所遇到的种种障碍。以下，就这些摩擦的困难的每一方面举例说明。

在一切经济主体中，并不缺乏成为最重要标志的全国价格平均值。但几乎没有一幅地图指出它们地域的变化，恰如气候图上表示出空间的气压差异那样。不消说，这样的图对区位的选择有极大帮助。我在关于工商业的统计部分提出的这样的图是最先的。如果设置一个中央局来提供有关特别期望的容易开发区位的详细图件、资料、知识，较之提供有关单项区位因素的情报实际上更为重要。

更有进者，区位理论在过去 30 年中，即自 A. 韦伯时代以来，没有任何实质上的进步。所以实践家们更没有合乎科学的工具，用来使他们区位问题的解决便利一些。再者，如在本书开始一章所提出的那样，这个解决只是在系统的“尝试与错误”中发现的，而且并不是所有时间都有所发现，也没有发现最后解决的形式。可以预料，系统的研究也只不过是近似性的。然而可以假设，已发现的这样的区位，要向它迁移时，又会伴随着种种困难，其中有些困难是可用某些方法加以避免的。我们的建筑物，我们的住处，我们的习惯，我们整个思想方法等等，仍对已解决的不可动摇的生活方式进行适应。

实际的区位选择与理想的区位选择为什么不同的第二个主要理由，是企业者的利润。它的经常出现，妨碍理论导向期望的结果，即是说，阻碍(事实上并不是由于能力而是由于幸运)只占有适当场所的企业才能生存这一事实的实现。凡是能获得多额利润的人才值得进行一种不充分的区位选择，因为他为此要支付的，不是他全部生存费用，而只是他可能取得的利润的一部分。

最后，另一个理由是，最初出发地点的偶然性。关于这一点，有两个侧面。一座工厂一旦建立起来，它就不易移动。即使出发地点进行明智选择，其区位早晚会被种种新的发展所超过而落后。可不幸的是它不能简单地予以放弃。例如铁路今天仍受过去马车驿道狭轨的遗产之苦。区位的选择可能不单单事后认为是偶然的，而且是从一开始就已经是这样。不但与直接有关的企业的区位，将会成为十分不安定，就是一切其他与之有联系的企业区位也因它们和经营规模或早期建立之故而会恶化。在军队中由于站在右翼兵士的排长站在错误的位置，整个队列也就成为不规则的了。[①]

最好的出发地点，特别在殖民地的场合尤为重要。最初的殖民者自然是在他们到达的港口附近建立居住处，因当时内地尚未开发。从历史发展观点来看，他们区位的选择是明智的，但从有关最后的结果而论，它都是错误的。已产生的不幸结果就是国家绝不是均一殖民的。后到的殖民者大部分也是在近处港口（纽约）定居下来了。因为进一步冒险前进，有极大的恐惧，而且即使是在审慎考虑之后，仍认为市场就是在这里，远西则是一片荒原。[②]

把上述概括起来，又可得出如下结论：大部分的现实区位的类型与来自理想的区位类型是背离的。主要是因为知识、移动性、竞争等等自由经济的基本假定在现实中没有完全得到满足。其结果，生产从最初起以及在其发展过程中是在错误的区位上进行的。

2. 各种调整力的强化

即使政府没有拟定极其详细的计划，非常合理的区位类型也能建立起来，而且上述错误的大部分情况也能避免，只要有了提供空间秩序的若干简单措施就够了。即使只把自己的利益作为直接动机时，这些措施也会把个人导入全体之中，形成合理的秩序。以下，我首先简单概述：(a)有关这些措施的一般性质；然后(b)今天

① 于是，发生这样的事：在外部经济起着重要作用的场合，整个工业可能位于错误的区位上，而且对于个人的单位不可能要求寻找到更有利的区位。

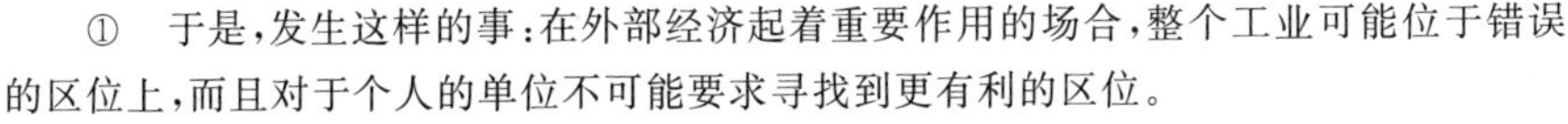

② 乌拉圭的殖民是从蒙得维的亚来进行的。大多数的移民者和大部分的人口一般都集中在那里。W. 马特发：《乌拉圭》（W. Mädje, *Uruguay: Volkwerdung und landwirtschaftliche Erschliessung eines überseeischen Einwanderungslandes*），柏林，1941年，第34～35页、39页。

对它们特别重要的目的有关的具体形式。

（1）有助于空间秩序的组成的诸因素。一切自由经济政策的基本方式是在实际中发生作用的知识①、移动性和竞争的实现，我们则指出在这些归纳中对空间秩序具有重要性的结果。与区位选择有关重要事实的知识应予以普及。有关这些事实，政府当局比个人能更完全地有系统地得到有关各个地方和非农业企业的知识。下一个步骤是通过研究所和私人的区位审查员，为了利用这些事实，运用科学手段为企业者对它们进行必要的计算，供企业者利用评价。

其次，企业家为了根据区位审查的结果而采取行动所需要的可动性，应给予便利。特别是其中应包括设立特定的税率，来降低区位移动的费用的方法。这种方法，当区位系根据经验决定以后不得不常常移动的殖民初期，有特别的重要性。在那时，所有的区位都根据经验而占有，而且区位的改变也是经常的。时至今日，在工资和价格方面②缺乏移动性，而供应和需求方面对它们的变化，也不能作出迅速的反作用。如果不是这样，则即使物价稍稍下降，对于萧条地区在结构上必然有所帮助，如果它与周围地区的环境

① F. von 斯泰因培斯是论述知识效果时值得赞扬的一个例子。他的伟大成就大体上是下述事实的结果：他在符腾堡传播对典型的外国产品仿制有刺激性的情报在国外散布，鼓励人们购买斯华比亚产品的情报。他做此工作是通过展览会、教育、游行、散发指导书、创办技术学校、提供外国机器样品和技术工人，进行直接咨询，以及广告等等。他敏锐地认识到生产与销售是同等重要的。参阅 F. von 斯泰因培斯：《促进工商业的基本原理：已由比利时工业中得到证明》(F. von Steinbeis, *Die Elemente der Gewerbeförderung, nachgeuriesen an den Grundlagen der belgischen Industrie*)，1853 年；J. 哈林：《符腾堡地方工商业职务的发展和任务》(J. Häring, *Entwicklung und Aufgaben des württembergischen Landesgewerbeamts*)，《慕尼黑大学论文集》(*University of Munich Dissertation*)，1937 年。

② 不拘固定费用的上升，但并不因为它的上升。

有密切接触的话。那就是，输出和国内生产物的消费增加了，人群流出了，新企业流入了，最后，助长了独立经济单位增加的趋向，它本身就刺激着竞争。[①]

(2) 促进分散化的各种力量。其中有三种特别重要：(a)距离的费用和集聚的费用。有人推测，经济对于距离的费用估计过低，团体对于集聚的费用评价过小，这种推测不是没有理由的。[②] 如果关于这些费用的重要性，关于它们的正确观念和缺陷得到了适当的知识，其结果就会得到种种改善，各企业应小心地在相互间保持一定适当的距离。[③] 团体应考虑限制它们的成长（参阅本书第六章“都市形成的位置和它们产生的理由”第 96 页，注①）。[④] (b)要求独立的自然努力。凡是在产生大利润的场所，为了独立而进行的奋斗应予以奖励。对于景气敏感的少数大企业不应当集中生产，应当分散到较多的中等规模企业或者甚而小规模的企业。

① 相反，自由竞争本身助长这种增加倾向。在统制经济下，有关统制手段的情报费用和从属于统制的费用，对于小企业在许多场合往往是过高的。除此之外，关于新加入者间的竞争与现有企业间的竞争的比较，可参阅由 G. 斯摩尔特尔主编：《作为国民经济效益的加强与效益选择的手段——国际竞争》，(G. Schmölders ed., *Der Wettbewerab als Mittel volkswirtschaftlicher Leistwngssteigerung und Leistungsauslese*)，柏林，1942 年，要求读者特别注意关于肯欧邦恩和密维兹的论文，参阅本书第十三章第 252 页，注③。为了完整起见，应记住：国有化或者基于严密监督的私人垄断体，在一定条件下，已证明是一种解决方法。公共的垄断是较难回避的，它们能更容易地压制潜在的竞争者，不需恐惧来自上面的干涉，并不常感到为利润的斗争而减低成本的打击。

② 我已受到委托，关于这点进行较详细的考察。

③ 关于自发地方分散，有充分的例子，参阅 Z. G. 多纳尔：“工业建设地区选择和实现的原则”(Z. G. Dorner, “Die Wahl des Standortes für Industrieanlagen und das Prinzip der Rationalität”)，载《匈牙利统计学会杂志》(*Journal der ungarischen Statistischen Gesellschaft*, XIX)，1941 年，第 41 页和 45 页。

④ 一个好的市长，是市政府的骄傲，而不是它的成长的骄傲。

(c)因为国民收入非常大的部分,即使在和平时期,也是由政府耗用的,所以,一个行政机关所在的中心,就有提供许多区位的优点。各州和团体的自治,在所有的事情中并不必然要由中央政府来决定,所以就有地方分权的作用。[①]

(3)受地理价格差的控制。自由经济一般受物价的控制,同样,其空间秩序也受生产费、物价和收入的地域差的控制。这些地域的价格差就是上述所有因素依次发生作用的杠杆[②]。每一个个人都面对着各别特殊的地域价格差。这些价格差的控制作用比任何计划对各人正确的区位发生着更加微妙的调和作用。这样,成立了合理的地域劳动分工,虽然不能达到最好的可能性,但它特别考虑到人和土壤,也考虑了它们位置的意义和需求的方向。如果地域的价格差被废除了[③],或者简单地把它冻结了,那么,它们必须立即被完全的地域计划所代替。当拟定这一地域计划时,面对着巨大的课题,要把千百万个区位的相互影响进行考虑——这个重大课题,迄今为止一直是由变化着的价格梯度的作用,在长期内

① 随着种种工业分布到小城镇去,当然,许多小城镇不再成为假期旅游地点。德国的鲁尔就是以卢森堡田园诗般的风景作牺牲。问题是,地方的分权化是否要把风景旅游的必要性减少到可能性以上。

② 经济是独特的,不能与其他事物相比的事很多。只有在实验室的特殊条件下,才会有可比较的现象同时发生。在此场合,才能同样加以处理。于是,类似的生产物,不拘它们是在怎样不可比的场所加以怎样不能比较的生产费用生产出来,但在市场上都以同一的价格出售。因之,市场是经济生活的战略地点,从那里,对一切不合理的活动都给予了指导。

③ 第一次世界大战后,德国经济的空间秩序的许多缺点是由于错误的工资政策、租税政策和地价政策及地理的价格梯度的废除的努力的结果。这样,产生了许多新的萧条地区,异乎寻常地助长许多都市积集的过程。

成功地加以解决的。具有更大意义的是地域的价格差一直在扩大，直到它们一般地与实际的生产费差大体相应为止。

3. 结果的预测

在自由经济中趋向均衡的暗中摸索，是花费巨大的过程，但国家可通过获得如何预测均衡和以后促其向适当方向发展，来缩短这一过程的时间。我认为发现区位的经济适宜性是特别重要的。首先让我们就下述各点来考察成为研究对象的地域的最大有利性。

(1) 劳动。在矿山地区，妇女劳动低廉，所以纤维工业是有利的。在具有过剩人口的农业国，单纯的不定期的（例如季节的劳动）副业劳动的工资微薄，因而家庭纺织、玩具制造和雪茄烟的生产是可能的[①]。斯泰因培斯具有天才的眼力，认识到对符腾堡来说，高度熟练劳动是最重要的区位因素，有组织地发展它，然后以它为标准选择工业。如果没有国家的这种鼓励，符腾堡全部经济不会成为今日那样健全。

(2) 土地。发现有开发价值的自然资源，决定可耕地的适宜性。

(3) 运费的节约。关于这一点，已提出许多建议。(a)当运输时，通过精炼厂、制粉厂、榨油厂、制糖厂、蒸馏厂、制革厂、羊毛加工厂、废物利用厂等，减轻重量是有利的。(b)运费较高的商品，例如，蔬菜、水果、肉类、牛乳——如在加利福尼亚的场合[②]——，

① H. 梅茨多夫："空间秩序和农业政策"（H. Metzdorf, "Raumordnung und Agrarpolitik"），载《经济研究季刊》（*Vierteljahrschefte zur Wirtschaftsforschung*），XVI，1941～1942 年，第 119 页。

② 关于加利福尼亚的情报，可参阅 G. 普法伊费尔：《在加利福尼亚北部土地经济的空间秩序》，（G. Pfeifer, *Die räumliche Gliederung der Landwirtschaft im nördlichen Kalifornien*）莱比锡，1936 年，第 36 页。

砖瓦、家具修理和其他为邻近地方需要的服务、人造肥料和燃料等等的供给，可用国内生产替代输入。典型的殖民地工业化计划就是基于这种可能性。

(4) 销售。在纯粹为国内消费的货物的场合，与市场接近的利益是显著的。

以上是第一次不完全和其他大概的方向，在某种程度内已在一定的情况中出现，但必须与已指出的区位分析和市场分析所指出的形式相结合，来慎重进行彻底考察。这样，会使区位的新分析法放出光芒。通过政府在适当时期的迅速调查考察，经济就能避免会带来灾害的多数(但不是全部)的实验。

§3 成果的改善

国家能够强制进行特定的新的组合。在这里，国家的介入成为真正创造性的。当国家政策采取的各种措施的目的，在于通过建设性的组合，为特定的国民、地域和工业等，取得在自由放任下所能取得的更大成果，这是合理的。进行完整的说明是不可能的。但我们能概略地讨论与此问题有关的特别有兴趣的少数可能性。

1. 国民利益的推进

作为使国民富裕的手段，第一是充分利用现存的资源，例如教育，对进一步的障碍的清除，国民收入和国民财富的较好分配，人口较正常的分布，工作时间和自由时间的更加合理的比例，有害无用的低价值生产的排除，调节生产和消费以便使经济的合理性更容易和更完全的实现，等等；第二是以其他国家为牺牲[①]，或者至少得到其他国家的帮助，增加这些资源。属于这些的有掠夺、征服（赔款、奴役）、放逐（从本国或从外国市场）、开发（落后诸民族的教育和他们领土的开发）、排除竞争的人和由外国负担的或至少改善本国贸易条件的关税[②]等等。我们在这里选择地球发展的三个阶段来讨论。

（1）殖民地。殖民地是扩大了眼界，提出了新的问题，对向往冒险的人提供种种活动余地，而且也具有军事上的重要性。但它们的真正经济价值在什么地方呢[③]。对于一个国家和其他国民的掠夺，耗尽其土壤肥力，可能提供巨大的暂时性的利得。但如果进行粗暴的轻率的掠夺，那只剥夺为人们和自然在长年累月中所蓄积的价值。赋税的流入和商品、劳动与土地的低廉的购入等所得到的利益，或者因为自然的剩余，或者因为人为创造的市场条件（独占的需要——由于高的人头税所强制的供给）的任何理由而会长期继续下去。而且开发殖民地也会是明显有利的。固然，当为

① 参阅 P. P. 斯彭格勒："对于国际间条约利用上经济的限制"（P. P. Spengler, "The Economic Limitations to Certain Uses of Interstate Compacts"），载《美国政治科学评论》（*American Political Science Review*），XXXI，1937。他相信国家介入不但有助于经济法则的运用，而且能获得只在牺牲其他国家才能得到更大的成果。

② G. von 哈勃勒：《国际贸易》（G. von Haberler, *Der internationale Handel*），柏林，1933 年，第 15 页以下；英文版，1936 年第 290 页以下。A. 勒施："关于汇兑问题的一个论述"（A. Lösch, "Ein Auseinandersetzung über das Transferproblem"），《斯摩勒尔年鉴》（*Schmollers Jahrbuch*），LIV，1930 年，第 1098～1100 页（勘误表刊于同杂志，LV 第 192 页）。

③ 关于殖民地是否节约外汇的问题，可参阅本书第一版第 221 页以下。关于殖民地政策的变迁，参阅 von 默仑斐尔：《世界经济文献》（Mühlenfels, *Weltwirtschaftliches Archiv*），LVI，1943 年。

强烈的权力欲和营利欲所驱使时，从长期来看，最后则更加危险。[①] 确实，资本的报酬和殖民者的收入，与在本国的场合相比，开始是高的，但是，为祖国失去血和金钱的时期常常会迅速到来，这种场合是很多的。即是说，这种损失或失之于外国人之手和新的征服者之手，或者屈服于为当地人民的独立所引诱。这样，过去的投资被没收了，或消失了。欧洲为了帮助世界其余部分的开发(包括自己竞争者在内)已经损失巨额的金钱——这种损失也许比迄今为止的从开发中得到的利益要大得多。

说到这些利益，成问题的是谁进行殖民地的开发？如果自由贸易、和平和门户开放原则一般流行的话，从经济学的放点来看，哪一个国家来统治殖民地，实际上是无关重要的。但并不完全如此。因为殖民地的官员们都是隶属于统治的国家的，其结果，这些官员的购买就送往母国，这不但由于感情的理由，而且还由于较大"接近"等种种的理由。此外，它的殖民者还有共同语言上的利益等等。

实际上，自由贸易并不存在。对母国的商品给予特惠待遇。门户开放的原则也不实行。对祖国民族的殖民者和母国资本受到特惠[②]，代替永久和平的是战争的可能性。

这样，殖民地增加了来自母国的移民和输出，并改善了其供给

---

① 片面的开发，到最后等于掠夺式的农业。例如，单一作物的种植已经在广大范围内，使非洲的土地荒废。G. 伦绍："非洲殖民地经济的结构和问题"(G. Lenschow, "Struktur und Probleme afrikanischer Kolonialwirtschaften")，载《世界经济文献》(*Weltwirtschaftliches Archiv*)，LIII，1941 年，第 597 页以下。

② 结果拥有大量殖民地的小国要像海外拥有小量殖民地的大国同样快地开发它们是困难的。

条件。贸易和殖民是追随在国旗以后的。[①] 如果殖民者们自己负担行政费用，那确是有利的。如果他们需要补助金，也会有利。[②]

如果在战争时期，海外殖民地为了保证母国的经济独立，海军成为必要。拥有殖民地的西欧各国的位置，多数是在狭小地域上相互为邻，而它们的殖民地则远隔重洋，而且混合交叉地存在着。除了法国、西班牙和意大利具有有限有利以外，殖民地诸国要像每一个殖民地环绕着母国的领土那样，对侵略者保护其殖民地中能享受从中心进行短距离作战时的优点那是很困难的。但当其他因素不能补偿海军力量上的差别时，只有最强的海军国（结果也只有单独一个殖民地强国），在战时才能与其海外领有地保持交通。这个唯一的殖民地所有国就是英国。她能保持她的海军等于其他两个大国海军之和。对于欧洲每一个新兴工业国家来说，只在下述两者中作一选择：或者是与英国同盟，或者摧毁英国。因为没有解决的敌对国常常会有与对生存成为必要的重要海外资源突然被切断的危险。

租借地兼有殖民地的利益和在行政补助费上得到节约的利益。为要获得并保持租借地，除了外交手腕外，军事力量是必需的。恰

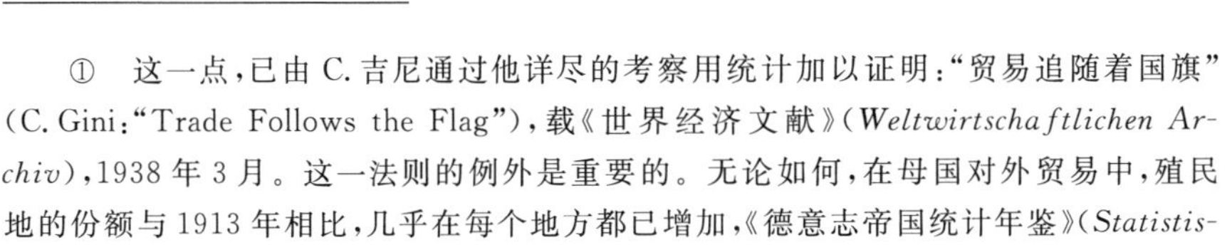

① 这一点，已由 C. 吉尼通过他详尽的考察用统计加以证明："贸易追随着国旗"（C. Gini："Trade Follows the Flag"），载《世界经济文献》（*Weltwirtschaftlichen Archiv*），1938 年 3 月。这一法则的例外是重要的。无论如何，在母国对外贸易中，殖民地的份额与 1913 年相比，几乎在每个地方都已增加，《德意志帝国统计年鉴》（*Statistisches Jahrbuch für das Deutsche Reich*），柏林，1938 年，第 148 页。

② W. 舒尔兹巴赫："殖民地的经济价值。殖民地问题的将来"，（W. Sulzbach, "Der wirtschaftliche Wert der Kolonien, Die Zukunft des Kolonialproblems"），载《德国国民经济》（*Deutscher Volkswirt*），1926 年，第 300 页以下和第 334 页以下。他对于这一点过于不信任了。

恰如一般所说的那样，对外贸易的促进，本来是政治上的课题。①

移住者的殖民地，当它们独立很久以后，还继续对母国提供利益。因为共同的语言，类似的习惯和许多个人的联系，都有利于与母国进行贸易。

欧洲繁荣的极大部分是建立在它们的美洲大陆的姐妹国家，它们在亚洲的租借地和在非洲的殖民地基础上的。② 在第一次世界大战以前，大的强国都力争在这些利益中的份额，但在战后的这种竞争过程中，争夺的对象已缩小了。这样，欧洲的工业化国家已注意到作为整体来看维持优越性是共同的利益，这一点日益明显。如果它们的陆军和海军为了继续维持中立，那么，欧洲各国的特殊待遇或至少关于门户开放的这一重要原则就有放弃的必要。殖民地的独立，租借地的崩溃，美洲诸国的分离，特别是新强国的勃兴，不过只是欧洲诸国衰退的结果。想完全阻遏事态的进行是不可能的，但至少能够推迟它。③ 可以稍稍告慰的是，这时，海外各国的工业化给欧洲也带来了利益，对其商品增加了购买力，使其输出品的构成从最终消费品转向机械，从大量生产的货物转向优质的货物。

欧洲的对外贸易在欧洲全部贸易中占的比例，在第一次世界大

① 当然，在特殊的场合，政治上的软弱本身可能有利于输出，桑巴特追索过德国经济在过去一世纪中对它的适应性。其他学者则追索过从 1918 年以来德国对中国贸易的增加。

② 资本主义和帝国主义的联系虽然是有利的，但不是必要的。

③ 有人说，对欧洲来说，情况已有改变。但决定性因素是这种情况改变了的反作用，它不像从前那样合乎逻辑和具有决定性[参阅 A. 勒施："英国贸易政策的新方法"(A. Lösch, "Die neuen Methodem der engrischen Handelspolitik")，《世界经济文献》，(*Weltwirtschaftliches Archiv*) CIV，1941 年，第 338 页以下。]

战后最初几决，没有什么变化，这是事实。欧洲全部国家中来自海外的输入，1910年占38%，1930年占49%。欧洲输出中输往欧洲以外的，1910年和1930年大约都达31%(《统计年鉴》，1931年，第95页)。但力量和福利并不是绝对的，而是与其他国家相互比较对照的。欧洲的力量和福利虽然绝对地增加，但相对地减少了，因欧洲以外的各国力量增加的更大，财富增长得更快。[①] 欧洲对外贸易虽未绝对减少，但与其他国家相比，相对地减少了。欧洲在全世界进口额中所占份额，1910年为66%，1939年降到59%；它在全世界输出额中的份额，从1912年的60%下降到1930年的53%。[②] 这意味着欧洲以外的世界诸国间贸易逐渐增加。[③] 所有世界贸易通道不再

① 这一点，与O.法伊特的和其他卓越的记叙相矛盾〔见“工业化与世界贸易”(O. Veit,“Industrialisierung und Welthandel”)，载《经济曲线》(*Wirtschaftskurve*)，1936年，第49～361页〕。限制某些专利、机器、图书的输出，对特定国家抑制熟练工人的迁移和对留学生入国的批准，是对欧洲诸国的利益。即是说，欧洲退回到教师的地位是有利的。但对欧洲输出的威胁必不可过分夸张。位置的种种有利性(例如，与北非洲和近东比较)，资源有利性(研究、高度熟练劳动、传统、煤和铁)，大量生产的有利性(因为这主要还是以本国大市场为基础的)等，即使在未来许多年内不能从欧洲消除，或者只有通过疯狂的关税。这也是A.韦伯的意见〔见“作为世界工业中心的和关税同盟的概念的欧洲”(A. Weber,“Europa als Weltindustriezentrum und die Indee der Zollunon”)，载《欧洲关税同盟》(*Europäische Zollunion*)，由H.海曼主编，柏林，1920年〕。他看到最危险的是消费地指向的工业，次之是劳动指向工业，危险最小的是原料指向工业。关于作为农业区位的欧洲，可参考G.巴夫罗夫斯基：《关于土地经济的空间秩序问题》，《国际土地经济学全貌》，XXIII，1号，1942年，第351页。

② 有关更详细的统计分析，可参阅W.绍尔泰：“世界贸易的所谓开始‘欧洲化’的问题”(W. Scholte,“Zur Frage der sogenannten ‘Enteuropäisierung’ des Welthandels”)，载《世界经济文献》(*Weltwirtschaftliches Archiv*)，XXXVII，第1号，1933年。

③ 即使在非洲内部，第二次世界大战时已发展巨大的内陆贸易，南非联邦已成为北至赤道的最重要的供给者，供给国内必要品的工业已在许多地方出现，来自海外的愈来愈多的原料在此加工，工业继续增加分散度。世界贸易的意义必然丧失其重要性。

通过欧洲。世界正在威胁着要摆脱欧洲的领导。欧洲正日益成为只在其他大陆之中的一个大陆。[1] 但这是当然的。

(2) 大经济区。大经济区的经济价值(关于它们的军事经济价值,可参阅本书第十三章中“政治与经济的境界”一节),依存于它或是世界帝国的遗物,或者是由若干较小区域的组成,即是说,或者是由于分解而成立的,或者是由于综合而成立的。在前一场合,结果在每一个方面都起不利作用;在后一场合,它的作用与个别的场合相应而异。自由贸易的利益能在什么程度内实现呢?这是随着对贸易的障碍是增加还是减少而定,即是说,这是随着大经济区对外部世界贸易因限制增加而形成的还是因内部贸易限制的减少而形成的而定。此外,重要的是,对(a)其市场区域因内部障碍的除去而大幅度扩大的地域中心的国家和(b)其市场因外部障碍的增大而减削的境界地带,这两者有加以区别的必要。大经济区的形成和经济发展的安定化之间的关系,并不像那些关于循环关系没有知识的人所阐述的那么简单。[2]

确实,经济在地域的中心部分比其国境部分受政治紧张的干扰较小。在货币领域,用费用较小的清算(票据交换)可替代国际

---

① 19 世纪中叶前,英国失去世界贸易的支配权,现在随之而来的是欧洲支配权的丧失。参阅 K. 维登费尔德:“空间约束与空间无关的经济”(K. Wiedenfeld,“Raumgebundende und raumunabhängige Wirtschaft”),载《空间不抵抗的威胁》(*Raumüberw indende Mächte*),由 K. 豪斯霍弗主编,莱比锡,1934 年,第 274 页。

这对于其他各大陆也可能有不符合愿望的报复。因同一国内的经济不能没有一个强大的政府在起作用一样,世界经济没有一个领导的强国或强国集团也是不行的。

② 关于这点,我要提到我即将发表的作品《经济大空间的性质和利用》,也可参考本书本章上节 § 3“成果的改善”。

间通货的运输[①]是可能的。又，在大地域各部分之间用来导致汇兑控制的大多数动机可能将消失[②]，经济计划将变得容易。因为内部的扰乱将由和平的恢复而被除去，外部的干扰因与它隔离而消失（特别是在大地域的中心地区和较小程度上的边界地区不是这样）。比这更多的事因篇幅关系，不在此多说。但即使如此，很明显的是大经济区的许多利益是为许多条件所左右的。要知道大经济区在怎样条件下形成才会有利，这需要天才的洞察。[③]

(3) 同盟。某一国民不采用强制其他国民给予优惠待遇，也不要求领导权，而是通过对等的地位与它们同盟，就能进一步增加其财富。在这样的场合，他们之间的一切关税都免除了。当然，这种免除是逐渐的[④]。强有力的工业将其市场区域扩大到邻国，而弱小的工业则从边境排挤出来或者完全被消灭。

① 在英镑区内，常是这样的。A. 勒施："清算与金本位——比较对照"（A. Lösch, "Verrechnung und Goldwährung—ein Vergleich"），载《银行》（*Die Bank*），1940 年 8 月 21 日。在此限度内，凯恩斯计划没提出什么新的东西。

② 关于其余的，在大经济区内货币本位，一部分是无关紧要的事情，一部分即使没有形成这样的地域，也会提出同样存在的问题。希望在我的"本位的理论"（"Theorie der Währung"）论文中会澄清这些问题。载《世界经济文献》（*Weltwirtschaftliches*），LXV，1941 年，第 3～86 页。

③ 第一个大经济区是英国从过去存在的世界经济中开拓出来的。参阅 A. 施利：《从渥太华以来的英国贸易政策》，耶拿，1937 年；A. 勒施："英国贸易政策的新方法"（A. Lösch, "Die nuen Methoden der englischen Handelspolitik"），载《世界经济文献》（*Weltwirtschaftliches Archiv*），LIV，1941 年，第 313～348 页。

④ 德意志成立关税同盟是在百年前。在此以前，取消关税比今日要容易得多。因为大多数工业只有很短的销售半径，所以主要地只有在边界附近的企业受到邻国的竞争。同盟组成后，在关税高的国家，其价格下降最快。首先因为输入货物的价格容易察觉地下降了；第二，因为其结果所产生的输入剩余（＝购买力的损失）压低了国内的价格。

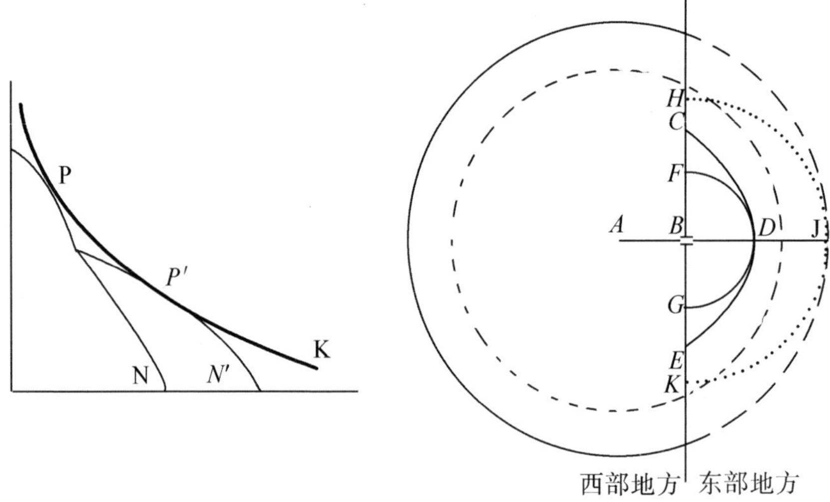

图 59 关税同盟对需要和价格之影响 图 60 由于关税市场区域的缩小

同盟的优点，第一，是所有的货物能从最低廉的地方购入；第二，市场扩大的结果，特别是小国，能够在许多经济部门获得大量生产上的节约。① 这样，两国的居民便可从它们之中最便宜的供给地自由地购买，而且许多商品能低廉地生产。即自由贸易的利益

① 同盟成立后，在国境上具有最低交货价格的企业的需要曲线，从一定价格（以前在国境上最高的交货价格）下降的程度要比国境以外的邻近竞争者的需要曲线下降得小些。在此场合，在采用张伯伦的运算已完成之后，可以发生需要曲线与生产曲线之间的新的正切点。在后者没有屈折的场合，费用曲线会位在较低地方（像图 48 那样）。像在图 59 所表示 N' 是一新的需要曲线，P' 是新的均衡点。这时，在旧的国境内的市场区域有缩小的场合，也有伸张的场合。如果物价下降，那么，销售必然扩大到同盟的其他成员国（图 60），在经济同盟成立前，市场区的界限用连续线表示，新的市场区域的界限用断线表示。德国东部地方，以前征收高度 VI 的关税，如果交货能直接达到各点，则在东部地方的 A 市场将以 CDE 为界。如果只通过关税 B，则市场将以 FDG 为界。如果 HK 不是一条关税边界，而是一条狭沟，在 B 有一桥，则东部地方市场区域将以流线形 HJK 为界。

之外，又加上大量生产的利益。①

如果东部地方的人口比西部地方人口稀薄，并且移住不受限制，那么，如果其他条件相同，两地的人口便会相等起来。这是说来容易，但它如何强烈地影响社会的习惯和行动啊！有进行考虑的必要。例如，在西部地方，几乎在每天生活之中，步行距离延长起来了，即是说，到田野去，到邻居那里去，到面包房去，到城镇公

① 这种利益必然凌驾于因输入价格对输出价格的关系的一种可能恶化所形成的不利，据此，这种恶化当一方面小国能更低廉地生产它们的输出货物，而另一方面它们增加的需要则使输入货物的价格更加昂贵时，是容易发生的。这样，国家通过自由贸易每一单位会获利少些，但由于专业化，它们能生产并交换日益大大增加的数量，能在总体上获利多一些。每一单位的利益减少了，但因专业化生产和交换大量产品作为整体看的利益却增大了。

（以下三段在德文第二版中删去了。英译者从德文第一版第196～197页中译出，加以补充，见英译第341～342页）。

为了说明以下的思潮，应把国家看作单位。在美国被关税壁垒所包围的假设下，假定在美国10天的劳动生产200辆车和200单位化学品，德国在10天内生产10辆车和15单位化学品。如美国改用自由贸易，假定德国生产100辆车和150单位化学品。这样，卡车对化学品的交换率在10∶10和10∶15之间波动着。如果美国实行保护关税政策，贸易以货易货的条件将在10辆车对10.5单位化学品之间浮动着，其交换便成为10辆车对14.5单位化学品。由于美国采取保护关税，美国得到0.5单位化学品，德国获得4.5单位化学品。所以，德国获得极大部分。当美国采取自由贸易时，美国将以145单位化学品换取100辆车。这样与它们没有贸易的情况相比，获得45单位化学品。另一方面，德国只获得5单位化学品。因为它在同一劳动时间能生产100辆车和150单位化学品。从贸易中每一单位的极大部分落入美国之手。但如果德国在卡车生产上专业化，并通行着自由贸易，那么，德国在美国购买它自己的卡车，并不比它为自己生产的车辆少多少，虽然事实上它现在价格仍然是不利的，但还能交换10倍的车辆。两相比较，对德国有何不同呢？纵然德国的以货易货的贸易（每一单位）已经恶化，但它从自由贸易得到的利益为125化学品（即150－30＋5），无比地大于美国所得的45的利益。当然125化学品利益中，120是产生于自由贸易增加了的生产率成为可能（与自给自足相比），化学品的利益则来自贸易本身。在自给自足制度下，生产率用化学品来表示只有30。

署去，到城里去的距离延长了。个别村落完全消失了，不问怎样，它们被荒野所袭击。[①] 城镇一部分的重要性丧失了，中心都市发展起来"空间秩序"的阶层构造逐渐稀薄。人们自动地放弃某种职业，或者边际生产者被焦急期待的人们所驱逐。平均生产率上升，至少在农业中是如此。现在的问题是是否会超过距离费用的增加。只有在大量生产没有可能性的场合（参阅本书第十三章"若干新因素"第224页和第229页以下），生产效率降低，市场规模也缩小了，但在所有其他场合中，人们扩大了视野，变成更加健康，更加胸襟开朗，更加自信，但可能也更加没有偏见，具有更大的自信力。在其反面，他们变得更加粗野，更加迟钝，失去社会性，城镇更加接近自然，因为它们更加宽广地扩大，人口更加稀少，城市数目也较少了。对于许多农村居住者又成为不熟悉了。

在东部地方，一切都相反。这样的居住和生活形成的变革，需要大量资本。在西部地方，它没有更新，没有破坏，在东部地方则进行了新的投资。[②] 再者，许多传统在西部地方丧失，在东部地方却重新起来。

2. 一国利益的推进[③]

是否只要排除现实上与区位自由选择相联系的难点，就充分

---

① 许多村落对于当地工业太小了。

② 这样，因资本量的增加，霍亨斯托芬诸王的意大利政策是东部地方定居的先决条件［参阅丹嫩包尔：《给哈勒人的礼物》（Dannenbauer，*Festgabe für Haller*）］。

③ 多年以来，一个国家主要关心的是其领土而不是其人民。千千万万人口的迁出不会引起焦虑，但国家为了每一平方英里的土地不惜准备战争。更不能令人理解的是，青年国家主要关心的应是领土，或在一定条件下，应是任何一定时间内居住在领土上的人民。这里人民属于可变量之一，而在上面（a）的场合，土地是变数。

了呢？那就是说，是否只是一个创造种种条件使现实不经过漫长的迂回就能最近地达到各种力量的自由作用的理想结果呢（参阅本书本章§2，“适应的便利”）？或者，即使在这种理想的场合仍在显示出各种缺点呢？

a. 区位自由选择的成果与缺点——理想状态

在自由活动的各种力量的理想均衡之下，经济的空间秩序就会采取怎样的姿态出现？对此问题要予以详细的申述是不可能的，我们不能解决区位的一般均衡方程式，但我们知道它们所表现的均衡条件和其第一次近似的地理类型。总之，这提供了空间秩序的一般印象，其主要特征是为人们所能接受的，由城镇和农村的健全混合体所形成的、受人们喜爱的经济景观的有机组成；对于土地和居民的适宜性与对地理位置的关心；对土地和人民的关心；由尽可能多的独立单位新组成的所有空间的同等利用；[①]保护生产者防止高的价格；较大量的国民收入以及最重要的是与维持自由的同时又维持均衡。

的确，本书最重要的结论或许是论证：在令人惊奇的程度内，各种自由力量能产生符合愿望的结果。但应指出，在这个构图中也有阴影。这种机构没有保证像在正确意义上所了解的那样，为实现个人福利而起作用，也没有保证为实现最高社会福利而充分发挥作用。第一，这种机构无差别地尊重一切人类的希望，不问它

① 自由选择区位的决定性优点在于允许经济单位成为独立的不受津贴的单位，但既不保证最大的生产，也不保证生产的最低费用。反之，国家收入的提高，可能由于牺牲社会的收入，通过强迫人们在对他们极不快乐但能大量生产财货的地方或职业进行工作。

们是健全还是不健全的。它保证最妥善地供给鸦片、供给牛奶那样，它注意对大都市的愿望，好像关注对土地之爱一样。[①] 要之，一旦健全的本能丧失时，那些影响人类意志的事绝不是多余，而是成为绝对的必要。教育、宣传和强制，不得不接替一向由习惯来完成的那种机能。

其次，自由的市场的机构，为了社会公共福利的实现起着比一般考虑的要多得多的作用。但有若干例外。例如，它不防止自然界中均衡的扰乱和自然美的破坏。再者，也有这样的场合，在经济上有利的区位，从军事观点看并不一定有利。但如由此得出结论说，经济合理性的考虑是不必要的，即是说在可疑的场合，军事观点常常在效果上是决定性的，因之区位只是简单适用于个别经济单位，这种结论是错误的。第一，军事上和经济上所希求的区位，常常是一致的。例如，从军事观点看，不希望大都市位于国境边界附近，因为它要位置在易于防卫的地方。但在政治的国境影响之下，各种力量自由作用，也恰恰在同一方向发生作用。照例，政治的国境上的各种经济意义大大缩小了邻近国家中的市场区域，大多数具有中心机能的都市，都与国境保持一定的距离。其中最重要的例外，是例如与港口那样供给地相

① 如果我们像在单纯的图式那样，人们对于这一点采取漠不关心的态度，那么，由于各种力量自由作用的结果，各种规模的居民点会较均匀的分布，人口会沿交通线密集，这样，发生不健全的密集的是由于自然和人类的不均质，不是由于经济机构。即使在这种密集状态的不能令人满意的居住条件，主要是收入不明智地使用的结果，不是地价上升的结果[A. 斯皮索夫：《大地与住宅》(A. Spiethoff, *Boden und* Wohnung)，耶拿，1924 年，第 90 页和 109 页]。

结合的活动，要想移动港口，即使用命令也难办到。[①] 第二，即使由于国防的考虑，在实际上抛弃经济上最好的区位，也只有在最紧迫的场合才可能。因为在战争时期，每一次这样的移动，会降低经济的效益。

最后，即使在理想条件下，各种力量的自由作用，只在静态上才能保证经济上最好的成果。在发展着的经济中，匆促地引入每一种技术的改善和为每一次改变最好的区位而立刻迁移，都伴随着浪费。如为了防止通俗的误解而加以说明起见，浪费并不在于仍是完全良好可用的被废弃的旧机械，或者也不在于迁移会伴着损失。只要旧机器能比新机器更低廉地进行生产（即使把折旧加以忽视），那就是旧机械具有现实的真正价值（不是技术的），则旧机械决不可予以抛弃。[②]

对区位变动的场合也是同样。一个区位即使把它的一切设备费用置之度外，只有当它再不能低廉生产时，才能予以放弃。困难是在其他之点。新的机械和新的区位只在某种假定下是更为有利的。在进行计算的假定改良的机械和新的设施，有其一定的使用寿命，或者有一定的一般较短的偿还期。如果新机械在此以前被更好的机械所替代，或者新的区位又要变换，那么，上述的计算是错误的。回顾一下，结果却证明在考虑现实的使

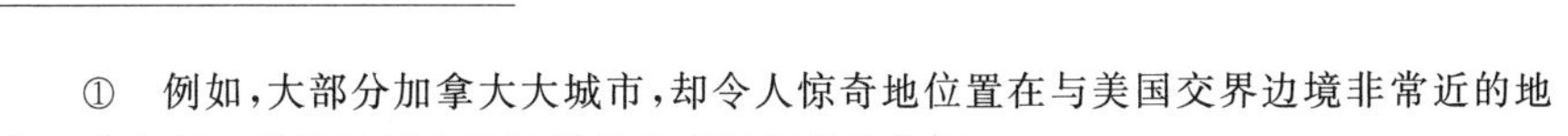

① 例如，大部分加拿大大城市，却令人惊奇地位置在与美国交界边境非常近的地方。这主要是因为气候条件和天然的交通路线的位置。

② 关于这一点，已由 G. von 哈勃勒最明显地予以指出〔《国际贸易》（G. von Haberler, *Der Internationale Handel*），柏林，1933 年，第 138～139 页；英译本，1936 年，第 183 页以下〕。

用寿命期间时，新机械和新区位并没有像原来所假定的那样低廉地进行生产。因为将来的改善不能正确地预期，也完全不可能预期。如果未来已为人所预知，则旧工厂的多数不会成为最初一次改善的牺牲品。人们会期待第二次改善的来临，它与当初的条件相比，改善会更大些。但等待是不可能的。因为常常当时就需要机器（不仅在技术上，而且在经济上也是最好的）。常常对区位因素的每一变化就要立刻引起反应，在若干场合利润减少了，在另一些场合，意味着现实的个人的损失和社会的损失。随着第二次机械和区位比第一次的具有的优越性较小，则后者的可能性就较大。[①]

b. 对于区位计划的结论

到目前为止，我们已经发现合理的区位政策的两种适合的目的：一种有助于导出自由经济机构的成果（参阅本节§2）；另一种是对这些成果进行修正。就前者而言，当这些成果本身本质上是合理的，而且只因为摩擦的抵抗（由于知识和移动性的缺乏），没有帮助就不能完全达成时，成果就被导了出来，就后一种目的而言，第一，即使当没有摩擦的困难，这些被表现的成果在经济上不是最有利的，而且是一种历史上被规定的情况，这些成果便被修正了。这或者是因为它们仍然依赖过去历史发展中的偶然事情（当初发生地）所左右，或是因为到了以后仍有被不能

① 因之，大公司购买新的发明置之不用，不是完全没有道理的，人们甚而会想象，如果他改良他的机器或区位，他就得对进步支付税款，这样的税款，一方面增加了国家的收入，另一方面是防止匆促发展的一种保证。但对于区位的征税，虽然不阻止进步，却还阻碍了迁移。

预测所否定的危险；第二，当左右经济成果依此为基础的个人效用计算，对于他个人的利益成为不能予以接受时（异常的个别场合或大量现象），或者对一般利益成为不能接受时（由于对自然美的、军事的或未来的利益来作充分的考虑），则这些成果就被修正。

在个别场合，必须做些什么？要事前作说明是不可能的。政策的制定者决定各种目的顺序是必要的。[①] 与药物学同样，经济学只不过提供手段。这些手段能按照介入的程度（抑制、禁止、奖励、命令），按照其费用（限制、支付、教育），按照其范围（个别的计划和整体的计划）而分类，其中可区别为村落的、州的或一个国家或一个帝国的计划的准则予以分类。在这里，我们可以以时间为准则来分类。即是说，按经济政策从其一开始时起，就形成区位体系，或者对于现存的区位到了以后才进行干涉的准则来分类。

(a) 在旧的国家中的空间秩序。当使现存的空间秩序适合于理想形象时，就作这样的选择：把现存的秩序用激烈粗暴的手段使其以后发生变化，或对它以后进一步的发展给予影响，慢慢地把它导入期望的形态，最高的理想是国家的福利。给它下定义是困难的，但存在着为此目标服务的一系列目的。为简单起见，我们用

① 例如，在家庭、农业、电厂、工业和交通运输对水的竞争中，特定的利益关系带来均衡（参阅海塞：《空间研究与空间秩序》(Heiser, *Raumforschung und Raumordnung*)，1938 年，第 31～36 页）。但最后的决定是由当事者本人不是在各种争议之间作出均衡的人。

表 17　地区计划的手段的体系

方法的目的	号码	目　　的	达成的手段
	A	更加健康的生活	Ⅰ—Ⅳ
	B	较高的工资	Ⅴ—Ⅶ
	C	文化的培育	uv wz
	D	军事上的目的	ar st
		手　　段	
A	Ⅰ	接近自然的生活	a—c
A	Ⅱ	比较安乐的生活	d z
A	Ⅲ	更加安全的生活	fgix
A	Ⅳ	更加独立的生活	h
B	Ⅴ	生产力的维持	dm—p
B	Ⅵ	生产力的增加	np—r
B	Ⅶ	生产力更有效率的利用	dfi—m
		辅　助　手　段	
DI	a	地方分权化……	1～7
I	b	密切的接触	8～10
I	c	休养	4～7,9～11
II V VII	d	避免建设不必要的道路	12～19
VII	e	避免交通堵塞	52
II VII	f	确立事业的基础	20～22
III	g	企业计划要有更多的保证	23～26
IV	h	小企业的鼓励	1,3,27～29
III VII	i	无利的非农企业的排除	25～26
VII	j	旧企业的强化	27～28,30
VII	k	新企业的导入	27～28,31～35
V VII	l	灾害的防止	36～37,46
V VI	m	地力的维持	4,37～40
V	n	水源的保护	37～41
V VI	o	气候的调节	37,42～44
VI	p	生产率的提高	45～46
D VI	q	人口的限制	47～48
D	r	生产率的提高#	
D	s	对移住的保护	7
C	t	劳动力的保护与培养	49～50

续表

		辅　助　手　段	
C	u	自然的保护	4,51
AC	v	地域社会	2,8,16,53
III VII	w	多样化产业成为可能	3
VII	x	公共设施的充分作用*	3,5,27
CII	y	贫穷区域的鼓励	5,34
		个　别　方　法	
ah	1	鼓励独立	
aw	2	管理可能的单位自治	
ahxy	3	适当的成本分摊(参考本书第十二章,“b. 边界地区”(5)附录,本书第十七章“b. 分别职业的研究人员”)	
acnv	4	封闭地区(1)	
ayz	5	需要进行改良地区	
a	6	对煤和原料的累进关税	
act	7	居住地区和工业区域的分离的划界	
bw	8	国内工业的优惠	
bc	9	住宅的自己所有	
bc	10	土地的自己所有(2)	
c	11	容易接近自然(3)	
d	12	隔离地带的森林化	
d	13	农业地的巩固*	
d	14	使土地复归自然*	
d	15	迁移工人的互换*	
dw	16	供应圈和市场区的巩固(4)	
d	17	适当库存的维持	
d	18	市郊外铁路线的巩固	
d	19	大规模铁路设施和工厂设施向郊外迁移	
f	20	非农企业专门化*	
f	21	全部时间就业*	
f	22	土地财产的巩固*	

续表

		个　别　方　法	
g	23	新企业的允许制#	
g	24	旧企业的合并#	
gi	25	经营不良企业的排除#	
gi	26	经营不良的补助金的废止	
hkl	27	生产费的降低(5)	
hkl	28	销售的增加(6)	
h	29	大规模企业分离解散	
k	30	品质的改良	
l	31	关于技术改善可能性的调查(7)	
l	32	区位的经济适宜性的试验(参考本书第三篇第十四章)	
l	33	除去初步的危险(8)	
l	34	独占企业的强迫区位	
l	35	奖励有企业精神的个人(9)	
m	36	组织的一般进步(10)	
m～p	37	促进森林地和丛林地*	
n	38	土壤保护(11)	
n	39	土壤改良(12,13)	
n	40	增加耕地(14)	
o	41	调整水的供需(15)	
p	42	降水量的调节(16)	
p	43	温度的调节(16)	
p	44	利用工业废气(17)	
q	45	教育	
qm	46	决定工资的合理标准(18)	
r	47	影响人口的自然增长(23)	
r	48	影响移民(19)	
u	49	保护国家古迹	
u	50	培育移居的类型	
v	51	自然的部分保护的一般化(20)	
c	52	隔离地与通过的交通运输(21)	
w	53	鼓励明显的中心点的形成(22)	

(1) 封闭地区指对新的非农企业、建筑物(城市绿化、良好农地、耕地风蚀的危险)

土地利用的变更(野生动物的保护等禁止开发利用的地区)。划分地带是空间秩序一般的重要手段。

(2) 例如,通过自由的分割。

(3) 这样,不允许工厂、仓库、市场等进入城市周边部分——居住地区与农村地区之间。

(4) 关于正确计算距离费用、市场组织、地区的保护、顾客的交换,关于毗邻伙伴的知识,促进存货的维持等,要予以考虑。

(5) 关于小企业,奖励小规模的技术(如,小型摩托),税制上的优待措施。关于旧的非农企业,进行产业和工业部门的合理化(标准化、管理开采的资源),外国的模型,低廉的原料(地质调查、废物的利用)。对于有关非农业的新事业选择妥当的区位,降低租税和运费及其他报酬。

(6) 关于小企业,助长对高级品质的商品的需求和官厅的需要。关于旧企业,普及有关他们的存在(通过广告)和关于其品质(通过展览会)的知识。关于新企业,进行公家订货,压缩输入。

(7) 奖励研究及其成果的普及,指导、建议、研究外国的成就。

(8) 对幼稚工业实行保护关税,暂时的免税,建设公共设施(道路、电力、水、铁路)。

(9) 例如,允许政治的宗教的避难和入国许可。

(10) 与许多种类的灾害相斗争是最重要的。

(11) 防风和对侵蚀的防护,使降雨量均等化,益鸟禁捕区。A. 赛费特:《孵化行政区》(*Die Heckenlandschaft*),奥达尔,1942 年,第 323～333 页。

(12) 防止漂动、堆积和侵蚀(造林、筑篱笆、防护林),禁止翻地,防止渗漏(适当施肥);在肥沃土地上禁止建筑。

(13) 排水与灌溉。

(14) 筑堤坝,清除障碍物和土地改良。

(15) 例如,要求对大量消费者实行特许制,对不同地区实行最高需要的相等化。

(16) 促进下雨的方法:植树,使开阔的水面上容易蒸发(缓和的浅水流),施放烟雾和炮火,使之降雨或阻止降雨,采伐森林,使水成为湍流和浅流,使雨降落在大海上,消除雨季(实施扩大英吉利海峡的计划,可使北欧的气候变暖)[参阅 A. 尧曼:"明快的气候"(A. Jaumann,"*Gelenktes Klima*"),载《德意志国民经济》(*Deutscher Volkswirt*),1942 年,第 972～974 页,施放火箭]。

(17) 使工厂配置在风向的下方,采用通风机,保留废气(二氧化碳和碘)[卡塞勒:《农业经济学的报告》(Kaserer, *Berichte über Landwirtschaft*),第 XXVIII 卷]。

(18) 为了易于破损的成本高的产品的生产,是按计件工资,而不是计时工资。

(19) 例如,根据契约,增加人口迁入,采用无偿提供土地(美国),独立、免税、提供公共服务业(住宅),美化景色等等来引诱。

(20) 保护动物、植物,保护优美景色,利于整个区域的保护(封闭地区)。

(21) 也在城市的交通中。直接交通路线通过城镇的中心。

(22) 城市的分布和企业的规模在可能的地方应相互并行。从空中防卫的观点,集聚和分散的最优关系是变化的。

(23) 参阅例如,F. 赖谢特:《在婚姻中血统的均衡》(F. Reichert, *Das Gleichgewicht der Geschlechter im Ileiratsalter*),柏林,1942 年。

表的形式绘制出会达成这些目的的手段阶层构造(表 17)①②。

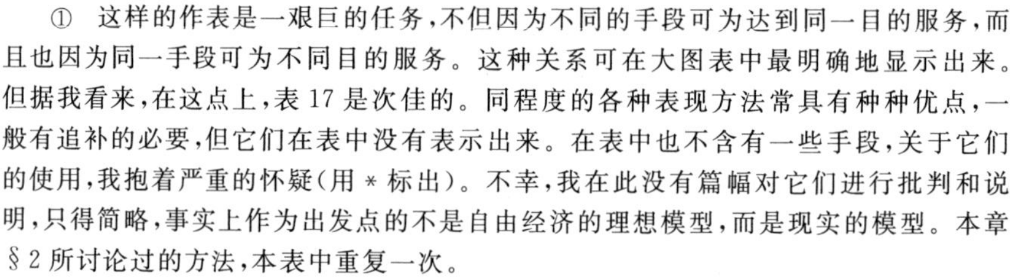

① 这样的作表是一艰巨的任务,不但因为不同的手段可为达到同一目的服务,而且也因为同一手段可为不同目的服务。这种关系可在大图表中最明确地显示出来。但据我看来,在这点上,表 17 是次佳的。同程度的各种表现方法常具有种种优点,一般有追补的必要,但它们在表中没有表示出来。在表中也不含有一些手段,关于它们的使用,我抱着严重的怀疑(用 * 标出)。不幸,我在此没有篇幅对它们进行批判和说明,只得简略,事实上作为出发点的不是自由经济的理想模型,而是现实的模型。本章§2 所讨论过的方法,本表中重复一次。

② 例如,关于 1938 年旧的国境界内的德国计划可参阅 H. 穆赫斯的“新任务的空间秩序”(H. Muhs,“Die Raumordnung von neuen Aufgaben”),载《空间研究与空间秩序》(*Raumforschung und Raumordnung*),1938 年,第 476～480 页;组织,参阅 W. 费雪尔的“空间秩序组织”(W. Fischer,“Die Organisation der Raumordnung”),载同上书,1938 年,第 225～229 页;工作方法,参阅 K. 布鲁宁的“空间秩序计划的形成”(K. Brüning,“Über die Bearbeitung von Raumordnungsplänen”),载同上书,1941 年,第 6～12 页;农村组织,参阅 F. 坎恩的“德意志农村考察原则”(F. Kann,“Grundsätze für die Bereinigung des deutschen Dorfes”),载同上书,1942 年,第 386～394 页;最适宜的农场规模的计划,可参阅 G. 伊森堡的“德意志的土地新秩序的范围和成熟”(G. Isenberg,“Der Umfang und die Auswirkungen der ländlichen Neuordnung in Deutschland”),载《德意志行政手册》(*Deutsche Verwaltung*),1942 年;区位政策,可参阅 W. 普特卡梅尔的“关于区位选择的空间秩序的促进”(W. Puttkammer,“Forderungen der Raumordnung an die Standortauswahl”),载《空间研究与空间秩序》(*Raumforschung und Raumordnund*) I,1937 年,第 358～364 页;还可参阅《空间研究与空间秩序》中其他许多论文。德意志空间组织局的区划地图,对改造提供有价值的基础资料。这些地图统计地描述各个州的经济结构,并允许把统计的记述进行地域间的比较成为可能。

坎恩的《空间研究与空间秩序》[(*Raumforschung und Raumordnung*),1941 年,第 361～365 页]关于理想型为基础的农村改造,提出了说明。再者,鲍内特(上引书,1943 年,第 79～84 页)对于符腾堡农村改组开展了小心的计划(关于我的反对意见,可参阅本书第五章“农业区位理论”,“农村区位理论和工业区位理论——一个比较”,同意“Z. 独立经济单位数最大化一般倾向”,第十章“市场网状组织”;第十三章“若干新因素”;第十七章“关于劳动分工六个根本问题的个别考察”等等)。固然,它们是过于急进的。首先,关于根据计划建立起来的老工业区位体系改造的例子,我介绍读者读一读“符腾堡空间组织计划”,载《空间研究与空间秩序》(*Raumforschung und Raumordnung*)卷 II,1938 年,第 13 页以下。其中大部分建议是直接来自现实型与理论型比较而导出的。例如,长距离的道路计划,耕地整理,人口分布与工业分布的均等化计划等等,就是为了这一目的,凡是人口的增加,维持和减少符合愿望的地区,都在地图上轮廓地标绘出来。当进行修正时,最重要的预备研究像理论所示,是在人口增加有必要的地区确是生产的空隙。

（b）初期的空间组织。如果一个年轻国家的发展，完全让它在各种自由力量作用下进行，那么，不受约束的土地掠夺的活跃图景，在量上和残酷性上，便以史无前例的大规模的程度和不可估量的浪费重复着。在自由世纪，这样的野蛮行为已由不成文的法律所抑制，但在有秩序的世纪中，相信这样的法律有首先制订的必要。

从许多方面来说，有利用国家权力创造为使自由经济发生作用的条件的必要。但是，当一个国家的最初的殖民地发生问题时，最好的解决措施，首先当由最有远见的计划来采取，而不是花费很大常常是短见的各种自由力量来解决，宁可说，这一问题的实际解决，仍会伴随着种种难以置信的困难。用暴力来实现某种乌托邦确定是不充分的。应做的是在空间上有非常有效地组织经济的必要，它比放任的自由自在会有更大效率。

第一，对出发点给予影响。如果一个国家是新的，或者人口稀薄，或者人口分布不均等，那么，殖民的历史过程，会对殖民地的以后发展给予影响。在短促的狂风暴雨般的初期发展阶段以后，接着就被不当的恬静的长时期所支配，如何能加以阻止呢？再者，当土地第一次被占领时，超经济的考虑被忽视的可能性如何加以阻

战争的破坏便利了重建。在英国特别是战争对空间计划带来了强有力的刺激，三个委员会提出了报告。《皇家委员会关于工业、人口的分布的报告（巴洛委员会）的报告》，伦敦，1940年，讨论了工业分散；《苏格兰的报告》，（Cmd，6378），考虑了平坦地区的开发；《与茨莱脱报告》（Cmd，6386），讨论了建筑土地的国有化，是不必要的急进的。设立了独立的都市农村计划部。

关于其他国家的地区计划的讨论，可参阅《巴洛委员会的报告》（*Barlow Report*）第288页以下。

止呢？

〔a〕**计划**。首先第一个最大的困难是对具体的目标获得明确的概念。关于具体目标我们只知道一般轮廓。经济必须得到援助，以便达到其最大的效率。目前具体的课题是关于一定国家的人口发现其经济上理想的规模、配置和雇佣。在这类型中，根据民族的健康和国防的要求，发现有加以种种的必要修正[①]。

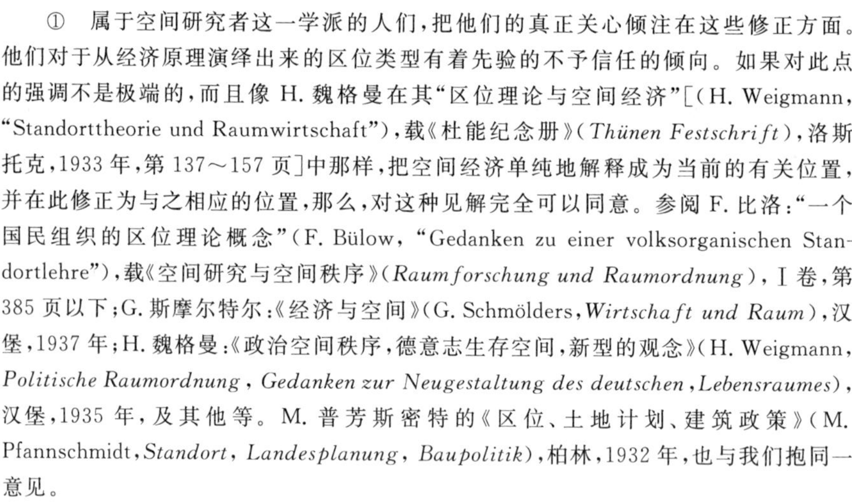

① 属于空间研究者这一学派的人们，把他们的真正关心倾注在这些修正方面。他们对于从经济原理演绎出来的区位类型有着先验的不予信任的倾向。如果对此点的强调不是极端的，而且像H. 魏格曼在其“区位理论与空间经济”[（H. Weigmann，“Standorttheorie und Raumwirtschaft”），载《杜能纪念册》（*Thünen Festschrift*），洛斯托克，1933年，第137～157页]中那样，把空间经济单纯地解释成为当前的有关位置，并在此修正为与之相应的位置，那么，对这种见解完全可以同意。参阅F. 比洛：“一个国民组织的区位理论概念”（F. Bülow，“Gedanken zu einer volksorganischen Standortlehre”），载《空间研究与空间秩序》（*Raumforschung und Raumordnung*），Ⅰ卷，第385页以下；G. 斯摩尔特尔：《经济与空间》（G. Schmölders，*Wirtschaft und Raum*），汉堡，1937年；H. 魏格曼：《政治空间秩序，德意志生存空间，新型的观念》（H. Weigmann，*Politische Raumordnung，Gedanken zur Neugestaltung des deutschen，Lebensraumes*），汉堡，1935年，及其他等。M. 普芳斯密特的《区位、土地计划、建筑政策》（M. Pfannschmidt，*Standort，Landesplanung，Baupolitik*），柏林，1932年，也与我们抱同一意见。

现在，现实区域的实际知识，是研究的原动力。考察不是简单的知识的游戏，而是为了指向实际可能性的最好保证。凡是不愿追求科学研究的人，只会满足于这种单纯的经验。但这样的人怎能把“经验的空间与数学的空间”进行比较？即是说，怎能把研究的出发点来与其归结作为同等的科学接近呢？关于空间论的实际意义可参考W. 克里斯塔勒的论文“空间理论与空间秩序”（W. Christaller，“Raumtheorie und Raumordnung”），载《国民经济计划文献》（*Archiv für Wirtschaftsplanung*），卷Ⅰ，1941年。试与H. 迈恩霍尔德对本书第一版的评论[刊于《城堡》（*Die Burg*）杂志，克拉科，1942年，第360页]相比较。他说，他要求使有同样思考的人都相信他的经验，但他讨论了可以测量的目的，要使所有的人都相信其论点。当他结束论文时，他以极为炽热的感情宣布：考察者支出极大努力所得的结论，那是另一回事。当他把实际上形成的空间有分量或无分量地与艺术家的笔触混合成一体时，又是另一回事。

我们在这里，首先把一国最适规模的人口这个问题排除在外[①]。我已在其他地方[本书本章；A. 勒施：《生产后退是什么？》(A. Lösch, *Was ist vom Geburtenrückgang zu halten*?)，1932 年，No. 2，第 19～24 页]指出了无论在实际上或者甚而在理论上，它为什么在广泛范围内不能加以决定的理由。另一方面，为要进行符合希望的一定物质生活，估计人口大体上必须保有怎样的大小这不是不可能的，只是这一估计很费钱。我们必须知道种种事实，那恰与为这些人口要求决定最好就业和最适当分布相同。即是说，我们要知道全国各地区内生产的自然条件和交通网，对于最重要的生产物的费用曲线(包括贸易和运输、服务的产出)以及作为与人口密度相应的不同距离的函数看作近似的需要和外国竞争的范围。有了这种知识作为基础，对于中心城镇的最有利位置及其卫星体系的主要区位，以及交通网的主要干线就能充分精确地加以确定。然后，我们就能得到多少与我们的理想相应的区位体系(图 28～29)。

这种结果是用科学方法得到的，但并不绝对正确，只不过是一种健全的推测——这是我们所能做到的最好的界限，那就是为一

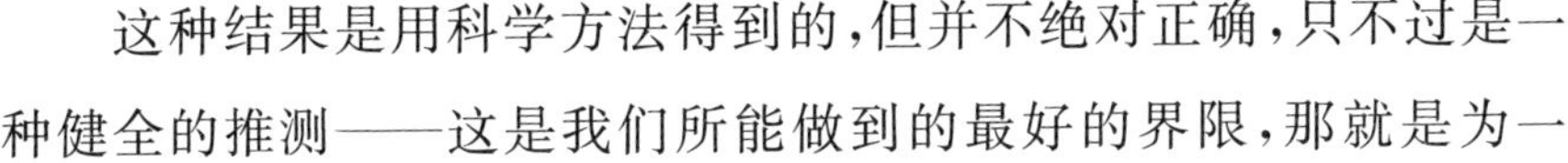

① 在此场合，即一个国家发展进步的场合，最适度的人口，不是由每一人口的最高收入所决定，而是由最高的总收入所决定，这是以较多人口为前提的。从军事观点看，人们甚而会谈论最高剩余的总收入，那就是说，一切收入均在生活水平以上，因之，一旦发生战争或与其他国家断绝关系的，这些收入就能利用。后者意味着有关的劳动解放了出来，为军事服务。在战争的场合，当资本财货不能进行替换时，总的可利用的剩余收入增大了，并且由于其他种种可能性，战时经济效率暂时提高。参阅 A. 勒施：《生产后退是什么？》(A. Lösch, *Was ist vom Geburtenrückgang zu halten*？)，海登海姆，1932 年，第二卷补遗，第 67～72 页。

种政策导出一种指导原理。不能再期待更多的结果,因为事实上,从原理上说,由于这种尝试为区位一般方程式提出了解。但科学本身是不能够解这些方程式的,所以,实践家所能做的只是企图用先见、直观和概观来解这些方程式。这种先见、直观和概观一部分导自这些方程式所表现的诸条件,一部分导自我们有关特别的区位理论与来自经济区结构的知识。我们从这种粗糙的但唯一可能的方法所获得的空间经济秩序的经验性原型,现在必须由政策制定者加以修改,如果他愿意对于超经济原则予以更多重视的话。

今天,在某种具有实际重要性的特殊事例中,其情况非常单纯,以致要勾画出一个计划的概要是容易的,即是说,在一个以农业占支配地位的国家中要进行重新移民时①,有关居住构造的基本标志可以从旧的农业区中借用过来。在那里,情况是类似的区

① 或者像在新被占领的德意志东部领土的计划一样,势将予以完全改组,关于这一点,可参阅《德意志国民性稳定委员、最高长官,东部地区的计划和任务》(*Reichskommissar für die Festigung deutschen Volkstums, Stabshauptamt, Planung und Aufbau im Osten*),柏林,1942 年,第 68～70 页和 13/II"城镇计划和构成"("Planning and formation of towns"),载《空间研究和空间秩序》(*Raumforschung und Raumordnung*),1942 年,第 68～73 页。也可参阅 1942 年 3 月 15 日关于特殊场合处理的指令(这里与理论的希望完全符合);J. 乌姆劳夫:"关于一个东部地区的空间秩序计划和立场"(J. Umlauf,"Der Stand der Raumordnungsplanung für die eingegliederten Ostgebiete"),载《新农民阶级》(*Neues Bauerntum*),1942 年,第 281～286 页,其中包括卓越的调查。还可参阅 K. 迈耶尔主编的《成长中的民族土地》(*Landvolk im Werden*)论文集和他所写的论文"德意志东部地区中央地点的结构和形成"("Struktur und Gestaltung der zentralen orte des deutschen Ostens"),《德意志劳工局的空间研究》(Reichsarb für Raumforschung),1941 年,以及《空间研究与空间秩序》杂志和《新农民阶级》杂志上广泛收集的详细目录。

位体系由各种市场势力自由竞争而成立的。这样，可以期待，一旦任其自由发展，这种仿制品也将受到自动机能本身决定性的试验。不消说，纯粹的模仿自然既不可能也不是人们所祈求的。每一种新的计划，是一种创造性的动作。较大的农场能做出计划[①]，工商企业的上层建筑能使之发生变化[②]，区域的一定体系能予以选定（参阅本书第十一章“网状组织体系，一、一般图式”）或者对于提供远距离需要的特殊工业能准备作出计划。但人们离开试验的条件愈远，相互反作用也就愈不易掌握。只当在空间上和时间上离开自由竞争下形成的价格世界不太远时，调整价格的相互依存关系才是可能的。同样，各个区位的相互依存性也是如此。最后，没有

① 我们这样来编制计划，即一切收入将大于旧的国家，这样编制计划更加可靠。

② 在一个旧农业地带中，几乎每一种产业企业都各有其典型的下一层次的区位，即小乡村（铁匠）、大乡村（牛奶场）、小城镇（兽医所）、小城镇所在地（屠宰场）等等。在德意志的1938年旧边境线以内，1933年共有5个自治体，其中1.6万个的人口在2000人以下。在这里共有6.23万个铁匠铺，123个牛奶加工厂，7500个兽医所和527个屠宰场。这样与产业部分的性质相适应，每一职业需要不同的必要平均规模的人口，但这些数字中包括顾客数。如各地区间大量消费者有着极不同的习惯，那么，并不必然提供新殖民地的基准。再者，在计划开始时，一个一定的非农企业要按照其发展，需要符合希望的收入目标与消费水平等等，但要改变人口的规模（特别是向上增加）是不可能的。在这样的场合，一种特殊的事业的典型区位将是一个较高的机能的自治体，除非所有的乡镇计划都要比旧的地区大得多。按照情况，一种完全不同的地区体系将成为必要。一种解决方法一定会找到，这样为了生产者的利益会使企业保持活力，而且为了消费者的利益，使企业保持在易被利用的范围内。后者决定市场区域的最大规模，前者决定其居民最低水平的数量（参阅J.乌姆劳夫，上引书，第284页）。非农业企业区位的决定，其必要的销售半径扩大到市场区域以外是危险的。与其他规模较小的企业不同，这样的企业（除非它们是垄断企业或供应国家的企业）不能借助于排除竞争而保证其生存。

一种计划是对数以千万计的普遍相互依存关系的一种匹配物。[①]

在我们进一步实施计划之前，我们有知道它有三大弱点的必要。(1)错误的归结：当现实的经济按其式样，企图通过连续的尝试与错误的方法，来解区位方程式，因而这样就能把所有因素的相互依存性更加全面地加以考虑时，我们以无可比较的更加表面的方法导出的地域计划，可能证明它部分或全部是错误的。[②] 也可能发生这样的事情，即计划了的文化景观会破坏自然景观的均衡，而且不能按照计划那样进行恢复。例如水的利用就有不平衡的场合。(2)错误的前提：即使计划原来是好的，但它可能由于未及预测的发展而变成过时。(3)逐步进行实施：计划提出最后的目标，但一个国家的殖民很少会立刻进行。在过渡时期，人口的分布与其最后分布完全不同，现在的问题是要修正最初不可避免的反常事态，把国家引导到像计划所规定的那种最后状态。[③]

关于计划适用性，从上述三种限制中出现两个主要的原则：(a)只要所期望的状态并未达到，也未得到保证，则一切设备只应看作是暂时的，或是可变动的。不是石砌房屋而是木头小舍，不是整套家具装置，而是轻便的行装，不是汽车路，而是行走的小径，这

---

① 近年来，在现代文化景观的形成中，出现了同样情况，在那里，尽可能地不脱离自然景色的自由均衡状态，是基于同样的考虑(参阅施文克尔：《研究工作》(Schwenkel, *Forschungsdienst*)1943 年，第 120～123 页)。

② 当然，它能避免这样的命运，大部分是因为区位的精确科学的选择，在任何场合是不可能的，个人的意见常常保留极大的余地。一切区位由于发展，迟早会变成过时，即使事物的现状由于受到惯性的法则而暂时得到保护。

③ 关于移民开发企业，参阅伊逊堡：《空间秩序和空间研究》(Isenberg, *Raumforschung und Raumordnung*)，1941 年，第 150 页。

些是拓荒者的标志。(b)因为计划的正确性在最好的场合,只能是假定的,而不是被证明了的。所以,它在经济领域内的实现,不应采用强力方法来进行尝试,只能用轻微的压力。如果不拘计划的居住地的有利性,现实的经济生活拒绝有计划的殖民,那么,计划不应采用强制的手段,而应一再进行考虑研究。因为强制一般要求补助金,所以便应如此。但愿望是要经过一定时间对殖民地能提供独立的生存,否则会挫伤殖民者的自尊心。计划者们永远不要忘记,在某一时间,他们的创造物必须能承受独立生存最严厉的考验。①

〔b〕实施。国家据以能实行其计划的手段可分为如下两种:第一种是不拘计划的有无,国家通过它就不能不影响空间秩序的手段。第二种是其他可以自由采用或不采用的手段。属于第一类的有:

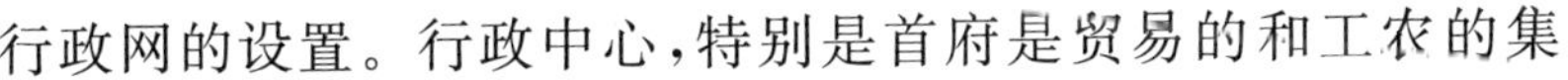

行政网的设置。行政中心,特别是首府是贸易的和工农的集

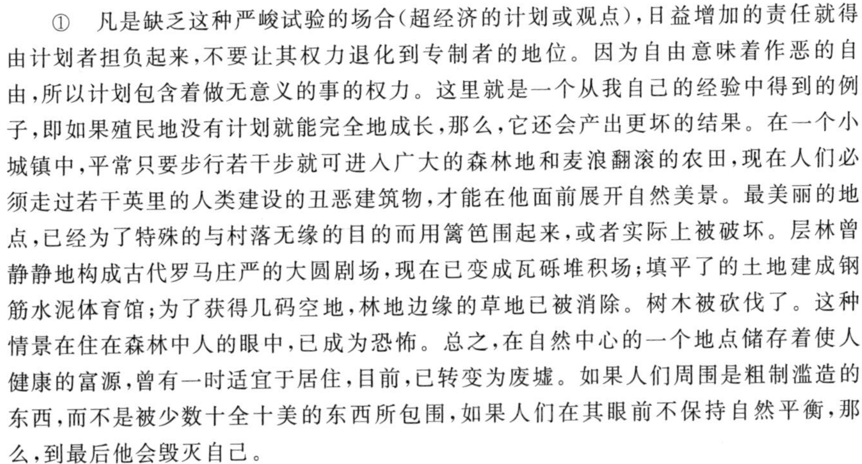

① 凡是缺乏这种严峻试验的场合(超经济的计划或观点),日益增加的责任就得由计划者担负起来,不要让其权力退化到专制者的地位。因为自由意味着作恶的自由,所以计划包含着做无意义的事的权力。这里就是一个从我自己的经验中得到的例子,即如果殖民地没有计划就能完全地成长,那么,它还会产出更坏的结果。在一个小城镇中,平常只要步行若干步就可进入广大的森林地和麦浪翻滚的农田,现在人们必须走过若干英里的人类建设的丑恶建筑物,才能在他面前展开自然美景。最美丽的地点,已经为了特殊的与村落无缘的目的而用篱笆围起来,或者实际上被破坏。层林曾静静地构成古代罗马庄严的大圆剧场,现在已变成瓦砾堆积场;填平了的土地建成钢筋水泥体育馆;为了获得几码空地,林地边缘的草地已被消除。树木被砍伐了。这种情景在住在森林中人的眼中,已成为恐怖。总之,在自然中心的一个地点储存着使人健康的富源,曾有一时适宜于居住,目前,已转变为废墟。如果人们周围是粗制滥造的东西,而不是被少数十全十美的东西所包围,如果人们在其眼前不保持自然平衡,那么,到最后他会毁灭自己。

结点。经济区体系的位置和系统的中心地点就是首府的建立，首先是由政治的行动所决定。我们理想的场合是一片均质的平原，就是它的最好的例子。关于首府所具有的吸引力有许多例子，例如，成为州首府的斯图加特的人口，远远超过在交通位置上更有利的坎恩斯塔特。即使在工业化以后，符腾堡的各城镇大部分是较高行政单位的所在地，一般仍保持着它们的区域经济领导中心。反之，在美国，在政府起着较小作用的地方，政治中心很少成功地上升到经济中心的地位。美国是受华盛顿治理的，它是一个公务员的城市。斯普林菲尔德是伊里诺伊州的首府，与经济中心的芝加哥相比较，只不过是一个农村。在奥尔巴尼与纽约之间也存在着这种同样的不均衡性。凡是行政网真正起着结晶化的核心作用的地方[①]，重要的是在开始时不会选定一个永久性的首府，因为其中行政都市的位置，在第一次居住下来的地方附近，而且会歪曲整个空间秩序。随着国家的开发进步，首府最好是一步步向内移动。

交通运输网的设置。在我们理想的经济区域，除首府外，当这一体系的位置已无问题地被决定之前，主要交通运输路线必然是任意决定的。确实的，经济区域的真正起源要归功于首府的种种利益和高度利用的主要交通大动脉的利益。为了这一理由，行政网和交通网的配置在国家的空间政策中是非常强有力的手段。一旦主要交通动脉及其税收率都被决定，那么，经济区的其余部

① 结晶化之点在殖民地化中几乎常常是极端重要的，这样，美国的发展是从移民各中心点向外辐射的一种稳步过程[《销售控制的贸易区域体系，一幅美国的市场贸易图》(*The Trading Area System of Sales Control, A Marketing Atlas of the United States*)，国际杂志公司，纽约，1937年，第VII页]。

分——交通运输支线、农村城镇——也随之相应地建立起来。

在实际殖民之前，国家已提供了首府和主要交通运输的结构[①]，并由此对一国的空间秩序结构予以强有力的影响。[②]此外，还进行了国家土地测量与划界，这些看起来似乎是纯技术问题。[③]国家不能逃避这些工作。但除此之外，国家还要进一步自由决定，对这一结构是否让民间主动性所完善的过程进行检查。这样做时，国家按照以下各条行事，对于民间主动性予以鼓励，或加以限制。

① 看一下以十年为期的从1850年以来人口分布图(参阅G. H. 史密斯的"威斯康星的人口"(G. H. Smith，"The Population of Wisconsin")，《地理评论》(*Geographic Review*)，1928年，第402～421页)，就容易看出少数较大的乡村没有背后地，最初就在中央威斯康星州的荒野中兴起来，然后随着时间的推移，在其周围的乡村也移民进来。

② 与下面西部加拿大殖民地的描述相比较。在西部加拿大，铁路是营利企业建筑的。城市中心与火车站及为便于谷物运输的仓库直接相关而建立起来的，即是说，其间距为8英里，到装载站的距离为4英里。这些中心城市成为日用品的供应分配点。较大的中心是考虑靠近水运和机车效率在110～130英里的间隔的分歧点上繁荣起来，机车和服务员就在那里换班。最大的中心取决于支线连接点、交班点等的位置、行政建筑物、教育的便利以及批发商店对人口的刺激(参阅H. A. 英尼斯：《加拿大主要产品问题》(H. A. Innis，*Problems of Staple Production in Canada*)，多伦多，1933年，第96～97页)。

在许多殖民地经济中，从主要港口通向内地的铁路是发展的支柱。发展实质上局限于由铁路所涉及的供给区域。至于例子，可参阅G. 伦绍："非洲殖民地经济的结构和问题"(G. Lenschow，"Struktur und Probleme afrikanischer Koloniawirtschaft")，《世界经济文献》(*Weltwirtschaftliches Archiv*)，LIII，1941年，第571～626页；《殖民地全貌》(*Kolonial Rundschau*)，第XXXIII卷。通向内地的这些铁路与内地之间的交叉联系开始时，因为国内贸易是少量的，几乎无利可图。以后因为没有建筑统一的准标轨幅的铁路，也常常证明是不幸的。

③ 在美国，土地的矩形划分，有利于交通运输网络格栅状的配置。但我并不明白知道，在第一次殖民浪潮中，不法的殖民者即被允许他们擅自占用土地的人，对于土地的强占豪夺达到怎样的程度。即是说，什么地方是以后测量，只是简单承认现实；什么地方是测量之前已是事前决定的东西。根据弗列特里西古典的记录，实际上最后的结果是取决于土地的不法居住者与企图占有其土地的购买者是否达到目的。这样，不问

民间的主动性的鼓励。较大胆的决定，是对我们的区位方程式的近似的解给予便利。国家的全部计划由此投入试验。如上面§2中所阐述的那样，鼓励包括一切秩序化的推进，特别是自由力量的推进。但当一个国家向新土地进行殖民时，首先最重要的是预测其结果。在这里事前初步决定殖民地的可能区位和通过公共设施的开发(水、电、交通网)，以便利殖民者和企业家的选择。[①]随着时间的推移和自由主动性才不再需要像最初那样的鼓励时，根据掌握的情况进行调整和修改。

民间主动性的限制。区位的自由选择从开始时起就在一定压力之下进行的，因它不能忽视人为的交通线路、行政中心和已建立的其他区位等等。为了绝对确实地保护公共利益，否则为了对空间自由组织的各种结果提供必要的修改，公民们的共同意志必将

支付的有无，给每人等量土地的趋势和对个人与公司配给巨额土地的实况同时并存着。在英格兰，封锁新殖民地计划获得巨大成功，但在南部几乎没有成功。再者，在西部一切人都能独立生活，自己养活自己。在任何场合，重要的是新州成立都是按计划进行的。[参阅G.弗列特里西：《欧洲人发现美洲和占领》(G. Friederici, *Der Charakter der Entdeckung und Eroberung Amerikas durca die Europäer*)，第三卷，斯图加特，1936年，第187～191页、第256～324页，特别是第301页；F. J. 特纳：《美国历史上的边疆》(F. J. Turner, *The Frontier in American History*)，纽约，1921年；迈能和普法伊费尔："欧洲人的生存空间问题"(Meynen and Pfeifer, "*Lebensraumfragen Europäischer Völker*")，由K.迪采尔主编，莱比锡，第II卷，1941年，第278～292页；普法伊费尔：《地理杂志》(K. Pfeifer, *Geographische Zeitschrift*)，1935年，第138～158页和第363～380页]。

① 整个区域殖民同时，有着例如立即可获得公共设施的利益。这种殖民地可由特殊的私人殖民企业家来建立，像中世纪东方殖民"计划者"那样。他们根据计划建立了整个乡村的基础[V.哈埃内尔特："中世纪殖民计划者"(D. Haenelt, "Lokator in der mittelalterlichen Siedlung")，载《新农民阶层》(*Neues Bauerntum*)，1940年，第404～405页]。在美国也曾由大土地所有者、铁路公司、殖民合作社和土地投机分子来建立。在英国曾由出租整个工厂设施的不动产者来建立。在与人口密度低有关的农业上的经济性不大于非农业的不经济性时，经过长期间殖民甚而会成为不完全的殖民地(像阿拉斯加那样)而结束。

受到表 17 所指出那样的手段影响。当适用于一个新国家时，它们将适当地进行变化，而且与单纯的自己调整相比，其成果会更加完善化。

其次，对以后变动的影响。随着殖民的完结，区位体系的流动性已渐减少。试验阶段已成过去，最好的区位看来至少在这样的殖民地上已经找到，至少殖民地就这样地成立起来，所有的殖民者已开始较自由流动，人们的行动逐渐带有固定的土著性质。第一批移居者的小屋已让位于永久性的建筑物，有了道路，地域共同体精神变得更加强化。移住的频率已降低，同时更加困难，也不符合人们的愿望。同时，国家的区位政策的工作和可能性也减少了，但少数留下来的一些小事，现在必须由国家更加努力去完成。符合愿望的迁移遇到更多的障碍，所以需要较大的努力。同时，一部分为了相同理由，希望移民较少，随着资本投放的增加，在区位上并不是每种改善将证明是合理的。这种考虑到最后成为更加重要。当劳动者之根深埋入当地时，其移居将变得更加困难。在多数场合，移居一般意味着城市化。

3. 特定工业的鼓励

再一次说，主要方法是教育、支付和强制。[①] 只有通过教育，经济整体才能与有关的特定工业一道发展起来。[②] 强制——例如

① 可参阅 K. 希勒的“在部分单一经济的采用的无数措施的包括一切的体系化”，《世界农业经济的市场调整与市场秩序》(K. Schiller, *Marktregalierung und Marktordnung in der Weltagrarwirtschaft*)，耶拿，1940 年。

② 符腾堡麻纺织工业的例子，说明了它存在一种令人惊奇的种种可能性。这一工业，是斯泰恩倍斯把 1860 年代一个萎缩的工业发展成为一个模型工业。

像重商主义者所实行的那样，国家对年轻工业供给工人和顾客——意味着在伪装下的支付（在这例子中，由那些必须与这些工业有关的人们来负担）。公开的支付是以损失的补贴金（直接补贴金和保护关税）的形式进行的，或者是以生产的补贴金的形式出现的（幼稚工业的保护关税或临时关税）。后者的企图是以救济暂时危机为目的。这样，1920年代为保护德国汽车工业和电影工业而设立的关税，以后随着小汽车和有声电影的引入，实际上能对抗国外竞争时，它们在经济上是正当化了。到了需要结构发生这些变化之后，德国市场即使没有关税，也不再向美国大量生产的低廉商品进行这种广泛的开放。①

三、关于经济理论的实用价值

到目前为止，我们已经知道经济理论在三个方面对经济政策有价值。经济理论对各个时代所期望的经济模式展示了均衡状态的前提、机能和归结。政策的任务在于完成模式的基本形式和实现它依以完成机能的前提。② 再者，政策能干预经济过程的进行（在此，令人追忆起信奉自然之神的论者和有神论者之间之争）。正确的政策几乎常常从根基开始，并不是从这根基所产出的结果开始。最后，政策并不需要等待经济机理的缓慢而不正确的作用

---

① 参阅A.勒施于1934年在柏林发表的"享受财的成本和区位移动"（A. Lösch, "Selbstkosten und Standortverschiebungen von Genussgütern nach dem Krieg als Ursachen von Zolltendenzen"），这篇论文载由H. von 贝干拉赫主编的《中间城市经济》（*Zwischenstaatliche Wirtschaft*）第四卷，第112～114页。

② 确实的，一种经济体系最重要的属性不是从每种观点来看能发生机能，而在于它能完全发生机能。均衡价格从一开始就比正当价格重要得多。

的必要，但可根据思考预测其归结。我们在区位计划中，发现与此有关的一个重要例子。这样，思考与行动是并进的，从最初到最后。

但是——在此有种非常重要的反对论认为：经济理论模式是如此简单，以致它完全不适应现实的错综复杂的情况。对这点的回答可分为两部分。第一，如果理论的目的在于表示一个时代的人类态度背后所蕴藏的单纯基本思想是如何塑造它们的经济，那么，就不再需要进一步说什么了。关于现实行动的经验大法则是从这样单纯的场合导出来的。

但是第二，随着时间的推移(即是说随着时代进入老化时代)，科学在现行思想状态所许可范围内，给模式作了一番提炼。只有受到这样精心洗炼的观念，才能得到充分的生命。最后，现实的洗炼在详情细节中消失了，把模式的理解作为整体是消失了，于是这一时代就到了终点。① 我们的理解力是有一定界限的，在这临界点上，就是理论达到其发展的最高潮，做出了最重要的成果，也就是说，它直接从被理解了的诸条件中引出命题，而这些命题作为教理对于错综复杂得多的场合提供解决的线索。理论并不是因为单纯化而没有用，只当它有把本质的东西没有单纯化，或者单纯化超出必要的限度，它才变成无用。

---

① 什么地方能比在哲学史中把它解释得更清楚呢？18 世纪启蒙主义的信念到黑格尔把它推到顶点。他作了一次最后的大尝试，企图对世界作合理的理解。包括一切的体系是建立在简单的观念上的！他的体系是他那一时代的基石，是背景，对于经济的政治的均衡的信念必须以这种背景为基础来观察。因个别的科学脱离了体系，而哲学则解放了它们，哲学本身开始在逻辑学和认识论上专门化，因之对整体曾有全面看法的人，没有一个留下来了，到了这时，时代的命运就被封闭了起来。

这确实是真实的:纯理论所描述的只在其单纯的假设之下才是妥当的。纯理论地阐明历史发展的结果之所以很困难,就是由于这一理由。在这里描述[①]的理论就成为有用的了,但它也有其本身的界限。但在新事物被创造的场合,随而在殖民和地域计划的场合,理论所揭示的法则是有关什么必然会发生的唯一经济指针。这在物理学上也没有什么不同。一块不规则的漂石的大小,虽不能由物理学一般法则来说明,但漂石的起源必然是由于其他一般法则。一面墙壁的强度或机械的结构,都能按照这些法则进行计算。

人类发现的自然法则与经济学法则的适用范围不在于阐明已经发生的事情,而在于人类本身是创造者。

① 在A.斯皮索夫的《作为历史理论的一般国民经济学,纪念桑巴脱》[(A. Spiethoff, *Die allgemeine Volkswirtschaftlebre als geschichtliche Theorie*, *Festgabe für Sombart*),慕尼黑,1933年,第79页以下]的意义上(在德国把"奥地利理论"与"纯理论"相区别)。纯理论建立在理想型的基本的确实性的基础上,"描述"的理论建立在现实图景的基本和确实性的基础上(上引书,第82页——W. F. 斯托尔珀)。

第四篇

例证

根据掌握的理论种类，理论可以以各种不同的目的与现实相比较。如果理论要解释现实是什么情况，那么，这种考察的意图是去发现它是否从其主题的一种正确观念出发，并得出不但看来是可能的，而且是与现实相符合的解释。在另一方面，如果理论是要构筑什么是合理的，那么，假设仍然需要受事实的检验，而不是其结论受检验。理论的构筑者能从事实的考察中发现他是否在足够广泛的经验上建立起理论；是否已经把一切客观的或主观的重要条件加以考虑。他的方法恰与一个建筑师的准备工作相类似：不能稍稍忽视一个建筑场地的特征、自然规律和业主的愿望。但与存在的建筑物相比，不能表明他的蓝图是否正确；对我们来说，那就是，理论的框架是否确切地树立起来。因为现有的结构可能与设计的结论同样是有缺点的。但任何人企图这样做，任何人亟于把他思考的结果听任现存事物的判断，即听任传统的判断，如果这样，那么，他就表现出他对于自己的理性缺乏信心。

对！现在必须进行的比较不再是为了检验理论，而是为了检验事实！现在必须决定现实是否合理。无论如何，这是我们在下面所要考察的目的，我们的目的不在于验证理论。

在考察过程中，我十分努力指出各种秩序力量如何真正强大，不想详细叙述相互矛盾的例证来加深我们受苦已久的令人沮丧的混乱印象。如果我们不能改变这种立场，那么，我们又会带来痛苦和绝望。我的愿望是要给我们的读者加强信心，认为一种合理的经济秩序不但是可以想象的，而且是可以实现的。

我们的科学无差别地考虑一切现存事物，已有足够悠久的时间了[①]，即使问题不在于解释在于构筑，也是如此。固然，为了使之有用，经济学必须考察代表性看法的效果，而且也应考察那些大胆勇敢的行动的可能性[②]，如果经济学用同样的方法把那些可以容忍和难以容忍的大量退化现象，都根据两者频繁发生和现实的理由加以考虑，那么经济学就会堕落成为一种不值一提或具有破坏性的科学。因为缺乏对理性的信赖，所以一定不选择现实作为审判者。科学不应导致自己的毁灭，不应存心收集一些幽居在象牙之塔中的理论家已犯了错误的情况，忘记考虑它与自然科学不同。这些理论家们所谈的有时不但违反理论，更违反现实。总之，经济学必须不能成为描述混乱而不是宣传秩序的科学。

在第一版序言中，对我主要研究北美的情况，已经作过暗示。在这里，只需要主要追忆一下美国作为观察领域所提供的优点就够了。[③] 为了在理论与现实之间进行广泛比较，我们必须引用哈

① 极端地说，同样的趋势在美国也得到广泛的显现。凯恩斯使这种观念得到危险的传播。他的《就业、利息和货币的一般理论》〔(Keynes, *General Theory of Employment, Interest and Money*)，伦敦和纽约，1936 年〕是以经济生活中这些已萎靡的现象为基础的。

② 阿尔弗雷特·马歇尔在他关于国家社会主义的光辉论文"经济学中骑士精神的社会可能性"(A. Marshall, "The Social Possibilities of Economic Chivalry")中就是这样做的。载《经济学杂志》(*Economic Journal*)，1907 年，第 7～29 页，收入 A. C. 皮冈编《纪念阿尔弗雷特·马歇尔》一书(略有修改)，麦克米伦 1925，第 323～346 页。

③ T. H. 恩格尔布莱希特在其《美国谷物价格的地理分布，1862—1900》(T. H. Engelbrecht, *Die geographische Verteilung der Getreidepreise in den Vereinigten Staaten, 1862—1900*)中对于它们已给予欢呼。

伯勒说过的一句话，一方面把理论分解为定理形式，否则它会超过一个单独考察者的精力和可能性。另一方面即使我们处理现实时，我们也将尽力选取明确而单纯的条件。美国面积广大①，地理、政治和经济的条件一致，这在欧洲人心目中似乎是不寻常的。这有助于我们的目的。再者，传统的分量几乎不被重视，直到最近以前，对于理性和自由的信仰是根深蒂固的。

因为对空间经济学的研究，虽在各国已引起兴趣，但还相对稀少和分散。所以，尽可能多地收集资料是必要的。因此，我尽可能多地引用外国的著作增加到我自己广泛的研究中来。

① 但如认为与美国相比，在欧洲，距离只起次要作用，那就错了。因为较短的距离被较高的成本和较密的人口所抵消了。在柏林和斯图加特之间与纽约和堪萨斯间相比，有许多事令人缠绵怀念；更多的人民连同他们的一切特征拥挤在两个德国城市之间，而且人们从柏林的切身利益撤退到南部去。

第一部　区位

第二十一章　生产区位

一、均衡的分布

§1　非农企业

在构成我们经济区理论发生基础的假设或多或少被实现的场合，或在各种变化只具有地方意义的场合，同一经济部门的市场区应与网眼均匀和网络构造相类似。这时，这些市场区的中心，即它们的区位，便会均衡地分布于地球上。而一个准备设立的企业的区位问题，便只能在现有的体系中找一个空间，其大小足以保证其生存。① 就全体来说，最经济的企业的分布似乎与这种类型相符合，固

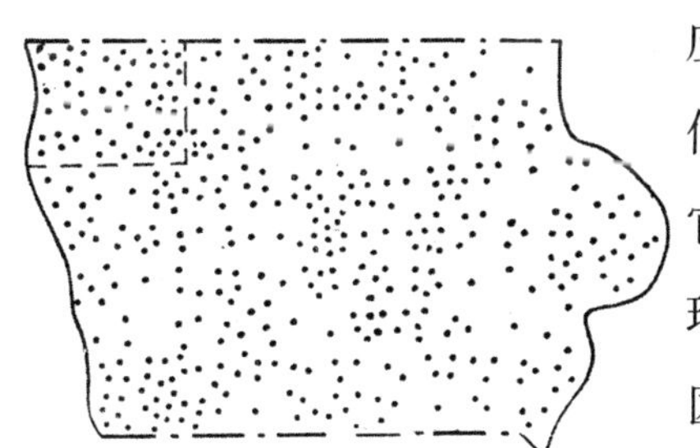

图 61　1926 年 1 月 1 日，衣阿华州芝加哥联邦储备银行的会员的分布（芝加哥大学，商业研究局报告，1927 年第 5 图）

① 参考 W. G. 霍姆斯关于美国水泥工业在发明硅酸盐水泥生产方法后选择区位的描述。“水泥工厂开始在有利的分布点的各种地方簇生出来。每一个工厂的设计是为它自己的区域服务……。在以后的年份中，工厂已在旧区位之间的有利地点上建立起来，进一步分割了市场。直至目前，只有少数空闲的空间，其大小足够保证一个经济规模的水泥工厂的存在”。[霍姆斯：《工厂区位》（W. G. Holmes, *Plant Location*），纽约，1930 年，第 17 页]

然在详情细节上各有极大的不同。

美国衣阿华州的银行图(图 61)可作为这种分布的例证。这幅图总地说来无疑是正确的,但我不完全相信 9 个郡内所有银行的区位都已正确地表示出来,所以我引用图 62,这是图 61 的西北角的扩大。在这里,包括非会员在内的银行区位的分布,是被正确地指出来了。如果我们不侧重于个别的场合,而满足于一般的印象,那么,在两幅图中都可明晰地辨认出均衡分布的趋势。[①]

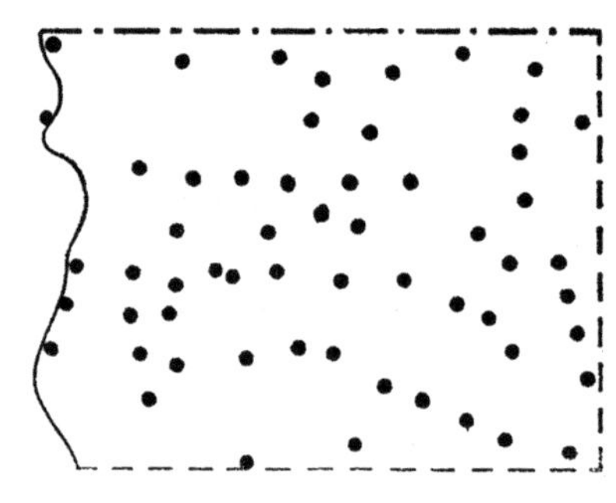

图 62　系图 61 中衣阿华州西北 9 个郡的银行区位(根据衣阿华袖珍图,兰特·马克纳里公司,芝加哥,1935 年的材料)

在文献中,可找到同样大量的事例。

欧洲主要集市的一幅图,(图 63)可作为最后的例子,我们习惯于把我们自己区域的集市看作是独一无二的东西,而且在某种意义上是没有

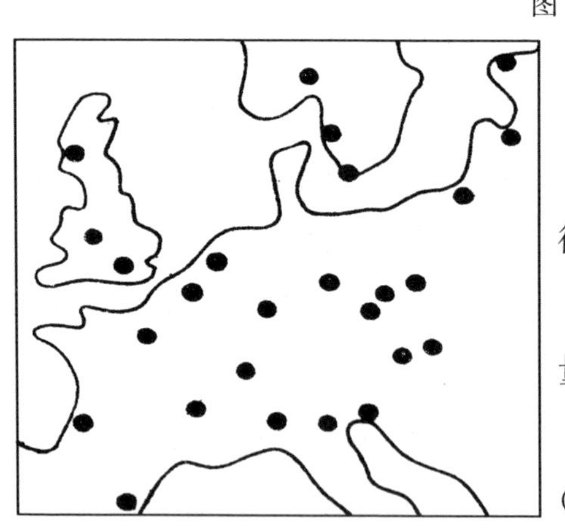

图 63　1921 年欧洲主要集市[根据 A. 阿里克斯:"集市地理"(A. Allix, "The Geography of Fairs", *Geographic Review*. 1922, p. 503)]

① 也可参阅 1910 年美国银行的分布,鲍林和赖特:《美国历史地图》(Paullin and Wright, *Historical Areas of the U. S.*),第 154 图。

竞争者的。但分布图指出它们也有竞争对手。它们努力在每一方面与邻居发生摩擦。固然，在这样少数的场合，已使变化成为极为注目的了，而且在同一篇文章中[①]，图上指出为数更多的家畜市场的分布是更有规律的。现在，我介绍读者可参阅俄国拖拉机站图、衣阿华奶牛场图[②]、美国轧棉厂图[③]和美国印第安纳日报[④]。

我进一步介绍读者可看一看美国福特公司在美国的分厂的分布：锯木厂、水泥厂、家具厂、铁路修理厂、建筑业、屠宰场、纺织厂、面包厂、印刷厂、冰淇淋厂、砖厂、酿酒厂和旅馆的分布，特别是关于贸易、手工业、工艺和最后有关农场基本网络的分布。在所有这些场合中，不管一切地理上的差异，而类型不但被市场区的集中与相互重叠所支配，而且也被它们的分散和分隔所决定。[⑤] 但最重要的，不在于描述个别的情况，而在于建立这些区位类型的一般意义。

为此目的，我考察了被选定的美国非农企业的分布(表 18)。1929 年拥有 1000 以上的工厂的工业部门在价值上恰恰提供了非农业产值的一半。它在各种非农业产品的生产和消费的份额是由

① A. 阿里克斯："集市地理"(A. Allix，"The Geography of Fairs"，*Geographic Review*)，1922 年，第 532～569 页。

② H. H. 麦卡蒂：《衣阿华的制造业趋势》(H. H. McCarty，*Manufacturing Trends in Iowa*)，衣阿华城，1930 年，第 28 页。

③ E. S. 莫尔登：《美国西南沿海一带棉花生产及分布状况》(E. S. Moulton，"Cotton Production and Distribution in the Gulf South west"，*U. S. Department of Commerce*，Domestic Commerce Series No. 49)，华盛顿，1931 年，第 56 页。

④ 美国商业部：第 15 次普查《零售店的分布》(U. S. Department of Commerce，*Fifteenth Census*，*Census of Distribution*，*I*，*Retail Distribution*，p. 69)。

⑤ 有时也只对一部分区位是这样的。这样法国的制糖厂或分布于甜菜分布区，或制蔗糖的厂集中在三个主要输入港。制粉工业也是同样。若干德国的水泥厂分布于德国中部和南部，其他则集中于煤矿附近。天然或人工矿泉水厂的区位亦如此。

各州分别列出的。《全国普查》(1929 年美国商业部第 15 次制造业普查,华盛顿,1933)提供了决定生产的基础,但对于消费则必须采用较粗略的方法。因为除了像饮料业少数的例外,被考察货物的

表 18 美国地区生产的意义

(拥有 1000 个工厂以上的工业部门,按 1929 年资料的分类)

	工业部门	工厂数目(个)	产值	各州生产在总量中的%			有余地区的消费占生产的%	不足地区的消费占其总产量的%	地区消费对总生产的%*
			百万美元	有余	自给	不足			
	1	2	3	4	5	6	7	8	9
1	人造石	2438	59	32	49	19	56	58	86
2	冰淇淋	3150	172	39	45	16	78	53	86
3	木工厂	4849	258	37	50	13	62	44	86
4	面包房	20785	789	40	42	18	60	83	84
5	饮料	5154	167	57	28	15	35	56	80
6	人造冰	4110	171	47	42	11	56	34	80
7	铁路修理厂	1851	669	43	33	24	51	48	79
8	报刊	11524	1347	48	28	24	54	52	78
9	铸铁与机器厂	8605	1753	66	25	9	61	26	73
10	家具厂	3778	522	59	25	16	51	36	71
11	结构钢	1482	232	68	7	25	57	46	71
12	箱匣	1249	134	61	21	18	51	38	70
13	屠宰场	1277	461	52	12	36	40	54	69
14	瓷器厂	1749	213	59	17	24	46	43	68
15	糖果	2021	178	69	14	17	54	35	68
16	印刷出版	12712	740	54	18	28	41	47	68
17	染料	1063	235	72	12	16	53	32	66
18	天然石	1881	135	61	12	27	36	44	65
19	罐头	2997	288	49	24	27	25	17	63
20	奶油	3527	111	57	19	24	33	18	62
21	碾米	4022	180	41	44	9	15	23	60
22	电器和机械	1802	1329	78	13	9	45	17	57
23	装订	1108	72	66	14	20	33	31	56
24	男装	3691	461	74	17	9	38	16	54
25	毛织品	1888	443	79	8	13	39	21	52
26	鞋	1341	451	74	15	11	30	17	48
27	汽车部件	1154	681	73	11	16	26	23	46
28	木材产品	12915	854	79	10	11	27	16	42
29	女帽	1293	98	84	—	16	29	21	40
30	宝石	1536	98	81	—	19	23	23	38
31	女装	8082	775	76	1	23	14	26	35
32	丝织品	1491	319	85	12	3	24	4	35
33	针织品	1281	626	79	1	20	15	23	33
34	卷烟	1636	710	82	8	10	9	12	25

续表

工业部门		工厂数目（个）	产值	各州生产在总量中的%			有余地区的消费占生产的%	不足地区的消费占其总产量的%	地区消费对总生产的%*
			百万美元	有余	自给	不足			
	1	2	3	4	5	6	7	8	9
35	皮毛	2855	101	79	9	12	14	15	32
36	松节油	1183	26	96	—	4	8	4	11
	总计		15858	65	18	17	近似和 39	近似和 30	60

* 地区（即生产州）消费（自给州的生产＋不足州的当地生产＋有余州的当地消费）对总生产的百分比，采用的计算方法参见表 19。

消费只指出较小的地区差别，所以我们假定：在个别货物的消费上，任何一个单独州的份额会在一切货物的场合都等于它在国民收入中的份额①抽样指出零售份额的利用实质上也提出同样的结果。如果消费不超过生产的 20%以上或 20%以下，那么，该州就放在自给类中。如果消费低于生产的 20%以下，那么，它是属于有余的州；如果消费高于 20%以上，该州就属于不足的州。所有被考察的非农企业的结果，可归结如表 19。

表 19

	对总份额的%		区内消费生产占总生产的%
	生产(1)	消　费	
有余地区	65	25	25
自给地区	18	18(2)	18
不足地区	17	57	17
	100	100	60(3)

(1) 资料来源：表 18 第 4～9 栏。

① 为了我们的目的，我们用非农企业中的工资与农业的现金收入来代表。

(2) 近似值。

(3) 与100的差额,在此场合为60,这与弗洛伦斯的区位化系数相符。政治和经济规划委员会:《关于工业区位的报告》(Political and Economic Planning, *Report on the Location of Industry*),伦敦,1939年,第291页。

这样全部生产的60%是由生产它的州所消费的。[①]

从表18中末后所列出的远远低于平均数的非农企业加以剔除时,我们可以发现:从1到25的企业(包含着被考察的生产的70%),它们把生产的70%在当地销售,这远远超出了一般对工业集中的描述的预期。例如,74%的鞋确是在新英格兰和密苏里制造的,但有余地区的当地消费和不足地区的当地生产不应予以忽视。新英格兰各州和密苏里几乎购买了它们自己产品的1/3,所以,连同美国其他地方所生产的鞋的26%,大约在全部鞋中的一半是在同一州中生产出来和销售了的。但因为地区的销售份额增长了,所以自给的份额也增长了。因之,不但有余地区的剩余与不足地区的不足变得较小,而且这两个极端的类由于中间类的有利而失去意义。很明显,小市场区开始占有统治地位。这些小市场区的重要性和分别位于一个工厂附近的市场区的部分生产性,以前过低地估价了它们。我们的结论

① 按照O.施利尔的描述,欧洲工业的60%以上也是全部或在极大程度上是消费指向的——这只能理解为一种描述,而不是一种解释。见O.施利尔:《战后欧洲工业的构成》(O. Schlier, *Aufbau der Europäischen Industrie nach dem Krieg*)柏林,1932年,第50页以下。

据伊森堡的估计,在各种不同地区中,来自非农企业收入的60%是被同一经济景观中的纯产出所消费了的。见“关于新的德意志东部区域的州计划”,载《空间经济与空间秩序》(G. Isenberg, “Zur Stadtplanung in den neuen deutschen Ostgebieten”, *Raumforschung und Raumordnung*),1941年,第136页以下。

是：(I)大多数货物的生产、消费在位置上是密切靠近在一起的。①

对于这一结论可能会提出这样的反对：(1)它既不令人惊奇，也不是普遍真实的。因为为了限止考察的非农的工业数目，我们选择了具有最多工厂的工业的一半，从而这些工业或许就有明显的空间分布和最短的销售距离。但是，第一，从表18第二栏中立刻可以明白，在工厂数目和地区联系的力量之间实质上没有关系。因此普遍分散的生产人造石的工厂数目与紧密集中的生产松节油工厂的数目之间差异是相对小的，第二，即使在拥有数百工厂的许多工业的场合，按我们的标准是完全分散的，在技术上必然仍是可能的。第三，拥有49个工厂以下的这种部门，在技术上阻碍了分散，而且因为只有49个州(包括哥伦比亚特区)，所以它们的意义是很小的。第四，最重要的一点，是我们对于分散所采用的测定方法，不再能对它们适用。因为即使当一种产品只在少数工厂制造时，它们是与需要有关而呈规则分布的，所以，它们的分散恰与拥有数以千计工厂的部门分布同样

① 人们只要知道一个镇——在那里的情况是相对容易考察的——居民所花的钱有多少是花在镇上的。根据F.雷钦堡，约从6%到20%～30%[《移民居住表》(F. Rechenberg, *Das Einmaleins der Siedlung Richtzahlen für das Siedelungswesen*)柏林，1940年]，或至少是花在郡的范围内的。

对于住宅、零售购买、当地政府报纸、个人服务、工人、饮料、电、煤气、水、燃料、家具以及像花、新鲜蔬菜、鸡蛋、奶酪、牛奶、马铃薯、肉类等农产品所支出的费用，肯定构成了总支出的一半以上。即使像柏林那样的世界性城市，拥有巨大的郊区，用重量来计量，与勃兰登堡省也进行着一半以上的贸易。见德国国民经济生产——市场分析委员会：《城市、乡区、林区的经济生活》(*Das Wirtschaftsleben der Städte, Landkreise und Landgemeinden*)，柏林，1930年，第94页以下。

地完全①，只是它们的市场区相对更大些。这样我们的标准只包括具有短的销售距离、工厂散布和产品普遍分配的工业部门。此外，还有许多工业，它们满足着最后的条件，但不是第一个条件，而这些也完全与我们理论勾画的图景相符合。所以，我们可以得出结论(II)：大多数货物的生产与其销售有关，是颇为平衡地分布的。② 最后有许多非农企业，例如轧棉厂等，它们的市场网络是狭小的网眼，而且是有规则的，但即使如此，它们也不能通过我们的测试，因为它们的空间分布是受着限制的。由于这些情况都是例外，所以，我们的注意力引向下面的规则(III)：大部分非农企业的

① 我们可作这样的设想：在拥有少数工厂和一般公司的非农企业虽相等地供应美国，但它们将在人口中心附近或说得更正确些，在消费中心选择其区位。根据美国国势调查局的方法为基础的我的计算，1929 年零售的重心是在印第安纳波利斯之东，这一地点最远的周围，我指的是伊利诺伊、印第安纳、俄亥俄、密执安和肯塔基各州，的确拥有许多非寻常形态的工厂。在拥有不到 25 个工厂的 45 个工业中，有 11 种工业在这里表现出不成比例的数目，其中有制造火柴、纸板、自行车和摩托车、雕刻品和其他产品的工业。但这并不给人以深刻印象。看来最重要的乃是全国性销售量极大的各公司提供一个例子。而辛辛那提的许多大肥皂厂则提供另一例子。辛辛那提就位于零售重心的附近。从这一地点，它们向全国提供某些种类的肥皂。因为运费在肥皂制造业中系一重要项目，而供给来源地又位置优越。所以这一区位看来选择得特别好。在这一地区中的其他例子是底特律的汽车工业和芝加哥的美孚石油公司的精炼厂。但不能忘记在计算零售重心时，距离是用航线来表示的，所以运输路线和运费率被忽视了。当把这些加入考虑时，在运输路线方面位置有利的芝加哥似乎很可能在重心中是真正的受惠者。在密西西比河以西，运费率要高得多，而加拿大则没有列入我们计算之内。如果对这两个重要因素加以考虑，那么，零售贸易的重心中心会移向西北，即转向芝加哥。如果是这样，那么，消费的重心中心会对区位的发展起着特殊的作用。事实上，密执安湖周围各州，以芝加哥作为它们的中心点，是美国北部唯一的一些地点，在那些地方，在 1919～1929 年，就业人员数目不是减少而是增加了。据 T. E. 汤普森：《制造业的区位，1899～1929 年》(T. E. Thompson, *Location of Manufactures*, 1899～1929)，华盛顿，1933 年，第 50 页以下。

② 但不是与地区有关，因为人口密度是极不均衡的。

市场网络，在空间上是广泛分布的，例如，“地带”对我们理论经济几何学的破坏远比“区”为小。这就大大地加强了印象，即总之，大多数非农企业的空间分布，是与我们的理论模式极其符合的。

(2) 第二种反对可能是，我们的考察所根据的制造业普查，并未把所有的非农生产包括殆尽。年产量在5000美元以下的企业、零售商店的副业生产、建筑业、大部分手工业、小磨坊，等等，均未包括在内。但恰恰是这些企业特别符合这一规则：小市场区，规则的和广泛的分布及分散。除了工业以外，农业、贸易、银行许多个人的服务业及大部分行政机关，至少能满足最后所述的两条标准。所以，除了我们能在任何地方找到例外的以外，我们只需提到像矿业那样典型的不规则分布的经济部门就够了。在美国经济的各个部门内经济活动的大多数区位，从总的说来，可以很好地纳入我们简单的理论图景中来。

(3) 第三种反对可能强调：一个州内生产和消费相等的事实，仍然是不能证明它们产品的大部分是输出的、消费的部分是输入的。例如，美国的西北部和东南部是最重要的两个生产木材的地区，但它们是相互供给的，因为前者只生产软木，而后者则以生产硬木为主。但经验指出，专业化和重叠很少能看得出来。照例，不同性质的商品任何地方都生产着，因之，最多只有它们的个别变种在各地区才有所不同，而且即便如此，销售半径常常是很长的。但市场附近地区是极重要的，因为绝对距离的增加，市场变得稀少了。关于这点，下面将加以讨论。在另一方面，生产和消费间的差别可以只是外观上的，因收入或零售虽可成为消费的良好测定方法，但在个别场合，它们并不常常如此。如果以这样的计算方法为基础，那么南部会有一种人造冰的剩余，而北部就必须要有输入。但在此场合，完全明白的乃是南部的消费超过平均水平以上，而北部则在平均水平以下。因之，当把各种情况加以考虑时，第三种反对意见在极大程度上便失去意义。

(4) 第四种反对，可能是在生产区域内部所消费的产品的比例，本质上取决于地域规模。世界产品的100%是在国内消费的，美国生产的产品95%亦如此，个别州的产品60%[①]是当地消费的，但每个工人的产品却没有一种是由工人自己消费的。这60%的比例绝不算很高，所以，当我们想到这一事实，即美国整个国家由于低廉的运费和没有关税的阻碍，或文化上语言上的隔阂，对于每一个生产者都是开放的。但其大部分的销售却局限于像一个州那样较小的地区中。

上述的四种反对，都已证明没有一种具有决定的意义。但自然，我们不能否认，不管它的范围如何，我们对于美国非农生产的半数的考察，毕竟只是决定每一单独区位及其市场位置的一种不完全的方法——这对于一个单独的考察者来说，已是一个不可能的工作。结果，本研究与其说是要对现实与理论大纲的主要特征之间的一致性提出严格的证据，不如说是要提供一种强有力的推测。

① 在个别的州，在面积上差别很大，面积和自给率的关系，至少就非农生产有关而言，扰乱得特别厉害，这是由于下述事实：面积大的州，主要是农业的；小面积的州，则有许多各种工业，它们真正的需要是为其他的州生产产品。

这就德国来说也是同样真实的。根据伊森堡有价值的描述①，为了满足地方需要，从事手工业和工业的就业人口比重是很大的，但按个别区域来说，数量上的差别却很小(表 20)。连同小旅店和零售商店在内(在德国，每 1000 人口中各为 13 和 25)，它们代表着地区非农的基础的较大部分(参阅本书第二篇《经济区论》末尾的总结)。

在表中，符腾堡输出工业的重要性和鲁尔煤田的吸引力已很明显地指出来，而在东普鲁士则除了参加地区基础建筑以外，几乎不存在一种非农企业。

表 20　每 1000 居民中的就业人数(德国)

	东普鲁士	符腾堡	鲁尔	全德
建筑业	30	32	26	38
满足地方需要的其他企业	30	32	39	32
保证满足全区需要的企业	26	30	31	24
非农的基础建筑中就业总计	86	94	96	94
依赖原料的企业	1	3	126	21
供给其他需要的企业	12	147	39	92
非农的基础建筑中就业总数	13	150	165	113
非农企业的总计	98	244	261	207

§2　农业

乍看起来，北美北部农场的分布似乎是非常参差不齐的，如果

① 伊森堡，《德国东部中心地的结构形态》(G. Isenberg, *Struktur und Gestaltung der Zentralen Orte des deutschen Ostens*)，莱比锡，1941 年，第 29 页。

不是高度的不规则的话。在东北部，工业占着决定性的优势，至于国家的其余部分，则常常描述为大部分地区或主要是农业的。因之1930年，在罗得岛农民的比例占人口的2%，但在密西西比则占68%。就美国全国来说，平均为25%。如果到处都希望农业与非农业的均衡分布，那么，在罗得岛，25%－2%＝23%，就将放弃其他的职业而从事农业，其余的77%仍能留在他们从前的职业中。但在美国大多数州中，由于这一改变，人口的极小部分会受到影响，在10个州中受到影响的人口少于5%；29个州中少于15%，5个州中则大于25%。[①] 因之，除少数例外，农业的基础建筑与非农业的上层建筑向正常比例的偏离并不像乍看起来那样涉及极大部分的人口。

基础建筑的农业网络本身则更为划一的和更为重要。它的密度不是从农业人口对人口的其余部分的比例的结果，而是农业人口对土地之比的结果。[②] 在密西西比河以东，至少在那里集中着美国极大部分的人口（图64）。这些差别（即人口密度的差别）远较农业对经济总体之比的差别为小，如罗得岛和密苏里州间的差别，从1∶34缩小到1∶2。总之，过渡具有极其缓慢和规则的性质。所以，在一个单独的经济景观内，差别常常予以忽视。总之，一方

① 最高为密西西比，是43%；阿肯色为35%；南、北达科他为32%。

② 农业人口对总人口之比，对农业土地价值的影响要大于受人口密度的影响。随着靠近大城市，价值就提高。在东北工业区的广大地带和其西边延伸的衣阿华及其附近的肥沃土地则达到最高水平。个别变化主要取决于土壤性质的差异。见美国农业部《每英亩农地和建筑地的价值》(*Value of Farm Land and Buildings per Acre*)，以1930年普查为基础。

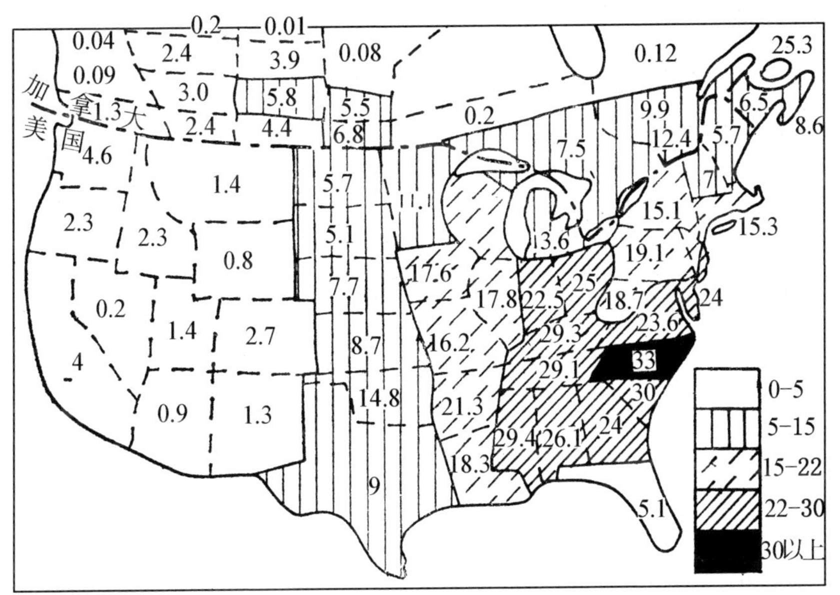

图 64　北美(美国 1930 年,加拿大 1931 年)每平方英里的人口(《美国统计概要》和《加拿大统计局 1931 年全国普查》之《农业普查》)

面,农业人口从东到西,另一方面,从中央向北、向南逐渐稀疏。[①] 结果,最高密度在全国东中部找到,即在北卡罗来纳州这个烟草州。许多原因一起在起作用[②],但大体上说,两种基本力量的影响是十分明显的:气候和对市场的接近。向北气候寒冷;向南气候炎热;向西气候干燥,对于集约的农耕不利。同样,离内地最重要的

① 但在工业区,它远远超过平均数以上。虽然农民对总人口比例在那里特别小。反之,在西部干旱地区的几乎所有各州,拥有农业人口在平均数以上,但其分布是特别稀疏的。在农民只占不到人口总数 40%的各州中,即有 3/4 的州中,其规律是农业人口的密度低于州的人口较高的比例。

② 在人口比较稠密的南部,对迁居稍稍倾斜,带着许多孩子的低工资家庭,就阻碍了用机器替代人力。还有其他因素,但在此不能详细深入。

市场的距离也在上述所有三个[①]方向增加起来。

最后，密西西比河以东的一个农场的典型规模变化并不大，因之，这个重要地区颇为规则地点缀着农场。[②]

二、不均衡的分布

§1 非农企业

当非农企业只在少数不规则分布的地方发生时，自然立刻发生这样一个问题：为什么区位恰恰选定这个或那个地方？答案

① 由此看来，美国农业人口的密度只在这里根源于气候和对一个市场的接近[H. 恩格尔布莱希特："北美农业经济部门的区位"，载《经济年鉴》[H. Engelbrecht, "Der Standort der Landwirtschaftszweigein Nordamerika", *Landwirtschaftliche Jahrbücher*, XII, 1883 年, pp. 459—509)]。恩格尔布莱希特按照杜能的意见，从它们来解说它的性质，做了几乎被忽视的尝试。的确，某些联系是无误的。在理论上说一种作物每英亩的自然产量较高，必然是离市场较近之地生产的，在工业的东北部（新英格兰，大西洋沿岸中部和东北中央各州），在 1930 年包括人口的 57%，在那里生产的重要作物占当年全美总量的比重是较高的，而它们每公顷的产量也就比较高。

由新英格兰、大西洋沿岸中部和东北中央各州所提供的
各种谷物的自然产量占全美总产量的比例

	每公顷产量	东北部的份额(%)
棉　花	1.7	0
裸　麦	8.0	21
小　麦	9.4	27
燕　麦	11.5	37
玉　米	12.8	39
牧　草	32.0	41
马铃薯	73.8	47

② 参阅 O. E. 贝克的图"农场的数目、规模和类型与农产品的价值的简图"(O. E. Baker, "A Graphic Summary of the Number, Size and Type of Farm, and Value of *Products*", *U. S. Department of Agriculture, Miscellameous Publication No. 266*)，华盛顿，1937 年，第 6 页。

也就容易找到。几乎常常有着一种极重要的因素，它往往成为选择某一地区的唯一的决定原因；或者相反，有些过度小心的著作家则通过追加其他任何可以想到的区位影响而使这一因素弱化。所以，毫不足奇，关于钢铁、化工、机械、玻璃、钟表、采矿、造船和其他工业的区位，存在着极其丰富的文献。[①] 但关于分散分布的工业，如棉纺织厂、酿造厂、雪茄厂、麻厂、窑厂、砖厂则很少有人写作。甚而对于银行和手工业也是如此。规则和不规则分布的意义在文献上恰与它们在现实上的情况相反。

像生产指向或运输指向等概念只描述区位，这些概念并未解释区位。实际上，推动企业家进行选择的理由或许能解释企业为何位于该一地点，但这些解释常常没有说服力；最重要的各种可能性的正确计算，或许能令人信服，但是极其困难的，而且严格地说是不可能的。

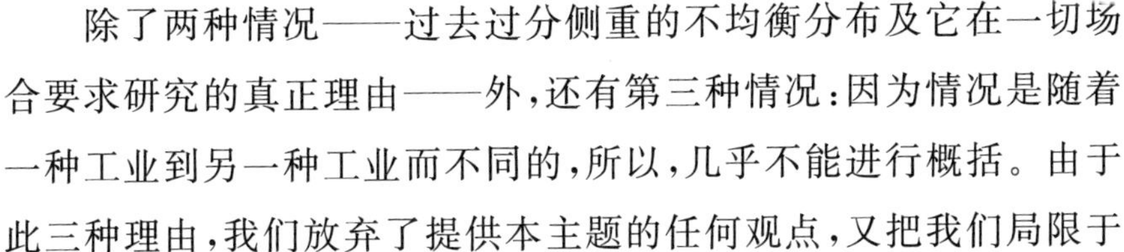

除了两种情况——过去过分侧重的不均衡分布及它在一切场合要求研究的真正理由——外，还有第三种情况：因为情况是随着一种工业到另一种工业而不同的，所以，几乎不能进行概括。由于此三种理由，我们放弃了提供本主题的任何观点，又把我们局限于

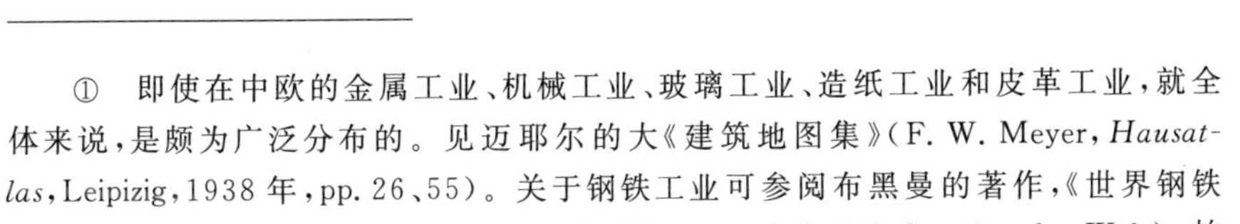

① 即使在中欧的金属工业、机械工业、玻璃工业、造纸工业和皮革工业，就全体来说，是颇为广泛分布的。见迈耶尔的大《建筑地图集》(F. W. Meyer, *Hausatlas*, Leipizig, 1938 年, pp. 26、55)。关于钢铁工业可参阅布黑曼的著作，《世界钢铁工业区位》(Buchmann, *Die Standorte der Eisen- und Stahlindustrien der Welt*)，柏林，1927 年，第 17 页。

广泛文献的叙述。关于这点，T. 巴朗特尔提出了卓越的评述[①]也可参阅关于区位问题的文献。[②]

区位的变化给不规则集聚的非农企业提出了一个突出的重要问题。这是与均衡分布的非农企业的场合下与城乡间或大小城市间的变化相符合的。讨论工业的这些迁移比提出它们原来区位的理由要容易些。因为照例，它们是更加明显的，而且是有合理动机的。再者，人们能依赖在新区位与旧区位进行比较时所作的正确计算。最近数十年来，已发生了这种大规模的迁移。如美国的棉纺织工业大量迁往南部，美国和德国的钢铁生产较缓慢地迁往铁矿产地，英国工业决定性地趋向英格兰中部和南部及其他等等。[③]在第一种场合，许多旧企业实际上是关闭了，在其他两种场合，新工厂吸引到新的区位上。在头两种场合，最重要的直接原因，是生产上的节约。在第三种场合，显然是在销售费用上的节约。较深

① T. 巴朗特尔：《区位理论的贡献》(T. Palader *Beiträge zur Standortstheorie*)，乌普萨拉，1935 年，第 408～416 页，也可参阅《德意志计划工作文献》(*Arbeitshefte zur Reichsplanung*)，第 5 分册，1935 年。

② 关于非农企业的大群区位的一种明了的叙述，可参阅 M. 普芳斯密特："关于空间秩序和居住服务"，《企业经济手册》(M. Pfannschmidt，"Raumordnugs—und Seidlungsfragen"，*Handwörterbuch der Betriebswirtschaft*)，第 2 版，斯图加特，1939 年，第 1270 页以下。

③ 在美国，制鞋工业从新英格兰向中西部的部分迁移是另一个例子。见 E. M. 胡佛：《区位理论与鞋、皮革工业》(E. M. Hoover，*Location Theory and the Shoe and Leather Industries*)，马萨诸塞，1937 年。一本未出版的 M. 佩特尔斯的《比利时经济的区位图像和空间秩序政策的可能性》(*Das Standortbied der belgischen Wirtschaft und die Möglichkeiten einer Raumordnungspolitik*)其中有关于比利时工业从中部迁到北部新煤田开发区的可能性的有趣论述。因为该地是输出的，所以由于英国工业向南迁移，它就能自由地接近大市场。

的原因是美国内战和第一次世界大战的后果。在炼铁工业的场合，是优良铁矿的耗尽，或者是有效利用较贫矿石的更适宜方法的发现。

农奴解放和南北战争给失败的破坏的南部企业精神以挫折，造成低廉的劳动军。这一劳动军的存在，由于前棉纺织工业中心新英格兰的工会联盟的力量增加，就更具吸引力。再者，就成品留在南部而言，也可节约若干运费。[①] 此外，在南部，赋税和建筑费较低，动力也低廉，而且由于关税关系，一般地说，相对价格也降低。最后空气调节器的发明，使南部可不依赖于新英格兰的气候，它的湿润特别适宜于棉纺织工业。所以，许多早已建立的纱布工厂，特别在马萨诸塞州都关闭了，来到南部重开，当新企业已证明它们的能力能在那里生存以后。密西西比以东各个产棉州在总生产中的份额几乎不中断地提高起来，即从 1880 年的 6%提高到 1929 年的 56%。反之，马萨诸塞州的份额则从 38%降到 15%。[②]

北美钢铁工业缓慢地从宾夕法尼亚东部，通过宾夕法尼亚西部和俄亥俄向芝加哥前进。但这种转移过程几乎并没有像棉纺织工厂那么猛烈。宾夕法尼亚的份额只从 1890 年的 58%下降到 1929 年的 35%。移动所以缓慢是因为来自苏必利尔湖的矿石运

---

① 虽然运费的实际节约只等于 5%，但连同一切追加的费用，如保险费、利息等等，它可以达到两倍以至三倍之多。L. G. 麦克弗森：《铁路运费率》(L. G. Macpherson, *Railroad Freight Rates*)，纽约，1909 年，第 54 页。

② A. 浦雷多尔："美国棉纺织工业的迁移"，载《世界经济文献》(A. Predöhl, "Die Südwanderung der amerikanischen Baumwollindustrie", *Weltwirtschaftliches Archiv*)，XXL，1929 年，第 66～80、106～159 页。

费是如此低廉，矿石开采又如此丰富，以致能负担把它们运输1200英里到宾夕法尼亚煤田区。[①]但随着矿石品位的降低，废钢铁重要性的增加（芝加哥很丰富），自从雪曼斯·马丁生产方法发明以后，而且加上煤的更充分利用，在中西部，特别在芝加哥，生产的有利日益变得明显了。除此以外，再加上与日益增长的市场密切靠近——根据浦雷多尔[②]的意见，这是一个决定的因素。这样，煤就靠近铁矿：一部分是在水路的起点，另一部分又是水路的终点。可参阅《经济与统计》(*Wirtschaft und Statistik*)，1942年，第306页上很好的图。

在德国，一次世界大战以前，当托马斯炼钢法[③]成为可以利用洛林的低品位矿石之时起[④]，也向铁矿石方面转移，最近尤其是如此，因为向低品位矿石转移，像往德国中部和西部产地转移，成为必要的了。像在芝加哥附近的格雷一样，柏林附近的亨尼希斯多夫也是如此。靠近大废金属和销售市场最后发生了重要的作用。[⑤]

---

① 在第一次世界大战前，每吨生铁需3吨洛伦斯的铁矿石，但只需1.5吨美国的矿石。

② “美国钢铁工业的地点分布”，载《世界经济文献》(A. Predohl, “Die örtliche Verteilung der Amerikanischen Eisen-und Stahlimdustrie”, *Weltwirtschaftliches Archiv*)，XXLII，1929年，第286页以下。

③ 技术的发展使区位一再发生变化，特别是钢铁工业。在中世纪，它寻求与铁矿石、森林和水力的结合，当森林和铁矿石储备耗尽时，它又转移了。

④ 洛林铁工厂比起鲁尔的优点在于生产费用的低廉和与德国南部、西部市场的密切靠近。

⑤ 参阅F. S. 霍尔：“工业的区位化”，《商业部，制造业普查，第12次》，(F. S. Hall “The Localization of Industries”, U. S. Department of Commerce, *Twelfth Census of Manufactures*)，1900年，第一部，第190～214页；H. 舒马赫：“德国和美国巨大工业的移

至于英国的工业向南部(威尔士除外)特别是向伦敦区移动问题，除了气候和景观以外，还提出了若干理由加以解释。一方面，南部大消费中心的重要性和政府订货的重要性增加了，虽然对外贸易进一步衰落。在另一方面，电气化已使与南威尔士和北英格兰各煤田的分离成为可能。除此之外，也发生炼铁工业离开煤田靠近铁矿的移动。

这些离开煤田和海岸的移动，连同煤炭输出[①]长期的衰落，以及部分优质煤田的采尽[②]，对南威尔士、达勒姆、西坎伯兰和苏格兰的贫困地区的形成。比大萧条地区起着更大的作用[③]，而在理论上拒绝地区工资的降低，延缓了经济的恢复。反之，在伦敦区，劳动组织的力量并不很强。此外，贫困区域直到那时是适应

动"("Die Wanderung der Grossindustric in Deutchland und in den Vereinigten Staaten")，《斯摩什尔年鉴》，1910 年，第 451～482 页，和布黑曼等的《世界钢铁工业的区位》(Buchmenn et al., *Die Standorte der Eisen-und Stahlindustrien der welt*)，柏林，1927 年。

① 大约占运往世界的一半，但由于运费，各产煤区大部分供应位于距离运输最近的欧洲部分。这样，南威尔士的煤在意大利与南部相竞争，纽卡斯尔的煤在斯堪的纳维亚与北部相竞争，结果德国的煤减少了，特别是大罢工(1926 年)以后。再者，石油和水力的日益增长的重要性影响英国煤的出口，这对于降低大宗货物进口运输具有基本的重要性。

② 例如，英国煤矿平均比美国煤矿深 3 倍，而且要有长的坑道。见 L. 卢宾和 H. 埃弗里特：《英国煤的困境》(L. Lubin and H. Everett, *The British Coal Dilemma*)，纽约，1927 年，第 130 页。

③ 参阅 H. J. von 舒曼：《从战事以来大不列颠的工业区位困境》(H. J. von Schumann, *Standortsänderungen der Industrien in Grossbritannien seit dem Kriege*)，朗根萨尔扎，1936 年；J. 乌利希："大不列颠的贫困地区"，载《经济曲线》(J. Uhlig, "Die Notstandsgebiete Grossbritanniens", *Wirtschaftskurve*，1938 年，pp. 63—80)。巴尔罕报告，《皇家委员会关于工业人口分布报告》(*Rayal Commission on the Distribution of the Industrial Population*, Cmd 6153)，伦敦，1949 年，以及其他。

于输出的，与内地市场曾有着很差的交通联系。[①] 从1935年以来，空袭对东南部所造成的最大危险，已使迁移倒转过来。

§2 农业

农业也显示出生产地理分布上极不均衡的许多例子。我只提出各种地带和杜能环圈就够了。这些地带和环圈大规模地[②]在整个世界上环绕着西北欧许多城市[③]，并且以粗略的形式围绕农庄

① 这样，贫困区域委员会忠告说，他们的生产主要为他们自己的需要，而且当可能时才购买国内产品，这样忠告是对的〔《特区委员会的第一次报告》(*First Report of the Commissioner for the Special Areas*)，伦敦，1935年，第80页〕，虽然把一个国家的失业负担部分转嫁给另一个国家是困难的，因为方法上是可疑的，而且会遭到外国的反抗，但在一个国家内部，这种尝试可能成功[参阅C.亨圣克来佛：《失业和对外贸易，一个理论的研究》(C. Hasenclever, *Arbeitslosigkeit und Aussenhandel, Eine theoretische Studie*, 1935)；特别是G. von哈勃勒：《国际贸易》(G. von Haberler, *Der internationale Hardel*)，1933年，第190页以下；英文版，1936年，第259页以下]。

② H.巴克：《一个粮食独立的欧洲》(H. Backe, *Um die Nahrungsfreiheit Europas*)，莱比锡，1942年，第57页。

③ H.台根考察了汉堡供应区，杜能是据此得出他的理论的。他指出，就全体来说，杜能的理论仍然有效，虽然今日自然和人口的差别由于运费降低而更强力地明显。参阅H.台根：《杜能圈境和魏格曼古代国家的法则》，载《经法研究季刊》(H. Decken, "Die Thünenschen Kreise und Wagemanns Alternationsgesetz", *Vierteljahrshefte zur Wirtschaftsforchung*)，XVI，1941～1942年，第220～230页。每英亩的实物收入随距离的增加而减少了，一部分因为耕种成为较不集约；另一部分因为大规模雇用低廉劳动力所完成的高收获(马铃薯)，由于把马铃薯制成酒所需的追加投资而缩小了。所以集约与距离长短无关，而可能在同距离上有所不同(谷类作物粗放耕作和第四圈境中乳牛场的集约生产是并列的，并不是彼此间隔的)，所以，集约就呈波浪式地有规则地逐渐降低。魏格曼的"交替法则"并不是令人信服的。

以及个别的农场。[1] 我从摩勒·维尔的辛勤劳作的考察中〔《桦树林地中的耕作地》(Millerwille, *Die Ackerfluren in Landesteil Birkenfeld*),波恩,1936〕借来了一个很好的例子。他首先指出在18世纪一个农村的共有土地随着离村渐远,明显地可看出耕种逐渐粗放(施了肥的土地,空旷的牧场,空旷的林地与森林)。“随着离经济中心——村庄——的距离的增加,从自然景观发展种植景观的创造力就失去它的集约性”(p. 63)。今天集约程度的增加,已进一步使各种差别模糊起来。但在距离很远的地方,像在比肯费尔德地区,可耕地仍分为二:内圈地 J,作物进行三年轮作制,并经常使用厩肥;外圈地 A,施肥较少,实行 5 年到 6 年的轮作制,其中甜菜完全不种植了,代之以单位面积自然收获量较低的燕麦或支出较少的豆科饲料。[2] 摩勒·维尔能明白地指出在乔治·卫尔巴赫村中除了土壤性质有一定差异外,距离也起着作用。他在一幅地图上把农民需要同等时间运输肥料的一切田地都联结起来,划一条线,这条线,他叫作“肥料等时线”(图 65)。在 J 区内前往农田的最长时间为 50 分钟,在 A 区为 2 小时,每天至 J 的车数和重量能比运至距离较远的 A 区多达两倍。因为 J 是较低的。除

① 环绕一个生产场所的圈境内要组织耕地比在一个消费地开垦耕地具有更大的强迫性〔H. 摩勒—明尼:《南方科隆人的猪圈园艺》(H. Müller-Miny, *Die link srheinischen Gartenbaufluren der Südlichen Kölner Bucht*),莱比锡,1940 年,第 58 页〕。也可参阅 H. V. 杜能:《孤立国》(H. V. Thünen, *Der isolirte staat in Beziehung* auf Landwirtschaft und Nationalökonomie),耶拿,1921 年,98 页以下。

② 与生产的区位不同,环绕城市周围的圈境,当它们环绕一个农村时,支付起着同样作用,因为同一总费用的一部分是与随着从农村至农田的运输距离而变化的运费所表示的。

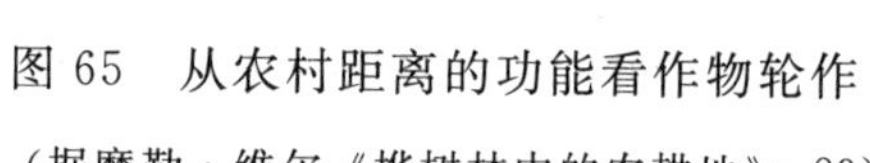

图 65　从农村距离的功能看作物轮作

（据摩勒·维尔：《桦树林中的农耕地》p. 89）

了运输所需的时间以外，相对费用对 A 来说是较大的，因为上坡时驮兽和车辆都很费力。这些巨大的差别结果产生了在 J 区采用三田轮作的方法，在 A 区采取五田轮作的方法，后者需要施肥较少。因此，E. 舍伊菲里德在其《符腾堡的计划集团和经济、居住的尝试》〔(E. Seyfried, *Versucheiner Planmassigen Wirtschaft und Siedlung in Württemberg*)，海尔堡，1936 年，第 58 页〕中正确地提议：由于距离关系，在外线土地收获较少的土地上，可考虑在现有农村之间建立新的岛状居民点。种种不利之点，可参阅第 145 页注末尾。

舍伊菲里德的书附有地图(图 2、6、8),很明显地指出:随离与无争议的经济景观中心斯图加特距离的增加,人口密度就全体而言降低了,从事农业的人比例增加起来,农业企业的规模增大。所有这些,恰和理论相符合。农村就平均而言变小了,或者至少不普遍了,而且在遥远的地方成为个别的农村。

三、作为区位因素看的国家边界

马克思·韦霍曾出版了一本关于德国—瑞士边境工业的有意思的考察著作《作为区位因素的边境,上巴登和瑞士的边境工业的探讨》(Max Weh, *Die Landesgrenze als Standortfaktor, untersucht an der Oberbadisch-schweizerischen Grenzindustrie*),他顺利地区别了导致瑞士企业家们将其企业移至德国的种种理由和把它们建立在边境地区间的种种理由。在上一世纪,在大多数的场合,决定性的因素是为了节省德国的关税。这可以从例如巴登参加了德意志关税同盟和 19 世纪 70 年代末德国采取保护关税后,上巴登工业繁荣的例子中明显地看出来;这可以从第一次世界大战后若干瑞士分厂从上阿尔萨斯迁移到巴登边境地带的例子中较显著地看出来。在少数例子中(如韦倍尔特),由于迁移结果,也产生了德国专利法。所有这些是防卫措施,旨在保持一个市场,而不在于扩大生产〔E. 瓦尔德舒茨:《伸入德国边境地区的瑞士工业地岬》,《福朗克福讨论》(E. Waldschütz, *Die Schweizerischen Industrieunternehmungen im Deutschen Grenzgebiet*), 1928 年,第 24 页〕。

在早期,黑森林带低廉的劳动力是另一个优点,这或许是最重

要的优点。它是导致“新公司侵界设立”的引诱力。但这些是越过边境的移民工人在瑞士国内是否未曾能加以利用，是一个待议论的问题。值得注意的乃是从19世纪末叶以来，不少工厂常常迁移到德国，但企业本身仍留在瑞士。其所以这样，是有两组原因的：

第一是节省捐税，因为捐税的负担在瑞士是较轻的。这种节约在1926～1927年达到销售价的5%。韦霍甚至提出了这样一个情况：即瑞士的捐税约占纯利的20%，而在德国则达63%。[①]结果，即使原由德国人经营的少数企业也迁移到瑞士的土地上来。

第二组理由对于在边境地带建立分厂，从运费变化的观点看是如此不利同时提出了解释。在这场合，一个分厂能由内地的管理局加以管理，雇用瑞士的重要人员维持着瑞士的金融支持者的接触。此外，在早先的时候，在边境上工资较低；与当地行政官吏的直接交涉也是便利的。像美琪、维倍尔特、舒卡特、维林格和许多重要的纺织工业、化学工业和冶金业等边境企业并不是可予以忽视的例外。[②] 可参阅本书第15章。

关于加拿大和美国边境上选择区位的重要性的研究，也加强

---

① 即使在德国，捐税负担是区位的一个重要因素，它在德国境内也随着地区的不同而有极大的变化。1930～1931年，在普鲁士市政府所征收土地捐税的额外税在100%～600%间浮动着，在首都对非农企业的捐税则在200%～3200%间浮动。K.布鲁宁提供了另外一些例子。他所著的《在边境地区管理和经济成功的例子》(K. Brüning, *Beispieleüber Auswirkungen der Ländengrenzen auf Verwaltung und Wirtschaft*)一书(汉诺威，1931年，第44～49页)是我的有关德国边境对区位影响的资料来源。

② 另一方面，韦霍提到在瑞士边境只有一种德国企业分厂。显然对大多数企业的分厂，瑞士的市场是太小了，或者关税保护并不高到足以使逃税有利。

了这种印象。[1] 美国在加拿大的投资在1933年约达40亿美元。加拿大所生产的汽车、橡胶产品、电气器具和其他产品的一半以上，都是在美国人手中。但自然，即使加拿大属于美国的一部分，许多美国人的工厂分厂也会在加拿大建立起来。与问题有关的许多公司宣称，他们所以前往加拿大是由于接近市场。他们说这句话不仅由于节约运费和时间，而且由于与市场的发展保持密切的接近，并且也适应加拿大嗜好的较大可能性。如果关税壁垒能加以打破，毫无疑问，就在今天仍会有许多美国工厂向北迁移，以便利用工资较低和加拿大原料价格较低及加拿大若干地方土地价格较低的优点。因为我们必须相信，虽然在加拿大，非农生产的费用照例比美国较高，但这主要是人为的市场限制的结果。

但在另一方面，在没有政治边界的地区，许多企业的分工厂不会建立起来。第一，加拿大关税之所以提高，其公开的目的是为了吸引美国的工业部门(马歇尔等，上引书，第20页)。反之，加拿大的工业为了同样的理由抵制较高的关税，因为他们害怕这是立法者所期望的。边境的重要性可由下述事实得到进一步证明，即美国所有在加拿大的1000家以上的工厂中，约有9%是在边境城镇里，32%在实际上是边境线上的多伦多。例如，如果不是由于国际的边境线，那么，为什么美国汽车制造业者却在距底特律不过数英里的温泽沙建立分厂呢？有关公司的70%，冗赘地回答询问说，关

[1] 在这里的叙述和下面的一节，据H. 马歇尔等的《加拿大和美国的工业，一种国际投资研究》(H. Marshall et al., *Canadian and American Industry, A Study in International Investment*)，纽黑文，1936年。

税影响了它们在加拿大建立分厂的决定(上引书,第199页)。但在这里,牵涉到的问题不仅仅是加拿大的关税。此外,加拿大分厂在英帝国内能享受关税优惠待遇,利用这一点的约达40%,它们能提供英帝国,特别是澳大利亚市场。分厂不但能逃避国库的捐税,且能逃避民族的感情。分厂一旦在边界后面建立起来,它们便能享受加拿大关税的保护,而且能依靠一般本地货的广告(请买加拿大的商品!)而获得利润。固然,美国的入侵并不是在一切领域内都是相等的。例如,棉纺织工业,它的重要性很小,一部分因为英国有着优势,一部分也是因为这一工业中的个别企业规模相对较小。

与在瑞士和德国的情况不同,因为边界关系,企业从小国迁往大国,并在那里获得区位,这不是很普遍的。毫无疑问,其理由是加拿大还是一个不发达的国家,在许多非农企业方面还处于依附的地位,不能超越美国,而加拿大的市场则颇为广大,而且有发展前途,因而吸引了优越的美国工业和寻找投资的大量资本。但也有相反的情况。第一是在美国国境一边的牛奶场,因为美国对牛油的税收比对鲜奶为高,特别是在20年代,这出于鲜奶的运费占较高比例,所以,加拿大方面的农民发现把他们的鲜奶运往美国能获得较大利润,然后在那边边境附近,制成牛油。只有到了离边境一定距离上,加拿大船只才运输牛油而不运输牛奶。

当我们把加拿大—美国边境对非农企业选择区位的重大影响记在心上时,才容易了解加拿大的工业集团反对与美国联合的经济利益。在1937年,加拿大大草原各省确实曾讨论过与美国成立关税同盟是否对他们有利的问题。中西部的工业中心，特别是芝加哥和明尼阿波里斯，位置与它们较近，所以，由于它的较大的市场，比安大略或魁北克的工厂能更低廉地提供许多货物。一直到现在，这种计算的确是正确的。如无边境的阻隔，大部分艾伯特、萨斯喀彻温和马尼托会包括在邻近美国各中心的市场区域内，虽然对于重要产品的关税在任何场合并不是很高的，如对农业机械只有 7.5%。再者，愿与美国关税同盟的赞成者还能指出新斯科舍。如果国际边境能把大草原各省与他们最低廉的供给地割断的话，那么，它也把新斯科舍与主要出口的木材、鱼类和煤的最好市场——即波士顿隔开，后者比蒙特利尔和魁北克更靠近些。[①] 工业的广泛迁移要归因于这种因美国关税所引起的人为的限制，和由于加拿大关税所引起的生活费用的增加。加拿大市场的保护并不能补偿美国市场的损失。[②]

但对加拿大和美国的小麦市场图（见后面图 78、79）加以考察，就立刻可以指出大草原各省会以较贫乏的销售市场价格获得较低廉的供应来源地。加拿大的小麦地带会由于美国小麦区域在任何输入市场上不再占统治地位所遭遇的困难，而冒着在英国输入界失去优越地位的危险。那些引诱农业西部考虑同盟的同样理由必然就是使工业的东部拒绝同盟的理由。像我们已经看到的一

① 美国的煤比在温尼伯与蒙特利尔间的煤更加低廉。

② 参阅格拉斯："地方主义与国家主义"，《外交季刊》（Gras, "Regionalism and Nationalism", *Foreign Affairs*, VII, 1928～1929 年, pp. 454—467）；也可参阅《联邦内新斯科舍的经济幸福的琼斯报告》（*The Jones Report on Nova Scotia's Economic Welfare within Confederation*），哈里法克斯，1936 年。

样，绝大多数工业的存在，是归因于边界的。[①]

加拿大—美国边境的特征似乎是属于边境城市的区位类型。美国的关税法规定：每一个美国的“旅行者”如果出国至少为两天时，允许他每一月免税携带总值达100美元的日用货物。现在加拿大也有一种同样优惠的合理安排，即每三个月可以免税带入价值达100美元的某些特定商品。下面所引的统计时期，上述的法律还未实施，但因过境运输较大，所以偷运小物品如服装、烟卷等等是相当容易的。所以我们可以假定，大家所知的，在邻国中较为便宜的某些商品，便会特别大量地在边境沿线地点的零星商业中销售。这是实际情况。任何人只要在加拿大边境小城街道上漫步，就会对于大量的皮货商店和瓷器商店、服装店和珠宝商店的存在而感到惊奇。商品橱窗上的标志可以读到这样的说明：“地毯、皮货、针织品、英国瓷器和麻制品，加拿大的价格比较低廉。”漫步者也会对那些供美国人消费48小时的旅馆之多也感到惊异。至于其他种类的商业，他会完全不予理会。

为了对沿边境一带的零售业获得一正确的图景，我把恰在底特律对面的加拿大城市温泽沙的销售与同样大小但位置在内地的渥太华、伦敦的销售进行比较。1930年温泽沙每一个的零售额如

① 关于两国文化上的类似性问题，现在有许多人正在议论。但从西雅图到维多利亚，或从华盛顿到渥太华，或从纽约到蒙特利尔的欧洲观察者，由于不同的气氛，会得到一种印象。生活好像突然更平静了，更有秩序了，更像欧洲。美国在必要的场合会要保卫它的统治，恰与它要保卫联邦的理由相反。因为没有这种必需的对美国的保障，加拿大会失去英国的帮助。总之，我们把两国间的关系，最好不是与德奥两国间的关系来比较，而是与德国和瑞士两国间的关系来比较，后者还维持友好睦邻的关系。

下，是用伦敦相应的销售额的%表示的：

商品	%	
织物类	55%	在美国较低廉
烟卷	65%	
女装类	70%	
鞋	73%	
金属制品	81%	
总销售	96%	
珠宝类	132%	在加拿大较低廉
定制服装	160%	
皮货	355%	

（系根据加拿大自治领统计局，加拿大第七次全国普查，1931年，第10卷，零售贸易计算的）

在安大略的尼亚加拉瀑布城和距边境60英里并同样大小的圭尔夫之间的差别则更为突出。用后者的%来表示，则前者每人销售额如下：烟卷33%，鞋51%，女装43%，男装131%。当安大略的边境城镇萨尼亚和规模上完全同样大小但位于内地60英里的斯特拉福特进行比较，在女装与男装间也展示出同样的差别，即女装为55%，男装为230%。其解释是女装大部分采用棉布，男装采用羊毛，而后者在加拿大比较低廉，前者在美国较为便宜。这样，用英国棉布制成的外套在温泽沙销售为55美元，但在河对岸的底特律则需85元。不仅如此，加拿大北部还供应非常便宜的皮毛；而加拿大对于金刚石和英国瓷器的捐税并不像美国那么高。这解释了美国人为什么在加拿大进行大量购买。

反之，加拿大妇女宁愿在美国购买她们的服装、鞋帽。另一原因是她们把英国的式样看作是过了时的。在另一方面，男子们主要携带美国的香烟，因为这可少花钱1/4，虽然在正规地说要经受很高的关税。如果这种情况在程度上，在加拿大—美国边境较为特殊，那么，在一切边境上却多少是典型的。

第二十二章　城镇的区位

经济秩序的形成力量是任何地方都起着作用的，但这些经济秩序的形成力，只有当其相对纯粹地起着作用时，才能看出现实在怎样程度内与我们理论的结论是否相符。我们的假设是：我们是讨论一个自然条件均质的景观，在那里，聚落是按经济的观点而不是根据政治的观点建立起来的，是与现代经济组织的需要相一致，不受过去的影响。这一假设没有其他地方能比美国中西部那样完全地被实现。特别是其面积与英国相等的衣阿华这个富饶的农业州的情况，更是如此。在衣阿华拥有少数矿床，地表不是完全平坦的，常常有某些起伏，而且在某些地方甚至是丘陵地带，土壤的性质是不同的，因而土地的价值，农场的规模和种植的作物种类也有所不同。但所有这些差别都很小。自然条件显著的一致性不但反映在农业上，而且间接地反映在工业的分散上，工业主要提供邻近的农民或对农民的产品进行加工[H. H. 麦卡蒂：《衣阿华的制造业的趋势》(H. H. Mc Carty, *Manufacturing Trends in Iowa*)，衣

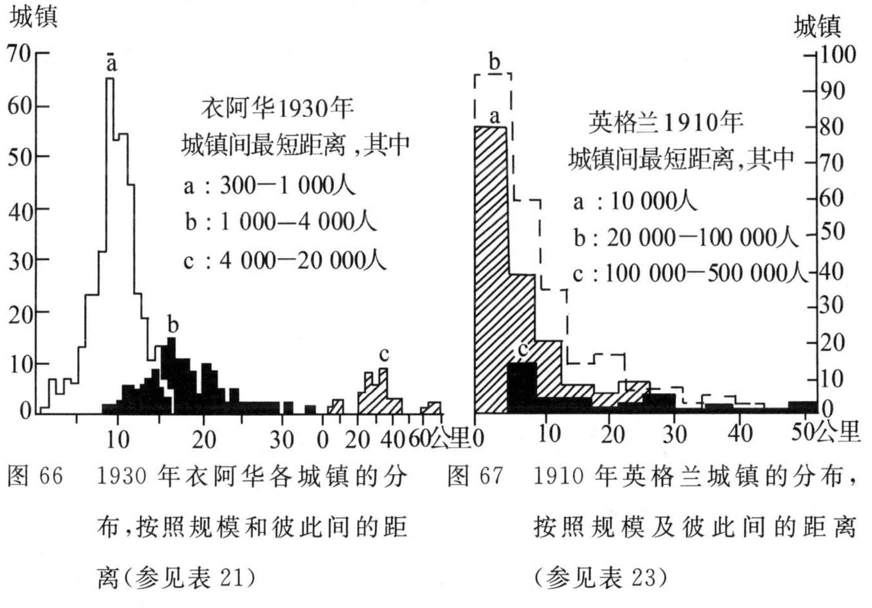

图 66　1930 年衣阿华各城镇的分布，按照规模和彼此间的距离（参见表 21）

图 67　1910 年英格兰城镇的分布，按照规模及彼此间的距离（参见表 23）

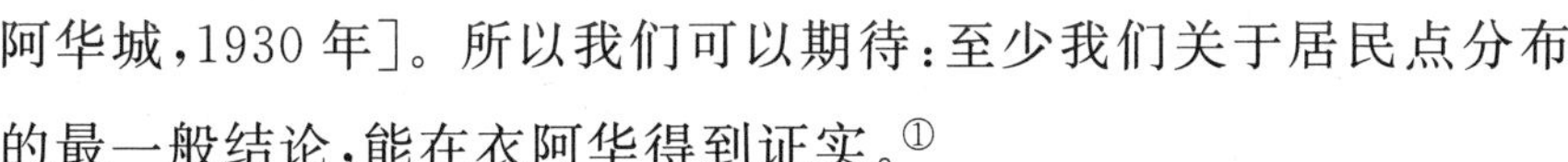
阿华城，1930 年]。所以我们可以期待：至少我们关于居民点分布的最一般结论，能在衣阿华得到证实。①

如果人们在图 32 中测定分隔一定数量的地区共同中心的最短距离②，如测定从 3 区到 5 区中心各点间的最短距离③，那么，我们便会获得由不同个体组合的一种特别常见的（模式）值。这样，对于每一种规模的城镇来说，都有着一种典型的虽在理论上不是很确切的距离。但是，即使最大的距离，在理论上被单纯地决定了，但我们只能用统计方法获得一种频率曲线，因为理论的假设

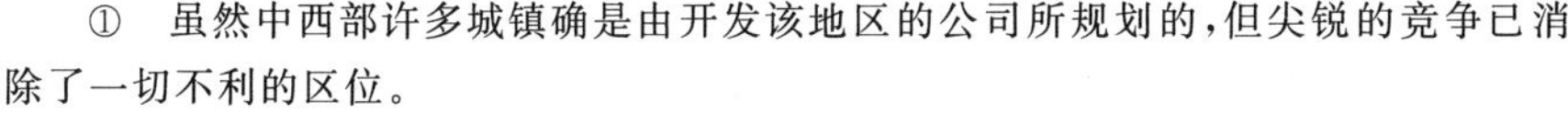
①　虽然中西部许多城镇确是由开发该地区的公司所规划的，但尖锐的竞争已消除了一切不利的区位。

②　那就是在每一场合下到等值的邻近点的距离。

③　因为在图中代表的部分是小的，所以，如果 3、4 或 4 区的中心各自分离地测定，那例子太少了。

只能近似地实现。我们可以设想随着城镇规模的扩大,分散定会增加起来,因为随着居民点规模的增大,观察的数量便会缩小。

我曾经测量过衣阿华分隔不同规模等级的城镇间的最短距离[①],而且给它们绘出明确的频率曲线(图 66 和表 21),结果,对于其他一群大草原的州如伊利诺伊、印第安纳和俄亥俄也是很好的,虽然不规则的情况多一些(表 22)。把这一群与位于它们之西的两州,即衣阿华和密苏里进行比较,就表明:在人口密度上向西减小,这是由于分隔城镇的典型距离增加的结果。这一点在图 68 中更明显表现出来。

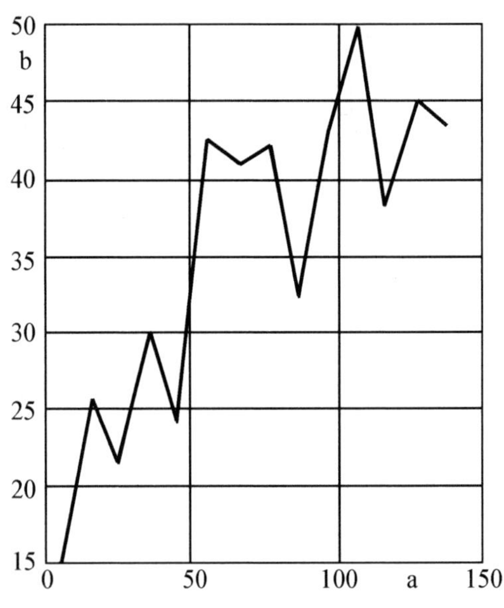

图 68　芝加哥以西城镇间距离的增加

a. 离芝加哥的距离用 mm 计算(1mm = 4.95km);

b. (1000～4000 人)的城镇间的距离。

我曾收集了有关拥有 1000～4000 居民的城镇的资料[②],这些城镇位于芝加哥以西约400英里的一条带上,几乎

① 关于确定等级限度的方法,可参考下面第二十四章,第 556 页,注①。

② 根据 M. 杰斐逊:"美国地理各州的若干因素",《美国地理协会年报》(M. Jefferson,"Some Consideration on the Geographic Provinces of the USA",*Annals of the Association of American Geographers*,Ⅶ,pp. 3—15)。

表 21　1930 年衣阿华城镇分布频率地图上离邻接的同等大小或较大城镇的航空线距离

(根据衣阿华袖珍地图,芝加哥,兰特·麦克纳利,1935)

距离 mm (1mm=0.85km)	居民点数		距离 mm (1mm=0.85km)	居民点数
	(300～1000 居民)	(1000～4000 居民)		(4000～20000 居民)
1	2	3	4	5
0～1	0	0	0～5	0
1～2	1	0	5～10	1
2～3	7	0	10～15	2
3～4	4	0	15～20	0
4～5	7	5	20～25	0
5～6	6	0	25～30	4
6～7	13	1	30～35	8
7～8	23	1	35～40	6
8～9	32	0	40～45	9
9～10	65	0	45～50	3
10～11	53	1	50～55	3
11～12	54	1	55～60	0
12～13	45	2	60～65	0
13～14	24	6	65～70	0
14～15	19	5	70～75	1
15～16	11	6	75～80	2
16～17	13	7		39
17～18	7	9	距离 cm (1cm=8.5km)	居民点数 2000～100000 居民
18～19	5	13		
19～20	0	15		
20～21	1	11		
21～22	1	11		
22～23	0	8		
23～24	1	4		
24～25		10		
25～26		9		
26～27		5		
27～28		2		
28～29		5		
29～30		2		
30～31		2		
31～32		2		
32～33		2		
33～34		2		
34～35		2	6	7
35～36		0	5	0
36～37		2	5～10	5
37～38		0	10～15	4
38～39		0	15～20	2
39～40		1	20～25	0
	415	15		11

表 22　美国不同部分城镇间的距离——地图上与邻近城镇或较大城镇间的航空线距离

（根据 M. 达斐逊:《美国地理各州的若干因素》）

距　离 mm (1mm=4.95km)	拥有 1000～4000 居民的城镇数				拥有 4000～2 万居民的城镇数			拥有 2 万～10 万居民的城镇数		
	伊利诺伊印第安纳俄亥俄	衣阿华密苏里	得克萨斯东部		伊利诺伊印第安纳俄亥俄	衣阿华密苏里	得克萨斯东部(1)	伊利诺伊印第安纳俄亥俄	衣阿华密苏里	得克萨斯东部(1)
			黑土地带	其余部分						
1	2	3	4	5	6	7	8	9	10	11
0～1	7	2	0	0	28	0	0	8	2	0
1～2	143	5	9	2						
2～3	111	51	12	4	70	8	7			
3～4	60	52	18	5						
4～5	20	64	17	8	68	9	4	20	2	0
5～6	4	18	8	12						
6～7	2	10	1	7	42	22	4			
7～8		1	1	14						
8～9			1	6	5	8	11	23	2	2
9～10				1						
10～11				2		1	9			
11～12				1						
12～13				0		3	1	9	2	2
13～14				1						
14～15				1			0			
15～16										
16～17							0	1	1	0
17～18										
18～19							2			
19～20										
	347	203	67	64	213	51	38	61	14	4
平均距离	2.9	4.3	3.7	6.3	4.8	6.6	8.8	8.8	14.9	19

(1) 少数城镇有着大于 20mm 的距离;在第 8 栏,1 个 25～26mm;在 11 栏,1 个 22～23mm,2 个 23～24mm,1 个 30mm;第 10 栏,3 个 22～23mm,1 个 25～26mm,1 个 26～27mm。

再者,在伊利诺伊、印第安纳和俄亥俄,有 6 个城镇居民为 10 万～50 万,3 个为 50 万～250 万个居民,相互距离平均为 22.5 或 62mm;在衣阿华,有 2 个城镇属于第一类(距离为 55mm),一个属于第二类。在得克萨斯,3 个城镇没有测算。

达到衣阿华的西部边界。这条宽约80英里，它的北部边缘乃是伊利诺伊北部边界的延长，其南部边缘位于芝加哥之南的相等距离上。这些居民点是按照它们离芝加哥的距离而成群地排列的。然后笔者按照每一群的城镇计算同等规模和较大规模的城镇间最短的距离。它表现出这种最短距离随着离芝加哥距离的增加而增加。但我们可进一步看到衣阿华在地图上约距芝加哥50～140mm，平均距离同时就是典型距离。当把这个州单独来考虑时，又进一步证明了在那里条件的一致性。

在两个毗邻区域的各城镇之间典型距离的变化显示了肥沃度

表23　1910年英国城镇的距离——地图离毗邻相同大小的城镇或较大城镇的航空线距离

（M.杰斐逊，上引书，也可参阅图67）

距离 mm（1mm=4.35km）	城镇数，拥有居民			
	1万[(1)]	2～10万	10～50万	50～250万
1	2	3	4	5
0～1	79	92	0	
1～2	38	58	13	
2～3	20	33	4	
3～4	8	13	4	
4～5	5	16	1	
5～6	9	9	2	
6～7	3	7	5	
7～8		2	1	
8～9		4	2	
9～10		2	1	2
10～11			1	
11～12			2	
总计	162	233	39[(2)]	4[(3)]
平均距离	2.1	2.6	6.5	14.5

（1）　不幸得很，第二栏的城镇规模等级在地图上没有明显地表示出来，因为比例尺小，在工业区内所有这些地点并不可以清晰地辨认出来。

（2）　其中3个是按16～17mm、20～21mm和33～34mm的距离分隔的。

（3）　在这些组内，其中一个的距离为12～13mm，另一个距离为24～25mm。

的差异。从而，在得克萨斯棉花地区小城镇的曲线便显出两个高峰。这是因为在一片肥沃的土壤上，黑土带穿过了该州，而位于黑土带的城镇，其位置的靠近要比其他任何地方大两倍。英国的城镇距离则有它们自己间隔的典型距离(图 67 和表 23)。

在这里，我们只提出这张表，将在以后说明。若干其他的例子能在文献中找到，虽然据我所知，没有人曾用统计资料加以证实。根据 K. 布歇的《国民经济学的诞生》(第一版，1937 年，第 49 页)，德国在中世纪末，约有 3000 个拥有城镇特权的地点，在南部和西部，其间的距离约为 4 小时乃至 5 小时的旅程；在北部和东部，约为 7 小时至 8 小时。[①] 总之，城镇有规则的分布在整个世界是非常普通的。

① 关于匈牙利大村庄的分布，可参阅 L. 德拉格尔："关于匈牙利大草原"，《地理学年报》(L. de Lagger ，"La plaine hongroise"，*Annales de Geographie*，Ⅹ，1901，p. 44)。也可参阅纽珀特的麦根堡美丽的地图：《空间研究和空间秩序》(*Raumforschung und Raumordnung*)，1941 年，第 64 页；W. 克里斯塔勒：《在德意志帝国的居住习惯》(W. Christaller，*Die ländliche Siedlungsweise im deutschen Reich*)，斯图加特，1937 年，第 169 页。

第二部　经济区

第二十三章　简单的市场区

美国特别适宜于市场区的考察。在这里，市场区能在一个透镜之下加以观察，因为距离，不论是进行心理的测定或用货币测定，与欧洲相比具有极少的意义。再者，美国人民的精神特别有利于大量的生产，因之，市场区一般比欧洲大。关于这个问题，已有一系列有用的研究，主要是由商业部、实业学校、个别学者、经济学术协会和规划局[①]来进行的。它们的方法不同。在我看来，最有用的是利用业务上的账簿和有关商业上转运的统计以及零售业区向消费者直接发出的询问表。在另一方面，是由少数广告公司耗资巨大出版的地图，特别是由全国复兴委员会本身所出版的地图。所有这些很少在科学工作上加以利用。[②] 这些地图，根据出版者的意见，认为应指出美国“自然贸易区”。作为这些区域划分基础

① 联邦一级的有“国家资源规划局”(即从前的“国家资源委员会”)。

② 比较好的、目前仍十分有用的是由 J. W. 汤普森公司为大商店出版的地区图《零售商业区》(纽约，1927)。图上指出大商店的位置，划出了它们之间的界线，这样，它们离附近中心的距离都是相等的。但这一方法，只考虑到运费，没有指出价格和种类的不同，或小商店之间的竞争。

的原理(交通条件、报纸传播的地区、零售业的贩卖来往、出售额、居民数量和收入水平等)及适用于划定界线的生产物(食品和供零售的杂货),对于这种"市场区"是过多了,以致没有任何正确的意义。

一、距离对于个别企业的意义

§1 错误的估计

这些研究的结果怎样呢?大家同意以下一点:许多制造业者以及批发业者和零售商都过度地扩大他们的市场区。他们把商品运输得过远,以致蒙受损失,地理的边际费用超过了边际收入。"许多制造业者允许他们的销售范围过远地扩展到无利可图的地域"[①],"许多小制造者在花巨大的费用用于全国范围内销售其商品方面犯了错误,结果只发现较大量的贸易能在工厂数英里之内以极小的费用而获得保证"。[②] "包括的领域过大了。实际上,看来确实是在有限的领域内能获得较大的利润。"[③]"广泛的概括是:商品分配者应在仓库内给经济分配半径内的零售商储存一定量的商品,并一般有跟踪服务的便利。在为扩大销售量而努力时,容易

① 国际杂志公司《销售控制上的贸易区体系,美国的市场图》(*The Trading Area System of Sales Control, A Marketing Atlas of the United States*),纽约,1931 年,图Ⅳ与Ⅴ。

② W. F. 威廉森:"零售小商品问题",美国商业部:《分配费用研究》(W. F. Williamson, "The Retail Grocer's Problems", *Distribution Cost Studies*),第 5 号,华盛顿,1929 年,第 14 页。

③ 纺织物批发贸易中就是如此。在那里,运费被认为在分配中起着从属的作用,见《纺织物分配问题》(*Problems of Dry Goods Distribution*),美国商业部:《分配费用研究》,第 7 号,华盛顿,1930 年,第 2 页。

看不到在经济的分配半径以外进行销售所负担的销售费用。"[①]在德国，"个别费用项目的计算……指出了许多为加强销售半径而建立的啤酒仓库，由于它们周转金少，不能补偿它们的高额费用"。[②]

对过远顾客联系的销售业的损失是什么？第一是过高的费用。[③] 威廉森在大都市对一家杂货商店做了调查，该店对离店半径为7英里内的家庭免交运费。每年25万美元的周转额恰与住

① J. W. 米勒德："批发业分配费用分析"（J. W. Millard，"Analyzing wholesale Distribution Costs"），美国商业部《分配费用研究》，第1号，华盛顿，1930年，第2页。

② H. 费什尔："作为合理化的例子的酿酒"《德意志国民经济》（H. Fezer，"Braureien als Rationalisierungsexempel"，*Deutscher Volkswirt*，1942年，pp. 1038—1040）。

③ 运费在如下场合，常被人忽视：(a)当与工厂价格相比时，平均运费的比例总是较低的。在美国，根据梅勒维克斯：(《法兰克福经济杂志》，第八卷，第8页)，纺织工业中只占4%，制鞋工业占10%，谷类24%，焦煤、盐34%，牛奶42%，天然石51%。(b)与工厂价格相比，每一吨英里的运费较低。参阅下表有关德国的情况：

	a	b	c	d	e	f
建筑用石材(勃兰登堡)	7.90	16.80	213	20	8.1	F
褐煤(煤砖，莱茵)	12.85	12.50	103	10	3.9	6B1
烟煤(煤球、莱茵—威斯特伐利)	17.00	12.50	74	10	3.4	6B1
块状石灰岩(鲁特尔斯多夫)	21.50	16.80	78	20	5.2	F
硅酸盐水泥(柏林)	31.80	16.80	53	20	4.1	F
马铃薯(黄色)(g)	42.70	13.10	31	20	3.6	G
钾肥(40%粉末)(g)	51.80	4.10	8	5	0.9	11B1
生铁(奥伯豪森)	63.00	16.80	27	20	2.5	F
裸麦(国内集散地)	175.50	25.60	15	30	1.5	D
小麦(国内集散地)	201.10	25.60	13	30	1.3	D
铝(德国产)	299.20	25.60	9	30	0.9	D
棉花(标准棉花，不来梅)	738.10	27.40	4	30	0.4	21S1
电镀铜(汉堡)	762.70	36.20	5	40	0.5	13
棉纱(20支纱，奥格斯堡)	1970.00	40.30	2	50	0.2	A
锡(汉堡)	3216.70	40.30	1	50	0.2	A

a：水运每吨德国马克(《德国统计年鉴》，柏林，1938年，第322～329页)；
b：火车运费(每500公里，15吨车厢)；
c：a的%；
d：每加10公里的运费，每吨芬尼；
e：d每加500公里增加1‰的运费；
f：运费率相同或特别运费率(1943)；
g：根据平均交货价格计算。

在近半英里内的居民需要相应。这指出了送货车行驶的长距离不成比例。1/3 以上的旅程是为提交单一的订货进行的。每一次订货的平均价值不到 3 美元，而每一次交货的费用平均为 21 美分。在这一地区的边缘上，这种费用必然要高得多，因为合并交货是很少发生的，这由于顾客数量少而分散，因为 3/4 的销售是在离商店约 2 英里以内进行的，只有 1/4 的需求来自市场的其余部分，它恰好大 6 倍。

不但运费随距离而上升，而且**销售**费本身也提高。因之，在一家典型的杂货商店中，取决于距离的费用有如下：

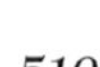

销售费取决于距离，占总费用的%[a]

运费		其他销售费	
运费	10.1	车辆及推销员费用	6.2
包装费	3.1	广告费	0.2
包装材料	0.1	邮费、电话电报费	1.5
	13.3		7.9

(a) J. W. 米勒德：《零售杂货批发问题》，美国商业部：《分配费用研究》第 4 号，华盛顿，1928 年，第 11 页。

从上表可以看出向外缘地带尽力招揽顾客而自己负担运行至远点的运费，可能是最坏的贸易政策。较为正确的是对于不经招揽而自来的定购，支付运费，而且最好的是在这些遥远地区不招揽买卖，并向顾客收取至少一半的运费。一个糖果制造业的成本调查，指出了远地的推销获利很少。①

表 24　销售费和距离

（全部数字均为总销售量的%）

顾客距离（英里）	根据各种距离地带的销售量						销售量											
							总计						其中的直接销售费					
	Ⅰ			Ⅱ			Ⅰ			Ⅱ			Ⅰ			Ⅱ		
	G	A	B	F	C	D	G	A	B	F	C	D	G	A	B	F	C	D
500	95	80	71	94	77	73	26	24	18	31	24	27	11	10	3	14	4	13
500～1000	5	16	18	6	16	21	29	27	19	41	25	36	8	9	4	21	5	16
1000～1500		1	4		2	6		29	20		32	32		6	6		11	13
1500～		2	7		5	0		27	19		25	50		6	4		5	19

顾客的距离（英里）	销售费						利润（估计[a]）					
	其中的运费											
	Ⅰ			Ⅱ			Ⅰ			Ⅱ		
	G	A	B	F	C	D	G	A	B	F	C	D
500	3	3	1	4	2	1	-1	5	6	0	-2	7
500～1000	11	7	4	8	4	6	1	-1	8	-11	-3[a]	3
1000～1500		12	3		4	6		1	7		-20[a]	5
1500～		1	3		4	18		2	7		-5[a]	-11

(a) 工业部门内几乎所有公司的加权平均数。

表 24 中所列 6 个工厂分为两类，第七家被考察的工厂(E)未列入表内，因为它只在远地交货。第一类很明显的是根据不招揽顾客只接受远地销售的原则营业的。它们的销售费几乎没有随距离增高。那里，略微的上升完全取决于运费的急增。同时，除 B

① 《糖果制造业者的分配费用问题》，美国商业部；《分配费用研究》（"Distribution Cost Problem of Manufacturing Confectioners", U. S. Department of Commerce, *Distribution Cost Studies*），第 10 号，华盛顿，1931 年，第 12 页。

外，广告费用较少。为了补偿广告的支出，B 把第一带以外的运费取之于顾客。第二类尽力追求远地的销售，这可从它直接销售费上看出来。利润的估计指出了第一类的政策是正确的。

在堪萨斯城，对一家重要棉织物工厂和批发商行的销售费的分析，又指出了销售费对销售量的比例一般是随距离而增加的。① 特别是销售员的费用离工厂较远拟予以招揽的地区或者在靠近那里竞争，佣金特别少。照例，这两个因素都与遥远的地区相符。表 25 提出了从第 15 次全国普查里采来的另一个例子。随着市场区的扩大，固定费用的减少会快于直接费用的增加。不消说，这会偶然地发生的。很明显，这不是规律。

表 25　销售半径对某些批发业中费用的关系

（费用是以销售量的%计算的）[1]

销售半径（英里）[2]	无线电[4]（一切费用）	杂货店[5]（一切费用）	染料[6] 销售员费用	铁器[7]
～75	15.1	8.3	4.4	4.6
75～150	16.0	9.2	4.3	5.1
150～250		11.7	5.6	4.6
250～500		10.0	7.3	4.4
500～[3]	18.6	13.0	9.1	4.9
美　国	19.3		7.1	5.9
世　界	21.7		4.2	4.2

（无线电栏 16.0 为 75～500 英里三个地带合计的数字。）

(1)　工业部门内几乎所有公司的加权平均数。

(2)　每一地带包含所有的公司，它们的最远运输距离在特定地带内下降。

(3)　在 500 英里以上的半径内交货、但不对美国全国交货的公司。

(4)　资料来源：美国商业部第 15 次全国普查：《批发的分配，无线电、零件和附

① “棉织物分配问题”，美国商业部：《分配费用研究》（“Problems of Dry Goods Distribution”），第 7 号，华盛顿，1930 年，第 32 页。

件》,华盛顿,1932年,第25页。

(5)　资料来源:同上,《批发分配,杂货和特类食品》,华盛顿,第77页,年销售在10～30万美元之间的批发商。

(6)　资料来源:同上,《颜料和油漆批发贸易》,华盛顿,1932年,第32页。

(7)　资料来源:同上,《铁器批发贸易》,华盛顿,1933年,第50页(第1号)。

堪萨斯城的棉织物公司对于商业的危险会伴随距离而增加的事,也提出了极有趣的材料。[①] 虽然它对于远地的顾客扩展信用会更加严格,但过期未付的账目,在信用总计中的比例在遥远地区是最大的。

这种对于距离过低估计的深远影响,即使在德国空间条件受很大限制下也可从图69中显示出来。在某些地区中,自由分割土地的荒诞的解释是允许每个小孩来承继他的土地分片份额,"农民工作日的1/3以上时间便白白浪费了……只是为了克服前往个人工作地点的距离。"[②]而这包含着许多时间白白耗费在农田本身上[A. 蒙什格尔:《农村家庭经济的劳动收益》(A. Münzinger, *Der Arbeitsertrag der bäuerlichen Familienwirtschaft*, Berlin 1929, p. 826)]。

计划经济也不能保证距离的费用不被忽视。因之,在俄国,许多小磨粉厂、手工企业和工厂,在1928年为了有利于组织少数拥有宽广的供给和市场区的大工厂而关闭了。乡村似乎常常过大,其结果前往田间的距离形成不必要的过长。

---

① "棉织物分配问题",美国商业部:《分配费用研究》("Problems of Dry Goods Distribution", U. S. Departmnent of Commerce, *Distribution Cost Studies*, No. 7),华盛顿,1930年,第32页。

② 即使由于调整耕地,这些距离也未必完全会消失。它们是与工厂工人为工作往来所耗费的时间相应的。蒙什格尔应把这件事在《空间研究和空间秩序》,(1940年,第395页以下)的比较中加以考虑,而且也应考虑他们在自己家里和菜园工作,在萧条时期会失去收入和需要交通费这一事实。

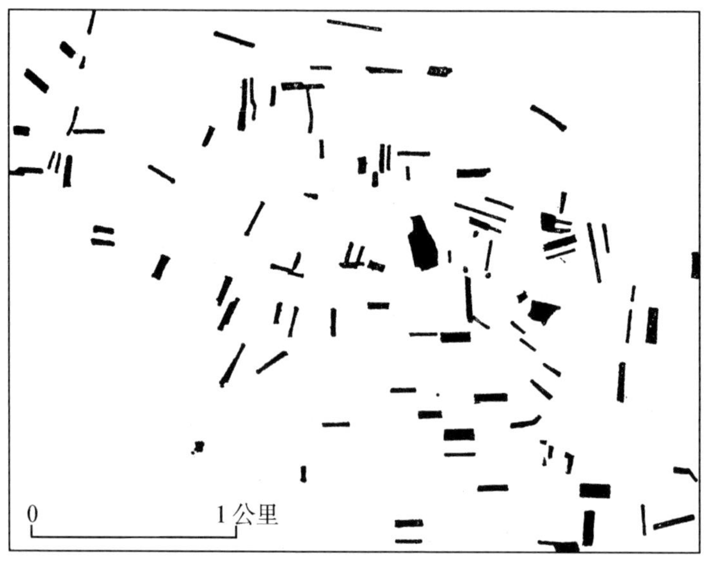

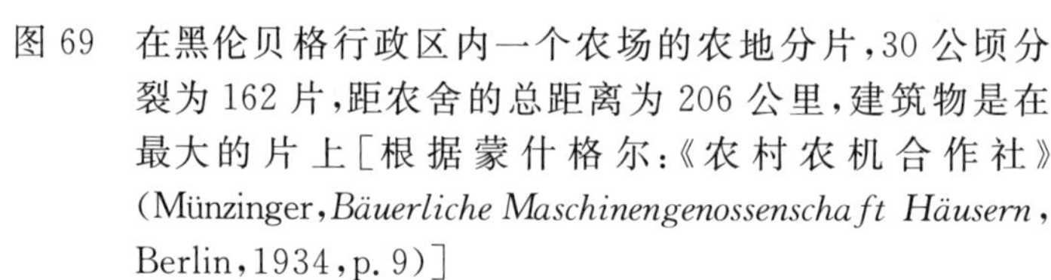
图 69　在黑伦贝格行政区内一个农场的农地分片，30 公顷分裂为 162 片，距农舍的总距离为 206 公里，建筑物是在最大的片上[根据蒙什格尔：《农村农机合作社》(Münzinger, *Bäuerliche Maschinengenossenschaft Häusern*, Berlin, 1934, p. 9)]

所有这些事例指明了距离的经济意义，从来被估计过低，即使企业家本人也是如此。①

§2　地区的结合

当距离被忽视时，经济区便会相互重叠。就是说，它们一方面

---

①　有两个主要铁器企业家关于距离对他们企业的影响，与我表示完全对立的见解。其中一人认为距离对区位选择不重要，运费不过占其销售额的 2%，所以，在美国任何地方都能发生同样的竞争。他谢绝为了便利输出。把企业局限于他能操纵的地域范围之内。另一个企业家恰恰生产同一种产品，发现运费是如此重要，以致完全决定他企业的区位和联系的范围。也可参阅本书第十三章第 201 页注①。

过远地伸展，另一方面其间发生了间隙。结合能使它们缩成为较小的更加紧密但更加有利的整体。[①] 美国的批发商对于限制销售区域曾有这样的经验。它把它的市场区缩减 1/3（从我们的观点来看亦是不成功的措施）。于是区域形成一紧密的整体，而这个公司对于外界竞争者来说，成为这个整体的优越者。由于这种自动限制的结果，销售量降低了，但利润恰恰增加 1/3。[②]

在第二次世界大战中，因部分地受了本书的影响，德国进行了大规模的区域组合。酿酒厂和其他非农企业都被强制交换它们的顾客，或简单地缩短他们销售半径——固然，不是为了增加私人的利润，只是为了减轻对交通运输的需求。这常常导致私人企业的经济优越地位，同时只有保险公司的费用是降低了。[③]

卡特尔早已熟悉“市场区的保护”。向柏林提供牛奶，对于

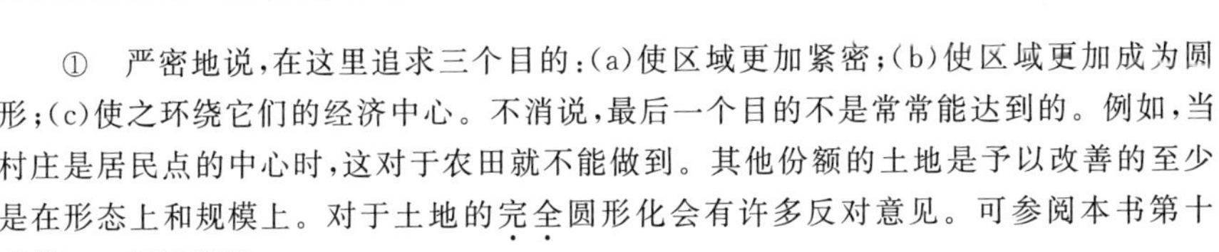

① 严密地说，在这里追求三个目的：(a)使区域更加紧密；(b)使区域更加成为圆形；(c)使之环绕它们的经济中心。不消说，最后一个目的不是常常能达到的。例如，当村庄是居民点的中心时，这对于农田就不能做到。其他份额的土地是予以改善的至少是在形态上和规模上。对于土地的完全圆形化会有许多反对意见。可参阅本书第十章第 146 页下附注。

② J. W. 米勒德：“批发业分配费用分析”，美国商业部：《分配费用研究》(J. W. Millard, “Analyzing wholesale Distribution Costs”, U. S. Department of Commerce, *Distribution Cost Studies*)，第 1 号，华盛顿，1928 年，第 11 页以下。

③ 虽然德国的保险中心是分散的，所有公司在任何地方都进行保险，结果，代表、代办处和地区办公室过多[拉茨：“作为欧洲保险事业的成本因素的空间”(“Der Raumais Kostenfaktor in der europäischen privatversicherung”)，1942 年，第 938 页以下]，但也有保险对象分散的利益。在战时，这种分散是有利的，特别在抵押借款的场合，因为否则一次轰炸会把抵押品大部分炸毁。在此限度内，保险事业的性质与处理实物财货的事业有着很大的不同。拉茨只把有利于地区结合的因素加入考虑，但其材料是真实典型的，对于这种目的是很值得考虑的，见《保险制度的组织形式和节约》(*Organisations form und Wirtschaftliehkeit im Versicherungswesen*)，莱比锡，1942 年，就我所知，一直尚未采取实际的措施。

改善供应区提供了一个很好的例子。从前，柏林的牛奶是远从417英里的距离来供给的。[①] 它结合远远起源于120年前杜能的[②]农业生产区域的思想，这种思想由于蒙什格尔的关于农业合作的建议而发展起来[③]，不过由于战争所引起的土地利用的改变在所有制改变方面遇到困难。在每天到工作地点上班的地区进行结合是困难的，因为它会招致许多困难，并等于鼓励移民到都市。[④]

二、市场区域的描述[⑤]

§1 规模

因为大多数理论家比实业家更不习惯于从空间，而是从实践来考虑问题，所以，我们在这里提供一些有关各种企业市场区的规

① H.巴克:《欧洲粮食的自给自足》(H. Backe, *Um die Nahrungsfreiheit Europas*, Leipzig, 1942, p. 207 各种地图)。

② J. H. von 杜能:《孤立国》(J. H. von Thünen, *Der isolirte Staat in Beziehung auf Landwirtschaft und Nationalökonomie*)，耶拿，1921年，第108～113页。

③ 《农村农机合作社住宅》(*Baüerliche Maschinengenossenschaft Häusern*)，柏林，1934年。

④ 关于它的可能性和困难，可参阅M.埃卡尔特:《萨克森工业移动的主流》(M. Eckardt, *Die Hauptströme der Pendelwanderung in der sächsischen Industrie*, 1940, Pt I, pp. 15—17)。关于慎重的讨论可参阅西布雷希特:《经济曲线》(Siebrecht, *Virtschaftskurve*, 1942, pp. 235—241)。

⑤ 没有市场区的企业是很少的。基本上它们是"指向过路"的企业，参阅R.斯密特—弗雷特兰特:《商业区位科学的基础》(R. Schmidt Friedländer, *Grundzüge einer Lehre vom Standore des Handels*, Prague, 1933, p. 101)。它们依靠过路客而不是依靠附近居民而生活的。我在这里不想包括那些供给家具、高级衣服等等大量经常必需消费的企业，而且在任何场合必须关心中心的区位。

模和形态的例证不会是多余的。① 首先是关于它的规模。

在《美国的第15次全国普查》中，销售半径也只有部分的记载。表26和图70复制了若干有趣的结果。第一，在同一类中，规模有巨大的差异，这是很明显的。这种差异的理论阐述已在本书第二卷中提出：人口密度的差别，自然特征和企业家的个性等等。在判断目前资料时，也应记住：研究只区别货物种类级别而不在个

① 关于这一题目的切实的考察并不很多，在此只能提及少数文选。其中至少要提及F. A. 费特：《垄断的伪装》(F. A. Fetter, *The Masquerade of Monopoly*)，纽约，1931年，第278页以下，这是一篇关于运费对美国钢铁工业的市场区影响的著作，以及A. 浦雷多尔："美国钢铁工业的区位的区分"，《世界经济文献》(A. Predöhl, "Dieörtliche Verteilung der amerikanischen Eisen—und Stahlindustrie", *Weltwirtschaftliches Archiv*, XXVII, 1928, p. 285)。参考书也应提及R. 雷古尔："煤的竞争情况"，《情况研究的分配附录，特别附录》(R. Regul, "Die Wettbewerbslage der Steinkolile", *Viertel ahrshefte zur Konjunkturforschung*, Sonderheft, 34, Berlin, 1933)。他以矿山价格和运费为基础，估计了英国、威斯特伐利亚、上西里西亚等的煤，在德国竞争的理论界限，但他没有考虑到煤质的差别。我又提到E. 休伊的《德国经济省和经济区》(E. Scheu, *Deutschlands Wirtschaftsprovinzen und Wirtschaftsbezirke*, 1928, p. 53)的图和J. D. 布莱克的《生产经济学序言》(J. D. Black, *Introduction to Production Economics*)，纽约，1926年，第773页。他公布了明尼阿波利斯所有规模和近似形态的供给区域的全部比例。我还要提到H. M. 肯德尔在法国南部市场和集市的供给区域的辛勤研究见"法国热尔省的集市和市场"，《经济地理杂志》(H. M. Kendall, "Fairs and Markets in Department of Gers, France", *Economic Geography*, XII, 1936, pp. 351—358)他用运费决定近似的界线和个人沿公路亲自访问确定确切界线的方法是好的。他描述了大市场和小市场的等级，并在其中发现大市场的供给区域的相互重叠要多于小市场。关于这一题目的其他讨论，可参阅A. 阿里克斯："集市的地理"，《地理评论》(A. Allix, "The Geography of Fairs", *Geographical, Review*, 1922, pp. 532—569)。在关于供给德国城镇区域的日益增加的文献中，还有G. 库纳关于卡门茨腹地的广泛考察，见《与其腹地关系的卡门茨州》(G. Kühne, *Die Stadt Kamenzin den Beziehungen zu ihrem Hinterland*)，德雷斯顿，1937年。例如，他证明专家医生比其他医生能从更广大地区吸引病人(图11)。最后，还要提到R. E. 迪金森："在东英吉利的市场和市场区"，《经济地理》(R. E. Dickinson, "Markets and Market Areas in East Anglia", *Economic Geography*, April, 1934, pp. 173—182)。他曾撰述英国诺福克和萨福克两个郡的农村市场。在这里，他很有趣地指出了区域的扩大和表面中心的消亡。

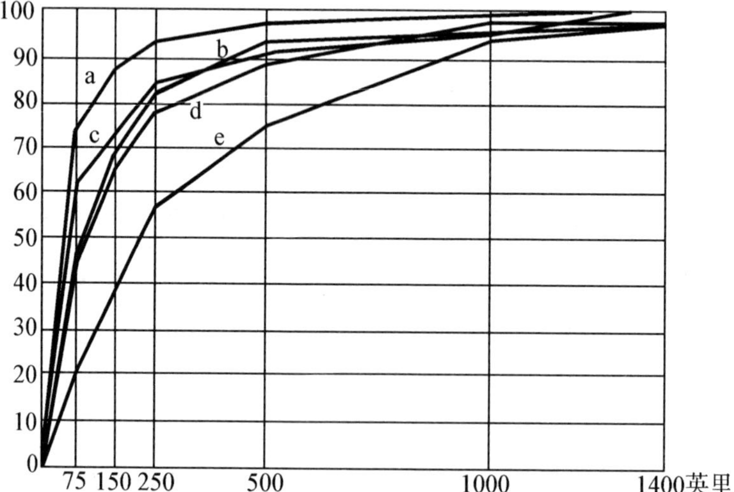

图70　1929年各种货物的批发市场区的规模。资料来源：参考表26。市场区比美国小，但半径大于500英里，半径的最高值假定为1000英里。对于供给美国全国的批发商人来说，市场区半径估计为1500英里

别货物之间进行区别。这样，当某些公司说它们的物品供给整个美国的表述时，并不是对一切货物都是真实的，常常只对少数特殊的、有独占销售权的商品是真实的。①

① 美国商业部：《第15次全国普查，颜料和油漆批发贸易》(*Fifteenth Census of the United States*, *Wholesale Trade in Paints and Varnishes*)，华盛顿，1932年，第28页。按照送往3000个批发商的问题表，市场正是以下列程序增加的：(1)众所周知的商标物品；(2)特殊产品；(3)与批发商有关的商标物品。参阅J. W. 米勒德：美国商业部，《国内贸易丛书》第3号，《批发杂货地域图》(J. W. Millard, *Atlas of Wholesale Grocery Territories*)，华盛顿，1927年，第Ⅵ图。在第三种场合，区域的相互重叠是最大的，因为质量最难进行比较。

所以，就同一产品来说，区域规模的变化是较少的。[①] 在另一方面，如果把公司的数目加入考虑，而其贸易量不加考虑，那么，这种变

表 26　按照 1929 年的货物，美国批发贸易的市场区规模

（表内所列资料系大多数正常销售半径的公司的%）

销售半径(英里)	a	b	c	d	e	f
75	74	49	62	46	21	37
150	87	67	71	66	36	48
250	93	82	83	79	58	73
500	97	93	90	89	74	84
500～*	99	96	94	97	93	94
美 国	100	99	99	98	98	99
世 界	100	100	100	100	100	100

a：年周转额达 10 万～400 万美元杂货批发商（美国商业部第 15 次全国普查：《批发商的分布，杂货店和特殊食品》，第 77 页）。

b：无线电批发商同上，《无线电、部件和零件》，第 25 页。

c：独立的颜料批发商（同上，《颜料和油漆批发业》，第 32 页）。

d：独立的铁器批发商，其他杂货（同上，《铁器业批发》，华盛顿，1933 年，第 50 页）。

e：铁器生产者批发商（同上，第 50 页）。

f：颜料生产者批发商（同上，第 32 页）。

＊区域的销售半径最大为 500 英里以上，但不包括整个美国。

化常常比我们所能设想的具有更重大的意义。公司的数目自然随市场区规模的扩大而减少，但其重要性常常增加了。颜料批发商就是这样一个例子。销售半径小于 75 英里的公司拥有 10.9 万美元的年平均周转额，而供给世界市场的公司，年平均周转额则达 900 万美元。[②] 无线电批发商提供了相反的例子，其相应的数目为

---

① 只有不能出售的商品才投到远地市场去，这也是可以发生的。美国商业部：《纺织物分配问题，分配费用研究》(*Porblems of Dry Goods Distribution*, *Distribution Cost Studies*)，第 7 号，华盛顿，1930 年，第 13 页。

② 美国商业部：《美国第 15 次全国普查，颜料和油漆批发贸易》(U. S. Department of Commerce, *Fifteenth Census of the United States*, *Wholesale Trade in Paints and Varnishes*)，华盛顿，1932 年，第 32 页。

39.5 万美元和 36.8 万美元。

第二，市场规模的不同，在不同产业部门显现出来[①]，特别是在说明中。[②] 杂货店是从小区域占优势，无线电、颜料、铁器的批发商店在中等规模区域占优势，颜料或铁器制造业的销售则在大区域内占优势。这种变化不但可用运费和销售费的各种重要性的不同来解释，也可用固定费用的高低来解释。在另一方面，也可用需求规模来解释。恰如在理论上已证明的一样，沉重和低价格的货物市场区最小，那简直不是确实的。[③]

如果大企业的利益与其规模相比为太小时，那么，这并不排除高的运费率实际限制的影响。家具业提供了这样一个例子。在“新南

① E. M. 胡佛：《工业区位化的测定》(*The Measurement of Industrial Location*)，《经济统计评论》，1936 年，同样指出了在产业类中工业区位分散的性质。

② 关于决定各种企业市场区规模的不同，有着比直接考察要简单的各种方法，但没有一种是完全可靠的。对于顾客的典型数目是知道得不够的，因为虽然面包业者的顾客数比汽车的要大得多，但其市场区肯定小得多。也不能设想，企业数目越多，市场区就一定越小。在美国，报纸与轧棉厂同样多，但后者的市场区要小得多，因为它们限制于产棉带。一种较简单而很有用的方法是，通过问题表来发现消费者与其通常供应来源地之间的距离，然后计算平均数。在纽约州的一个郡中，这样的问题表曾指出一个农民离开一座教堂的平均距离为 3 英里多，离开银行约为 5 英里，离电影院为 7.5 英里，离服装店约 14.5 英里，等等。参阅 H. C. 霍夫索默：《城市和较大农村对在韦恩郡的农村贸易和社会区域间变化的关系》(H. C. Hoffsommer, *Relation of Cities and Larger Villages to Change in Rural Trade and Social Areas in Wayne County*)，纽约，康尔大学农业试验场《会报》，第 558 页，伊萨卡，1934 年，第 36 页。

③ 重量对于价格低和平均距离较长的批发商，较之零售商人很明显地具有较大的重要性。对零售商来说，水运的运费成本对顾客无论绝对的或与价格的对比都是较低的。在铁器商业中也可得到相应的观察。参阅 W. A. 鲍尔斯：美商业部《国内贸易丛书》，第 52 号，“在东南沿海铁器的分布”(W. A. Bowers, “Hardware Distribution in the Gulf Southwest”)，华盛顿，1932 年，第 32 页。由于品质的不同，市场区通过重叠而向远地扩张，运费与价格相关时便降低。

表 27　1929 年各城市批发市场区的规模

（具有一定等级规模的销售半径的企业，在专门行业中城市的周转额，有着下列的%）

销售半径（英里）		杂货店(1)							无线电(2)							颜料(3)							铁器(4)						
		75以下	75～150	150～250	250～500	500以上		全世界(5)	75以下	75～150	150～250	250～500	500以上		全世界(5)	75以下	75～150	150～250	250～500	500以上		全世界(5)	75以下	75～150	150～250	250～500	500以上		全世界(5)
						非全美	全美国						非全美	全美国						非全美	全美国						非全美	全美国	
边境中心	西雅图	10	4	42	0	—		44	16	47	30	7	—	—	—	3	24	54	4	1	—	14	4	5	9	2	7	9	65
	布法罗	60	40	—	—	—	—	—	17	34	49	—	—	—	—	9	28	4	—	—	15	44	20	4	41	35	—	—	—
全国中心	纽约	47	—	1	5	34	13	1	23	2	5	3	0	65	1	18	8	8	3	6	22	36	34	4	10	7	9	18	18
	芝加哥	28	4	1	3	23	40	—	20	19	3	18	26	12	2	13	3	7	10	33	33	—	12	5	7	16	21	11	29
大范围内的地区中心	旧金山	26	12	13	28	23	2	—	6	7	0	34	53	—	—	25	—	—	21	21	—	33	10	1	0	22	67	—	0
	洛杉矶	52	5	19	24	0	—	—	2	12	67	18	2	—	—	23	8	9	44	17	—	—	5	15	22	28	30	0	—
	丹佛	0	11	51	—	38	—	—	—	—	12	76	12	—	—	5	—	2	24	70	—	—	—	—	4	21	75	—	—
	亚特兰大	100	—	—	—	—	—	—	0	—	26	24	49	—	—	32	20	17	6	25	—	—	5	—	49	47	—	—	—
狭小区内的中心	波士顿	47	17	10	—	26	—	—	36	3	51	—	—	—	—	24	2	57	7	1	10	—	14	4	31	21	26	2	1
	匹兹堡	69	24	3	5	—	—	—	22	54	23	—	—	—	—	25	40	7	—	—	28	—	16	45	5	—	27	7	—

（1）美商业部:《美国第 15 次全国普查》,《批发商的分布,杂货店和特殊食品》,第 52 页。

（2）同上,《无线电,部件和零件》,第 17 页。

（3）同上,《颜料和油漆的批发业》,第 18 页。

（4）同上,《铁器业批发》,第 29 页。

（5）超出美国国境的市场区,但不包括所有的国家,它们的半径小于 50 英里。

部”即得克萨斯及其附近各州 30 家家具工厂中只有 9 家将产品销售于美国全国，其中只有 1 家获得利润。家具工厂的正常销售半径可定为 500 英里。[①] 至于家具批发商，它的半径或许还不到 200 英里。它提出包括 50～200 个郡(同上书，第 25 页)。按城镇规模来说，零售商的市场区包括 55～61 个郡(同上书，第 47 页)。

除了不同货物的市场区大小的比较以外，同一货物在不同城市的市场区的比较是有启发性的(表 27)。在此，我们发现在规模上有较大的差别。这一部分取决于市场结构的不同，另一部分可能取决于个别中心在吸引有资格的企业家方面的不同力量。即使在规模上明显相同的地方(全国性中心和边境中心常常进行相当数额出口)，决定的原因常常是很不相同的，边境中心的出口是由于它们的地理位置，后者是由于它们的重要性。全国中心的内地市场，包括整个美国，所以它们的销售扩展到美国以外，这是不会令人惊异的。而边境中心的国内市场则受到限制，它们的市场区只因位于政治边境附近的区域，所以很明显成为国际的。

即使在地区中心，也必须区别为两大类。第一类所以有长的销售半径，主要归因于它们经济景观的自然条件，加利福尼亚的诸中心可以归因于落基山脉以西人口稠密的沿海地带的巨大长度(1250 英里以上)和狭隘性。如果这一长带更宽广一些，那么，销售半径也许会缩小。几乎位于带状平原地带中央的旧金山位置很明显是理想的。它的销售半径远远超过处于偏角上的洛杉矶。丹

① W. A. 鲍尔斯：美国商业部，《国内商业丛书》，第 76 号，《在东南部沿海家具业分布》(W. A. Bowers, *Furniture Distribution in the Gulf Southeast*)，华盛顿，1933 年，第 3 页。

佛在很长的距离上是没有竞争者的，因为市场位于自然资源几乎还未开发的落基山脉宽广的高原上，所以，比形成丹佛市场区另外一半的半沙漠的西部大草原的市场，要受到更多的限制。在另一方面，亚特兰大是人口稠密的居住地，但一部分贫困地区的中心附近有竞争者。亚特兰大归入只有大市场区这一类。因为佛罗里达的长度很长，形成它的市场区的南端。第二类城市受附近大中心的压制。在这里，广泛的地方需要和相似的附近地区的需要，在许多方面占有统治地位。

在德国有一些可以利用的资料。战前，铁路货车大宗货物的平均运输距离（不是最大限度的）用英里计算如下：(a)输入：牛奶31.5，谷物、肉类68.75，马铃薯137.5。(b)分配：砖18.75，天然石715，轻石212.5，建筑用砖达到312.5，泥炭43.75，油饼106.5，肥料175，泥炭粉250，纸板93.75，人造丝218.75，亚麻仁油237.5，酒200，咸鱼281.25[①]。至于相同的货物和同样的条件，相同货物和条件不同的场合，可参阅前面第520页注②。每一农业企业的平均人数（方法Ⅰ），或者相反，这种企业的数目或每1000居民中从事该企业的所谓从业指数（方法Ⅱ）是市场相对容量的一种线索。关于新居民点的相对规模，可参阅F.雷钦堡的《移住表》（“移住制度的调整”）（F. Rechenberg，“Das Einmaleins der Siedlung”，*Richzahlen für das Siedlungswesen*），柏林，1940年，第29～33页。资料是用方法Ⅱ从拥有20万居民的城市得出来的，用经验和理论

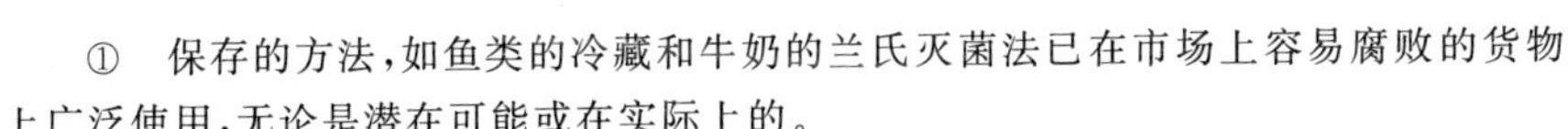

① 保存的方法，如鱼类的冷藏和牛奶的兰氏灭菌法已在市场上容易腐败的货物上广泛使用，无论是潜在可能或在实际上的。

进一步比较加以修正。[①] 关于农业区规模的关系，可参阅 W. 克里斯塔勒："非农业经济人口的区分"，《新农民阶级》(W. Christaller,"Die Verteilwug der nichtlandwirtschaftlichen Bevölkerung in Hauptdorfbereich")，1942 年，pp. 139—145，和"在土地圈内农业经济人口的区分"，《新农民阶级》("Die Verteilung der landwirtschaftlichen Bevölkerung im Landreis", Nenes Bauerntum, 1942 年，pp. 169—176)(根据他的文章的 169 页，克里斯塔勒采用方法Ⅰ)。在德国内部规模的关系，可参阅伊森堡在《在德意志东部地点的结构和情况》中的"德国东部农业经济和工商业人口的负荷力"(G. Isenberg,"Die Tragfähigkeit des deuschen Ostens an landwirtschaftlicher und gewerblicher, Bevölkerung", in *Struktur und Gestaltung der zentralen Orte des deutschen Ostens*)，莱比锡，1941 年，第 21～28 页(在每一场合均列有长表)。克里斯塔勒根据下面的市场区将非农企业加以分类：农村，主要农村的周围、农村城镇的周围和郡。伊森堡把所有这些企业合并成为一类，是为地方需要服务的，除此之外，他区别那些为地区和远地需要服务的企业，以及依赖于原材料的企业。他的分类标准是一个非农企业是否规则地在每一郡中发生，或者至少在一省中发生。所有其余非农企业和若干伊森堡所列举的范畴中的最大企业，则归入为远地需要服务这一类(方法Ⅱ)。

① 按各行政区统计的可在《德意志帝国的统计》(*Statistik der Deutschen Reichs*)，第 158～163 页中找到。

§2　市场区的结构

电气用品批发贸易的考察(表 28)以及在路易斯维尔家禽和鸡蛋批发业的另一考察(J. R. 布朗梅尔:美国商业部,《分配费用研究》第 14 号,《批发杂货经营,路易斯维尔的杂货店的考察》第 14 号,华盛顿,1932 年,第 40 页以下),对于市场区的结构提供了资料。它们指出购买者的集中,每一购买者的总需要及其购买数量,是随距离而减少的。另一方面,单个定购的平均规模却增加了。在衣阿华的详细考察指出:在零售贸易中,需要也随距离而有所降低的现象。这种降低或许不是连续的,但当把各地的人口加以

表 28　各郡中批发贸易的距离和需要的规模*

a	b	c
0～50	5.8	0.8～16
50～100	2.7	0.4～9.7
100～150	1.6	0.1～7.1
150～200	1.6	0.0～7.1
200～250	0.4	0.0～1.1

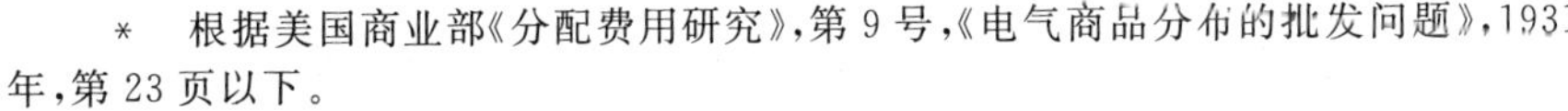

*　根据美国商业部《分配费用研究》,第 9 号,《电气商品分布的批发问题》,1931 年,第 23 页以下。

a:批发地域的平均距离(公里)。

b:在有关地域批发商每一工资收入者的周转额,美元(未加权平均)。

c:变化的规模,美元。

表 29　衣阿华三个郡中同样地点的零售贸易的距离和需要的规模

	a	b	c	d
蒙特罗斯	8	53	100	100
唐奈森	12	11	53	94
米迪亚波利斯	15	11	82	82
温菲尔德	38	3	54	75
韦　　兰	49	0	25	58

这些拥有 500～1000 人口的农村居民去最近城镇(伯灵顿人口 27000,或麦迪逊堡人口 14000)进行一定百分比的购买[衣阿华州规划局:《零售贸易区》第一系列(得梅因,1916),第 7 号,第 5b、5c 页]。

a:到最近城镇的距离。

b:厨房用品。
c:家具。
d:男装。

考虑时,这种降低就全体来说是很明显的。表29中提出了少数例子。随着距离的增加,只有富有者仍来至大城市进行购买。[①]这样,我们可以说,一个人越富有,他就越要在较大较远的中心进行购买。由此可得出结论:一个地方零售市场区的范围是随地方的规模的增大而扩大的(参阅衣阿华州规划局:《零售贸易区》第Ⅰ系列,得梅因,1936年,第7号7a)。在另一方面,人们的居住点越大,人们就常常越少向外地购买。

但是,不消说,这种实践是随被购买的货物而变化的。购买的价值越高,选择的种类越多,则一种货物在一个大中心购得的可能性越大。因之,农村的商人不应指向特殊的商品,也不应指向消费者感到兴趣的多样化货物,而应指向基本的商品和低廉的时式物品。

衣阿华的调查(以后还要评述),对此提出了独特的统计资料。随着距各城镇,特别是距大都市的距离的增大,市场变得一律稀少化(在需求规模和货物数量两方面)的事实,就会导致另一种结果。即城市供应区的重叠比它的范围,其重要性比设想的要小得多。

W.J.赖利(Reilly)相信,他能在竞争地区范围内竞争城镇的相对力量中辨认出规律性。他从《零售的重心规律》一书中,概括出这

① 当道路状况加以考虑时,被询问的人中有1/3选择他们的购买地点是由距离决定的,不到1/5的人是广泛地受商品种类的影响[衣阿华州规划局:《零售贸易区》(*Retail Trade Areas*),第Ⅰ系列,得梅因,1936年,第6号,7a、和第7号4a]。

种“零售重心规律”来。这种规律只对零售业有效，只对任何一定时间内的两个城镇有效，只对力量相等的两个城镇的境界附近有效。它假定每一城镇有足够大，能从其他地方市场上排斥其竞争者，那就是说，两个城镇必须不能过于相等①。在这些限制下，规律的内容是：“两个城镇对一较小地点的供给是与其人口成正比，与距离的平方成反比”。②

导出这一规律的赖利假定“规律”有着下列的一般形式：

$$\frac{U_1}{U_2}=\left(\frac{B_1}{B_2}\right)^N\left(\frac{E_2}{E_1}\right)^n$$

式中，U_1 是城镇Ⅰ在中间地点的售货量；

E_1 是城镇Ⅰ与中间地点之间的距离；

B_1 表示城镇Ⅰ的人口；

U_2、E_2、B_2 是城市Ⅱ的相应数值；

① 如果它们不相等，那么，较小城镇的市场区将被较大城镇的市场区所包围或被完全吞没。包围是指前往小城镇的短距离的旅费比到大城镇长距离的旅费相对高而言。照例，这或许是事实，因与旅行有关的某些不便，无论对短距离或长距离都是同样的。按饮料征费的铁路差别运费率有着同样的影响。参阅图 71，BO＞AO 代表小城镇中较高的价格，或受到更加限制的商品选择。曲线代表旅费。在 E 和 F 之间，在 B 购买更有利。而在 F 的右方，则通过 B 至 A 较好。

② 根据 W. 克尔日查诺夫斯基在其“工业区位文献的研究”（W. Krzyzanowski，“Review of the Literature of the Location of Industries”），1927 年，第 278～291 页以下。载《政治经济学杂志》（*Journal of Political Economy*），舍夫勒早已建立了一个同样的规律，但我并不能找到那一段话。不论如何，伟大的统治者对于一个国家的居住体系和有关问题，展开了许多思索，即在今日，还是有促进性的，例如参阅他的《社会体的建设和生活》（Bau und Leben Sozialen Körpers，Ⅲ，Tübingen，1878，pp. 112—122）。

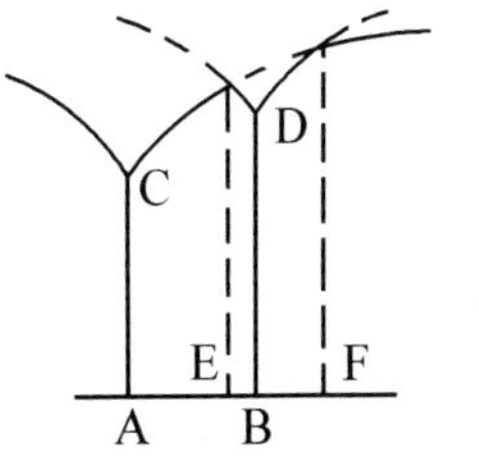

图 71　小城镇（B）被大城镇（A）所包围

N、n是还未决定的值。

这一公式假定以严密的形式来表示任何人也不能否认的一般形式，那就是说，农村人口在一城镇中的购买量，基本上取决于它的规模和距离。赖利说，根据他自己的实际研究；N＝1，n约近于2。他只给n提出了数示，它在事实上不变地波动于1.5和2.4之间。然而他在衣阿华州对“规律”的测试（上引书，第6号和第7号），默认n量的变动范围要大得多。这样，我不能把赖利的公式看作已在衣阿华州得到证实。但不管怎样，赖利的规律可看作企图用数量来表现各种最重要的因素的相互作用的重要尝试。[①]

随着距离的增大而使市场稀少的最后一个例子是从R.D.麦肯齐关于大都会的经济景观的著作《大都市社会》（1937年，第36页以下）中得到的。表30第1栏、第2栏中指出，1930年从芝加哥批发商那里购买货物的零售商的比例，是按照它们距芝加哥的距离而顺序排列的。第3、4栏提出了银行的区位也是同样如此排序的，并按每组指出了各地点的百分比。在这些地点中，至少有一家银行与芝加哥某一大银行有着业务上的关系。在最遥远的地区中占有较高比例的是下述事实的结果：在这些表中，山区各州和

① 参阅E.休伊的“规律”，见“货物发送分配的空间影响——经济—地理的一个法则”（E. Scheu，“Der Einfluss des Raumes auf die Güterverteilung，Ein Wirtschaftsgeographisches Gesetz”），莱比锡大学地理学会《通报》，第Ⅶ号，1927年，第31～37页。按这一规律，一个生产区域的货物的销量是依次距离的曲线而减少，在进行比较时更加简单。

表 30　距离和需求规模

1930 年与芝加哥批发商进行交易的零售商（按照距离）		按芝加哥距离的银行的区位		作为距离的函数的底特律区每 100 居民的报纸销售量	
英里	%	英里	%	英里	%
1	2	3	4	5	6
＜200	61	＜400	55	25	40
200～400	14	400～800	25	25～50	24
400～600	13	800～1200	10	50～75	11
600＞	12	1200～1600	30	75～100	8
	100	1600＞	40		

加利福尼亚州的各城市起着重要作用，这里大都市银行间的业务关系是相对密切的。在另一方面，在纽约银行有着存款的银行的百分比，随离芝加哥以西距离愈远而增加（《通货查账员》，《1935 年年报》，华盛顿，1936 年，第 10 页）。恰与理论完全相符一样，货币流入芝加哥的地区就这样地被纽约的地区所包围，而且离芝加哥以西的距离愈远，则离芝加哥和纽约的距离差愈大，而对芝加哥愈少有利。[①] 表 30 第 5、6 栏指出了在底特律区域每 100 居民的底特律报纸的销售量（麦肯齐，上引书，第 83 页）。麦肯齐根据订阅大多数大都市报纸的中心，划出城市经济景观的界线，他的书里有

① 参阅在里齐蒙有存款的银行图。《美国储备地域的区位》（*Location of Reserve Districts in the United States*），美国 63 次国会第二次会议《上议院文件，485》，华盛顿，1914 年，第 305 页。

一幅根据这种方法绘制的美国经济景观图(107 页)。

在结论中,我对美国多山的西北部人口特别稀疏的地区提出研究的结果。[①] 在那里,最大的城市是在俄勒冈东部的本德,人口约 9000 人,离竞争城镇的最近距离约 125 英里,结果东德的商业拥有巨大的市场区,约达 7800 平方英里,但需求较少,一部分因人口稀少,一部分因距离过远,具有较小的可能销售半径的货物,特别是很快易腐败的食物如面包、水果、绿色蔬菜和冰淇淋等等,几乎完全没有存储,而特殊的物品和优质货物是无利可图的。用理论的术语来说,它们的供给和需求的曲线并不相交。这样,只有少数流行物品才能有一定数量的生产和可能有较长的运输距离。但即使这些物品,也不能由专门的商店来经营,因销售量不会很大,所以"混合"商业盛行。甚至批发商也不能依靠自己业务来维持,所以,它们与零售业结合在一起。

战时较低的需求是与人口稀少的结果相类似的。在中世纪时期,出于相应的理由,担货售卖者繁荣起来〔W. 桑巴特:《现代资本主义》(W. Sombart, *Der moderne Kapitalismus*)Ⅱ,1919 年,第 801 页以下〕。

§3 市场区的形态

从图 72 可收集到有关市场区形态的各种事实。它指出(已常常指出)堪萨斯城的纺织公司的批发市场,它的毛料服装是由

① E. 巴特斯:美国商业部,《国内贸易丛书》,第 51 号,《太平洋西北部的商业考察》(E. Bates, *Commercial Survey of the Pacific Northwest*),华盛顿,1932 年,第 107 页以下。

中间商人分配的，工人用罩衣则批发商自己制造。

每个市场间的空隙是非常明显的。关于这点，我们自己提出了理论依据。再者，最引人注目的是：这个特定的公司差不多位于市场区的东部边缘地带，不是位于它的中心。我们在本书理论部分也遇到过这种偏心的位置（图 46）。在目前的例子中，这种偏心的位置是有若干理由的。第一，向西，最近的竞争者丹佛离堪萨斯城的距离比位于东边的圣路易斯要远 2.5 倍。第二，西部人口稀少。第三，一个位于圣路易斯和堪萨斯城之间的半途地点的人们，通过堪萨斯城从东部购买服装自然比通过圣路易斯要更贵些。所以，市场区边界的位置更靠近堪萨斯城。但在这里既成事实却指出：从纽约到堪萨斯城的较长的但较低廉的长距离运输，加上从堪萨斯城到当地的较短的但较贵的地方运输，其运输费恰与到圣路易斯较短的长距离运输加上从圣路易斯到当地的较长的地方运输费相等。①

① 这三个因素的影响在堪萨斯西部更为明显。在那里，有一批较小的市场区类似一条狭长的带，沿着横穿大陆的铁路向西伸延，但向南和向北无铁路线可通。供给这些区的中心恰恰位于东部边界上。参阅萨莱纳或大本德百货店市场区图。据 J. W. 汤普逊公司：《零售运输区》（*Retail Shipping Areas*），纽约，1927 年，第 67 页。

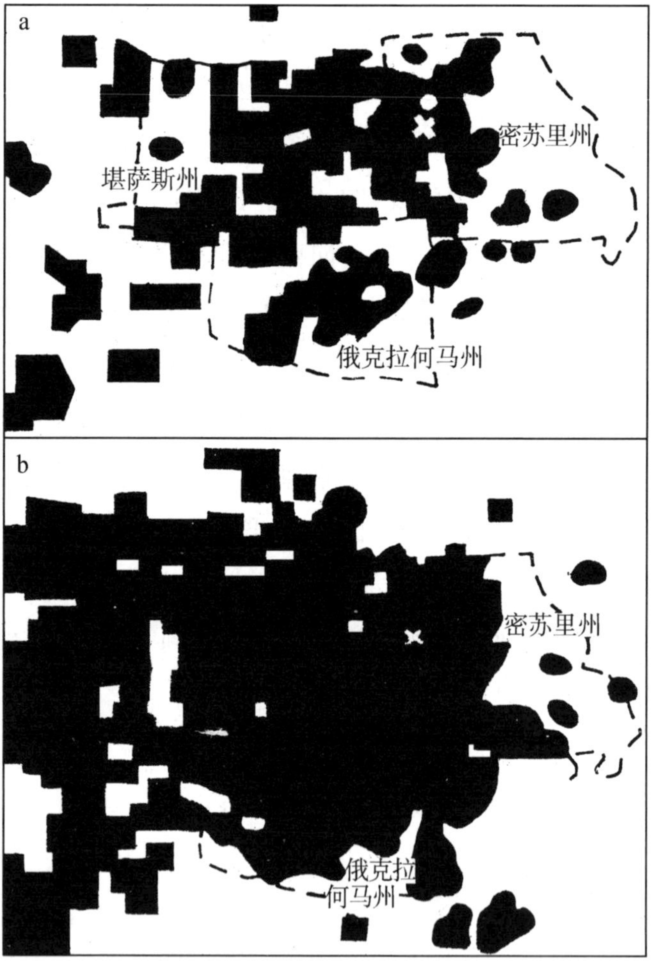

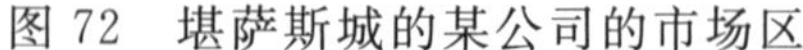

图 72　堪萨斯城的某公司的市场区

a:高级毛料服装。

b:工人用罩衣和工作服。

美国商业部,《分配费用研究》,第 7 号,《棉织物分配问题》,华盛顿,1930 年,第 16、21 页。销售量微不足道的郡未予考虑。

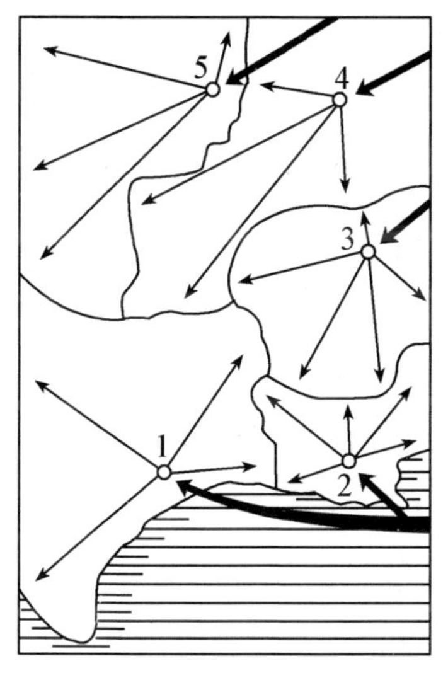

图 73　下列的是铁器批发贸易中心的市场区：(1)休斯敦，(2)新奥尔良，(3)孟菲斯，(4)圣路易斯，(5)堪萨斯城。引自 W. A. 鲍尔斯：美国商业部，《国内贸易丛书》，第 52 号，《在西南沿海的铁器分布》，华盛顿，1932

在图 73 也可看到几乎同样的情况。虽然在这里边界线只是几乎近似正确的。从中心 3 到中心 5 的货物成批地用车辆运自东北部，然后又分批从这些中心分发到它们的市场区。[①] 这些市场区，向西南方向大伸展。在另一方面，临海岸城市 1(休斯敦)和 2(新奥尔良)从水路最低廉地接受他们的货物，其结果它们的市场较远地达到东北部。考虑既有金融和商业关系而设立的联邦储备银行也很适合这种模式。明尼阿波里斯、堪萨斯城和圣路易斯等大城市都位于它们占统治地位的芝加哥地域的边缘上。

绕北美洲而行要比横断大陆更为有利。边一事实已导致市场

① 货物运动的类型是多级火箭的轨迹。首先是来自批发中心的生产中心的发射，然后重新分配(也有向后的方向的!)。最后“分裂”到零售中心。中间商人是否有利可图，这极大部分取决于运费率是否大大低于每一单位的运费率——除非它是纯粹商业机构。国内运输在原则上与国际运输没有什么不同。关于这点，我们研究组和我自己已开始研究。参阅 H. 劳夫克：“过境的原因和界限”(H. Löfke，“Ursachen und Umfang des Transits”)，《世界经济文献》(*Weltwirtschaftliches Archiv*)，LV，1942 年。

区引人注目的分裂。[①] 位置在大西洋沿岸的若干工厂在密西西比有着它们的竞争者。由于铁路运费过高,已不能与中西部相竞争。但由于海运费较低廉,使他们能在加利福尼亚和更远的西部相竞争。例如纽约的钢琴市场区只能从东海岸向内陆伸展500英里,由于经由巴拿马运河,钢琴却能销售到从太平洋向内陆延伸到1000英里。在纽约的这两部分之间,市场区被压缩在密西西比河谷内的圣路易斯。如果没有巴拿马运河,那么整个西部将在运河开凿前要成为上密西西比河谷大大繁荣起来的工业部门的腹地,恰如密西西比河谷和新奥尔良在南北战争和运河开凿前要比以后具有更大的重要性,并显示出更光明的前景一样。[②] 但内战、巴拿马运河和人为的密西西比河高水运费率却阻碍了(即使没有完全阻止)这一地区的发展。[③]

玉米市场提供了陆地和海洋运费对市场区形态差异的影响的另一个例子。在美国东西两个海岸上来自阿根廷的玉米,能与从内地运来的美国玉米相竞争〔A.鲁尔:《国际劳动分工问题:关于

① E.W.齐默尔曼引用了陆地运输和海洋运输间可能发生如何特殊差别的令人惊异的例子。“从卡的夫运煤到塞德港(3072英里)比从西部威尔士运到伦敦(170英里)要少”,见《国外贸易与航运》(*Foreign Trade and Shippings*),纽约,1918年,第253页。这样,对于货物的市场区来说,运费是很敏感的,只要它们靠船只运输的话,市场可伸展到很远的国家。例如,按我的计算,1937年,英国粮食进口的平均距离为6250英里。从相反的观点,水路对于远离市场的地方是极其重要的。因之,巴尔干各国外贸的极大部分,甚至对德国来说,是在海上进行的。

② 100年以前,纽约和新奥尔良输出大批相等的货物,密西西比州的巨大供应区对于后者提供着一个天然的巨大优点。参阅S.A.考德威尔:《新奥尔良的贸易区》(S.A. Caldwell, *The New Orleans Trade Area*),路易斯安那州立大学《学报》(*University Bulletin*, Louisiana State University),第10号,巴吞鲁日,1936年。

③ 这些是在政治上被规定时,但比铁路运费率略低,1937年低约20%。

美国输出基础的统计研究》(A. Rühl, *Zar Frage der internationalen Arbeitsteilung*, *Eine Statistische Studie auf Grund der Vereinigten Staaten von Amerika*),柏林,1932 年,第 1026 页〕。

通过苏伊士运河联结欧洲和东亚的低廉的水路,比之横贯西比利亚的铁路也是很重要的。在 E.斯坦因哈根所引的例子中,铁路比苏伊士运河要贵 11 倍。这样,俄国的市场像在美国中西部的市场一样夹在钳子中了。

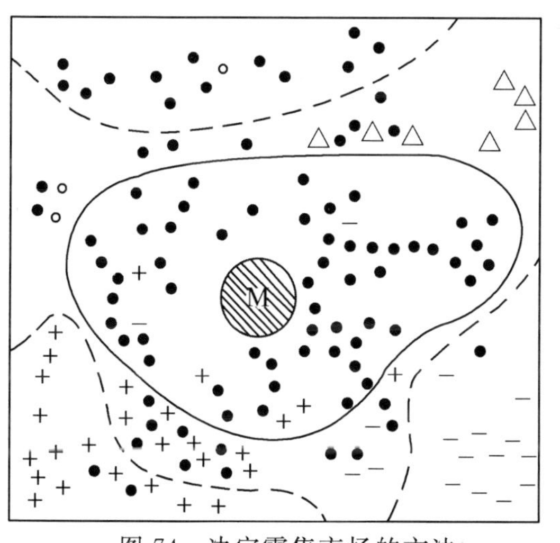

图 74　决定零售市场的方法

所有在 M(马里恩)购买食品杂货的农场用黑点表示,M 所有无争议题的销售区的界线用连接线表示,邻近竞争者用点线表示。

康乃尔大学和衣阿华州规划局的研究,在方法上值得赞许,也很值得注意。到目前为止所提到过的一切考察所赖以为基础的出售者的记录,对于零售贸易区的分界是不适当的。康乃尔大学对每一农民的咨询方法是理想的,但很费钱。其结果绘制在地图上,除了有问题的区域以外,都划上境界线。这样,比考虑市场区重叠的场合,获得更明确的地图。参阅图 74(据 D.桑德森:《纽约州中部的农村社会和经济区》,康乃尔大学农业试验场,伊萨卡,《公报》第 614 号,1934 年,第 4 页)。

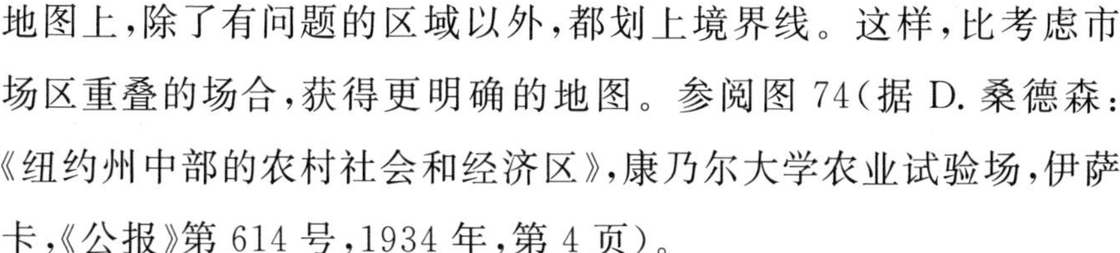

在衣阿华,几千名失业者被派遣到道路上,向沿路居住的购买

重要商品的家庭进行询问。对每一英里的每户都作了询问(衣阿华州规划局:《零售贸易区》第1集,得梅因,1936年,第6号第3页)。在划界线时,对比较不常见的重叠不幸被忽视了,被指定的区域,只是那些购买最多的中心。在衣阿华道路体系主要是棋盘形的,只有远距离道路才是放射状的。蒂普顿的周围地域提供前者的例子(图75)。马斯卡廷周围地区提供后者的例子(图76)。所以,在前一场合,人们必然期望市场区会几乎成为四角形[①],而后者则接近圆形。确实,有关的区是起伏不平的或是多山的,所以,有规则的形状的假设不一定会实现,但不幸,在平野地区像我可以利用的衣阿华的那样典型却是没有作过调查,即使如此,在市场区形态上,典型的差别在蒂普顿和马斯卡廷周围仍是明显的。再者,在后一场合值得注意的,是市场区突

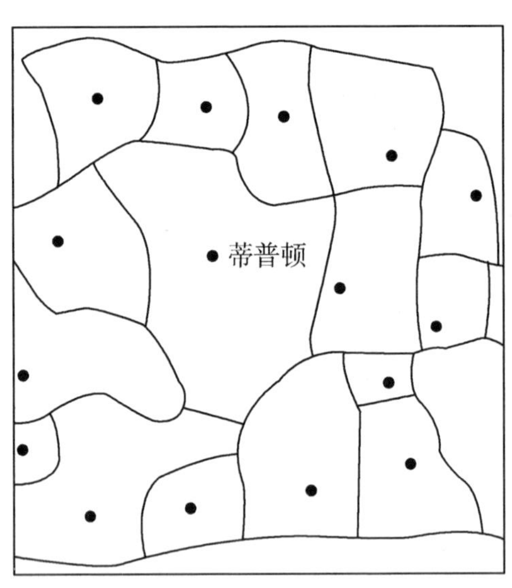

图75 建筑木材和水泥的销售区(衣阿华州塞达郡)(衣阿华州规划局:《零售贸易区》,第一集,第6号,图4,得梅因,1936年)

① 因为在衣阿华,矩形甚或方形是如此流行,以致人们开玩笑地叫当地居住者是心襟正直的人。原来的州规划,即使到今天仍能明白地辨认出来。典型的郡是正方形,四边各长24英里。典型城镇有类似的6英里的四边典型的农场则为0.5英里长的四边,面积160英亩,这样一个郡或6个城镇将是144个农场。第一批居民从政府接受这样规定的形状(正方)和面积(160英亩)的土地。

出得像舌形延伸,局部地包括着较小地点和突入到很大的马斯卡廷(图 76)的市场。图 46 和说明,提出了理论的解释。除了各种货物的零售区规模不同之外,图 76 一方面指出了与向城市供应鸡蛋、家禽、牛奶等产品的各农村地区之间的联系;在另一方面,也指出了对其零售出售者的市场。这是容易加以说明的。农民把农产

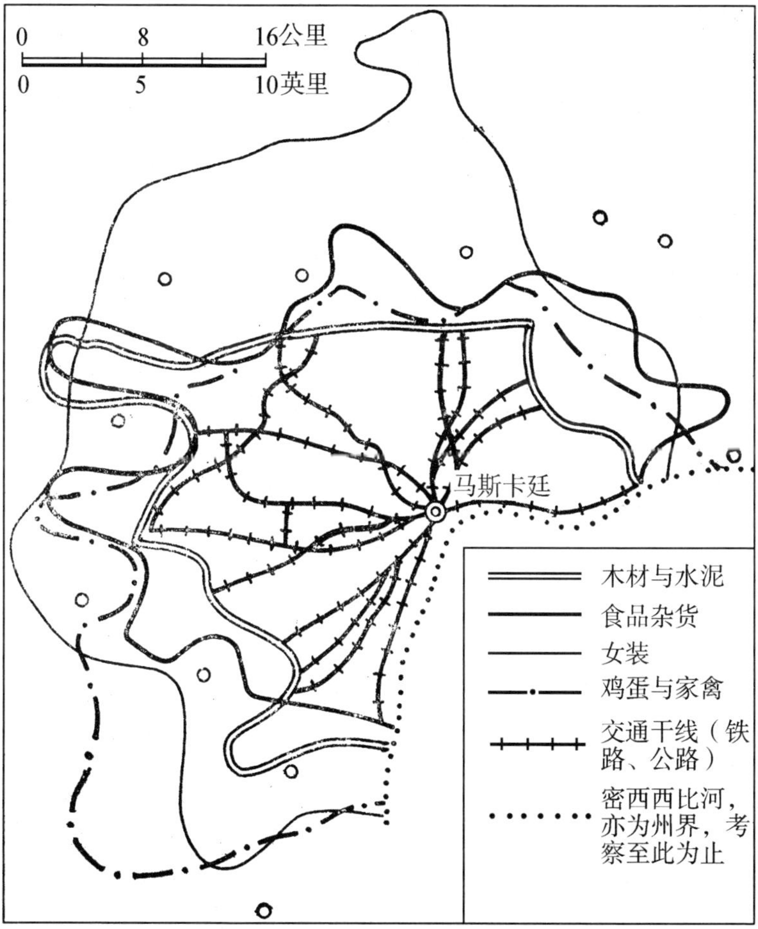

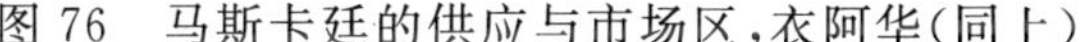

图 76 马斯卡廷的供应与市场区,衣阿华(同上)

品带入城市出售，同时也作小量购买。这与对屠宰者提供牲畜不同，他照例直接前往芝加哥，没有农民伴随。这样在芝加哥不发生带回零星购买的回流。

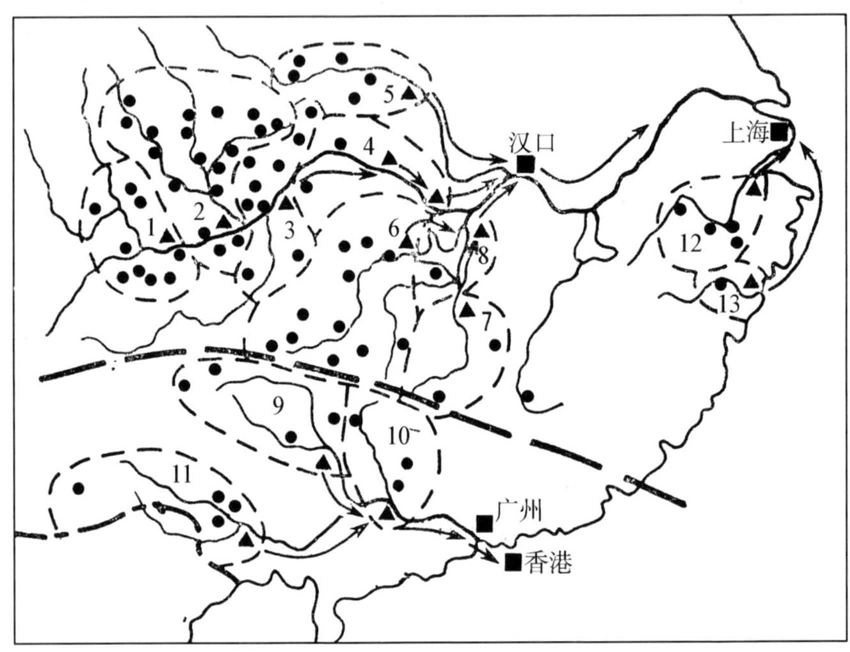

图 77 桐油供应体系

●大油厂中心（其小供应区没有指示出来）；
▲收集站（……由河流决定的供应区）；
■输出港（……上海与香港供应区间的分界线）。
根据迪赛《经济地理》，1940 年，第 265 页。关于英国煤，参考 K. 迪什尔编辑：《欧洲人民的生活空间问题》，莱比锡，1941 年，第 285 页。

现在我们已从生产者的购买区来到消费者的供应区。在这里，文献是极其丰富的，但我们没有必要去探求个别企业的业务秘密。在这里，是与无数的小生产者有关，他们商业关系值得知道的任何事，在已出版的官厅贸易统计中尽有记载。因之，所有有关牛奶、牲畜、谷类和其他农产品的供应区已部分地很好加以研究。与至目前为止已讨论过的事物相比，它们本质上不会提供什么新的东西。所以，除了提出供给区值得赞许的体系以外（图 77），我们将局限于很重要的题目的最后一个例子。现在我们转向所谓世界贸易货物典型的供应区和市场区的形成问题。

§4　“世界市场”

小麦市场就是一个很好的例子。一方面，地区之间有着复杂的重叠，另一方面，这种关系对于地区本身来说又自然是很重要的。初看起来，统计数字给人一种十分混乱的印象，似乎每一个出口国都将小麦销售到世界各地，而每一个进口国则又从世界各地购进。在谈到小麦的“世界市场”时，在我们的头脑中是否更应该有这种普遍而又紧密联系的结构？图 78 表明，在 1928～1929 年的收获期里，4 大出口国的市场边界越遥远，通过政府干预产生的市场强烈变动就越晚开始。[①] 只有那些由一个出口国提供小麦不到其进口量 1%的国家可以被认为在市场地区之外。这种情况只有在很少情况下其边界难以确定，尤其是比属刚果。[②] 此外，只有巴西可以大致认为并非整个国家而只是一部分地区属于给定市场区域内。[③]

图 78 说明了什么呢？尽管他们依旧十分混乱，但可以看出所

① 俄国和印度也偶尔在市场上投入相当数量的小麦，但我们不把这两个国家当作经常性的出口国。在 1928 年出口较多的巴尔干国家也是如此。

② 比属刚果已于 1960 年 6 月 30 日宣告独立，定国名为刚果共和国。1964 年改国名为刚果民主共和国。1971 年 10 月 27 日改国名为扎伊尔共和国。

③ 巴伊亚州南部由美国进口的小麦忽略不计。

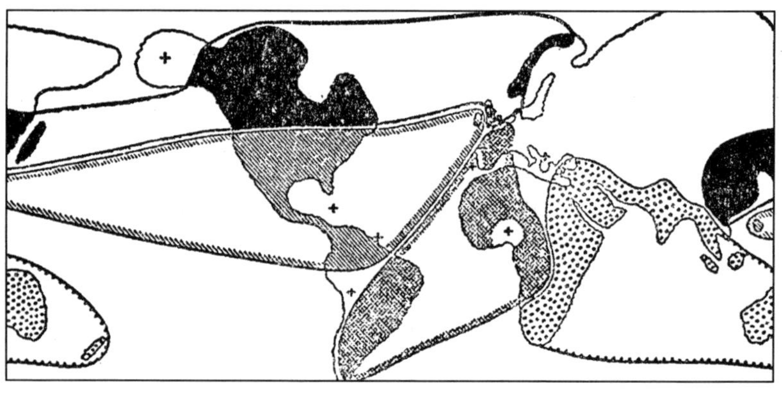

图 78～79 世界的小麦大市场

加拿大市场区的边界是连续的线，美国的用斜影线表示，阿根廷的用横直交叉阴线，澳大利亚的市场区用小点表示，(据表 31 资料编绘)。图 78 显示了 1928～1929 年最远的边界。从重要出口港进口小麦的地区用断线表示，几个重要的出口港用小圆圈表示。图上用小点标出的实际上是无竞争地区。图 79：占优势的地区(一个出口国享有肯定优势的地区)。结合的地区用线括出来，飞地则用十字表示。

有的销售市场都是有限的，因而某些区域可以只由一个剩余的国家供应。那些没有竞争的地区在图中用小点标出。图 79 还反映了所有那些由一个出口国占明显优势的地区，只有供给某一地区的数量相当于其进口总量一半以上，并且没有任何单个竞争者另外提供大致相当数量的时候，才能做这样的假定。

现在图一下子清楚了。除很少地区外，占优势地区都相当合理地组合在大出口港周围，形成紧密的结构。那些例外的地区在图中用“＋”字标出，它们仅仅吸收了全世界小麦出口量的3%，并且在很多情况下是由政治原因决定的（阿拉斯加、英属西印度及其他）。从量上看更重要的是那些有竞争的地区，没有哪个出口国能在这些地区享有绝对优势，并且，这一时期的德国也应讨论。但是，把所有这些中最重要的状况简化成基本事实时，我们就可以从貌似混乱的表面下辨别出它们在空间上的确切安排。

当然，这些主要地区并不具有同等重要的地位。在那个时期，这些地区吸收了加拿大小麦出口量的2/3以上，阿根廷和澳大利亚的一半，但从美国进口的数量只及它出口量的1/6。美国小麦种植者的困难并不令人感到惊讶，因为他们在很大程度上要被迫在竞争激烈的通过奋斗获得一席之地，甚至要在其他出口国占有绝对地位的市场上与之竞争。市场的边界是时常变动的，想要保持不变，要取决于收成、海洋运输结构的变化以及消费的变动状况。而在当前最重要的是贸易政策，这一点对整个地区的边界比对没有竞争的核心地区尤其如此。

现在我们从核心地区转向竞争地区和总体上的区域重叠。它们是怎样产生的呢？首先是季节因素。尽管四大供地区的货运量在一年之中是连续不断的，但货运量随季节的变化而不同。收获季节后的货运量是最大的，也就是北半球的秋季和南半球的春季。在季节因素起作用的范围内，我们根本不能严格的处理重叠问题，因为货运量是按时间顺序一个接一个进行的。第二种明显的重叠变化起因于各国的统计数字出了毛病。一个国家获得小麦可能有两个来源。到目前为止,严格的考察经常表明这样一个事实,即两个市场区的中心处在不同的地段,特别是大国,如前面提及的巴西的例子。第三,存在一种人为的重叠,加拿大的小麦几乎难以渗入到南非;另一方面,如果南非、加拿大和澳大利亚不属于同一个国王,那么,阿根廷在南非的小麦出口量会更多。

最后,还有两个真正重叠的实例。不同种类的小麦生长在不同的地区,将它们混在一起是有利可图的。不同的国家虽然混合的方法有所不同,但生产出面包的价格却大体相当。关于重叠的最后一个原因却是最重要的。这在第 244 页已经讨论过。图 78 表示包括西北欧在内的所有市场区,至少是已得到暗示。然而这一边界地区都不是小的边际买主,而是世界上最重要的小麦进口地区。在不考虑提高价格的情况下,只由单一剩余地区提供,根本无法满足这一地区的小麦需求量。大的剩余国家周围是购买地区的中心,也包括图中未表示的东欧小麦带。于是,一个不正常的情况产生了;欧洲处在所有剩余国的市场区内,反过来这些又只是欧洲购买地区的一部分。[①]

① 世界大部分贸易商品同样如此。因而,1937 年花生进口量的 95%流向欧洲;87%的铜,79%的皮革,78%的谷类,76%的羊毛,73%的烟草,68%的石油及 66%的棉花都出口到欧洲。另一方面,情况又并非如此,欧洲进口的橡胶占 31%;稻米占 29%;丝绸占 19%。世界贸易反映了欧洲这种例外的地位,尤其是英格兰,图(80)。另一个“角落市场”是柏林,它的煤来自英格兰、上西里西亚和鲁尔,它们彼此竞争。根据 R. 雷古尔的计算,这一三国“角落”应该在柏林西——西南部的 125 英里周围。来自鲁尔的煤依然要在柏林市场与英格兰的煤竞争,一部分由于质量上的差别,一部分由于倾销,也有一部分由于配额。见“煤矿业的竞争”(Die Wettbewerbslage der Steinkohle),《形势研究季刊》,特刊,34,柏林,1933 年,第 83 页。

在世界范围内对欧洲消费者供应的地区被组成一个较小来源的等级。其中最大的是围绕在大出口港周围的供应地区，即在图78中用断线包围的地区。[①] 绘出区域边界的困难只有在北美才会发生。内布拉斯加、堪萨斯和俄克拉荷马的冬小麦种植区很容易从北部小麦带分出，本地区主要通过加尔维斯顿和新奥尔良出口小麦。并且较重的小麦作为棉花的压舱物，因为不运小麦只运棉花就不轻了。通过两个港口的铁路运输及两个港口通往欧洲的远洋运输也是如此[②]，所以，从总体上看，它们的供应和市场地区是

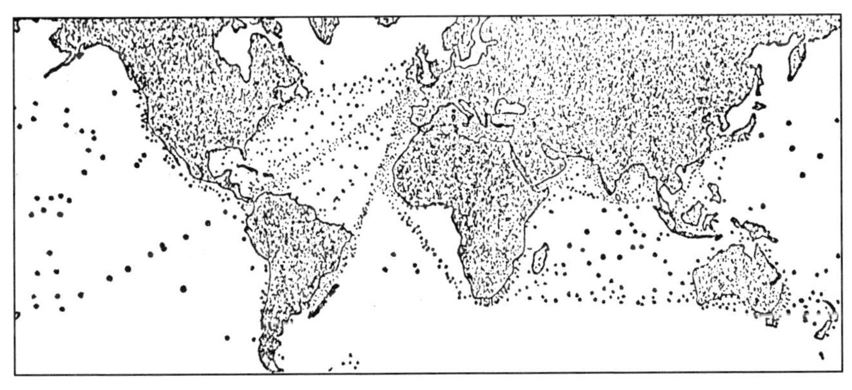

图80　在世界贸易线路的中心上，英格兰是一个角落市场

有可能分辨出的。西雅图和波特兰这两个西北海岸的港口同样如此，但由于这里的小麦带靠近这两个港口，就将紧靠港口的部分严格地划为它们的供应地区。

大西洋和太平洋港口的两大分界线大致在加拿大的艾伯塔和

① 并不是每一个港口都显示出来，大部分圆圈代表了一批实际上相等的港口。

② 根据铁路经济局："商品与运输成本关系中的商品价格"(Commodity Price in Their Relation to Transportation Costs)，《公报》，40，小麦，华盛顿，1930年，第4页；以及美国农业部的关于"关于小麦运费率"(Freight Rates on Wheat)，华盛顿，1928年。

萨斯喀彻温之间开始延续到美国的爱达荷和怀俄明之间。这条线十分重要,但一定不能看作是固定不变的。尽管很多年来铁路运费变化很小,但海洋运费变化格外快。[①] 因而这两条近似线两边有广阔的地区,谷物从那里时而运往西部,时而运往东部。零点几分的价格差就可以决定小麦的运输方向,甚至目的地就是一个:利物浦。确实,从温哥华出发途经巴拿马运河的西线路程几乎长于东部直接线路的一倍,但是两者大部分路程是廉价的海运线,而后者全部运费的 3/4 都要花在昂贵的铁路运输及内陆水运上,并且还要将小麦运到更远的东海岸[②]〔参见大英帝国的自治领统计局的比较费用计算,《关于加拿大谷物贸易的报告》(*Report on the Grain Trade of Canada*),1935 年,渥太华,1936 年,第 175 页〕。

因此,加拿大大部分的小麦收获量(一般占 1/5 到 1/3),即使是运往英格兰,都是走温哥华那条线。位于哈得逊湾的丘吉尔港

① 例如,1935 年 7 月,在温哥华装船的运价(到英格兰)比在蒙特利尔的运价几乎高不了多少,然而通常是会高出一倍的。但是,由于所经各地的运价波动,来自西海岸运往欧洲的运价与来自东海岸的运价相比,仍保持较高的水平。因此,西海岸的小麦价格总是低于东海岸的。

② 由于陆地线路与海洋线路相比运费太高,以致以前造成东部德国在斯堪的纳维亚销售多余的小麦,而同时西部、南部德国却从海外进口小麦;用船运到像曼海姆这样远的地方。参阅 A. 库纳:《符腾堡与国家之间的经济关系》(A. Ruhner, *Die wirtschaftlichen Beziehangen zwischen Württemberg und dem Reich*)中有关慕尼黑的论述,1926 年,第 26 页以下。德国的进口税会改变东部德国和外国小麦中心带的划分,但是进口税还没有高到可以迫使东部德国的盈余弥补西部德国的不足部分。实际上,进口证明制度起着相反的作用。尽管政府的价格规则提供地区的价格差别,例如在 1938~1939 年经济年度仅达到 12%,但只在目前市场组织下,内陆运输的重要性才有所增加。两个极端是:一方面是西里西亚部分,另一方面是萨尔区。参看《法令公报》(*Reichsgesetzblatt*),Ⅰ,1938 年 7 月 1 日。在哈勃勒的《国际贸易理论》(*The Theory of International Trade*)一书,第 318 页以下可以找到关于德国进口许可制度的讨论。

表 31　1928～1929 年小麦进口来源地[1]

进口国家	进口量（百万蒲式耳）	进口来源地的比重%			
		加拿大	阿根廷	美国	澳大利亚
加　拿　大　优　势　地　区					
英格兰	347	64	24	5	7
丹　麦	8	52	19	29	—
挪　威	6	66	16	18	—
葡萄牙	5	78	11	11	—
希　腊	15	53	18	29	—
牙买加	2	87	—	13	—
英属西印度	1	95	—	5	—
中　国	37	67	—	25	8
日　本	34	66	—	17	16
阿　根　廷　优　势　地　区					
巴拉圭	1	—	100	—	—
乌拉圭	0	—	100	—	—
巴　西	35	0	89	11	—
西属几内亚	0	15	85	—	—
法属非洲	1	3	90	6	—
西班牙	14	19	66	15	—
法　国	29	25	61	8	7
比利时	54	31	62	6	2
美　国　优　势　地　区					
爱尔兰	5	38	—	62	—
直布罗陀	1	3	—	97	—
英属西非	1	9	—	91	—
古　巴	6	3	0	97	—
海　地	2	9	—	91	—
荷属西印度	0	5	—	95	—
委内瑞拉	2	28	—	72	—
厄瓜多尔	1	—	—	100	—
玻利维亚	1	—	20	80	—
巴拿马	4	2	—	98	—
尼加拉瓜	0	—	—	100	—
哥斯达黎加	1	3	—	97	—
圣萨尔瓦多	1	—	—	100	—

续表

美国优势地区					
危地马拉	1	—	—	100	—
墨西哥	3	13	15	72	—
阿拉斯加	0	—	—	100	—
菲律宾群岛	4	4	—	87	10
澳大利亚优势地区					
土耳其	0	10	—	—	90
埃　及	19	9	—	4	87
苏　丹	0	—	—	—	100
南　非	9	27	12	0	60
新西兰	2	42	—	—	58
荷属东印度	4	—	—	—	100
英属印度	26	—	—	—	100
竞争地区					
德　国	39	43	31	20	4
荷　兰	63	37	43	17	3
瑞　典	7	38	38	12	12
芬　兰	3	44	—	56	—
意大利	48	33	40	15	12
英属洪都拉斯	0	50	—	50	—
哥伦比亚	1	45	—	55	—
秘　鲁	4	—	49	13	38
智　利	1	—	41	16	44

(1)根据《国际剩余小麦市场》(G. J. 卡尔:《美国商业部贸易丛书》,华盛顿,1932年,第12～24页)计算。德国的数字来自《德国统计年鉴》(*Statistishes Jahrbuch für das Deutsche Reich*),柏林。数字只给出近似的概念,因为数据有的来自日历年,有的来自收获年。进口与出口国家的统计也不一致。殖民地经常被混为一谈,法属非洲的百分比因此特别不可靠。面粉被转化成等量的小麦。

是相当合适的运输地点,在萨斯喀彻温和曼尼托巴北部以及远至以南都拥有一大片小麦供应区。(参见上引《大英帝国自治领统计局报告》,第175~183页)。但是加拿大出口的小麦只有很少一部分通过丘吉尔港。在这里我们遇到了一个区域构造上的新因素——季节,由于北部的环境,丘吉尔港的可能供应地区的小麦收获期较晚,而港口必须早在10月底关闭,结果使丘吉尔港口能在几个星期内出口小麦,但是就在这短短的时间内,丘吉尔港就成为重要的出口港之一。

既供应纽约及邻近的美国港口,又供应蒙特利尔及加拿大其它大西洋沿岸港口的地区是不可分离的。这是因为所有出口的小麦都需首先走同一条路经过五大湖,直到布法罗才最后决定装船经伊利运河去纽约还是经威兰运河去蒙特利尔,这主要取决于当时两国海运费的差别。大量的美国小麦通过加拿大港口装运,而相当一部分的加拿大小麦,一般是1/5到1/3通过美国的港口。这样,布法罗就成为一个进出口通道,成为这一等级港口中的最高层次。与东部港口相比,西部沿岸的加拿大港口和美国港口的供应区界限划分得极为清晰,一方面是由于它吸引了被分隔的广阔的小麦种植区,另一方面是因为这些小麦种植区相对地靠近港口,再就是它们之间的纵横联系不那么多。

供应地区的小麦从四面八方流入一个港口,就像进入一个狭窄的通道,一旦通过这一狭道就又开始分散于港口的广大市场地区。[①] 地区呈现出明确的结构。整个说来,各较小和较大的集散

① 如果能确定蒙特利尔、纽约、新奥尔良等的市场区,将会更加正确些,但是笔者没有必需的时间。

中心等级都对它们的分市场起着与港口相同的作用[1]，这一点已经讨论过。即使在只有单个产品(如小麦)的情况下也会出现各种类型区：如有种植区、供应区、市场区及它们再分小的区，夏天种植区或者冬小麦区；对个别港口的供应区；通往地方谷仓沿途的小型收购站，甚至是单个的农场；以及相应的市场区，直到单个面包点。我们已经抓住这些市场中的几个例子进行描述，即使这样简短的描述，我们也可以认识到在表面看起来混乱的背后存在着秩序。

三、距离在经济上的重要性

§1 对国内经济

根据皮拉士的报告，1930 年德国铁路运输费用已占到达目的地所有货物总价值的 4.6%，欧洲达到 5～7%；美国达到 7.1%(1928 年，铁路)。同一年的德国，公共运输业雇佣了 4.5%的劳动力，美国为 7.9%。公共运输系统的毛收入包括那些间接的活动，这部分收入在国民收入中的比重，德国为 11.8%，美国为 13%。就这点而言，还应加上私人运输费用(摩托车、自行车)：美国大约占 1.5%，德国占 9%。这样，运输总费用大约分别占国民收入的 13%和 22%，包括距离在内的所有总费用达到 20%和 30%。

显然，美国(和俄国)巨大的花费抵消了一大部分它们享有丰富自然资源的优势。一个例子就足以清楚说明这点，1930 年美国长距离拖运的吨英里数是德国的 5.5 倍，从电话、电报和电台通讯

---

① 参阅 L. B. 扎波仑：《美国农业部公报》，594 号，《小麦价格地理学》(L. Zapoleon, *Geography of Wheat Prices*)，华盛顿，1981 年，第 14 页以下。

的收益中表明美国为迅速克服长距离而付出的代价：1931 年美国的赢利为 5.8 亿；相比之下，德国只有 9 亿。[①]

§2　对国外贸易[②]

通过先前对市场区域的不同规模及它们越接近周围越“稀薄”的考察，就会得出这样一个重要结论：外贸量随距离增加而递减。德国的外贸统计证实了这一记述。其证据是，上一年度繁荣的和无限制的对外贸易都是被选定的，只有俄国例外，因为它的外贸垄断使之有可能忽略距离。其次俄国的面积与其他国家差别太大。即使如此，面积方面足够多的矛盾依然影响这种比较，国家之间的距离以它们首都之间的飞机里程（英里）来表示，海运与陆运的区别又未考虑在内，这就进一步把事情搅乱。总的说来，贸易与距离的关系，特别在下图中依然可以清楚地看出：德国在欧洲各国进出口的份额随距离增加而减少。参阅表 32 和图 81。[③] 这意味着这种趋势，除两个例子以外，它们并不真正影响这种比较，尽管个别偏差也应考虑。两种例外就是德国对保加利亚和希腊出口的份

① 《空间研究和空间秩序》，Ⅰ，第 366 页。C. 皮拉士：《交通经济的基础》（C. Pirath, *Die Grundleagen der Verkehrswirtschaft*），柏林，1934 年，第 7、8、78、85、90、99 页。其他数字由笔者计算得出。亦见 C. 巴夫洛夫斯基：“农业空间秩序质疑”（G. Pavlovsky, “Zur Frage der näumlichen Ordnung der Landwirtschaft”），《国际农业概观》（*Internationale Landwirtschaftliche Rundschau*），Ⅰ，1942 年，第 363 页。

② 关于出口方面特别重要的距离费用，请参阅卡普费勒-施文茨纳：《出口受理规则》（Kapterer-Schwenzner, *Exportbetriebslehre*），柏林，1935 年，第 249～273 页。

③ 离德国附近的国家在 1928 年购买了它的 46％的出口产品，并向它提供了 30％的进口产品。

额，不论这些国家的距离如何，份额仍非常大，可能主要是烟草的

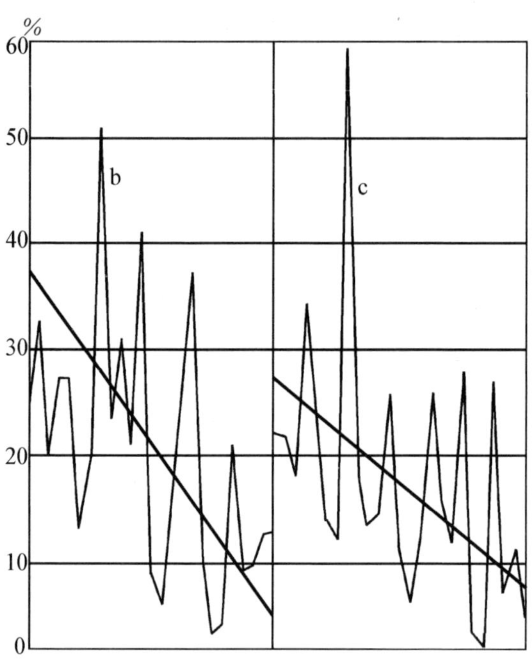

图 81　距离和外贸德国在欧洲国家中进口(b)和出口的份额(参见表 32)。根据它们与德国的距离自左向右排列。

运输，因为它大约占德国出口额的一半。对于单个欧洲国家[①]适

① 1932 年，法国对外贸易 46%的出口到邻近国家，39%的进口来自这些国家。荷兰的数字则是 55%和 51%。国界大部分为海岸线的那些国家这一数字要低得多，原因很简单：意大利为 24%和 18%；英国为 23%和 19%。相反，加拿大的数字却非常高，加拿大实际上仅是沿着美国的一个边境地带，1932 年，它出口的 61%运往美国，41%的进口来自美国。

我对《世界经济文献》(*Weltwirtschaftliches Archiv*)的数字，在关于国际贸易中距离的重要性方面从理论上所做的发展，包括了对法国及其殖民地的贸易所做的分析，它令人信服地证明了我的理论。阿尔及利亚对法国的出口量占总量的 75%，但印度支那出口到法国的仅占 20%。距离比其他因素更能决定衡量殖民地对其母国富裕所作出的贡献。[R. 蒙尼尔，《世界经济文献》(R. Munnier, *Weltwirtschaftliches Archiv*)，伦敦，1939 年，第 272 页。]

用的道理同样适用于整个欧洲。1928 年，德国 75％的出口量是到欧洲，51％的进口量来自该洲（见第 280 页）。基于相同原因，欧洲内陆的对外贸易超过海外贸易。1928 年，欧洲国家 65％的出口量是

表 32　在欧洲国家对外贸易中德国的份额

	a	b	c		a	b	c
捷克斯洛伐克	175	25	22	英　　国	581	6	6
丹　　麦	225	33	22	南斯拉夫	638	14	12
奥 地 利	331	20	18	爱沙尼亚	656	30	26
波兰和但泽	381	27	34	芬　　兰	688	37	16
荷　　兰	394	27	24	意 大 利	750	10	12
比利时和卢森堡	406	13	14	爱 尔 兰	838	3	1
匈 牙 利	438	20	12	保加利亚	850	21	28
立 陶 宛	475	51	58	阿尔巴尼亚	900	4	0
瑞　　士	481	23	18	希　　腊	1150	9	27
瑞　　典	519	31	13	西 班 牙	1181	10	7
挪　　威	531	21	14	葡 萄 牙	1456	13	11
拉脱维亚	544	41	26	冰　　岛	1500	13	6
法　　国	550	9	11				

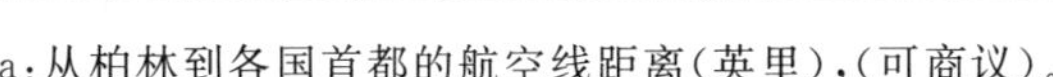

a：从柏林到各国首都的航空线距离（英里），（可商议）。

b：德国进口量份额，在各国进口总量的比重（存疑），《德国统计年鉴》，1931 年，柏林，第 90 页。

c：德国出口量份额，在各国出口总量的比重（存疑）（资料同 b）。

在欧洲国家之间进行的，55％的进口由欧洲国家内部提供，1909 年相应的数字高到 70％和 62％（见第 1022 页）。这样，正是由于商品方面的原因，大陆强国的政治利益才集中在邻近地区。

第二十四章　地区系统

一、数量、空间及城镇规模

实际的地区系统的研究是一项内容广泛和困难的工作。幸运

表 33

地区规模等级	每个地区居民点数量	该级地区数量	居民点的规模等级	该级居民点的数量
k=3				
0	1	729	0	486
1	3	243	1	162
2	9	81	2	54
3	27	27	3	18
4	81	9	4	6
5	243	3	5	2
6	729	1	6	1

的是，我们可以参阅沃尔特·克里斯塔勒享有声望的专著《德国南部的中心地》[①]（W. Christaller, *Die zentralen Orte in Süddeutschland*，耶拿，1933 年）。在第 145～148 页，我们用相同的结构描述了各个地区，即是每一规模等级的地区都含着次一级地区的常数 k。克里斯塔勒假设在 k=3，或者在一些情况下也会 k=7 时，试图解释德国南部大部分居民点的规模及分布状况。根据我们的表 8，当 k=3 时，规模等级 0～6 的每个地区居民点的总

① 相当好但很短的著作：O. 施利尔："德国景观"，《普通统计文献》（O. Schlier, "Die Landschaften Deutschlands", *Hllgemeines Statistisches Archiv*, Ⅹ Ⅹ, 1930, pp. 24—41），在这里也应提到，他表明了大城市的作用是如何随着距离的递增在不同程度上影响着各种各样的生活水平和经济分支。

数应是 3^0，3^1，……3^6 或者 1，3，729。[①] 规模等级 6～0 时的地区数量是同样大，但相应规模等级的地区中心的数量却较少。包含所有 729 个居民点的最大地区有一个中心和三个次一级地区，每个次级地区又包含 243 个居民点，亦都有一个中心，尽管其中一个是上述最大地区的中心。由此产生的 6～0 级城镇数量等于相同等级的地区与更高一级所含地区数量之差，也就是 1，2……486（参见表 33）。在大范围内，实际的数量符合于克里斯塔勒展现的理论数量[②]，以下是纽伦堡地区系统的数字（克里斯塔勒，前引书，第 199 页）：

居民点的规模等级　　6　5　4　3　2　1　0

① 第 0 级包括没有它们自己市场区的原始居民点。

② 为了便于讨论，假定这一地区系统由 k=3 显示了的优越性，并以纽伦堡作为证明，显示是普遍有效的话，那么就可进一步假设，将最小居民点分隔的平均距离就大约 2.5 英里。因为 1938 年在德国国界内，在 183200 平方英里内有 51000 个社区，每一年平均会有一个直径大于 1.06 英里的地区，这就意味着每一居民点相距 2.2 英里。根据表 8，分隔各种居民点类型的理论上的距离应为如下数字：

理论上的		居民点类型	例　　子	
级别	距　离（英里）			
0	2.5	村　　庄	许多地方的例子	
1	4.4			
2	7.5	村　　镇		
3	13.1			
4	22.5	县　　城		
5	38.8	省　　府	慕尼黑—奥格斯堡	38.8 英里
6	67.5			
7	117.5	地区首府	慕尼黑—纽伦堡	124.4 英里
8	203.1	邦 首 府	慕尼黑—苏黎世	223.1 英里
9	350.0	区域首府	柏林—科伦	367.5 英里
10	595.0	国家首都	柏林—巴黎	675 英里

对每一类型都有很重要的实例。但是，很显然，它们既不能充分地深入解释欧洲的现实，也不能作为这个理论的证据，它们只能说明在一个可能是重要而且特殊例子里量值的序列。

理论上的居民点数量	1	2	6	18	54	162	486
实际的居民点数量	1	2	10	23	60	105	462

诚然，只有在作者原文中才会出现完全一致的程度，原文解释了地理的、政治的以及其他个别特殊误差，至少对于较高等级的所有居民点是如此。那本专著的主要优点在于对单个事例的深入考察，所以某些方法论上的缺陷就被忽略了。在具有相同结构的地区，至少在那些地区网络不能“转换”（像 k=0 时）的地区，如果把每个中心都分配给由它供给的最大的区域，那么，等大的市场区中心本身是相等的。在与整个系统不一致的情况下，每一中心常与较小中心的组合相一致（图 34）。因此地区中心可以划分成与地区相一致的规模等级，并且包含具有相似经济功能的居民点。[①]

由此出发，克里斯塔勒正确地作出结论：在这样的情况下，一定存在一批典型的城镇规模，它们应该用统计方法来确定，如同用频率曲线的最大值来表示这批城镇数量一样来表示它们规模的功能[②]，他在《德国南部的中心地》（耶拿，1933）一书第 65 页发表了用这种方法对城镇进行分类。但是，除了他称为 A 和 K 级的两级居民点之外，我不认为他获得真正的成功，因为实际上它们与他书中 326 页上的曲线所显示的某些集聚相一致。在第 150～155 页

① 相反，在一般系统里一个居民点不需要更大，它越大，其最大地区的规模也就越大。这里，大地区的中心点并不同时总是许多地区的中心点，对于具有相似结构的地区也是如此。

② 他不是用居民数量来衡量规模，而是根据安装电话的数量计算出“中心”单元。对于城市，施利尔的方法使用职业统计计算“中心阶层”，这种方法或许更好。“德国的中心地”，《社会地理学杂志》（“Die zentralen Orte des deutschen Reichs”, *Zeitschrift der Gesellschaft für Erdkunde zu Berlin*），柏林，1937 年，第 162 页以下。

出现的分类没有得到进一步的阐述，也许他是按照居民点的功能将它们排列才得出这个结论，进而发现分在一组中大部分居民点正符合于确定的规模等级，于是就认为这种功能的居民点具有典型性。即使不谈前面提到的两种例外，我们也很难说在这一规模等级内一组居民点有任何代表性中心的价值。如果这样的集聚群确实存在的话，就会被随着规模增长，而居民点数量迅速减少这一事实所掩盖。只要我们对控制下降的原理一无所知，我就不能明白如何消除上述事实以便揭示可能存在的隐蔽着的集聚群。

由于城镇分类没有获得统计上的成功，因此只有三种情况是可行的。像克里斯塔勒那样，根据不同功能进行的直接观察对城镇加以分类；根据一项规则进行分类，这一规则不需证明（或许是帕累托的分布公式）；或者最终通过反复试验法得到分类；最后一种情况是只有在实际型式不止一个方面与理论符合时，我们才可以得到一种理论上的地区系统。因此，当没有其他理由时，城镇是可以这样分类的，在每一规模等级中城镇的实际数量当然与理论数量一致。也许只有在进一步探索时，这些类型的城镇彼此间的距离与理论上的距离相符，才能假设这种分类是有意义的。

我将依靠这种方法证明我们的理论地区系统之一存在于衣阿华州。需要证明的是当 k 值为 4 时，那里居民点的结构依照规则与地区的结构相同（见表 8，本书第 167 页）。[①] 假设在这样的规模等级里（表 34，第 11 栏）集中的居民点，其理论数量与实际数量在

① k 值为 4 时，与一个地区的形状无关，它可以是六边形也可以是正方形。

每一等级里是相同的(第 2、3 栏)。[①] 并且假设我们发现它们彼此间的理论距离与实际距离也被证明是相符的,这种假设将被证明,即衣阿华州的所有规模等级的市场区都具有相似的结构,并且大级别通常包括 4 个小级别的地区,这种证明实际是正确的,与理论上的距离相比,真实距离只有 5%～10%的偏差。[②]

第二个证明要从帕累托分布定律开始。H. W. 辛格[③]调查了帕累托发现的收入的数量和规模之间的联系是否对于城镇的数量

表 34 衣阿华州地区系统(理论与实际)[(1)]

地区规模等级	与 k=4 相对应的地区系统			
	中心			
	数量		距离间隔[(2)]	
	理论[(8)]	实际	理论[(8)]	实际[(6)]
1	2	3	4	5
1	615		5.6	
2	154	153	11.2	10.3
3	39	39	22.4	23.6
4[(4)]	10	9	44.8	49.6
5[(4)]	2～3	3	89.6	94.0
6[(5)]	0～1		179.2	

① 根据在衣阿华长大,科罗拉多斯普林斯大学教授赛瑟姆的意见,我实际上是首先根据人口数量对那些具有相同功能的居民点进行分类,计算出所有与这一分级相吻合的居民点,并且度量了它们之间的最小距离。个别规模等级中的频率令人非常惊奇地与理论上期望的假定 k=4 相一致。只要在分类中轻微的改变就可以完全一致,我做这些正是为了提供一个非常清晰的出发点。

② 如果每一规模等级的理论值,都是从所有前一级的实际值而不是从最高一级的实际值得出的话,那么偏差还会更小。

③ "'人口曲线'与帕累托相似的定律",《经济学杂志》,("The 'Courbes des population', A parallol to pareto's Law", *Economic Journal*),1936 年 6 月,第 254～263 页。

续表

地区规模等级	与 α=1 相对应的帕累托定律				最低规模等级[3]
	城		镇		
	数　量		最小规模[3]		
	理论[8]	实际[7]	理论[8]	实际[7]	
6	7	8	9	10	11
1	819		447		180～1000
2	205	204	1800	1950	1000～4000
3	51	51	7200	7500	4000～20000
4[4]	13	12	28800	34800	20000～60000
5[4]	3	3	115000	94000	60000～200000
6[5]	1		460000		200000～800000

(1) 来源见表 21。

(2) 英里。

(3) 人口。

(4) 因为这些规模等级中的聚落数量较小，会出现较大的偏差。如果达文港位于第 4 级而不是第 5 级，那么第 4 级，在第 10 栏，37600 代替 34800，在第 11 栏，20000～75000 代替 20000～60000；位于第 5 级，在第 5 栏，102.5 代替 94；在第 8 栏，2 代替 3；在第 10 栏，111000 代替 94000。

(5) 衣阿华没有这一规模等级的城市，但它位于明尼阿波利斯、堪萨斯城、奥马哈和芝加哥之间，其中前三个在这一等级中。它们的平均人口是 490000，它们最小间隔距离是 236 英里。

(6) 模式的值，只是第 5 级的平均值(因为各种情况的小数)。第 1 级：偶尔与(原书 131 页)表 8 中 2a 相对应，因为居民点有 300～1000 个，首先计算出距离(见原书第 434 页，注⑦)，然后将计算的值填入上表。对于一个含有 180～300 个居民的聚落，有一种新的计算方法，需要许多时间，但随机抽样表明，结果不会有很大改变。

(7) 最低规模等级中聚落的平均规模。帕累托定律为研究单个城镇建立基础，也被认为适用于全部等级的城镇，更重要的是要注意选择有典型性的等级安排。

(8) 第 1 级值的获得是对所有理论值计算的起点。

和规模同样有效。[①] 它是否符合方程式 $\log y = A - \alpha \log x$ 呢？在这个方程式里 x 代表人口(或收入)规模，y 代表比 x 具有更多的居民数(或是收入大于 x 的人数)的城市数量，α 和 A 对于同一国家同一时期的 x 和 y 值来说是常数。这个方程式说明，y 的变化率(也就是 y 在百分比上的变化)很小，相当于 x 倒数 α 倍变化率，也就是 $\frac{ay}{y} = \frac{-ax}{x}$，它通过综合得到上述方程式。$\alpha$ 是相对的弹性系数。辛格发现对于所有类型的国家，方程式都很好地表达了根据城镇规模所进行的分类。从他的表格中进一步表现出一些我们感兴趣的情形中，α 几乎等于 1。这对于英格兰(1920 年为 0.99)，美国(1902 年为 1.03)和德国(1933 年为 1.05)来说尤其正确。但是，当弹性系数为 1，例如，最小的人口数量增长 4 倍，意味着 1/4 数量的城镇要划入这一等级；相反，如果城镇数量降到原来的1/4，则它们的最小人口数量一定会增长 4 倍。

根据城镇规模进行分类，在理论系统(k=4)上和在衣阿华是完全相同的。第 4 栏和第 10 栏[②]的一致既是一个例子，又是帕累

① 参见 R. 吉布拉特的《经济的不平衡》(R. Gibrat, *Les inégalilés économiques*)，巴黎，1931 年。他将一个相似的成适当比例的等效定律附加到拉普拉斯的绝等效定律之中。吉布拉特和帕累托方法的区别，见《劳工研究所年鉴》(*Arbeitsw Institut Jahrbuch*)，1939 年，第 203～227 页。

② 首先，819 是给出的作为最小人口数 447 的居民点(819 是第 3 栏的总数)。第 7 栏和第 9 栏是从这两种数字得出的。对于每一连续的数字必须是前一数字的 4 倍或 1/4 的假定是武断的，但却是实用的。衣阿华州的聚落可以按以下方式分组，即或是最小的规模(10 栏)，或各组的频率(8 栏)，以与理论值一致。上面提到的假定是考虑到方便而选择的，因此，第 3 栏的组合可以被利用而且不需要新的假定，由此引起的第 7 栏和第 8 栏之间的吻合，是操作的结果，而第 9 栏和第 10 栏之间的大致吻合，则提供了证明。

托原理适应性的证明。相反，如果认为这已被证明，也是我们理论体系接近实际情况的进一步证据。

G. K. 齐普夫〔《国家的统一和分裂》(G. K. Zipf, *National Unity and Disunity*)，布卢明顿，1941 年〕给辛格的发现以一个简单的形式。当一个国家的城镇按规模进行排列，则第 n 个城镇将会有 1/n 第一级的人口。如果一个城镇的系列变化(n)乘以其居民的数量，结果对于所有的城镇是相同的，那就是：与大城市的人口数量相同。1933 年，德国在 104 个最大的城镇范围内所进行的测试工作结果，是从第 25 个到 104 个城镇人口无一例外地在 500 万到 600 万之间〔《德国统计手册》(*Statistisches Jahrbuch für das deutsche Reich*)，柏林，1937 年，第 11 页〕。它比 7 个最大的城镇小，而比第 8 到第 24 个城镇大。柏林以及其他德国重要地区的首府(如慕尼黑)的重要性减少了，这有利于经济景观中心(如纽伦堡)。如果像辛格发现的 $\alpha-1$ 那样，齐普夫原理与帕累托的定律是相同的。如果表 33 中每一等级最后位置的一系列数字(或者同一等级地区的数)，乘以这些地区居民点的数而不是中心的人口数，结果同样是一个常数：729，这也是居民点的总数。这样，在具有相同结构的地区，我们得到了 $\alpha=1$ 时的下列关系：

$$\frac{\text{地区规模}}{\text{景观规模}}=\frac{\text{地区内居民点数}}{\text{所有居民点数}}=\frac{\text{大城市的系列数}(=1)}{\text{最后的地区中心系列数}}$$

$$=\frac{\text{地区中心的人口}}{\text{大城市的人口}}$$

同样，例如：

$$\frac{\text{接近中心的人口}}{\text{其地区规模}}=\frac{\text{大城市的人口}}{\text{经济景观规模}}$$

与德国南部相比，在衣阿华没有更多可能在任何确定等级内找到格外常见的规模。如果不是对于一般系统，至少在具有相似构造的地区，人们仍然期望在理论上有这样的聚集。目前我们仍然不能断定对于这一问题是否仅仅找到了统计上的方法使这些集聚显而易见[①]；或者在土地肥沃程度、潜力等有相当大的差别时，甚至像在与衣阿华州相同的情况下会使城镇规模分散，在这种方法中所有的集聚都被掩盖了。在这种情况下，只有依靠城镇个别规模等级进行地理上的城镇分类，而不是根据这些等级中的分散进行分类，才能符合标准。或者最后在帕累托的分布定律中是否存在其他因素在影响规模，但并未纳入我们的理论模式。

从另一方面说，这种理论体系无论如何是完全被证实了的。由此得知城镇间的距离[②]随着其规模的增加而增加，这不仅适用于具有相同结构的地区，也适用于一般地区，正如图 32(第 160 页)所显示的。代表一个或两个地区中心的所有城镇之间的距离是相同的，我们称之为 a，3 至 5 个地区中心之间的距离为 a 的情况有 59 种，为 $a\sqrt{3}$的有 25 种，为 2a 的有 1 种；6 至 10 个地区中心之间最短距离为 a 的只有 1 种，为 $a\sqrt{3}$的 2 种，为 3a 的 1 种，为$2a\sqrt{3}$的有 12 种，为 6a 的有 1 种。因此，不仅城市间的距离随着城市规模的增大而增加，而且每一规模都有一种典型的

① 当居民点按照“中心”(见第 554 页，注解②)安排而不是根据人口安排时，克里斯塔勒提到的那些少量的集聚，就变得更加清晰。

② 也就是从下一个等大或者大一些的城镇起的距离。

距离。除了结构相似的地区(表 8),这一点无论如何不能在理论上由单一标准得出,只能从像我们已经接触过的图 66 和 67[①] 那样的频率曲线上作出。这种曲线提供了在一个地区和一个国家之间的有趣对比,在一个地区里,我们在理论上推断的假设几乎成功(自然状况的相似),而在一个国家里,它们显然没有成功。图 66 的频率曲线对美国中西部地区是典型的,并且与预期的完全符合。另一方面,在英格兰,聚集在 5 个煤矿区和伦敦周围的城镇,其区别就很小,特别是在中小型城镇之间,几乎小得微不足道。这些城镇不是均衡地分布在同样肥沃的平原上,像美国中西部一样;而在群集在那些个别自然资源将要被发现的地区。

二、城镇的空间排列

对于具有相关位置而有不同功能的城镇,我们从理论上发现(图 29)这些城镇在 12 个地段集聚在起控制作用的大都市周围,其中 6 个排列得很稠密,另 6 个较稀疏。印第安纳波利斯和托莱多周围与理论模式极为吻合,以至微小的细节都得以再现。所以,例如,人口稠密地区分布着一串串城镇,或者在城镇稀少的地区,从大都市到最近的城镇必须走比稠密地区更多的路程。根据理论

① 图 66 中的分散不是理论上必需的,而是取决于实际上的“干扰”,因为正像我们已知道的,我们是在讨论衣阿华州具有相似结构的地区。

假设，在没有任何城镇的地区周围分布着许多大城市[①]，因此，严格地说，这种地区应视作齿轮的形式。

印第安纳波利斯和托莱多周围确实如此，那里的自然条件没有极大的差别。就像图30和31表明的，它们都被一个变形的齿轮所包围，虽然如此，它依旧是一个齿轮。最后我计算了围绕印第安纳波利斯62英里以内所有居民点（标准石油公司，1937年道路地图，印第安纳，兰德·麦克纳利，芝加哥），发现这一地区包含许多城镇，见图30中阴影部分，包括：

整个地区的45%；

573个居民点中（居民少于500人）的48%；

38个居民点中（居民在500～1000人之间）的53%；

① 这个事实在文献中经常被描述。但据我所知，从来都没有被解释过。例如，对于慕尼黑，雷根斯堡，维尔茨堡：见W.克里斯塔勒的书第256页。对于柏林：O.施利尔，“德国景观”（O. Schlier，“Die Landschaften Deutschlands”），《普通统计文献》（*Allgemeines, Statistisches Archiv*），1930年，第39页。对于巴黎：M. P.莫里奥，《现代欧洲密集的城市》（M. P. Meuriot, *Des agglomerations urbainesdens l'Europe contemporaine*），巴黎，1897年，第60页。对于衣阿华州的达文波特：衣阿华州计划委员会，《零售贸易地区》（*Retail Trading Areas*），丛书Ⅰ，得梅因，1936年，第11页。对于明尼苏达：C.齐默尔曼，“明尼苏达农场贸易中心，1905—1929”（C. Zimmerman，“Farm Trade Centers in Minnesota, 1905—1929”），明尼苏达大学，农业试验站，《公报》，269，第11页。原因是在一个中心城镇所有非农业企业都被表示，所以这种具有很长销售半径的企业集聚，不可能在邻近地区保留它们自己（见图28，原文第125页）。位于接近大城市的聚落的零售收入也少一些。因此，根据R. D.麦肯齐，《大都市社会》（*The Metropolitan Community*），1933年，第323页以下，1930年用美元表示的每人零售额是：

在洛杉矶和芝加哥分别是	738	638
在0～20英里内的城镇	529	406
在20～40英里内的城镇	709	637
在40～80英里内的城镇	857	619

52 个居民点中(居民超过 1000 人以上)的 81%。

从印第安纳波利斯出发的 13 条(根据理论有 12 条)州一级公路和联邦公路中,有 10 条大半经过人口稠密的地区,其中 8 条(同样与理论相符)沿着或紧挨着边界通过。

三、城镇的功能

我们从理论上得知,经验也总是表明,居住在文化上、经济上只与“这种”城镇相联系的乡村里并不具有优越性,它们与许多城镇相联系,这主要在于它们想从事商业活动。对于确定目的,比如地区计划,掌握它们量的概念无论如何是有利的。我有以前对密执安关于这个问题的良好调查[①],就其内容说,我们更感兴趣于对这个问题的系统阐述和总的结论。

美国大部分农民独自居住在农场里而不是村庄,1000 多个农民被提问到(这是一个够大的数字):(1)他们的银行的位置和购物地点;(2)穿著;(3)家具;(4)杂货等;(5)五金用具。结果表明,在同一城镇里进行的交易还不到一半(主要是住在大城镇的农民)。另一方面,被提问到的只有极少数由于个别目的光顾其他城镇。他们中大多数是在两个或三个地方进行以上五种类型的交易。他们并不是不加选择地变换一个地点到另一个地点,无论如何,他们去银行,购买服装、水果、五金用具等总有固定的地方,但是地点并不总是恰好重合。他们供应来源的平均距离按下列顺序递增:五

① C. R. 霍夫“城—乡关系研究”(C. R. Hoffer,“A Study of Town-Country Relationship”),密执安州农业学院,农业试验站,《特别公报》,181,东兰辛,1928 年。

金用具、杂货、家具、男装、女装。服装业的顺序是:银行、医生、电影院、裁缝、医院。第三种顺序是:教堂、娱乐场所、邮局、报纸。

四、城镇规划

在很多方面,城镇是经济景观的小型缩影。它们由为商人和工人提供的市场区和为办公室和各种企业的供应区所组成,还有公园、交通运输点等等。在中心[①]区集聚的优势决定一个城镇的规划以及主要交通线的最合适道路。同样,特别在零售业的例子中,在郊区发现有较小的区位集聚[②],这与经济景观的地方性城镇相一致。难怪,城市应该像小的经济景观一样,因为在这一景观中它们的位置实际上决定着其交通干线,还因为在理想状态下,经济

① 一个城市中心最好建筑高层的紧挨着的建筑物,并有广阔的人行道;通向郊区则配置较低和分开的房屋、在城市中心使建筑物集聚,可适应经常来往的本地居民和外来者广泛不同的目的:上市场、邮局、市政厅,等等。在乡镇中只有人们常去的公共建筑物才适宜这种状况。目前的趋向是城市的和乡村的中心建筑物太分散,相互孤立,这固然美观,但对办事的人来说,却带来了麻烦。一个城市的建筑物不仅仅是美学的和考虑卫生健康的问题,很多经济因素的平衡也必须正确处理,城市的整个规划,一定要为公众提供方便。参见 F. 雷钦堡:《移民居住表》(F. Rechenberg, *Das Einmaleins der Siedlung*),柏林,1940 年;及 W. 克里斯塔勒:"空间理论和空间秩序"(W. Christaller,"Raumtheorie und Ranmordnung"),《经济规划文献》(*Archiv fur wirtschaftsplanung*),1941 年,第 122～126、131～133 页,又见尤布勒(Uebler)谈法勒斯莱本城部分,见《空间研究和空间秩序》,1940 年,第 121～126 页。

② 对巴尔的摩的一项调查可以作为一个例子[J. K. 罗尔夫:《零售业的区位结构》(J. K. Rolph, *The Location Structure of Retail Trade*),《国内商业丛书》,80,华盛顿,1933 年]。重建伦敦的"艾伯克龙比-福肖"(Abercrombie-Forshaw)规划,通过发展这样的文化和经济分支中心以及通过指向这些分中心周围的交通,从而为大城市及其周围独立的部分提供 6000 到 10000 的居民。见伦敦《泰晤士报》(*The Times*),1943 年 7 月 10 日。

景观中所有非生产性企业在它们当中得以表现。[①] 在某一方面，现代城市甚至在景观之前：与非管理增长相比，它们更是规划的产物。最有希望的设计并不需要通过随意施加力量，进行痛苦的和不完全的发展[②]，但可以从一开始就有意识地为整个结构奠定基础。

这一点不是已成过去了吗？在考察现代[③]城镇规划和有关城镇规划的文献时，人们对抛弃网状安排的严重倾向大为吃惊。许多德国大城市，如柏林，有一个辐射状的道路系统，尽管这种类型很少像现代建造的城市例如卡尔斯鲁厄那样清晰、完整。中世纪的城市中心，由于加固防卫的缘故，一般都呈圆形。现代城市通过市中心向外辐射的交通线路形成这种效果。在较小的城镇很少见到这种布局，首先距离太短不能通过具有任何意义的辐射状街道来节约时间。其次，小城镇常常位于只有一条线路通过的公路上，或至多位于与公路直角交叉部分，像从理论上的经济景观模式所

① 这里起源还是一个尚待解决的问题——大城市究竟是原型还是复制品？是其景观的种子还是果实？其目的甚至其世界观，是由知觉或者全然由知觉引起的？或者城市和乡村是否相互制约？

② 这里有自由选择的很好的例子。见多克西亚德斯的《论雅典》(*On Athens*)，《建筑师与都市建筑月刊》，1942 年，第 2 期。

③ 理想城市的概念首先在文艺复兴时期繁荣。在那个时代的素描里，八边形和四边形占统治地位，并且十二边形似乎首先由弗朗切斯哥德·马歇(1540 年以后)提出，但只有一次这些理论中的一条被付诸实施。威尼斯人在 1593 年建立了帕尔马诺瓦城，在中心有一个六边形的广场，并且有辐射的街道。见 G. 芒特：《从 1400～1700 年理想城市的历史》(G. Münter, *Die Geschichted Inde stadt V*. 1400—1700)，但泽论文，1928 年，第 16 页。对于德国所有城市的规划和街道网络的简捷描述，请看 E. 凯泽编：《德国城市手册》(E. Keyser, ed., *Deutsches städtebuch*)，斯图加特，1939 年以及后各年。

明显表示的那样(图 32)。这样,它们拥有直角模式的优势,而没有成为任何实际影响的不利因素。[①]

这些优势是系统的简单性;面向十字街道的方便朝向,及房屋直角形状的适应性。为了克服与星状布局相应的不利情况,星的每个角必须有明显的差别,在中心必须规划一个"大岛",交通线路在其周围环绕,这就大大限制了街道交叉的数量;各单个部分一定不能修建在太远的地点,因为一方面这会妨碍看到出现在邻近街道上的车辆,另一方面会使偏离的直角地面规划不能完全避免的密集建筑太明显。[②]但是,当这些要求都实现时,一个呈辐射状的街道网络可以大大便利大都市的交通。基于这个原因,在许多按棋盘格局规划的城市中,至少斜线交叉的街道最后被放弃了。之后,8 条街道代替了从十字路口伸出的 4 条辐射状道路,无疑这是一些新建城市从一开始就设计成八边形的原因,如前蓬蒂内沼泽

① 图 82 说明:如果每一个非农企业都要一次表示出来,并且居民点要坐落在一个简单的十字路口,那么这个居民点就会这样规则。贸易和非农企业集中在中心,那里的环境是居民点所有位于市郊的房屋距中心将是等距的:x+y=常数。从这一点出发,居民点的形状就是位于每一个角落的一个正方形。这使人想起华盛顿的哥伦比亚特区以及它周围的环境。至于这样一种大城市,按照它作的设想,这是最好的形状,但这不可能会实现。

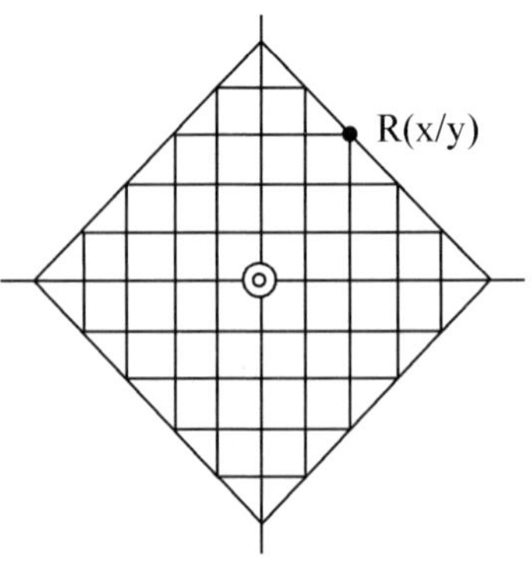

图 82 小城镇的形状和街道网络

② 提到规划陆上公路,这与在锐角中耕种同样困难。

区(位于意大利中南部——中文版编者)的利托里亚及澳大利亚首府堪培拉的大部分地区。但仍有在四边形和放射类型之间的折衷形式。

首先只有几条斜线交叉的街道对于一个大城市是远远不够的。其次,它们不允许各区有其最合适的形状——六边形。[①] 对于平原上的城市,有 6 条重要街道[②]交叉且有 12 条向四周放射的六边形中心,就有一个很好的理论基础。例如在华盛顿可以看到这种类型,它以国会大厦为中心,尽管它混合着棋盘格局。白宫相当于第二个中心。这种六边形在堪培拉市政府所在地也是显而易见的,除非我弄错了,政府办公大楼周围也是如此。

但是正是由于孤立的市场区是圆形而不是六边形,所以一个城市(通常也是孤立的)郊区,与其中心不同的,也是圆形。更有甚者,离中心最远的、坐落在交通线路上的房屋也位于一个圆形上。相反,它的外表本身呈星状。当人们考虑到选择从郊区进入城市中心的等时路线时,这一点是十分明显的。人们居住在距一条主

① H. G. 特里格斯,在《城镇规划》(H. Triggs, *Town Planning*),伦敦,1909 年,第 112 页中称之为“已设计出的最成功的形式”,考齐思在《加拿大城市规划协会杂志》,1926 年 2 月,第 12 页中称赞它节约了 10%的街道长度。

② 有鉴于所有交通都与周围相切直接驶向郊区,铁路最好采用地铁,或与旅客站台所在地的市中心相切,这可使设备限制到最低程度。货站应布局在有光线的露天轨道上,可以位于沿线或者在其一侧。铁路调车站、货仓及其他广泛的设施应在外缘各区。与市中心不同的是,外缘各区交叉的交通线比辐射状的交通线要少,所以这种设计使交叉的道路减到最少。对于这一问题仔细考虑请见 R. 温策尔,“铁路和城市”(R. Wentzel, “Eisenbahn und Stadt”),《大德意志交通》(*Grossdeutscher Verkehr*),1942 年,第 180～186 页,特别是他的例 1;亦参阅尼迈耶《空间研究与空间秩序》(Niemeyer, *Raumforschung und Raumordnung*),1941 年,第 531 页以下。

要交通干线(如街车等)越近,与中心的距离就越不重要。因此,这种等时性就具有近似一颗钻石的形状[①],其长长的轴线就是有轨电车道。6 个这样的钻石叠合成有 12 个指向的星。这一点与经验完全一致,那就是城市沿着一条贯穿的交通线路向外最远的延伸〔例如见切姆尼茨《空间研究与空间秩序》(Chemnitz,*Raumforschung und Raumordnung*),1941 年,第 65 页〕。[②]

即使在平坦的地区,城镇规划也并不意味着单调的一致。由于村庄反常地被村镇所取代,而大都市又取代村镇(图 46,第 216 页),所以郊区的中心也向更有影响的城市转变。甚至单院独户中最主要的房间和窗户,其安排也许都与观察一种(有趣的交通)景色有关。在一些小居民点,这种对对称性不易察觉的偏离以及或许与稍微的交替或趋向有选择的建筑物一起,不仅可以创造一个紧凑而又具有动态的街道类型,并且大大地便利交通线路的走向。正像 K. 博曾哈特已经表明的〔《斯特拉斯贝尔德地区施瓦本的住宅面貌》(*Das Gesicht des schwabischen Hauses im Strassenbild*),

① 其标准形状请看 H. 冯·斯塔克尔贝格,"违背法则的交通线"(H. von Stackelbeg,"Das Brechungsgesetz des Verkehrs"),《国民经济和统计年鉴》(*Jahrbücher für Nationalökonomie und Statistik*),第 148 卷,第 687 页。支线街道位于钻石状的右角,并从斜角进入干线。钻石的斜率依次取决于干线及支线上的速率。还可见 B. 韦尼尔:《从都市内部交通的观点看城市空间的界限》(B. Wehner,*Grenzen des Stadtraumes vom Standpunkt des innerstadtischen Verkehrs*),维尔茨堡,1934 年;亦见 F. 拉策尔:《大都市的地理位置》(F. Ratzel,*Die geographische Lage der grossen Stàdte*),《文集》,第 2 卷,第 441 页。

② 在英格兰,1935 年通过的《带形建筑法》(*Ribbon Development Act*),使这一点得到更加巩固。

斯图加特，1941 年〕，细节上的精心设计经常导致这样非常有效的改进。①

第二十五章　边界地区

日内瓦的腹地提供了一个关于经济问题的经典例子，它被称为“小边界交通”(Kleiner Grenzverkehr)。这个城市位于瑞士伸入法国领土的舌尖上。政治边界将它与它的直接供应区和市场区几乎完全分开，这种环境给日内瓦的瑞士商人和日内瓦郊区的法国农民都造成同样困难。因此，图 83 中用阴影表示的日内瓦腹地不再是法国的海关地区。一部分原因是在拿破仑战争之后，按照“国家条约”日内瓦重新成为瑞士领土，另一部分是由于法国 1860 年独自决定萨瓦成为法国领土。所以到 1914 年和 1923 年问题依然存在。1932 年海牙国际仲裁法庭决定恢复原先的状态，至少在 1815～1816 年法国拥有这片“小”地带。另一方面，从 1849 年起瑞士的海关边界和政治边界已经吻合，瑞士将要从这一地区便利地输出产品。在这地带建立的头 4 年里，日内瓦向这一地带的出口量增加了 10 倍。

① 当然，这样的偏离一定要经过对自然条件的适应和一些实际目的或确切的艺术效果来验证。这绝不能草率或哗众取宠，正如如此多的现代居民点做的那样。这是极少现代乡村和城镇规划使人满意的原因之一。我们大城市的问题今天很少能用昨天的建筑原理来解决，并且可运用的方法甚至更少。

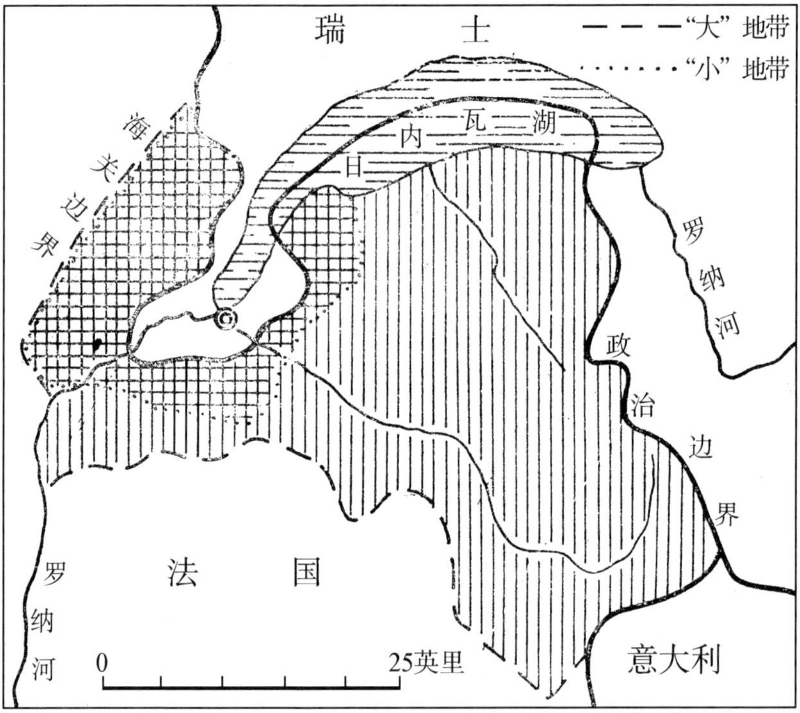

图 83　日内瓦的法国腹地。“大”地带，断线，据 C. B. 福西特《边界》(C. B. Fawcett, *Frontiers*)，牛津，1918 年，第 23 页；“小”地带，点线，引自《新瑞士报》，1930 年 10 月 19 日

在像瑞士这样小的国家里，被称作小边界交通真正起到了重要的作用。从上一次经济萧条以来，瑞士边界各州的经济形势变得特别糟糕。特别是在圣加仑和上莱茵河谷，现正饱受德国和奥地利汇兑规则扩展所造成的严峻之苦。提契诺州也处于非常不利的边境地位，它压缩在意大利和瑞士其他地区之间，到前者要通过关税

壁垒，到后者要通过特别高的铁路税（附加高山费）。[1] 在德国方面，距边界有一些距离的康斯坦斯的杂货税收在1933～1937年提高了50%，但是靠近边界的商业税收只提高了12%。[2]

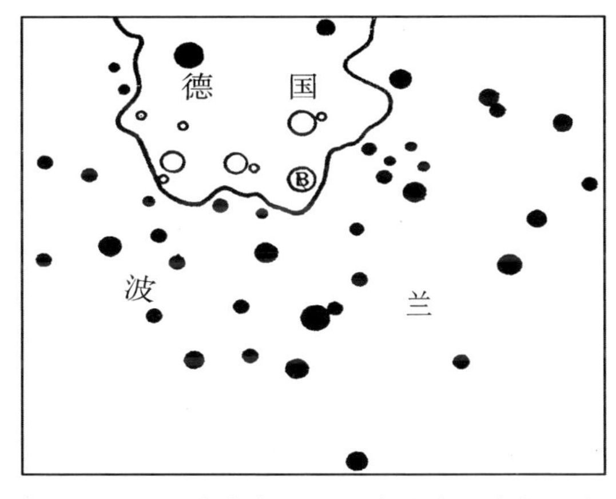

图84　边界对东普鲁士比绍夫斯韦达市场区的影响。用黑点标出的地区在1913年对于其商店和工匠来源属于无竞争供应区。B的重要性被“走廊”的边界削弱了，甚至丧失了德国人早先所争夺弗赖斯塔特的两个地方。据W. 沃尔茨和H. 施瓦姆：《从德国东部边界：理解边界分割损害的基础》[（W. Volz and H. Schwalm, *Die deutsche Ostgrenze, Unterlagen zur Erfassung der Grenzzerreisungsschäden*），莱比锡，1929年，地图1a]

就加拿大—美国边界状况而言，图85非常清楚地表明了一个事实：国际贸易局限于一些通路。在加拿大两个小麦出产省与美国之间687英里长的边界上只有8条铁路穿过，尽管将近24条支线很接近它！几乎沿着整个边界地带都很平坦，或只是轻微起伏。向西，向落基山脉，那里的丘陵逐渐升高，许多河流呈南向北，因此提供了天然的交通线路，但在312英里的地段上没有一条铁路通过。这一点使人们坚信：小的边界交通在这一边界没有什么意义，特别是合法交易；而这种一般看法可

---

① 见《法兰克福日报》1939年3月26日：“在边境州危机时期”（“Dauerkrise in den Grenzkantomes”）。

② 哈通文收入《空间研究与空间秩序》，1939年，第317页。

能缺少统计资料造成的。几个隘口只是例外，当然它们是一种特殊市场区中心，并且经常从此进入邻近国家。在这里出售大量的货物且容易造成走私，或者花两天时间在邻近国家充当“游客”也很值得，然后每个月可以购买最高值100美元的免税商品。但是，在短距离销售半径内，正常的购货并不常见。

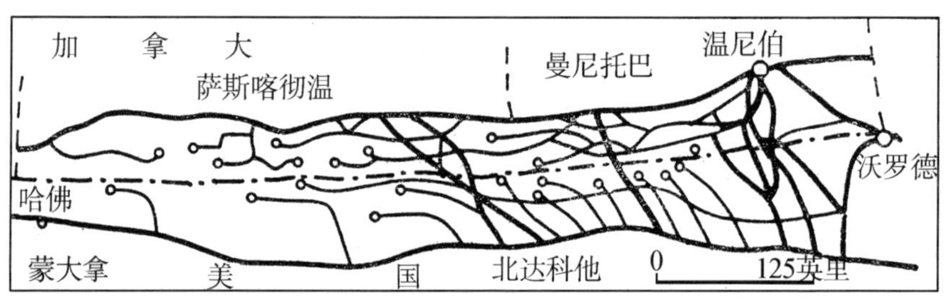

图85 美国—加拿大边界的铁路网

经过安大略广阔的草原到边界城市底特律，人们几乎很难相信在大萧条关税增加以后，加拿大牛奶实际一滴也没有运到那里，然而从前可以运到像纽约一样远的地方。沿着边界，零售贸易和农产品进口受到特别限制，这就导致姐妹城市的建立，实际上那里只需一个城市就足够了。每一个城市都会将贸易完全吸引过来，尽管存在关税，交易也会跨过边界进行。这就不是一个市场区，而是出现了由国界线穿过的两个市场，伸展到与边界一样远。姐妹城市是美国北部边界的典型，但是它必须假设在几乎所有情况下，哪怕是在较小程度上，这种分离都会发生，因为河流总是阻碍着与对岸的联系，即使修建一座桥也不会使情况有所改变。

在确定联邦储备银行的区位之前，人们考虑了由各银行所在地受理的地区并作出决定。对埃耳帕索的发现十分有趣，因为它正好位于墨西哥边界上。当我们对普通货物进行理论推断时(见图 60，第 440 页)所发现的恰好是相同的地区形式。用同样的方式将会证明距离影响现金交易和货物交易。

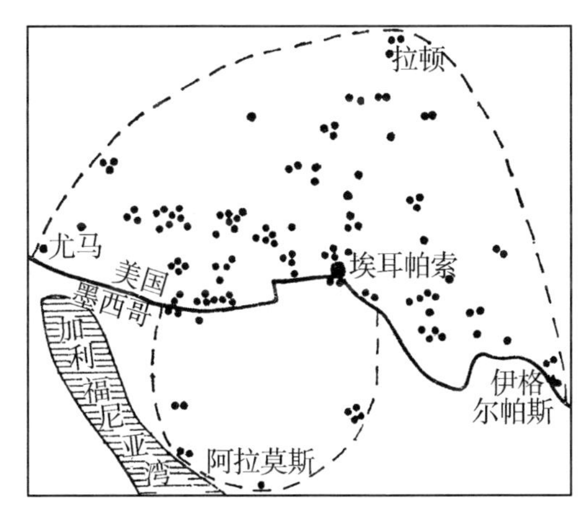

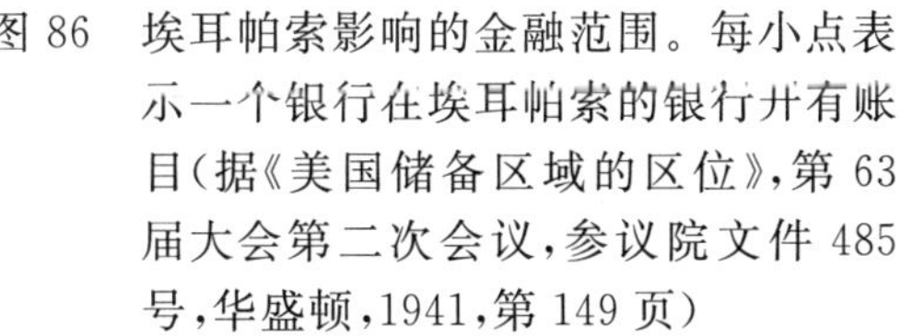
图 86　埃耳帕索影响的金融范围。每小点表示一个银行在埃耳帕索的银行开有账目(据《美国储备区域的区位》，第 63 届大会第二次会议，参议院文件 485 号，华盛顿，1941，第 149 页)

当一条国际边界穿过已经存在的一群市场地区时，由于其分离造成的损失就被特别痛苦地表现出来。南巴登—瑞士—阿尔萨斯经济区提供了一个比较最近的例子。[①] 在未考虑国界时，通过工人和企业家的联系、资本组合、企业分支机构，特别由于充满活力的产品贸易，使三国之角的边远地区紧密地联系在一起。进入相似的产品地区，特别是纺织品产区，就已经由自然条件绘出轮廓。其中心点是巴塞尔，尤其从金融方面说，因为瑞士

① 特别应参阅 L. 德第：《在边界形势特殊影响下的高级浴衣纺织业》(L. Dedi, *Die Oberbadische Textilindustrie unter dem besonderem Eimfluss ihrer Grenzlage*)，有关格廷根的论述，1935 年。

在总体上是这一发展地区的主要领导者。① 在弗赖堡的南部，几乎没有一个大企业不是瑞士建成或者延续的。② 到第一次世界大战，有许多由于国界而影响区位选择的实例，就像我们已经看到的，但在类似地区却没有发生变化，这要归因于边界贸易和完善商业的促进。这一地区只是由于战时经济造成边界上的紧张，战后德国和法国不友好的关系以及现在控制汇兑才分割成政治区划。各个企业丧失了全部或者部分的原料、劳动力和资本的来源，或者失去产品的市场地区。比如维瑟谷地正位于巴塞尔的自然腹地上，它对巴塞尔也对阿尔萨斯开放，然而它却对德国关闭。在失去邻近的阿尔萨斯市场以后，它的纺织企业就不得不在德国更远的地方寻求新的顾客。③

只在对德国市场全部试探以后才感到面临不利的形势。毛线从上维瑟谷地运到相对很近的符腾堡纺织厂，却只能通过巴塞尔，

① 由于瑞士资本的贬值、长达一世纪的中立和奉行节俭的卡尔文主义以其他因素，对巴塞尔来说，与德国边界地区相比，只有一个微不足道的区位优势。W. 曼尔戈德的观点与此相反，见《自 1870 年以来巴塞尔出口工业的区位分析》(W. Mangold, *Standortsanalgse der Basler Exportindustrie seit* 1870)，有关巴塞尔的论述，巴塞尔，1935，第 97 页。另一方面，除了充足的资本以外，有一系列理由都在为这一三国之角说话，比如，尽管在某些方面区位在一定程度上偏离中心(至少在于自由贸易方面)，它相当有利地位于一个大的交通枢纽上，它与三个国家都保持着联系，等等。见 W. 耶格：《巴塞尔工业的区位建设》(W. Jaeger, *Der Standortsaufbau der Basler Industrie*)，有关巴塞尔的论述，科隆，1937 年。

② 根据 E. 瓦尔德舒茨：《在德国边界上的瑞士工业企业》(E. Waldschütz, *Die Schweizerischen Industrieunternehmungen im deutschen Grenzgebiet*)，有关法兰克福的论述，1928 年，第 39 页以下。1922 年在边界地带约有一半以上的企业仍为瑞士的，实际上，食品工业有 80%，烟草工业则为 100%。

③ 举例见《空间研究和空间秩序》，1939 年，第 317 页，图 2。

然后经卡尔斯鲁厄或者辛根这一很长的迂回路线。这就意味着运输成本高和货物拖延。结果是奥格斯堡的竞争者享有相当有利的运费优势。另一方面,上巴登不得不从邻近的外国转向远得多的德国原料供应地。因此在1926年,上巴登棉织业收到或者运输的货物中90%是来自156英里以外的地区(德第,前引书,第105页)。不足地区工资率的易变性,正像英格兰萧条地区一样,不可能通过降低地区价格来摆脱地区的困境。

因边界造成市场分割从而导致的损失,在德国东部更加明显[①],这条边界是晚些时候划定并且在完全专断方式下进行的,它分割了数以千计的农工企业,这条边界恰巧与旧的边界划得很不一致。其次,由于这条边界而使道路延长更令人烦恼,部分由于边界是新的,对于那些想要避免它的人来说,沿着边界没有合适的相连道路可走;部分由于那些不得不通过边界的人又只能在很少的几处过境。马林韦尔德区的德国农民,在他们农场另一边几码远堤旁的波兰土地上放牛,却不得不每天走7.5英里路去挤奶,因为当局只允许他站在标明特别"经济"路口的堤岸上(德第,同上书,第27页)。这些路口通常相距12.5英里远,许多小路和公路都在边界上不明不白地终止(同上书,第16页)。被"走廊"切断的34条铁路中有19条全部关闭(同上书,第16页)。尤其糟糕的是,以

① 我提出的意见依据于W.沃尔茨和H.施瓦姆的详细调查:《德国东部边界:理解边界分割损害的基础》(W. Volz, H. Schwalm, *Die deutsche Ostgrenze, Unterlagen zur Erfassung der Grenzzerreissungsschäden*),莱比锡,1929年。材料来自W.弗洛盖尔斯(Vleugels),柯尼希斯伯格的前东普鲁士经济研究所所长的著作。

前的主要交通路线为东西方向[1]，而后来的南北向的“走廊”路障正好穿过它。加上关税和波兰铁路费率政策，边界对交通的这些影响，就导致供应区和市场区的广泛变化。像这样的地区畸形一开始就是不利的。然而，一个城市丧失的一个地区至少应由另一个城市来获得，但是由于特殊的原因，这里失去的主要是德国，得到的主要是波兰。由于接近边界的多数城市仍属德国而不属波兰，这一状况特别导致大片地区的丧失。因此，像日内瓦几乎被边界包围一样，比绍夫斯韦尔德失去了它 9/10 的市场区（见图 84），其结果是它的人口从 1913 年的 2314 人下降到 1933 年的 1792 人。第一次大战前，格伦兹马克的工业市场区向东伸展，因为向西面临着柏林及其他大城市强有力的竞争。而新边界切割了它最大的市场区，因而许多企业倒闭。广大农业地区也失去了它们的天然销售中心。这样，不是近旁的但泽，而是东波美拉尼亚供应施泰滕，距离有三倍远。如果不将产品加工得轻一些（比如将土豆加工成淀粉、饲料等等），东普鲁士的很大部分剩余就会变得毫无价值。在波兰方面，新的边界严重影响着东部上西里西亚的煤矿，由于德国市场对它几乎全部关闭而波兰市场又不够充足，这些煤就运往斯堪的纳维亚，幸亏有

① 东普鲁士和上西里西亚之间的交通十分拥挤。东部各省主要是它们自己相互进行贸易，这主要是由于它们对德国其他地区来说，位置不利，还由于关税将它们与邻国分割。目前（1944 年）上西里西亚的主要贸易对象是向北，以前是波兰的地区及海港地区。参阅托伊伯特《空间研究和空间秩序》（Teubert, *Raumforschung und Raumordnung*），1941 年，第 286～287 页。

铁路价格补贴，特别是英国矿工罢工以后。[①]

在正常情况下，可以作出努力软化政治边界对经济的影响，至少是那些正好住在边界、因而最直接有关的人，他们被鼓励进行所谓小边界贸易。所以在边境地带6～9英里宽的范围内的居民一般允许带进规定的一定数量的免税货物，尤其是有一个短距离销售半径。[②③]

① 参阅R. 雷古尔："煤矿的竞争位置"（R. Regul，"Die Wettbewerbslage der Steinkohle"），《形势研究季刊》（*Vierteljabrshefte zur Konjunkturforschung*），特刊，第34期，柏林，1933年。G. 温德：《边界对上西里西亚冶金业的影响》（G. Wende，*Die Auswirkungen der Grenzziehung auf die Oberschlesische Montanindcestrie*），斯图加特，1932年。

② 从这点看，我们已经清楚：与通常的说法相反，所谓"当地的"或者"国内的贸易"货物绝不会从海关边界中得到免税，但在有限地区确实如此。

③ 关于这一问题参阅R. 里德尔：《欧洲商业契约的最惠条款》（R. Riedl，*Die Meistbegünstigung in den europäischen Handelsverträgen*），维也纳，1928年，第94～106页；亦可参阅博格斯鲍曼：《国际边界》（Boggsbowrnan，*International Bocendries*），1940年，第107页，注解18、124（日内瓦地带）；以及鲍姆加特纳："关于边界位置"（Baumgartner，"Grenzsetzungskunde"），1941年，《地缘政治学》。

第三部　贸易

第二十六章　空间价格水平

我们倾向于不将地区价格差别看得很严重。原因是一个专卖者固定一个统一销售价格的事例太多了。甚至在我们的理论分析中，我们发现付给卖者的货款中有一半承担的是运输费。这一运费率与早期相比显得如此之低！实际上在广大地带相同的运费是很经常的。但是另一方面必须指出，首先，当运费被承担以后，地区之间的差异并不是价格而是利润。其次，只有部分地区的价格差异是由运输引起的。还是用事实说明吧，它们表明地区价格差异是有规律和很大的。

一、产品因素的价格

在理论方面只有需求被真正分析过，因为在成本方面我们基本上没有发现新的东西，正像产品的购买和销售一样，产品因素的获得和利用都受空间的影响。当接近需求中心而使农产品价格上涨时，相同质量的土地和劳动工资也同样上涨，同时接近产地的非农产品价格下降时，接近大金融中心地区的资本利息及劳动力有富裕的地区工资也要下降。

§1　土地价格的空间差异

土地方面的地区价格差异是最大的，在德国经济景观中最昂贵的土地价格是最便宜地块的千倍。但与此同时，这些差异大多数是不规则的，因为质量上的差异很难排除，并且对于土地来说没有中心市场。无论如何有一种趋势，就是每个聚居中心特别是城市价格最高，而趋向郊区价格会下降(图 87)。[①] 地方价格梯度就像围绕着每一个村社的土地梯度一样持续。随着离一个城镇的距离递增，即使相同质量的可耕土地必然逐渐变得便宜，这是因为每增加一英里地，就要绝对按相应比例消耗增加地租的部分。见杜能:《孤立国》，耶拿，1921 年，第 103 页。每一城市以及在具有相同结构的地区中，低一级城镇的价格最高点，展现在地区价格梯度上，其中最陡峭的是经济景观梯度。因此其横断而显示以下模式：大都市中的地价最高，在它周围地价呈圆锥形下降，在次级中心及村庄小顶点又上涨起来，但随着离经济景观中心点的距离递增，下降的趋势逐渐变得越来越不规则(图 88)(也见美国农业部:《每英亩土地及建筑物的价格》，据 1930 年的普查、地图)。在全国梯度里，土地价值最高的在土地特别肥沃(如衣阿华州的低地)或是人口密集、土地特别缺乏的地区(如莱茵河谷，德国中部〔每一农业单

① 根据威森纳(Wiesener)绘制的地图:《德国空间秩序》(*Reichsstelle für Raumordnung*)，仔细确定的价格，对斯图加特关于各种距离地带的土地价格，亦可参阅 A. 斯皮索夫:《土地和住宅》(A. Spiethott, *Bodenund Wohnung*)，耶拿，1934 年，第 132～135 页、149～154 页。

位的平均价格〕,及美国东北部,见第 482 页注②)。①

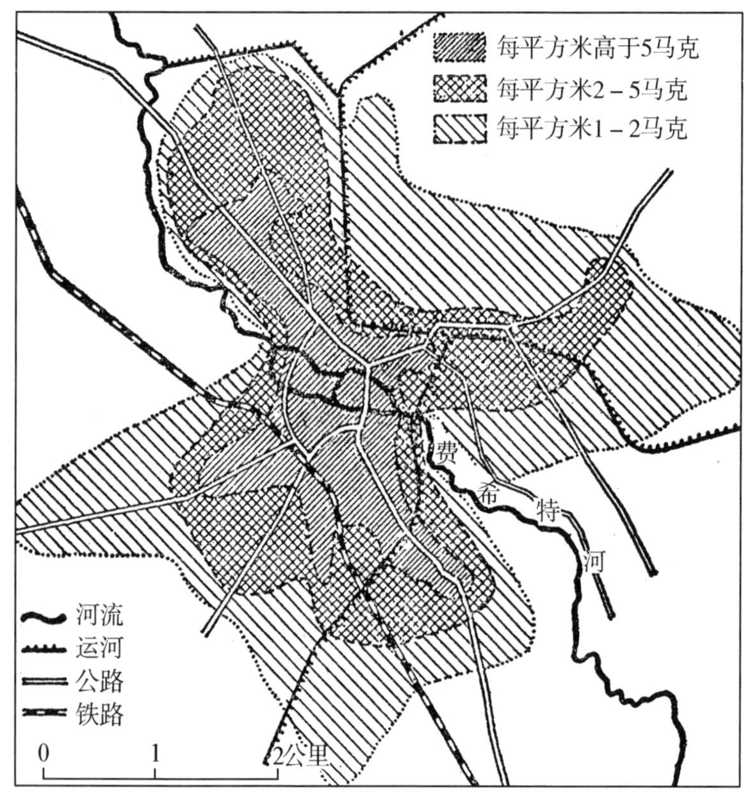

图 87　1926～1929 年诺德霍思的土地价格。[据 R. 克鲁伯:《下萨克森的小城镇工业》(R. Klöpper, *Niedersüchsie Industriekleinsädte*),奥登堡,1941 年,第 111 页]

① 1887 年前后,智利大约每平方公里(1/3 平方英里)土地价格,随着每一个附加的居民昂贵到几乎达 300 比索,见 K. 卡格:《西属美洲的耕作与拓殖》(K. Kärger, *Landwirtschaft und Kolonisation im Spaniochen Amerika*),莱比锡,1901 年,Ⅱ,105～107 页。1928 年在德国的兰道及各省,如果撇开每平方公里已超过 200 人的地区不算,每平方公里附加一个居民,一个农业单位的近似平均值高达 1100 马克(相关系数 0.67,而智利除瓦尔帕莱索外为 0.88)。

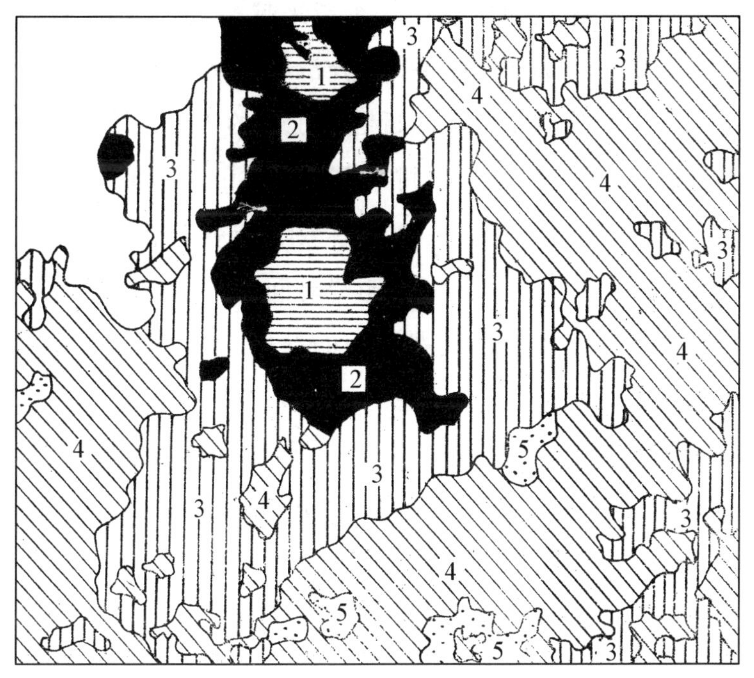

图 88　1935 年斯图加特和海尔布隆(1)附近农业单元的价格[据 P. 赫西等:《符腾堡—霍恩措伦地区的农民和耕作》(P. Hesse, *Landvolk und Landwirtschaft in den Gemeinden von Württemberg Hohenzollern*),斯图加特,1939 年,地图 9。每公顷马克数:1. 2457 以上,2. 1920～2456,3. 1135～1919 4. 568～1134,5. 567 以下]

§2　空间工资

工资的价格和空间模式在原理上是相似的,出厂价格在不同产地之间呈不规则差异,工资也是如此。但是正如地区价格随着工业品的同一产地或大量剩余农产品地区的距离增加而提高,或者农产品的价格距离同一消费地愈远而愈低一样,工资的变化也是如此。根据工作点和居住点是否越来越多，正像我们叙述商品的市场区和供应区那样，我们可以分清对劳动力的需求区及供应区。第一种情况的例子是在附近各矿工作的矿工大社区。第二种例子更加普遍：工人每天从乡村来上班的城市。在第一种情况下，当其他工作条件相似时，居住地的有效工资对于所有工人来说是相同的，除了特定的对上班路上耗费时间的一定补偿。另一方面家住较远的旅途花费上班耗费时间的补偿，就业地点的工资比较高。在第二种情况下，工人居住得越远所获得工资越低，只有在工厂地点的有效工资才对所有工人是一样的，这样，劳动力市场区的结构与商品和资本的市场区结构完全一样。① 正如关于地价那样，还存在除适用于市场以外的其他梯度。城乡梯度应特别注意。

① 工人上下班地区的规模变化相当大，活动范围在45英里之内是常有的。这种结构类似于商品市场：上下班人员的数量随距离增加而减少。地区形式也是如此。图90显示了斯图加特的供应地区。在C.皮拉士的《交通与国家规划》(C. Prath, *Verkehr und Landesplanung*)，斯图加特，1938年，见图9～11，给出更详细的内容。当较弱的中心接近一个强有力的中心时，我们又一次见到在各种场合下出现的锯齿形(见图76)，在大致同样强大的中心互相紧邻的地方，地区形式成为圆形。海登海姆周围的上下班通勤地区提供了一个很好的例子。见G.约翰：《海登海姆与塞约的工业对其景观人口的影响》(G. Jahn, *Heidenheim und Seine Industrie, ihr Einfluss auf Landschaft und Bevölkerung*)，厄林根，1937年，地图2。如在世界市场上一样，不仅仅在大都市周围有供应区和市场的重叠。见本书图52和M.埃卡尔特：《在萨克森工业中的通勤人员主流》(M. Eckardt, *Die Hauptströme der Pendelwanderung der sächsischen Industrie*)，第二部分，1940年，第47页，图I；许多中心同时也在吸收和供应。结果德累斯顿周围较近的地方，从许多中心得到更多上下班通勤人员，而离德累斯顿较远的地方送出较多人员到许多中心(同上书，第49页以下)。总的来说，在巴伐利亚地方居民达到5000人以上的城镇出去较多，大聚落则进的较多。见拜恩统计局："拜恩的通勤工作者"("Die Pendelwanderung in Bayern")，收入《拜恩现代统计学论文》(*Beiträge zur Statistik Bayerns*)，CXXXIII，慕尼黑，1943年，第7页。这还包括慕尼黑和其他城镇一些很好的地图。

这一梯度不考虑地理位置，它从各种地区梯度中计算出，并且在这一程度上是各种地区梯度的一种抽象平均。例如，根据《经济和统计》(1942 年，第 426 页)，1941 年 9 月德国非熟练的临时工人实际

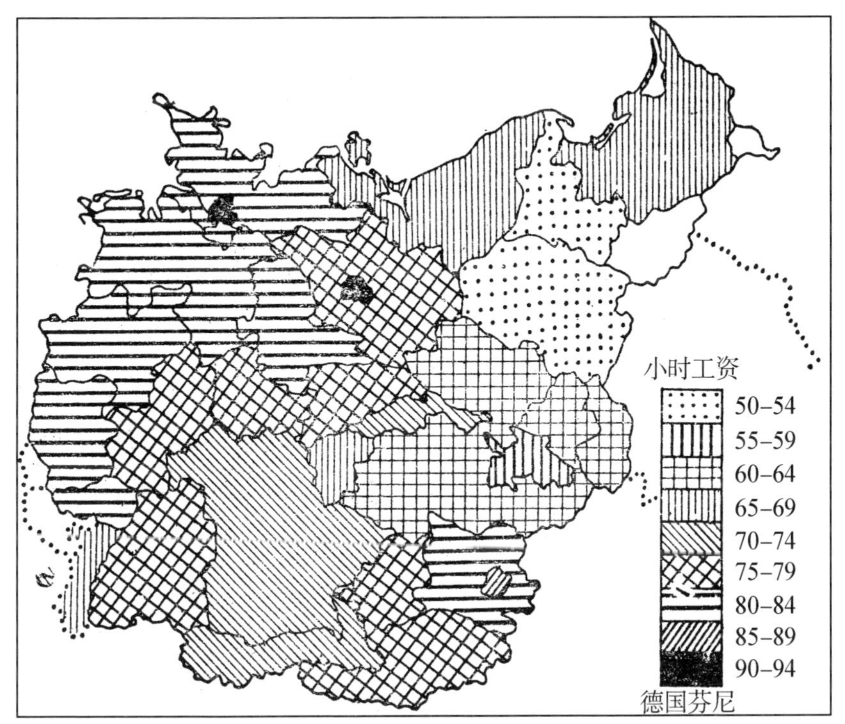

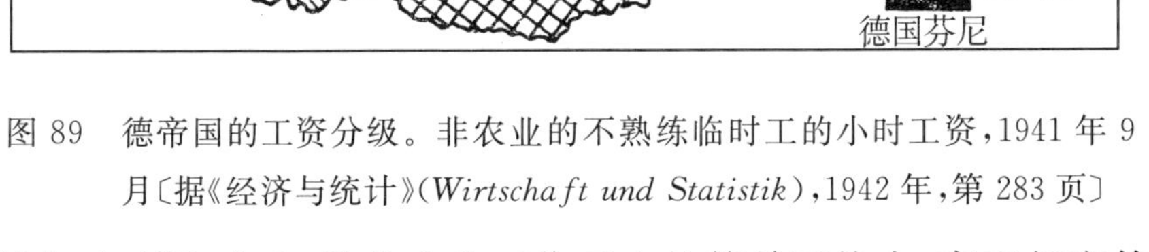

图 89　德帝国的工资分级。非农业的不熟练临时工的小时工资，1941 年 9 月〔据《经济与统计》(*Wirtschaft und Statistik*)，1942 年，第 283 页〕

每小时工资，在 20 种非农业工作工人的简单平均中，高于相应等级 1 的地区：

1. 低于 1 万居民　　0%
2. 1 万～2.5 万居民　　2%
3. 2.5 万～5 万居民　　5.4%

4. 5 万～10 万居民　　5.8%
5. 10 万～20 万居民　　8.5%
6. 20 万～50 万居民　　13.9%
7. 50 万～100 万居民　　14.2%
8. 超过 100 万居民　　30.9%

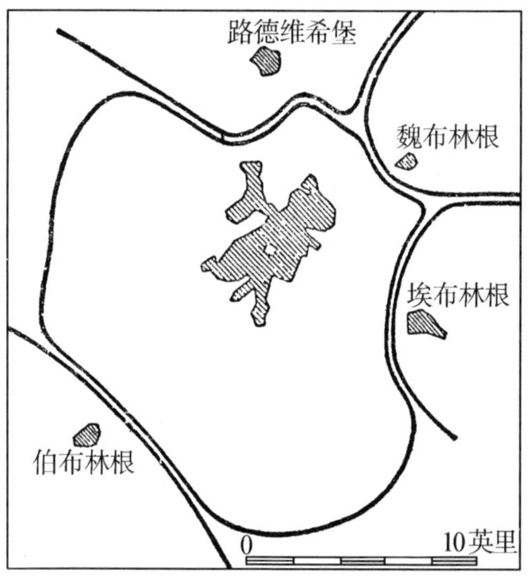

图 90　斯图加特通勤来往地区一半以上的通勤人员进入斯图加特〔据 H. W. 迈耶尔:《作为工业区的慕尼黑和斯图加特》(H. W. Meyer, *München und Stuttgart als Industriestandorte*),斯图加特,1937 年,第 27 页,155 页〕

在全国梯度上,对巴伐利亚来说,德国东南部和西北部两个高点之间有一个凹陷地带。垂直于这一鞍形梯度,沿着波希米、西里西亚、瓦尔腾贝格和东普鲁士方向有一条东北向平坦的略向上弯曲的接合地带,称为“东西梯度”(图 89)。我不拟再讨论在多大程度上与频率梯度或者生活费梯度相一致的问题,我在其他地方已全面详细讨论过。[①] 至于对于欧洲大陆梯度问题请看 606 页注①。

① 例如:《东西价格梯度之评价》(*Zur Beurteilung des Westöstichen Preisgefälles*),(未出版的备忘录)。

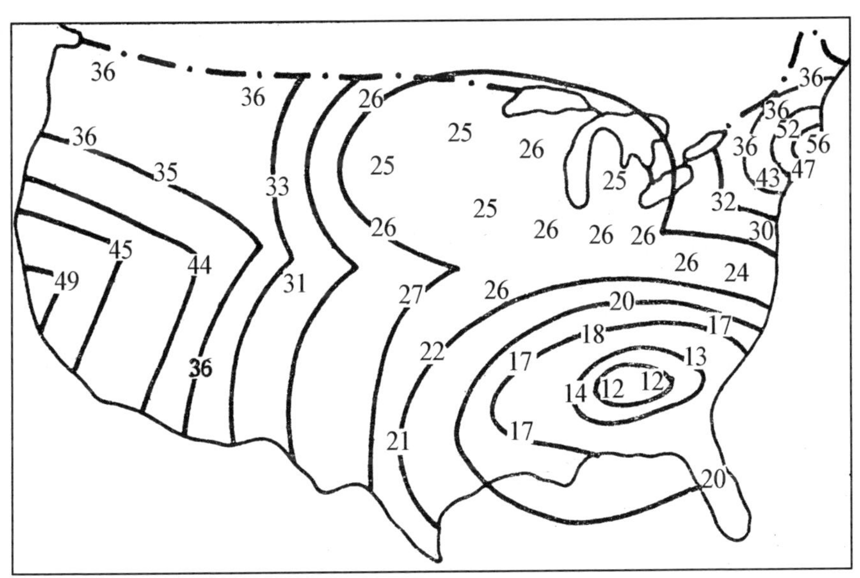

图 91　1933 年农业工人月工资(美元),不供膳宿〔据 Ch. 罗斯:《国家复兴法经济规划》(Ch. Roos, *NRA Economic Planning*),布卢明顿,印第安纳,1937 年,第 161 页〕

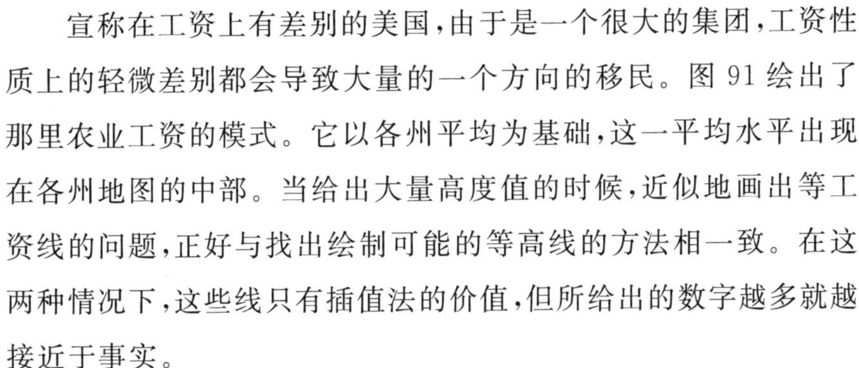
宣称在工资上有差别的美国,由于是一个很大的集团,工资性质上的轻微差别都会导致大量的一个方向的移民。图 91 绘出了那里农业工资的模式。它以各州平均为基础,这一平均水平出现在各州地图的中部。当给出大量高度值的时候,近似地画出等工资线的问题,正好与找出绘制可能的等高线的方法相一致。在这两种情况下,这些线只有插值法的价值,但所给出的数字越多就越接近于事实。

此外,这个模式越容易从逻辑上解释就越可靠。在图 91 中,旧南部中心的工资处于最低点,伴随着大大过量的人口,相对有一点移民倾向。[①] 从这一低点向各个方向提高，并在兴旺的加利福尼亚和高产业的新英格兰达到了工资水平的顶点，这里的工资水平几乎是南部的5倍。

图92和图93，不像这样表现工资水平，而是某些劳务的价格，但在很大程度上取决于工资水平。因此，我们在旧南部又发现了一个低点，或许由于同样的原因，堪萨斯也是低点。因为在农业地区只有农业工资相对较高。由于费城是皮革产地，其周围地区修鞋的价格就可能如此低廉。[②] 我对克利夫兰周围较低工资区未作解释；另一方面，我猜想沿着加利福尼亚海岸向北的价格上涨，至少有一部分是由于气候引起的质量差别造成的。最后，洗衣的价格一部分与一般工资水平相联系（南部、堪萨斯、萨斯喀彻温），一部分与当地中国人的比例有关，中国人有许多从事洗衣业。在东海岸的马萨诸塞的洗衣店特别多，所以波士顿周围的洗衣价格很低；西海岸的旧金山和温哥华都是价格便宜的城市。在温哥华周围的3个价格圈中，位于最里圈的城市平均有6.4%的亚洲人，平均价格为15.4美分；在中圈的城市平均有5.04%的亚洲人，平均价格为18.7美分；最外圈的城市平均有3.9%的亚洲人，其洗衣价格为20美分。

对整个加拿大来说，所有的统计都表明工资向东向西递增的事实，尽管存在一些波动。毫无疑问，这很容易被解释为国家开放

---

① 当然这些货币工资的差别并不完全有重大意义，因为它们只是部分地反映南部工人较低的生产率；也不会有充分的影响，因为南部生活费用较低。

② 费城（1.10美元）和西雅图（1.73美元）的价格差是真实的，尽管使用的是相同牌号的鞋掌和相同质量皮革，仍然如此。

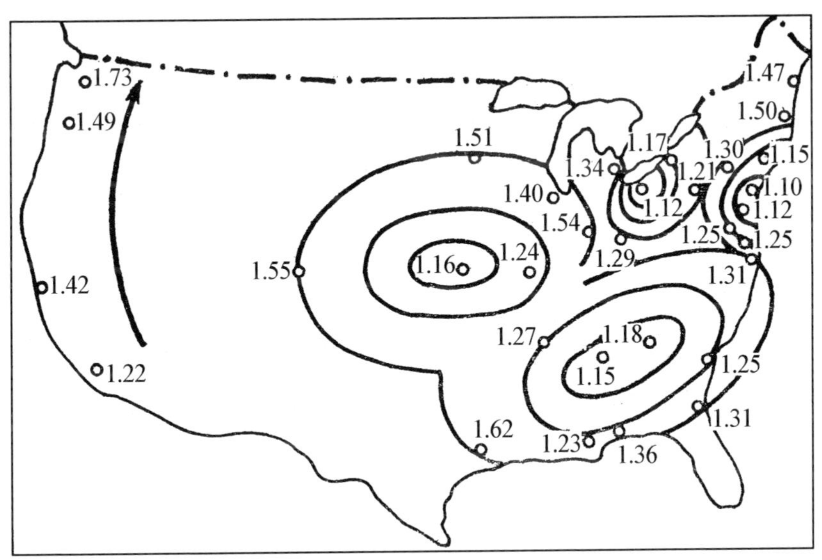

图 92　1936 年给一双布鞋换底和钉掌的美元价格(资料来源:表 38.h 栏)

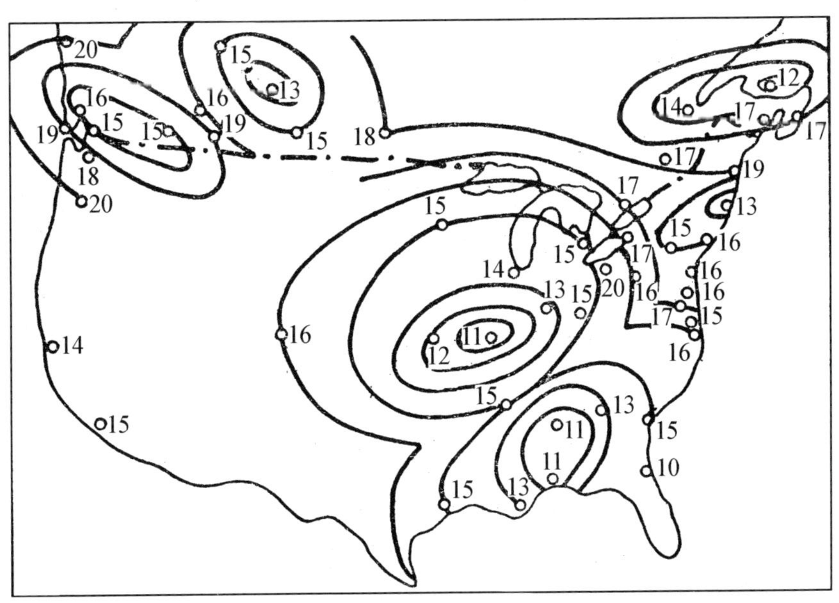

图 93　1936 年洗一件男人衬衫的价格,以美分计算(资料来源:表 38,i 栏)

程度的差异,移民主要从东部流入,并在这广阔的空间逐渐消失,最终只有少数人到达人力稀少的西部。

在北美地区工资差别有50%是不稀罕的。[①] 在几年前,劳工部宣称这些差别并没有经济基础,罗斯福的经济计划机构在加紧消除或者至少在减少这种差别。[②]

这种使工资均等的结果,导致那些曾经因低工资处于有利区位的城市和地区的工业企业开始衰弱无力甚至迁走:从小城镇[③]和南部[④]迁移。均一工资尺度必然减少位置不利地区的人口,只是由于《国家复兴法》(NRA)执行时间短暂及法令贯彻不甚严格,就不能使迁移呈现更大的比重。即使这样,影响也是明显的。新英格兰的棉纺厂和西部木材业的雇佣人数比南部增加许多(《国家复兴法》:《法规下的小时、工资和就业》,华盛顿,1935年,第58页)。

588

§3 空间中的利息

利息在地理上的差异对解释经济的空间组织尽管特别重要,

---

① 在美国劳工统计局的《劳动小时和工资》(《公报》第616号,华盛顿,1936年)中有许多附加的例子。

② 据一则公开发布的消息,C.罗斯说:"随着改革的狂热,《国家复兴法》废除或极大地降低了区间工资差别"。"没有对事实作出足够评价,它就忠实地追随劳工部的教条通告;法规前的差别必须不复存在,并如此狂热地消除这些差别,只是几条政策就颠倒了商业的内部联系和很大程度上的平衡"。见《国家复兴法:经济规划》,布卢明顿,印第安纳州,1937年,第154页。

③ 小城镇的工资较低,因为生活费比较便宜,或许还因为许多熟练工人进入大城市而使小城镇劳动生产力较低。除这些以外,还应加上一些其他原因,比如较少的劳动竞争,没有迁徙的倾向,工资劳动只是一种附加的职业等等。

④ 南部低工资被解释成:部分是由于小城镇占数量上的优势。但罗斯的意思或许太偏激;南部和北部工资差别的最小部分,是真正的差别,是地理因素的结果。

仍很少受注意，更少得到解释。因此，必稍稍详细地讨论这些问题。

1. 事实

a. 贴现率在空间上的差异

对生活在一个较小的国家的欧洲人来说，贴现率似乎是由政治规定的，或者至少是由政治经济状况规定的。他不知道，就是在国内贴现率也会有差异，或者无论如何，这些差异是可感觉到的。在美国，不平等的原因十分明显，政治家甚至联邦储备银行常常对此熟视无睹。例如，1926 年全国实行的贴现率一样，都是 4%，而在 1934 年 3 月，各地在 1.5%到 3%之间变化。从金融统治中心纽约(1.5%)起，贴现率朝北(波士顿 2%)、朝西(克利夫兰 2%，芝加哥 2.5%，明尼阿波利斯 3%)、朝南(费城 2.5%，里士满和亚特兰大 3%)以及朝东南(圣路易斯 2.5%，达拉斯 3%)各方向上升。差异在 1931 年 5 月底达到最高，那时，在纽约的联邦储备银行的贴现率为 1.5%，明尼阿波利斯为 3.5%。

b. 银行信贷利息在空间上的差异

(a) 景观间的差异。直到 1933 年，《联邦储备公报》才发表了主要商业贷款的利率，依据的主要是有代表性的银行机构分别对美国 34 个最重要的银行中心进行估算而得出的结果。最近的即 1933 年 12 月中旬的数据在 1.5%～8%之间变动。利率最低的是纽约(1.5%～3%)；最高的照例是得克萨斯州的埃尔帕索(7%～8%)。这些差异绝不是反映风险差异，它显然可用完全同样安全的贷款利率来证明这点。1923 年 6 月初，(这是随机抽样时间)，由自由公债负担的银行贷款利息在纽约为 4.5%～5.5%，而在埃尔帕索为 8%(《联邦储备公报》,1923 年 7 月,华盛顿,第 857 页)。这些例子说明了差异的规模,其空间分布形式再一次证明了从大西洋沿岸北部向南向西上升的特点。例如,1922～1926 年,银行贷款平均

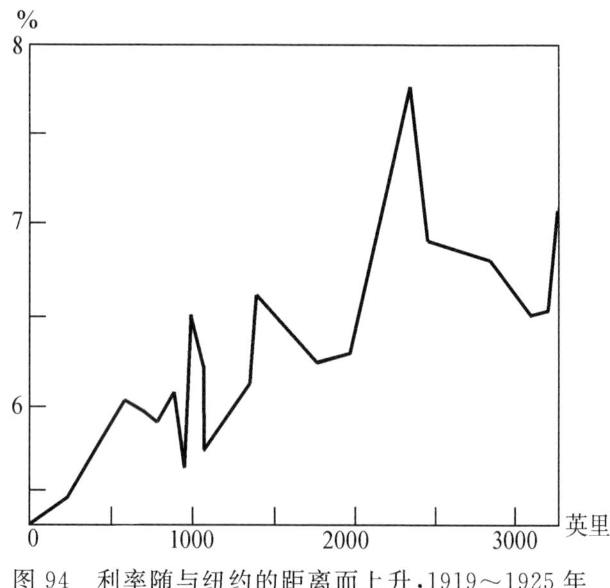

图 94　利率随与纽约的距离而上升,1919～1925 年

利率为:东北部(纽约附近)6.32%,中西部(芝加哥附近)5.45%,南部 5.99%,远西部 6.49%。更详细地分析,我们会发现再会遇到的与几种产品价格有关的现象:利息朝西不是不断增加,而是在山区各州达到最高点,平均为 6.84%,而且在山区内,又重新从南端(埃尔帕索,7.63%)与北端(海伦娜,7.73%)朝太平洋海岸(6.05%)逐渐下降。[①] 这最后的下降和随与纽约的距离增加而上升的趋势,在图 94 中作了具体说明。根据与纽约之间的铁路距离,20 个金融中心标在横轴上,纵轴表示 1919～1925 年 6 种主要

① 根据 F.G.米尔斯所计算。见《价格的行为》(F. G. Mills, *The Bahavior of-price*),纽约,1927 年,第 184 页。他给出了 34 个城市的利率。因为大多数有关利率的地区差异的统计资料最近几年未出版,通常有必要利用旧数据。

贷款的平均利率。[①]

(b) 经济景观内的差异。大的银行中心都依次从属于纽约这个主要金融中心。就此而论，美国是由一个单一经济景观组成的。然而，大的次级中心周围的地区更配称作一个经济景观，因为它们的整个经济活动更完全地面向其中心。

在这些经济景观内，利率也随与处于支配地位的银行中心的距离而升高，但迄今未公布能证明这个结论的数据，只能通过比较不同规模的地方的利率(到 1928 年止的出版资料)间接地证明它。这里有一个通常为合理的假定，即一个地方越小，它一般比大一些的地方离主要中心越远，因为它只能通过较大的地方与中心交往。以由联邦储备银行再贴现的票证等为基础，我们会发现，1928 年 6 月各会员银行向其借主要求的利率如下：超过 10 万人的城市，5.3%；1.5 万～10 万人口的城市，6.2%；1.5 万人口以下的，7.0%(联邦储备委员会 1928 年《年报》，华盛顿，第 102 页。)最近专门作了一次调查，将已收到的全部利息与未结账的各种贷款比较，发现差异更大。在 1936 年前 6 个月，中央储备城市银行的利率是：纽约 2.36%；芝加哥 3.22%；储备城市银行 4.28%；郡银行 5.62%(《联邦储备公报》，华盛顿，1937 年，第 286 页)。[②]

当然，在一个同样的经济景观内，利率的确切形式更令人信

① 引自 W. W. 里夫勒：《美国的利率和货币市场》(W. W. Riefler, *Money Rates and Money Markets in the United States*)，纽约和伦敦，1930 年，第 97 页。

② 得克萨斯州的达拉斯的利率最高。供特殊犯人居住的地区的农业贷款利率一般为 10%。据《联邦储备公报》(*Federal Reserve Bulletin*)，华盛顿，1937 年，第 298 页。

服，我有幸能提供一个这样的例子。联邦存款保险公司曾向每一个投保银行调查1936年所收到的总利息与平均总贷款之比，这个比表示银行贷款的平均利息。乍一看，包括所有各种贷款似乎有些混乱，但对我们的目的而言，这实际上有好处，因为除同类贷款的数据外，我们总是希望也了解实际上能获得的贷款的利率。① 我曾根据与主要金融中心的铁路或公路距离将得克萨斯州的银行进行排列：达拉斯（联邦储备银行所在地）、休斯敦、圣安东尼奥和埃尔帕索（有联邦储备银行支行），并把它们分成距离大致相同的各组。不考虑银行规模的大小，对每组计算平均利息，作为一个简单的算术平均值。在每种情况中，利息先随距离而增大，而后由于接近一个竞争中心而下降。就3

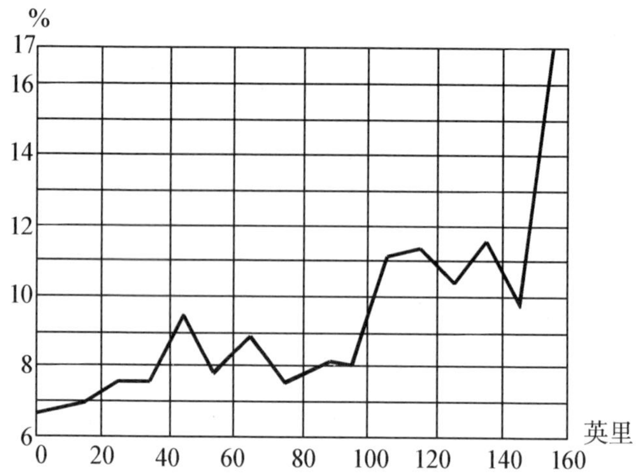

图95 1936年，得克萨斯州的利率随着与休斯敦的距离而增加（资料来源，见表35）

① 各种贷款给相同客户的贷款利率通常是相同的，因为是涉及该业务的长期总利益，而不是一次性业务而决定利率该多少（里夫勒，前引书，第87页。）可是，区域利息差异可能因下面的原因而上升：虽然各地同类贷款利息一致，但远一些的客户得不到更便宜些的贷款。

个分支机构来说，增长扩展到最大的地区[①]（大约 155～220 英里），其中我们选得克萨斯州最大的城市休斯敦为例，因其利息比圣安东尼奥上升快，作为基础的观察资料比埃尔帕索多得多（图 95）。当以短距离衡量时，超过近郊（50 英里圆周线）上升就出现了，并且不规则，主要是由于小一些的次级中心的影响使上升断断续续。但当银行根据长一些的距离分组时，如表 35 下面部分所示，这些附属波动消失了。随机扰动与附属波动完全消失了。不过，当 4 个中心的数据合在一起时，得到的结果最明显。那么，所讨论的 218 家银行中的每一家都划属其最近的中心（表 35）。

表 35　1936 年得克萨斯州银行贷款利率随距离而上升*

随距离而定的利率 %		
距离（英里）	休斯敦	4 个区位中最近的一个
0～10	6.9	8.2
10～20	7.0	8.7
20～30	7.6	9.1
30～40	7.6	9.6
40～50	9.6	10.2
0～40	7.3	9.0
40～80	8.6	10.1
80～120	9.3	10.5
120～160	11.0	10.7
160～200	11.3	11.0

* 根据联邦存款保险银行的原始数据，按距离安排。我非常感激 D. 汤普森博士，他允许我利用这些有用的材料。

以同样的观测为基础，也计算了银行长期存款利率。我曾根据距离远近作过排列，但这里数据的完整性与可靠性要差些。在

① 要不是达拉斯只有大约 63 英里远，就不会有这种情况。利息从零距离的 8.4%升到 50～60 英里的 14%，这可能是由于达拉斯地区的大部分与圣路易斯和堪萨斯城地区近一些，这些地区的利息总的来看低些。

几个实例中,利息高过法定最高利率2.5%。我不能确定这些波动的原因,因此只能有保留地提供结论。

表36 1936年得克萨斯州银行存款利率随距离而上升

与达拉斯或休斯敦的距离(英里)	定期存款利息(%)
0～20	1.60
20～60	2.19
60～100	2.24
100～140	2.34
140～180	2.70
180～200	2.74

c. 债券利息在空间上的差异

长期债务的利率也可能随与纽约的距离趋于上升,但证明这点显然不是轻而易举的:部分是由于差异小些,因为证券市场理所当然只对熟悉的、绝对无风险的债主开放;部分由于发行与偿还的条件有种种差异,名义债务人(地方分支企业)和实际债务人(国家企业)经常不同,这增加了比较的困难。因此,只能根据少数类似的实例作出结论。

首先,公债券的等级[①]随这些公司与纽约的距离而下降。1937年密西西比河西部只有衣阿华一州无条件地接受了最高等级。这一级的其他各州(纽约州、特拉华州、弗吉尼亚州、马萨诸塞州和佛蒙特州)都在纽约附近。第二级各州虽然主要在密西西比河以东,但不在纽约附近。大部分的第三级各州在密西西比河以

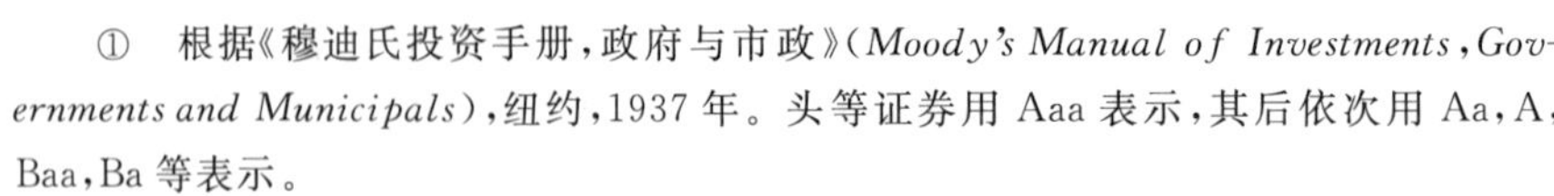

① 根据《穆迪氏投资手册,政府与市政》(*Moody's Manual of Investments, Governments and Municipals*),纽约,1937年。头等证券用Aaa表示,其后依次用Aa,A,Baa,Ba等表示。

西。我们把下面的问题搁起来暂不解决:这种划分在多大程度上表示了实际的金融可靠性,以及它在多大程度上保证被评价的地方随距离而上升。但即使密西西比河以西的可靠性确实低些,这可能是由于其他原因,即那里通行的利率较高,它本身反过来受与纽约间的距离的影响,使金融债务更难清偿。由此可见,距离会对推定的或实际的可靠性产生影响。

收益率也随距离而上升。穆迪(前引书,第 26 页)列了一个“有代表性的”公债清单,上面有 1936 年平均收益率资料。纽约州的债券收益率为 2.48%,北卡罗来纳州为 3.46%,路易斯安那州为 3.89%,北达科他州为 3.90%,阿肯色州为 5.35%,加拿大的阿尔伯达省为 6.15%(这是全部清单)。与纽约的距离增加(除阿肯色州比路易斯安那州近一些外),收益率上升,而穆迪的等级评定按这种顺序下降。但利息可随距离而上升,与等级评定无关。穆迪同时给出了几个城市的贷款,它们都在密西西比河以东,而且全为 A 级;因此,它们应大致相等,而且应该感觉如此。然而,收益率也随距离而上升:纽约 3.3%;费城 3.33%;多伦多 3.84%;亚拉巴马州的伯明翰 3.89%。

最后,息票利率也随与纽约的距离而上升。1928 年发行债券的 14 州中,大部分州的债券在 1945 年到期,并主要用于公路,只有纽约能以 3.5%的利率发行,其邻州佛蒙特以 3.75%发行。加州是唯一的例外,它得支付 4%～4.5%的利息,只有对密西西比河以东各州的贷款才有 4%的息票利率。密西西比河以西各州至少需付 4.5%利息。在河西各州中只有位于东岸交界上的密西西比州本身例外,它离纽约也最远。西北部的蒙大拿州得为其贷款支付高达5%的利息，尽管它与位于密西西比河以东的3个仅需支付4%的州一样都处于A级(数据来自穆迪)。

等量证券利率不同的最后一个例子是电力公司的证券(中央哈德逊煤气电力公司，纽约；波士顿爱迪生电力照明公司；巴尔的摩煤电光与电力联合公司；克利夫兰电力照明公司；圣迭戈煤气与电力联合公司)。所有证券在1935年3～7月间4个月内发行；1965年全部到期(到期前仅以高一些的利率支付)，而且全部被穆迪评定为第一级(Aaa)。纽约、波士顿和巴尔的摩附近各公司发行的息票利率为3.5%；远一些的克利夫兰为3.75%；加利福尼亚海岸的圣迭戈为4%。当考虑发行价格时，差异会更大一些。波士顿的发行价格为103.8，但纽约的只100，以致实际利息比波士顿高(波士顿的利率通常比纽约的低得多)。巴尔的摩的证券是私人出售的，没说明价格，而克利夫兰和圣迭戈分别以102.5和101的价格发行。因而，若不考虑偿还的损失，波士顿与圣迭戈的利息之差为0.6%。假设两者的贷款到1965年才偿还(在完全相同的条件下，容许到期前偿还)，若考虑偿还损失，利息的差距上升到0.7%(穆迪，前引书，第647、2050、2275、2464、2559页)。

2. 解释[①]

a. 市场利率

一开始我们就认为，巨大的区域利息差异取决于离东北部大金融中心，尤其是纽约的距离的不同。但这里必须对此作详细解

① 虽然这种解释基本上与对所有价格所作的解释一致，在我看来，考虑到利息的重要性与深深怀疑对其他价格适用的对它是否也适用，以更详细而且更接近具体利息实例的方式再作解释是合适的。

释。我们要努力做的，不是以一般概念而是利用东西利息差的例子[①]，以便于叙述。为什么西部利息较高呢？为什么那里资本的供给与需求只能在较高的价格上达到平衡呢？

一般而言，存在两种原因。第一，在这种还只部分发达的地区，资本形成落后于对它的大量需求。第二，与情况相反的东部资本市场的联系不完善。现在必须对此作更确切、更详细的说明。[②]

(1) 其他情况相同，在相同的利率水平上，西部的需求大一些，因为那里不发达的程度大些，而且需要更多的信贷以克服农业的损失。

(2) 其他情况相同，在相同的利率水平上，西部的总供给小一些。(a) 地方资本供给较小，主要原因有三：形成的资本较少，资本中的流动部分较少，借出费用高一些。第一，西部形成的资本少一些。因为那里以农业为主，其利润低于东北部大工业部门。此外，通过创造信贷而强制形成的资本较少，因为西部经济较单一，借出的货币很少花在当地，以便返回银行作为进一步贷款的基础。第二，西部的地方资本中能作出进一步贷款的数量较少。[③] 首先，银行须保有的资金储备多一些，因为其借主流动性差一些，与储备银

---

① 读者不久会发现，大多数论点也能用于大小城市间，或德国东部与西部的利息差。

② 下面的论点中有几个取自 S. E. 哈里斯的广泛详尽的成果：《联邦储备政策的二十年》(S. E. Harris, *Twenty Years of Federal Reserve Policy*)，坎布里奇，马萨诸塞，1933 年；以及 W. W. 里夫勒的令人钦佩的研究：《美国利率和货币市场》(W. W. Riefler, *Money Rates and Money Markets in the United States*)，纽约和伦敦，1930 年。其他的以我自己的观察和个人调查为依据。

③ 例如，1935 年年中，东部银行总贷款（包括外汇）等于存款的 41%，中西部和山区各州只达到 29%，见通货监理官《1935 年年度报告》，华盛顿，1936 年，第 102 页。

行的平均距离大些。此外，它们的部分资本为了结算而流到纽约，作为延缓风险的最后储备[①]和暂时的超额储备。资本的一部分可能通过区域中心间接地流到纽约，因为中心吸收一部分资本。只有一部分作为对西部债务人的待付款支付而返回。货币市场越大，它吸收的剩余货币越多。第三，也是最后一点，西部银行经营费用较高。这对管理费用毫无疑问是正确的。部分直接原因是离纽约较远（旅行、邮政、电报、电话、对高价货物的保险等的费用明显高一些）[②]；部分原因是人口稀少，它使得单个银行小一些[③]，其服务区大一些。服务区的范围导致为了克服距离而支出大，银行规模小又是管理费用占总成本比例高的原因。[④] 此外，较大资金

① 法定储备率当然在纽约与芝加哥最高，占活期存款的13%。在其他储备城市，它为10%，乡镇银行最低，为7%。相反，实际资金储备的变化刚好反过来。1930年，库存现金分别为存款的0.8%，1.25%与2.25%（《联邦储备委员会1932年年度报告》，华盛顿，1933年，第269页）。当我们考虑到，较小的、较远的银行与较大的银行和作为储备的金融中心的银行保持着附加平衡时，会发现它们的储备率比纽约银行的高。

② 例如，1936年所有联邦储备银行的这类费用平均为其纯利的2/3，而单就纽约银行来说，费用不到1/3，见《联邦储备公报》（*Federal Reserve Bulletin*），1937年，华盛顿，第116页。

③ 1935年，每个银行的平均贷款，东部为3800万美元，中西部与山区各州为20万美元（通货监理官，《1935年年度报告》，第103页）。

④ 根据上书，第678页，1935年上半年各种规模的国家银行的管理费用，以占存款的百分比表示如下：

	每个银行的存款（美元）		
	10万以下	75万～100万	超过5000万
工资	1.64	0.65	0.40
其他费用	1.15	0.41	0.25
未支付的贷款	0.80	0.44	0.27
净收入百分比	1.35	0.66	0.49
美元表示的绝对量	1040万	5700万	111万

储备的必要性和创造信贷方面的限制等于降低可用资本的利用率。单个农业贷款总是小于工业的贷款，因此与其有关的固定费用变得重要一些。另一方面，下面的问题必须搁置留待以后解决：即较低的地租是否足以抵消各地较高的银行工资。除经营银行的费用较高外，风险也较大，这部分是由于边远地区不太保险；部分是由于经济单一性较强，因为主要是农业。[①] 最后，是由于离货币中心和客户的平均距离较远。这最后一点使与市场的联系和对借主的监督更加困难。根据里夫勒(前引书，第 108 页)的考察，从 1919 年到 1925 年会员银行的亏损，在东部达到贷款的 0.61%，西部为 0.75%。作为第三个重要的费用要素，西部较高的贴现率可能被提及。

(b) 东部资本供给小一些。尽管利息差异大，东部资本并不充分流到西部以平衡差距。在各种原因中有一个共同点：对债务人和债权人来说，向西部贷款的费用较高。较长距离的直接费用又出现了，它也可采取较大的时间损失的形式。例如，一个在密西西比州的乡村银行能在三天内从位于孟菲斯的大一些的银行得到紧急贷款，而若直接向纽约贷款，得花一周时间，除非不惜花钱求助于电话或电报。因此，许多银行宁愿向孟菲斯借款，尽管那里的利息高一些。西部的其他银行和工业企业无论如何不能直接进入

① 这种单一化导致银行的服务区扩大，以使它们至少包括一定量的经济多样性，如果大区域分行能得到发展，其范围会更大，那么风险就能更好地分摊，但这在美国受法律禁止。

纽约市场,因为它们太小或不大为人知晓。[1] 它们只通过中间人与纽约做买卖(里夫勒,前引书,第 2 页),因而在大量的东部资本到达西部小借主之手前,许多中间人代办已使其价格上升。此外,必须再次特别提一下,债务人与债权人两方的风险都由于距离大而增加。对债务人亦如此,因为他所依赖的是这样一个事实,在货币短缺时,即使由地方银行贷与的形式上的短期贷款也不会被无情地取消,因为银行从长远角度看与他有着利益关系(里夫勒,前引书,第 87 页);但东部的剩余资金暂时在西部贷出时,必须时刻注意突然取消的可能性。对东部的债权人来说,除具备我们所知的西部债权人也具有的几分客观的大风险外,

① 因此可将西部借主分为不同阶层(里夫勒,前引书,第 75 页和其他地方),它们的利率高低不一。第一级大企业的最低,它们能在纽约的公开市场上一级商业票证与大的纽约银行间进行选择。小企业的利率最高,其信用仅在一个地方是好的。因此,一定级别的客户与银行总是彼此交易,两者越大,距离的重要性越小。T. P. 摩根对通用汽车公司十分了解,虽然两者相隔千里,但了解程度就像乡村银行了解村附近的面包师傅一样。因而,对一定级别的企业来说(也对某种经济业务来说)任何距离都可能是小的。

从这一观点出发,人们可对 30 年代德国关于区域银行的讨论采取一个明确的态度:就反对大银行是合理的来说,它们等于说大银行并没有将其客户局限于与它们相对应的大企业。它们应受到责备,这不是因为它们在促进小规模或中等规模贷款方面做得太少,而是因为他们仅仅由于知道国家会替它们担保,不顾经济原则而大量吸收小规模或中等规模的存款。此外,在夸大其促进区际平等的作用时,它们很少注意区域的风险差异,这也可能受到反对。它们的区域信贷政策过于规则,人事政策又过于不规则。因此,区域银行的一个特殊目的产生了,即作为以农业为基础的中等规模的存款与贷款的中间人。为了使风险平等,唯一的问题是以下面的方式配置银行:借主应从事不同职业;或使各个经济景观更平衡地发展,如果希望完全根除弊端的话。在萧条时期,中等规模的信贷证明比大的更有流动性,可见区域银行有优于大银行之处。参看《银行业审查文卷,1933》(*Untersuchungsausschuss fürdas Bankwesen, 1933*),柏林,1933 年,Ⅱ,172;以及我的信:《致符腾堡银行》(*Für die Bank von Nürttemberg*),《斯图加特新闻日报》,1932 年 5 月 3 日。

还有距离附加的危险。[①] 他不能根据自己的长期经验了解人、事情况，不能与进一步发展保持联系，而尤其是在开发区域，发展可能是暴风骤雨般的、不确定的。信息与征息所（集中有关个人或企业偿还债务的资料的机构，其资料可向会员或非会员提供——译者注）可以部分弥补对人事情况缺乏了解，但不能完全弥补。

此外，当资本转移到由一个不同的政府当局控制下的区域时，存在着政治风险，这个区域的未来方向难以预测，更难以影响。在这种情况下，人们得准备应付从被政府没收到付特种地方税的任何可能。外资是国家紧急状况或社会变革的首当其冲的受害者。不仅国际资本移动如此（对此引用例子是多余的[②]），即使在同一国家内，这种情况不会有什么不同。美国西部和南部对“受东部资本的剥削”的敌对时常爆发。我想起了由亚拉巴马州的社会改革者埃尔哈特发动的直接反对银行的活动以及由路易斯安那州鼓动者休依·朗（后被谋杀）发起的反石油公司的活动。这种敌对行为的代价当然是利息更高，因为资本会避开这些州、区域或城市。

我们可一再发现，距离与风险的这种联系背后的两组现象：在资本剩余区，资本所有者尽量将资本投到自己的企业中，或投到他

① 不管他是直接还是通过西部银行向西部借主贷款，后者的偿还能力归根结蒂取决于其客户的偿还能力。就是东部银行的西部分行纵使得到许可，也不能弥补风险，因为其监督由于距离而变得困难。

② 从 1914 年以来他们对此常常容忍，一方面是欧洲权力下降的原因，一方面又是欧洲权力下降的结果。

们所在的地方、经济景观或至少是州；在远离大金融中心的资本不足区，有能力的小企业抱怨大银行不向他们贷款。我只提几个例子：战前，资本拥有者普遍认为他们的资金投在自己的国家最安全[①]；如福特，他的工厂就布局在他出生的城市，因他在布法罗就找不到资助他的人。像福特一样，许多大企业家起初只得在当地筹措资金，外来人必须证明能干的好事情。[②] 连在英国工业南迁过程中，下面的事实据说起了重要作用[③]：生活在英国南部的资本家喜欢支助那里的工业，因为他们不需要长途跋涉就能保持联系。

另外，在美国西部，联邦储备政策在减少资本由东向西流动的风险与费用方面无所作为。人们可能想，西部的联邦储备银行大且安全，足以用向东部储备银行再贴现的方式，以较低利率吸引大量的东部资本，然后通过对自己的会员银行发行的票证再贴现而使资本流通。但这是不允许的，因为联邦储备委员会决不希望贴现率的有效性扩大。会员银行不准只是为了从市场贴现与储备银行贴现之间的差异获利而向储备银行再贴现（里夫勒，前引书，第

① 根据《银行业审查文卷，1933 年》，柏林，1933 年，Ⅱ，第 443～447 页。1931～1933 年在符腾堡大约 3/4 的储蓄银行存款和活期存款属储蓄银行和存款互助会，他们又将大部分存款在当地贷出，或者至少是在同一地方贷出；在整个德国，除柏林外，这一比例接近 1/2，柏林为 1/20（另一方面，全部存款约 2/3 属大银行）。

② 可参阅 F. S. 霍尔：《工业地方化》（F. S. Hall, *The Localization of Industries*），美国商业部，《第十二次工业普查》，1900 年，第一部分，第 211 页以下；M. 凯尔：“制造业区位中的经济要素”（M. Keir, “Economic Factors in the Location of Manufacturing Industries”），《美国政治与社会科学学会年刊》，1921 年，第 89 页，以及其他。

③ 政治与经济规划局：《关于工业区位报告》（*Report on the Location of Industry*），伦敦，1939 年，第 9 页。

29页)。但即使允许大量再贴现,也只能缓和利息下跌,正如轻易地看到的一样,而不能使它平均。

促使西部利率上升的要素的复杂性必须详细描述,为了应付反对意见,仅由距离解释过于简单。现在很容易理解,几乎所有[①]被引证的因素归根结底都取决于距离。西部的所有条件,其发展阶段,其工业,其人口密度,每一方面都基本上是由与东北部的距离决定的。重要的迁移(不是指西班牙人与法国人的迁移)源于那里。因此西部的发展步伐落后于东部。同时,广阔地区的土壤比较年轻,肥沃一些,因此更适于农业。而且大陆性气候对农业的全部风险和对人口密度的影响,都取决于离海的距离。即使在不考虑这些偶然的历史与地质要素时,就是在理论体系中,居民数、工业化(尤其是大规模工业)以及经济多样化,在中心都比在边缘大一些。距离对利息的这些间接影响加深了所有直接影响,对此不必重复。仍不相信的人只需想象一下,将纽约从经济中心地位移到大陆中部,就会发现这将使西部的利率降低很多。

b. 联邦储备银行的贴现率

在美国,贴现率在空间上的差异比市场利率在空间上的差异小得多。这只是由于贴现率与市场利息联系不密切,就像在德国一样。原因是制度与政治方面的。从纯经济角度看,单个银行再贴现的意愿由其可用资本决定(因而最终由其黄金储备决定,黄金

① 在互不相关的要素中,应提一下法定最大利率的确定。但这些又依次使其自身适应独立的利率差异。通常,它们在南部,尤其是在西部比在东部高(纽约6%,新墨西哥12%)。一般来说,它们很高,但可通过附加信贷条件抑制。

储备有时可通过向其他银行再贴现而增加），而会员银行的再贴现的需求，可认为是由利润（储备银行与会员银行的贴现率之差）、必要性（其自身财产的耗尽）以及竞争（储备银行与区外银行的贴现率之差）决定。这种方式产生的贴现率可能在各个区域不同，至少不亚于最低廉的金融中心的储备银行的贴现率不同于一般银行间相当高的贷款利率。[①] 例如，纽约的贴现率为2%，那里的会员银行不会以低于3%的利率借款给其他银行。亚特兰大的储备银行能立即将其贴现率确定在3%，根本不用担心其会员银行会转向纽约。[②] 实际上，它可能会超过3%，因为其会员银行不是都能以最低的利率从纽约贷款的，或者根本借不到，因为无论如何，借款总是要支付较高的费用。

但储备银行从来不会全部利用其黄金储备，因此从来不对为国际转贴提供便利的实际贴现率感兴趣。储备贴现率作为一个经济周期政策也不是很实际的，部分是由于客观市场条件，部分是由于储备银行本身。由于美国资本丰富，创造信贷所起的作用不如在德国重要。对票据的需要少一些，因为支票支付普及以致最近达到了这样的程度，它们若想更进一步拓宽其信贷，银行得再贴现。因此，储备银行并不通过贴现率对其会员银行进行非常严格

---

① 其他客户支付的仅稍低于此利率。参见里夫勒，前引书，第92页。

② 对最重要的银行而言，间接公开市场的较低利率只与储备银行的贴现率竞争。如果一个银行能在公开市场上更便宜地得到收入，它就不会与其储备银行发生关系，尽管其贴现率与纽约储备银行的同样低。

的控制，而努力通过改变法定准备金①与公开市场的运营②来弥补。

此外，资本丰富导致会员银行在货币紧缩、证券上升时期，以有利价格减少持有量，而不是急需储备银行的帮助。这些观点只完全适于富裕的东北部，而在资本饥渴的西部和南部，给人的印象是，储备银行没有将信贷创造发展到实际上可能的程度。它们通常受到各种规定与原则限制，这些规定与原则是东北部条件下的产物，因而不适于西部与南部。禁止以获利为目的的再贴现在我看来特别易受批评。由于储备银行不希望会员银行只为了通过利息差谋利，而以其较低的利率③向储备银行将已以高利息展期的票据再贴现（里夫勒，前引书，第 29 页），因而储备银行本身更进一步限制已受到限制的贴现率的有效性。④ 另一方面，贴现率这样小的有效性形成一个贴现政策，它不能保持更有效的贴现率。低且平均的贴现率不仅是出于政治的需要，而且也受到联邦储备委员会的欢迎，因为它们被认为能加强储备银行的地位。这就是说，这能要求会员银行以低且平均的贴现率更经常地与其自己的储备银行交易，而不是与区外的私人银行来往。当然，这与下面提到的其他原则是不符的：储备银行只有在紧急情况下帮助解决困难，而

① 在某些法定限制内，联邦储备委员会能改变法定准备金。

② 我怀疑其功效。当储备银行需要出卖政府证券时，例如为了降低银行的流动程度，尤其是银行本身被当作买主时，问题是它们是否有意于作出一笔能承受这样低的利率的投资（除证券价格大量下跌外），或者它们是否不愿向工业贷款，以负担高利率。如果后者可能，它们就会买政府证券。否则，政府证券就不需任何谋略去限制它们，不管这种投资多么受到缺乏更好投资的银行的欢迎。

③ 因此，公开市场的利息通常比储备银行的贴现率高。

④ 当会员银行在财力耗尽后，再贴现时，比它们再贴现的程度所受影响小。

且只是暂时性的。这就发生了——在资本少的地区——实际上再贴现很多(如在1928～1929年)。当然还有另一个结果:被这样利用的储备银行得向资本丰富的地区的储备银行再贴现。因此,它们以对其他储备银行的依赖增大为代价,加强了与会员银行对比的地位,最后的结果总是,他们最终提高贴现率,一方面是由于他们不希望这种依赖持续下去;一方面是由于即便是富裕的银行,其财产也有限。

因此,与储备银行的自行消除结合在一起的实际情况,有可能(而且实际上由于一定的权力斗争,银行甚至认为这是有希望的)使区域贴现率差异比区际市场利率差小一些,尽管它通常相当大。这两种活动似乎能产生相同的结果,只有当储备银行真正需行使其权力,至少在实际可能的限界内行使其权力时才出现相互矛盾的结果。至于在什么程度上贴现率有效,它们自然也必定将区域差距扩大到我们前面曾推断的程度。

二、产品价格[①]

一般不易预先确定特定产品的价格地区差是大还是小。起初,人们很想假定原料的差异比成品的大,因其单位重量价值低

① 有用的数据极少,很难收集,需要很长的时间才能解释,以至市场、区域和国家价格梯度通常只能断断续续的表示,彼此不能严格地区分。根据A.雅可布斯"欧洲价格的空间分布"(A. Jacobs,"Dieräumliche Ordung der preise in Europe"),1941年,第205～207页。1940年初欧洲大陆各组价格或单个商品的平均值的梯度如下:食品在德国最贵,工业原料介于较贵的东南欧与较便宜的西北欧之间。实际工资亦如此,德国是保加利亚的两倍,丹麦高出保加利亚3倍多。

些，因而运费在生产者价格中占的比例高一些。那么下面给出第一类的例子，例如矿石、煤、铁、木材、纸、砖、水泥、石油和盐[①]，以及土豆、干草、家畜和水果。第二类的例子为珠宝、手表、香烟、药品、成衣等。首先，第一类的运费率普遍低一些；第二，在许多情况下，运输距离短一些，虽然不是所有情况都如此。例如，纸的运距比书的短，铁的比机器的短，土豆的比土豆精(Potats Spirits)的短；第三，运输时的利息与保险费低些；第四，竞争激烈些，因为其质量比最终产品的更易比较；最后，就原料来说，价格通常是离岸价格加运费，而最终产品的零售价包括销售费用，销售费用在各地很不一样。因此初一看，哪一组的价格区域差大一些一点也不能确定。总之，不能用少数几个一般的反映来省去研究单个情况的劳动。

§1　农产品价格

1. 小麦

T. H. 恩格尔布莱希特早就研究过美国粮食价格的地理分

① 例如，1931～1933 年美国水泥的运费平均为其离岸运价的 1/3，石灰为 1/2，煤为 1/1，见 T. K. 乌尔达尔与 L. J. 奥尼尔："石灰工业法中的交货基点供应的运算"(T. K. Urdahl and L. J. O'Neill,"Operation of Basing Point Provisions in the Lime Industry Code")，国家资源管理局评论部，工作材料，No. 65，1936，第 59、71 页。F. E. 伯奎斯特："在自由竞争和法规下无烟煤工业的经济调查"(F. E. Berquist,"Economic Survey of the Bituminous Coal Industry Under Free Competition and Code Regulation")，同上，No. 69，I，34。根据一些材料，1940 年 8 月 13 日墨西哥盐价每吨在 95～230 比索之间变化。整体而言，因为经济关系松散，运输困难，那里的区域价格差异在雨季据说大一些。

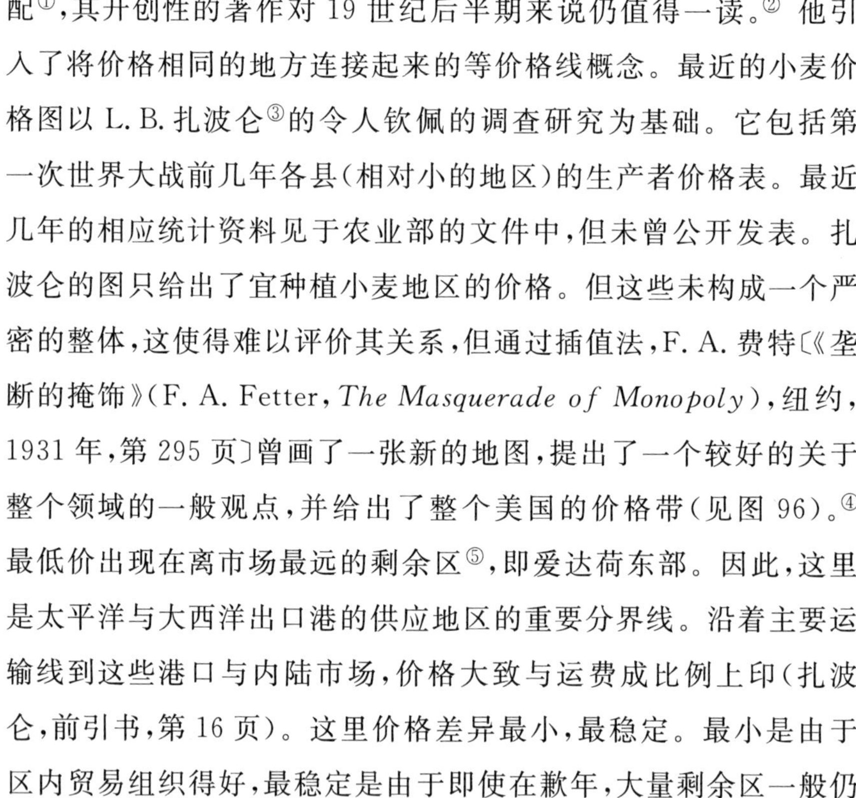

配[①]，其开创性的著作对 19 世纪后半期来说仍值得一读。[②] 他引入了将价格相同的地方连接起来的等价格线概念。最近的小麦价格图以 L. B. 扎波仑[③]的令人钦佩的调查研究为基础。它包括第一次世界大战前几年各县（相对小的地区）的生产者价格表。最近几年的相应统计资料见于农业部的文件中，但未曾公开发表。扎波仑的图只给出了宜种植小麦地区的价格。但这些未构成一个严密的整体，这使得难以评价其关系，但通过插值法，F. A. 费特〔《垄断的掩饰》（F. A. Fetter, *The Masquerade of Monopoly*），纽约，1931 年，第 295 页〕曾画了一张新的地图，提出了一个较好的关于整个领域的一般观点，并给出了整个美国的价格带（见图 96）。[④] 最低价出现在离市场最远的剩余区[⑤]，即爱达荷东部。因此，这里是太平洋与大西洋出口港的供应地区的重要分界线。沿着主要运输线到这些港口与内陆市场，价格大致与运费成比例上印（扎波仑，前引书，第 16 页）。这里价格差异最小，最稳定。最小是由于区内贸易组织得好，最稳定是由于即使在歉年，大量剩余区一般仍

---

① 《1862～1900 年美国粮食价格的地理分配》（T. H. Engelbrecht, *Die geographische Verteilung der Getreidepreise inder Vereinigten Staaten, 1862～1900*），柏林，1903 年。

② 例如，在这一时期运费猛降，从而降低了地区差异。

③ 《小麦价格地理》（*Geography of Wheat Price*），美国农业部第 594 号公报，华盛顿，1918 年。特别是第 3 图。

④ 它以生产者价格为基础，不考虑质量差异，但由于插值法也包括不种小麦的区域，它可能最接近批发价地图。地带已知，却没有等价格线，部分地由于统计原因，价格采用四舍五入法计算都接近 5 美分，也部分由于实际原因：运输费用在整个带内通常是一致的。

⑤ 不在剩余最大的北达科他州。

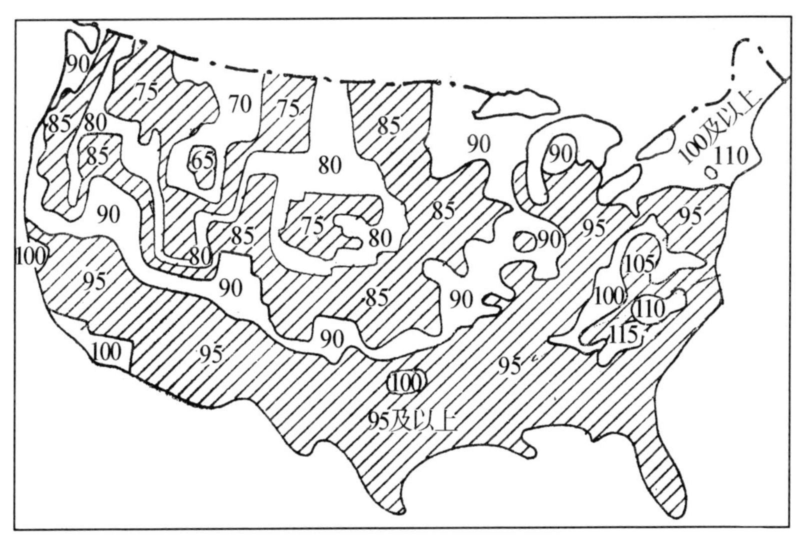

图 96　美国小麦价格的空间形式(用每蒲式耳美分表示的生产者价格,1910～1914)。引自 F. A. 费特尔:《货币的掩饰》,第 295 页,根据 L. B. 扎波仑:《小麦价格地理》,美国农业部第 594 号公报,华盛顿,1918 年 5 月 3 日。

能继续供应小麦,因此交通流几乎不改变其方向。在较小的较远的小麦区,时有剩余,时有不足,正好相反,地区价格差异大一些、易变些。

扎波仑的图同样也包括小麦区主要收购站的较小价格锥,虽然只大致可靠。但是,只有遥远的爱达荷和有大量剩余的内布拉斯加州附近的两个大价格漏斗表现明显。在西北海岸的港口附近,充其量不过能辨出价格锥的碎块。因此,地图没有完全清楚地说明,实际上价格锥在什么程度上(在我看来,它必须居支配地位)以及价格漏斗在什么程度上决定空间形式。这部分是由于四舍五入,毫无疑问部分也是由于费特尔的插值,它似乎是从作为管理原则的价格漏斗概念出发的；还有部分由于运费率没给定；最后，部分是由于东部港口离相当小的剩余区很远。

但不管如何确定这个问题，区域价格差异的重要性以及一定的规则性在地图上表现得很清楚。但这并未排除这样的事实，与规则一致从来不是分毫不差的。例如，有一个引人注目的例子，在堪萨斯州，有三个地方小麦运到堪萨斯城收购站的运费率一样；然而只有1929～1930年全面丰收这一次，这三个地方的仓库以同一价格在同一天购买相同质量的小麦。[①]

2. 土豆

土豆的价格从北部剩余区朝南部上升，价格正好加倍。比较图97和图98就会发现，爱达荷与科罗拉多的重要性自第一次世界大战以来是怎样上升的。佛罗里达附近价格低是由于从古巴与百慕大进口量大。加拿大萨斯喀彻温省附近的地区需专门研究，因虽然其土豆生产量相当大，但人均生产量低。对其他地区，等价格线不得不根据较少的数据给出，合理考虑运输条件，它当然只不过是一个粗略的插值法。[②] 充其量它们也只是个合理的推断，而正是由于这个原因，它们是实用的、重要的推断。

① 铁路经济局，《涉及运输费用的商品价格》(*Commodity Prices in Their Relation to Transportation Costs*)，第40号公报，小麦，华盛顿，1930年，第2页以下。

② 在插值法中，较小的价格锥完全消失，但它们通常很重要。例如，在明尼阿波利斯供给区，随着距离变化，生产者价格的差异高达66%，这个差异已表明要持续一段很长时间，见L. F. 加里："明尼苏达农作物的地方价格"(L. F. Garey, *Local Prices of Farm Crops in Minnesota*)，明尼苏达大学，农业实验站，第303号公报，1934年，第29页。

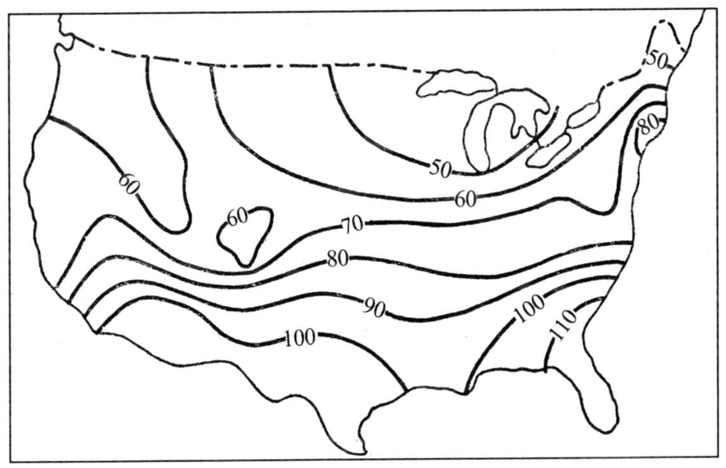

图 97　1906～1915 年 12 月 1 日平均用每蒲式耳 1 美分表示的土豆生产者价格(引自 H. 沃金:《决定圣保罗和明尼阿波利斯的土豆价格的要素》,明尼阿波利斯,1922)

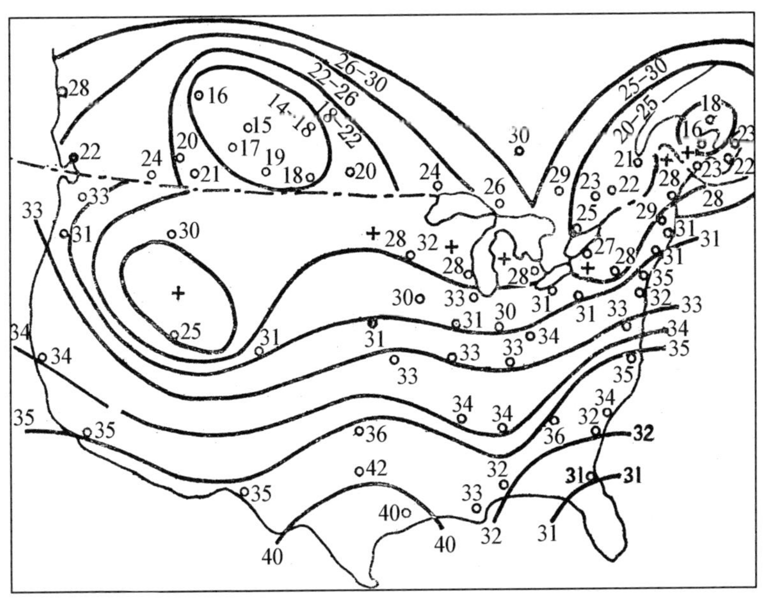

图 98　1936 年土豆零售价,用每 10 磅 1 美分表示。12 为剩余区(资料来源:加拿大自治领统计局,美国劳工统计局)

表 37 柑橘的价格与距离

（1936 年每打的零售价）

美 分*	与洛杉矶的距离（英里，铁路）	
16.0	洛杉矶	—
25.7	旧金山	470
26.8	盐湖城	780
27.6	埃尔帕索	820
21.2	波特兰（俄勒冈）	1220
31.9	丹佛	1370
33.5	奥马哈	1930
35.0	明尼阿波利斯	2280
36.9	芝加哥	2430

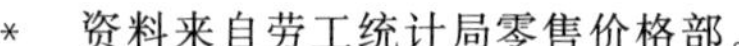

* 资料来自劳工统计局零售价格部。

3. 橘子

美国的 2/3 的柑橘产于加利福尼亚，那里最大的橘林密集在洛杉矶附近，1/3 弱由佛罗里达州供应。在两个中心周围，存在着固定的逐渐上升的价格圈。

表 37 说明，与生产者的距离对柑橘价格影响非常大。由于两个大的生产地区几乎同时供应东北部的主要市场①，但佛罗里达州近一些，那里的价格必要比加利福尼亚州的高。例如，从芝加哥到杰克逊维尔（佛罗里达州）几乎没有到洛杉矶一半远。因此可以提出而且统计的资料进一步证实了下述判断：杰克逊维尔的价格

① 1936 年这部分位于沿密西西比河、俄亥俄河以及东北海岸附近伸展的竞争区。这个地区的东南部由佛罗里达州控制市场，而东北部由加州控制 2/3 以上。据美国农业部：《1936 年 66 个城市的某些水果与蔬菜卸货量与加拿大 4 个城市的进口量》(*Cart Unloads of Certain Fruits and Vegetables in 66 Cities and Imports in 4 Cities for Canada* 1936)，华盛顿，1937 年。芝加哥与纽约是同样的柑橘"垄断市场"，就像西北欧是小麦的"垄断市场"一样。

(27.3分/打)比芝加哥与洛杉矶的平均价格高一点。

4. 牛奶

由于牛奶运距一般不长,地区价格差异特别大,而且不规则。例如,1936年加拿大制酪业支付的生产者价格在东海岸(夏洛特敦)的12.8分/加仑与西海岸(温哥华)的45.3美分/加仑之间波动。[①]

5. "重型"商品与"轻型"商品

免去前面例子中大区域价格差异是不对的,因为它们对重型商品关系重大。就我们的观点而言,盐也是一种重型商品:运过某一给定距离后价格就按比例上升,就能利用的数据来说[②],加拿大任何边境地区的零售价从来不会高于生产地价格的1/3,一般比它低得多,仅仅由于加拿大各省都生产盐,因而实际运距相当短。但咖啡是一种"轻型"产品,这就是说,运费率不重要。然而在1936年前,内地一磅的费用高出南部进口港口的一半(新奥尔良21.4分,丹佛31.8分)。[③] 运费率在产值中所占比重不重要,显然被长途运输抵消了。这种比较表明,不仅是商品的"重量",而且其市场范围也是决定区域价格差异的重要性。

① 参看自治领统计局,《价格与价格指数1913～1933》(*Prices and Price Indexes 1913—1933*),渥太华,1934年,第54页以下;以及J. M. 卡塞尔的牛奶与黄油的等价格线,见《鲜牛奶的价格研究》(J. M. Cassels, *A Study of Fluid Milk Prices*),坎布里奇,马萨诸塞州,1937年,第161、165页。

② 资料来源:自治领统计局,国内贸易部。

③ 不可能完全成功地排除掉产品质量差异,但在丹佛地区,价格一样高(盐湖城,31美分;南达科他州的苏福尔斯,31.4美分)。

§2 非农产品价格

1. 同质商品

a. 报纸

《纽约时报》是美国的主要报纸，从前在纽约售价为2美分；该城郊区为3美分；在220英里远的波士顿为5美分；蒙特利尔(440英里远)为6美分；渥太华(550英里)为7美分。《星期日增刊》的价格在10～15美分之间。考虑到重量，周一至周六版大约为3/4磅，星期日版为2.5磅，解释主要在于运费随距离上升，而销售下降，结果每份报纸负担的固定销售费用比例增大。

b. 汽车

一辆雪弗莱车的售价在其产地——密歇根州的弗林特为600美元，根据1935年10月10日的运费率，在芝加哥(270英里)增加16美元；在纽约(670英里)增加37美元；在新奥尔良(1160英里)增加78美元；在佛罗里达的迈阿密(1460英里)增加91美元；在得克萨斯的埃尔帕索(1650英里)增加115美元；在旧金山(2540英里)与整个加州最高，价格增加130美元——也就是说以高于20%的比例增加。[①②]

c. 服装

1936年，棕榈海滩牌夏装在美国各地的售价为16.75美元。但从这种众所周知的实例得出结论：距离对销售显然不重要，这是荒谬的。若以指令的同一价格出售，距离的成本阻拦着制造者或

① 资料由通用汽车公司的S.杜布鲁尔先生慷慨提供。

② 当然，买者并不总是支付运费，因为零售商人经常用部分偿还的方法以高于其市场价值的价格购买旧车。

零售商，当然不是消费者，取代价格水平的是利润水平，它从一地到另一地有变化。[①] 在上面举的例子中，根据美国劳工统计局的资料，在遥远的旧金山，棕榈海滩牌上衣根本买不到。

d. 欧洲零售价格

一个由于利用方式得当而特别有价值的研究是由法国经济与社会科学研究所进行的。对欧洲各国的零售价进行了比较，重点放在获取可比质量的价格上。[②] 为此，带着相同样本的相同调查者访问了拥有各种不同资本的主要百货商店，得到了200种商品与劳务的价格。发现法国、荷兰、英国和瑞典的价格平均起来大致相同，或者至多是后两个国家稍低一点，而在瑞士，一个重要的疗养地，价格高得多，而比利时低得多。这次价格调查在法国与瑞士货币贬值之前。比利时、英国和瑞典认为其低价是由于早期货币贬值，荷兰是由于自由贸易政策。[③]

2. 相似的产品

美国各地能买到可辨认的商标注册的商品种类并未多到惊人的地步。但是，几乎所有关于零售价格的可用资料不是同一质量的商品的，而是相似的商品的。甚至也不总是如此。直到1935年，华盛顿的劳工统计局只确定了个别地方的价格，不是针对可比

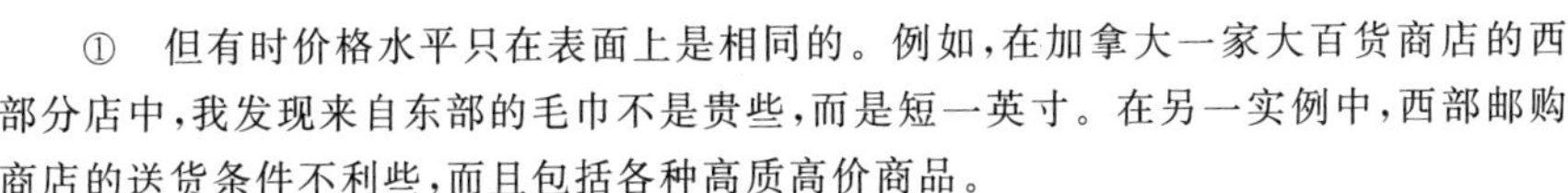

① 但有时价格水平只在表面上是相同的。例如，在加拿大一家大百货商店的西部分店中，我发现来自东部的毛巾不是贵些，而是短一英寸。在另一实例中，西部邮购商店的送货条件不利些，而且包括各种高质高价商品。

② 但是，某些最终产品的质量只能大致比较。

③ 查尔斯·李斯特：《法国—外国价格的变化》(Charles Rist，*Ecarts de prix，France-Etranger*)，经济与社会科学研究所，巴黎，1936年，第20～22页；补充材料由巴黎的赫伯兹博士提供。

商品，而是针对销售最普遍的商品。[①]

生产标准化在美国取得了极大的成功，而且劳工统计局以确切的指令、中央培训、外部调查者监督等方法，令人称赞地努力多年，以得到区间可比价格(加拿大统计局由于进行这种调查手段有限，因而放弃了它)。但我虽然工作了几个月，特意从这些材料中只挑选那些最易当作可比质量的商品，结果表明这个任务极其困难。连地方价格的总顺序排列形式都根本建立不起来，也不能合乎逻辑地解释这种空间顺序，也就是说，它不总是与对生产地点[②]、运费率、地方条件所了解的预期相符。但当然不应忘记，这种了解本身是不全面的，尤其是人们必须一开始就得准备承认，甚至对于一模一样的产品，其零售价比零售商[③]支付的价格在地方上变化程度大而且不规则。对零售来说，各城镇的边际收益相差很大，而且即使在

① 因此，F. G. 米尔斯以这些发现为基础而计算零售价的平均地区差异，也有实用价值见《价格的行为》(F. G. Mills, *The Behavior of Prices*)，纽约，1927年。

② 当生产地点不是很清楚时，它是从托马斯:《美国制造商登记》(Thomas, *Register of American Manufacturers*)，1932～1933年版;《加拿大贸易指数》(*Canadian Trade Index*)，1936年;以及美国制造商普查或自治领统计局的生产资料而得到的。

③ 例如，在所有被调查的商店中，一包阿斯匹林在杰克逊维尔售12美分，而在莫比尔，同一包货物售15美分。另一牌号的分别为10美分与15美分。其差异比微不足道的运费差异要大得多，因两个地方与生产中心的纽约的距离几乎是一样的。同样，眼镜的价格在新奥尔良(9.00美元)与洛杉矶(15.50美元)的差异显然很大，它不能由运费解释，但可用工资水平说明。同样，即使不存在倾销，出口的产品在产品进口国的零售价可能比其出产国的便宜。

相邻街区，不同企业以及同一地方[①]的单一交易之间亦如此，因为地租、工资、利息、税收、广告费、竞争条件、监督、商店规模等[②]都不一样。因此，不规则的价格分布形式不总是仅因其不规则而不合逻辑。尤其当生产也在区域上分散时，当只在少数几个中心地之间进行比较时，很少能得到一个规则的分布形式，因为一个单一工厂附近的较小价格漏斗很易从网络的宽网孔中漏掉。例如，床垫就是这样（表 38 第 1 栏），此外，质量差异不能完全消除。

然而，仍有很多价格分布形式是规则的，同时是合乎逻辑的，因此为推断出它们方法的正确性与可靠性提供了依据。在这种情况下，在剩余产品产地（如肥皂）周围或某一种生产要素，如劳力（洗衣店）、土地（电影）、原料（造鞋业）特别便宜的地区周围，形成不断上升的价格圈。不过当某一价格偶尔完全与现行价格不符时，进一步调查，当有可能时，一般表明产品质量或经营方式发生了变化，或者也许是具体的地方条件发生了变化，例如价格战。这样，我们同时能得到关于统计调查应主要在哪里检验的思路。

---

① 例如，1932 年 11 月，19 种重要食品的价格在柏林西端比北边高 10%，C. 波伊姆：《当前价格分布问题》(*C. Boehm, Zur Frage der Preisstreuung*)，收入《形势研究季刊》，第Ⅺ卷，第 4A 号，1937 年，第 460 页。水果与蔬菜的价格在郊区比在市中心高，因为把货物从大中心市场运到商店的运费较贵，也因为郊区人口密度低，销量相对较小，又由于远离竞争。易腐的商品或只能小批量销售的商品的价格差特殊，例如，1930 年 11 月 8 日，在一般商店中，中等洋葱的价格每磅 13 芬尼，同质量的菠菜为 5～25 芬尼。由于易腐商品不能从存货过多的市场运走，其价格差比距离成本大。因此，虽然竞争在同样的批发市场内是完善的，但它在市场之间是受限制的，H. 利伯在他的书中有好的说明，见《水果和蔬菜价格的形成》(H. Liebe, *Preishildung bei Obst und Gemöse*)，柏林，1931 年，第 12、17～19 页。

② 这些差异在餐车中消除了。在旧金山与纽约间，每顿佳肴的价格上升部分（1935 年西部为 0.70～1.10 美元，到东部为 1.30～2.00 美元）无疑取决于供给的成本差。

a. 肥皂

这里要调查的各种肥皂最主要的生产中心是美国的辛辛那提、加拿大的多伦多。价格随与这些中心的距离而明显上升(图 99 与表 38)。由于单位重量便宜,所涉及的牌号的运距长,运费在解释价格差异中起着重要作用。从辛辛那提用纸箱把肥皂运到波士顿,运费达每百磅 75 美分,或者说每 10 块 4 美分左右,这正好与零售价的差异一致。朝南方,等价格线分布靠近些,因为那里的运费率比东北部的高。朝西部,情况不是很明朗。加州似乎有洛杉矶生产的地方产品,因为价格朝北上升。① 布法罗与底特律有一部分货物是从加拿大进口的。在堪萨斯和新奥尔良,也许在整个南部,质量存在差异。至于费城,不能确定数据是指那里生产的其他牌号产品,或者这个同样重要的肥皂中心的竞争是否也降低了辛辛那提的产品价格。

b. 纺织品

就纺织品来说,其单位重量价值高,如果运费率不比肥皂的高很多,例如,如果季节性产品与流行产品不特别需要快速交货,如果运距一般不很长,那么距离起的作用必定较小。例如,1929 年 80% 的男衫产于纽约与费城周围少部分地区。价格在这个中心周围

① 在太平洋沿岸,只有一条狭窄但很长的带人口集中,距离的影响很明显。例如,外衣剩余出现在该带的北部,因此价格朝南相应上升。西雅图 1.30 美元;俄勒冈州的波特兰 1.42 美元;旧金山 1.47 美元;洛杉矶 1.55 美元(来自 1936 年劳工统计局的数据)。

表 38　1936 年美国与加拿大非农产品零售价的地区差

	a	b	c	d	e	f	g	h	i	k	l
波士顿，马萨诸塞州	59	1.56	94	91	1.21	45	—	1.50	13	45	21.2
波特兰，缅因州	60	1.60	97	93	1.17	25	11.8	1.47	19	39	23.7
布法罗，纽约州	56	1.63	100	85	1.32	25	13.2	1.17	17	42	—
纽约市，纽约州	59	1.41	72	89	1.13	39	10.5	1.15	16	41	21.0
费城，宾夕法尼亚州	56	1.38	80	66	1.13	30	12.6	1.10	16	42	19.8
匹兹堡，宾夕法尼亚州	58	1.56	89	74	1.16	32	13.8	1.21	16	46	20.7
斯克兰顿，宾夕法尼亚州	57	1.56	69	68	1.23	40	9.5	1.30	15	41	20.9
芝加哥，伊利诺伊州	58	1.34	67	73	1.15	36	11.0	1.40	14	56	19.8
辛辛那提，俄亥俄州	55	1.75	69	89	1.13	33	10.8	1.29	15	44	19.0
克利夫兰，俄亥俄州	60	1.51	67	102	1.18	29	12.3	1.12	20	50	22.0
底特律，密歇根州	56	1.48	68	98	1.17	40	11.3	1.34	15	36	18.3
印第安那波利斯，印第安那州	58	1.62	73	86	1.11	36	10.8	1.54	13	45	23.6
堪萨斯城，堪萨斯州	73	1.99	89	83	1.15	24	13.1	1.16	12	29	19.7
明尼阿波利斯，明尼苏达州	61	1.88	72	99	1.17	25	12.3	1.51	15	33	22.7
圣路易斯，密苏里州	60	1.74	73	92	1.12	38	11.5	1.24	11	44	21.0
巴尔的摩，马里兰州	57	1.53	65	88	1.28	39		1.12	16	39	20.7
华盛顿，特区	58	1.68	62	96	1.18	35	12.2	1.25	17	37	26.8
诺福克，弗吉尼亚州	62	1.81	72	96	1.23	28	14.8	1.31	16	46	20.4
里士满，弗吉尼亚州	61	1.96	84	86	1.31	36	12.2	1.25	15	43	22.4
亚特兰大，佐治亚州	68	1.65	68	74	1.20	20	13.7	1.18	13	34	27.9
萨凡纳，佐治亚州	67	1.70	78	92	1.19	22	13.1	1.25	15	39	26.3
杰克逊维尔，佛罗里达州	63	1.51	72		1.05	28	12.9	1.31	10	32	27.8
伯明翰，亚拉巴马州	68	1.66	70	69	1.10	24	12.3	1.15	11	46	24.3
莫比尔，亚拉巴马州	64	1.86	67	60	1.14	24	12.4	1.36	11	28	22.6
新奥尔良，路易斯安那州	47	1.96	71	76	1.17	32	9.0	1.23	13	33	24.1
孟菲斯，田纳西州	64	1.74	69	82	1.24	30	12.6	1.27	15	35	23.0
休斯敦，得克萨斯州	70	1.86	71	91	1.19	31	12.3	1.62	15	46	25.1
丹佛，克罗拉多州	66	1.73	74	101	1.25	31	11.6	1.55	16	32	22.5
洛杉矶，加利福尼亚州	54	1.68	71	86	1.16	39	15.1	1.22	15	40	19.1
旧金山，加利福尼亚州	59	1.57	81	102	1.05	30	14.5	1.42	14	50	28.3
波特兰，俄勒冈州	59	1.83	67	94	1.05	33	13.3	1.49	20	44	22.7
西雅图，华盛顿州	62	1.83	80	111	1.07	35	13.6	1.73	18	50	24.0
蒙特利尔，魁北克省	46	1.87	87	•	1.59	•	•	•	17	32	•
多伦多，安大略省	46	2.00	79	•	1.49	•	•	•	17	39	•
温尼伯，马尼托巴省	55	2.00	117	•	1.59	•	•	•	18	•	•
里贾纳，萨斯喀彻温省	47	2.00	•	•	1.68	•	•	•	15	35	•
萨斯卡吞，萨斯喀彻温省	51	2.00	150	•	1.49	•	•	•	15	•	•
卡尔加里，阿尔伯达省	44	2.18	97	•	1.43	•	•	•	16	35	•
埃德蒙硕，阿尔伯达省	50	2.00	100	•	1.52	•	•	•	15	35	•
温哥华，不列颠哥伦比亚省	47	2.25	79	•	1.44	•	•	•	16	36	•

a:厨房肥皂(美国)或洗衣肥皂(加拿大)。用美分表示的每6盎司(美国)或8盎司(加拿大)的10块肥皂的价格(美国的销售税低些)。其他的加拿大城市:哈利法克斯,51;圣约翰,50;魁北克,47;安大略省金斯顿,49;阿瑟港,50;不列颠哥伦比亚省纳奈莫,51;大不列颠哥伦比亚省,鲁珀特太子港,52。

b:中档有领男棉衫(作了较详细的描述)。美国销售税低些。主要的生产中心是纽约、新泽西和宾夕法尼亚州。

c:用美分表示的(美国的销售税低些)有领棉工作衫(根据较细致的说明)。加拿大的剩余区是魁北克。美国的生产主要分布在棉花带、芝加哥附近的中西部、宾夕法尼亚州和马里兰州。加拿大其他城市:哈利法克斯,96;魁北克,87;渥太华,87。

d:男棉连衫裤,夏季重量,规格6号。1936年7月以美分表示的价格,包括销售税。生产中心是宾夕法尼亚地区。

e:床单,81×99英寸(根据较细致的说明),用美元表示价格(美国销售税低些)。东部沿海各州是主要产区。

f:电影。成人入场价,工作日,花厢,以美分表示。

g:眼镜。检查眼睛、镜框、镜片。详细描述过的两种主要品种的价格,以美元表示(销售税低)。

h:给男鞋换底或钉掌。缝纫,高级皮革,名牌鞋底,以美元表示(销售税低)。

i:洗一件有领男衫。以美分表示价格。加拿大其他城市:哈利法克斯,17;圣约翰,17;夏洛特敦,12;魁北克,14;阿尔伯达省累斯布里季,19;不列颠哥伦比亚省纳尔逊,15;不列颠哥伦比亚省新维斯敏斯特,15;不列颠哥伦比亚省鲁珀特太子港,20;维多利亚,19。

k:理发。成人,美分。加拿大其他城市:哈利法克斯,32;圣约翰,28;渥太华,25;安大略省伦敦,35;阿尔伯达省梅迪辛哈特,35;不列颠哥伦比亚省纳尔逊,50;不列颠哥伦比亚省特雷尔,50;不列颠哥伦比亚省鲁珀特太子港,50;维多利亚,35。

l:床垫,根据详细的说明。以美元表示的价格(销售税低)。

资料来源:美国。作者根据劳工统计局零售价格部的原始数据计算(实地调查得到的原始数据)。加拿大。由作者根据自治领统计局国内贸易部的原始数据编制(通过与大百货商店的通信而得到的原始数据)。工作服的价格来自1936年11月1日进行的一次专门调查,美国着重于可比质量,而加拿大着重于最普遍的质量的价格。

肯定会上升,至少在工业带内是这样,唯一的例外是芝加哥。第一带(大约1.40美元):费城、纽约;第二带(大约1.55美元):波士顿、斯克兰顿、匹兹堡、克利夫兰、底特律、巴尔的摩;第三带(大约1.65美元):缅因州的波特兰、布法罗、印第安纳波利斯、华盛顿特区;第四带(约1.85美元):辛辛那提、明尼阿波利斯、弗吉尼亚的

图 99　美国与加拿大的肥皂的等价格线，1936 年。十表示重要的生产中心（参看表 38 第 a 栏与以及后的脚注）

里士满、诺福克。在加拿大，从主要生产中心魁北克向西，价格上升（表 38，b 栏）。对连衫裤来说，在其生产中心费城周围以及在芝加哥和莫比尔附近也存在一定的等价格线。在最后提到的实例中，我颇怀疑考虑不重要的质量的必要性。加拿大除蒙特利尔与安大略东部外都生产睡衣。魁北克是唯一的剩余区，平均价格为 1.50 美元。① 在魁北克以东的大西洋沿岸各省，平均价格为 1.64 美元；向西的各省以距离为序，价格为：安大略省 1.60 美元；马尼

① 男棉睡衣的价格。因为质量可比，价格指随意选择的睡衣（根据 1936 年 11 月 1 日加拿大的专门调查）。

托巴省 1.67 美元；萨斯喀彻温省 1.64 美元；阿尔伯达省 1.72 美元；不列颠哥伦比亚省 2.01 美元。在各个省内价格同样朝北部上升。

对加拿大几种纺织品，如床单、工作服等价格的变化，人们从 1936 年 11 月 1 日的调查中得到一个印象，价格不是从东部生产中心稳定地朝西部上升，而是又从落基山的东部边缘向太平洋沿岸下降。[①] 这种观察如果精确，则很易解释。例如，将一英担（等于美国 100 磅——译者）床单从主要生产中心蒙特利尔运到 2240 英里远的位于落基山东麓的卡尔加里，得花 4.54 美元。但若运得远一些，一直到温哥华（2880 英里），由于有水路的竞争[②]，从蒙特利尔到温哥华的全程运费下降到仅 3.27 美元。第二个因素可能是保险金而不是从中国进口的廉价商品的数量，正如在美

① 水泥也是这样。不列颠哥伦比亚省通过铁路进口大量水泥。不列颠哥伦比亚省经济委员会，《不列颠哥伦比亚省与加拿大其他各省和与外国的贸易，1935》（*The Trade of British Columbia with Order Canadian Provinces and with Foreign Countries, 1935*），维多利亚，1937 年，第 97 页。1933 年波特兰生产的 350 磅一桶的水泥在下列城市的批发价（根据从东到西的顺序排列）为：蒙特利尔 1.70 美元；多伦多 2.10 美元；温尼伯 2.68 美元；里贾纳 3.35 美元；温哥华 2.60 美元。据自治领统计局《价格和价格指数，1913～1933 年》，渥太华，1934 年，第 74 页。1933 年汽油批发价以类似方式增长，每加仑从蒙特利尔的 16.8 美分到里贾纳的 23.8 美分，然后又朝西降至温哥华的 20.2 美分（同上书，第 72 页）。鸡蛋的情况正好相反，因萨斯喀彻温省是最主要的剩余区。1933 年，萨斯喀彻温省最高级鸡蛋的每打平均价格为 18.2 美分。从这里价格朝东朝西上升，至温哥华的 24.5 美分与蒙特利尔的 28 美分（同上书，第 57 页）。

② 1916 年前，美国西部铁路运费类似地下降[A. 浦雷多尔："美国钢铁工业的区位"（A. Predöhl, "Die Örtliche Verteilung der amerikanischen Eigen—und Stahlindustrie"），《世界经济文献》（*Weltwirtschafthches Archiv*），XXVⅡ，1829 年，第 279 页]。

国大西洋沿岸，某些产品由于欧洲竞争而特别低廉。①

三、生活费用②

§1　一般准则

为了切合实际，生活费用指数一般通过确定不同时期一定量的商品与劳务总额的总费用来计算（洛韦方法或拉佩斯那斯方法）。如果这个加总具有代表性——也就是说，如果它是由根据经济景观、部门、职业、收入和人口相等的家庭而组成的集团中每个成员的典型的总需要构成——那么该方法可认为是有意义的。但仍有困难，需求总额只在确定时的那个时期有代表性，但由于技术原因，过去偏差一般较大。只有价格水平变化，这就不是缺陷，也就是说，如果每种价格以同样的方向变化，例如，如果所有价格上涨 10%，总需求也会上升 10%。没有能力负担较多支出的人因此获得的商品少些，但不能说出少多少，因为购买力下降对不同商品影响不同，需要总额会不均等地减少。它提供的总效用也

① 例如，就运费而言起着一定作用，北欧能轻易地在生铁方面在纽约竞争过匹兹堡，因为从匹兹堡的铁路运费达到从欧洲海洋运费的两倍左右。见 L. B. 扎波仑："国际与国内商品和价格理论"（L. B. Zapoleon，"International and Domestic Commodities and the Theory of Prices"），《经济学季刊》，XLV，1931 年，第 442 页。此外，炼铁工业已在东海岸海港发展，以专门利用由大西洋沿岸运来的外国矿石。参阅 A. 鲁尔："国际劳动分工问题：关于美国输出基础的统计研究"（A. Rühl，"Zur Frage der internationalen Arbeitsteilung, Eine Statistiische Studie auf Grund der Einfuhr der Vereinigten Staaten von Amerika"），《形势调查季刊》（*Vierteljahrshefte zur Konjunkturforschung*），特辑 25，柏林，1932 年，第 10、26 页。东海岸有一部分也需要波特兰水泥的西北市场区。

② 由于有争议，首先得假定存在"效用"这类东西，并且可大致地计算。读者从第三部分记得，我不同时使用这两个观点。

较小，但根据戈森定律，效用下降必定低于10%——反过来也是这样，货币贬值10%使具有固定收入的人的效用提高幅度低于10%。

由于价格体系被打乱而指数上升时，价格变化有差异，一些价格上升，另一些下降。购买便宜商品的人多，贵的少。典型的总额发生变化，但没人能断言它或它提供的效用增加或减少。让我们想象一些实例。在这些实例中，根据一般方法计算的“实际工资下降”可能意味着效用增加。另一方面，采用类似方法计算，在任何实例中，实际工资实际上都是上升的，因为如果人们仍希望如此做的话，就能以比从前少的钱买到同样的东西。

因此，可用拉斯佩耶斯指数说明生活水平的上升，而不是下降。相反，以给定年而不是基年的典型的商品与劳务总额为基础的帕谢指数在出现实际工资下降而不是上升时是可靠的。因此，G.冯·哈勃勒在其透彻的分析中得出结论(《关于指数计算的思想》，蒂宾根，1927年)，将这两种指数结合起来，就像I.费雪尔的理想公式一样，必定会减少误差。但是，只能改变不确定性的程度，而不是改变不确实性的事实。甚至是理想公式，也只能在结果与两个分公式都一致时才能明确说明生活费用的变化[①]（在方向上，而不是在范围上）。仅公布理想公式的结果，而没有两个分公

① 在第三种情况中，拉斯佩耶斯生活费用指数下降，而帕谢指数上升，这种情况肯定不可能，第四种，拉斯佩耶斯指数上升，而帕谢指数下降，这种情况有可能出现，但不确定，可是极为重要。

式的结果，比简单地根据两个分公式中的一个计算指数更糟，至少在某些情况下它会给出一个精确的结果，而理想公式本身总是不确定的。

当在空间上而不是时间上比较生活费用时，程序是一致的。例如，如果要把一个德国的经济景观与美国的一个比较——比如比较符腾堡与新英格兰，就先得确定斯华比亚人在国内典型需要总额在新英格兰值多少钱（拉斯佩耶斯公式）。就是这一点也是不易做的，因为许多斯华比亚（位于德国西部，以前是一个公国。——译者）人专用的商品在美国根本没有。因此若可能的话，人们得计算进口要花多少钱。尽管如此，如果生活费用指数下降。则指数好。若它上升，就像通常表现的那样，人们下一步必须计算符腾堡与新英格兰的总额需要的费用，不是一个新英格兰人的，而是一个典型的生活在新英格兰并享有同样的标准收入的斯华比亚人的（帕谢公式）。如果这个指数也上升，那么在美国的斯华比亚人的生活费比在国内的高是确定无疑的。[①] 但如果两个指数以不同方向变化，就像他们通常表现的那样——也就是说，如果生活在国外的斯华比亚人的总额需要在国内贵一些，而生活在国内的斯华比亚人的总额需要在国外贵一些——这个问题必定客观上永远无答案。

但是，单个的斯华比亚人可能非常清楚，在什么地方他需要更多的钱以生活得同样好。这吸引统计人员至少是主观地去计算不能客观地比较的东西。（a）他或者能确定大多数生活在美国的斯

① 在美国，同样的总额提供不同效用时是例外。

华比亚人将多少总额需要认为与在国内的习惯需要一致。(b)或者他能确定那一种总额被认为是相等。这里他可能从国内需要和只有以美国没有的替代品开始。(c)或者他可能组合一个全新的符合美国条件的商品总额。

§2 统计

1. 主观比较　德国统计局(局长雅各布斯)用 a 或 b 方法比较了德国海外官员的生活费,国际劳工组织用 b 或 c 方法为 14 个欧洲城市制定了与底特律一名工人一致的生活费用。[1] 由于很快发现许多底特律工人购买的商品在欧洲没有,根据调查者的意见,得用相等的地方需要总额替代。结果发现地区间生活费用差异高达 80%,底特律的生活费比巴塞罗那的高得多(同上书,第 33 页)。

2. 客观比较　就我所知,还没有人根据上面确定的正确原则来比较地区间生活费用。但公共事业振兴署(WPA)曾努力揭示美国所有地方同样的需求总额的费用。尽管美国的条件颇为相同,但尝试只是部分成功,具有很大的局限。对燃料、冰制食品与运输设备的需要是由地方确定的,此外不管避免差异的努力有多大,仍存在重要的质量差异。华盛顿被认为是生活费最高的城市,其生活费比在墨西哥湾岸畔的莫比尔的高 25%,那里生活费最

① 国际劳工部:《生活费用面对的国际问题论文集》(*Internationales Arbeitsamt, Beitrang zur Frage der Internationalen Gegenüberstellung der Lebenshaletungskosten*),日内瓦,1933 年(即所谓福特调查)。

低。食品价格的幅度只有 17%[①];对住房来说,地方条件与困难在比较中起重要作用,幅度为 125%。这些数据十分有趣,尽管它们不能如愿地衡量出生活费的差异,但大致代表了区际价格比较——不是某一种变化常常很大的产品价格的比较,而是一组非常接近的产品成本比较。只有在这组商品具有特殊重要性时,也就是说,将其作为美国生活水平的代表时,误差才出现。即使在美国,区域差异不会小到使误差对区域比较有意义。[②]

有时,这种方法可证明是合理的,只要断定在充分小的年代间隔或地理间隔内的需要总额几乎不变,因此可用连锁法得到一系列有用的指数。但在小的间隔内,或者是价格差异也小,因此受需要总额的细微误差影响也同样小;或者是价格差异大,在这种情况下,总额的变化不可能小,但货币贬值或通货膨胀时除外。

劳工科学研究所(《年鉴》Ⅱ,1938 年,第 26 页以下)为 9000 个地方确定了常见于各地(!)的同一质量的商品的价格,把食品

① 这与形势研究所发现的德国的情况相比显得相当小。研究是以方法不很令人满意的程度来估算的,主要食品的价格在萨克森只有在东普鲁士的 1/3,见“关于区域价格差异问题及其对生活重要影响的材料”(“Materialien zur Frage der regionalen Preisunterstiede und ihrer Bedeutung für die Lebenshaltung”),《形势研究季刊》,卷 10,第 3 期,1935 年,第 185～189 页。但是,德国的真实情况是,就主要的支出(食品)而言,价格差异不很大。就巨大的价格差异(房租、供热)而言,支出不很大,参见,例如,劳工科学研究所《年鉴》,1937 年,第 86 页。

② 根据收入水平,区域差异能有多大不同,可由一些小事说明。我询问温哥华(加拿大)的美国领事,是温哥华还是邻近的美国城市西雅图生活费高一些。他认为西雅图低些,这种看法与其秘书相反。他想到的是诸如汽车、汽油之类的东西,这些在温哥华要高出 1/3 以上,许多非农产品也是这样,而女秘书自然考虑的是她的主要花费:食品和住房。

光和热的未加权数据(!)[①]分别加总,用固定的权数在这三组之内进行加权,最后把结果当作区域间可比的生活费指数。这是不正确的,因为根据这一方法,不仅在价格高的地方,而且在由于购买高档产品而生活在豪华的地区,生活费也高一些。最多只有住房指标可用。

1938年,国际劳工组织比较了25个国家的首都或主要城市的19种商品的零售价格,并且将其归为18组,每一种以相同的商品总额作为基础,例如第Ⅲ组,德国、荷兰、比利时和以前的捷克斯洛伐克(参见《年鉴》1941年,152～153页、162～164页)。调查的一个良好特征是每一组国家都计算了帕谢指数与拉斯佩耶斯指数,因为根据前面所述,只公布几何平均数是可怜的。此外,对类型不相对称的人而言,比较被认为是成立的,而对两个国家中同一类型人不成立。至于国际食品的限制,请参看本页注①的后一部分。

最后还应提一下,反对所有客观比较生活水平的最激烈的观

① 加权会很不同。例如,1927～1928年,同样规模、同样收入的家庭消费,在勃兰登堡为每天7820卡,在诺德马克为每天9323卡;在德国东南部每年11磅鱼,在波美拉尼亚为114磅多一点;在巴伐利亚每年583磅面包,在波美拉尼亚911磅,同时分别有618磅与1976磅土豆。见《德国经济管理下食品消费的差别》(*Unterschiede im Nahrungsmittelverbrauch der deutschen Wirtschaftsgebiete*),形势研究所,周刊,1937年,第162～166页。在1937年,石勒苏益格—荷尔斯泰因州的家庭抽87支雪茄,350支香烟和51/4磅烟草。柏林的家庭分别为141支,1421支和1.5磅(劳工研究所:《年鉴》Ⅱ,1937年,第45页)。客观地或通过主观替代,将人们限制在所有地方都需要的消费,是为了精确地消去最易变化的高峰要求。为答复凯恩斯,见《货币通讯》(*Treatiseon Money*),1930年,Ⅰ,第150页以下。

点:需要总额不仅随相对价格而变化,而且独立地随时间与地方[①]的变化而变化。客观指数不可能考虑这些变化。每一个指标或者是主观的,或者是不现实的静态结构,人们脱离其基础越远,它越不可靠。这种结构用作生活水平指标比用作实际工资指标好,作为价格指标比作为生活水平指标好。[②] 但当要估量的对象本身消失时,这种估量的损失会这样不幸呢?什么时候效用概念反映的不是一个完全模糊的词句呢?

第二十七章　价格在空间中的变化

一、商品价格变动在空间中的差异

橄榄球大赛被各阶层人士看作是极为重要的事件,它每年要从周围农村吸引多倍于小地方的人口,正值赛时我在一个小的美国大学城。价格随需求的暂时增加而暂时上升,晚上的住宿费、便餐费、让人擦鞋的费用等突然猛增。虽然我们一再发现这种事,但它仍未受到必要的注意。在现行外贸理论的影响下,由于缺少区域统计资料,全国价格变动的平均被不正确地作为对所有发生的变动的充分描述。在少数几种情况中,为了少数几种目的,这可能是正确的。但是,正如下例中将要说明的,一个国家经济景观间的

---

① 尽管在南方饮酒不便宜,但人们喝得多。在这个国家,人们以小的支出种植蔬菜,结果市场价格变得不重要。若考虑饮酒,南方比北方的生活费高,即使价格一致,但在北方农村要比城市低些(参见本书 625 页注①)。

② 尽管科学地说实际工资指数也是无意义的,但在那些正在经历从自由经济向计划经济变化,因此在经历劳资纠纷的国家,它完成了一个类似古代祭祀动物的内肠的功能;它引导对战争与和平的决策。

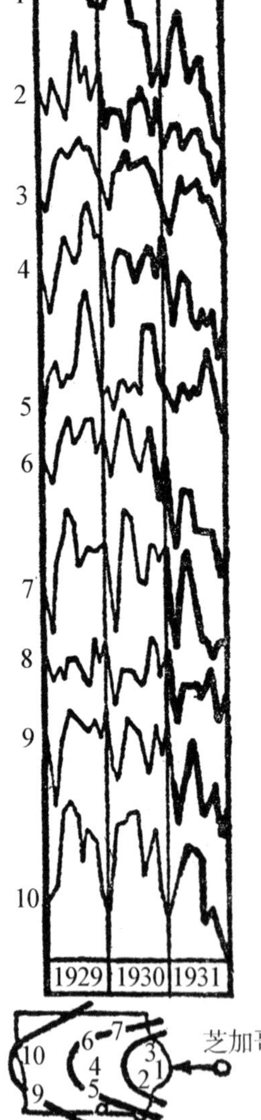

差异性以及不同国家经济上相互联系的部分价格变动的相似性普遍给人很深印象，以致不能置之不顾。这种差异与相似的论证构成我们全部体系的结论部分。

§1　由于区域经济周期而产生的差异

舍夫勒描写1857年的经济危机时写道:“具有破坏性的崩落(在8月底)从俄亥俄州银行……势不可挡地迅速向东部推进……。在迅猛地跃过大洋(在10月底)到达英国后减缓,并且席卷欧洲大陆(11月中旬达汉堡),一直抵达波罗的海附近的平原。”[①]爱荷华的商业指数,就是小区也适

图100　1929～1931年俄亥俄州的大萧条朝西移动。数据表示该州10个县的经济活动指数,它们的位置,如芝加哥,最接近波动中心,在图上表示出来了(由作者根据俄亥俄州规划委员会,1935年第二次报告,第149页编制)。大萧条期用粗线表示。与主要交通线由西向东的方向相吻合,大萧条在这个方向扩展最快。该区域的经济中心第5区,从外部来看很快受到影响,正如理论上的预期的那样

① 《全集》(*Gesammelte Aufsätze*),Ⅱ,第23～24、42页。

用，明确地说明了大萧条是如何在1929年末与1931年初从该州的东部逐渐向西部发展的(参见图100)。经济周期的进程惊人地慢，平均每天半英里多一点。1937年末在美国的边远地区，工商业衰退的感觉甚至迹象几乎没有，例如得克萨斯州，而在接近政治波动的东部，工商业衰退仍处在盛期。同样，南威尔士的最后高涨慢慢从沿海的城镇向处于萧条的长谷地区推移(《经济学家》，1937年10月30日，第199页)。简言之，各地的经济周期在时间的选择上与幅度方面不同，而且这些差异也在价格变动中得到反映。因此，在刚过去的大萧条时期，受影响最严重的鲁尔区的中心埃森的许多主要食物的价格从1927～1928年到1932年下降了30%，而在受影响最小的经济景观的中心斯图加特只下降21%。相反，其后的高涨对重工业影响强烈些，从1932年到1935年价格上升4.6%，比较而言斯图加特[①]只上升了0.7%。

对美国不同经济景观的城市彼此进行对比，并与附近具有相同特征的加拿大城市相比较，特别有趣(表39)。首先，在货币贬值的影响下，出现全国性的价格变动。由于这不是受外汇行情迫使的，它导致全国价格趋于上涨。根据表39计算的表40比较了贬值前后的价格水平。加拿大贬值发生在1931年末，美国发生在1933年初。加拿大货币贬值后，美国的价格比加拿大的上升多一些。少数例外只限于房租，由于起初纯粹是由地方确定的[②]，只受外国需求的间接影响，遂使房租滞后。由于加拿大货币贬值发生在前，美国的

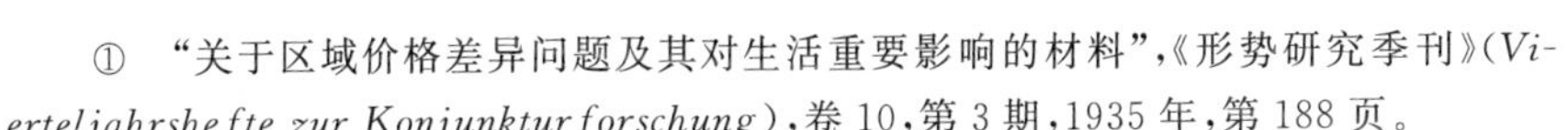

① "关于区域价格差异问题及其对生活重要影响的材料"，《形势研究季刊》(*Vierteljahrshefte zur Konjunkturforschung*)，卷10，第3期，1935年，第188页。

② 产品的市场区越小，价格上涨越慢。

贬值发生在转折点，美国价格总体上比加拿大的下降幅度大。

表 39　美加边境价格变动比较

年份	食品							房租						
	工业城市			港口		汽车城市		工业城市			港口		汽车城市	
	布法罗	哈密尔顿	多伦多	西雅图	温哥华	底特律	温莎	布法罗	哈密尔顿	多伦多	西雅图	温哥华	底特律	温莎
1915	102	102	102	98	·	104	101	101	100	94	98	84	102	100
1916	126	117	125	108	·	124	116	105	102	102	95	79	117	104
1917	161	150	162	137	·	156	151	109	112	122	99	91	133	109
1918	188	167	180	173	·	182	170	121	119	132	144	126	139	117
1919	193	172	188	181	·	195	181	128	130	147	161	158	153	128
1920	208	204	216	195	200	211	216	147	151	166	176	188	188	144
1921	152	159	163	139	151	149	161	161	165	178	172	201	196	156
1922	152	136	139	142	131	149	136	165	172	188	164	200	189	154
1923	156	138	144	143	129	144	132	171	176	191	163	190	202	160
1924	154	135	140	145	129	151	130	176	176	190	164	191	205	166
1925	172	148	147	158	141	171	136	179	171	181	164	192	198	169
1926	176	152	157	152	141	172	147	178	165	174	161	193	195	169
1927	171	147	153	151	140	170	142	175	165	171	158	192	187	169
1928	165	141	147	145	135	159	137	173	164	171	155	190	179	162
	163	153	152	146	141	159	144	169	164	171	154	190	178	162
1929	167	144	147	150	142	166	142	167	165	173	152	189	177	163
	169	157	161	152	151	164	149	166	165	173	152	189	178	163
1930	162	145	153	150	144	157	138	165	171	176	150	189	173	161
	144	130	141	126	124	138	126	162	171	176	148	189	160	161
1931	126	110	116	118	105	121	101	156	171	177	144	178	145	158
	112	106	113	112	98	111	95	150	173	177	137	178	131	158
1932	110	91	96	102	89	98	81	140	173	162	125	152	118	126
	103	99	101	96	90	91	84	129	159	156	115	152	101	105
1933	104	94	98	100	91	96	84	120	144	145	108	130	89	105
	109	100	105	100	95	105	89	115	144	145	103	126	84	92
1934	117	101	108	103	97	115	90	113	144	150	100	120	86	98
	116	102	108	110	97	112	93	112	147	156	99	120	93	98
1935	126	103	109	117	96	123	95	112	147	156	99	120	96	98
	129	101	107	115	99	126	93	112	147	163	100	124	100	105
	125	108	113	113	103	124	99	113	159	163	101	124	109	113
1936	129	111	118	119	104	127	101	113	159	163	101	124	111	113
	125	106	113	116	99	124	94	114	159	163	102	124	114	113
	137	108	114	121	106	133	99	117	167	163	103	130	116	113
	130	113	117	120	109	133	105	117	167	163	105	130	117	113
	130	113	116	121	109	128	103	118	170	172	107	146	125	117
1937	134	112	120	130	114	134	104	119	170	172	108	146	127	117
	139	115	120	127	114	139	103	126	173	179	109	152	131	117

基数:美国1914年12月=100。加拿大,1914～1915=100。资料来源:美国,劳工统计局:《生活费用的变化》,华盛顿;加拿大,劳工部。加拿大的数据在这里是第一次公布,该部主任C. W. 波尔顿先生十分友好地让我使用这些数据。

1928～1933年的数据为6月与12月;1934年的为6月与11月;1935年的为3月、7月与10月;1936年的为1月、4月、7月、9月、12月;1937年的为3月与6月。

同样的区域差异出现在国境线的两边。以房租为例,由于世界贸易波动,在第一次世界大战初期,在海港如西雅图与温哥华,房租下降,而在汽车城与其他工业城,房租上升。请结合下面的评述参看表39。战后,1920年末到1921年中期间,在海港价格达到其高峰;而在汽车城市和其他工业城市,从1923年中到1925年底达到

表 40

货币贬值后国家价格上升

	加拿大		美国	
	价格水平,1932年12月(1931年6月=100)		价格水平,1934年6月(1932年12月=100)	
	食品	房租	食品	房租
布法罗(美国)	82	83	114	87
	∧	∧	∨	∧
哈密尔顿(加拿大)	90	93	102	91
多伦多(加拿大)	87	(　)	106	96
西雅图(美国)	75	80	108	87
	∧	∧	∨	∨
温哥华(加拿大)	84	86	108	79
底特律(美国)	81	70	127	85
	∧	∨	∨	∨
温莎(加拿大)	86	67	107	94

高峰,汽车城市的大萧条在1933年底达到低潮,但在前面提到的两个海港,直到1935年初才达到低潮。两个国家的房租都下降,主要发生在对商业条件特别敏感的汽车城市,而且后来上升最高,

港口城市房租下降较少，其他工业城市最少（图 101）。不同国家相邻城市发展的相似性和同一国家相距遥远的城市间的差异引人

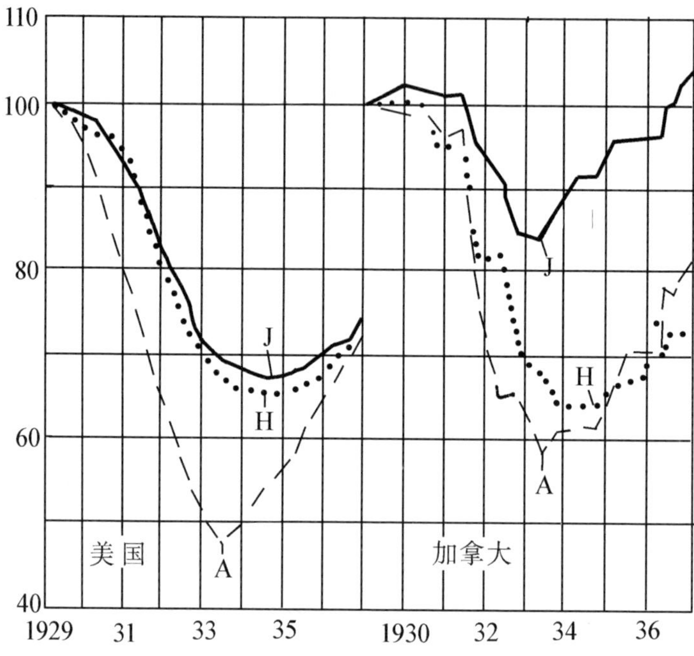

图 101　1929～1937 年美国与加拿大房租比较。J：布法罗或多伦多；H：西雅图或温哥华；A：底特律或温莎（以表 39 为基础）

瞩目。除在地理上靠近外，这种发展类似当然也由于我们是在研究相同经济特征的城市。但这里不应忽视，这种特征本身主要是由其相似的地理位置形成的。

§2　由区域结构变化引起的不同价格变动

我们已经讨论过，在矿藏的存在受怀疑的区域，伴随着淘金

热，价格猛升。现在能在长期萧条地区观察到其反面情况，尽管由于愚蠢地囿于传统的国家工资等级，失业通常取代价格下降。[①]如果这里的价格压力是由于产业区位从萧条区移走而引起的，从

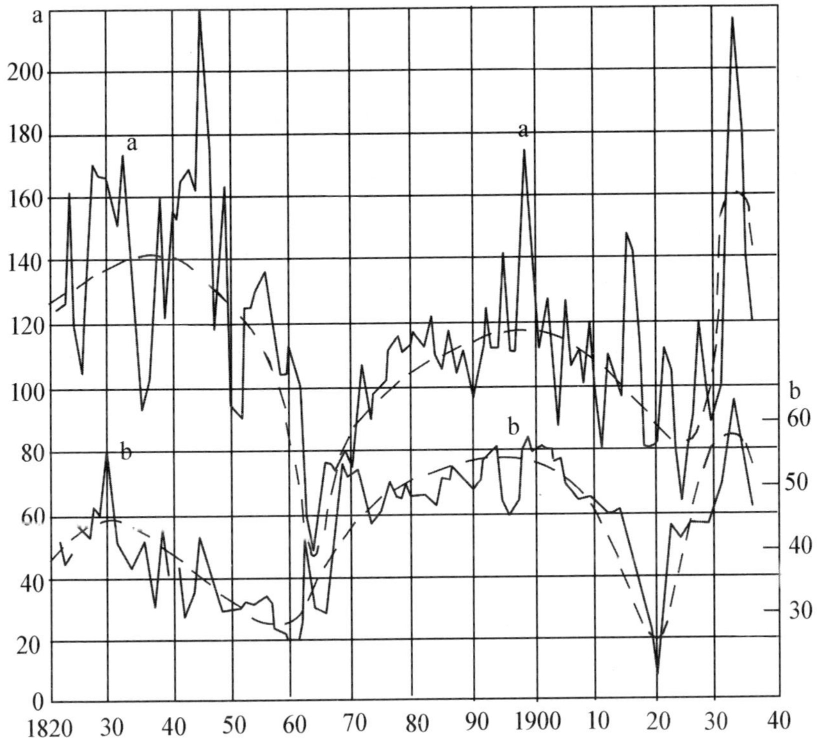

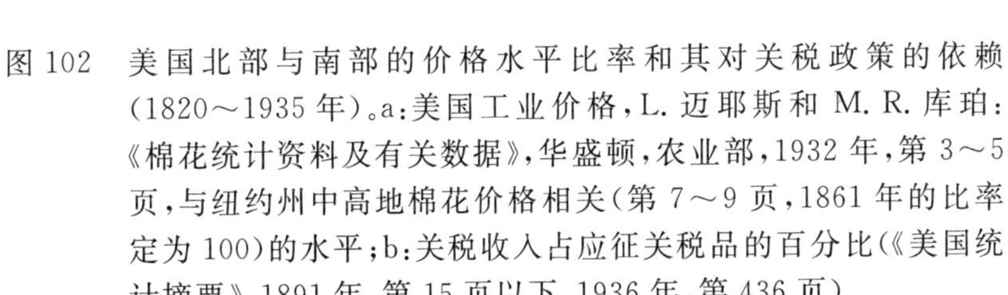
图 102　美国北部与南部的价格水平比率和其对关税政策的依赖（1820～1935 年）。a：美国工业价格，L. 迈耶斯和 M. R. 库珀：《棉花统计资料及有关数据》，华盛顿，农业部，1932 年，第 3～5 页，与纽约州中高地棉花价格相关（第 7～9 页，1861 年的比率定为 100）的水平；b：关税收入占应征关税品的百分比（《美国统计摘要》，1891 年，第 15 页以下，1936 年，第 436 页）

① 对英国而言，请参阅 J. 乌利希："处于紧急状态的大不列颠"（J. Uhlig，"Die Notstandsgebiete Grossbritanniens"），《经济曲线》（*Wirtschaftskurve*），1938 年，第 75 页。

另一方面看，它对区位向该区域转移存在逆向依存关系，如果这个区域从输入区发展为输出区。例如，当爱达荷州仍输入小麦时，其19世纪80年代的小麦价格高于美国的平均价格。但在第一次世界大战前，当爱达荷州已成为一个远离其市场的剩余区时，它们低于平均价格。[①]

区域价格水平变动的一个突出例子是美国南部与北部随关税政策变化而出现的价格变化。非农产品的价格和棉花的价格可分别当作北部与南部的代表。关税收入占应上税进口品的比例是关税政策的充分标准。在1830年前保护主义盛行时期，这个比例上升。后来，在南部的抨击下，关税降低，19世纪40年代出现过忽略不计的中断，正好在南北战争[②]前达到1816年以来的最低比率。曲线b(图102)从1830年到1860年相应地下降。从那以后，关税又开始上升，直到本世纪初，只有1872年后与1894年后出现过几次不重要的下降。南北战争时期增长最快，部分是由于关税收入因先前的萧条而下降，部分是由于政府支出大幅度增长。这一时期也可由曲线b表述。1900～1920年间下降的原因除保护性关税放松以外——尤其是1913年，主要是第一次世界大战特定的条件，以及1897年关税提高后许多税率起到抑制作用，因而失去的进口品不再在曲线上表示。第一次世界大战后，保护主义出

① 参看扎波仑的图表，见《小麦价格地理》，美国农业部第594号公报，华盛顿，1918年，第25页。

② 保护主义者的力量被削弱，因为在此期间大多数新建工业关税已完成其目的[参看F. W. 陶西格：《美国关税史》(F. W. Taussig, *The Tariff History of the United States*)，纽约，1922年]。

现新波动，尤其是在1922年与1930年，关税重新提高。由于曲线b较小的波动，需要不取决于关税，曲线显然较好地反映了关税政策的主要发展趋势。

比较曲线a和b，会发现两曲线大体上相当接近于平行变动，尤其是从较大的趋势来看。短期滞后以后，当保护北方的关税降低时，价格比率变化有利于依靠出口的南部。当关税上升时，南方变得不利。南北战争标志着最明显的转折点之一。在它爆发前，若与北方比，越来越接近自由贸易提高了南部的价格。在这一转折时期，自由贸易的南部各州也是为现实的经济利益而战，从这一方面看，其失败首先也意味着实际经济失利。当然，日后这些创伤开始由胜利者负责医治。虽然不是完全而是部分由于保护主义者的关税政策，南方有利的条件吸引了北方的工业。何等的命运嘲弄啊！北方人只考虑使其工业免受国外竞争①，当他们在经过一番艰苦奋斗后以牺牲南部的利益而在这方面取得成功时，南方吸引走了大部分他们奋力保护的工业！

新英格兰的工业只注意建立高关税壁垒，没认识到在这壁垒之后必定会发生剧烈的区位变化——对其不利。受进口威胁的地区不能仅用关税保持；与国内依靠出口的部分相比，它们是生产费用高的处于不利地位的区位，不得不通过降价来弥补关税造成的出口机会的损失部分。例如，在南北战争前，南方的棉纺织业完全

① 但东北地区通过有利的运费率对美国其他地区尤其是南部的竞争作好戒备。但这种人为的通过运费率的保护，比关税保护的作用小。

不重要，而且逐渐下降。南北战争后直到本世纪初，正是在保护性关税达到最高点时，棉纺织工厂从北部以越来越快的速度移到费用低廉的南方。[①] 从1850年到1860年，弗吉尼亚南部各州在棉织品的总生产中所占份额进一步下降53%，在1860～1870年这10年中上升15%，1870～1880年上升36%，1880～1890年上升70%，1890～1900年上升近100%。从后至1920年，南部价格水平与北部相比，如我们所知，是上升的；南部工资比北部的增加得多。南部棉纺织业的增长率相应降为1900～1910年间的35%，1910～1920年34%。第一次世界大战后，出现新的大规模关税保护(1922年与1930年)，南部费用变得更便宜，1920～1930年间的增长率又跳回到41%。

这种解释得到工资与生活费用的变化情况的进一步证实。若定1907年的水平为100，1920～1921[②]年植棉工人的工资为335，比工业工人工资的315高。[③] 1922年以后，它们降到这些水平之下，1932～1933年分别为106与425。之后，它们又以更快的速度上升(到1934～1935年与13%的速度相对照的是18%的速度。1920年末，在记录回升程度最大的东北部5个城市(波士顿、波特兰、布法罗、纽约、费城)生活费用高于1914年12月的

① 1859年，南部工人的平均工资只有北部的12%，但1869年为45%。见C.希尔:《南部的收入与工资》(C. Heer, *Incomes and Wages in the South*)，查珀尔·希尔出版社，1930年，第25页。对严格可比的劳动力来说差异小些。毫无疑问，熟练工人间的差异比非熟练工人间的差异显然要小。

② L.迈耶斯与M.R.库珀:《棉花统计资料及有关数据》(L. Myers, and M. R. Cooper, *Cotton Statistics and Related Data*)，美国农业部，华盛顿，1932年，第95页。

③ 《美国统计摘要》(*U. S. Statistical Abstract*)，1936年，第312页。

水平的95%，而在5个南部城市(杰克逊维尔、诺福克、萨凡纳、莫比尔、休斯敦)为98%。相反，在关税上升时期(1920～1932)，东北部的生活费下降只为30%，南部下降37%。1933年中到1936年末，关税又下降，南部生活费上升11.7%，东北部只上升9.1%。①

二、利息变动在空间中的差异

1929年10月30日，纽约银行信贷的平均利率(客户利率)为6.08%；东北部其他8个城市为6.25%；27个西部或南部城市为6.29%。从1927年10月到上面提到的日子，利率上升1.73%、1.43%与0.73%，然后一直到1931年9月底下降2.15%、1.77%和0.97%。这些数据是有代表性的。周期性波动常在主要金融中心纽约最大，在资本缺乏的地区最小。如上所见，其结果是利息

① 根据美国劳工统计局的《生活费的变化》(*Changes in Costs of Living*)，(华盛顿)计算。归纳前面所述，到处兴起的地方主义(甚至在英国，尤其是在法国也兴起了)应该在美国南部表现最强，因为其记忆犹新、巨大的贫困以及广泛的可能性，对此我们不会吃惊。在区域调查中，几乎没有遇到更有兴趣的地方。在许多学者中，我们只能提一下H. W. 奥德姆的《美国的南部区域》(H. W. Odum, *Southern Regions of the United States*)，查佩尔-希尔出版社，1936年；以及R. B. 万斯的《南部人文地理》(R. B. Vance, *Human Geography of the South*)，《世界事务手册》，第4期，波士顿，1934年，曾以通俗的形式出色地计算出了税收政策的影响。但我不想将南部的贫困归因于这一点。其状况的最有说服力的原因，我认为是其在南北战争中败北，这既毁了其丰裕，也毁了其自信心，税收政策只是其中的一方面。

的地理差异在繁荣末期最小，下降时期最大。[①] 下面的表证实了这一点。1923年到1935年纽约的银行贷款平均利率按年份大小列在第一行，第二行表示这些利率低于南部和西部2.7个金融中心的利率的绝对量。[②]

一	5.88	5.19	5.15	4.69	4.67	4.60	4.53	4.49	4.47	4.22	4.02	3.33	2.70
二	0.26	0.75	0.55	1.03	0.94	1.11	1.07	1.13	1.11	1.17	1.54	1.84	1.99

解释较简单：会员银行越依赖其储备银行，储备银行就越依赖在纽约的联邦储备银行，利息率就越统一。银行对全国其他地方的储备地位越牢固，它们从纽约提取的储备金与流动基金就越多。在货币多的时期，纽约从各地（这些地方将其利率降到特别低的水平）吸收过剩的流动资金，但在资金缺少时帮助各个地方解决困难（因此其利率增长比平均利率增长多）。利息所占比例越高（从总体构成来看），距离成本变得越不重要，这也说明了下面的观察：小乡镇银行变更其向地方贷款的利息的次数少些。

储备银行的贴现率的情况亦如此。例如，1928年7月，最常见的利率是5%，区域利率差仅0.5%。1931年5月前，最常见的利率降到3%，同时区域利率差逐渐升至2%。然而，尤其是在我

① 同样，在运费率固定时，在生产中心商品价格的波动，百分比最大，并向市场区边缘下降（当竞争激烈或需求弹性大时，与流行的观点相反，生产者价格特别易变，这正是由于固定成本高，因为如果必要，价格可降到与相对的重要的可变成本一样低）。在沙皇俄国的人口迁入地区，因此又是在中心市场，农业劳动力工资季节性波动最大。见G.巴夫洛夫斯基：《农场的空间秩序问题》（G. Pavlovsky, *Zur Frag der räumlichen Ordnung der Landwirtschaft*），《国际农业概貌》，第一卷，33期，1942年，第357页。

② 《联邦储备委员会年报》（*Annual Report of the Federal Reserve Board*），华盛顿，各年。

们提到美国贴现率与市场利率间的细小联系后，有必要问他们是否真的与欧洲中央银行的贴现率起着同样的作用，例如在为转移支付提供方便方面。

可以预期：尽管联邦储备银行与欧洲中央银行间的技术功能类似，美国联邦储备银行各分行间的支付差额波动比欧洲各国间的相应波动较易克服。原因部分在于美国的政治统一，部分在于其具体的历史。由于其作为债权国的地位，由于其保护性关税以及由于其黄金封存政策（因此，除了别的以外，还希望使国际支付对美国价格影响最小），其黄金储备量大，这使得不需大幅度变动相对价格水平也能完成国内支付。储备银行的黄金储备远超过法定最低值，以至不对票证流通或信贷结构产生影响，一般就能在它们之间转移黄金。此外，法定黄金储备本身已很高，正如我们所知，它最初以黄金移动为代价，甚至是充分利用黄金储备来调节价格变动。但即使达到某一点，在这点上，储备银行向外国或美国其他部分流失过多黄金[①]以至欧洲中央银行在同样情况下不得不提高贴现率，联邦储备银行仍能避免这样。因为它能轻易地迫使信贷变动有利于自己；部分通过处理其他储备银行的政府有价证券（也可这么说“外国资产”），部分通过向其他银行再贴现外汇，因此

① 一般说来，实际上没有黄金被装运，区际聚落基金的储存金仅仅被转移。国际间黄金也无需这样装运；最后，花费高昂的黄金金库可以取消，代之以一种国际债务清理所（像第一次世界大战前伦敦成立的那样）的信贷，A. 勒施：“清算和黄金货币——一个比较”（A. Lösch，“Verrechnung und Goldwährung—ein Vergleich”），《银行》，1940 年 8 月 21 日。各黄金储存点将因而一致，而且实际上汇率不会再有波动的余地，正像今天美国任何地方之间支付价格全都相同一样。

可以说，迫使信贷有利于自己。[①] 只有当这都不能满足时，它才不得不依赖改变贴现率，做为一种最后的手段。但总而言之，就影响商业条件与为转移支付提供方便相比较，美国的贴现政策更倾向于前者。但就在这方面，也没起到像在欧洲那样的作用。实际条件比货币结构对产生这些差异所起的作用大些。

但是，当储备银行不得不在区域间支付时，有一条道路是行不通的，提示这一点很重要。它们不能利用自己的票证在所在地范围以外支付。如果允许这样的话，一个野心勃勃的储备银行就能用其票证从其他储备银行购买黄金，以其为基础发行新票证，重复这种行为，并且最终取得全国所有货币黄金，用其自己的票证取代所有其他储备银行的票证。简言之，使其自己成为主要的发行银行。因此，储备银行必须将从其他银行收到的所有票证还给发行银行，这是最重要的法定要求[②]之一。由于它表现上是纯技术性质的，这种规定在文献中只受到轻微的注意，但它是各个别储备银行独立的基础，而且是储备区设立转账共同体的原因。在它们之间就像在国家之间一样，净差额只能用黄金支付。只是由于具体的情况，这些转账共同体才很少被迫用区域范围的价格变动快速完成转账。

---

① 1920～1921 年，农业的储备银行从工业区的银行借款比往常高。

② 1913 年 12 月 23 日《联邦储备法》第 16 节。

后记[①]：论空间

如果每件事共同发生，就不会有发展。若每件事存在于同一地方，就不会有特殊性。只有空间才使特殊有可能，然后在时间中展开。只是由于我们不能同时接近每件事，只是由于每件事不是立即出现在我们脑中，只是由于对个人对人们以及对作为一个整体的人类而言世界是受限制的，我们才能在限定中完全忍受。这种视野的范围当然因人而异，但在经济事务中，就像在其他事务中一样，我们理智地行事及寻找度过复杂人生知识的范围是有限的。但就是在这小小的世界中，我们了解的只不过是最内层。深度必定与狭隘同生。在这种限制中，空间创造了我们，也保护了我们。特殊性是我们存在的价格。

让这种空间的特殊性发展而不让整体放纵——这是政治艺术。对我来说，我的研究的最令人满意的结果之一是能为空间经济组织作出说明，只要人们在政治上与经济上以合理的条件为基础，一般人的自主创造就会产生普遍称心的结果。因为自主性具有很强的力量，如果正确加以引导，它是国家经济政策的好助手，这减轻了超人的任务，使他们不必细致入微地规划每件事。尽管

① 想概括一个系统的人最终只能将其想法归结于其基础。

存在自由，空间纪律中强有力的要素倾向于维持地理与文化根源。

最后，对于我们的科学来说，如何将经济纳入空间这个问题不仅开辟了一个新领域，而且最终导致对一门新的经济学结构全部理论的分析。连静态理论最近也步入繁荣。尽管对时间间隔不予考虑，但静态状况本身随空间距离而变化。生活不尽是由时间的伸展而且也是由空间的多样性组成的。空间激发创造力。而且在我看来，经济学像建筑学超过建筑史学，创造而不是描述。

人名对照表

Aereboe, F.　阿雷波
Allix, A.　阿里克斯

Backe, H.　巴克
Baker, O. E.　贝克
Barfod, B.　巴福德
Bates, E.　巴特斯
Baumgartner　鲍姆加特纳
Beaver　比弗
Beckerath, H. von　贝干拉赫
Below, G. von　培罗
Berquist, F. E.　伯奎斯特
Black, J. D.　布莱克
Boehm, C.　波伊姆
Boggs-Bowman　博格斯—鲍曼
Bolton, C. M.　波尔顿
Bortkiewicz, L. von　博特基维茨
Bosch　博施
Bowers, W. A.　鲍尔斯
Bozenhardt, K.　博曾哈特
Brinkmann, C.　勃林克曼
Brinkmann, T.　勃林克曼
Bromell, J. R.　布朗梅尔
Brul, S. du　杜布鲁尔
Brüning, K.　布鲁宁
Bücher, K.　布歇
Buchmann　布黑曼
Bülow, F.　比洛
Burger, H. O.　伯尔格
Burns, A. R.　伯恩斯

Caldwell, S. A.　考德威尔
Carr, G. J.　卡尔
Cassels, J. M.　卡塞尔
Chamberlin　张伯伦
Chemnitz　切姆尼茨
Christaller, W.　克里斯塔勒
Cooper　库珀
Culemann, C.　库尔曼

Dean, W. H.　迪安
Deasy　迪赛
Decken, H.　台根
Dedi, L.　德第
de Lagger, L.　德拉格尔
Dennison, S. R.　丹尼逊

Dietzel,K.　迪采尔
Dorner,Z. G.　多纳尔
Doxiades　多克西亚德斯
Duddy,E. A.　达第

Earhart　埃尔哈特
Eckardt,M.　埃卡尔特
Eggers　伊格斯
Eickstedt,E. von　厄克斯塔台特
Ellis,H. S.　埃利斯
Engelbrecht,H.　恩格尔布莱希特
Engländer,O.　恩格兰特尔
Erlenmaier,A.　爱伦梅尔
Euckens　尤金斯
Euken,W.　欧根
Everett　埃弗里特

Fawcett,C. B.　福西特
Fetter,F. A.　费特
Fezer,H.　费什尔
Fischer,I.　费雪尔
Friedrich,C. J.　弗列特里克
Friederici,G.　弗列特里西
Frisch　弗里施
Furlan,V.　富兰

Gallup　盖洛普
Garey,L. F.　加里
Gibrat,R.　吉布拉特
Gillman　吉尔曼
Gini,C.　吉尼
Goodrich,C.　古德里奇
Gras　格拉斯

Haase,A.　汉斯
Haberler,G. von　哈勃勒
Haenelt,D.　哈埃内尔特
Hall,F. S.　霍尔
Häpke,R.　哈卜克
Harris,S. E.　哈里斯
Hartsough,M. L.　哈特苏夫
Hartung　哈通
Hasenclever,C.　亨圣克来佛
Haufe,H.　豪夫
Haushofer,K.　豪斯霍弗
Heberle　黑勃尔
Heer,C.　希尔
Heiser　海塞
Hellpach,W.　海尔巴哈
Herberts,J. H.　赫伯兹
Hesse,P.　赫西
Hoffer,C. R.　霍夫
Hoffsommer,H. C.　霍夫索默
Hoover,E. M.　胡佛
Hotelling,Harold　霍特林

Innis,H. A.　莫尼斯
Isenberg,G.　伊森堡
Iversen　艾弗森

Jacobs, A.　雅可布斯
Jaeger, W.　耶格
Jahn, G.　约翰
Jaumann, A.　尧曼
Jefferson, M.　杰斐逊

Kann, F.　坎恩
Kanzig, Werner　维尔纳·肯齐希
Kapferer-Schwenzner　卡普费勒-施文茨纳
Kärger, K.　卡格
Kaserer　卡塞勒
Kautz, E. A.　考茨
Keir, M.　凯尔
Kendall, H. M.　肯德尔
Keynes　凯恩斯
Keyser, E.　凯泽
Klöpper　克鲁伯
Koch, H.　科赫
Kuhner, K.　库纳
Kühne, G.　库纳

Lardner, D.　拉德纳
Laspeyres　拉斯佩耶斯
Launhardt, W.　劳哈特
Lenschow, G.　伦绍
Leontief, W. W.　列昂节夫
Liebe, H.　利珀
List　里斯特
Litschl, H.　利奇尔
Lively, C. E.　莱夫利
Löfke, H.　劳夫克
Long, Huey　休伊·朗
Lösch, August　奥古斯特·勒施
Lowe　洛韦
Lubin, J.　卢宾
Lutz　鲁支

McCarty, H. H.　麦卡蒂
Machlup, F.　马克卢普
McKenzie, R. D.　麦肯齐
Mac Pherson, L. G.　麦克弗森
Mädje, W.　马特发
Maggi　美琪
Mangold, W.　曼戈尔德
Marchi, Francesco de　弗朗切斯哥·德·马歇
Marquarot　马尔凯特
Marshall, Alfred　阿尔弗雷特·马歇尔
Marshall, H.　马歇尔
Maunier, R.　蒙尼尔
Max Weh　马克思·韦霍
Mecklenburg, G.　麦根伦堡
Meinhold, H.　迈恩霍尔德
Metzdorf, H.　梅茨多夫
Meuriot, M. P.　莫里奥
Meyer, F. W.　迈耶尔
Meynen　迈能
Michels, R.　米契尔

Millard, J. W. 米勒德
Mills, F. G. 米尔斯
Mitze, W. 密特兹
Moody 穆迪
Möller 莫勒
Molyneaux, P. 莫利纽克斯
Moulton, E. S. 莫尔登
Muhs, H. 穆赫斯
Müller-Miny, H. 摩勒-明尼
Müller-Wille 摩勒-维尔
Munnier, R. 蒙尼尔
Münter, G. 芒特
Münzinger, A. 蒙什格尔
Myers, L. 迈耶斯

Neupert 纽珀特
Niemeyer 尼迈耶

Odum, H. W. 奥德姆
Ohlin 俄林
O'Neill, L. J. 奥尼尔

Paasche 帕谢
Palander, T. 巴朗特尔
Pareto 帕累托
Paullin 鲍林
Pavlovsky, G. 巴夫洛夫斯基
Peeters, M. 佩特尔斯
Petersen, A. 皮特森
Pfannschmidt, M. 普芳斯密特
Pfeifer, G. 普法伊费尔
Pigon, A. C. 皮冈
Pirath, C. 皮拉士
Predöhl, A. 蒲雷多尔
Preiser, E. 浦雷舍尔
Priebe, H. 浦里布
Puttkammer, W. 普特卡梅尔

Rath 拉茨
Ratzel, F. 拉策尔
Rechenberg, F. 雷钦堡
Regul, R. 雷古尔
Reichert, F. 赖谢特
Reilly, W. J. 赖利
Riedl, R. 里德尔
Riefler, W. W. 里夫勒
Rist, Charles 查尔特·李斯特
Ritschl 里斯克尔
Robbins, L. 罗宾斯
Robinson, Joan 琼·鲁滨逊
Röhm, H. 洛姆
Rolph, J. K. 罗尔夫
Roos, Ch. 罗斯
Röpke 罗甫凯
Rostovtzeff, M. 洛斯托夫采夫
Rühl, A. 鲁尔

Sanderson, D. 桑德森
Schäffle 舍夫勒
Scheu, E. 休伊

Schiller 希勒
Schilling, A. 西林格
Schlier, O. 施利尔
Schmidt, H. 斯密特
Schmidt-Friedländer, R. 斯密特-弗雷特兰特
Schmitz, J. 斯米兹
Schmölders, G. 斯摩尔特尔
Schmoller, G. von 斯摩勒尔
Schnerder, E. 斯涅特尔
Scholte, W. 绍尔泰
Schultze, J. H. 休特兹
Schulz-Kiesow, P. 舒尔兹-克梭夫
Schumacher, H. 舒马赫
Schuman, H. J. von 舒曼
Schumpeter, J. A. 休姆本特
Schuster, E. 休斯特尔
Schwalm, H. 施瓦姆
Schwenkel 施文克尔
Seedorf 希多尔夫
Seidler, G. 塞德勒
Seifert, A. 赛费特
Seraphim 塞拉发姆
Seyfried, E. 舍伊菲里德
Siebrecht 西布雷希特
Singer, H. W. 辛格
Sisam, C. H. 赛瑟姆
Smith, Adam 亚当·斯密
Sölch, J. 梭尔赫
Sombart 桑巴特
Spengler, J. J. 斯彭格勒
Spiethoff, A. 斯皮索夫
Stackelberg, H. von 斯塔克尔贝格
Stamp, L. D. 斯坦普
Steinbeis, Ferdinand von 费迪南·冯·斯泰因培斯
Steinhagen, E. 斯坦因哈根
Stigler, G. J. 施蒂格勒
Stockmann, G. 斯托克曼
Stolper, Wolfgang F. 沃尔夫冈·斯托尔珀
Suchart 舒卡特
Sulzbach, W. 舒尔兹巴赫

Taussig, F. W. 陶西格
Teubert 托伊伯特
Thompson, J. W. 汤普森
Thompson, T. E. 汤普森
Thünen, J. H. von 杜能
Tintner, G. 廷特纳
Triffin, R. 特里芬
Triggs, H. G. 特里格斯
Turner, F. J. 特纳

Uebler 尤布勒
Uhlig, J. 乌利希
Umlauf, J. 乌姆劳夫
Urdahl, T. K. 厄达尔

Vance, R. B. 万斯

Veit,O. 法伊特
Viner,J. 维纳
Vlengels,W. 费洛盖尔斯
Volz,W. 沃尔茨

Wagemann 魏格曼
Waldschütz,E. 瓦尔德舒茨
Walras 华拉斯
Weber,A. 韦伯
Wehner,B. 韦尼尔
Weigmann,H. 魏格曼
Wende,G. 温德
Wentzel,R. 温策尔
Whittlesey,Ch. R. 惠特尔西
Wiedenfeld,K. 维登费尔德
Wiesener 威森纳
Wilbrandt,R. 维尔勃兰特
Wilcox,S. W. 威尔科克斯
Willeke,E. 维雷克
Williamson,W. F. 威廉森
Winkler,E. 文克勒
Woglom,W. H. 沃格洛姆
Working,H. 沃金
Wright 赖特

Zapoleon,L. B. 扎波仑
Zeuthen 察丁
Zimmerman,C. 齐默尔曼
Zipf,G. K. 齐普夫

图书在版编目(CIP)数据

经济空间秩序:经济财货与地理间的关系/奥古斯特·勒施著;王守礼译.—北京:商务印书馆,2017
(汉译世界学术名著丛书:120年纪念版:珍藏本)
ISBN 978-7-100-14423-0

Ⅰ.①经… Ⅱ.①奥… ②王… Ⅲ.①经济地理学 Ⅳ.①F119.9

中国版本图书馆CIP数据核字(2017)第153142号

汉译世界学术名著丛书
(120年纪念版·珍藏本)
经济空间秩序
——经济财货与地理间的关系
〔德〕奥古斯特·勒施 著
王守礼 译

商务印书馆出版
(北京王府井大街36号 邮政编码100710)
商务印书馆发行
北京通州皇家印刷厂印刷
ISBN 978-7-100-14423-0

2017年12月第1版 开本710×1000 1/16
2017年12月北京第1次印刷 印张43¾
定价:215.00元